国家社会科学基金项目"优秀"结题成果(16BZZ005)
中央高校基本科研业务费专项资金资助(YJ202198)
四川大学马克思主义学院出版项目资助成果

国家社会科学基金项目成果

A CHIEVEMENTS OF NATIONAL SOCIALSCIENCE FOUNDATION

当代中国农民政治社会化变迁及绩效研究

李俊/著

中国社会科学出版社

图书在版编目（CIP）数据

当代中国农民政治社会化变迁及绩效研究 / 李俊著. —北京：中国社会科学出版社，2021.12
ISBN 978 – 7 – 5203 – 9456 – 7

Ⅰ. ①当… Ⅱ. ①李… Ⅲ. ①农民—研究—中国 Ⅳ. ①D669.2

中国版本图书馆 CIP 数据核字（2021）第 270495 号

出 版 人	赵剑英
责任编辑	张　潜
责任校对	党旺旺
责任印制	王　超

出　　版	中国社会科学出版社
社　　址	北京鼓楼西大街甲 158 号
邮　　编	100720
网　　址	http://www.csspw.cn
发 行 部	010 – 84083685
门 市 部	010 – 84029450
经　　销	新华书店及其他书店
印刷装订	北京君升印刷有限公司
版　　次	2021 年 12 月第 1 版
印　　次	2021 年 12 月第 1 次印刷
开　　本	710×1000　1/16
印　　张	30.25
字　　数	544 千字
定　　价	158.00 元

凡购买中国社会科学出版社图书，如有质量问题请与本社营销中心联系调换
电话：010 – 84083683
版权所有　侵权必究

在现代化政治中，农村扮演着关键性的"钟摆"角色。作为把农民纳入政治制度方式的"绿色起义"，其性质决定着以后政治发展的路线。……农村的作用是个变数：它不是稳定的根源，就是革命的根源。

——亨廷顿

序

  作为政治时代的产物，政治社会化研究具有历史必然性。自20世纪50年代以来，政治社会化已经成为政治学领域的一个前沿性课题。作为个体与社会互动的过程，政治社会化承载着传承和变革政治文化、养成和形塑公民政治人格的双重使命，既有统治者自上而下对农民进行政治动员和思想灌输，从外部嵌入政治体系的政治价值观，也有个体自下而上自觉学习、获取和内化政治知识、政治价值和政治态度，自我调适成长为政治人的努力。这两个不同的发展面向上下互动激荡，共同着眼于政治社会秩序的维护与发展，是国家治理场域中执政合法性与治理有效性辩证统一的体现，深刻影响着个体的政治认同。因此，历代统治者都十分重视政治社会化实践，将其作为维护国家安宁和谐的重要工作来抓。在中国，中国共产党自成立以来，在社会主义革命、建设和改革的各个时期都始终将关涉公民政治心理和政治行为的政治社会化实践置于治国理政的重要位置进行系统思考和统筹推进。尤其是党的十八大以来，习近平总书记反复强调要贯彻以人民为中心的发展理念，注重民心工程建设，强调"加强党的政治建设，要紧扣民心这个最大的政治，把赢得民心民意、汇集民智民力作为重要着力点"。民心是最大的政治，"民心向背"问题因此作为关涉国家长治久安的根本问题，自然是政治社会化的重要议题。在当前统筹中华民族伟大复兴战略全局和世界百年未有之大变局的时代背景下，政治社会化对于统筹国家发展和安全具有特别重大的意义。

  中国是以农民为主体的国家，农民在历代政治生活中扮演着十分重要的角色。其政治价值观念和行为实践事关国家政治统治的合法性与有效性。尽管城镇化发展减少了农村常住人口，但农民仍是中国社会结构的基础，仍然在现代化政治中扮演着关键性的"钟摆"角色，深刻影响甚至决定着国家的改革、发展和稳定大局。中华人民共和国成立以来尤其是改革开放以来，市场化、城镇化、信息化的迅猛发展深刻改变着农民的精神世界和行为模式。农民该实现怎样的政治社会化、现有机制的效果如何、怎样进一步优化等问题深刻影响着国家的走向和社会的稳定。当前，农业、农村、农民与工业、城市和市民的不平衡不充分发展问题已经成为影响国家全面协调发展的重大问题，深刻影响着农民的获得感、幸福感和安全感，影响着农民的政治心理样态和政治行为倾向。农业、农村、农民因此成为全面建设社会主义现代化国家，实现中华民族伟大复兴最艰巨最繁重的任务、最广泛最深厚的基础、最大的潜力和后劲所在。党中央因此自党的十八大以来高度重视"三农"问题，把"三农"工作作为全党工作的重中之重。而"三农"问题的完美破解，关键在于有无现代化的农民加持。因此，正视现实，反思并着力培育具有高度政治自觉意识的现代农民这一农民政治社会化问题，就成为一个极具重要价值的研究议题。李俊教授的《当代中国农民政治社会化变迁及绩效研究》一书，以当代中国农村为时空场域、以农民政治社会化为研究对象，正是契合当前农村情势，对农民政治社会化绩效样态进行呈现、反思与促动的重要研究成果，具有重大的理论价值和现实意义。

  研究的视野很大程度决定着研究的高度和广度，也一定程度决定着研究的深度和水平。农民政治社会化问题是当代中国社会发展和转型过程中的一个时代性的实践难题。政治人形塑的国家建构性和个体习成性的二重性决定农民政治社会化研究必须坚持全方位立体化的视野。只有从历史和现实、宏观和微观、静态与动态以及不同特性下的农民多样性等多元视角才能更全面准确地理解和把握农民政治社会化样态。该书从长周期、大历史视角甄别了当代中国农民政治社会化70余年发展演变的基本逻辑和规律，立足于城镇化和乡村振兴的现实维度分别探讨了不同群体属性的农民政治社会化样态特征，析别出农民政治社会化的运行机理、影响因素、发展趋势和未来策略。成果视野开阔，溯源历史，关注现实，研究深入，全面系统地揭示了中国农民政治社会化的现实样态和变迁规律，弥补了该领域研究的不足。

  "没有调查就没有发言权"，调查研究是社会科学研究的基本功。我始终认为，能够从经验实践中提炼出理论的，才是"理论家"。"理论家"不能等同于"学术史家""思想史家"。"理论研究"不是"研究理论"，不是在理论中推演理论，而是在经验中归纳理论。我历来主张政治学者做研究要破除镜像思维，践行"脚底板做学问"，倡导现场主义，在社会科学研究中采用田野调查方法也即现场观察法，在同一性中找差异，在差异性中寻找规律。该书不同于一般性的理论阐释型或调查报告型著作，进行了大范围的问卷调查和访谈，获取、挖掘、分析了翔实的第一手数据资料。书中既有关于农民政治认知、政治观念、政治态度、政治评价、政治效能感和政治行为的基本样态考察，也有农民政治社会化的运转机理，更有运用统计数据和图表所做的科学绩效测评。这些深度调查与数据的严谨挖掘、分析和使用，反映了研究者的细心、耐心及学术研究的诚心，值得肯定，又使得农民政治社会化样态的呈现更具说服力。

农民政治社会化归根结底最终要落脚于政治心理和政治行为。农民政治社会化研究离不开对政治心理和政治行为的分析。作者坚持马克思主义理论为指导，结合当代中国农民政治心理与行为变迁发展的现实状况，对当代中国农民政治社会化变迁及绩效的理论和实践进行了全面、系统、深入的研究，著作中不乏系列创新性的判断和结论。如作者强调中国农民政治社会化的过程总是与国家政治环境和制度结构的变革相携相行，国家的政治重心和政策变化规制着农民的政治心理和政治行为方向，而农民的政治态度和政治行为也同时形塑着国家制度和治理机制的改革抉择和实践；农民政治社会化不仅受政治知识、政治心理和政治参与等内部关系制约，也受媒体信任、政治关注和社会资本等外部变量影响；城镇化发展40余年农民政治社会化水平稳步提升，并由"较低水平"迈入"较高水平"；乡村振兴视域下农民政治社会化具有整体性、开放性、回应性、动态性等鲜明特征，需要运用系统思维统筹设计和推动。这些分析判断、指标体系和策略建议持之有据、言之成理，对当前农民政治社会化优化具有理论上的重要贡献和实践上的指导价值。总体而言，该著作对当代中国农民政治社会化的系统阐发，是该领域迄今为止具有针对性、前瞻性、系统性的农民政治研究力作。

农民政治社会化是一项系统工程，也是一个永无止境的前行过程。成果中一些地方需要继续完善，有些判断有待继续讨论加以证实或证伪。如外部变量介入下农民政治社会化运行机理就是一个复杂多元的组合，而究竟呈现出什么样的规律性或原理性的机理尚需学术界进一步探讨。2020年是全面建成小康社会的收官之年。实现小康即意味着中国后小康、后现代社会的来临。从世界经验看，从现代社会向后现代社会过渡的过程中，将会发生一场改变主流价值观的观念革命，价值观变革将对社会结构、社会治理产生重大而深远的影响。因此，加强后现代社会政治价值、政治文化及农民政治社会化的更深入研究成为未来农民政治研究的必然课题。与此同时，如何把中国农民政治社会化放在

"两个大局"中、放到乡村振兴战略背景下加以考察和探究，进而找到其在未来实现共同富裕、全面建设社会主义现代化国家新征程中的定位和目标，是学术界需要继续深入关注、思考和厘清的内容。期待作者以此为新的起点，继续加强理论与实践研究，为中国政治学发展做出更大贡献，产出更多更好的研究成果。

房　宁

中国社会科学院政治学研究所原所长、党委书记

中国政治学会原副会长

2021 年 12 月 1 日

目　录

导论　问题提出与研究设计 ………………………………………… 1
　一　研究缘由及意义 ………………………………………………… 1
　二　研究思路与内容 ………………………………………………… 6
　三　研究方法与资料来源 …………………………………………… 8
　四　主要观点以及创新之处 ………………………………………… 10

第一章　农民政治社会化理论发展的研究动态 …………………… 15
　一　农民政治社会化理论的发展历程 …………………………… 16
　二　农民政治社会化理论研究的主要议题 ……………………… 25
　三　农民政治社会化理论发展的基本特征 ……………………… 37
　四　农民政治社会化理论发展的未来展望 ……………………… 41
　五　相关研究评析 ………………………………………………… 45

第二章　当代中国农民政治社会化变迁的历史考察 ……………… 47
　一　土地改革时期的农民政治社会化 …………………………… 48
　二　集体化时期的农民政治社会化 ……………………………… 65
　三　税费时期的农民政治社会化 ………………………………… 83
　四　后税费制时期的农民政治社会化 …………………………… 97

第三章　当代中国农民政治社会化变迁的发展逻辑 …………… 108
　一　农民政治社会化变迁的目标 ………………………………… 109

  二　农民政治社会化变迁的结构　117
  三　农民政治社会化变迁的动力　126
  四　农民政治社会化变迁的规律　132
  五　农民政治社会化变迁的趋势　141

第四章　城镇化背景下农民政治社会化样态实证分析（上）　147
  一　农民的政治认知　149
  二　农民的政治观念　171
  三　农民的政治态度　196

第五章　城镇化背景下农民政治社会化样态实证分析（下）　229
  一　农民的政治评价　229
  二　农民的政治效能感　268
  三　农民政治参与行为　292
  四　城镇化背景下农民政治社会化总体性特征　321

第六章　城镇化背景下农民政治社会化机理及影响因素　326
  一　农民政治社会化运行的内部机理　327
  二　外部变量介入下的农民政治社会化机理　334
  三　城镇化背景下农民政治社会化影响因素　348

第七章　城镇化背景下农民政治社会化绩效测评及趋势　367
  一　农民政治社会化绩效测评体系　368
  二　农民政治社会化绩效测评分析　379
  三　中国农民政治社会化发展趋势　403

第八章　乡村振兴视域下农民政治社会化绩效提升　415
  一　农民政治社会化与乡村振兴的互动关系　416
  二　乡村振兴视域下农民政治社会化系统分析　427
  三　以系统思维推进乡村振兴视域下农民政治社会化　438

目　录

附　录 ·· 445

　　附件一　访谈对象基本情况统计表 ················ 445
　　附件二　问卷调查地区名单 ·························· 450

参考文献 ·· 454

后　记 ·· 469

导论　问题提出与研究设计

> 政治时代空前发达的物质关系和交往关系把一切人都卷入到政治的洪流中来了。政治社会化研究是政治时代的产物。[①]
>
> ——王沪宁

一　研究缘由及意义

（一）选题缘由

作为政治时代的产物，政治社会化问题是当代政治学领域中一个亟待深入研究的前沿性课题，也是马克思主义理论与思想政治教育领域中一个十分重大的现实性课题。作为一项复杂的系统工程，政治社会化是个体与社会不断互动的过程。就社会系统而言，它是政治共同体塑造政治人的过程。反过来，作为政治公民的政治人在现代政治生活中表现出的社会基础和支撑力量的巨大作用，又使得人类的政治共同体成为一个利维坦式的政治熔炉，"政治共同体的成员在这个大熔炉中形成自己的政治态度、政治情感、政治信仰和政治观念。政治熔炉能够促使每个新成员形成政治自我，从非政治人转为政治人"[②]。正是因为有强化政治信仰、传播政治文化、形塑政治人的使命和作用，政治社会化论题无论在理论还是政治生活上都极具重要性。然而，中国长期以来是一个

---

① 王沪宁：《比较政治分析》，上海人民出版社1987年版，第183页。
② 王沪宁：《比较政治分析》，上海人民出版社1987年版，第183页。

以农民为主体[①]的国家，农民在国家政治生活中扮演着十分重要的角色，其政治价值观念和行为实践事关国家政治统治和政治治理的合法性与有效性。当前，农业、农村、农民的问题十分突出，城乡发展是否平衡和农村发展是否充分最终都体现在农民的获得感、幸福感和安全感上，影响着农民的政治心理和政治行为。因此，加强对中国农民政治社会化的研究就极具必要性、重要性和时代性。

1. 农民政治社会化对于国家稳定和发展具有重大意义

长期以来，农民是中国人口最多的社会群体和阶层，对中国社会主义革命、建设和改革起着决定性作用。邓小平曾指出："中国有百分之八十的人口住在农村，中国稳定不稳定首先要看这百分之八十稳定不稳定。"[②] 作为直接体现政治社会化效果和水平的农民政治心理和政治行为，不仅关系着农民自身权益维护和个人发展，而且也关系着社会主义经济现代化、政治民主化进程的实现，甚至影响着国家治理体系和治理能力的现代化以及国家的稳定与发展。事实上，农民政治社会化对一国政治制度的维护、公共政策的执行和政治角色的培育等都具有十分重要的作用和意义，它对当前和未来的国家发展与政治现代化均具有重要的预测功能。"如果农民默许并认同现存的制度，他们就为该制度提供了一个稳定的基础。如果农民积极反对这个制度，他们就会成为革命的载体。"[③] 而时代的变化，会震荡农民政治观念、政治价值和政治行为。近年来市场化、城镇化、信息化的迅猛发展更是极大改变着农民的精神世界和行为模式。农民该实现什么样的政治社会化、怎样进行政治社会化、效果如何深刻影响着国家的走向和稳定大局。回顾和考察中华人民共和国成立以来农民政治社会化的变迁历史，探寻农民政治社会化的演变规律、影响因素和发展机理，有利于掌握农民精神世界和行为模式的变化规律，为国家稳定和发展提供最坚实的政治认同和最强有力的政治保障。

2. 农民政治社会化工作在社会主义理论和实践中具有突出地位

尽管世界各国的称谓和叫法不同，但作为政治统治和政治治理主要手段的政治社会化抑或公民教育、思想政治教育或政治教育，因具有塑造政治认同和

---

① 2019 年，中国农村常住人口 5.52 亿人，还有农民工 2.91 亿人。虽然城镇化发展减少了农村常住人口，但 2021 年公布的第 7 次全国人口普查数据显示，中国农村常住人口仍有 5.09 亿人，规模仍然不小。
② 《邓小平文选》第 3 卷，人民出版社 1993 年版，第 65 页。
③ [美] 塞缪尔·P. 亨廷顿：《变化社会中的政治秩序》，王冠华等译，上海人民出版社 2008 年版，第 242 页。

政治支持的一致性,在社会主义政治理论和实践中异常重要。马克思主义非常强调政治教育的作用,他们认为,政治社会化的核心内容就是政治教育,而灌输则是实现有效政治社会化和政治教育的重要方法。列宁最先系统提出并阐释了"思想灌输"理论,认为,群众的生活状况和文化水平决定了他们自己创造不了独立的思想体系,因此从外部把"社会主义思想和政治自觉性灌输到无产阶级群众中去"①,以"培养真正的共产主义者",就是无产阶级政党的任务。列宁关于社会主义政治意识必须灌输的理论不仅确立了灌输的理论要义,而且将灌输引入思想政治教育领域,为政治社会化工作提供了方法、目标、原则乃至内容的理论阐释。毛泽东十分重视政治社会化和政治教育的作用,强调,"政治工作是一切经济工作的生命线"②。邓小平在谈及如何解决现代化建设所面临的复杂问题时也强调,"我们一定要把思想政治工作放在非常重要的地位,切实认真做好,不能放松"③。党的十八大以来,习近平多次发表重要讲话,深刻阐释思想政治工作和意识形态工作的方向性、根本性、全局性的地位与意义,强调"经济建设是党的中心工作,意识形态工作是党的一项极端重要的工作"④,对时下乡村振兴战略实施和全面建设社会主义现代化国家具有不可估量的价值和意义。

党和国家不仅在理论上重视,而且在实践中反复强调要加强农村思想道德建设,做好农民政治社会化工作。改革开放之初,由于原有的农民政治社会化工作体系已经严重不适应变化了的时代需求,中共中央于1982年召开全国农村思想政治工作会议,并于1983年印发《关于加强农村思想政治工作的通知》,要求大力加强党在农村的思想政治工作,强调理论与实际相结合展开经常的农民政治教育,树立社会主义的道德风尚。最近十余年,国家对培养什么样的农民的认识不断深化,农民政治社会化工作的实践推进越来越受重视。中央一号文件2014年要求"提高农民综合素质",2018年要求"农民全面发展",《乡村振兴战略规划(2018—2022年)》要求"培育自尊自信、理性平和、积极向上的农村社会心态"。2018年颁布的《中国共产党农村基层组织工作条例》明确要求党的基层组织要培育和践行社会主义核心价值观,开展思想道德和民主法治教育,"培养有理想、有道德、有文化、

---

① 《列宁选集》第1卷,人民出版社1995年版,第285页。
② 《毛泽东文集》第6卷,人民出版社1999年版,第449页。
③ 《邓小平文选》第2卷,人民出版社1994年版,第342页。
④ 《习近平谈治国理政》第1卷,外文出版社2018年版,第153页。

有纪律的新型农民"。2019年颁布的《中国共产党农村工作条例》强调要加强农村党的建设，"突出政治功能，把农村基层党组织建设成为宣传党的主张、贯彻党的决定、领导基层治理、团结动员群众、推动改革发展的坚强战斗堡垒"。所有这一切都表明，农村农民政治社会化工作在改革开放以来的政治实践中始终备受重视；从"农民综合素质"到"农民全面发展"再到"四有"的"新型农民"，中国共产党对农民政治社会化目标的认识不断深化和聚焦，充分凸显了中国共产党部署和开展农民政治社会化工作的系统观、发展观和大局意识。因此，农民政治社会化工作在中国特色社会主义理论和建设实践中的重要性决定着深入研究农民政治社会化的发展逻辑、变迁规律和运行机理刻不容缓。

3. 农民政治社会化问题是当代中国政治的关键问题

在现代国家治理场域中，农民在相当长时期内仍将处于十分重要的地位。当前，农民仍是中国社会结构的基础。农村的稳定、农业的发展、农民的富裕，关系着实现共同富裕和中华民族伟大复兴。"全面建成小康社会和全面建设社会主义现代化强国，最艰巨最繁重的任务在农村，最广泛最深厚的基础在农村，最大的潜力和后劲也在农村。"[①] 近年来，农村、农业、农民等"三农"问题已经成为影响国家全面协调发展的突出问题，解决农村、农业、农民与城市、工业和市民的不平衡不充分发展问题成为全党工作的重中之重。而这种不平衡和不充分发展的解决最终都聚焦于农民的现代化问题本身。正如有学者所言，"现代中国农民身上的政治能量已经快速积累，并且正在寻找释放渠道。把握不好这种能量的释放渠道，或者不能引起这种能量的良性释放，将导致社会灾难"。因此，"讨论'农民的政治'，不仅是研究'三农'问题的关键，更重要的，也是探索中国政治的关键。……农民的政治将最终影响到中国政治的前景和改革方向，不容忽视"[②]。农民政治社会化因为能够给农民政治能量提供良性聚集和释放的有效通道而成为当代中国政治的关键问题。但改革开放以来市场化、城镇化和信息化对农民生产和生活所产生的深刻影响，使农民的政治观念受到了剧烈的震荡和冲击。加之税费改革后，农民与国家之间制度性关联的缺失、农民思想政治教育灌输的弱化，使得今天农民政治社会化效果不彰：农民一方面忙于生计而疏于政治参与，政治效能感较低；另一方面自主学

[①] 《乡村振兴战略规划（2018—2022年）》，人民出版社2018年版，第3-4页。
[②] 赵树凯：《农民的政治》，商务印书馆2011年版，第3、29-30页。

习的积极性下降，对政治制度的认知和理解比较模糊与笼统，政治认知有限。如此的政治社会化水平和样态已经成为影响中国政治发展的桎梏。对农民的政治价值观念和政治行为，如果不加以正确引导和及时调适，如果不加以高度重视和有效回应，势必会影响农村社会稳定、整个现代化建设的顺利进行，甚至危及国家改革、发展和稳定的大局。[①] 鉴于农民政治社会化问题对解决中国政治问题具有的关键作用，加强中国农民政治社会化的实证研究和绩效分析就具有极端重要性。

（二）研究意义

从理论层面看，通过对当代中国农民政治社会化变迁的历史考察，阐释中国农民政治社会化变迁对农村社区发展和国家治理所具有的深刻意义，研究当代中国农民政治社会化变迁的目标、原则、动力和发展逻辑，概括不同时期农民政治社会化的运作特点，并分析不同时期农民政治社会化状况与政治合法性、参与行为和政治系统持续性水平的相关性，能够揭示出影响农民政治社会化的因素和政治人形成发展的规律，为中国政治发展提供解释框架和分析路径。

从实践层面看，2016年中央一号文件强调"加强农村思想道德建设，大力培育和弘扬社会主义核心价值观，增强农民的国家意识、法治意识、社会责任意识"，把农民政治社会化放在事关农村发展的重要位置。本书立足农民的现代政治意识对促进乡村振兴和全面建设社会主义现代化国家的重要意义，基于农民政治社会化的不同维度，分别从政治知识、政治观念、政治态度、政治评价、政治效能感和政治行为等方面实证分析和量化研究城镇化背景下农民政治社会化的相关影响因素与绩效测算，能够揭示出影响农民政治社会化的因素、机理，探索出现代化视野中农民政治社会化发展趋势，系统构建乡村振兴视域下农民政治社会化推进策略。这对农民政治社会化的绩效提升和农村社区治理的精细化无疑具有重要的现实意义和实践价值。

[①] 李俊：《转型期农民维权的行为逻辑——基于政治心态的检审》，《政治学研究》2016年第3期。

二　研究思路与内容

（一）研究思路

本书试图梳理当代中国农民政治社会化发展历程，厘清中国农民的政治社会化运作逻辑和运作效果，呈现中华人民共和国成立 70 余年来农民政治社会化如何变迁，政治社会化效果受哪些因素影响，又被哪些因素决定，呈现什么样的逻辑规律，城镇化背景下农民政治社会化的样态图景、影响因素、发展机理、绩效测评以及发展趋势是什么样的，乡村振兴视域下农民政治社会化呈现出什么样的系统运作机理和特征。通过对这些问题的剖析和求解，探索出农民政治社会化变迁的规律以及对政治变迁和国家治理所起的作用，进而针对当下的中国实际，构建乡村振兴视域下农民政治社会化绩效提升路径。

本书首先基于文献回顾和理论整理，运用文献和比较研究方法就中华人民共和国成立 70 余年来的农民政治社会化进行纵向考察，总结不同时期农民政治社会化的载体、特征、效果和各变量要素间的关系，探讨农民政治社会化变迁的基本规律。继而，运用实证研究方法，就城镇化背景下农民的分化程度，根据地域的东中西部分布、城镇化的发展程度、经济发展水平和不同资源禀赋状况，对农民政治社会化各变量与其心理和行为之间的相关性进行量化分析，解析农民政治社会化的现状与趋势、机理与效度，进而确定下一步国家农民政治社会化工作政策调整和创新的方向和重点。最后，基于政治社会化运作规律、国家需要和绩效评估，探讨乡村振兴和农民政治社会化的互动关系，创建乡村振兴视域下农民政治社会化绩效提升的关联性条件，分析乡村振兴视域下农民政治社会化作为一项系统工程的运行机理和系统性特征，基于系统论思维提出提升农民政治社会化绩效的路径。

（二）研究内容

本书以"形成特定的'政治人'是政治社会化的价值取向"与"政治人的形塑具有双维度和二重性"为理论前提，以"当代中国农村社会"为时空场域，以"农民政治社会化"为研究对象，以"定性+定量"相结合的研究方法，从静态与动态、历史与现实、宏观与微观相结合的视角就不同时期农民政治社会化展开立体式探讨，对农民政治社会化变迁规律、绩效测评和未来提升进行了研究和呈现。本书主要研究内容包括以下方面。

导论，问题提出与研究设计。导论梳理了农民政治社会化问题及其研究发展脉络，考察农民政治心理、政治行为与社会化的研究理路，分析本书研究视角的缘起与意义，说明本书的研究思路、研究方法、资料来源、主要观点和创新之处。

第一章，农民政治社会化理论发展的研究动态。本章着重从学术史角度探讨中国农民政治社会化的研究历程、核心议题、基本特征和未来发展。在此基础上，客观评价相关研究的向度和效度，进而为当代中国农民政治社会化研究提供理论溯源和逻辑理路。

第二章，当代中国农民政治社会化变迁的历史考察。本章基于纵向历史维度探讨中华人民共和国成立70余年农民政治社会化的演进轨迹，梳理不同时期对农民政治社会化具有重大影响的大事件，解析不同历史背景下农民政治社会化的机制、特点、动因和效果，甄别出农民政治社会化变迁的重要内容和内在逻辑。

第三章，当代中国农民政治社会化变迁的发展逻辑。本章在梳理农民政治社会化变迁的目标价值基础上，对当代中国农民政治社会化变迁的机制进行纵向比较，甄别出农民政治社会化的向度、内容、模式和效果，总结出农民政治社会化变迁的动力要素、基本规律以及演进趋势，为国家调整和创新农民政治社会化策略提供方向指引。

第四章和第五章，城镇化背景下农民政治社会化样态实证分析。本章通过全国范围内的调查，从政治认知、政治观念、政治态度、政治评价、政治效能感和政治行为六个方面考察城镇化背景下农民政治社会化的现实样态，着重从农民身份、文化、区域和经济四类要素分析农民政治社会化内容的相关性及其呈现的总体性特征，进而厘清和评估农民政治社会化的现状与需求，为国家调整农民政治社会化工作策略提供基础。

第六章，城镇化背景下农民政治社会化机理及影响因素。本章通过梳理已有研究文献，提出相关研究假设，运用全国范围的调研统计数据，构建理论模型实证分析和展示农民政治社会化的内外互动机理，着重从政治知识、政治心理和政治参与等层面揭示农民政治社会化的内部关系，考察外部变量介入下政治知识、政治心理和政治参与的交互作用，进而详细分析城镇化背景下农民政治社会化的主要影响因素及其作用地位。

第七章，城镇化背景下农民政治社会化绩效测评及趋势。本章在坚持导向性、科学性、可操作性、发展性等原则基础上，结合已有研究，采用多属性决策方法中的层次分析法确定测评指标体系的权重，建构完善的政治社会化测评体系。利用问卷调查数据对城镇化背景下农民政治社会化绩效进行测评，测算出农民政治社会化的分值并进行总体性和异质性的分析，比较20世纪80年代以来农民政治社会化绩效提升进程和依据，进而探讨和呈现当代中国农民政治社会化的发展趋势。

第八章，乡村振兴视域下农民政治社会化绩效提升。本章基于新的时代背景，首先阐释乡村振兴与农民政治社会化的互动关系，从提供稳定的政治环境、先进的政治理论、合格的政治主体等层面分析农民政治社会化对乡村振兴的促进作用，以及乡村振兴在乡村经济、政治、文化和公共服务等层面对农民政治社会化的积极效应。在此基础上，从系统论角度分析乡村振兴视域下农民政治社会化的内涵意蕴、运行流程和系统性特征，运用系统思维推动农民政治社会化的绩效提升和路径优化。

三 研究方法与资料来源

（一）研究方法

1. 文献研究法

搜集、整理和运用史料、档案、政府文件、统计资料和调研报告等农民政治社会化文献，探讨中华人民共和国成立以来农民政治社会化变迁的历史进程、演进动因和发展逻辑。

2. 比较研究法

对不同时期农民政治社会化模式进行纵向比较，分析中华人民共和国成立70余年不同时期农民政治社会化的历史溯源和动因；并对不同地域分布、城镇化程度、经济水平、职业、教育程度、政治实践等条件下的农民政治社会化进行比较，系统呈现和深入分析当代农民政治社会化的现实状况、影响因素和内在机理。

3. 实证研究法

采取访谈、座谈、问卷调查等方式，收集实证研究资料，运用SPSS等统计软件对农民政治社会化的现状、影响因素以及绩效测评进行量化分析，为国家改进农民政治社会化策略提供现实把握。

（二）资料来源

1. 访谈资料来源说明

访谈内容和访谈对象：为更好探寻中华人民共和国成立以来不同时期农民政治社会化的程度水平、制度机制和影响因素，访谈侧重考察农民在中华人民共和国成立后各时期的政治经历和政治感受。因此，项目主要选择1949年以前出生、能够有效沟通并具有一定代表性的农民作为访谈对象（比如党员或者曾担任过干部或有其他典型特征的农民等）。

调研员的选择和访谈形式：为了获得真实有效的访谈内容，项目组选择有过各类农村调查经历（如曾经参加过全国百村调查、口述史调查等）的研究生和高年级本科生，进行系统培训测试后在全国进行调研。每位调研员于2019年1—3月选择符合条件的1~3位农民作为访谈对象，根据访谈对象的特点有效开展访谈并征得被访者及家属同意后全程录音。访谈结束后及时把访谈录音全部转化为完整的文字材料，并按照要求进行二次加工，整理成规范的口述史报告。

访谈总体情况：本次调研访谈最终回收有效的规范访谈材料71份，涉及福建、甘肃、广东、贵州、河南、湖北、江西、山东、山西、陕西、四川、广西、宁夏和重庆市等东、中、西部14个省、自治区和直辖市（详细情况见附件一）。本次访谈，71个受访者中有男性51人（约占72%），女性20人（约占28%）；1949年中华人民共和国成立以前出生的有68人（约占总数的96%），1949年以后出生的有3位（约占4%，年龄分别为66周岁、67周岁、69周岁），其中71~80周岁的老人有44位（约占62%），81周岁及以上的老人共有24位（约占34%）。受访者中，中共党员有23位（占比32%），其中担任过村组干部及以上职务的有20人（占比高达87%），曾经有共青团员身份的有7位（约占10%），群众则有39位（占比55%）；调研员未在访谈材料中明确受访者政治面貌的有2位，约占3%。所有受访者中，拥有高中及以上学历的有3位（约占4%），拥有初中学历或初中肄业的有5位（占比7%），小学毕业或肄业的有39位（约占55%），有过夜校（包括夜校肄业）、私塾和识字班学习背景的有7位（约占10%），完全不识字的有17位（占比24%）。

2. 问卷调查资料说明

本书使用的数据来自2019年1月至3月所进行的一项全国性的农村民意

调查。问卷设计、实地调查、统计分析等均由项目组按照项目预期规划进行。本次调查的目的是通过深入农村实地进行问卷调查获得一手数据，以此记录农村经济、社会、政治、文化和交往方式等的深刻变革，测量城镇化背景下农民政治社会化的基本样态、影响因素、逻辑机理以及发展趋势。

项目组招募了来自全国各地具有良好沟通能力、有着相关专业背景的农村籍研究生和高年级本科生作为调研员，经过培训和考核，进行此次调查的资料搜集和入户访问工作。

本次调查以年满18周岁以上的农村户籍居民（包括农民工和农村留守居民）为主要调查对象，针对农民的背景资料、社会资本、媒介使用、政治认知、政治价值观、政治效能感、政治行为等方面进行问卷调查。

本次调查问卷回收后，根据样本科学性要求，通过人工筛选，逐一核验问卷内容，剔除无效问卷，并通过技术校正，最后获取有效样本1151份，涉及全国东中西部20个省（自治区、直辖市）79个市（州）133个县（区）194个乡（镇）222个村庄（详细情况见附件二）。然后，将有效问卷结果录入SPSS数据库进行统计量化分析。

四　主要观点以及创新之处

（一）主要观点

（1）乡村治理机制的每一次变迁，都伴随着中国农民的政治态度、政治价值、政治理想、政治信念乃至政治行为的重新建构与塑造。中国农民政治社会化的过程总是与国家政治环境和制度结构的变革相携相行。国家的政治重心和政策变化规制着农民的政治心理和政治行为方向，而农民的政治态度和政治行为也同时形塑着国家制度和治理机制的改革抉择与实践，二者双向互动推动着农民政治社会化的内容、方法、途径、机制乃至效果发生着不同的变迁。

（2）农民政治社会化是一种多要素相互型构、互动调适的复合型政治交互过程，它是国家主导和农民自觉、政治教育和公民教育、规训和引导、外在服从与内在认同相统一的过程。农民政治社会化变迁遵循从局部走向全局、从单向度走向多向度、从控制走向治理的演化趋势，实现了从臣民到公民、龃龉到认同、传统到现代的社会化目标转变。不同时期农民政治社会化的变迁都有着利益需求、政治动员和典型示范的共同动力支持，遵循着国家政策形塑农民政治意识、政治环境规制农民政治行为、政治实践培育农民政治技能、国家效能提升农民政治情感等内在逻辑。正是对内外资源的多重整合推动着农民政治社会化的不断变迁。

（3）改革开放以来尤其是近十年来，农民政治意识和政治价值观发生了革命性变革。农民市民化趋向随着城镇化进程的加速而越益突出，农民政治社会化水平有较大幅度提升。农民的政治认知、政治观念、政治评价、政治效能感和政治参与行为等方面表现出作为行动中的"政治人"的总体性特征：农民政治认知水平提升明显，但存在认知"差序"；农民的政治观念已经越来越多地具有平等、参与、理性等现代成分，但仍残留着传统观念的影子；农民对国家、政府和党政干部的政治评价总体较高，但仍有"央强地弱"的差异；农民政治效能感总体较低且不均衡；农民政治参与行为日渐增多，但仍趋于保守和传统。

（4）尽管经过70余年尤其是新型城镇化背景下的不懈努力，农民政治社会化水平有了较大提升，但中国农民政治社会化仍然具有社会发展和历史进程所决定的不均衡、不充分的结构性差异。农民的个体身份、文化差异、所处区域和经济状况等因素的存在，使得城镇化背景下农民政治社会化具有多样性和变动性等群体差异，呈现出显著的异质性特征。一是不同性别、年龄、政治面貌所呈现出身份差异化的政治社会化特征。男性农民、党员农民整体的政治社会化程度普遍高于女性和非党员，位于年龄段两端的农民政治社会化水平起伏较大，不如中年农民政治认知、政治观念、政治效能感和政治行为各方面成熟和平稳。二是不同民族、宗教信仰、教育程度所呈现出文化差异化的政治社会化特征。少数民族农民比汉族农民有着更强更积极的政治取向和政治参与意愿，但更易陷入非制度化政治接触的泥沼；无宗教信仰农民的政治社会化水平高于有宗教信仰的农民，且政治社会化得分的离散程度更小；农民政治社会化程度大致与其受教育程度正相关。三是"东中西部"不同区域和不同农村形态农民政治社会化特征有较大差异。东中西部区域农民政治社会化具有典型的中部塌陷特征，中部地区农民政治社会化程度明显不及东西部农民。农民所在村落位置与城市距离的远近也极大影响其政治社会化水平，城市郊区和乡镇郊区农民政治社会化水平明显高于偏远农村农民。四是不同收入水平和就业状况农民的政治社会化也有较大差异。自我感知经济收入较高的农民政治社会化水平高于经济收入自我感知较少者，同时就业形式灵活多样的农民政治社会化水平显著高于就业形式单一的农民。

（5）作为农民政治社会化重要构成的政治知识、政治心理和政治参与具有复杂的运行机理。农民政治参与受到其政治知识和政治心理的双重影响，具有较高政治心理预期或更大政治知识知晓度的农民，有序政治参与更为积极；农民政治心理担负着调适政治知识和政治行为的桥梁作用，并在二者间起着显著的正向中介作用，即农民政治知识借助政治心理进而正向影响其政治参与，农民了解的政治知识越多，其政治心理就越积极，就更有可能有序参与政治。

（6）在农民政治社会化过程中，作为政治社会化重要构成的政治知识、政治心理和政治参与的运行，不仅受内部相互关系的制约，也受外部变量的影响：农民对媒体的信任度同时调节着其政治知识、政治心理和政治参与，农民政治信息关注对政治知识和政治行为起着双变量中介影响效应，社会资本也会显著影响农民政治心理和政治行为。与此同时，农民对经济地位和经济状况的感知也会正向影响其政治知识、政治心理和政治参与。实证研究证实，影响农民政治社会化的诸多条件和因素中，媒体信任、政治关注、经济收入和社会资本分别对农民政治社会化起着"调节器""稳定器""加速器"和"变压器"的作用。

（7）经过改革开放40余年发展，当前中国农民政治社会化整体处于中等偏上水平。中国城镇化的深入推进、农民流动性的增强和受教育程度的提高、农村生活环境和条件的显著改善以及农村信息化程度的明显增强，创造着不断向好的总体宏观环境和微观条件，潜移默化推动着农民政治知识、政治心理和政治行为发生巨大的变化，实现了城镇化发展40余年农民政治社会化水平稳步提升，并由"较低水平"迈入"较高水平"。

（8）农民政治素质发展的历史基础、现实条件和政治现代化的发展大趋势决定了中国农民政治社会化必然具有明显的过渡性特征，并呈现出新的发展趋势。未来，农民政治知识的获取和传播将由"单向传递"走向"双向互动"，政治心理将从"理性小农"走向"现代公民"，政治行为将由"动员式参与"走向"自主性参与"，农民政治社会化将不断从低级走向高级。

（9）乡村振兴是一场浩浩荡荡的乡村建设行动。这场行动是一场农民政治参与的实践，也是一场深入广泛的农民思想政治教育，更是一个模铸现代"政治人"的政治熔炉，具有提升农民政治认同、增强农民政治效能感、培育农民理性政治文化和深化农民政治信任，锻造农民现代公民意识和独立政治人格的政治社会化作用。未来应当以系统论思维为指导，加强顶层统筹设计，增强农民政治社会化手段与内容的耦合性，整体联动与协同推进、调整提升农民政治社会化。

（二）创新之处

政治社会化理论具有悠久的历史渊源，但由于各国的政治需要和国情差异，国外学者鲜有对农民群体的政治社会化研究，更遑论中国农民政治社会化。相比起步于20世纪50年代的西方政治社会化研究，中国从20世纪80年代才开启政治社会化研究，研究视域相当长时间内集中于青年群体尤其是大学生，直至21世纪初才开始关注农民政治社会化。整体而言，中国农民政治社会化研究相对滞后并较为薄弱，研究主要采用的是规范性方法、基于断代史或时代性，着重对现状、问题的描述和对策的探讨。相对于已有研究，本书有以下几点创新。

（1）研究方法上，采取文献研究、实证研究和系统研究相结合的方法，就中华人民共和国成立以来不同时期农民政治社会化变迁发展的目标、原则、动力、规律等发展逻辑进行深入的理论研究，对城镇化背景下农民政治社会化的样态特征、运转机理、影响因素、绩效测评和发展趋势等进行实证分析，对乡村振兴视域下农民政治社会化的系统要素、运转逻辑和系统特征等进行系统论考察。本项目突破农民政治社会化已有研究方法使用单一的局限，利用相关的档案材料、政策文件和农民政治社会化实践的诸多材料，结合访谈、考察、实践总结等调研方法，基于全国性的样本，运用口述史和调查问卷相结合的多种方法，对当代中国尤其是城镇化背景下农民政治社会化进行了较为全面客观系统的研究。

（2）研究视角上，坚持历史与现实、纵向与横向、宏观与微观相统一的原则，对中国农民政治社会化进行了全方位深入研究。一方面，就当代中国农民政治社会化70余年的变迁演进轨迹进行纵向、宏观、历史性的梳理，试图以大历史观、长周期政治视角绘制当代中国农民政治社会化发展变化谱系，突破已有研究主要是基于某一阶段的断代史研究的局限；另一方面，关注现实，关注未来，以影响当代中国农村农民政治社会化的重要背景和阶段为视角，对城镇化背景下农民政治社会化进行横向、微观的详细描述和深入研究，并对时下乡村振兴战略下如何提升农民政治社会化绩效进行系统分析，突破已有研究囿于历史视角的局限。

（3）研究内容上，进行专题研究。本书认为农民政治社会化是一项复杂的系统工程，既有历史的延续性，也有现实的变动性；既有国家的建构性，也有农民的自主性；既有绩效评价的效率性，更有绩效评价的价值性。因此，本书从历史、现实和未来三个维度研究农民政治社会化，分别探讨了农民政治社会化发展变迁和运转的结构功能、影响因素、内外机理、发展趋势和路径策略等内容，突破了以往农民政治社会化研究多集中于不同时期的特点、成就、问题、对策而较少关注农民政治社会化的跨时段变迁逻辑、运转机理和影响因素的单向性研究。在此基础上，本书不仅对城镇化视域下农民政治社会化的绩效进行了多维度测评分析，而且还就乡村振兴与农民政治社会化的互动性和系统性进行了探讨，归纳和提炼了农民政治社会化的内在逻辑和发展路径，在研究内容上实现了相对于已有研究的突破。

总之，本书是以马克思主义基本理论为指导，力求理论性、科学性、前瞻性和针对性相统一，结合当代中国农村农民政治观念与行为的发展变迁，系统分析和探讨了城镇化背景下中国农民政治社会化的样态与机理，遵循历史、现实以及未来逻辑，为乡村振兴战略下农民政治社会化的绩效提升提供了智力支撑和理论指导。

第一章　农民政治社会化理论发展的研究动态

> 从柏拉图经过卢梭到毛（泽东）的几乎每个时代，在政治理论上都预料到政治社会化这一领域。①
>
> ——西尔斯

在现实政治生活中，作为传承政治文化、形塑政治人、维护政治权威和社会稳定的重要政治实践，政治社会化是一个具有广泛影响的重要政治过程，千百年来延绵不断。但蓬勃发展的政治实践离不开理论的指引。诚如马克思主义经典作家所言，"理论一经掌握群众，也会变成物质力量。理论只要说服人，就能掌握群众；而理论只要彻底，就能说服人"②，"因为理论，而且只有理论，才能使实践不仅了解各阶级在目前如何行进和向哪里行进，而且了解这些阶级在最近的将来会如何行进和向哪里行进"③。因此，梳理农民政治社会化理论沿革，掌握政治社会化研究的特征和热点，能够预测政治社会化理论的未来发展趋势，为我国农民政治社会化政治实践提供理论和经验指引。

中国是一个以农立国的国家，农民在历代政治发展中都起着十分重要甚至决定性的作用。著名政治学家亨廷顿指出："在现代化政治中，农村扮演着关键性'钟摆'角色……它不是稳定的根源，就是革命的根源。"④ 中国共产党

---

① ［美］格林斯坦、波尔斯比编：《政治学手册精选》（下卷），储复耘译，商务印书馆1996年版，第2页。
② 《马克思恩格斯选集》第1卷，人民出版社1995年版，第9页。
③ 《斯大林选集》（上卷），人民出版社1979年版，第199—200页。
④ ［美］塞缪尔·P. 亨廷顿：《变化社会中的政治秩序》，王冠华等译，上海人民出版社2008年版，第241页。

自成立以来就将农民政治社会化与乡村治理摆在治国理政的突出位置。农民的政治社会化因此关乎着中国社会主义革命、建设和改革的兴衰成败，在现实政治中紧随时代经历了跌宕起伏的发展变化。作为诞生于政治社会化实践又反过来指导实践的理论，农民政治社会化理论研究在中国经历了曲折的发展历程。在与政治社会化实践激荡前行过程中，中国农民政治社会化研究如何累积发展，经历了哪些标志性学术事件，产生了何种影响，围绕哪些议题或主题展开了怎样的讨论，呈现出什么样的研究特征和发展逻辑，未来又该怎样深化研究以之指导和推动农民政治社会化实践的发展与完善，这些问题的回答对推进农民政治社会化研究，发挥其对农民政治价值观的形塑引领作用，是一项十分紧迫的事情。然而，学术界鲜有对农民政治社会化理论的增量发展进行宏观视角的学术史或知识史考察和分析。这种对农民政治社会化研究动态系统梳理和掌握的缺乏，严重制约了我国农民政治社会化理论和实践发展。因此，回顾和厘清中国农民政治社会化理论演变发展轨迹，探讨和提炼农民政治社会化研究中聚焦的议题，总结和揭示农民政治社会化研究呈现的基本特征与生长逻辑，展望农民政治社会化研究的未来取向，对指引和促进乡村振兴战略视野下农民政治社会化实践，提高农民政治社会化水平具有重要意义。

一　农民政治社会化理论的发展历程

尽管学科意义上的"政治社会化"概念是一个"舶来品"，但实践证明，不同国家不同阶层的政治社会化总是受制于特定的历史环境、现实国情、阶层境况和个体差异的影响，只能在历史和现实所设定的环境中形成发展。政治社会化理论也在此进程中逐渐形成、发展和完善。改革开放以来尤其是 21 世纪以来中国农民政治社会化理论，是学术界以马克思主义理论为指导，围绕农村改革发展中农民的政治心理和政治行为等理论与现实问题进行的不断探索、讨论、总结和反思，最终形成的具有中国特色的农民政治社会化研究理论。

（一）20 世纪末期农民政治社会化研究的孕育

尽管直接以农民政治社会化为题的研究成果是在 2000 年以后才出现在中国现有文献数据库中，但农民政治社会化研究的因子却早已根植于 20 世纪 80 年代的政治社会化一般理论以及思想政治教育领域研究中，孕育积攒着研究兴起的能量。

第一章　农民政治社会化理论发展的研究动态

回顾历史，中国的政治社会化研究渐次展开于 20 世纪 80 年代政治学、法学、社会学 "补课" 的大背景下。1982 年 "政治社会化" 这一术语首次出现在中国专业期刊《国外社会科学》① 上。随后，涉及政治社会化论题的国外相关政治学著作（如美国学者阿尔蒙德等的《比较政治学：体系、过程和政策》、斯通的《政治心理学》、艾萨克的《政治学——范围与方法》、阿尔蒙德与维巴的《公民文化——五国的政治态度和民主》和法国学者迪韦尔热的《政治社会学——政治学要素》）先后被译介进入国内并被评述；与此同时，王沪宁的《比较政治分析》一书出版，对政治社会化进行了较为系统的介绍和研究，有力推动了中国政治社会化研究。随着政治学科的发展，政治社会化研究在 20 世纪 90 年代逐渐活跃起来，一系列政治学、政治心理学、政治社会学和政治文化的教材与著作开始专门介绍和研究政治社会化。其中，《中国大百科全书（政治卷）》和《布莱克维尔政治学百科全书》分别对 "政治社会化" 进行了专门释义和介绍，为国内学者研究政治社会化提供了范畴边界和工具性的意义指向；美国学者格林斯坦与波尔斯比合作编写的《政治学手册精选（下册）》和曾繁正等编译的《西方政治学》先后由商务印书馆和红旗出版社于 1996 年和 1998 年出版，专章详细编译和介绍了希尔斯有关国外政治社会化研究状况的报告。这些著作推动了学术界对国外政治社会化研究动态的关注和重视，对中国政治社会化研究影响深远。1999 年，黑龙江社会科学院李元书研究员以 "政治社会化与社会主义精神文明" 为题申报国家社科基金，政治社会化研究首次成功获得国家哲社办 "一般项目" 立项，标志着中国政治社会化研究的重要性日益凸显。这一时期，学者在译介西方政治社会化理论成果的基础上，开始对政治社会化结构、功能、机制等基本理论问题进行基础性研究，研究成果开始增多。与此同时，一些学者开始尝试运用西方政治社会化理论来分析和研究中国问题。由于青年学生正处于政治思想观念形成发展的关键时期，再加之 20 世纪 80 年代的学潮，学生尤其是大学生成为这一时期政治社会化研究的主要对象。虽然农民尚未进入学者们政治社会化研究的视野，但政治社会化研究所标称的 "公民" 或 "民众" 本身就内在包含着农民，学术界运用政治社会化一般理论对中国公民尤其是大学生

---

① [美] E. 克劳斯、J. 芬德里奇：《美国和日本成年人的政治社会化》，何凿译，《国外社会科学》1982 年第 2 期。

政治社会化所做的分析，为后来农民政治社会化研究的独立展开提供了前期准备和分析框架。

　　思想政治教育工作是政治社会化的灵魂。尽管政治社会化研究在中国起步较晚，缺乏足够关注，但作为政治社会化主要途径的思想政治教育抑或思想政治工作却在中国得到了官方和学界的高度重视与强调，已经发展成为一门成熟学科，为农民政治社会化研究奠定了坚实基础。回顾历史，农民思想政治教育理论研究的发展受惠于实践的推动。改革开放以后，一系列新情况、新问题的出现使旧的农民思想政治工作体系不能适应变化了的现实，而新的工作体系又尚未得以建立，农村思想政治工作一度出现"空当"，成为政治社会化工作的"真空"地带①。面对新时期农村思想政治工作出现的这一重大问题，中国共产党在1982年10—11月召开全国农村思想政治工作会议，要求在农村大力推进思想政治工作和社会主义精神文明建设，做到物质文明和精神文明两手抓。此次会议是改革开放以来农村思想政治工作的一次大事件，标志着党和国家对农村经济建设与思想政治工作之间辩证关系的认识论发展。为更好贯彻会议精神，一些省级宣传部编辑了《农村思想政治工作经验材料选编》；中共中央也于1983年1月发出《关于加强农村思想政治工作的通知》，要求"大力加强和改进党在农村的思想政治工作，逐步提高农民的政治、思想觉悟，使人人争做有理想、有道德、有文化、守纪律，爱祖国、爱社会主义、爱党、爱集体的社会主义农民"②。该通知成为改革开放以来农村思想政治工作的指导性文件，为农村思想政治工作指明了方向。在此背景下，思想政治教育学科于1984设立，标志着思想政治教育研究拥有了独立的研究地位。与此同时，1982年、1983年、1984年、1986年的中央一号文件和1987年党的十三大报告都继续高度强调农村思想政治教育工作的重要性。1988年第一部专门研究农村思想政治工作的著作《农村思想政治工作初探》（王琴等）由安徽人民出版社正式出版，开启了农村思想政治教育研究的航程。1991年2月，中共中央办公厅转发中宣部、中组部《关于在农村普遍开展社会主义思想教育的意见》，指出要着重解决的问题和教育的重点，大大推动了农村思想政治教育的研究。以

---

① 匡和平：《从农民到公民：中国农民政治社会化问题研究》，黑龙江人民出版社2009年版，第142页。
② 李德芳、杨素稳、李辽宁主编：《中国共产党思想政治教育史料选辑》，武汉大学出版社2019年版，第197页。

"农村思想政治工作"为题的著作、教材由此不断涌现。① 1992年,郭晓君以"改革开放时期的农村思想政治工作"为题申报国家社科基金项目成功获得国家哲社办"青年项目"立项,以"农村思想政治"为题的国家社科立项项目首次出现。面对中国从高度集权的计划经济体制向社会主义市场经济体制转轨之时农村转型这场复杂、艰巨的社会变革,国家于1995年再次将加强农民思想政治教育提上议事日程,强调"在改革开放和现代化建设过程中,我们仍然要重视对农民的教育问题"②,并于同年10月颁布《关于深入开展农村社会主义精神文明建设活动的若干意见》,强调要加强农村社会主义精神文明建设。农民思想政治教育研究也伴随着农村思想政治教育实践的深入而迅速发展,学科意识和学术自觉不断凸显。总之,作为农民政治社会化主要内容的农村或农民思想政治教育实践的发展,为理论研究提供了大量的政策文本和丰富的案例素材,而理论研究成果又反过来指导着政策实践。理论与实践互动共构、激荡前行,成为今天农村农民工作一以贯之的传统,为农民政治社会化研究提供了充分的理论准备和现实必要性支撑。

总体来看,20世纪末期的农民政治社会化研究处于孕育萌芽状态。虽然有1篇文献涉及农村政治社会化③,但其对象是农村小学生,与一般意义上的农民的职业属性和身份属性有较大分野,其分析和研究的侧重点也有明显差别,不能算作真正意义上的农民政治社会化研究。但是,农民被包含在一般意义上的公民或民众之中,而富有中国特色政治话语表达的农村农民思想政治工作或曰思想政治教育又是农民政治社会化研究的主要内容,可以说,政治社会化一般理论和实践以及农村或农民思想政治教育研究为21世纪农民政治社会化研究的兴起提供了理论基础、分析框架和特色方案。

(二) 21世纪初叶农民政治社会化研究的兴起

农民政治社会化正式进入学界视野,始于2002年党的十六大提出建构社会主义和谐社会以后。转型社会"三农"问题的日益突出,使得有关"农民"

---

① 目前,收集到1989年至1993年间以"农村思想政治"或"农民思想政治"为题的著作有15部:1989年2部、1990年2部、1991年6部、1992年3部、1993年2部。
② 中华人民共和国农业部编:《农民思想政治教育读本》,中国农业出版社1995年版,序言第2页。
③ 叶泽滨、陈剑昆、冯加根:《农村中小学生政治社会化问题的初步调查》,《淮阴师专学报(哲学社会科学版)》1990年第1期。

的研究开始从此前着重"经济"的考量转向彰显"政治"的考察。农民的政治认知、政治意识、政治认同、政治参与等政治心理与政治行为的形成发展机理开始受到学界关注。与此同时，政治社会化研究的拓展和深化，不仅使政治社会化理论研究日益深入，更使得研究对象也突破单一学生的范畴而扩展至农民。政治实践和政治社会化理论研究使得农民政治社会化研究的兴起和发展成为必然。

21世纪初叶，政治社会化研究在20世纪末的基础上发展迅速、成就突出。政治社会化研究论文数量自2001年开始呈现逐年成倍递增态势，并于2010年达到历史峰值。李元书、王宗礼、孙爱军等知名学者发表的政治社会化研究论文，助推政治社会化研究成为热点并走向深化，研究内容从政治社会化的内涵、类型、结构、功能等一般理论的探讨扩展到了政治社会化与时代背景、意识形态、大众媒介及历史变迁等关系的研究，研究对象从青年大学生扩大到农民、公务员、少数民族乃至领袖人物。2001年8月复旦大学出版社出版了中国学者第一部有关政治社会化研究的学术著作《转型期中国政治社会化研究》（赵渭荣）。同年12月，黑龙江人民出版社出版了马振清的博士论文《中国公民政治社会化问题研究》。随后，政治社会化的著作不断涌现。[①] 其间，《求索》杂志2005年第10期刊登了钟广宏、彭忠信撰写的《我国农民政治社会化问题现状及其对策》一文，这是国内学术期刊公开刊登直接以农民政治社会化为题的首篇文章，农民政治社会化的学术研究由此开启。尔后，2009年6月黑龙江人民出版社出版了第一部详细论述中国农民政治社会化的理论著作《从农民到公民：中国农民政治社会化问题研究》（匡和平），该书回溯了中国农民政治社会化的历史，分别从"个体"和"社会"两个视角探讨了当代中国农民政治社会化的过程和机制，为农民政治社会化的深入研究奠定了基础。2010年8月上海人民出版社出版了《城市化的孩子：农民工子女的身份生产与政治社会化》（熊易寒），该书以城市化浪潮下城市外来务工人

---

① 2001年至2012年出版政治社会化著作共11部：《转型期的中国政治社会化研究》（赵渭荣，2001）、《中国公民政治社会化问题研究》（马振清，2001）、《大众媒介的政治社会化功能》（张昆，2003）、《美国政治社会化研究》（高峰，2004）、《知识、信仰与现代化——中国政治社会化中的高等教育》（董雅华，2005）、《当代大学生政治社会化研究概论》（黄金柱、鹿军主编，2006）、《从农民到公民：中国农民政治社会化问题研究》（匡和平，2009）、《城市化的孩子：农民工子女的身份生产与政治社会化》（熊易寒，2010）、《当代中国青年大学生政治社会化论》（赖黎明，2010）、《当代青年学生政治社会化问题研究》（程颖，2011）、《大学生政治社会化前后台模式研究基于高校环境的视角》（李小燕，2012）。

员子女的身份认同这一重要问题为分析对象，立足政治学理论和田野调查，试图揭示农民工子女政治社会化的深层机制以补充和修正政治社会化一般理论。该书是构建政治社会化本土理论的一次尝试，是一本中国农民工子女政治社会化的深度研究成果。总体来看，21世纪初叶直接以农民政治社会化为题的研究尚处于起步阶段。相比较于政治社会化理论研究，专注于农民政治社会化研究的学者和成果都不多，研究队伍的层次较低，学术论文以硕士学位论文居多，数量和质量均不高，农民政治社会化的研究急需深化和拓展。

作为政治文化的传承过程，政治社会化内含着政治文化内化为公民的政治心理并外化为政治行为的双重过程。因而，包含政治认知、政治情感、政治评价和政治行为趋向等在内的政治心理和多种多样的政治参与行为，都是政治社会化的重要体现，都可以成为政治社会化研究的范畴。在21世纪初叶，学者们除直接以"农民"+"政治社会化"为题展开研究外，还以"农民"+"思想政治教育""政治认知""政治意识""政治认同""政治参与""政治行为"等语词为主题，将农民政治社会化研究广泛扩及于农民的政治心理和政治行为，使农民政治社会化研究的广度和深度得到拓展。2005年国务院调整《授予博士、硕士学位和培养研究生的学科、专业目录》，增设马克思主义一级学科及所属二级学科，将思想政治教育从原来隶属于政治学下二级学科"马克思主义理论与思想政治教育"的一个方向升格为马克思主义理论一级学科下的二级学科，思想政治教育的学科地位得到明显提高，一大批马克思主义思想政治教育学科的研究生将政治社会化作为学位论文选题展开研究。另外，党中央自十六大以后将"三农"问题作为全党工作的重中之重，提上重要的议事日程，并于2006年1月下发中央一号文件《关于推进社会主义新农村建设的若干意见》，要求"加强农村民主政治建设和精神文明建设"。在此背景下，农民的思想政治教育引起了学界的广泛关注。学者们立足社会主义新农村建设的需要，从历史、现实各视角对农民思想政治教育展开探讨和研究，农民思想政治教育研究的相关学术著作[①]和论文开始增多。而世纪之交城镇化进程不断推进背景下，征地拆迁补偿等矛盾纠纷所引发并于2009年前后达到历史高值的农民维权行动和群体性事件，引发了党和国家的高度重视与学者们对农民政

---

① 2002年至2012年出版了3部有关农民思想政治的著作：《中国共产党农民思想政治工作的理论与实践》（高岳仑、唐明勇主编，2009）、《社会转型期农民思想政治教育研究》（焦艳丽，2011）、《和谐社会视野下的农民思想政治教育研究》（王永芳，2012）。

治参与等政治行为的特别关注。2004 年至 2012 年学术界以农民政治参与或政治行为为题申请国家社科基金项目立项多达 12 项①，出版农民政治参与的相关著作 5 部②。与此同时，学者们也开始关涉农民政治参与背后的观念、态度等深层次心理活动，以农民政治认知、政治意识、政治认同、政治效能感和政治支持等为主题的 8 项研究先后获得国家社科基金立项资助③，以农民意识形态、政治心理为主题的 2 篇博士论文研究成果先后出版④。这一时期，多元化的研究主题、以政治学为主体兼有马克思主义理论等的多学科的研究者、广泛使用的访谈、调查等实证研究方法，标示着农民政治社会化研究开始有着较强的问题意识和探索精神，并获得了长足的发展：不仅具有鲜明的价值取向和时代特征，而且不断觉醒的学科、学术地位使得农民政治社会化研究的学术性、科学性也不断增强。

（三）党的十八大以来农民政治社会化研究的拓展

农民政治社会化研究源于政治社会化的理论支撑和中国农民问题的现实关怀，其发展变迁也遵循了这一理论逻辑和现实逻辑。这一时期的西方政治社会化理论，在继续坚守儿童和青少年政治社会化的传统理论基础上，开始关注和研究个体成年后的党派趋向、政治选择、身份认同建构等系列现实问题。在此背景下中国学术界对政治社会化的研究也迈入了一个新台阶，成果丰硕：翻译和介绍了一系列国外政治社会化理论著述进中国，中国本土化的理论也不断构

---

① 含 2004 年至 2012 年间以农民"政治参与"为题的国家社科立项项目 10 项和 2011 年以农民"政治行为"为题的国家社科立项项目 2 项。

② 《政治文明视域中的农民政治参与》（陈晓莉，2007 年）、《和谐社会构建中的农民工政治参与问题研究》（邓秀华，2009 年）、《当代中国农民政治参与》（丁云、杨桂宏、阙和庆等，2011 年）、《中国农民的政治参与》（祁雪瑞，2011 年）、《中国农民的政治认知与参与》（徐勇，2012 年）。

③ 含有关农民政治认知项目 1 项：农民政治认知与农村社会冲突的相关性研究（仝志辉，07BZZ003）；有关农民政治意识项目 2 项：从转型期我国农民政治意识的变迁看我国社会主义意识形态在农村的构建（牟成文，08BKS021）、城市融入进程中新生代农民工政治意识文明研究（胡艳辉，11BZZ003）；有关农民政治认同项目 3 项：增强农民政治认同与巩固党在农村的执政基础研究（彭正德，09CZZ002）、基层民主治理中农民政治认同的制度分析（高卫民，12BZZ003）、民族地区农民政治认同的特点、机制及规律研究（陈锋，12XKS016）；有关农民政治效能感项目 1 项：新生代农民工政治效能感实证研究（熊光清，11BZZ007）；有关农民政治支持项目 1 项：农民政治支持与乡村社会管理的路径选择研究（刘伟，12CZZ048）。

④ 分别是《中国农民意识形态的变迁：以鄂东 A 村为个案》（牟成文，2008 年）和《中国农民政治心理及行为方式变迁研究》（李云，2010 年）。

建拓展，2013年至2019年7年出版的政治社会化相关著作数量（共19部）①超过了前30年出版的政治社会化著作的总和。并且党的十八大以来中国政治社会化研究沿着两条路径不断走向深入。一是受对儿童和青少年政治价值观形成具有重要性和可塑性的政治社会化传统理论逻辑影响，主要研究大学生的政治社会化；二是以政治社会化为主题的研究内容不断扩展深化，不仅强调政治社会化的载体途径，也更加重视体现政治社会化结果或效果的政治心理与行为问题。

在中国，农民问题自十八大以来受到党和国家的高度重视。中国农民问题的现实关怀加之政治社会化研究所奠定的理论支持，使得这一时期农民政治社会化研究得到长足发展。虽然直接以"农民政治社会化"为题的研究文献不多，出版的著作只有张志荣撰写的《农民工政治社会化问题研究》（2014年3月吉林人民出版社出版）1部，但是，农民政治社会化研究的内容却较前一时期更加丰富多彩。学者们围绕乡村治理中政治社会化的机制、机理、绩效、影响因素和互动关系、相关性等主题进行深入分析，研究成效更加显著。整体而言，党的十八大以来，农民政治社会化研究主要围绕两条路径纵深展开。一是学者们尤其是马克思主义学科学者们重视对作为农民政治社会化重要途径的"思想政治教育"进行研究。这一时期，党和国家十分重视掌握意识形态的主导权和领导权，高度强调加强思想政治教育，包括农民在内的各个层面思想政治教育工作被提到了相当的政治高度；与此同时，中国实施的人类历史上从未有过的农村精准扶贫战略要求对农民进行有效的思想政治教育。农民思想政治教育研究因此引起了官方和学术界的共鸣，学术界在国家政策的强力助推下围

---

① 这19部著作是《当代中国电影的政治社会化功能研究》（宋震，2013年）、《当代大学生政治社会化问题研究》（段立新，2013年）、《网络民族主义思潮与当代青年政治社会化研究》（卜建华，2013年）、《大学生政治社会化的结果研究——以"社会互构论"为理论视角》（吴鲁平等，2013年）、《当代中国政治社会化中的公民认同研究》（李冰，2013年）、《农民工政治社会化问题研究》（张志荣，2014年）、《政治社会化与大学生理想信念教育》（林伟，2014年）、《马克思政治社会化思想研究》（黄丹，2014年）、《长征与中国共产党的政治理念传播：基于政治社会化理论的分析》（李东方，2014年）、《高校思想政治教育与当代大学生政治社会化研究》（毛文璐，2016年）、《网络传播政治社会化研究》（杨晶，2016年）、《政治社会化与大学生媒介素养教育》（赵世环，2016年）、《当代政治社会化基本理论》（马振清，2017年）、《当代中国大学生政治社会化进程研究》（王琳媛，2017年）、《大众传媒的政治社会化功能研究》（张立群，2017年）、《大学生政治社会化问题研究》（周柏春，2017年）、《中国传统政治社会化的逻辑》（余朝虎，2018年）、《政治社会化视野下的学习型大学生党组织建设研究》（李雁冰、王鸣晖、肖永辉，2018年）、《基于网络的政治社会化问题研究》（李斌，2019年）。

绕新农村建设、城镇化进程、乡村振兴掀起了农民思想政治教育研究的热潮。一批关于农民尤其是深度贫困地区、特殊地区农民思想政治教育研究的相关课题得到国家社科基金立项资助①，一系列结合中国农村政策和实际的研究成果先后发表和出版②，推动和深化了农民政治社会化研究的发展。二是侧重对体现农民政治社会化效果或绩效的政治心理和政治行为进行研究。农民政治认知、政治态度、政治价值观、政治效能感、政治认同和政治参与等主题受到政治学学者们的青睐。不仅上一时期立项的农民政治参与国家项目成果在此阶段得以出版③，而且研究这种显性政治现象背后的潜隐性政治心理、政治观念、政治意识的成果也纷纷出版④或发表，农民政治信任主题继续受到学界的关注并成为这一时期的一大亮点，取得了较为丰硕的研究成果⑤。与此同时，有关农民政治认知、政治文化、政治意识、政治心理、政治态度和政治价值观的主题先后被国家社科基金立项资助⑥。而且，由于国内国际形势的深刻变化，农

---

① 这一时期共立项农民思想政治教育方面的国家社科项目7个，分别是：新疆农牧区思想政治教育长效机制研究（马立新，14XKS034）、中国共产党在湘鄂川黔革命根据地农村思想政治工作的历史考察与经验研究（王跃飞，14BDJ007）、乡村振兴战略中甘宁青农民思想政治教育研究（丁海涛，18BKS115）、新时代农村青年思想政治教育研究（18BKS116）、新时代青藏地区农牧民思想政治教育研究（丁晓武，19BKS111）、文化安全视域下新时代边疆地区农村青年思想政治教育长效机制研究（李春会，19BKS221）、中华人民共和国成立以来中国共产党开展农民思想政治教育的历程与经验研究（张玲玲，19BKS188）。

② 共出版农民思想政治教育方面的著作4部，分别是：《新农村建设中农民思想政治教育实施策略研究》（何文毅，2013年）、《新农村建设中的农民思想政治教育研究》（唐萍，2013年）、《马克思主义中国化与农民思想政治教育》（龙海平，2017年）、《广西新农村建设背景下的农民思想政治教育研究》（覃雪梅编，2015年）。

③ 这一时期出版的农民政治参与的相关国家项目成果共7部，分别是：《新生代农民工政治参与研究》（郑永兰等，2013年）、《中国失业农民工政治参与及其治理研究》（孔凡义，2014年）、《新生代农民工政治参与研究》（徐志达，2015年）、《中国农民工政治参与研究》（高洪贵，2015年）、《城市化进程中我国城中村村民政治参与研究——以西安市为例》（王永香，2016年）、《新农村建设中保障农民政治参与权利的制度创新研究》（蔡振亚、王为东，2017年）、《陕甘宁边区农民政治参与（1937—1945）》（杨安妮，2019年）。

④ 这一时期出版的农民政治意识、政治心理相关著作共6部：《农民政治意识分化与政府治理创新研究》（龚上华，2014年）、《农民工政治社会化问题研究》（张志荣，2014年）、《普通人话语中的政治，转型中国的农民政治心理透视》（刘伟，2015年）、《日常生活视角下农民政治认同逻辑研究》（陈自强，2017年）、《农民政治水平和农民民主协商治理机制研究》（季丽新，2017年）、《城市融入进程中新生代农民工政治意识文明研究》（胡艳辉等，2019年）。

⑤ 《信任的网络与逻辑：转型时期中国农民的政治信任》（邱国良，2013年）、《中国农民政治信任的来源文化、制度与传播》（卢春龙、严挺，2016年）、《传媒对村民政治信任和社会信任的影响研究》（王正祥，2017年）、《大众传媒对农民工政治信任的影响研究》（庄思薇，2020年）。

⑥ 先后有7项关于农民政治认知、政治文化、政治意识、政治心理、政治态度和政治价值观的课题申报被国家社科基金立项。

民的价值观在这一时期遭遇极大的冲击，农民政治认同问题面临新的时代挑战，农民政治认同问题持续受到国家和学者的重视，不仅国家社科项目立项数量多[①]，学术论文发表也多。未来一段时间农民政治社会化尤其是问题比较突出的政治社会化问题仍将是学者们关注的重点。

由此可见，目前农民政治社会化研究是国家和学术界共同推动与互动的结果，呈现出二元甚至多元路径研究的样态。研究内容不断拓展，研究视野更加开阔，研究主题不断深入，问题意识不断凸显，论证更加科学。农民政治社会化的深度研究既促进了理论知识的不断累积发展，也为党和国家制定与执行相关乡村治理，尤其是当下如火如荼的乡村振兴战略提供着强大的政治合法性和有效性以及政策指导。

二 农民政治社会化理论研究的主要议题

在中国，尽管农民政治社会化研究起步较晚，内容有待深化，但在经过了孕育、兴起、拓展三个发展阶段后基本形成了较为稳定的研究范围和主题。学者们围绕农民政治社会化的价值功能、群体特征、时空背景、影响要素、效果评估与提升等方面展开的探究和讨论，既有分歧也有共识。梳理农民政治社会化研究的议题和内容，有助于把握农民政治社会化研究的发展脉搏，助推农民政治社会化研究和实践的深入发展。

（一）价值向度下的农民政治社会化研究

农民政治社会化同普通公民政治社会化一样是个体与社会互动的过程，是农民个体、乡村社会和国家意识三者的融合锻造过程。认识和把握农民政治社会化的价值功能，就成为中国农民政治社会化研究的首要议题。在农民政治社会化研究伊始，学者们对农民政治社会化价值功能的认识与政治社会化的传统价值理论一致，普遍认为农民政治社会化的价值仍然不外乎训练农民、传递政治文化、维护社会稳定[②]。这种认识主要立足于自上而下的单向政治控制和灌输思想，忽视了农民在政治社会化中的主体性作用。随着政治社会化理论的不

---

① 先后共有 5 项关于农民政治认同的申报被获准立项国家社科基金项目。
② 易九桂、邹荣：《论市场经济条件下农村政治社会化功能及有效途径》，《井冈山师范学院学报（哲学社会科学）》2002 年第 3 期。

断发展深化和农村农民问题的日益凸显,学术界对农民政治社会化的价值认识也随之深化。在立足于共同体角度强调农民政治社会化对农民政治意识的形塑和锻造的同时,农民主体性的养成和政治心理的习得之于农民政治社会化的价值逐渐被学界所认识和强调。在中国,农民的特殊历史地位和作用以及中国特色社会主义建设的必然诉求,都使得农民成为国家政治社会化工作的重点对象,需要经由自然人到社会人再经历政治社会化成为政治体系所需要的合格政治人和社会成员。因此,有学者认为,唤起农民的公民意识,引导农民充分行使公民权利和履行公民义务,维护其"公民地位"是关键,而担负此任务的农民政治社会化就天然地应当以培育新型农民为目标、以建设公民文化为内容、以整合农村社会和维护政治体系合法性为基点、以推动现代化进程为方向。这种重视农民在政治社会化中的价值功能,强调农民个体和国家社会二元视角的上下联动、相互发力的价值观念,开始被学术界所认识[①]。与此同时,为解决城乡二元结构经由蓬勃发展的市场经济而带来的城乡差距拉大、农村发展滞后的问题,中央十六届五中全会于 2005 年 10 月适时提出"扎实推进社会主义新农村建设"。而推进社会主义新农村建设,关键在人。因此,学者们认为,无论从历史还是现实、政治还是经济来看,充分发挥政治社会化功能、培育社会主义新型农民在新农村建设中意义重大。必须通过大力发展农村教育、科学、文化,关心农民现实利益,加强农民对社会政治生活的认识和理解,使农民形成正确的政治情感、政治态度和政治信仰,掌握参与政治生活的知识和技能;通过农民的政治社会化,用社会主义的意识形态占领农民的思想阵地,为农村经济和社会发展提供可靠的思想保证。而城乡流动性的增强和农民工数量的不断增多,使得农民工政治社会化的重要性和价值逐渐受到学术界的重视。学者们普遍认为,农民工自身发展、公民队伍整合、社会政治体系的持续、中国特色社会主义民主政治的发展,都决定农民工政治社会化对增强其权利义务意识和参政技能、增强政治体系合法性和促进民主政治发展具有重大意义[②]。可见,在继承和借鉴政治社会化一般性价值功能的基础上,学界对农民政治社会化价值的认识不断深化并基本形成共识:农民政治社会化对国家进行民主政治建设、乡村发展和塑造合格公民、维护政治稳定具有重要价值,同

---

① 匡和平:《从农民到公民:中国农民政治社会化问题研究》,黑龙江人民出版社 2009 年版,第 35-89 页。
② 张志荣:《农民工政治社会化问题研究》,博士学位论文,大连海事大学,2013 年,第 28-49 页。

时，对农民公民权利义务意识、理性素养、公民文化等农民主体性的培养和实现并激发农民积极参与政治也具有重要意义。

（二）不同农民群体的政治社会化研究

农民群体作为一个阶层，有着复杂的内部构成。学术界对农民政治社会化的研究也因此有着研究对象多元化特点。不仅农民群体这个整体，青年农民、农民工，甚至少数民族农民、失地农民、返乡农民、西部农民等特殊农民群体政治社会化都成为学术界研究和讨论的对象。

1. 青年农民政治社会化研究

作为农村社会的主干力量和最活跃群体，农村青年的政治社会化备受关注。随着大众传媒在农村的普及，有学者开始关注大众传媒对农村青年群体政治社会化的影响。他们看到了大众传媒作为农村青年获取政治知识、政治技能的重要渠道，赋予农村青年政治表达的管道并影响其政治态度而对其具有的积极影响，但也认为大众传媒报道内容中的商业信息居多会扭曲农村青年道德意识，使他们价值观念发生偏差；大众传媒报道的政治事件与农村日常生活联系不紧密容易造成农村青年的政治冷漠；假新闻的泛滥容易使农村青年对媒体产生不信任感[1]，而认为大众传媒对农村青年政治社会化的影响可谓喜忧参半。部分学者由此开始研究农村青年的政治意识和政治参与现状，发现当下农村青年政治认知有所提高，对农村政治事务比较关心，政治信任度较大，但其政治责任感和政治效能感较低，政治价值观参差不齐；受政治参与动机功利化、政治现代化水平不高等原因限制，农村青年政治参与存在着"政治参与与政治冷漠并存""政治意识与政治行为之间偏差较大"等进步与落后并存的矛盾问题[2]。学者们由此进行评估，认为当下农村青年政治社会化的总体水平较低[3]，无法凝聚为成熟的政治力量，而必须加强对他们的宣传、引导和培训，增强青年农民对政治体系和主导政治文化的认同。整体来看，研究青年农民政治社会化的学者还不多，研究也没有很好地运用政治社会化的基本理论和政治心理学、政治社会学的研究范式和研究方法，导致青年农民政治社会化研究还处于较低水平。

---

[1] 唐清云、唐秀玲：《大众传媒对农村青年政治社会化的影响》，《青年探索》2003年第4期。
[2] 李冰水、余婷婷：《政治社会化视野中农村青年政治参与矛盾性研究》，《学校党建与思想教育》2009年第29期。
[3] 于昆：《农村青年政治社会化：问题与对策》，《理论前沿》2008年第22期。

2. 农民工政治社会化研究

近年来，学界对农民工群体的分化问题已经有所关注。作为兼具"过渡人、边缘人、半城市化人"特征的农民工群体，正面临着思想观念多元、社会归属和安全感缺乏、政治社会化路径不畅等困局。有实证量化分析显示，包括新生代农民工在内的农民工群体政治社会化普遍存在着路径闭塞和效果不佳的问题：虽然他们政治学习有一定效果，但学习兴趣和动力不足，学习内化效果不佳；虽然新旧传播交互影响，但新兴传播可信度低于传统传播，信息评价结果不容乐观；虽然文化认知正由传统向现代转型，但城乡文化融合度明显不及中西文化的整合；虽然初步融入城市，但城市归属感仍然不足，最终导致其对主流意识形态的认同弱化[①]。鉴于农民工数量多年来高达 2.7 亿人，占据农村人口比例近半，农民工政治社会化问题直接关联到农民群体政治社会化的整体水平，学术界对农民工尤其是新生代农民工政治社会化问题倾注了很多研究精力。学者们围绕农民工政治参与的价值和意义、政治参与的特征和内容、参与的类型和形式、影响因素和参与困境及对策建议等内容对农民工政治社会化和主流意识形态认同进行了实证探讨，但现有研究都只是刚刚涉及，还不全面也不够深入，缺乏对农民工政治参与的动态跟踪和考察，也很少对东中西部不同区域、沿海和内陆城市农民工政治参与进行比较研究[②]，研究的广度和深度有限。然而，随着城市化和流动性的不断增强，农民工的再社会化问题和新生代农民工的政治社会化问题已经成为国家现代化进程中不可回避的重大问题。农民工政治社会化如何运行，受哪些因素影响，其效度和限度如何，如何谋划才能增强其对主流意识形态的认同，是城镇化背景下学者们未来必须继续深度考察研究的课题。

3. 农村中小学学生政治社会化研究

虽然农村中小学生在职业层面并不属于农民，但其户籍属于农村的事实和中小学生正处于政治倾向和政治态度形成的关键时期且易受到其农民父母影响的现实，使得农村中小学生政治社会化研究能够一定程度反映农民的政治社会化。因此，学者们从 20 世纪 90 年代就开始对农村中小学生政治社会化进行研究。学者叶泽滨、陈剑昆、冯加根 1990 年进行的"农村中小学生政治社会化

[①] 吴春梅、郝苏君、徐勇：《政治社会化路径下农民工主流意识形态认同的实证分析》，《政治学研究》2014 年第 2 期。

[②] 雷勇：《农民工政治参与问题研究述评》，《西南民族大学学报（哲学社会科学版）》2015 年第 2 期。

问题的初步调查"是最早对农村中小学生政治社会化展开的研究。该调查通过抽样问卷统计分析苏北地区普通农村中小学生对"政治领袖的知悉评价""与政府负责人交谈的意向和内容""解决遭人侵辱问题的途径选择""对现行政策的看法"等问题的态度，就发现农村小学生、初中生和高中生的认知评价呈现出抛物线形的明显差异变化：小学生政治认同较低，初中生政治认同程度较高，高中生政治认同程度又有所下降[1]。而后，一些硕士学位论文开始在个案考察的基础上，结合描述性研究和解释性研究对农村小学生政治社会化的具体途径与内容进行微观探究。他们认为农村小学和小学教材是国家意识的渗透与表达，教师是政治文化的传播者，乡村小学是儿童政治社会化的主要载体[2]；经由小学的政治社会化后，低、中、高各年级段农村小学生政治认知基本正确，政治情感高尚但发展不均衡；对抽象的国家和政府有极高的政治信任，但对具体的制度运行、政策制定却不够信任[3]。整体而言，目前对农村中小学生的研究尚显单一，缺乏对不同区域中小学生进行比较，也缺乏对中小学生心理成长规律的实验实证研究，农村中小学生政治社会化研究的科学性和针对性明显不足。

此外，学界还对一些具有特殊性、典型性的农民群体政治社会化进行研究，以较为全面地管窥不同时期、不同场域、不同特征下农民政治社会化的概貌，推动农民政治社会化研究进程，但这些研究无论是广度还是深度都存在明显的不足。近年来农民群体政治观念、政治意识和政治行为的分化越来越明显，呼唤着学术界进行更多更高水平的分层分类研究。

（三）时空背景下的农民政治社会化研究

对中华人民共和国成立以来不同时期农民政治社会化进行研究，展现农民政治社会化的水平、特征和样态，揭示其发展变迁的规律，是学术界政治社会化研究的重要目标。为实现这一目标，学者们着力从两个路径展开研究：一是基于大历史观或整体性考察，对不同时段的农民政治社会化进行纵向比较分析。有学者立足"国家—社会"二元关系，以主流意识形态和社会亚文化之

---

[1] 叶泽滨、陈剑昆、冯加根：《农村中小学生政治社会化问题的初步调查》，《淮阴师专学报（哲社版）》1990年第1期。

[2] 钱桂年：《乡村小学：政治社会化的摇篮——以甘肃省土塔村土塔小学为例》，硕士学位论文，华中师范大学，2009年，第3页。

[3] 魏选福：《农村小学生政治社会化研究》，硕士学位论文，云南师范大学，2014年，第1页。

间的互动为视角，将中华人民共和国成立以来农民政治社会化分为 20 世纪 50 年代初至 60 年代、60 年代末至 90 年代末和 21 世纪以来至今三个时期加以比较。认为第一时期"国家—社会"高度一体化，农民政治社会化属于国家单向传递的模式，第二时期"国家—社会"开始分离，"文革"时期"去日常化"的"革命浪漫主义"情结和政治压力开始减轻，民间社会独立性日益凸显，单向传递的政治社会化模式日益表现出对社会变迁的不适应，呈现出由强至弱的功能变化，而第三时期社会大发展使社会亚文化开始挑战主流意识形态所塑造的观念秩序，出现了主流意识形态的正面宣传与社会亚文化的反面解读并存的尴尬局面。[①] 这些研究从整体上纵向梳理了中华人民共和国成立以来农民政治社会化变迁模式，具有立体感和层次感，但因其对研究者的知识结构和逻辑思维要求较高、难度较大。二是基于历史片段或阶段性，对特定时期或特定阶段的政治社会化进行横向透视。这种断代史或局部性的考察虽然视野较为狭窄，但对研究者的知识结构要求相对单一，研究容易深入，因此成为目前研究不同时段农民政治社会化的主要方式。

1. 中华人民共和国成立初期的农民政治社会化研究

唤醒农民公民权利意识，向其植入政治意识和阶级意识是中华人民共和国成立初期农民政治社会化工作的主要任务。国家的农民政治社会化工作如何实现这一任务以及效果如何，就成为学术界研究中华人民共和国成立初期农民政治社会化的核心。有学者根据农民阶级意识和政治意识的形塑过程，把中华人民共和国成立初期农民政治社会化过程分为诉苦以转变思想、阶级划分以统一意识、土改分配以确立意识三个层次和阶段，并就每个层次和阶段农民观念意识的特征进行剖析。认为党和国家通过这三个层次的政治社会化，从思想上、行动上解放了农民，增强了农民的主体意识，使农民逐步认可和接受了新的政治制度、政治信仰和价值理念，认同了党的领导地位，从家族化的农民转变成具有阶级意识的"政治人"，建立起社会主义政治体系得以维系的合法性基础，实现了中华人民共和国成立初期党和国家对农民政治社会化的预期目标[②]。有学者根据农民政治社会化的实践历程，把中华人民共和国成立初期党和国家对农民政治意识形态的建构分为观念化、科学化、制度化和社会化四个

---

① 张翔、唐雅君：《国家、社会与政治社会化：政治社会化的形态变迁与困境突破》，《领导科学》2016 年第 23 期。

② 郭春领、程萌萌：《浅析建国初期农村政治社会化》，《西安社会科学》2010 年第 3 期。

层面进行研究,认为这四个层面意识形态的新构建,总体上达到了在农村消解旧主流意识形态和塑造新主流意识形态这一"除旧布新"的目的[①]。这些研究为进一步深入了解中华人民共和国成立初期农民政治社会化的机制和效果提供了分析路径。

2. 集体化时期的农民政治社会化研究

土地改革完成后,加强对农民的政治社会化工作以实现对乡村社会的全面整合和控制,成为集体化时期国家的农民政治社会化工作的主要任务。鉴于这一时期国家建设对农民政治观念和政治意识变迁的巨大影响,学术界因此加强了对这一时期农民政治社会化的研究,着重从政治整合和社会控制两种视角研究农民政治观念和政治意识的变化。学者们强调政权下乡过程就是农民再社会化过程。国家通过建设乡村政权、组织农民参与政治生活和实行生产生活资料的集体供给,发挥集体组织的政治社会化功能,将国家的政治价值体系、意识形态嵌入农民的日常生活,塑造了农民的革命观、阶级观,实现了国家权力对乡村生活的全面嵌入与管制以及对乡村社会政治分化基础上的政治整合[②]。也有学者从马克思主义经典作家关于统治阶级对思想的生产和分配理论角度,强调单向度的政治控制。他们认为,新中国社会控制体系的建设使得"基层权力机构取代了宗族组织,建立起了农民政治社会化的社会控制体系"。国家通过这套控制体系提升农民的政治参与效能感,使得农民"从边缘地位到核心地位,全面改善了农民政治社会化的主体状况"[③],由此展开对集体化时期农民政治社会化机制的探讨。遗憾的是,这些探讨多是文献研究,缺乏历史人类学的实证考察。

3. 社会转型期的农民政治社会化研究

改革开放以来,中国社会正在发生巨大的转型。伴随经济的不断现代化,人们的思维方式、价值观念、行为方式都不同程度产生着矛盾、冲突和震荡。农民政治社会化也由此既面临着难得的发展机遇,也面临着前所未有的挑战。有学者指出,社会转型期农民政治社会化存在着政治社会化方式单一、政治社

[①] 朱庆跃:《1949—1956年马克思主义中国化对主流意识形态的重构——基于意识形态政治社会化的分析》,《深圳大学学报(人文社会科学版)》2012年第1期。

[②] 张健:《政权下乡过程中农民政治社会化研究》,《中共乌鲁木齐市委党校学报》2010年第2期。

[③] 赵晓霞:《毛泽东与新中国农民的政治社会化》,《云南行政学院学报》2008年第6期。

会化元素稀薄、政治理性发育迟缓、社会力量缺失等一系列问题①，要求加强建构科学的农民政治社会化系统。鉴于政治社会化最为核心的目标就是传播公民文化、培育合格公民，因此，主张新时期中国公民包括农民政治社会化最基本的任务就是进行公民意识的培育和传播②。总体来看，学界对转型期农民政治社会化的研究还停留在一般性问题的描述或解读，缺乏对内在系统和机理的探讨。

4. 新农村建设时期的农民政治社会化研究

2005年10月党的十六届五中全会通过"十一五"规划，明确提出建设社会主义新农村是此后5年我国经济社会发展的奋斗目标和行动纲领之一。培养新型农民以勇挑社会主义新农村建设重任成为新农村建设不言自明的重要内容。加强农民思想政治工作，深入开展农村形势和政策教育，积极推动群众性精神文明创建活动，为建设社会主义新农村提供强大的精神动力和思想保证这一农民政治社会化或思想政治教育工作开始受到党和国家的高度重视，并被历年的中央一号文件反复强调。学术界为此探讨了农民政治社会化对新农村建设的意义和价值、新农村建设中农民政治社会化的科学方向、内容和形式以及运行机制的构建和改进③；围绕新农村建设背景下农民政治社会化的重要性、存在的问题和机制优化等问题进行研究，从传统文化和国家政策、农民受教育状况、利益分配机制、农村社会事业发展、农村党组织权威等多方面分析农民政治社会化的现状，思考提升农民政治社会化水平的对策。这一时期学者们基本围绕"问题—对策"的思路研究农民政治社会化，但其研究的结论和提出的方案针对性与可行性都还流于表层，不具有实效。

(四) 要素影响下的农民政治社会化研究

在当前时代，城镇化、村民自治、乡村政治文化构成影响农民政治社会化的核心要素，而成为学术界聚焦讨论的重要议题。

1. 城镇化对农民政治社会化的影响研究

改革开放以来尤其是进入21世纪以来，城镇化发展迅速并对农民政治观念、政治意识等产生着重要影响。城镇化对农民政治社会化的影响随即引起了

---

① 刘学坤：《村落中的公民成长：社会转型期农民政治社会化现状与途径创新》，《思想政治教育研究》2012年第2期。
② 何丽君：《新时期中国公民政治社会化研究》，博士学位论文，中共中央党校，2009年，第4页。
③ 谭德宇：《新农村建设中的农民政治社会化研究》，《中州学刊》2007年第6期。

学术界的关注。学者们开始通过全国性问卷调查，运用多变量分析方法考察城镇化对农民政治意识的影响，充分肯定城镇化对农民政治社会化的促进作用，但也认为城镇化在提升农民政治意识现代性的同时，也对农民政治观念、政治意识和政治行为发展有着阻碍，致使农民政治意识离现代理想类型的公民政治意识还有较大差距①。一些学者选取个案，以问卷调查和入户访谈的方式，立足于政治社会化媒介或载体的视角，从农民政治认知、政治情感和政治态度等政治心理和行为层面分析农民政治社会化的表征②，并从国家、乡村、农民等"三位一体"的视角构建城镇化视野下农民政治社会化的策略。整体而言，城镇化的深入推进必将使农民政治社会化问题越来越突出。如何应对城镇化对农民政治心理和政治行为的挑战，让农民建构起适应城镇化发展的政治观念、参政能力，是未来农民政治社会化研究需要进行的课题。

2. 村民自治对农民政治社会化的影响研究

村民自治是改革开放以来农民政治社会化环境发生巨变的第二个核心要素。可以说，村民自治的实施不仅深刻改变着农民的政治实践，也深刻改变和形塑着农民的政治观念和行为取向，因而成为学术界关注的重点。学者们围绕村民自治与农民政治社会化二者的关系、村民自治运转下农民政治意识和政治行为的呈现特征进行讨论和研究。学者们认为，村民自治是农民政治社会化的重要实践形式③，其与农民政治社会化相互影响，村民自治的发展促进了农民政治社会化，农民政治社会化水平的提高反过来又进一步影响村民自治。事实上，民主政治的观念和行为只能依托民主的实践才能形成，村民自治在农民政治知识的学习、政治态度的形成、政治人格的塑造、政治技能的训练等方面发挥着重要作用。而农民政治社会化担负着塑造合格政治角色的重任，反过来又推动农村民主政治建设，实现村民自治健康发展，维护农村社会政治稳定，重构和传播理性的新农村政治文化。但经由30余年的村民自治实践，农民政治社会化有了新的变化：政治思想上，农民政治意识增强但政治认识不足，民主意识在提升但主体意识尚未真正形成，法制意识在提高但缺乏对法律的正确理解与运用，个体意识增强但集体观念淡薄；政治行为上，政治参与虽有明显增

---

① 章秀英：《城镇化对农民政治意识的影响研究》，《政治学研究》2013年第3期。
② 晏俊杰：《城镇化进程中的农民政治社会化问题研究——以湖北襄阳某村为例》，硕士学位论文，武汉理工大学，2013年，第9页。
③ 上官酒瑞：《村民自治：农民与农村政治社会化的重要实践形式》，《前进》2005年第5期。

长，但参与的主动性和自觉性较差，参与的制度化和程序化程度较低。① 随着村民自治形式和内容的不断拓展，其对农民政治社会化的影响和作用也将呈现新的特征，需要学界及时跟踪和准确观察其间的变化与机理，并为农民政治社会化建言献策。

3. 乡村政治文化对农民政治社会化的影响研究

政治文化既是政治社会化的重要内容，也是影响政治社会化效果和水平的主要因素。目前学术界主要侧重于研究乡村政治文化对农民政治社会化的影响。学者们调研后发现，政治参与不简单是经济发展的必然结果，农民政治参与程度的高度与经济发展水平的高低并没有必然的关系，经济收入较高的农民并不一定有政治参与的更高积极性，而经济收入较低的农民也不一定就会缺乏政治参与的热情而远离村庄政治，决定农民政治角色倾向性和政治参与的变量是政治文化。事实上，不同的政治文化对村民政治参与有着不同的影响。精英政治化带来现代政治文化的萎缩和传统政治文化的上扬，而政治社会化的不发达会成为政治文化发展的社会羁绊，两者的同时存在使得不同村庄的政治参与很不相同。因而主张现代政治文化是长期有效支持自主式制度内政治参与的唯一力量，要求促动乡村精英良性发展和政治社会化的不断完善。② 这些研究和结论对促进农村政治发展，提升农民政治素质具有重要意义。

（五）效果层面的农民政治社会化研究

1. 农民政治社会化现状研究

充分了解和把握农民政治社会化的现状是做好农民政治社会化工作的前提。为此，学者们分别从总体层面和具体内容两个视角对农民政治社会化的现实状况进行考察和分析，以尽可能客观全面展现农民政治社会化的水平。改革开放后的中国，政治、经济、文化、社会等各领域都发生了翻天覆地的深刻变革。农民政治社会化所植根的原有政治文化和传播渠道都已在新的时代背景下发生了重大改变。受教育水平、传统观念和阶级斗争残留因子等因素影响，学者们普遍判断我国农民政治社会化不尽如人意，总体水平较低。主要表现在：社会长期对农民政治社会化的忽视制约着农民政治社会化水平的提高；农民文

---

① 孔继海：《村民自治中农民政治社会化研究——基于河南省54个村庄的调查》，硕士学位论文，贵州师范大学，2009年，第20页。

② 陈朋：《乡村政治文化与精英政治化、政治社会化——基于湖北省9个村的调查比较分析》，《中国农村观察》2007年第4期。

化素质偏低导致大多数农民缺乏基本政治知识和技能；农村经济和社会发展效果不理想导致农民政治认同感不高；农村妇女和农民工政治参与边缘化。[①] 还有学者指出，乡土生活政治社会化元素稀薄、农村社会力量缺失、教育的政治社会化效力还未充分发挥，导致现今村落公民伦理建设滞后、农民政治社会化方式单一、水平较低。[②]

学者们不仅从宏观层面分析中国农民政治社会化的总体情况，而且还深入到微观层面，从农民的政治态度、政治价值观、政治认同、政治信任、政治效能感等方面对农民政治社会化的具体状况进行考察和实证分析，以全面、科学呈现农民政治社会化各构成要素的基本特征和相互之间的关联。有学者在世纪之初通过调查研究发现，经济市场化、政治民主化和社会开放化的不断洗礼已经使得"农民的政治心态正处于从传统臣民文化向现代公民文化转变过程之中，其权威认同呈现出双因子结构"[③]；这种政治心态的变化已经影响农民维权形式的选择，"转型时期农民呈现出政治认知失衡化、政治情感持续化以及政治态度臣民化等多元政治心态，规制着农民维权的行为选择"[④]。而农民政治价值观无论是民主观、法治观，还是政党观，也在农村非集体化改革和城镇化浪潮下呈现出现代化或世俗化的变迁趋势，并深受年龄的代际变化、教育程度的提升、经济状况的改善、政治参与实践和传统文化禀赋等多元因素的影响。[⑤] 与此同时，学术界还从程度、功能、影响因素和提升路径等各方面展开对农民政治认同的研究，形成了生存伦理下的抗争性叙事、国家政权建设下的建构主义叙事和历史逻辑下的话语叙事三种自上而下的农民政治认同分析范式以及立足于自下而上的日常生活视角的政治认同分析逻辑。[⑥] 认为，各种因素的相互叠加、综合作用使得当代中国农民政治认同呈现出自主性增强、层次性明显、矛盾性突出的复杂特征，增进农民政治认同必须增进农民民生福祉、发

[①] 钟广宏、彭忠信：《我国农民政治社会化问题现状及其对策》，《求索》2005年第10期。
[②] 刘学坤：《村落中的公民成长：社会转型期农民政治社会化现状与途径创新》，《思想政治教育研究》2012年第2期。
[③] 郭正林：《当代中国农民政治态度的定量研究》，《学术研究》2005第5期。
[④] 李俊：《转型期农民维权的行为逻辑——基于政治心态的检审》，《政治学研究》2016年第3期。
[⑤] 肖唐镖、余泓波：《农民政治价值观的变迁及其影响因素——五省（市）60村的跟踪研究（1999—2011）》，《华中师范大学学报（人文社会科学版）》2014年第1期。
[⑥] 陈自强：《农民政治认同研究的传统及新尝试》，《广西社会科学》2017年第1期。

展农民民主权利、贯彻实现公平正义、畅通信息传播、加强政民互动。[①] 对农民政治信任，学术界经由多年研究在纵向层面形成了农民政治信任的"央强地弱"的差序格局共识，在横向层面实证分析了农民政治信任的不同来源[②]、效应[③]和影响因素[④]并提出了改革的策略。对农民政治效能感，学者们通过统计分析和量化研究后认为，当下农民的政治效能感整体偏低，教育程度和党员身份是影响农民政治效能感的重要因素，其中经济水平并不影响农民政治效能感，而物质诱因显著负面影响农民外在政治效能感，但却不影响其内在政治效能感。[⑤]

除此之外，学者们还对农民的政治认知、国家责任观的现状等进行了研究。认为，传统中国农民的政治认知和政治参与基本上属于"双低"，但这种"对偶"关系在改革开放后出现了不一致，农民特别是流动农民表现出政治认知度高而参与度低的"言行不一"的"非对偶"状况。[⑥] 国家与农民的关系在改革开放以来也在不断调适，但却呈现出虚化和矛盾之势，即农民对国家、社会和法律的责任义务观念正日益淡化，甚至表现出普遍缺失的趋势，隐藏着现实和潜在的巨大"社会政治风险"[⑦]，据此主张重构新时期农民的权利与责任义务体系。这些研究为深化农民政治社会化研究提供了不同的分析路径，也为未来国家的农民政治社会化工作提供着新的思路和对策建议。

2. 农民政治社会化效果提升研究

农民政治社会化的效果既是国家进行政治社会化的目标，也是国家政治社会化工作实施的成果检验。在呈现和掌握了农民政治社会化的现状基础上，如何因地制宜谋定而后动，提升农民政治社会化效果，成为学术界研究关注的重点。目前学术界的相关研究主要集中在以下三个方面：一是农民政治社会化效

---

① 黄元丰：《当代中国增进农民政治认同的路径探析》，《佳木斯大学社会科学学报》2015年第4期。
② 卢春龙、张华：《中国农民政治信任的来源：文化、制度与结构》，《湖南师范大学社会科学学报》2017年第3期；陈鹏：《中国农民政治信任的起源探究——基于全国代表性样本的实证分析》，《武汉理工大学学报（社会科学版）》2014年第5期。
③ 肖唐镖、王欣：《农民政治信任变化的政治效应分析——对五省、市60个村的跟踪研究（1999—2008）》，《社会科学研究》2012年第3期。
④ 肖唐镖、王欣：《"民心"何以得或失——影响农民政治信任的因素分析：五省（市）60村调查（1999—2008）》，《中国农村观察》2011年第6期。
⑤ 李蓉蓉：《影响农民政治效能感的多因素分析》，《当代世界与社会主义》2014年第2期。
⑥ 匡和平：《农民政治社会化过程中的"非对偶性"现象探析》，《江汉大学学报（社会科学版）》2009年第1期。
⑦ 朱明国：《变迁与重构：农民社会责任义务体系》，《学术研究》2013年第12期。

果提升的目标与原则。结合中国发展和农业、农村建设要求，学者们对农民政治社会化的目标已经基本形成共识，主张从合格政治人的层面将培养具有现代公民意识的社会主义新型农民作为农民政治社会化的目标。为此主张农民政治社会化应该坚持农民的主体性原则，必须以满足农民的需要和利益为最根本的动因，遵循个体的心理（意识）发展规律，相信农民、尊重农民、引导农民发挥主体性作用[1]。对农民主体性的内容、范畴和条件的探讨也伴随着乡村社会的不断发展和农民主体性原则的不断彰显而走向深入。二是农民政治社会化运行机制。学者们从农民政治社会化效果提升的长远考虑，主张新农村建设中必须建立健全能够促进农民政治社会化的领导管理机制、导向机制、示范机制和自主发展机制[2]；并从维系农村社会稳定的视角主张构建维系农村社会稳定畅通的利益表达与反馈机制、思想文化认同机制和制度化政治参与等机制[3]。三是农民政治社会化效果提升的路径与策略。目前这一领域的研究相对较多，学者们结合农村的阶段性任务和政策，基于新农村建设、乡村振兴战略等契机，着力探讨提升农民政治社会化效果的路径策略。主张着眼于政治社会化的媒介载体和环境，构建包括主体、客体、介体和环体四位一体的农民政治社会化系统，改进和加强农民社会化方式，提升其实效性。虽然学术界对农民政治社会化效果提升倾注了较多注意力，但其对农民政治社会化效果提升的原则、机制和路径探讨的深度与广度仍还不够，其针对性、现实性、运用性还有待加强，农民政治社会化效果提升未来还需要进行双向度、多元化、大视野的深度系统研究。

三　农民政治社会化理论发展的基本特征

自农民政治社会化研究在国内兴起以来，学术界 20 余年的持续研究，为学术增长和政治实践发展做出了积极贡献。既拓宽了学界对"三农"问题的研究空间，丰富了研究视角和方法，深化了对政治社会化问题的理论研究，又为政治实践中党和国家的政治合法性和有效性提升提供了合理性论证和对策建议。但农民政治社会化研究时间尚短、研究平台松散、研究队伍弱小、研究成

---

[1] 匡和平：《论农民政治社会化的主体性原则》，《长白学刊》2006 年第 1 期。
[2] 谭德宇：《新农村建设中的农民政治社会化研究》，《中州学刊》2007 年第 6 期。
[3] 陈学兵、陈娅文：《维系农村社会稳定的农民政治社会化机制分析》，《广西青年干部学院学报》2014 年第 1 期。

果不多、研究深度不够的现实，又使得中国农民政治社会化研究发展受到限制。二者的同构胶合使得现时的农民政治社会化研究呈现出如下特征。

（一）研究范畴以农民"政治社会化"与"思想政治教育"等同、混淆或交错使用为表征

作为传递政治观念、政治知识和政治文化的社会实践活动，政治社会化与思想政治教育是极易混淆的两个概念。它们都具有将主导的政治观念传播灌输给社会成员的共同目标，在当代政治发展中具有同构性，思想政治教育通常被认为是政治社会化的重要途径。但二者又不可完全同日而语，而有着本质的差异："思想政治教育"更强调国家对社会成员单向的政治知识和政治制度宣传，是马克思主义中国化的理论表达，是中国共产党领导社会主义革命、建设和改革的特色与优势，具有光荣的传统和辉煌的历史，一直受到学术界的高度重视；"政治社会化"则是西方国家行为主义政治学发展的理论，是随着中国政治学补课而引进过来的外来语，强调社会人演化为政治人过程中个体与社会、政治共同体之间的互动发展，是灌输式教育和个人自主养成相统一，而不是国家对社会成员的单向教育。但在学术研究中，学者们并没有严格区分，使用时或者将二者等同，在著作和论文中明确指出政治社会化或曰思想政治教育，或者不明确界分二者，而是秉持实用主义的原则来决定名称的使用，强调自上而下的意识形态教育或教化时使用思想政治教育，而关注自下而上的政治态度习得和养成时则使用政治社会化，或者分学科和文献类别而决定使用，马克思主义学科通常使用思想政治教育，政治学学科多使用政治社会化，注重价值性的理论文献多使用思想政治教育，注重科学性的学术文献多使用政治社会化。可以说，中国农民研究并没有明确区分二者，21世纪以前研究农民通常以农民或农村的思想政治教育或思想政治工作为题，鲜有使用农民农村政治社会化；而自农民政治社会化研究开始的21世纪前十年，往往将二者进行等同或混淆使用；直到十八大，政治文化视角的农民政治社会化研究不断凸显，政治认知、政治态度、政治价值观、政治效能感、政治意识等具体内容的研究不断增多，学术界才交错使用并将二者相对分隔，学科界限才日益明晰。

（二）研究主题始终与国家"三农"政策和农民政治实践的发展导向高度相关

国家"三农"政策的倾向是学术界农民政治社会化研究力量和选题变化

的风向标。著作、论文、项目等研究选题的变化和成果数量的增减都与国家对相关"三农"议题的态度和政策高度契合，显示出中国农民政治社会化研究的政策导向特征。改革开放初期，党和国家针对农民思想政治工作中出现的新情况、新问题，主张在农村积极推进社会主义精神文明建设，大力加强和改进农村思想政治工作，农民的思想政治工作成为当时研究的重心。20 世纪 90 年代以来，社会主义市场经济的发展对农民思想政治观念所产生的剧烈震荡和消极影响，使农民思想政治教育受到党和国家的高度重视，市场经济条件下的农民思想政治教育研究由此产生学科意识和学术自觉，大批学者投身思想政治教育研究。进入 21 世纪后，城镇化的不断推进使经历了严峻的新旧"三农"问题的农民政治思想观念发生巨大变化，流动社会中的农民与农民工政治社会化引起了学界的高度重视。可以说，改革开放以来党和国家先后施行的村民自治、社会主义新农村建设和正在深入推进的乡村振兴战略都深刻改变着农民政治社会化的条件和水平，也深刻影响着农民政治社会化研究。一方面，学术界聚焦于不同时期的农村发展战略，围绕村民自治、社会主义新农村和乡村振兴战略条件下的农民政治社会化展开研究，着重探讨不同政策运行对农民政治社会化的机遇与挑战，以及二者间的互动和作用；另一方面，面对 21 世纪后日益凸显的农民政治问题、农民政治参与爆炸与政治冷漠并存的矛盾现象，学界围绕政治认知、政治认同、政治信任、政治态度等农民政治心理和政治行为展开研究，全面深入把握新的时代条件下农民政治社会化的真实状况和成因，为农民政治社会化工作开展提供智力支持。总体来看，农民政治社会化研究主题的变化与党和国家的农村改革发展政策和政治实践高度相关，农民政治社会化研究越来越务实、理性。

（三）研究视角由着重强调宏观静态的价值层面向微观动态的科学层面转变

21 世纪以前，学术界重在介绍、诠释和解读国外政治学著作和马克思主义经典作家关于政治社会化结构、功能、机制等基础内容的相关理论文献。由于这一时期中国农民政治社会化研究尚处于孕育状态，还内含在政治社会化一般理论研究和农民思想政治教育研究之中。所以这一时期农民政治社会化研究立足于政治社会化等基本理论问题，着眼于宏观静态视角，围绕中国特色社会主义农村思想政治教育工作的性质、重要性、必要性和可行性等价值层面进行。这一时期农民政治社会化研究重在强调国家在农民思想政治教育中的进场和在场，把农民看作是被动的客体，强调国家对农民进行思想政治教育的主动性和单向性以维护治理的合法性和稳定的社会政治秩序。进入 21 世纪，农民政治社会化研究开始兴起。受政治社会化一般理论影响，农民政治社会化受哪些因素影响、农民怎样社会化和再社会化等关涉农民政治社会化规律和相关逻辑的基础问题成为学术界研究的核心议题，影响农民政治观念和政治行为形成发展的诸要素及相互关系成为学界关注和讨论的热点与焦点。仅重视国家的单向灌输式教育而忽视个体主体性的传统政治社会化研究局限在这一时期被学术界突破。学者们研究农民政治社会化既强调自上而下的国家思想政治教育和自下而上的农民政治观念习得的有机统一和配合，又突破传统的宏观静态视角，开始从动态维度解析农民如何与国家、与乡村在政治文化中互动并带动政治社会化水平的提高，勾勒出农民政治精神世界形成发展的光谱。总体来看，主流政治价值观的传播和农民政治观念的变化在很长一段时间内都将是农民政治社会化研究的核心议题。并且随着国家农村农民政策重心的转移和农民政治问题的变化，中国农民政治社会化研究的重心正在并将日益从单向度强调意识形态、国家取向的价值层面向强调去除价值判断、力求客观中立的科学层面发展和转变。政治社会学、政治心理学视域下农民政治社会化研究必将越来越受重视。

（四）研究方法从偏重规范研究向规范与实证相结合的方向转变

中国农民政治社会化研究在兴起后一段时间内注重对马克思主义政治社会化工作理论、党和国家领导人讲话与相关"三农"政策文件中的政治社会化思想和行动方案进行文献解读与文本阐释，对中国特色社会主义农民政治社会化理论和机制进行解析。与此同时，部分学者开始尝试借鉴西方政治社会化的基本理论和分析框架来诠释与解构农民政治社会化的实践案例和个体特征，运用主体、客体、介体和环体等政治社会化系统构成要素分析不同背景下不同农民群体的社会化表征和机理，呈现个体视角下农民政治社会化内化和外化的效果以及社会视角下国家、乡村、农民之间的互动机制。农民政治社会化研究整体上属于规范研究，文本色彩和诠释是主流。随着"三农"问题的日益突出和不断变迁，改革和治理"三农"问题成为新时期国家发展的战略选择，掌握农民政治思想现状并助力国家形塑合格的政治人成为农民政治社会化研究的主流。政治学的科学化和定量研究方法的引入，使得农民政治社会化的实证研究悄然兴起。一些学者开始对农民政治态度、政治信任度、政治素质水平等心理和行为倾向运用实地访谈、问卷调查、统计分析等实证方法进行测量和评估，对政治社会化中诸构成要素之间的相互关系进行量化回归分析。实证研究方法的引入，使得农民政治社会化研究的科学性大大提升。但当下的农民政治社会化实证研究多是针对有限区域或个别案例进行，样本的涵盖率和代表性都还不够，问卷的设计和分析也不够科学和严谨，致使农民政治社会化实证研究的效度和科学性欠佳，理论的解释力不强。总体来看，农民政治社会化的实证研究还处于初级层次，需要提升。

（五）研究立场从他者话语体系的"依附性"向学科属性的"自主性"转变

中国农民政治社会化研究的兴起基于两个来源，一是改革开放后农民政治思想观念的变化对国家政治秩序和政治稳定的重要影响，要求重视并科学研究农民政治社会化，以更好促进农民个体政治人格形塑和维护执政合法性；二是改革开放后学界开始译介和借鉴西方政治社会化理论，并在此基础上构建中国特色政治社会化理论，为农民政治社会化研究提供了理论准备和分析框架。事实上，中国农民政治社会化研究从一诞生就是基于中国的政治需要和西方政治社会化的一般理论。中国政治话语和政治实践规制着农民政治社会化研究的话语表达和价值取向，导致农民政治社会化研究具有强烈的政策导向性和意识形态色彩以及较强的应用性和功利性趋向，学术性和解释性较弱；与此同时，对政治社会化一般理论尤其是西方政治社会化的概念、范畴、命题和论断的简单套用、模仿或嫁接，致使本就处于边缘地位的农民政治社会化研究难以贡献原创性的概念、理论和方法。对西方政治社会化理论的依附，使得中国农民政治社会化研究因为缺乏中国特色的成熟理论框架和理论体系，而呈现出短期化、随意性、浅层次的特点。直至近年，学者们才认识到借用西方政治社会化理论分析中国农民政治社会化存在不当，开始从他者的话语体系转向立足中国农村农民政治实际，对接中国政治制度、思想价值形态和政治文化，探讨中国视域下农民政治发展，构建具有中国学科特色的自主话语体系。至此，中国农民政治社会化研究开始从他者话语体系的"依附性"走向学科属性的"自主性"。

四 农民政治社会化理论发展的未来展望

解决"三农"问题是近年全党工作的重中之重。乡村振兴战略的深入推进要求坚持农民主体地位，提升农民政治社会化水平和政治素质。改革开放以来农民政治社会化理论发展，同党和国家的农村农民政治社会化实践息息相关、密不可分。总体来看，农民政治社会化理论建设是以理论的方式推进社会化实践，进而形成中国特色的农民政治社会化理论发展逻辑。展望未来，中国农民政治社会化研究要着眼于以下几方面的建设和推进。

（一）构建农民政治社会化基本理论

理论是实践的先导。中国农民政治社会化实践的深化推进需要有科学理论的指导。因此，构建科学的农民政治社会化理论成为农民政治社会化研究必须首先解决的问题。应从系统论思维出发，对西方政治社会化和政治文化理论、马克思主义的思想灌输和政治教育理论、国内外农民政治理论、农民思想政治教育理论等农民政治社会化的相关理论进行梳理、归类和深度融合性研究。既要按照历史先后顺序纵向考察和整理政治社会化研究的理论发展变迁，又要对主要理论演进进行横向专题归类和比较，在总结和提炼中外农民政治社会化的经典理论基础上，拓展和建构新时代背景下具有普遍解释力的农民政治社会化一般理论。第一，要在厘清政治社会化与思想政治教育、政治文化、政治价值观、政治意识等相关概念的联系与区别的基础上明确其内涵外延，分析政治社会化与政治信任、政治认同、政治稳定、政治合法性等的效度和限度，科学界定农民政治社会化的特定内涵，明晰农民政治社会化的实质与特征。第二，要深入研究农民政治社会化的内部机理和外部变量介入下政治知识、政治心理与政治行为的交互关系，剖析政治传统、媒体信任、政治关注、经济绩效、社会资本等对农民政治社会化的影响及相关度，构建一个包含输入、输出、环境反馈等复杂要素的系统的农民政治社会化运转理论。第三，要揭示农民政治社会化的机制与绩效的相互关系，构建不同类型的农民政治社会化机制与绩效模型，在此基础上，健全和完善具有阐释力的中国特色农民政治社会化理论。总之，农民政治社会化理论的构建要遵循理论一般性与特殊性、科学性与价值性、国际化与本土化的原则，探寻农民政治社会化本质和基本规律。

（二）拓展农民政治社会化研究内容

第一，要加强不同主体属性的农民政治社会化研究。既要对流动农民尤其是农民工和新时代农民工政治社会化进行研究，分析交通、通信发展和交往多元化与农民政治观念和政治行为变迁的相关关系，又要对不同性别、年龄、政治面貌的农民政治社会化进行研究，着重分析女性农民、青年农民和乡村精英农民政治社会化的基本特征及对乡村政治发展的作用，还要对不同民族、宗教、教育程度的农民政治社会化进行研究，着重揭示边疆少数民族农民、基督教农民政治社会化的规律及其对政治秩序的影响逻辑，更要加强对东中西部农民政治社会化的区域研究，同时注意比较城市郊区、乡镇郊区和偏远农村的农民政治社会化，重点分析西部农民和郊区农民政治社会化，揭示农村社会形态变化对农民政治心理和政治行为的影响。第二，要加强不同媒介载体对农民政治社会化的作用研究。分析家庭、政党政府、非政府组织、大众媒介、同辈群体对农民政治社会化的影响，探讨政治文化、经济发展、制度绩效和社会治理对农民政治社会化的作用，进而对不同时期存在的正向、反向政治社会化和反政治社会化的形成机理和影响因素进行探讨，并重点分析以往鲜有研究的转型期、过渡期、接点期的农民政治社会化。第三，要加强对农民政治社会化客体的研究。通过对农民政治知识、政治态度、政治观念、政治效能感等政治意识和政治行为的研究，深入分析农民政治社会化内化和外化的现实样态与内在关联。

(三) 加强农民政治社会化实证研究

农民政治社会化的研究水平与研究方法是否科学紧密相关。近年来以规范的定性研究为主，辅之以少量的实证研究的研究方法和现状，致使中国农民政治社会化的研究层次和水平都处于较低阶段。相比之下，国外的政治社会化研究近年来越来越强调行为主义政治学的量化和大数据技术的运用。因此，为了促进中国农民政治社会化研究的科学性和有效性，就必须加强现代实证研究方法的合理运用。第一，要加强借鉴和融合经济学、社会学和心理学中的量化统计分析方法，采用实证调查、深度访谈、问卷设计、科学抽样、归类统计、回归分析和政治态度与个性测量等数据分析技术，整理和呈现农民政治社会化的特征和趋势，探讨农民政治社会化的影响要素和变动机理，揭示农民政治社会化的发展逻辑和基本规律。第二，要充分运用大数据、人工智能、算法政治中的新技术，挖掘海量的数据信息，采用量化的方法、模型和技术，进行智能化的数据筛选，突破传统样本的数量局限，使研究更加精准、全面、科学和高效，进而科学测量和评估农民政治态度和政治行为倾向。第三，要加强参与体验法、现场观察法、控制实验法的运用，构建农民政治社会化研究的田野政治学，使得研究成果兼具前沿性、价值性和预测性，做到农民政治社会化研究的思想性与科学性的有机融合。

（四）开阔农民政治社会化研究视野

现有的农民政治社会化研究主要是基于农村的特定时空场域，有着研究领域封闭、研究对象单一、研究角度静态等局限，无法从宏观与微观、动态与静态相结合的视角全面展现农民政治社会化的全景图像。因此，农民政治社会化研究必须要立足农民政治社会化的长周期、总体性考察，坚持大历史观和大格局观的认知思维，扩大农民政治社会化的研究视野。其一，要突破现有研究的断代史和短周期局限，加强农民政治社会化的大历史和长周期研究。既要对新时代背景下农民政治社会化展开深入研究，着重探讨城镇化、精准扶贫、乡村振兴战略与农民政治社会化的互动和发展走向，也要对农民政治社会化进行纵向的通史性研究，探讨自古代到近代再到现代、当代社会以及改革开放以来不同时期农民政治社会化的基本样态、方式方法、主要机制、影响因素、社会效应以及演进过程中的变迁目标、原则、动力、趋势等基本逻辑和规律，揭示中国农民政治社会化历史发展变迁中的延续性和变动性要素与机理。其二，要突破现有研究的个案性和地域性限制，加强农民政治社会化的宏观背景和全局性研究。要把农民政治社会化放在国际国内时事的大视野中加以考察，深刻洞悉和把握国际局势、国内形势、区域情势、农村态势发展变化中农民政治社会化的新机遇、新挑战、新特征和新趋势，重点分析新冠疫情、两个大局、两个一百年叠加时期的农民政治社会化，要将农民政治社会化放在全面建成小康社会、共同富裕和全面建设社会主义现代化国家新征程的大格局下展望其发展方向和愿景，进而开辟农民政治社会化研究的新视野。

（五）优化农民政治社会化研究路径

理论发展通常有两种基本路径，或以学科为中心或以问题为中心。前者严格限定了研究范围，有明确的边界，强调在本身的学术框架内开展活动，并生产关于界定本学科问题研究的知识。后者主张融合不同学科，动用各种知识和方法对同一问题进行研究并探寻解决办法。当前，中国农民政治社会化研究的学科属性和问题意识都还很薄弱，优化研究路径就成为未来推进农民政治社会化研究发展的迫切要求。一方面，应坚持以学科为中心，加强农民政治社会化研究的学科深化，继续开展政治学、马克思主义理论、心理学、社会学、传播学、教育学等学科限度内的农民政治社会化研究，根据不同学科所属的理论基础、知识生产体系和方法运用推进政治社会化理论发展，构建专业性的农民政治社会化阐释模式、评估方式和应用形式，加速农民政治社会化理论发展。另一方面，坚持以问题为中心，围绕农民政治社会化问题展开深度的学科融合，充分体现跨学科、交叉学科、综合性研究的取向，将相关学科的知识和方法融合运用于农民政治社会化问题的研究，并与农民政治社会化问题解决有机结合起来，从而形成农民政治社会化的较为完整的知识体系。事实上，这两种路径彼此依赖，不能截然分开。学科研究的发展和完善是学科融合的前提和条件，而以问题为中心的研究又迫切呼唤学科研究的成熟，中国农民政治社会化研究急需向专业化和综合化方向共同优化发展。

五 相关研究评析

国外学者经过多年探索，从自己的价值立场出发，以当代政治发展和各国政治社会化实践为研究基点，运用系统理论、霸权理论、多元理论和冲突理论并直接借用心理学、社会学的相关理论成果，相继提出了一系列政治社会化理论分析模型，逐步确立起了政治社会化研究的基本视域，为解释纷繁复杂的现实政治社会提供了具有诠释力的分析框架。但是，国外政治社会化研究囿于本国的政治需要，主要关注个体（儿童、青少年、成人、女性）政治社会化历程和国际政治社会化，鲜有把农民这一特殊群体的政治社会化作为研究对象，更没有就中国农民政治社会化问题作系统关注。由于农民在西方发达国家只是社会分工中的一个职业，与其他职业相比本身没有特殊性，在某种意义上，农民政治社会化更多是发展中国家特有的命题。据此，国外学者很少将农民作为一个社会群体进行专门的政治社会化研究。海外学者对中国农民政治的研究，也多关注的是政治心理与政治参与、政治稳定以及合法性等议题的联系，中国农民政治社会化因而并没有进入他们的研究视野。

在中国，近40年政治社会化研究呈现出三大特点：一是研究内容仍囿于对政治社会化的定义、特征、功能、机构以及过程等基础理论的论证和探讨，缺乏对政治社会化机制与绩效及相关性的深入研究。目前，关于政治社会化的"互动型""传播型""对策型"以及"综合型"的四种机制观，只涉及政治社会化机制的某个方面与层次，只侧重对系统的内部结构及相互关系进行分析，缺乏对绩效的评估和对机制与绩效的解析。二是研究时段聚焦于改革开放后尤其是20世纪90年代后这一时期，缺乏对中华人民共和国成立70余年政治社会化的系统研究。当前，学术界研究政治社会化有两种倾向：一种是只探讨改革开放以来所谓转型时期的政治社会化，强调社会转型对政治社会化的机遇与挑战；另一种是从中国历史的分期来谈政治社会化，强调历史史实的叙述。前者看到了现象，但缺乏对现象背后缘由的把握，后者看到了部分历史缘由，但却跨度太长，具有泛化论色彩，研究不深入。总的来看，现有研究成果缺乏对影响中国未来发展至深的中华人民共和国成立70余年政治社会化进行宏观把控和微观深度研究。三是研究对象仍然集中于青年群体尤其是青年大学生，缺乏对农民这一特殊群体政治社会化的深入研究。虽然近年来农民群体已进入政治社会化学者的视野，但研究视野和范畴都具有明显局限性，研究成果的显示度和影响力都较弱，更缺乏对农民政治社会化进行宏观和微观、静态和动态的系统深入研究。

可以说，现有研究没有就中华人民共和国成立70余年特定政治背景下中国农民政治社会化变迁和绩效以及如何推进农民政治社会化达成共识。当代中国农民的政治社会化究竟怎样演进发展？其对政治变迁和国家治理有何作用？当代中国农民政治社会化变迁呈现什么样的逻辑？有何延续性和变动性？城镇化背景下农民政治社会化呈现什么样态？我们如何来评价其绩效状况？乡村振兴战略下农民政治社会化绩效又该如何提升？所有这一切理论和实践问题急需在根本上厘清。而这却未得到学术界高度关注。"一个国家要发展，必须研究农民。"[①] 今天，农民的政治社会化和政治心态，事关农村乃至国家改革、发展和稳定的大局，农民问题在全党工作中具有突出位置。因此，基于农民政治社会化和政治心态在国家政治生活中的重要性和现有的研究状况，本书将致力于探讨当代农民政治社会化变迁和绩效提升问题，希望为国家推进农民政治社会化提供理论支持和行动指导。

---

① ［美］埃弗里特·M. 罗吉斯、拉伯尔·J. 博德格：《乡村社会变迁》，王晓毅、王地宁译，浙江人民出版社1988年版，第320页。

第二章 当代中国农民政治社会化变迁的历史考察

> 对待真正科学或哲学的态度,和对一般意义上的社会生活更深刻的理解,必须建立在对历史的沉思和阐释之上。①
>
> ——卡尔·波普尔

"只有借助于过去,我们才能充分理解现在。"② 要理解和深刻把握农民政治社会化的运作机制和内在机理以为未来的绩效提升提供借鉴,离不开对历史的把握。回顾历史,当代中国农民政治社会化是一个持续不断的过程。一方面,"中国领导人创造社会主义新社会的使命使他们强烈关注政治社会化和传播的过程……以便促进大众社会觉悟的改造"③。中国共产党一直将正确认识、教育和发动农民作为社会主义革命、建设和改革的核心议题,致力于向其传播党的意识形态和政治观念,致力于将农民从传统小农改造成具有现代公民意识的合格政治人,这使得中国农民的政治社会化具有强烈的国家主导性和政治嵌入性。另一方面,农村政策的调整和乡村治理的变化,也深刻影响着农民的政治心理。农民在接受政治教育的同时,也在社会变迁中主动融入政治并直接或间接地改造着政治、影响着国家政治发展进程,这又使得中国农民的政治社会

---

① [英]卡尔·波普尔:《开放社会及其敌人》,陆衡译,中国社会科学出版社1999年版,第25页。
② [英]爱德华·霍列特·卡尔:《历史是什么?》,吴柱存译,商务印书馆1981年版,第57页。
③ [美]詹姆斯·R.汤森、布兰特利·沃马克:《中国政治》,顾速、董方译,江苏人民出版社2003年版,第132页。

化具有鲜明的农民主体性和个体实践性。中国农民政治社会化的内容、逻辑、目标和动力等就在二者的互动中因应着时代变迁而发生着深刻的变革。回溯历史，认真审视中华人民共和国成立以来土地改革、集体化、税费制和后税费制等不同时期农民政治社会化变迁，深入体悟和把握其重要内容和变迁逻辑，对新时代加强和提升农民政治社会化绩效极具助益。

一 土地改革时期的农民政治社会化

中国是一个农业大国。广袤农村地区的稳定和占人口绝大多数农民的人心向背，历来关系着国家安宁与经济社会发展大局。亨廷顿指出，"一个政党如果想首先成为群众性的组织，进而成为政府的稳固基础，那它就必须把自己的组织扩展到农村地区"，"必须把传统的农村组织起来"。[1] 中国共产党在领导中国革命的过程中也深刻认识到了农民问题对中国全局的极端重要性，"谁赢得了农民，谁就会赢得了中国"[2]，因而始终将农民问题作为"国民革命的中心问题"，想方设法激发农民的积极性，将其积聚和整合到自己的旗帜下。而争取农民，最根本的是要解决对农民极端重要的土地问题。"工人阶级的未来将取决于这个问题的解决"[3]，"谁解决土地问题，谁就会赢得农民。"[4] 土地改革成为了决定农民政治态度的关键性因素。为此，中国共产党一直将土地改革作为党和国家的重要工作，在中华人民共和国成立前后就一直致力于"打破封建的土地所有制，实行彻底的平分土地，把土地所有权交给农民"[5]，并利用土地改革对农民进行政治社会化以改造农民并赢取其支持。

在中华人民共和国成立前，早在民主革命时期中国共产党就颁布了土地革命纲领，在解放区开展土地革命以获取农民的支持。1946年5月，党中央为满足广大农民"耕者有其田"的土地需求发出《关于土地问题的指示》。1947年10月又制定和通过《中国土地法大纲》，在解放区广大农村实行彻底的土

---

[1] ［美］塞缪尔·P. 亨廷顿：《变化社会中的政治秩序》，王冠华等译，上海人民出版社2008年版，第361页。
[2] ［美］洛易斯·惠勒·斯诺：《斯诺眼中的中国》，王恩光等译，中国学术出版社1982年版，第47页。
[3] 《马克思恩格斯选集》第3卷，人民出版社1995年版，第127页。
[4] ［美］洛易斯·惠勒·斯诺：《斯诺眼中的中国》，王恩光等译，中国学术出版社1982版，第47页。
[5] 《毛泽东文集》第5卷，人民出版社1996年版，第23页。

地改革，激发农民投身革命的热情，解放战争由此获得了农民源源不断的政治、经济和军事的支持而获得胜利。中华人民共和国成立后，中央人民政府委员会于1950年6月通过《中华人民共和国土地改革法》，在拥有三亿一千万人口的新解放区进行土地改革，极大解放了农业生产力，使农民经济上翻了身。土地改革是中国共产党领导中国人民开展的、以彻底推翻封建剥削制度为主要内容的一场伟大社会革命。其价值和意义，不仅在于使农民"翻身"成为土地的主人，更在于中国共产党以土地改革为契机，在宣传动员、诉苦、划成分、斗地主、分果实等过程中将阶级观念深刻嵌入农民的思想意识，使农民"翻心"形成对党和新中国的强大政治认同，完成党对农民的改造，实现农民的政治社会化。"土地改革的直接受益者是农民，而最大的政治受益者则是共产党。通过分配土地，农民获得好处，而对党持有'报恩'心理。"[①] 农民政治意识经由土地改革的教化得以形塑，国家与乡村社会的关系得以重塑，党执政的合法性基础和新生的人民政权由此得到巩固，现代民族国家经由土地改革时期的政治社会化机制而得以形成。因此，剖析中国共产党在土地改革中对农民的政治社会化机制及成效，探寻历史经验，对提升当代中国农民政治社会化绩效具有重要价值。

（一）宣传动员：农民政治意识的唤醒

马克斯·韦伯在研究政府执政的有效条件时认为："一切经验表明，没有任何一种统治自愿地满足于仅仅以物质的动机或仅仅以情绪的动机，或者仅仅以价值合乎理性的动机，作为其继续存在的机会。毋宁说，任何统治都企图唤起并维持对它的'合法性'的信仰。"[②] 农民是占中国人口绝大多数的群体，他们的认同和支持是中国共产党巩固执政的基础。因此，唤起农民的政治意识和政治认同，是中华人民共和国成立后中国共产党的当务之急。但国家与乡村二元分治传统治理结构下的中国农民属于典型的"无政治阶层"。"日出而作，日入而息。凿井而饮，耕田而食。帝力于我何有哉"的生产生活习惯和政治心态，使得农民只有根深蒂固的家族意识和宗族观念，而无明确的政治意识和国家观念。作为建基于工农联盟基础上的革命型政党的中国共产党，不仅需要把农民作为革命的主力军，发动农民、赢得农民，让农民参与革命助力解放战

---

① 徐勇：《国家化、农民性与乡村整合》，江苏人民出版社2019年版，第113页。
② ［德］马克斯·韦伯：《经济与社会》（上卷），林荣远译，商务印书馆1997年版，第239页。

争取得胜利，更需要将阶级观念意识植入到其灵魂深处，让其对共产党及其政策形成强烈的政治认同，把党看作是"我们的党"，培育农民对党的恩情意识，进而建构起现代民族国家。而土地改革运动就是中国共产党动员农民并培育农民政治意识和阶级观念，对农民进行政治社会化的重要策略。

1. 无政治阶层：土改前夕农民的政治观念

传统中国，农民是一个没有"阶级意识"和政治观念的群体，他们对国家政治既缺乏热切的关心，也没有参与政治的渠道。王亚南先生在分析传统社会中国农民的境遇时就认为，"不但农民自身，就连同情农民的少数士大夫，他们亦还不能明确认知，农民生存上所受的威胁是由于在社会政治上没有取得'平等''自由'的结果，从而他们犯上作乱的要求，一般都是经济的意义大于政治的意义"①。缺乏阶级意识和政治觉悟，是农民斗争多年但生存境遇并未得到根本改观的重要根源。虽然解放后土地改革遵循"依靠贫农、雇农，团结中农，中立富农，有步骤地有分别地消灭封建剥削制度，发展农业生产"的路线和政策，"废除一切地主的土地所有权"，"没收地主土地分配给农民"，希望通过土地改革来摧毁农村原有政治秩序，培养农民对新政权感激、信任、依恋、拥护的政治情感和政治认同，但这一解决农民"命根子"和"饭碗"问题，理应得到农民响应和支持的政策，在改革初期并未得到农民的积极响应。究其缘由，即是"无政治阶层"的农民缺乏阶级意识的观念所致。

一是人情社会所特有的良心观念使农民看不到隐藏在表面背后的阶级实质而缺乏阶级觉悟。乡土社会遵循着熟人社会的伦理道德逻辑，"做事凭良心"是农民的基本行为准则。在乡土日常交往中，农民与地主并未显现出极端的对立状态，虽然部分地主有些"霸道""心狠""不认亲戚"，但地主"还是有好的一面，帮助了很多困难户"，"他们的田是买来的，又不是抢来的"，农民与地主之间没有"深仇大恨"，他们之间的矛盾并不尖锐。很多农民甚至认为，地主对自己不仅没有严重的剥削，反而还有一定的恩情。这种良心观念和感恩心理，使得农民内心生发不出对地主的阶级仇恨，自然难以产生对新政权的政治认同。

二是传统的"富贵在天，人各有命"的宿命论抹杀了封建统治和剥削的实质，无从唤醒农民的阶级意识。"富人富裕是因为人家葬了好坟或祖上积了德，穷人困苦是因为八字不好、不行时走运，一切都是上天注定的，怨不得别

---

① 王亚南：《中国官僚政治研究》，中国社会科学出版社1981年版，第133-134页。

人。""命中只有八合米,走遍天下不满升。"① 这种宿命论观念让农民把生活的境遇归咎于"命运",虽然深知自己之"苦",但却从未从政治上深入认知和觉悟自己之苦乃阶级之苦,而是屈服于苦难、认命。这种承认地主阶级的政治统治和经济剥削合理合法,认同地主阶级的权威和价值观的思维方式,反映出刚刚诞生的新政权及其执政者——中国共产党尚未获得农民的完全认同。在那时的农村,阶级分化和阶级矛盾虽然客观存在,但阶级斗争意识在农民思想观念中并没有确立起来。而且受农村人情观念影响,农民并未将地主视为阶级敌人,未能深刻地意识到封建土地所有制是造成农民穷困的根源和农民难以真正实现"政治翻身"的制度基础,这是土改初期农民参与积极性不高的重要原因之一。一位在土改时期被划为中农成分,并在1956年参军入伍,1966年退伍后担任20多年村会计的农民受访者的看法验证了上述观点:

> 去地主家借粮食必须还利息。每一个时代有每一个时代特定的东西,跟现在也有特定的东西一样。在过去就是"钱加三谷加五",也就是借人一块钱要还一块三,借人一斗谷子就要还人一斗五,这就是当时的规律性的东西。如果是没有土地,租用地主土地的话,田里一般是对半分,土的话是收取三成的租金。这就是那时的规则,如果没有规则,那么人群、社会就无法维护,就会混乱。所以我常常在想阶级斗争都是阶级斗争和社会制度的关系。每个时代都得有人执政,人群中都得有个领头人。我总觉得那时帮国民党办事的人,或者当保长的人,改朝换代之后成了斗争的对象,有的该杀,有的该关。但他们也不完全是坏人,当然有些人的品质是坏,作恶多端的人是有,但毕竟是少数。如果把他们全部定位为罪人,我认为是不合适的。②

三是"怕变天"的心理使农民敬畏乡村社会的传统权威而不敢参与土改。很多农民担心国民党会反攻倒算,"共产党的天下坐不久",从而不敢在行动上与地主分家。而地主阶级也想方设法对土改进行反攻破坏;或拔去分田后田里的插标,把农民从已分配的房屋中赶出去,把田契拍照留底,幻想蒋介石卷

---

① 彭正德:《土改中的诉苦:农民政治认同形成的一种心理机制——以湖南省醴陵县为个案》,《中共党史研究》2009年第6期。
② 徐勇、邓大才主编:《中国农村调查·口述类》第3卷,华中师范大学出版社2017年版,第101页。

土重来；或到处撒播第三次世界大战爆发，共产党吃败战，国民党和蒋介石反攻即将得胜归来的谣言，动摇农民追求幸福生活的信心；或以蒋介石回来打杀贫农相威胁，"你们别高兴，分田分房子了，等老蒋回来头都不够杀的"。地主阶级的威胁、破坏和历朝历代改朝换代的教训使得农民思想上顾虑重重。因此，仅仅以获得财富为诱导，给农民分配土地，实现经济上的"翻身"并不符合"生存小农"的理性逻辑。农民固然渴求土地，但他们更关心分得的土地能否长久拥有。因而，共产党除了要在军事上推翻三座大山，给农民"吃一颗定心丸"外，更需要将阶级观念植入农民的灵魂深处，让农民深切意识到封建土地所有制和地主阶级的剥削是农民的"穷根"；要想获得并永远保有胜利果实，就"必须把地主阶级的政治优势打垮，必须建立起自己的政治优势才有可能"①。而这场"地主与农民你死我活的阶级决斗"，只有共产党才能领导农民取得胜利，才能帮助农民从根子上摆脱贫困并走向新生。唤醒农民的这一意识，正是土地改革时期党和国家农民政治社会化工作的重要使命。

2. 阶级意识唤醒：农民政治社会化中的宣传动员

土地改革是中华人民共和国成立后废除在中国延续了几千年的封建地主土地所有制的一场伟大社会革命。这场革命因与乡村社会的种种制度和文化传统交织而异常复杂艰巨，需要从上至下尤其是农民的齐心参与。对农民参与对土地改革成功的意义，亨廷顿强调，土地改革的成效"总是依靠农民积极的和最终有组织的参与。土地改革的发动并不一定需要动员农民，但改革要想成功却必定要把农民动员并组织起来"②。因此，让农民树立阶级意识，并自觉加入共产党领导的、针对封建地主土地所有制的阶级斗争，进行广泛的宣传动员即"宣传下乡"成为推进土地改革的先决条件和重要一步。"宣传下乡"的一个重要功能就是将分散的农民组织起来，将农民由一个自在的阶级提升为自为的阶级，从而使之成为具有阶级意识和阶级觉悟的革命阶级。与此同时，"宣传下乡"的过程也是植入和强化农民政党意识的过程。为此，中国共产党通过宣传土地法、访贫问苦、扎根串联、开会、唱歌、成立农民协会等各种方式来唤醒农民的阶级意识，将分散的农民个体整合到阶级、政党和国家的系统体系中，实现了对乡村社会的改造和重构，把散离的乡村社会与政党国家粘连在一起。

---

① 邓子恢：《农民运动的三个过程（节录）》（1948年8月），载《中国的土地改革》编辑部：《中国土地改革史料选编》，国防大学出版社1988年版，第546页。

② [美]塞缪尔·P.亨廷顿：《变化社会中的政治秩序》，王冠华等译，上海人民出版社2008年版，第327页。

一是宣传土地法。面对土改初期农民参与积极性不高的现实,党将紧密锣鼓的土地法宣传作为唤起农民阶级意识,动员其投身土地改革的第一步。土改工作队围绕为什么土改、富人为什么富、穷人为什么穷、分田分给谁、谁来分等核心问题,将农民贫苦和富人富裕的根源、土地改革的动因、土地分配的方案和执行计划详细传达给农民,充分鼓舞群众的热情,使他们产生强烈的翻身要求,自觉自愿来参加土改。① 通过这种宣传动员,克服了贫农怕退、中农怕斗、干部怕整、地富怕打怕杀等思想顾虑,稳定了各阶层情绪,使土地改革的精神深入人心。

二是访贫问苦。作为旨在废除封建土地私有制的一场伟大改革,土改虽肇始于解放农村生产力的经济动因,但却终于改造乡村权力结构和政治秩序的重要政治使命。而这一双重使命的完成,依赖于土地改革的主体——农民——的阶级觉悟的唤醒。为此,在宣传土地法之外土改工作队开始走家串户进行访贫问苦,对村庄进行调查摸底,了解哪些人最穷最受压迫,哪些人富,有多少地主、恶霸。再去接触最"苦大仇深的,旧社会受压迫受剥削最狠""有威信""有培养前途的"贫苦农民,启发、引导他们回忆反思自己所遭受的苦难,倾吐他们心中的苦水,唤起他们的阶级意识,并依靠他们去扎根串联、教育、团结与组织更广大的农民群众。一位参与过土改的贫苦农民如是回忆土改工作队访贫问苦的动员作用:

> 扎根串联都是一些根子参加,贫雇农里面思想先进、对工作热心的人,中农、富农、地主这些都不在内。赵青庭(土改工作队队长)在我们家扎过,住了两天三晚上。他就向我们打听,哪些有田,哪些没有田,哪些富裕,哪些不富裕,把这一带搞得清清楚楚。从我们家走之后,又扎到下一家,换了不少人家,除了我们家,其他都是贫农,条件比较差。扎在穷家小户,同吃同住,就问你们遭了多少罪,受了多少苦,有没有借过高利贷,租了多少田地,印课是否厉害。那就一五一十地告诉他,哪些人家里有田,哪些人自己不劳动,哪些人做过坏事。②

---

① 《湖南益阳县青石乡土改试点中的几个问题——择录益阳五区青石乡土改小结》,载云南省农民协会筹委会:《土改参考资料(第三辑)》(内部资料)1951年10月,第55页。
② 徐勇、邓大才主编:《中国农村调查·口述类》第3卷,华中师范大学出版社2017年版,第331页。

访贫问苦将贫雇农串联起来，为开展对地主阶级的斗争做好了充分准备。

三是用唱歌、喊口号等多种形式发动农民。除了使用宣传土地法、访贫问苦与扎根串联方法来发动群众外，土改工作队还经常采用唱歌、喊口号等简单易行的方式来宣传土改缘由和基本精神，启发农民的阶级觉悟。据张厚安回忆，为了把群众发动起来，首先就是开会，"就是开各种会，天天晚上开会，开会前就唱歌，唱歌的力量很大，这也就是发动群众。唱《谁养活谁》，'谁养活谁呀，大家来想一想'，'地主不劳动，粮食堆成山'，就是这样唱歌……这样一唱大家的情绪就起来了，所以我们在开会的时候，群众还没有到齐之前，就教大家唱歌，就唱这些革命歌曲和土改的歌曲，这些歌曲都很简单，但是意思很清楚，对农民有很大的冲击力。"[①] 同时，组织人员精心打造一些富含土改精神的标语和口号，如"是穷人都有苦，是地主都有罪""大路弯弯一条龙，一家发财九家穷。佃农半夜就起身，地主睡到太阳红"等，将这些耳熟能详、朗朗上口的标语和口号大量印制，铺天盖地地传播于乡村的各个角落，潜移默化地对农民进行政治教育、唤醒农民阶级仇恨和敌我意识。

四是成立农民协会。马克思在分析传统小农为何没有阶级意识时谈到，小农的"生产方式不是使他们互相交往，而是使他们互相隔离"。"各个小农彼此间只存在地域的联系，他们利益的同一性并不使他们彼此间形成共同关系，形成全国性的联系，形成政治组织。"[②] 专属于农民的政治组织的培养、教导的缺位，是传统中国农民缺乏阶级觉悟，难以统一起来进行抗争的重要根源。因此，土改工作队在访贫问苦结束后，迅速在各地成立农民协会组织，发展贫雇农和中农入会，将农民协会作为启发农民阶级觉悟、有效组织农民进行乡村土地改革的法定机构。通过成立和发展完善农民协会，吸引农民加入，农民协会迅速成为农民参与人数最多、力量最大的农民组织。依托农会组织，中国共产党毫不动摇地进一步动员农民、教育农民，唤醒广大农民的阶级意识，为土地改革的顺利开展奠定了坚实的群众基础。

[①] 张厚安：《对参加土地改革工作的回顾和思考——湖北省黄安县（1950年）的土地改革》，载徐勇、邓大才主编：《中国农村调查·口述类》第1卷，华中师范大学出版社2017年版，第11页。

[②] 《马克思恩格斯全集》第11卷，人民出版社1995年版，第228-229页。

（二）诉苦：一种政治认同的形成

宣传动员是共产党对贫雇农进行政治教育和阶级意识唤醒的重要机制，其目的就是要让贫雇农认清贫困的根源，激发对地主阶级的仇恨意识，并树立起对共产党执政的强烈信心。但仅仅依靠宣传动员并不足以取得土地改革运动的胜利，也不足以将阶级斗争意识和对党的政治认同深深嵌入农民内心深处。此时的农民虽已从思想上与地主分家并已有阶级意识，但还隐身于阶级斗争的幕后，还未主动展开对地主阶级"面对面"的斗争。因此，宣传动员只是唤醒农民阶级意识的第一步，让农民主动投身和深度参与阶级斗争过程才是对农民进行政治社会化、强化阶级观念、培育政治认同的关键。而诉苦正是这样一种动员农民深度参与宣传发动、阶级划分、斗地主、分果实等土地改革运动全程，对农民进行政治社会化的有效手段。

1. 从"生活苦"到"阶级苦"：诉苦的政治情感动员

诉苦，即主体对自己所经历的苦难的述说。[①] 对日常生活中所经历的困苦，人们都有表达和诉说的愿望，以求博得别人的同情与关注。新政权通过"运用谈话、讨论、座谈、开代表会、大会等形式，使群众反复从回忆中、从比较中、从斗争中的切身体验中而觉悟到要革命，要双减，要民主，要武装，要组织，要拥护解放军、民主政府，要跟着共产党毛主席的道路走"[②]，通过诉苦这种国家仪式和心理动员技术，将阶级仇恨和政治觉悟植入贫苦农民心中，点燃革命斗志，为新生政权彻底摧毁乡村社会的传统秩序结构奠定了基础。在土地改革时期，对农民而言，诉苦是他们争取财富的一种"弱者的武器"。

> 土地改革一个重要的方面就是诉苦，诉苦就是贫下中农说地主是哪样整他，是怎么剥削他呀，他一路说一路哭，被诉苦的要拿去枪毙哒，主要是选两个代表去诉苦，是在公审大会诉苦。[③]

[①] 彭正德：《土改中的诉苦：农民政治认同形成的一种心理机制——以湖南省醴陵县为个案》，《中共党史研究》2009年第6期。

[②] 《中原局关于发动群众贯彻减租减息政策的指示》（1948年9月9日），载《中国的土地改革》编辑部等：《中国土地改革史料选编》，国防大学出版社1988年版，第551页。

[③] 访谈编号：2019CQLJ01。

通过诉说苦难，诉说者与具有相似经历的倾听者之间极易打破"自我"与"他者"的隔阂，进而凝聚成一个情感共同体，爆发出集体行动的巨大力量。作为"弱者的武器"的诉苦，实际上就是情感的激发、凝聚和共鸣的过程，可以软化对方态度，让他人"站在自己的角度思考问题"，从而达到自己所追寻的效果。对党和政府而言，诉苦是一种政治动员的权力技术，它是中国共产党针对封建地主土地所有制发起的这场阶级斗争的重要工具。"引苦""点苦""论苦""比苦"等所有的"诉苦"动员都以情感为媒介，服务于整合利益诉求、传播政治意识、灌输意识形态、建构社会认同、重塑乡村社会权力结构和政治秩序的政治目标。因此，中国共产党在土地改革中，有意识地运用"诉苦"这一权力技术，借助群众声泪俱下地诉说日常生活中的苦难进行情感动员，潜移默化中将农民日常生活中的自然"苦难"和"苦难意识"凝聚、提炼并与阶级、国家的框架建立起联系。[①] 作为政治动员技术和机制的诉苦，引导农民将"生活苦"上升为"阶级苦"，将"苦根"归因于封建地主阶级的剥削，进而激发农民对封建地主的仇恨，从而与共产党形成同仇敌忾的阶级情感，促使其发自内心积极加入阶级斗争，最终在农民内心世界塑造党对农民的恩情意识，形成对党的阶级认同。

2. 算剥削账：农民阶级觉悟的激发

在土改运动之前及初期，受广泛存在的良心、命运、变天等思想和浓厚的宗族等级意识以及文化知识匮乏的影响，农民没有形成真正的阶级意识，不愿、不敢与地主阶级做斗争。土地改革时期的农民政治社会化就是要通过诉苦，揭露地主不法、不道德的行为，让农民反思造成自己苦难处境的政治和经济根源，在心中埋下仇恨的种子，以激发其"实行革命变天"的觉悟和斗志。算剥削账是中国共产党在土地改革时期引导农民诉苦、启发其阶级意识的重要手段。

培养典型，让他们去以贫串贫，在诉苦会议上启发、诱导和带动贫困农民将日常生活中的苦难，及以往认为由"命运"所决定的生活境遇都自觉归因于地主阶级的剥削，向地主阶级"算剥削账"，声势浩大声讨地主以此激发群众阶级感情，形成敌我界限，是土改工作中常用的政治社会化方式。工作队通过访贫问苦发现"土改根子"后，就放手让他们自己去以贫串贫，召开诉苦会议。湖南岳阳县筻口乡新庄村的积极分子杨凤初被干部发现后，几天之内就

---

① 郭于华、孙立平：《诉苦：一种农民国家观念形成的中介机制》，《中国学术》2002年第4期。

串联了二十几个农民来诉苦，但一轮到他开口诉苦时，他又不知道怎么说了，于是干部就慢慢地引导他，"你的生活过得怎么样？""你的叔叔杨保成（地主，不是很亲的）对你照顾得很好吧？"这样就把杨凤初的气引上来了。他哭诉说，"我起五更，睡半夜，一年四季踩泥巴，辛辛苦苦种下禾，他得两份我一份，看起来每年谷子打得不少，只是落得个地主发财，自己没过年米。借一石还三石，十年来他剥削了我几百石，地主剥削哪管亲和近呵！"他这一发声，接着诉苦的，又有十五个人。群众都说，"即使不分一升田，不分一粒谷，也要把苦诉尽"。于是最后干部就引导他们追出了一个唯一的苦根——地主阶级的残酷剥削与残酷统治，把自己的意见，变成了群众的意见。① 在诉苦中，很多农民谈及痛处，"涕泪交流""放声痛哭"。诉苦会上妇女、老人及"土改根子"的这些"哭诉"，极大激发起群众的苦感和仇恨，营造起苦大仇深的氛围，打开了农民情感的阀门。经过算账诉苦，具有相似经历的贫雇农最终在情感上拧成一股绳，在这种特定的场域中从无到有形成了强烈的阶级意识。中国共产党有组织有领导发动的这场清算剥削账的贫苦农民诉苦运动，掀起了轰轰烈烈狂风暴雨般的反封建斗争高潮，农民的阶级意识得以觉醒，控诉地主罪恶、检举地主的积极性得到空前提高。就连平时与地主走得近的中农佃户也深受感动，主动向农会坦白说："我佃地主贾作钦五石田，去年征粮替他纳了十二石谷，今年又纳了二石，减租、退押时，我掩护地主，欺骗农会，进了押说没进，并且送地主二十石谷。我与他既非同姓，又非同家，掩护他真作孽。贾高氏的侄子还向自己的伯母斗争，我这禾格哩！我要求农会处罚我。"②

阶级意识的形成，必然伴随着"敌我"阵营的划分。在诉苦情、引苦感、诉苦理、挖苦根、去苦蔽的整个运动中，共产党始终扮演着"自己人"的角色，是农民最可信赖的同盟，而地主阶级则是被引导控诉的对象，是农民与共产党共同的阶级敌人。借助诉苦，农民由消极的观望者变成了对地主阶级剥削的主要揭露者，由被动的接受土地分配者成为土改运动的积极参与者。共产党成功实现了对农民政治意识的改造。

---

① 《湖南岳阳县筻口乡深入放手发动贫雇农的经验》，载云南省农民协会筹委会：《土改参考资料（第三辑）》（内部资料）1951年10月，第67页。

② 《湖南益阳县青石乡土改试点中的几个问题——择录益阳五区青石乡土改小结》，云南省农民协会筹委会：《土改参考资料（第三辑）》（内部资料）1951年10月，第56页。

(三)"划成分":农民阶级观念的巩固

诉苦算剥削账,只是激发起农民的阶级意识。但若这种阶级意识只是停留于主观层面,不能在现实政治中找到根据,这种政治动员的效果最终将淡化乃至消弭,新政权的话语、仪式与精神习性也必不能战胜旧的宗族意识和话语体系。为此,领导农民划分阶级成分,将乡村中的社会分层和贫富分化替换成阶级差别,将农民头脑中已被唤醒的阶级意识在现实政治中固定下来,继续巩固农民与中国共产党命运与共的阶级情感和阶级基础,彻底将农民这个客观上存在的阶级转变为具有主体意识的阶级,是土改运动中继诉苦清算剥削账后中国共产党采取的又一项政治社会化手段。

1. 区分敌我:土改中的阶级成分划分

划成分,是乡村社会政治身份的再造和分配过程。[①] 运用国家政权的力量划分确定农民的政治身份以进行阶级归类,从国家视角建构农民的阶级意识,形塑新政权的乡村政治秩序,是中国共产党理解、改造和重组乡村社会,实现社会整合的重要工具。早在革命战争年代,为争取革命的胜利,中国共产党就提出了对关系革命成败的中国乡村社会进行阶级分析,强调要弄清楚"谁是我们的敌人?谁是我们的朋友?"以便解决"依靠谁、争取谁、反对谁"的这一"革命的首要问题"。[②] 因此,毛泽东 1933 年在井冈山进行土地革命时,就将农村社会成员划分为地主、富农、中农、贫农和工人(雇农在内)五类。这种阶级划分法在中华人民共和国成立后的土地改革中被继续沿用。1950 年,中央人民政府发布《政务院关于划分农村阶级成分的决定》,对五大成分的划分做了更为详细的规定,并赋予不同的身份以不同的财富拥有资格。

划分阶级成分,目的就是为了区分敌我,分别对待,以团结朋友、打击敌人,为新生政权提供合法性基础。阶级成分划分关系到一家人的经济利益和政治地位,在"越穷越光荣"的时代,农民往往会"自降成分","富农愿当中农,中农(特别是佃中农)愿当贫农"。具体划分阶级主要采取"自报公议"的方式,先由各社会成员根据自身情况申报成分,然后再由贫农团成员进行评议,确定等级,而后再根据"中间不动两头平"的土改政策,对阶级成分划定后的社会成员的财产进行平分。农民协会推举人员成立没收分配小组,"确

[①] 彭正德:《生存政治:国家整合中的农民认同》,中国社会科学出版社 2010 年版,第 54 页。
[②] 《毛泽东选集》第 1 卷,人民出版社 1991 年版,第 3—11 页。

定没收地主的土地、耕畜、农具、多余的房屋和粮食（简称五大财产）。征收富农（主要是半地主式富农）出租部分的土地。征收小土地出租者（含小土地经营者）超过当地每口人平均百分之二百以上的土地；征收公田、学田、庙田、族田"①。对土改中分配的土地，发放地照、确定地权，使贫雇农真正成为土地的主人。经过阶级成分划分，广大贫雇农分配到了土地、财产等果实，农村传统的等级结构和封建剥削制度被摧毁，广大农民真正从经济到政治上得到了彻底解放。据《徐州农村经济体制变革志（1926—1985）》记载，在土改运动中，全市（缺邳睢县）745190户农民，划分出贫雇农成分的有419320户，占农户总数的56.27%；中农270149户，占36.25%；小土地出租者5712户，占0.76%；富农12098户，占1.62%；地主25552户，占3.42%；其他12584户，占1.68%。在土改中，共有344727户，分得了土地，得益人口1511357人。共分配耕地2045616.55亩，非耕地45813.42亩，耕畜22846.5头，农具200727件，房屋134478间，粮食2537.41万斤。土地改革满足了农民获得财富的愿望，使得他们成为了土地的真正主人，使得他们从内心深处生发出对共产党和新生政权的由衷感激与对自己政治身份的认同。土改后农民生产热情大幅提高，农村生产得到显著恢复，农民生活也得到很大改善。

2. 权力秩序再构：阶级成分划分中的乡村政治整合

阶级成分划定是党对农民的一次成功的政治洗礼。阶级成分划分不仅"适用于土改期间对土地财产的没收和分配，更将直接决定乡村社会成员的政治和社会地位，将部分人'在政治上打入另册或升为优等阶层'。"② 由于"阶级成分的划定，最终将要决定每一家的前途""会从根本上影响到每一个家庭和每一个人"③，农民往往基于经济利益和政治安全的考量会积极主动参与阶级成分划分的过程。紧锣密鼓的会议、报告、讨论和评论，以及"谁养活谁""亲不亲阶级分"的经济和思想文化阶级教育，使身份意识和阶级意识强化到农民的思想深处，淡化了其宗族意识，他们由此形成了"天下穷人是一家"

---

① 中共徐州市委农村工作部：《徐州农村经济体制变革志（1926—1985）》（内部资料）1994年版，第60页。
② 李里峰：《阶级划分的政治功能——一项关于"土改"的政治社会学分析》，《南京社会科学》2008年第1期。
③ [美]韩丁：《翻身——中国一个村庄的革命纪实》，韩倞等译，北京出版社1980年版，第313-314页。

"不同阶级是敌人"的阶级感情。而土改果实的分配则直接改变了农民的"命运观念",土地、房屋和财物的获得进一步强化了农民对共产党的恩情意识。土地改革,既是一场农民的经济解放运动,更是一场伟大的政治运动。广大农民经济欲望的满足,使得其形成了建立在感激基础上的高度的政党认同。《镇江专区土地改革工作初步总结》中记载了农民分得土地后的喜悦之情与感恩之心:

> 农民分得土地后,衷心感谢共产党、毛主席,说:"苦了一辈子没有一分田,如今土改分了田,睡熟了要笑醒啦!"农民总结土改有"五好":毛主席领导好,共产党政策好,解放军打得好,干部积极工作好,大家团结好。在春节中都要烧香敬菩萨,今年已大大减少,农民说:"烧了一辈子的香,敬了一辈子的菩萨,还是穷,来了共产党、毛主席,才领导我们翻身分了田。"丹阳胡桥某村腊月二十四日夜,二十多户农户在灶门两旁贴上"廿四滚出去,三十不要来"的对联。很多人家都挂起毛主席像,并说"努力生产,才对得起毛主席他老人家"。[①]

划成分,不仅是党对农民个体的一次成功洗礼,更是党对农村社会的有效政治整合。中华人民共和国成立初期,新生政权面临着隐藏在暗中的阶级敌人破坏的种种危险,需要有效地团结最广大的朋友来打击敌人巩固自身。农民这个占当时人口最大多数的群体,是新生政权巩固最需要团结的对象和力量。为此,就要将农民,特别是占人口大多数的贫雇农动员整合进共产党的旗帜之下,成为阶级斗争的主力军和同盟军。土地改革划成分,就是要将农民这一个庞大但却缺乏阶级自我意识的群体进行阶级化,通过划分不同的成分并赋予不同的经济、政治和社会待遇,强化其阶级意识,形成与共产党命运与共的阶级认同,进而成为新生政权的坚定支持者。在这场运动中,所有的乡村群体都被卷入进来,并且因不同的政治身份而经历或遭遇着从物质到精神的长期斗争,或亲眼目睹了地主被批斗、被镇压的过程。农民在感恩国家让其翻身有财富的同时,也无形中对党和国家心怀敬畏,并很快将这种感恩和敬畏转化为对新秩序的忠诚,农民由此形成了"建立在感激和敬畏双

---

① 中共丹阳市委党史工作办公室编:《丹阳土改专辑》(内部资料)1997年版,第62-63页。

重基础上的国家认同"①。阶层划分为农民确立了基本的游戏规则，农民的日常生活逻辑被国家政治逻辑所取代或同构。农民由置身于政治和国家之外的边缘人，变成一个彻彻底底的"政治人"，成为构建国家新机体的一个个有机细胞。"具有阶级意识的农民因此成为中国共产党在乡村的依靠力量，形成了一个以阶级为基础的全国性政治共同体。农村家族社会转变为阶级社会。中国共产党也由此将广阔而分散的乡村社会整合在自己的组织和领导之下。"② 中国共产党有效实现了对乡村社会的政治整合。

（四）"斗地主"：农民阶级的政治行动

土改为农村建构了一个新的权力秩序，国家权力的触角深入到乡村社会从权力结构到话语文本的方方面面。权力是看不见的东西，要想为人所见就必须以人格化的形式借助象征性的方式予以表现。因此，新旧权力秩序的交接往往需要一定的政治仪式予以强化。而斗地主就是土地改革时期新旧权力更替的一种政治仪式，是党所领导、农民集体参与的一次政治集体行动。美国学者大卫·科泽认为，仪式是"一种体现社会规范的、重复性的象征行为"③，"是在集合群体中产生的行为方式，它们必定要激发、维持或重塑群体中的某些心理状态"④。尽管权力交接的仪式，有和平与暴力之分，任何一种仪式都能带来参与者心理和情绪的变化，但暴力的权力仪式相比于和平的仪式，往往更能够把人快速推向政治激情的高潮，带来参与政治运动的快感，急速地强化一种特定的政治意识。身处群体行动之中的个人"几乎完全受着无意识动机的支配"，变得冲动、易变和急躁，并且充满暴力，"很容易做出侩子手的举动，同样也很容易慷慨赴义"。而政治运动中的权力交替，往往伴随着暴力的仪式交接，浸染着失败者的鲜血。对以往高高在上，甚至有些颐指气使、盛气凌人的地主，从身体到精神，以一种集体性的、公开性的方式进行批斗，这种身份的倒置，会给原先的弱势群体带来征服与支配的快感。在划成分之后，共产党随即用斗地主这种权力交接仪式来强化农民的阶级意识，并让农民开启其政治行动。

---

① 罗沛霖等主编：《当代中国农村的社会生活》，中国社会科学出版社2005年版，第33页。
② 徐勇：《乡村治理的中国根基与变迁》，中国社会科学出版社2018年版，第102页。
③ ［美］大卫·科泽：《仪式、政治与权力》，王海洲译，江苏人民出版社2014年版，第11页。
④ ［法］爱弥儿·涂尔干：《宗教生活的基本形式》，渠东、汲喆译，上海人民出版社1999年版，第11页。

1. 农民的群体行动：乡村社会中"斗地主"的政治狂欢剧目

斗地主，是土改运动的高潮，这是农民"翻身"之后第一次以"主人"的姿态对封建地主进行公开的审判和批斗。每个人俨然掌握了决定别人命运的大权，他们既会显得无所适从，又极易变得群情激愤。他们置身于批斗地主的剧目之中，既是观众，又是演员。土改积极分子对地主声泪俱下的控诉，会极力渲染着每个人的情绪，并互相感染和激励。大家的敏感神经都被撬动，随着地主的罪恶逐渐被揭露和放大，"仇恨得以叠加，愤怒自然升级，群体一致的行动，高昂的情绪赋予了人们表演的'正当性'，驱使着人们做出平时根本无法想象的恐怖之举，剧场效应使得参与者不知不觉中步入了带有血腥味的狂欢"。①

> 在反奸清算斗争中，桂云花区在温泉村召开了有8个村群众参加的"翻身诉苦申冤大会"。开会前天，前头是高跷队，后面是民兵、妇女会、儿童团……会前歌声、锣鼓声和喇叭（唢呐）声此起彼伏，热闹非凡。大会开始后，把腰岭村一贯为非作歹、横行乡里、欺压勒索群众的杨志胜（外号杨扣子）和恶霸地主"九如升"（过去大户人家的堂号）家老六、老七和老五太太押进了会场。接着，受欺压、受剥削的劳苦大众登台诉苦申冤。会中，不断高呼"打倒恶霸地主！""打倒土豪劣绅！"的口号。会议最后，根据群众的强烈要求，没收了"九如升"家族的全部财产，将杨志胜拉出会场，执行枪决。②

据土改时被划为雇农的，湖北随州市随县草店镇雨蒙村村民黄万继回忆，土改中的"过火"行为绝非个例：

> 那个时候，批斗地主的方式也很多，恶霸地主直接用绳子捆绑着，跪在放有石头子的地上，或者吊在树上，脑袋耷拉着，脖子被绳子勒得通红。有的贫雇农实在恼火得不行，就直接开骂、踢地主，还用棒子打地主的头，地主头都被打流血。我记得当时，在斗争一个女地主的时候，人家

---

① 张鸣：《动员结构与运动模式——华北地区土地改革运动的政治运作（1946—1949年）》，《二十一世纪》2003年第15期。
② 大连市中共党史研究会编著：《大连土地改革运动》，中共党史出版社2014年版，第119页。

把她用纤绳吊到梨树上，不停地打，因为那个地主嘴爱嚼（爱狡辩），不老实，人家没办法就往死里打她，她就是不服气，最后差点被打死了。①

土改斗争中的极左现象也超出了党和国家的预判。很多贫雇农甚至干部认为，"非打拉地主，群众发动不起来""不打不杀解决不了问题""地主浮财，不打不杀，他总不肯拿出来"。

> 批斗地主是不定期开会，有问题的话，一是把他的威风势力搞下去；二是把他的财产分光；三是把他政治思想上搞臭。当时批斗地主是男的女的全部拿出来整，要他们把金子银子交出来，人们自动地就去打他两下，与人讨嫌的就要遭打，不讨嫌的还是不得遭。还有就是武装部、民兵把他捆起来捶，武装部是老百姓选的最穷的积极分子，大老粗，他是地主就没有把他当人看，有的就被打死了，死了就算了。②

为了控制局势，中共中央在1950年6月颁布的《中华人民共和国土地改革法》中明确规定："严禁乱捕、乱打、乱杀及各种肉刑和变相肉刑"，"为保证土地改革的实行，在土地改革期间，各县应组织人民法庭，用巡回审判方法，对于罪大恶极为广大人民群众所憎恨并要求惩办的恶霸分子及一切违抗或破坏土地改革法令的罪犯，依法予以审判和处分。"一定程度上规范了斗地主。

2. 农民的"政治化"：农民阶级观念强力嵌入

批斗地主，是党动员贫困农民宣泄阶级仇恨的合法方式。作为一种具有政治象征意义的政治集体行动，批斗使得地主一夕之间实现身份置换，从昔日村落社会的上等人、发财人瞬间沦落为社会的底层，不仅经济上被打垮、政治上被否定，甚至肉体上被消灭③。斗地主的"无法无天的狂欢"和剧场效应，让阶级观念强力嵌入人们的灵魂深处并安营扎寨，影响了其后好几代中国人。连当时的懵懂小孩也深受感染，一位老者这样回忆：

---

① 徐勇、邓大才主编：《中国农村调查·口述类》第3卷，华中师范大学出版社2017年版，第453页。
② 访谈编号：2019CQLJ01。
③ 吴毅：《村治变迁中的权威与秩序——20世纪川东双村的表达》，中国社会科学出版社2002年版，第109页。

地主婆谢××住在我家附近，有一天她从我家门前经过，我那年仅4岁的女儿便学着大人的口气大声喝道："地主，站住！"谢××只好乖乖站住，并低声问道："你叫我站住有什么事吗？""我要搜身。"我女儿答道。谢××只好任其搜身，我女儿搜得也好认真，搜了口袋，又翻袖子和裤管子，但什么也没搜到。最后我女儿还老练地命令谢××将头发全部散开检查，可还是没有搜出什么"成果"。于是，我女儿只好大声说道："走！"①

斗地主，以这样一种象征性、仪式化的方式将农民带入了阶级斗争的高潮。"撕破脸皮"、在革命的旗帜下对地主的"面对面"残酷斗争，让农民成功实现了"政治化"，化身为政治的积极参与者。同时，这种极端化的阶级斗争思想又为群众大革命的到来埋下了伏笔。

政治社会化体现为一种双向互动的过程，它既是公民政治意识的自我习得，也是国家政治价值观念的传播与教化。中华人民共和国成立后我国面临着内忧外患的复杂形势，革命政权急需获得占人口最大多数农民的政治支持和认同，土地改革及所伴随的农民政治社会化由此必然承担国家政权建构与乡土社会整合的重要任务，以形塑农民的政治意识，巩固政治统治基础。而传统中国农民属于"无政治阶层"，他们既不乐于参与政治，也害怕"变天"而不敢卷入政治。如何把农民从国家政治的局外人变成局内人，唤起他们对旧政权的仇恨，激发阶级情感，形成阶级认同，事关中国共产党能否实现新生政权的稳固。因此，以土地改革为契机开启的农民政治社会化进程，旨在一方面通过为农民分得土地，实现"耕者有其田"，赢得农民的支持和拥护，另一方面以推翻封建土地所有制为契机，以政治革命逻辑教化农民，将阶级观念植入农民思想深处，实现对农民的政治教化以巩固新生政权。通过这场运动，国家权力的触角深入乡村内部，打破了旧的乡村秩序，重塑了国家与乡村的关系及党与农民的关系，构建起符合国家政权建设需要的新的权力格局和秩序规范。"'革命'话语及其意识形态开始渗入社会大众层面并影响社会大众的观念和心态"②，农民也逐渐抛弃了传统信仰和思想观念，全盘接受了党所灌输的意识形态，阶级观念深入人心，由此开始了持续20余年的政治化过程。毫无疑问，

---

① 林忠号：《我的"连子"生涯》，载范基文、杜汉文主编：《海南土改运动亲历记》，南海出版公司2003年版，第274页。
② 王奇生：《革命与反革命：社会文化视野下的民国政治》，社会科学文献出版社2010年版，第67页。

借助土地改革，党取得了成功的政治社会化效果，既显示了令人生畏的力量，又赢得了农民的爱戴和拥护。

> 土地改革后老百姓是比较满意的，共产党获得了老百姓的支持。人民就当家做了主人，分到了田和土，人们是达到温饱的，温饱就是能吃饱饭，土地也不得受剥削，就是拥护支持了共产党，这个就是最大受益。①
> 土地改革成功了！往后，少了地主家的剥削，家家户户的社会地位得到了提高，拥有了自己的田，大家的劳动积极性得到了极大提升，很快都可以做到自给自足，整个村子的生活水平也提高了。真的很感谢土地改革和领导干部们为我们所做出的努力，让我们的生活越来越好。土地改革所带来的好处，也让我们对共产党的领导更加坚定地拥护。②

革命的政治可以激情澎湃，但社会化的政治却需要理性。政治革命主导下的农民政治社会化孕育的是一个个的政治激进主义者，人们看似形成了一个紧密的政治共同体，实则他们变得更加冷漠和无情，昔日善良温和懦弱的农民可以做出侩子手的举动。阶级政治遵循的是斗争哲学，斗争哲学下塑造的是斗志昂扬的人民。在革命战争年代，无疑这是对人民进行政治动员的最好方法，但在和平建设时期，激情政治却会变成一场灾难。让农民回归理性是农民政治社会化的必然路径。

二　集体化时期的农民政治社会化

土改完成后，我国新民主主义面临着何去何从的问题：社会主义与资本主义的道路选择关系着国家的意识形态和未来发展方向。无疑，发展社会主义是马克思主义政党的既定道路和崇高使命。而要发展社会主义，则需要完成对农业、手工业和资本主义工商业的社会主义改造。对农业而言，就是要有计划、有步骤、由低级到高级逐步确立具有完全社会主义性质的农业生产合作社。要改造农业，首先要改造农民，要将"私性小农"改造为"集体小农"，将集体主义价值观输入到农民的意识之中，再次完成对农民的思想重建和政治塑造。

---

① 访谈编号：2019CQLJ01。
② 访谈编号：2019FJHYT01。

（一）组织起来：农民的集体主义教育

1. 阶级分化与"革命成功论"：土改后的农村矛盾

土改完成后，贫下中农已占农村人口的绝大多数，成为农业生产的主力。所有拥有了土地的农民都激发出投入生产的巨大热情，粮食产量增加，生产生活条件得到改善。然而小农经济的离散性使得刚刚获得土地的农民难以解决农具、牲畜、资金等生产资料或劳动力不足的困难，使得土地改革完成后不久因生产生活困难而出卖土地者开始增多，农村社会开始出现新的两极分化。如在山西武乡六个村庄，1948年、1949年两年内，有4.32%的农户因生产、生活困难被迫卖出土地，有的甚至已把土地全部卖出，外出流浪；有的已卖出其分的土地二分之一以上。这些失掉了土地的农民，天命思想再次卷土而来。"共产党给我们分土地是好，就是我翻不过身""什么社会也一样，有钱的吃，没钱的看""穷人命苦，永翻不过身来"。另外，一些农民因为资金富裕而买卖土地，造成土地的私有化而成为农村新的剥削阶级。如山西"土河申中秀家有5口人，60亩地超过该村平均数2倍。申步年家8口人有60亩地。刘怀珍家，3口人有22亩地，超过该村平均数1倍"。[①] 经济生活上升比较迅速的农民出现了"农民已能单独生产致富、劳动互助组应该自行解体"的错误观点。如山西忻县静乐袁家庄袁某买地后说："不组织起来也能发财，我单干打的粮食比互助组更多。"宁武窑子湾张四虎说："我有马和牛，雇上一个人多随便，叫他做啥他就得做啥，互助组哪能这样随便。"甚至在农村干部中也出现了松劲、换班的"李四喜思想"：

> 李四喜原来是一个贫穷的雇农，做了十多年的长工，受了一辈子苦。解放后才娶妻生子。在土地改革中，他工作非常积极，并当选为青年团支部书记。但土地改革完成后，他分了田，便不愿再工作，而只想回去专门搞生产了。干部去劝他时，他竟急得哭起来，说："我一生受苦没得田，现在分了田，我已经心满意足了，还要干革命干什么？"[②]

[①] 《老区武乡农村考察报告（节录）》，载黄道霞主编：《建国以来农业合作化史料汇编》，中共党史出版社1992年版，第28页。

[②] 《新湖南报关于李四喜思想的讨论》（1951年9月26日），载黄道霞主编：《建国以来农业合作化史料汇编》，中共党史出版社1992年版，第44页。

这种"只顾生产不问政事、只顾自己局部利益不顾国家集体利益、对阶级敌人丧失警惕性、对革命的远大前途迷失方向"的李四喜式"革命成功论"思想①，极大地腐蚀了党的组织，造成山西阳曲大盂、崞县下薛孤，66名党员中有27个党员买房买地；崞县下薛孤27个党员，有3个雇长工，6个雇短工；代县炭窑湾村9个党员有5个雇长工；代县五区有9个支委雇长工；阳曲三区16个支部书记，竟有7个搞商业投机，农民和村干部高涨的政治热情迅速减退，政治主体意识和政治参与意识日益淡薄。他们"虽然没有忘了共产党和毛主席，但在政治上则开始有些冷落的倾向"②。土改后农村出现的这些两极分化现象及松劲退坡思想，也给了地主乘机反攻和阴谋破坏的机会，党在农村推行的互助合作面临解体的危险。因此，把农民组织起来，改善其经济处遇，对其思想观念进行再政治社会化，提高其政治觉悟成为必需。

2. "走社"还是"走资"：合作化运动中的意识形态威慑

土改后的中国农村，彻底废除了封建土地所有制，农村经济成为以土地私有和个体劳动为特征的典型的小农经济。但小农经济的脆弱性和离散性，很快抵消了土地改革带来的生产生活得到较大改善的效果，同时也使得农村社会出现新的两极分化和私有化思想，传统农民的政治离散性特征开始加剧，农民对新生政权的向心力开始弱化。在此背景下，对农业进行社会主义改造，消灭分散的农业经济，以集体主义和社会主义精神对农村进行政治整合，将分散的农民纳入国家体系使之国家化，以巩固党的执政基础成为时代的迫切需求。毛泽东早在1943年分析如何克服小农经济的弊病时就谈道，"克服这种状况的唯一办法，就是逐渐的集体化；而达到集体化的唯一道路，依据列宁所说，就是经过合作社"③。"按照自愿互利的原则，发展农民劳动互助的积极性。这种劳动互助……发展前途就是农业集体化或社会主义化。"④ 为此，党于1953年9月正式对外发布过渡时期的总路线，提出要对农业、手工业和资本主义工商业进行社会主义改造的思想，并于1953年12月在《党在过渡时期总路线的学习和宣传提纲》中明确提出："对农业实行社会主义改造，必须经过合作化的道

---

① 王瑞芳：《土地制度变动与中国乡村社会变革——以新中国成立初期土改运动为中心的考察》，社会科学文献出版社2010年版，第220页。
② 《云南省陆南县委关于马军堡村经济和阶级情况调查》（1953年12月），载黄道霞主编：《建国以来农业合作化史料汇编》，中共党史出版社1992年版，第111页。
③ 《毛泽东选集》第3卷，人民出版社1991年版，第931页。
④ 中共中央文献研究室编：《建国以来重要文献选编》第2册，中央文献出版社1993年版，第510-511页。

路"，"必须按照社会主义的原则来逐步改造我国的农业，使我国农业由规模狭小的落后的个体农业进到规模巨大的先进的集体农业。"① 组织教育引导农民入社的农业合作化运动由此正式开始。

土地是农民安身立命的根基。对于已经取得土地所有权的农民，如何教育和动员他们拿出土地交给集体，这既考验党和国家的社会动员能力，也是农民的再政治社会化过程。为了动员农民入社，党一方面通过方针政策引导、互助合作先进表彰等形式，向农民宣传合作社相对单干的好处，从经济利益上诱导农民入社。另一方面党和政府也以强大的意识形态压力给农民造成必须入社的氛围，使得农民不得不选择入社。事实证明，共产党强大的政治动员能力和意识形态整合能力实现了党和国家卓有成效的入社政治动员。数据显示，全国半社会主义性质的初级农业生产合作社1955年底达到67万个，参加合作化的农户到1956年底时已占全体农户的96.3%，其中有87.8%是完全实行集体所有制的高级社。然而，学者的研究显示，农民们选择入社不是经济利益的驱使，更多是迫于意识形态压力的无奈之举。"导致互助组向高级社迅速转变的原因，是政府有力的动员以及当地干部的积极行动，而非普通民众的主动参与。"② 担任过初级社和高级社会计的一位村民回忆：

"初级社、高级社说起来是自愿，出入自由，实际不是那么回事！引导大家，让大家觉得不入社，就是落后，不响应上级的号召。从心里说，大多数人不愿意入社，土地是宝贝疙瘩，说没就没了！……红山峪村有个人，名叫巩玉勤，曾经是日本警卫队的中队长。八路军打开天喜庄据点，他逃跑了，一直没逮住，'污漏（音译）信'（传言）听说就在附近，没跑远，估计有人窝藏。面对入社都洰着情况，工作队与队长扣好点子，在大会上说：谁如果不入社，说明想倒退，谁家就窝藏了二鬼子巩玉勤！这下可真'管乎'（管用的意思），村民知道窝藏二鬼子就是死罪。结果，村民硬着头皮都报了名。"③

---

① 中共中央文献研究室编：《建国以来重要文献选编》第4册，中央文献出版社1993年版，第714-715页。
② ［美］李怀印：《乡村中国纪事：集体化和改革的微观历程》，法律出版社2010年版，第21页。
③ 田传江：《社会变迁中的弯路——关于一个村合作化的调查与思考》，载李华中、孙本良等：《枣庄市农业合作化运动》，华夏出版社2007年版，第92-93页。

还有的地方,将入不入社定性为"走社"还是"走资"的问题,不愿入社的人将面临着被当作"阶级敌人"进行批斗的危险。① 在这种强势的意识形态氛围中,入不入社已经不再单纯是一种农业生产方式问题,而是关系到个人的政治思想和政治站位。经历过土改运动的农民群众深知"政治身份"的重要性,一旦与"阶级敌人"的身份挂钩会给自己带来什么,他们心知肚明,因而即便反对合作化但也不敢轻举妄动。合作化运动在政治力量的强大权威和意识形态的强大威慑力下畅行无阻。

农民在"组织起来,发展生产"的号召下接受了一次集体主义教育。党和国家认为,农村新的两极分化可能会造成新的剥削,致使党的革命努力付诸东流,也极易损害广大贫下中农的利益,进而动摇党的阶级基础。只有消灭小农经济实行集体土地所有制,发展社会主义才能真正消灭剥削,才能改变农村生产关系,彻底解放农村社会生产力,夺取社会主义建设的伟大胜利。"对于农村的阵地,社会主义如果不去占领,资本主义就必然会有占领。"② 因此,继土改之后党和国家重新定义了农民与土地、个体与集体以及乡村与国家的关系。土改中分配的土地果实再次从手中流出,个体生产或基于自愿互利的互助生产模式变成了土地等生产资料归集体所有、统购统销的集体经济生产模式。虽然有地方出现了"闹私收""闹退社"等风波,但这些风波只不过是沧海一粟、转瞬即逝,绝大多数农民还是被农业社会主义改造的洪流裹挟向前,将个体利益让位集体利益,个体意志服从国家意志。这场轰轰烈烈的合作化运动,前所未有将集体主义的政治意识植入农民心中,完成了农民政治人格从个人主义到集体主义的成功蜕变,从而为人民公社体制的到来做好了思想准备。

(二) 大鸣大放大辩论:全民整风运动

农业合作化的实现,在经济战线上解决了农村生产资料所有制问题,铲除了私有化思想的经济基础,为农村生产和社会主义建设开辟了新的道路。具有完全社会主义性质的高级社,因发挥集体劳动的优势,也减缓了自然灾害带来的影响,农民实现了增收,物质生活水平得到了提高。但这并不意味着政治战线和思想战线上农村社会主义革命的完成。社会主义和资本主义两条道路之争

---

① 杜润生:《杜润生自述:中国农村体制变革重大决策纪实》,人民出版社 2005 年版,第 37 页。
② 中共中央文献研究室编:《建国以来重要文献选编》第 4 册,中央文献出版社 1993 年版,第 468 页。

依然存在。为此，面对土改完成后农民和乡村基层党员干部普遍存在的松气退坡思想（如"李四喜"式革命成功论思想）和疏离政治的现象，中国共产党随即自上而下开展了一场"大鸣大放大辩论"的农民整风运动，对农民群众进行社会主义发展道路和党的政策的思想教育，以坚定其社会主义立场和提高其政治觉悟。

1. "把一切问题都放出来"：农村社会的政治斗争与思想斗争

对农业的社会主义改造，在中国是一个史无前例的经济革命。将土地这一农民的命根子从私有彻底转化为集体所有，必然面临来自穷途末路的剥削阶级错综复杂的斗争。一些反革命分子、坏分子、地主一方面对统购统销政策进行抵制，破坏合作社，宣称"统购统销使人挨饿""合作社搞错了""农村干部一团糟""农民生活愈来愈苦了"，并公开叫嚣要共产党下台，说共产党领导的国家是"党天下"。一些富裕中农也参与到对统购统销政策的抵制之中。另一方面宣传单干优越性，不服从合作社统一安排，利用富裕中农的动摇情绪，鼓动瞒报粮田面积和产量，少卖粮食和农产品，进行粮食的投机活动甚至鼓动他们闹退社，企图搞垮合作社。他们对富裕中农说："合作社是救了田鸡饿煞蛇，参加合作社，算来算去不划算。我们头上有顶帽子不好闹，你们为何不退社？"① 面对20世纪50年代国内农村社会复杂的意识形态斗争形势，毛泽东于1957年6月发表《关于正确处理人民内部矛盾的问题》一文，正确分析了意识形态斗争的长期性和艰巨性，指出尽管社会主义所有制改造结束后大规模的疾风暴雨式的群众阶级斗争已经基本结束，但无产阶级和资产阶级之间、各派政治力量之间在意识形态方面的阶级斗争仍然长期存在，甚至有时候很激烈。②

为此，中共中央1957年8月发布《关于向全体农村人口进行一次大规模的社会主义教育的指示》，决定围绕合作社的优越性、粮食和其他农产品统购统销、工农关系、肃反和遵守法制等问题开展一场农民群众的社会主义教育活动。要求通过"大辩论，提问题，提意见，摆事实，讲道理，回忆、对比解放前后和合作化前后农民生活的变化"，帮助农民群众和乡社干部"进一步弄清楚国家和乡村中的大是大非"。随后，《人民日报》发表《在农村中大鸣大

---

① 季农：《解放人民公社的诞生》，上海人民出版社1962年版，第225页。
② 中共中央文献研究室编：《建国以来重要文献选编》第10册，中央文献出版社1994年版，第89页。

放大争》的社论,指出:"有十分必要向全体农村人口进行一次大规模的社会主义教育,批判党内右倾思想和个人主义、本位主义思想,批判某些富裕中农的资本主义思想,打击企图向社会主义进攻的地主、富农分子和别的坏分子的反革命行为,这是农村中的一场不可避免的重大的政治斗争和思想斗争。"① 由此,一场以"大鸣大放大辩论"为主要形式的全民整风运动在农村蓬勃展开。这场整风运动本着"团结—批评—团结"的原则,鼓励大家提问题、提意见,"把一切问题都放出来""把农村中的牛鬼蛇神都暴露出来",注重回忆、对比、算账,对争论的问题进行摆事实、讲道理,击退了地主富农及反革命分子对社会主义制度和党的攻击,纠正了党内的右倾机会主义错误,说服教育了有着错误思想和言论的富裕中农,帮助农民明辨是非、坚定对社会主义前途的信心,巩固了合作社制度,加强了贫下中农的团结,有效解决了人民内部矛盾,化解了外部敌人的攻击,取得了思想政治战线的社会主义革命的胜利。

2. 大辩论:农民政治认知的扭转

地主富农和反革命分子对社会主义制度尤其是合作社的攻击和抹黑,扭曲了部分文化知识和辨别能力低下的贫困农民的政治认知而使其闹退社。全民整风运动的第一个核心议题就是围绕要不要合作化进行大辩论,以直击地主富农反革命的谬论,扭转贫困农民的政治认知。农业社会主义改造中,部分富裕中农反对合作社、否定高级社的成绩,认为:"合作社是'王小二过年,一年不如一年',越办越糟。""土改给了我们一个甜头,1953年搞了我800斤(指统购统销),合作社就把我化完了,现在我越搞越穷。"还有的说:"土改成绩10分,统购统销搞掉了5分,合作化化了5分,现在和国民党一丘样。"上海西郊乡东大街高级社富裕中农山岳生,甚至在社员鸣放大会上跳上桌子,号召大家分掉积累,早日解散高级社。一些支持合作社的贫下中农,不仅摆出了高级社办社的成绩,还揭了山岳生的底子:

> 初级社时,每年吃用除外,你家净余七十余元。1956年办了高级社,你家净余一百三十多元。这难道是一年不如一年吗?难道是高级社办糟了吗?

---

① 《在农村中大鸣大放大争》,《人民日报》1957年8月10日第1版。

山岳生则理屈词穷，承认了自己的错误。经过这样以事实为依据的辩论，像山岳生这样支持单干的富裕中农逐渐转变了观念，检讨自己"脑子糊涂"，"表示决心跟着贫农、下中农一起走合作化的道路"①。

大辩论的另一个重要问题就是关于统购统销。通过鸣放，一些富裕中农提出的观点是："统购统销搞糟了，还不如自由买卖好"，"口粮标准太低了，农民吃不饱，饿肚子，哪能搞生产。"上海纪王乡年丰二社的一个贫农进行了反驳说：

> 粮食统购统销以后，我们感到很自由，吃粮有保障，在粮价上又不受剥削。过去粮食掌握在奸商手里，我们吃足了苦头。新粮上市，粮食不值钱；到春荒三月、青黄不接的时候，米价却贵如黄金。解放前一年我卖掉一批雪菜，得到十担米钱，过了一天就只值五担米了，再过三四天，只够买一条香烟。当时我就气得把全部钞票买了一条老刀牌香烟来抽。真是抽一口，心里痛一阵。这种日子我们哪能忘得了呀！现在人民政府实行了统购统销，粮食掌握在国家手里，粮价像"定风珠"，几年来一个牌价，这该多好！
>
> 饿肚子的日子那是在解放前。谁说现在农民饿肚子，简直是睁开眼睛说瞎话，没良心。

既然广大贫下中农都能吃饱肚子，为什么富裕中农会反映自己吃不饱呢？他们也被摸了底：

> 纪王乡有三户富裕中农，一户叫韦根福，一户叫冯志明，还有一户叫陶季金，他们叫缺粮叫得最凶。可是经群众一议论，情况完全不是这样。原来，韦根福白天喝粥，晚上偷偷地烧大米饭吃。冯志明在一年内给猪猡吃掉的粮食折合大米达八百六十一斤，加上请客、送礼等，一年共要浪费大米九百六十一斤。陶季金到处叫不够吃，可是私下藏好六百斤大米，打算偷运到青浦县去高价出售。

---

① 季农：《解放人民公社的诞生》，上海人民出版社1962年版，第228—231页。

大家得知真相后，义愤填膺：

> 大家都在节约粮食，建设社会主义，你们却在拆社会主义的墙角。你们还想像过去一样，在粮食上兴风作浪，只顾自己发财，不顾大家的死活吗？

经过一番辩论，反对粮食统购统销的富裕中农不得不在事实面前承认错误，有的还自动卖出了余粮。[①]

在工农关系问题上，有人以"为农民叫苦"为由而否定党的领导。认为"农民生活苦，工人生活好，工农生活悬殊太大""工人在房子里工作惬意，不晒太阳不淋雨；农民在田里做生活苦，风里来雨里去"。湖北省广济县的一个合作社主任（党员）指责共产党在土改后就忘了本，"现在合作社，如有160人，就有90人反对共产党，共产党已到危险阶段。满清、日本鬼子、国民党都完蛋了，共产党也要完蛋的"[②]。针对这个问题，高级社的党支部组织群众展开辩论，进行反复回忆对比，并组织农民到城市参观工厂、访问工人、了解实情，不仅增加了阶级友谊，也进一步加强了农民对党的信任。

（三）重提阶级斗争：阶级观念的再输入

农村政治是国家政治的缩影，农村的政治走向往往受国家政治方向的左右和影响，农民的政治认知及其思想状况依循国家的政治输入而不断被解构和重构。土改后，地富反坏右被打倒，农民回归到了日常的生产生活秩序之中。虽然在农业的社会主义改造中，"两条道路""两个阶级"之间的矛盾常被提及并被用于动员农民加入合作社，但"阶级话语对于乡村全面且过度的侵入在某种程度上背离了村民的日常生活、道德观念、行为习惯、生存理性，使得其对于干部和群众的角色、地位及相互关系的建构受到村民生活逻辑的消解，被形式化在公共空间中"[③]，贫下中农的阶级意识开始淡化；青年一代也由于没

[①] 季农：《解放人民公社的诞生》，上海人民出版社1962年版，第234—236页。
[②] 《中央批准湖北省委〈关于农村整风部署和当前执行情况的报告〉与中央办公厅综合的〈十三省农村整风简况〉》（1957年9月5日），载黄道霞主编：《建国以来农业合作化史料汇编》，中共党史出版社1992年版，第442页。
[③] 马维强：《阶级话语与日常生活：集体化时代干群身份及其关系的历史建构》，《中国农业大学学报（社会科学版）》2018年第1期。

有阶级剥削和阶级压迫的亲身经历，他们"对阶级敌人恨不起来"，革命的锋芒渐趋钝化，所以党决定再次从上面向农民"输入"阶级意识和革命。1962年9月，毛泽东在中共八届十中全会上发表讲话，提出针对当前的国内形势和党内矛盾，阶级斗争必须年年讲、月月讲、天天讲，并再一次批判了"单干风""翻案风""黑暗风"，提出"千万不要忘记阶级斗争"的号召。会后，全国城乡随即发起了一次普遍的社会主义教育运动。阶级意识在大规模的阶级斗争中被再次植入农民内心。

1. "宗族亲还是阶级亲"：一场重新教育人的斗争

确定开启新一轮阶级斗争后，1963年5月和9月中共中央先后发布《中共中央关于目前农村工作中若干问题的决定（草案）》（以下简称"前十条"）和《中共中央关于农村社会主义教育运动中一些具体政策的规定（草案）》（以下简称《后十条》）两个文件，动员全面开展阶级斗争，并用于指导依靠贫农、下中农在农村社会中开展的本轮"四清"（以清理账目、清理仓库、清理财务、清理工分为主要内容，俗称"小四清"）运动。与以往的阶级斗争只是将地富反坏右用来"祭旗"不同，本次阶级斗争更多是"刀刃向内"，矛头针对掌握着社队领导权而"同地主富农分子勾结在一起"的"新资产阶级"或"他们的同盟军"。1965年1月中共中央又制定和发布《农村社会主义教育运动中目前提出的一些问题》（以下简称《二十三条》），明确将这次运动的重点指向党内走资本主义道路的当权派，并将城乡社会主义教育的内容统称为"四清"（即清政治、清经济、清组织、清思想，俗称"大四清"）。[①]

在这场声势浩大的阶级教育和斗争中，多种手段被用来对党的基层组织和广大农民进行思想再造。诉苦，这一土改时期用于唤起人们阶级仇恨并塑造阶级意识的有效手段，在本次运动中被再次使用。回忆对比、忆苦思甜是开展阶级教育、提高群众阶级觉悟的抓手。在江西土桥公社李家大队，富农分子邓紫平是这次斗争的对象，但群众不敢揭发，生怕伤害感情。工作队便从诉苦入手，培养了邓春元、姜玉仁等几名苦主，以苦引苦，形成连锁效应，揭底挖根，引导大家把目标集中到邓紫平身上。[②]

[①] 薄一波：《若干重大决策与事件的回顾》，中央党史出版社2008年版，第776页。
[②] 中共江西省委社会主义教育工作团、临川县工作团编：《社教运动资料选编》（内部资料）1965年版，第184-188页。

有的控诉邓当保长抓丁派款、敲诈勒索的罪行；有的诉说打长工时受他盘剥的苦景，有的揭露他强横霸道、打人骂人的恶霸行为。这样，就撕开了这个老狐狸的狰狞嘴脸，激起了贫下中农群众的阶级仇恨。有个年轻人说："鼓不打不响，不挑不明。我们原先在邓紫平家里打扑克、听故事，把他当好人。揭开皮来，原来是个麻老虎。"

在激发了群众的阶级仇恨后，工作队又因势利导，引导群众讨论"是阶级亲，还是宗族亲？""能不能和阶级敌人称兄道弟？"等问题，进而又转到揭解放后邓紫平进行种种破坏活动的盖子，最终，大家共揭发了邓八十多条罪行。

让群众与阶级敌人划清界限，被认为是阶级观念再次成功嵌入农民群众思想深处的重要表现。四队队长邓家保与邓紫平关系密切，不愿揭发邓紫平。于是，工作队就引导他回忆解放前在邓家做长工时受剥削的苦情，同时运用邓紫平在"小四清"时以为邓家保当不成干部而不允许他在其屋前晒牛粪的事实，教育邓家保用阶级观点看待与邓紫平的关系，认清其阶级本质。"家保思前想后，恍然大悟，便把自己所了解邓的情况一一揭发出来了。"邓节云是邓紫平的大儿子，"本人要求进步，但下不了决心背叛自己的家庭"。于是工作队便对他进行阶级教育，鼓励他与阶级敌人划清界限，最终，邓节云把他父母记变天账、向子女进行反革命教育的隐藏罪行揭发了出来。然后，工作队召开了全大队的对敌斗争大会：

有二百多人参加了斗争。大会从上午九点钟开到下午一点多钟，发言的有四十多人。由于抓住了主要问题，把火力集中在揭露他记变天账、反攻倒算、投机倒把、搞封建迷信、拉拢腐蚀干部等几个问题上，打中了他的痛处；又由于群众发动面广，特别是他的儿子都站起来坚决同他斗争，因此，这个十几年来没斗倒的"老牛皮"，就很快低下了头，俯首认罪了。

除此之外，工作队还通过访贫问苦、扎根串联，发动、组织贫下中农群众，清查"四不清"干部，并对其进行说理斗争，促使其"洗手洗澡"、放下"包袱"。这一场社会主义的教育运动，既是一场重新教育人、重新组织革命的阶级队伍的斗争，也是一次群众性整党运动，是对农村党的基层组织和所有党员进行的一次深刻的阶级教育和社会主义教育。通过这次"四清"运动，贫下中农再次被动员和武装起来，揭开了阶级斗争的"盖子"，过去的村内矛盾被激发并被提升到阶级斗争的高度，昔日领导阶级斗争的基层干部成了革命的对象，一言一行都不得不接受革命的检验和革命群众的检查。党通过"四清"运动再次有序地把革命的意识形态输入到农民的思想意识，把阶级斗争浇灌进农民的日常生活，与革命相关的语词、概念、观念、思想也再次进入到农民的话语体系。"输入的意识形态渐次地冲击、改变、重塑和再造村落文化，使农村中逐渐形成一种强制性的革命文化氛围"①，为即将到来的群众大革命提供了思想土壤。

2."奉旨造反"：农村社会的领袖崇拜与"造反有理"

阶级斗争扩大化的结果，最终破坏了农村正常的生产生活秩序，将农村卷入泛政治化的场域，最终导致了一场群众广泛参与的、自下而上的"文化大革命"。这场"文化大革命"，首先是一场思想革命同传统的一切最彻底的决裂。而要实现这一思想的彻底改造，大学习、大批判是重要途径，学习毛主席著作运动由此开始。因此，"文革"十年，家家户户悬挂毛主席头像，"读毛主席的书，听毛主席的话，照毛主席的指示办事"成为农村社会的风潮和每日生活的固定仪式。

> 在渔船泊港的日子，我们用学习毛主席著作来开始一天的生活。清晨，一条条渔船，就是一个个课堂，阵阵朗读毛主席语录的声音，把整个渔港变成了一所大学校。到了中午，早上由于家务忙，赶不上学习的妇女，又都聚集起来学习毛主席语录，唱革命歌曲。渔船出港了，在生产繁忙的时候，在海上也仍然坚持学习。除了集体学习之外，许多人还订立了自学和家庭学习的制度。青年杨拉，每晚睡前学习一小时，一年多来从不间断；社员郑十五家，饭前集体背诵毛主席语录，也已成为习惯。整个渔村，无论是文化室、家里、船上，到处都是活学活用毛主席著作的课堂，人们时时在学，学了就用，呈现出一片热气腾腾的革命景象。②

---

① 张乐天：《告别理想：人民公社制度研究》，上海人民出版社 2005 年版，第 113 页。
② 中共惠东县港口公社港一大队支部委员会：《永远跟着毛主席在阶级斗争的大风大浪中奋勇前进》（内部资料）1966 年 9 月。

这场对毛主席著作和语录的大学习，营造出一整套革命的场面文化。对一切封建主义、资本主义和修正主义思想的彻底决裂和肃清，使得党在"文革"十年营造起人民公社所需要的"一大二公"的文化环境和行为准则，祛除了传统农民"自利"的天性，是一次深刻的启蒙。这场"文化大革命"，也是一场重塑乡村社会权力结构和政治秩序的斗争。中共八届十一中全会 1966 年 8 月讨论并通过《中国共产党中央委员会关于无产阶级文化大革命的决定》（即《十六条》），正式提出依靠群众运动"斗垮走资本主义道路的当权派"，"文化大革命"由此在城市中风起云涌。1966 年 12 月，中央又发出《关于农村无产阶级文化大革命的指示》，将农村正式卷入大革命的洪流。顿时，"造反已经成为时尚，人人都急急忙忙地宣称自己是造反派，唯恐被戴上保守派的帽子"，"放眼望去，满目革命的标志；侧耳听之，处处革命的回声"。[①] 在"造反有理，革命无罪"的口号下，老百姓尤其是由年轻人组成的红卫兵们开始"奉旨造反"，针对农村干部进行"抢班夺权"以重建农村政治秩序。

批斗"当权派"是大革命的重要内容之一，也是令造反派最兴奋的事情。批斗会场正中都会悬挂着毛主席像，会标写的是某某批斗大会，两边悬挂横幅标语，一边写的是"把无产阶级文化大革命进行到底"，另一边是"誓死捍卫毛主席的革命路线"。主席台两边和毛主席像下面还有两名红卫兵戴着红袖章、手持毛主席语录站岗，台下有扛着造反派旗帜的红卫兵和观看的群众。由会议主持人宣布批斗大会开始后：

> 一是先选学几条毛主席语录。二是群众组织负责人讲话。三是揪"走资派"上台接受群众批斗。"走资派"首先要向毛主席像三鞠躬请罪，然后站在舞台前侧边接受群众组织批斗。若文斗只是低头；是武斗就由两名战斗员按着"走资派"的头，提起两边手膀，腰弯九十度名为喷气式。四是揭发人上台，首先也选学几条有关的毛主席语录，然后再宣读揭发批判当权派的材料。揭发批斗中，揭发人问"走资派"材料是否属实？"走资派"若答不属实，下面就呼口号打倒某某"走资派"不老实！有时候为了压服"走资派"承认莫须有的事实，竟然要"走资派"下跪，往他头上戴尖尖帽，身上挂"打倒走资派某某某"的黑牌。批斗会安排的揭批人把材料揭批完后，主持人领呼口号，然后把"走资派"揪下台，散

---

① 张乐天：《告别理想：人民公社制度研究》，上海人民出版社 2005 年版，第 155 页。

会后，游街示众。①

"当权派"被打倒后，"文化大革命"的矛盾则指向了普通群众，"横扫一切牛鬼蛇神"。"破四旧"（即破除旧思想、旧文化、旧风俗、旧习惯）就是这场革命的另一项重要内容。造反派们将烛台、经、佛以及小孩身上戴的银牌、银锁，女子戴的凤冠、坎肩、裙子，男子穿戴的礼帽、袍子，家里旧书、旧画、旧币、摆件，甚至贫下中农子弟和红小兵没穿戴过的衣服、首饰等都视作"四旧"，在运动中随意抄没。

"文化大革命"，就像一个政治"熔炉"。所有人，无论党政干部还是人民群众，都被投放进去"淬炼"，阶级斗争的观念被熔铸进人们的灵魂深处，每个人无论愿意还是不愿意都被这场群众运动裹挟着前进。革命，这样一个带有浓厚暴力色彩的词汇，通过阶级批斗和"破四旧"而试图"用一整套全新的思想、观念、规范、价值乃至道德、情感来塑造人，塑造人与人的关系，塑造农村的底层社会"。② 浸染在阶级斗争的政治氛围下，世代而居的乡村每天都在上演着"斗"与"被斗"的剧情。"造反有理"的革命话语和"抢班夺权"的斗争实践，既重构了农民与干部之间的关系，也让他们恍惚尝到了"当家做主"的感觉，其对领袖所形成的强烈崇拜意识也影响其一生。"文化大革命"所造成的思想净化效应和政治压力约束着农民的思想，规范着农民的行为。经由"文化大革命"的"淬炼"，农民被再次塑造为一个"政治人"，一个符合人民公社时代要求的"政治人"。革命总是喧嚣一阵，而后归于平静，任何一场政治运动也皆是如此。土改如是，"文革"亦如是。"生存理性"是人们最具有归宿意义的理性追求，它可能会一时让位，但不会缺席。保守的农民，千百年来所形成的习性，不是一场政治运动所能够彻底改变的；村落文化，也可能一时被政治革命所摧毁，但它也往往能够强劲复苏。政治理性从来不是中国农民的选择，"老婆孩子热炕头"才符合基本的伦理秩序和价值规范。因此，农民在政治运动这座政治社会化的"熔炉"中既有阶级观念的嵌入，更有喧闹过后向"理性小农"的回溯，理性逻辑与理想主义政治必定要在生活场域中较量和博弈。"革命没有也不可能造就一代新人"，要将农民从

---

① 陈德祖：《巴川大十字是批斗"走资派"的舞台》，载秦剑：《铜梁文史资料（第十二辑）》（内部资料）2002年版，第21-22页。

② 张乐天：《告别理想：人民公社制度研究》，上海人民出版社2005年版，第153页。

"传统小农"改造成"现代公民",抓住农民的"生存理性",结合其切身利益着手才是农民政治社会化的真正有效之道。

(四)"反行为":农民的抵制及行动策略

中华人民共和国成立后,党所领导的土地改革和互助合作解决了农民梦寐以求的土地需求和小农经济单家独户经营的困难,在极大解放农业生产力和改善民生的同时,赢得了广大农民的衷心感激和认同。但合作化和集体化推行所蕴含的取消土地私有制精神,触及了农民千百年来根深蒂固的耕作方式、生活习惯和私性小农的心理。虽然国家运用政治动员的技术对农民反复进行政治社会化,但人民公社"一大二公"生产关系的构架所造成的"集体主义内卷化",致使不少农民在疏远、排斥、抵触的心理下采取逆合作化的方式,用偷盗粮食、瞒产私分、偷懒、单干等"弱者的武器"进行抵制。研究农民的这些"反行为"[①],有利于更加全面地审视和分析国家对农民的政治社会化机制及效果。

1. 主流政治外的农民行动机制:农民"反行为"的表现

在合作化和集体化过程中,农民的"反行为"主要表现在以下几个方面。

一是宰杀耕牛牲畜。随着粮食供销矛盾的加剧,国家为了扭转国家粮食储备购少销多的局面,决定从1953年起实施粮食统购统销政策。这种外部性的强制性政策输入,是国家对农业实行社会主义改造的重要部分。由于粮食统购统销,不仅"农民的生产资料和产品均'公有化'(国家—集体所有)了,农民生产的产品反过来成为国家—集体所分配给农民的,国家—集体成为产品的支配者和主体"[②]。"家家谈粮食,户户要统销",国家与农民关系越来越紧张。生存理性驱使农民以各种方式抵抗统购统销政策,获取他们所需要的农产品。1955年2月华南分局提交的《关于目前农村紧张情况与措施的报告》就显示,在统购统销中,华南各地普遍发生了农民大量杀猪杀鸭的情况,中山县张家边乡"杀死母猪70多头",粤东湖安县九区"一天即杀母猪40多头",台山县

[①] "反行为"即"反其道而行之",是由学者高王凌首先提出用于概括群众对人民公社实施的抵制行为(高王凌:《人民公社时期中国农民"反行为"调查》,中共党史出版社2006年版,第1页)。但农民的"反行为"并不限于此。从合作化初期农民"闹退社"、私分耕牛、砍伐树木,到人民公社时期的"单干风",都证明合作化和集体化的整个历史时空都存在农民的抵制。为描述农民行动机制的便利,我们将农民的所有相关抵制行为都统称为"反行为"。

[②] 徐勇:《国家化、农民性与乡村整合》,江苏人民出版社2019年版,第230页。

一个农户将刚生下的 10 个小猪全部弄死。① 这些宰杀耕牛牲畜的激进行为，反映出农民尤其是中农对当时政策的不满。

二是"瞒产私分"和"偷粮"。瞒产私分是指"农民及其所在的基层单位为了获得更多的粮食及其他农产品而隐藏真实的产量和不经同意而分配产品"②。尽管在实行粮食统购统销政策时，国家实行了定产、定购、定销的"三定"制度以保护农民的利益，但农业生产对天时的依赖性和基层干部对政绩的追求欲望，使得粮食的定产定购可能完全超出农业生产的实际。三年自然灾害的爆发，将统购统销和"三定"制度的弊端暴露到极致。长期处于饥饿状态的农民及其所在集体组织开始瞒产私分或偷粮以抵制合作化、解决生存危机。面对瞒产私分成为一种普遍情况，毛泽东也认识到这样的严重性，"生产队、生产小队却几乎普遍地瞒产私分，甚至深藏密窖，站岗放哨，以保卫他们的产品"，他也不得不承认这是农民"反抗的一个集中表现"③，甚至承认这是"一种和平的反抗"④。

三是闹退社。从 1951 年中共中央倡导并要求组建季节性的劳动互助组开始，到 1955 年全国开始大办高级社，劳动互助组到初级社再到高级社的迅速发展超过了农民的思想实际，使得刚刚获得土地的农民紧张、失落、戒备、惶惑。"生存理性"驱使农民以退社和要求退社的方式表达对合作化的不满和反抗。"农民并不完全愿意接受国家摆布而是从自身利益出发不断作出理性选择，既要适应国家制度安排大势，又要尽可能维护自身利益，当国家政策触及其根本利益底线时必然作出闹社抗争。"⑤ 1956—1957 年辽宁、安徽、浙江、江苏、江西、四川、陕西、河南、河北、广东等省都出现了农民退社和闹社的问题。在江苏徐州铜山县，1956 年秋季到 1957 年 5 月比较显著的群众闹事就有 20 起，参加闹事的农民高达 3000 人，有的围闹打骂干部，有的把干部关起来，有的集体要求退社，弄回耕畜、农具、停止生产，有的队与队之间吵闹打架，有的阻交公粮，哄闹要粮。整个徐州地区，出现退社事件的有 2459 个高

---

① 《华南分局关于目前农村紧张情况与措施的报告》（1955 年 2 月 2 日），载黄道霞主编：《建国以来农业合作化史料汇编》，中共党史出版社 2002 年版，第 231-232 页。
② 徐勇：《国家化、农民性与乡村整合》，江苏人民出版社 2019 年版，第 131 页。
③ 《建国以来毛泽东文稿》第 8 册，中央文献出版社 1993 年版，第 52、70 页。
④ 顾龙生：《毛泽东经济年谱》，中央党校出版社 1993 年版，第 454 页。
⑤ 岳谦厚、范艳华：《山西农业生产合作社之闹社风潮》，《中共党史研究》2010 年第 4 期。

级社 3948 户，占入社农户的 3.7%[1]，造成干群关系相当紧张。

四是包产到户与"单干风"。即使在集体化顺利推行的地区，生存理性也使得不少农民对合作化疑虑重重而悄悄进行着包产到户和单干的实践。安徽芜湖、四川江津和浙江永嘉在 1956 年就先后分别推行了包产到组、包产到户，广西下南则实行了被群众称为"大集体下的小自由"的办法（即大宗作物统一经营，蔬菜等小作物则下放到户，谁种谁收）。尽管包产到户出现后就被说成是"离开社会主义道路的原则性路线错误"，是"走资本主义道路的典型"而被批判禁止，但在 1960 年之后，"按劳分田""分口粮田""田间管理包到户"等变相单干抵制人民公社一大二公、一平二调的做法又再度出现。河南、江苏、山西等地以"借田""借地"形式让农民"自收自种"，四川、湖南、甘肃等省都纷纷推行"包工到户、包产到田""土地分到户、耕牛农具回老家"等责任形式。安徽推行"定产到田、责任到人"的"责任田"，从 1961 年 3 月至 10 月，短短 8 个月间安徽分田到户单干的生产队的比例就从 39% 迅速上升到 85%。[2] 这股"单干风"虽遭到毛泽东的严厉批评，被批判为"是右倾机会主义在农村复辟资本主义的纲领""猖狂的反对社会主义道路的逆流"，但直到 1962 年 9 月 27 日中共八届十中全会通过"农业六十条"，才被刹住。

五是"磨洋工"。农民的消极怠工现象在合作化之初便已出现，一些非自愿入社的农户出工不积极。在浙江嘉兴县有 1 个社共 56 户，经常下田劳动的只有七八户，社长天天叫，等齐人才下田。在河南，农民们虽然都出了工，但却出工不出力。"地里收的粮食少了，地里草比庄稼多。要求去都去，去了就是不干活。"这种消极怠工和"磨洋工"现象在全国农业学大寨后更加普遍。"头遍哨子不买账，二遍哨子伸头望，三遍哨子慢慢晃""出工一条龙，干活一窝蜂，出勤不出力，干好干坏一个样，干多干少一个样"等这些顺口溜，都是这种出工不出力的生动描绘，体现了当时部分农民对合作社、集体化的农业社会主义的抵触和消极反抗。

2. "反行为"：农民对国家政治意志的抵制

"反行为"是农民的理性逻辑或"精明算计"与理想主义政治在日常生活场域中的"较量"，虽属"枝节"且难以撼动主流政治发展的走向，但其对集

---

[1] 中共徐州市委农村工作部：《徐州农村经济体制变革志（1926—1985）》（内部资料）1994 年版，第 111 页。

[2] 许经勇：《中国农村经济制度变迁六十年研究》，厦门大学出版社 2009 年版，第 61 页。

体主义的消解作用不可否认①。相对于国家政治动员下所型构的政治意识养成，"反行为"更加体现了农民真实的政治心态。当国家政治环境发生改变后，农民的这种"政治亚文化"就会对主流政治文化产生冲击，"支流"汇聚成"主流"，最终将改变国家的农村政策和政治走向。建基于工农联盟基础上的中国共产党很快认识到了合作化政策存在的问题和农民"反制"的效应，迅速进行了政策调整以化解。

农民在合作化和集体化过程中所表现出的上述抵制行为，体现了农民对主流政治的离心倾向，并构成对人民公社制度的瓦解力量。整体而言，在国家政治的强力整合框架下，弱小的农民无力改变合作化、集体化的大趋势，而只能采取这种"无权者的抵制"以最大限度保护自己的利益。相较于自上而下的输入性政治教育，农民的"反抗"是自主意愿的表达，是农民作为独立的个体对命令型政治的"反制"。这就意味着即使在全能政治模式下，农民也未完全被政治所"同化"，在"跑步"迈向共产主义的激情场域中他们也会做出最本能的反应："集体田里磨洋工，自留地上打冲锋。""头脑可能会一时发热，但肚子却不会说谎话"，追求"生存第一"的农民在日常生活中往往能够习得比任何经典理论及伟大构想更符合他们需要的治理模式。因为没有人比农民本身更了解他们自己。合作化与集体化政治是政治权力与政治意志在日常生活中的泛化，其试图超越农民生产生活的实际将农民的日常生活政治化。与农民生存伦理的背道而驰注定其不可能走得太远，公社体制轰然倒塌的命运已然注定。

集体化时期的农民政治社会化具有国家意识形态强力灌输与政治价值观念强制改造的特点，其主要目的是将土地私有制改造为社会主义土地公有制，将"私性小农"革新为"集体小农"，从而完成新民主主义社会向社会主义社会的过渡。虽然国家拥有土改留下的农民强烈的政治认同和对党与国家的"恩情意识"等政治财富，但以土地及其他生产资料"变私为公"的方式推行的集体化，对农民个体利益的消弭极大削弱了农民参与政治的动力而使其遭遇了农民甚至部分基层党员干部的强烈抵制。如何将合作化与集体化的观念植入农民思想意识，使农民自觉接受集体化改造，为共产主义理想社会的实现铺路奠基，是当时农民政治社会化工作的重要使命。由此，国家一方面围绕要不要合

---

① [美]黄宗智：《中国革命中的农村阶级斗争——从土改到文革时期的表述性现实与客观性现实》，载《中国乡村研究》第2辑，商务印书馆2003年版，第66-95页。

作化问题展开"大鸣大放大辩论"的全民整风运动,让农民在民主讨论和公开辩论中认清合作化与集体化的好处,击退了地富反右坏分子对合作化运动的攻击,坚定了农民对社会主义制度的信心。另一方面在农业社会主义改造完成后适时建立了"一大二公"的人民公社体制,在集体劳作与大锅饭中让农民确立了"共产主义是天堂,人民公社是桥梁"的信念。同时,重提阶级斗争观念,继"四清运动"后发起席卷全国的"文化大革命"运动,将农民裹挟进政治"熔炉",接受政治革命的"淬炼"。这一时期的农民政治社会化以灌输社会主义思想为主要内容,"通过'运动'机制,国家权力与政治力量深刻而透彻地嵌入于普通民众的日常生活之中"[①]。经由政治革命运动的全方位强力渲染,农民的思想被高度统一到社会主义意识形态中,其政治信念和价值取向实现了与党最大程度的一致,农民被形塑为具有强烈阶级观念、牢固国家意识、坚定共产主义信仰的政治人。虽然物质生活艰苦,但精神世界和思想政治水平却有相当高度。但集体化时期的农民政治社会化,无论是合作化、四清运动还是"文化大革命",都以消弭农民的利益为代价,缺乏农民的经济自主权这一基础和内在根本动力,其对农民的政治整合不能长久。随着集体劳动生产效率的降低,轰轰烈烈的激情政治所营造的共产主义幻象随即开始崩塌。集体表象下萌生的"瞒产私分""磨洋工"等"反行为",既是集体化时期农民政治社会化没能实现让农民持续不断地认同国家体制这一目标的体现,又昭示着国家对乡村社会的整合和对农民的政治社会化策略的未来之道——必然要由外部的强制性义务性整合,转向内部的自发性权利性整合。赋权于民,让利于民,以此获取农民对国家发自心底的真正认同,是未来国家对乡村政治整合和社会化的必由之路。

三 税费时期的农民政治社会化

1976年10月,"文化大革命"结束。此后经由党的十一届三中全会,党和国家的工作重心实现由"阶级斗争为纲"向经济建设的转移,"以粮为纲、全面发展、因地制宜、适当集中""逐步实现农业现代化"的方针使中国从此走上了经济体制改革的新路。包产到户、包干到户都是社会主义集体经济的生

---

① 郭于华:《受苦人的讲述:骥村历史与一种文明的逻辑》,香港中文大学出版社2013年版,第231页。

产责任制，被 1982 年 1 月召开的全国农村工作会议所认可，并于 1991 年 11 月被中共十三届八中全会正式承认。家庭承包经营为基础、统分结合的双层经营体制作为我国乡村集体经济组织的一项基本制度的地位正式确立。打破了国家的资源垄断体制，使得农村"在政策允许范围内"获得了越来越多的"自由活动空间"①。"自由流动资源"和"自由活动空间"的出现，为重构国家与社会之间的关系提供了重要基础。农村经济体制改革，也加大了农村社会阶层的分化和社会结构的变迁，对村落文化和农民观念产生了巨大冲击。经由市场经济洗礼的农民逐渐形成了公民权利意识，基层民主的发展也进一步培育了农民的民主观念和政治参与意识，形塑了农民对党和国家新的政治认知。由此，中国农村由"集体化"到"去集体化"的转变，同时也是农民"身份式农民"向"契约式农民"转变的过程。从政治社会化的意义上而言，它所体现的正是农民的公民化，是国家与农民关系的重建，是国家重建农民政治认同的过程。

（一）包产到户：农民的伟大创造和改革精神

危机与机遇往往相辅相成，历史上的重要改革通常都是在危机的倒逼下所实施。改革终将突破旧体制的藩篱，打破固化了的利益格局，激活内生动力，为发展赢得宝贵机遇。"文革"结束后，中国向何处去成为当时政治争论的焦点，与此同时，长达 30 年的困苦生活使农民改革农业经营模式、改善生活的要求非常迫切。这二者使得 20 世纪 70 年代末的中国农村处在发展的十字路口。1978 年安徽启动的农村改革，正是基于此危机下所做的时代选择。

1. 借地度荒与"包产到户"：灾荒倒逼下的农村改革与农民呼声

1978 年夏秋之交安徽发生百年不遇的特大旱灾，全省约 6000 多万亩农田受灾，有 400 万人口的地区人畜缺水，旱灾使集体化以来广大农民 20 余年的困苦生活雪上加霜。为了战胜灾荒，扭转灾情，安徽省推出了"借地度荒"的非常策略："凡是集体无法耕种的土地，可以借给社员种麦种油菜，超过计划扩种的小麦，收获时不计征购，由生产队自行分配，并鼓励农民开荒多种，谁种谁收谁有，国家不征公粮，不分统购任务。""借地度荒"政策的出台，充分调动了广大农民长期被压抑的生产积极性和创造性，在帮助老百姓度过灾荒的同时，引发了更大的政策突破，为包产到户的农村改革提供了契机。

---

① 自由活动空间主要体现在：集贸市场开始活跃，乡镇企业逐渐突起，城乡流动日益松绑。

1978年9月，安徽省肥西县山南区柿树公社黄花大队先行先试推行了"包产到户"，按水、旱、岗搭配，两天内将1700亩土地分掉了1420亩。包产到户给黄花大队带来了大丰收，同时也给其他大队带来示范效应。庐江县迎送公社申山大队几户农民也自发搞了起来，并获得了少有的好收成。黄花大队和申山大队的做法虽然受到了肥西县委和庐江县委的严厉批评，认为"这是越轨行为""乱了全县的套"，但"包产到户"却得到了农民群众的热烈欢迎，其他各社农民纷纷表达"包产到户"的呼声，并替包产到户的农户表达不满。"增产粮食犯不犯法？""真理标准讨论，在农村兴不兴？""听说国家还吃进口粮，'包产到户'难道不比吃进口粮好？"包产到户的实践，时刻躁动着广大农民的血液，鼓动着他们跃跃欲试冒着政策风险进行实践。

2. 十八个血手印：小岗村的改革实践

小岗村是凤阳县梨园公社最穷的一个生产队，是典型的"三靠村"，即"吃粮靠返销，用钱靠救济，生产靠贷款"。全村只有20户，115口人，517亩农田，10头耕牛，几把犁耙，"全村没有一间砖瓦房，许多农户的茅屋破烂不堪，家徒四壁，有的穷得只剩下一床棉被"。自1956年加入高级社后至1978年，23年间仅有一年有余粮卖给国家，其他年份都是靠国家救济度日。而将物质利益和欲望当成与无产阶级政治和共产主义精神的"公"相对立的资本主义、修正主义的"私"进行批判的十年"文革"，更加剧了人与人之间关系的紧张，使得本已贫困不堪的小岗的经济状况更加恶化。"斗来斗去，人心斗散了，土地斗荒了，粮食斗少了，社员斗穷了，集体斗空了。"一生以土地为业的庄稼人，看到大片田地荒芜却不能耕种而倍感忧虑焦急。黄花大队的先头试验鼓舞了小岗人追求美好生活的斗志。1978年秋收后，小岗村开始了其"包干到组"的大胆尝试。小岗生产队所在的梨园公社将小岗分成两个作业组，实行"包干到组"，每组10户，五六十口人。由于这样的分组依然无法改变"你来我也来，上工带打牌；你走我也走，工分七八九"的"磨洋工"和吃"大锅饭"现象，为激发农村社会成员的生产积极性，队长严宏昌然后把队分成四个组，但组内的矛盾同样难以解决。鉴于"组越小，每个社员在记工、出勤上谁吃亏，谁占便宜，看得更清楚，每家每户之间的利益冲突更明显、更直接"[①]，小岗生产队最终瞒着公社，根据血缘、近邻等标准将作业组

---

① 郑明武：《希望田野：小岗村包产到户与中国改革开放起步》，吉林出版集团有限责任公司2011年版，第58页。

划小为八个"父子组""兄弟组""邻居组"。即使是"被窝里划拳——未掺外手"的这种组团法集体经营模式,也仍然难以化解组内矛盾,增进合作,促进生产。组划小后,"大锅饭"变成"二锅饭",并没有改变组内平均主义现象,组内各家间的利益冲突因为各家情况不同又彼此知根知底而显得更加明显和尖锐。分组不久,兄弟之间、妯娌之间、邻居之间的矛盾逐渐产生,就连亲兄弟也在合作经营中"闹得不可开交"。面对如此僵局,小岗生产队大胆地迈出了"大包干"的第一步。1978年冬,小岗生产队的18户农民聚集在一间破陋的茅屋里,秘密商量"分田单干"。18户农民争先恐后在包干合同书和军令状上按下了自己的血手印。会议结束后,他们连夜将牲畜、农具、耕地按人头分到了户。包产到户后农民的积极性被充分调动起来,1979年秋,小岗便实现了大丰收,全队粮食总产132370斤,相当于1966年至1970年5年的粮食总和;油料总产35200斤,是过去20年产量的总和。23年来,第一次向国家交售粮食29995斤,超过任务的8倍多;交售油料24933斤,超过任务80多倍;第一次归还国家贷款800元;人均收入371元。①

小岗村包产到户是农民在生活经验基础及"填饱肚子"的渴望下而进行的自主性创造。自农村社会主义改造完成以来,包产到户一直是改革的"禁区",在"文革"结束前虽有三次崛起但都被视为是"修正主义"而被扼杀。即使在"文革"结束后,人民公社所确立的虚无缥缈的社会理想制度依然没有破除,"一大二公"的"大锅饭"体制极大限制了农民的生产积极性,"填饱肚子"成为社会主义制度下的难题。"农民要吃饭"成为改革的最基本动力。农民用日常生活常识消解着国家理想制度,"分田单干"的个体主义精神在"饥饿逻辑"下得以彰显并不断解构着国家的集体化意识形态。在"姓资还是姓社"的持续争论中,小岗农民抵住了来自权力和意识形态的压力,冒着"杀头坐牢"的风险,实现了包产到户而后的大丰收。农民一改过去保守落后的刻板形象,打破了长期的思想禁锢,成为推动中国农村改革的主力军。小岗的率先闯关,成为了撬动中国伟大改革的支点,拉开了中国农村微观经济体制改革的序幕。蕴藏在广大农民群众中的改革积极性,就像火山爆发一样,其势锐不可当②。1981年冬,中央召开全国农村工作会议,正式肯定了农村的家庭承包经营制度,结束了包产到户30年的争论,农业生产获得了超常规发

---

① 丁龙嘉:《改革从这里起步:中国农村改革》,安徽人民出版社1998年版,第87-88页。
② 彭森:《中国经济体制改革重大事件(上)》,中国人民大学出版社2008年版,第18-19页。

展。此后，中央多次肯定和称赞联产承包责任制的重大意义和价值，最终于1991年11月党的十三届八中全会将其作为乡村集体经济组织的一项基本制度加以正式确立。

> 村里人对家庭联产承包责任制这种分地方式都很满意，因为我们自己手中有了经营权，保障了我们农民的权益。在分到田地以后，我们可以选择种植自己想种的作物，可以自由买卖，因此干活的积极性得到了极大的提升，我们的收入随之增加。相比集体劳动，实行家庭联产承包责任制实在好太多了，我非常乐意承包单干。家庭联产承包责任制的实行取消了人民公社，又没有走土地私有化的道路，让我们的生活得以好转，是国家、政府给我们最好的一个交代。①

家庭联产承包突破了土地集体所有、"一大二公"的人民公社旧体制、旧模式，打破了农业平均主义和"大锅饭"。赋权于民、确认农民个人所有制合法性的家庭联产承包制，实质上是放权于民，赋予农民在承包地范围内生产和经营的自主权。"交够国家的，留足集体的，剩下都是自己的"，根本上重构了国家、集体与个人之间的关系，充分激发了农民的劳动热情和活力，既解决了农村的温饱问题，又释放出城市化建设和工业化发展所急需的农村剩余劳动力，深刻地改变着农民的地位和身份。这种带有大包干性质的家庭联产承包责任制，是农民的首创。"农民的选择是中国农村改革的根本动力，尊重农民的首创精神，是中国农村改革的基本经验。改革的辉煌成就首先属于千千万万普普通通的农民群众。"② 国家的适时支持和政策肯定，不仅改善了民生，更使农民对党和国家的认同感也随农民内心源自经济自主权的获得感而得到不断提升。在社会主义国家遭遇"颜色革命"的危机时，中国共产党领导的社会主义道路却在夹缝之中焕发了新的生机。

（二）"泥腿子"走出的民主路：村民自治的发展

如果说安徽小岗的"包产到户"是撬动中国农村经济体制改革的支点，那么广西合寨村的"民主选举"则开辟了中国村民自治的先河，推动了中国

---

① 访谈编号：2019FJHYT01。
② 赵树凯：《农民的政治》，商务印书馆2011年版，第104页。

民主政治建设的进程。一个聚焦于经济体制，一个关切于民主政治，二者都是受人民公社的现实困境倒逼、农民自发进行的伟大创举。二者相得益彰、互为表里，合力终结了"一大二公"的人民公社体制，自下而上地孕育了中国特色社会主义制度体系。农民在乡村社会中的主体性资格得到前所未有的重视，农民的自我意识被唤醒，他们不仅在重新思考着个体与国家之间的关系，对党及其政权有了新的认识，而且也开始意识到基层群众的自主创造也可以影响高层政治决策，并改变国家政治发展的进程。农民不再是被动的被管治者，而是具有相对自主性的乡村治理主体。在没有政治人物的动员下，农民以完全自发的行动影响并创造着新的历史，生动诠释了"人民群众是历史的创造者"的深刻内涵；农民以自己的首创精神走上政治舞台，自主性与权利意识得到极大彰显，对权力的认知也逐渐世俗化。无疑，接受了新的政治社会化的农民，既建构了现代民主国家，也解构着落后的治理模式和治理机制，推动着乡村治理更深刻的变革。

1. 组织起来：公社瘫痪后合寨村的治理真空与治安联防

1978 年安徽小岗的"包产到户"事件，如一根木棍猝不及防地搅动了一潭死水，各地农民都开始重新审视公社体制的价值并纷纷效仿。广西河池宜山县农民在"盐罐无盐用水冲，油罐无油用火烘，一天三餐喝稀饭，一年四季白打工"的困苦生活中，发现人民公社并非"常青藤"，只有冲破集体经济体制才能换来更好的生活。人心思变，宜山三岔公社合寨大队也于 1979 年效仿小岗实行了"分田单干"，走上了自主经营的道路。

"分田单干"后的合寨，农民拥有了土地经营的自由，"三级所有，队为基础"的农村集体经济体制也随之彻底崩溃，"生产小队、生产大队、人民公社名存实亡，像植物人，虽然未死，但已失去了任何自理能力"①。人民公社体制失灵，合寨陷入了治理"真空"，这个偏远、贫困、闭塞，处于三县交界处的少数民族村庄社会治安状况随之急剧恶化：赌博、盗窃、乱砍滥伐、封建迷信等沉渣泛起，乡村事务无人管理。单干后的村民们乱砍滥伐，导致森林减少、水土流失，人民公社时期惠泽了周边十几个村庄的水库蓄水量不足，村庄间争夺水资源的械斗现象频频发生。陷入无政府状态的合寨，分田单干后虽然"吃得饱"了，但"睡不好"了，人们失去了安全感。村庄治理应当向何处

---

① 王布衣：《震惊世界的广西农民：广西农民的创举与中国村民自治》，广西人民出版社 2008 年版，第 31—32 页。

去，这是公社体制瘫痪后，合寨村人不得不思考并亟须解决的难题。为防止邻村偷水并解决村内治安问题，1979年10月6日晚，合寨大队召集大村、新村、肯嵝、乾浪4个村的生产队队长和队干15人共商维护水库和村内治安大计，最终成立了治安联防队并拟写了《村规民约》，以规范约束村民、维持村内治安。18日上午，合寨大队召开治安联防队成立大会，并经由全村所有农业户户主逐条商议讨论，最终形成家家签字画押摁手印、表示自愿遵守的《村规民约》六条。治安联防队在刚成立的第四天夜里，就成功组织使前来意图炸水库的邻村人员不战而退。合寨大队的其他8村通过此次事件也意识到组织起来的重要性，也分别成立了治安联防队，维护当地平安。

2. "大家来选领头羊"：合寨村村民委员会的诞生

治安联防队虽然在抓贼抓赌、守村护林、维护治安方面发挥了很好的作用，但村内修路、教育、集体森林的年底分配等公益事业和邻里纠纷、父母赡养等"私家事"依然处于无人管的境地。因此，"如何建立"及"建立一个什么样"的新的公共权力机构来治理村内事务，是摆在解决了基本治安问题后的合寨大队果地村面前的重要议题。经过再三权衡，果地村参照城市"居民委员会"的叫法，最终确定以"村民委员会"命名新公共组织机构。并于1980年1月8日下午召开果地村群众大会，无记名投票选举产生了第一个以"村民"命名的公共组织并投票通过了14条《果地村公约》。虽然果地村民委员会选举的程序略显简单，也不符合现代民主选举的规范，但果地村村民却用自己手中的选票打破了村庄领导的直接委任制，塑造了"同意的政治"，改变了权力授受的合法性来源。村委会因选举赢得了权威，村民也因村委会的产生得到了生产生活服务的保障。此次选举推动了一个崭新制度的建立，成为中国村民自治的起点。同属合寨大队，同样面临着公社崩溃后的治安及村庄环境恶化困境的果作村，受果地村启示，于1980年2月5日上午也召开了大会选举产生了村民委员会，组织农民自我管理、自我教育和自我服务。果地村和果作村同属的合寨行政村，由此成为"中国村民自治第一村"。

与此同时，面对人民公社解体后基层政权空位导致的基层治理瘫痪状况，四川、河南、山东等省也先后出现了村民委员会以负责乡村治理。党和国家高度重视，将村民委员会作为基层群众自治组织写进1982年宪法，并于1983年10月发布《关于实行政社分开建立乡政府的通知》，终结了人民公社的历史，明确要求各地选举产生村民委员会实行群众自治。1987年11月颁布《村民委员会组织法（试行）》，将1982年《宪法》关于村民委员会的规定进一步落实,村民自治在中国农村正式拉开序幕。1998年11月,新修订通过的《村民委员会组织法》将村民委员会的功能由"三自"升级为"四民"(民主选举、民主决策、民主管理、民主监督)。中国基层民主由此开始进入全面推进的崭新阶段,各地农民自主探索产生的"两票制""海选""民主恳谈"等新机制、新路径,将村民自治这场"静悄悄的革命"不断推向中国民主政治建设的前沿。中国村民自治由此走向世界,成为观测中国民主政治发展的"窗口"。

村民自治,是"泥腿子"走出的一条民主路,是农民自发进行的伟大创举。为了解决村治的难题,他们在旧体制的夹缝中敢闯敢试,冲开藩篱,开启了中国农村民主政治改革的先河。一个崭新的组织、一套崭新的治理机制,既使公社体制崩溃与解体后的农村很快由乱变治,维持了农村秩序的稳定,也培育了农民的民主观念和权利意识,提升了其政治素质,为中国民主政治的发展提供了强大的内生动力,为九亿农民的自主治理找到了一条新路。"草根民主"的崛起,其价值和意义"不仅在于提供了一套规则和程序,更重要的在于它为国家政治生活提供了一种示范"[1],由下而上地推进了国家的民主政治改革,"掀开了中国农村民主政治建设的新篇章"。国家对农村自主探索的村民自治模式的肯定,并将其以法律和制度的形式在全国推行,实质是在公社体制瓦解后将农民重新纳入了国家制度体系。被吸纳进制度体系的农民,以自治组织的形式被重新组织起来,实际上是党支持了农民当家做主的权利,由此也建立了农民对党和国家的认同。[2] 村民自治在缺乏民主基础的中国农村的实行,直接推进了农村政治生活的民主化,实现了农村政治社会化手段与内在机制新的变迁,开始由共产主义理想下的强制灌输,转变为"以民主为基本轴心"的渐次展开,"它无论在内容还是形式上都是以农民自主性的增强为基点"[3]。村民自治,是农民政治社会化的转折点,农民在民主政治实践中既教育了自己、习得了民主知识、锻造了民主能力、培养了宽容、理性的现代民主精神,更成长了国家,取得了农民与国家相得益彰的显著政治社会化效果。

(三)城乡二元结构:作为"二等公民"的农民

农村家庭联产承包责任制改革,使得劳动力作为一种独立的资源形态从土

---

[1] 徐勇:《乡村治理与中国政治》,中国社会科学出版社2000年版,第45-53页。
[2] 徐勇:《现代国家、乡土社会与制度建构》,中国物资出版社2009年版,第147页。
[3] 王振耀:《中国村民自治理论与实践探索》,宗教文化出版社2000年版,第30页。

地中解放出来。而市场化的改革使得工业化、城镇化进程大大加快,城市第二三产业对农村剩余劳动力的需求越来越大。① 因此,20 世纪 80 年代以来农民逐渐走出了"面朝黄土背朝天"的小农宿命,大量农民进城务工对农民家庭收入结构和生活水平的明显改变与提高,有效化解了 20 世纪 80 年代中期第一轮改革红利释放殆尽后的农村困境。但农民在与城市的互动中又产生了新的困惑和矛盾:村民与市民在就业、医疗、教育、社会保障等方面存在着严重的权利不均衡,"离土又离乡"的务工农民难以在身份上真正被城市所接纳,其子女也无从享受城市的优质教育资源。农民与市民两种户籍身份俨然与权利、利益直接挂钩,形成了城乡二元结构体制,制阻着农民的政治社会化。

1. 户籍制度:城乡权利不平等的政治建构

户籍制度无疑是造成城乡二元结构的根源。户籍不同,身份不同,权利与利益便不同。户籍管理在我国古已有之,商王朝时期甲骨文中便有"登人"或"登众"的人口登记记载。历代王朝都沿袭春秋战国时期"编户齐民"的户籍管理办法,将民众按姓名、年龄、籍贯、身份、相貌、财富情况等项目载入户籍,区分户口类别和等级序列进行管理,以满足国家赋税征收和兵源供给的需要。中华人民共和国成立后,也承继历史实行了户口统计报告制度以恢复国民经济、镇压反革命、维护政权稳定。1951 年到 1958 年,国家先后颁布若干行政法规、规章,在全国范围内建立户口登记制度,将公民身份划分为城市和农村两大类别,并规定居民迁徙时必须履行的行政手续。伴随着粮油定量供应制度、劳动用工制度、社会福利制度的建立,城乡分割的二元户籍管理制度基本形成,农业人口向城市流动异常艰难。② 但这种情况在改革开放后有所缓解。农村家庭联产承包责任制的推行,解放出大量的农村剩余劳动力涌入城市第二、第三产业务工。进城务工农民数量急剧增长,1988 年至 1990 年三年分别达到 2605 万人、3150 万人、3750 万人。面对"民工潮"的到来和冲击,国务院虽然于 1984 年发布通知,允许农民自理口粮进入城市落户,但对"农转非"依然实行计划指标限定,在 1989 年时更是将"农转非"纳入国民经济和社会发展计划,严格限定指标。据此,1989 年仅有计划数 350 万人,1990 年更只有 230 万人,在计划之前的 1988 年"农转非"实际数量为 425 万人,计划指标呈逐年减少之势。显然,户籍管理制度并未真正松动,城乡二元结构没

---

① 钟涨宝:《农村社会学》,高等教育出版社 2019 年版,第 196 页。
② 万川:《中国户籍制度论稿》,群众出版社 2008 年版,第 90 页。

有发生实质性的变化。20世纪90年代中后期,为了有效转移农村剩余劳动力,加快小城镇建设,国家开始从1997年起在部分地方进行小城镇户籍制度改革试点,放宽小城镇常住户口办理条件,规定获批落户小城镇的人员享有与当地原有居民同等待遇。这一试点最终于2001年被公安部正式吸纳推而广之。至此,农民进入小城镇落户基本全面放开。但整体上,户籍限制而导致的城乡居民间实质上的不平等并未改变,农民的"二等公民"地位依然是时代之痛。

在我国,户籍的意义"不仅是'嵌在'制度结构中登记出生、死亡、婚姻等人口信息的制度安排,而且往往与土地制度、赋役制度、等级制度等相互结合,赋予特定户籍或户籍中的特定个人或群体特定权利和义务,实质是通过控制人及其权利(资源能力)进而控制其他资源的一类制度安排和结构"[①]。户籍制度在很大程度上既是个人权利的体现,也是国家对个人进行社会控制的手段。我国户籍制度将居民划分为城市和农村两个不同的社会集团,并赋予其不同的地位、待遇和义务。城乡二元分隔的管理体制,使城乡居民的经济、政治和社会等各方面权利不平等,致使城乡之间出现难以跨越的鸿沟。如在受教育权方面,农村义务教育普遍受经费不足、办学条件差的困扰。1999年全国普通小学生均教育经费支出仅为476.1元,城市为1492.2元,约是农村的3倍,城乡之间教育投入差距很大。进城务工的农民工子女,受户籍限制,即使在义务教育阶段也无法在城市正常入学,需要缴纳高额的"附加费"才能取得入学资格。在社会保障方面,改革开放以来,城市普遍建立起了养老、医疗、生育、工伤、失业、低保等较为完善的社会保障体系,而农村却普遍以家庭自我保障为主。2003年享受最低生活保障的农村人口仅367.1万人,而城市却有2246.8万人。城乡公民选举权的不平等是政治不平等的集中表现。尽管1995年选举法将全国人大和地方各级人大的农村代表所代表的人口数由1953年的8倍于城市代表减少至4倍,人大中农民代表的名额有所增长,但城乡居民间的政治不平等现象并未实质性改变。改革开放后有所弱化,但还普遍存在的这一身份制[②],严重滞阻着农民迈向现代公民的步伐。

2. 政治性屏蔽:城乡二元结构下农民"二等公民"的渊薮

罗尔斯曾言,平等是一种最基本的正义,也是人类孜孜以求的理想。无论在道德意义上,还是法律意义上,每个人都应当被平等地对待。权利平等更是

---

① 林浩:《中国户籍制度变迁:个人权利与社会控制》,社会科学文献出版社2016年版,第1页。
② 廖永松:《农民的价值世界》,中国社会科学出版社2017年版,第71页。

现代政治的基础，国家建构政治制度必须充分保障每个合法公民拥有相同的权利和机会，而无论其出身、种族、经济条件如何。这是制度的正义和政治合法性的体现。我国城乡二元分隔的户籍制度，却是制造社会不平等、破坏合法性的藩篱。它以户籍在城乡居民之间划定了一个身份界限，奠定了"现代中国最重要的社会差别，中国农民成了一个受隔离的次等地位群体"[①]。其实质是建构起公民之间先赋性的不平等的公民身份体系[②]，以从农村汲取工业发展所需的原始积累和实现国家对农民的社会控制。不可否认，城乡分隔的户籍管理制度确实起到了防止农民盲目外流、缓解城市压力的作用，保证了国家能够有序推进工业化、城市化进程，但这种以牺牲农民权利为代价的制度与发展道路，既与社会主义制度的本质相偏离，又与国家对农民的政治社会化使命背道而驰。国家对农民的政治社会化，最根本目标就是要培养与民主政治相适应的现代公民，将传统小农改造成具有政治意识和政治能力的现代公民。而公民身份是"个人在一民族国家中，在特定平等水平上，具有一定普遍性权利与义务的被动及主动的成员身份"[③]，因此，建立起平等化的公民身份体系，确保每个国民都成为拥有平等权利和义务的现代公民，是国家建构现代政治、实现政治发展的首要任务。而城乡分隔的户籍制度却是国家制度设计对农民作为平等公民合法权利的"政治性屏蔽"，是农民政治社会化形塑现代公民、现代"政治人"道路上的绊脚石。因此，破除城乡二元结构体制，还农民以平等的公民权利，是未来农民政治社会化实现农民的公民化改造的必由之路。

（四）计划生育：国家对农民生育观的强力再造

政治具有强大的再造能力，它不仅可以重建一种新的经济体制，而且可以重塑一个国家及国民的文化观念，以改变人们的认知，满足国家政治统治与社会发展的需要。生育是人类的本性，"多子多福""养儿防老""不孝有三，无后为大"是中国人千百年来所形成的生育观念。农业生产发展、家族血缘传递及战争等需要进一步强化了国民的生育崇拜，使得中国人即使身处贫困潦倒境地也不能忘却推卸传宗接代之责。生育是家庭得以继替、社会得以迭代、民

[①] [美] 苏黛瑞：《在中国城市中争权公民权》，王春光等译，浙江人民出版社2009年版，第27-37页。

[②] 吴瑞财：《户籍制度、公民身份与政改突破口》，《长江大学学报（社会科学版）》2012年第12期。

[③] [美] 托马斯·雅诺斯基：《公民与文明社会》，柯雄译，辽宁教育出版社2000年版，第11页。

族得以延续的基本。抑制生育，特别是以政治权力对人类生育天性进行压制，无疑是向人性及家族伦理的宣战，极易遭致抵制和反抗。20 世纪 70 年代末，我国开始推行计划生育政策，将生育行为纳入国家计划指标，生育被政治化、国策化。"人们何时生育、生育多少以及是否有权生育需要服从国家目标，由国家政策规范和权力进行干预和调控。"① 国家政治权力对私密空间的侵入和扩张，既是国家公权对人们生活世界的规训，也是影响农民的公民化改造的重大事件。

1. 计生政策：农民生育行为的国家化

恩格斯在《家庭、私有制与国家起源》中将生活资料的生产和人自身的生产视作"历史中的决定性因素"②。但在生产力不发达的社会，二者之间经常会产生矛盾，特别是土地资源往往总是难以满足人类繁衍及再生产的需要。在中国古代社会，因医疗落后、战乱和自然灾害频繁，人口数量总是处于增长—锐减—增长的循环之中，人地矛盾并不突出。中华人民共和国成立后，和平的国内环境和生产生活医疗条件的改善，使得我国人口迈入了历史上从未有过的快速增长期。到 1982 年第三次人口普查时，全国人口已增至 103188.2511 万人，同第二次全国人口普查（1964 年 69458.1759 万人）相比，18 年间共增长 45.1%；城市人口 20658.8582 万人（占总人口 20.6%），农村人口 82529.3929 万人（占总人口 79.4%）③。巨大的人口基数和过快的人口增长速度，使得人口问题已经成为严重影响我国经济社会持续发展和人民生活水平提高的关键问题，国家开始下决心控制人口的过快增长，将人口增长纳入国民经济与社会发展计划。1973 年国务院成立计划生育领导小组，提出了"晚、稀、少"的计生宣传口号；1978 年全国人大五届一次会议第一次把计划生育政策纳入国家根本大法；1982 年 9 月党的第十二次全国代表大会将计划生育确定为基本国策，同年 12 月宪法将计划生育进一步明确规定为夫妻双方的义务；2001 年 12 月，九届全国人大通过《人口与计划生育法》，将计划生育基本国策上升为国家法律。

伴随着将农民的生育行为国家化、强力推行计生政策的是党和国家事前铺

---

① 周长友：《生育政治：中国现代节育运动中的权力与技术》，博士学位论文，华中师范大学，2018 年，第 1 页。
② 《马克思恩格斯选集》第 4 卷，人民出版社 1995 年版，第 2 页。
③ 张开敏、杨舒等：《中华人民共和国第三次人口普查 1982 年》，上海社会科学院出版社 1989 年版，第 247 页。

天盖地的宣传动员、事后无所不在的严厉惩罚等手段。标语与口号，是简洁明了的宣传符号，它注重情感动员或恐吓威胁，"简单粗暴"地将一种观念形态植入人们的意识世界。计划生育政策宣传，自然也离不开各种计生标语和口号。国家基层干部利用"大喇叭"、横幅、宣传画、农家房屋外墙等，将充满了"暴力美学"、冷漠强硬、缺乏人文关怀的计生标语和口号撒播至乡村的角角落落。20世纪八九十年代这种立体式、全覆盖、无处不在的计生宣传标语，给人们留下了难忘而又"心有余悸"的集体记忆。这些"一人超生全村结扎""该引不引　株连六亲""该流不流　扒房牵牛""超生罚款你不缴　拘留所里见分晓""一胎上环　二胎结扎　超怀又引又扎　超生又扎又罚""宁让你家破人亡　不让你超生一胎""逮着就扎　跑了就抓　上吊不解绳　喝药不夺瓶"等恐吓式的宣传将计划生育引入到人们最深层的生活世界，对国策的推行起到了一些效果。但更重要的是，计划生育政策执行中的"暴力执法"让农民再次感受到了国家权力的权威性和强制性。[①] 人是权力规训的中心，精神与肉体都是权力实施惩罚的对象。国家对人们生育行为的调控，既是对老百姓精神层面的改造，也是对肉体生命的重新检视，或者通过肉体的训诫达到精神塑造的目的。生育以性为前提，"被窝里的事情"中国人历来羞于对外启齿，但计划生育政策不仅将人们的生育行为这类纯属个人的私人事务变为国家支配的政治事务，而且"刮宫引产"等极具血腥和暴力的计生政策执行手段也将人们的"私密之事"公示于众，将妇女的身体隐私对外敞视。而对"超怀"妇女及其丈夫和家庭的身体、尊严和财产所造成的不可磨灭的双重侵害，导致计生政策的合法性广受质疑，也使农民对国家的强制性再次有了深刻的体认。

2. 生育政治化：农民生育观的强力再造

计划生育国策是一种强制性的制度建构，是对农民价值观念和生活世界的改造。如果说土地改革，是共产党把农民动员起来革除"地富反坏右"的命，那么计划生育则是共产党强制性要求农民自己拿起手术刀切掉自己的"命根子"，农民由革命的主体变成了"革命"的对象。国家将新的生育理念和国家意识强力植入农民意识中，这既是国家对农民新一轮的政治整合，也是对乡村文化的强力再造。

生育本是一个自然过程，却从来没有实现过真正的自由。在传统中国，受"传宗接代"观念影响，生育被赋予了过多的道德意义，是妇女难以承受之

[①] 徐勇：《国家化、农民性与乡村整合》，江苏人民出版社2019年版，第360页。

重。计划生育政策执行中，人们的生育行为又被国家权力所规训，生育被完全政治化。个体在"不间断的检查过程中日益沦为权力调控的对象"①，个体分散自主的生育私人空间从此被变成国家的公共空间，从属于国家政治的需要。国家以强制性的方式将人们最私密之事置于"全景式监视"中，对违反政策的家庭处以身体、财产及精神的多重严厉惩罚，直至剥夺其生产生活必需的物质乃至生命。惩罚之重，迫使人们在畏惧中不得不遵守计生政策，进而在政策的延续中逐渐改变生育观念，按照国家要求行事。这无疑是一场对农民政治社会化的过程，计划生育的宣传动员和强制推行是对农民生育观念的教育或改造，农民在此过程中对国家权力和国家政策有了更直接而强烈的体认。违反政策所受到的惩戒，最终让农民对权力选择屈从，但他们对计生政策执行者的反感使得农民对基层政权及干部的信任降到了冰点，基层干群关系变得更加疏离。而干群关系紧张成为引发农民上访和维权行动不断增长，影响农民政治认同的重要因素。

回顾税费制改革时期农村经济、政治和社会领域的种种改革，从农民首创的家庭联产承包、村民自治，到国家根据社会情势变化而改革城乡二元分隔的户籍制度、实行严格的计划生育国策，每一次变革都是农民政治社会化的最佳试验场。家庭联产承包和村民自治，既是农民公民化的过程，也是国家顺应时代发展潮流给农村改革创造自由空间的产物，是国家与农民上下互动的政治社会化机制良好运转的体现，农民与国家在其中各得其所。而从严执行的城乡二元分隔的户籍制度和为控制人口过快增长而强力制定执行的计划生育政策，则是国家对现代公民权利尤其是平等权和生育权的剥夺，是对培育现代公民的农民政治社会化的一种背道而驰，农民在政治民主化时代形成了对党和国家新的政治依从。显然，税费制时期的农民政治社会化具有农民自主性与国家建构性的双重特点，体现了自上而下的政治教育与自下而上的政治自觉的双向互动。农民个体通过政治社会化，培养了政治人格，提高了政治参与能力；党和国家通过对农民的政治形塑，实现了农民在利益与人格上对国家的依附和人民公社解体后国家对乡村社会的再次整合，维持了农村秩序的稳定。

---

① 周长友：《生育政治：中国现代节育运动中的权力与技术》，博士学位论文，华中师范大学，2018年，第31页。

四　后税费制时期的农民政治社会化

2006年农业税全面取消，我国结束了"皇粮国税"时代而迈入后税费制时期。农业税取消，改变了国家与乡村及基层干部与农民之间的关系，国家基层政权由"汲取型政权"向"悬浮型政权"转变。但基层干部在农业税征收和计划生育政策执行中所形塑的"掠夺之手"形象并未随着后税费时期的到来而改观，相反，利益的"脱嵌"使农民对乡村干部的政治认同依然延续着农业税时期的"恶人"认知，基层政权面临着合法性危机。由基层干部腐败及侵害农民利益而引起的信访现象与日俱增，干群关系恶化影响了农村社会稳定。如何重建农民的政治认知，提升基层政权合法性，维护基层治理秩序，是新时期国家政权建设的核心议题，也是农民政治社会化的重要任务。

(一) 差序格局：农民政治信任

政府职能的转变和转型期多因素错综复杂的交织，诱发了农民政治信任的"差序格局"，形塑起农民对高层权力的崇拜意识。造成税费改革后一段时期内群众信访上访意图上达"天庭"，群体性事件愈演愈烈，官民冲突愈发严重，越"维稳"越"不稳"；同时也不利于农民法治精神的培养和法治社会的建设，有违农民政治社会化对现代公民法治意识的要求。

1. 信任差序：农民上访行为中的政治心理

家庭联产承包责任制推行极大激发了农民的主体意识和生产积极性，但遗憾的是国家对农民的权利和利益保障机制未能及时跟上。承包责任制以来，基层政府不再组织具体生产，而更多扮演着"要钱要粮要命"的角色，不仅未能及时为农民提供满足生产生活需要的公共服务，反而变成了另类的"资源汲取者"。农业税征收中繁多的附加摊派给农民造成沉重的农业负担，中央扶持农业的政策在基层难以落实，生产责任制成为农民新的"枷锁"，交够国家的、留足集体的，剩余的已经微乎其微。沉重的农业税费导致农民不仅未能随改革而获益，反而再次陷入贫困的境地。生活境遇的再次急转直下，致使农民对党和国家的政策产生质疑。征粮纳税和计划生育政策的暴力执行，更是加深了农民的心理敌视，农民对党和国家的政治认同走向低谷，基层的"恶人"形象由此得以塑成。针对基层"恶政"，各地农民纷纷围绕农民负担、集体资金的管理和使用、土地分配等内容，向上级政府表达诉求进行维权。2006年农业税全面取消后，农民负担已不再是农民诉求的主要话题。但随着城镇化进程的加快，土地征收、房屋拆迁等再次把农民赖以安身立命的土地和房屋问题摆在面前。据农业部调查，农业税取消后一段时期内农民上访65%以上是为了土地。土地征收成为影响农村社会稳定的最大问题。① 生存安全所诉诸的经济利益使得农民的诉求发生了由"维权"到"谋利"的转变②，越来越多的农民"越级上访""闹缠式上访"，希望引起更高层政府甚至中央政府关注以解决问题。

农民"偏爱"上访，其实反映了农民对各级政府政治信任的"差序格局"：在农民的思想意识中，政府越往高层越值得信任，越往基层越不值得信任，中央政策是好的，只是基层政策执行者"歪嘴和尚念歪了经"。秉持这种政治信任观，农民更愿意信任高层政府的公正性，更愿意将向高层或中央反映诉求作为解决问题的最好方式。

> 中央领导都是好的，他们肯为咱老百姓着想。下面这些干部有些就坏得很，收农业税的时候干了很多伤天害理的事，搜刮了也不知道有多少油水。中央肯定不知道，知道的话不会允许他们胡来的。还是中央英明，知道老百姓日子苦，就给咱取消了农业税。现在的干部恶人也多，欺软怕硬，整天瞎糊弄，也不为老百姓干点实事。听说其他村有很多上访的，有到省里的，还有到北京的。就得去告他们，看中央咋收拾他们。③

基层干部的"恶人"形象和高层干部的"好人""亲人"形象在农民这里形成了鲜明对比。税费改革后，基层政府在农民认知中的"掠夺型"形象非但没有改观，与农民之间的利益"脱嵌"现象反而越加严重。农业税取消，中央与农民是最大的受益者，农民被免除了农业税，负担减轻，生活水平提高，中央政府则赢得了农民的认同，"为民着想"的形象更加深入人心。但基层政府却深陷"塔西佗陷阱"，其农业税征收和计划生育政策执行中形成的"恶人"形象根深蒂固，农民并不认为他们是可以信任的对象。农业税取消后，国家并未注重基层干部形象的重构，反而将基层政府的职能由"要钱要

---

① 韩长赋：《正确认识和解决当今农民问题》，《求是》2014年第2期。
② 田先红：《从维权到谋利——农民上访行为逻辑变迁的一个解释框架》，《开放时代》2010年第6期。
③ 访谈编号：2019SCHWQ01。

粮要命"转变为"维稳"和"招商引资"。一方面,"乡财县管"财政体制下乡镇财政沦为"空壳",上级转移支付只能满足乡镇基层政权工资发放和政府日常运转开支。捉襟见肘的财政状况使得基层政权无力为农民提供公共产品和公共服务。另一方面,"招商引资"和"维稳"成为基层政权日常工作的主要内容。"乡财县管"财政体制下招商引资、出卖土地获得预算外收入,成为基层政府的最大动力。但土地征收中基层政府争利于民的举动往往严重损害农民利益,导致因土地问题引起的农民上访日益增多。而"上访一票否决"的考核压力使得"截访""劫访"和"销号"成为乡村干部的"日常"。这导致基层干群关系更加紧张,农民对基层干部的信任更是遭遇滑铁卢。波兰学者彼得·什托姆普卡的这句话足以总结后税费时期农民对基层政权的信任走向,"信任似乎是非常稀缺的社会资源。'不信任文化'似乎是深深扎根于其中。而一旦信任的衰退达到这种文化的层次,不信任就变成有传染性的和自我增强的"①。

2. 仇官:农民信任差序的后果

基层政府的"恶人"形象,既是基层干部"简单粗暴"的行政手段所致,也是国家压力型治理机制使然。这种体制下压力自上而下层层传导,虽能有效调动地方积极性,但是越到基层责任越大、权力越小,责权利严重不对等。乡村基层政权作为国家农村政策的最终承接者,也是政策的直接执行者,面对高层政府的"高标准、严要求",种种阳奉阴违应运而生。基层要么采取变通执行或选择性执行手段,以"不出事"为内在逻辑,虚假执行,应付了事,要么会采取非常手段,偏离规范要求,继而引发上访事件或群体行动。最终,一些高层级政府会让基层执行者担责以平息民愤,这样就更加强化了基层的"恶人"形象和高层的"亲人""恩人"形象。国家的这种治理策略,始终能够让高层政府尤其是中央超然于官民冲突之外,当干群之间的紧张局面达到一定程度,高层政府便能够及时出面,派出工作组,找出基层干部队伍中的"罪魁祸首",以弥合分歧,不致损害高层权威。但是,这无疑助长了基层干部"明哲保身"的冲动,为了"不出事",只好"不做事"、推诿扯皮以应付群众诉求,以形式主义应对上级考核。民众对基层政府不满情绪的长期郁结,会产生"仇官"心理,最终会将矛盾向上传导,引发更高层面、更大范围的

---

① [波兰]彼得·什托姆普卡:《信任:一种社会学理论》,程胜利译,中华书局2004年版,第230页。

政治不信任，危及上层权威。

（二）反腐：农民政治认同的重塑

"得民心者得天下，失民心者失天下。"民心向背、政治信任是政治支持最根本的要素，构成一国政权合法性的基础。基层政府是国家政策落实的前沿阵地，也是连接国家与民众的桥头堡。农民对地方政府尤其是乡村政权的信任度和认同度，直接影响着党和国家执政全局的合法性与有效性。因此，农民个体的政治社会化，尤其是日常学习、教育、实践所获取的政治认知、所形成的政治态度，都将影响和支配其政治行为，故而需要好好筹谋。但改革开放以来特别是在后税费制时期，社会结构的日益分化和中国式集权体制的安排致使乡镇基层政权异化为追求利益最大化的独立主体，贪污腐败、克扣截留及其他侵占群众利益的不正之风愈演愈烈。乡村干部与农民群众关系的疏离与利益的脱嵌，导致农村社会形成"暴戾型"政治文化，干部野蛮执法与群众暴力抗法相互型构，农民不信任基层政府，基层政府也将维权群众视为"刁民"，官民冲突加剧，集体性维权事件增多，严重影响了社会秩序。

1. 整治"微腐败"：重构农民对基层政权的政治信任

近些年来，农村"小官巨贪"频现。不少基层官员在市场经济大潮中被横流的物欲迷失了初心，将手伸向征地拆迁、工程建设、扶贫、惠农补贴、集体资产管理等领域，"虚报冒领""克扣截留""雁过拔毛"，贪腐金额惊人。如安徽淮北烈山村村党委书记刘大伟私吞村资产1.5亿元，黑龙江曙光村于福祥将曙光村当作自己的"自留地"和"独立王国"，大肆贪占公款，涉案金额高达2亿多元。这些"小官"直面百姓，其所作所为深刻影响着农民群众对党和国家的政治信任。如果说"小官巨贪"只是个案，那么利用职权吃拿卡要，优亲厚友，私吞群众利益的基层"微腐败"现象则更为普遍。数据显示，来自群众身边的腐败和作风问题，村居干部最多，约占全部人数的60%；乡镇干部其次，占比为23%。这些乡村干部或截留私分农村危房改造资金，或违规发放领取低保金，或骗取国家征地补偿款，或挪用饮用水安全改造资金和扶贫互助资金，或虚报冒领坟墓拆迁补偿款，或违规收受财物，或在扶贫项目建设中不尽责、弄虚作假等。这些农村基层"微腐败"，虽然贪腐金额不多，但却因其"微"不可察性，更易助长基层干部腐化心理，致使腐败现象呈现"裂变式"增长蔓延，形成腐败交易链。严重"损害基层政治生态的自净机制，侵蚀党的执政基础，蚕食着群众的幸福感、获得感、安全感，甚至会使基层政治生态污染出现'蝴蝶效应'"①。因此，重构基层政权与农民之间的关系，重塑基层干部形象，正向影响和教育农民，重构农民对基层政权的政治信任，强化其对党和国家的政治认同，必须切实反腐、打通反腐败向基层延伸的"最后一公里"。为此，十八大以来党和国家将反腐提上重要议程，强调既要"打虎"更要"拍蝇"，重拳出击、集中惩治和预防发生在群众身边的"蝇贪"和"蚁害"。

> 共产党好得很，习近平这届领导人硬气，打掉了大老虎。咱农村的腐败？你看哪个官不贪，农村这些干部不得了，油水大着嘞，谁找他们办点事不得送点礼。国家给咱农民发的钱，就是各种补贴，都是直接发到自己卡里了，绕过了干部，就是怕被他们贪了，还是国家想得周到。农村的官也得治，国家咋说的来着？就是拍苍蝇，乡里边、村里边这些干部就是苍蝇，也有好的，少，十个得有九个贪的。老百姓支持反腐败。②
> 国家反腐政策真的是大快人心，这些贪官是该打打了，不光是大贪官，这些小贪官都应该打，应该一网打尽，这些贪官的行为太过恶心了。③

2. 风清气正的基层政治生态：乡村政治文化的重建

民心是观测政治走向的风向标，赢得民心也就将赢得政治的未来。农民群众对基层腐败蔓延的直接感知，导致其逐渐形成了"十官九贪""天下乌鸦一般黑"的政治认知，这对国家政权建构和执政基础巩固无疑十分危险。重拾民众对基层政权的信心，反腐败是有效手段。一方面，基层政治生态在整个政治生态系统中具有基础性地位，发挥着兜底功能，反腐能够革除腐化人员，置换新生力量，有助于国家重建乡村权力结构，恢复良好的基层政治生态。另一方面，反腐能让民众更直观地看到党和国家惩治和预防侵犯群众利益行为的决心。国家猛药去疴、重典治乱的决心，刮骨疗毒、壮士断腕的勇气，重拳出击、反腐到底的行动，让民众充分地意识到：腐败分子不仅是人民的敌人，更是党和国家的敌人，腐败分子仅是党员干部群体的极小部分，大部分基层干部

---

① 中央社会主义学院统一战线高端智库编：《中共政党制度研究报告2018》，人民出版社2019年版，第115页。
② 访谈编号：2019SCHXL01。
③ 访谈编号：2019SCYT01。

是好的。因此，反腐的价值不仅在于教育了党员干部，更在于教育了普通民众；党和国家以"刀刃向内"的自我革命精神向人民群众证明党的初心和使命，进而构建起风清气正的政治生态，调适了干群之间的关系，缓解了矛盾冲突。反腐最终重塑了农民的政治认知，重树了其对基层政权的信心和对党与国家的政治认同。与此同时，群众举报、上级纪检机关调查，是基层反腐进行的逻辑。这种把人民群众视作基层反腐的主要力量，依靠群众开展农村基层反腐的做法，大大提升了农民群众政治参与效能感，人们的获得感、幸福感也因此得到增强。从农民政治社会化的视角来看，基层反腐实际上是党和国家以广大乡村为课堂对农民开展的一场政治教育大课，既重建了乡村政治文化，也改变了农民的政治心态，提升了农民的政治认同感，实现了政治人格塑造和政治文化改造的双赢。

（三）精准扶贫：农民政治情感的强化

新制度主义认为，民众的政治信任和政治认同内生于政治本身，是"制度绩效的结果……取决于公民对政治制度和政府绩效的理性评价"[①]。即政治认同与政治信任的有无及强度取决于政府做出的经济绩效、政治绩效和公共服务绩效的程度。而农民群众对基层干部的认同度不高，根本原因就在于基层政权过往未能建立与农民群众的利益共同体关系，未能建构起政治信任所需的足够的经济、政治和公共服务绩效。税费制时期"要钱要粮要命"的角色定位，暴露出基层政权及其执行者"掠夺型"身份事实，而后税费制时期"维稳"的角色扮演更是强化了基层政权与农民群众的疏离。虽然基层反腐在一定程度上改观了农民对基层政权的态度并提升了一定的信任度，但无法抵消基层政权中心工作与农民利益相抵牾的事实。激发农民对基层政权及其干部的政治情感，提升并巩固其政治信任和政治认同，唯有搭建基层干群之间的利益关联，提升基层政府有助农民利益的经济、政治和公共服务绩效才是正途。

1. 精准扶贫：基层政权公共身份的营造

为营造基层政权的公共身份，基层政权的角色定位必须由"利益疏离者"转变为"利益聚合者"，更多地承担"以人民为中心"的公共职能，为农民利

[①] William Mishler and Richard Rose, "What are the Origins of Political Trust? Testing institutional and Cultural Theories in Post-communist Societies", *Comparative Political Studies*, Vol. 34, No. 2, 2001, pp. 30-62.

益和美好生活不断"输血"和"造血",而不是资源汲取和利益剥夺。基层行政进入乡村场域和农民的生活世界,"外来闯入者"的身份定位无益于其权威营造。"地方权威必须有能力使一个地方性的利益共同体形成——它内部的各方利益必须被相关化,即分散的利益被政治地或经济地组织化为一体,确保一系列规则保持共同体的内聚,避免它的分散——只有在这种时候,地方权威才可以在强制之外获得社会服从的威望力量。"[①] 因此,为重建乡村基层政权在乡村社会治理中的权威,改善干群关系,重建政治信任,党和国家开始对乡村基层政权的角色定位或"中心工作"进行调整,将基层政权身份从"乡村的外来闯入者""资源汲取者"转变为"乡村经济的主导者""资源供给者",大力扶助农村发展,让广大农民群众共享改革和发展的红利。其中,最重要的举措就是针对贫困农村进行"精准扶贫"。通过精准定位、扶贫到户、靶向治疗,扶贫干部下村入户、定点走访、精准摸排,对贫困户建档立卡,进行针对性扶持和动态化管理,综合利用政府、市场和社会力量,举全党全社会之力对准、聚焦扶贫资源,帮扶贫困农村脱贫脱困。

2. 服务下沉:拉近了的干群关系

基层干部队伍是精准扶贫的主力军,他们广泛参与到精准识别、精准施策、精准帮扶的全过程。不可否认,在扶贫过程中,基层干部队伍中也出现了优亲厚友、吃拿卡要等扶贫领域中的腐败问题。但是,我们更应该看到,广大扶贫干部和农村基层干部扎根农村、了解情况,精准确定项目、资金,千方百计想办法、出实招。他们在扶贫中所展现的责任感、担当意识和所付出的努力,不仅使国家扶贫政策见实效,贫困农民享实惠,也使他们赢得了农民群众的理解、支持和拥护。

> 广大干部深入乡村、深入群众,精准识别、精准对接,一户户地走、一个个地谈,针对不同的贫困家庭情况,进行不同的扶贫政策的帮扶。干部的节假日没有了,干群关系却越来越亲密了;同志们越来越劳累了,老百姓的理解和感恩却越来越多了;破旧的危房越来越少了,新的宽敞道路和安全住房越来越多了;干部越来越瘦了,老百姓的钱袋子越来越鼓

[①] 张静:《基层政权:乡村制度诸问题》,上海人民出版社2006年版,第24页。

了……①

更重要的是，精准扶贫拉近了基层干部和农民群众的关系。国家对精准扶贫政策的大力宣传、对精准扶贫资金使用的严格规定、对精准扶贫过程的从严监管，以及基层扶贫干部的真心付出与努力，改变了农民群众对基层干部的看法和态度，农民对基层干部的认同度越来越高。农民群众对精准扶贫工作从开始的"被动参与"转变为后来的"主动合作"，干群关系得到极大的缓解。精准扶贫严密的制度设计和监管以及自上而下的科学考核压力，促使基层政权从民众遥不可及的"悬浮型政权"向"服务型政权"转变。虽然精准扶贫过程不能免除"形式主义"或"数字脱贫"问题，但基层政府及其扶贫干部实实在在在努力践行"为民服务者"的职责，细心筹谋、精心实施，全力以赴挖掘贫困农村发展潜力，助力贫困农民造血实现脱贫奔小康。因而，精准扶贫政策的实行，无论在形式上，还是在实质上都极大地改善了干群关系，农民对基层干部的信任度和认可度得到提高。基层政权重新赢得了公信力，乡村社会具有了内聚力，为打赢脱贫攻坚战筑牢了深厚的群众基础。

（四）乡村治理现代化：村民自治的延展

村民自治作为基层群众自治形式，是首先由人民群众自主创造而后得到国家政策确认并法律化了的国家基本制度，提供着农民习得民主意识和政治技能、培育自治精神和理性参政能力的平台。自20世纪90年代兴起以来蓬勃发展，一度被视为眺望中国民主政治发展的"窗口"。但进入21世纪以来，农村税费改革的推进和社会流动的加剧，使得村民自治陷入动力衰减、财力匮乏和能力不足的困境，以致出现了"村民自治走进了死胡同"②"农村治理更多的是依靠外力推动"③的悲观言论。村民自治的衰落意味着人们公民成长路径的受阻，官民沟通和平等对话以及监督制约基层干部的平台也因此而坍塌。村民自治的困境实际上是国家与乡村关系及官民关系异化的表现，国家对乡村的管控型治理理念致使村民自治单位沦为乡镇政权的附庸，迷失了其民主选举、

---

① 储琰：《马缨花下的扶贫记忆：从脱贫到振兴的红土地群像》，华东理工大学出版社2019年版，前言第2—3页。
② 冯仁：《村民自治走进了死胡同》，《理论与改革》2011年第1期。
③ 徐勇、赵德健：《找回自治：对村民自治有效实现形式的探索》，《华中师范大学学报（人文社会科学版）》2014年第4期。

民主决策、民主管理、民主监督的自治本色。而基层政权凌驾于村民自治组织之上，实际管控乡村，则是当下村民对基层政权的低度信任、乡村治理受困、基层社会不稳的重要根源。重新培育和激发农民的主体精神，找回自治，寻求乡村自治现代化，是夯实和提升农民对基层政府政治信任的又一必由之路。

1. 找回自治：培育"衰落的公民精神"

乡村安则天下安。重建乡村秩序，再造农民对基层政权的政治认同，关键在于必须打通国家与农民之间的"梗阻"，重新调适和定位国家与乡村的正确关系。而破解这一困局，有赖于乡村治理机制的创新和村民自治有效实现形式的探索。如何在国家规则体系框架下，为"失落的自治"找回生机和活力，为"衰败的公民精神"培植孕育的土壤，充分发挥农民的自主性和创造性，应是破解乡村治理困局的着力点。党和国家充分意识到了重建乡村治理体系的重要性，为此2017年10月党的十九大报告明确指出，要"加强农村基层基础工作，健全自治、法治、德治相结合的乡村治理体系"，第一次提出了"三治融合"的乡村治理框架。2019年6月，中共中央和国务院又联合印发《关于加强和改进乡村治理的指导意见》，为三治融合的乡村治理体系的构建制定了指导方针和行动指南。2019年10月，党的十九届四中全会报告也将乡村治理现代化建设纳入中国特色社会主义制度优势向治理效能转换的有机构成部分，吹响了新时代乡村治理的号角。

现代化乡村治理是一个系统工程，需要乡村社会诸主体和多种治理手段的齐心协力与良性互动。既要注重挖掘和激发乡村社会的内生动力，也要强调外部制度的输入，只有自治、法治、德治各种内外资源的充分融合和协同运作才能打造共建共治共享的乡村共同体，达至村民自治和乡村治理的有效实现。自治造就公民，民主仰赖自治。在托克维尔看来，乡镇自治孕育了美国的民主自由精神，"没有地方自治制度，它不可能具有自由的精神"，在小事情上都没有学会使用民主的老百姓也不可能在大事情上运用民主[1]。乡村治理实践是锻造和培育公民民主自治精神的最好学校，民主自治的过程可以促进公民的平等化与民情的温和化，培养理性参政的公民和平等协商的精神。在乡村自治的实践中，国家和农民、乡镇政权和村民自治的关系得以重构。德治与法治是现代化乡村治理的两翼，前者体现了乡村传统道德资源对个体行为的内在约束，强调个体对道德律令的自觉遵守，后者则是国家法制体系对乡村社会的外部

---

[1] [法]托克维尔：《论美国的民主》，董果良译，商务印书馆1998年版，第107页。

"嵌入"，强调国家对乡村个体行为的"硬约束"。德治与法治相互型构，为乡村治理及其主体厘定了行动框架和行为边界，将现代法治意识和自律精神植入农民政治意识中，为化育理性公民人格提供了条件。

2. 农民的公民化："三治融合"治理机制的公民教育依归

乡村是农民与国家进行政治互动的一个特殊场域，乡村治理的模式与机制既具有国家对乡村社会进行整合和对农民进行政治教育的内涵，也具有农民以此为媒介对国家权力进行规制的意蕴。只有国家始终拥有整合乡村社会的能力，乡村才不会成为反叛的力量；只有让乡村始终保持相对国家的独立性，才能孕育真正的民主自治精神，提高自身应对外部压力的能力。因而，乡村治理，既不能完全遵照集权的逻辑，以强力渗透乡村社会，也不能完全依循自治的逻辑，成为"独立王国"，应当在国家与社会的互动中寻找共治路径。自治、法治、德治相结合的乡村治理体系正是国家权力"嵌入"与乡村内生资源挖掘良性互动的体现。"三治融合"的乡村治理是国家对村民自治的拓展，也是国家在新时期在总结治理经验的基础上对乡村社会的再度整合和对利益结构分化的农民的重新教育，同时也是农民的自我成长及对国家认同重构的过程。在这种治理体系中，农民的自治意识、规则意识、法治精神、德性伦理、参与能力等均能得到有效锻造。

后税费时期的农民政治社会化改变了以往灌输式政治教育手段，农民不再被视作被动的政治知识接受者，而是被作为政治认知的主体看待。党和国家通过乡村治理的政策手段重构国家基层政权与农民的利益共同体，农民在政策"红利"的获得中习得了政治知识，转变了政治态度，锻造了参政能力。由"政治灌输式政治社会化"向"政策驱动型政治社会化"的转变，是国家乡村治理机制的变革，农民主体性在国家基层政权建设中得以自主成长。农民对党和国家的政治认同也不再是政治强制的产物，而是农民在切实的获得感、幸福感和安全感提升中的自我意愿和政治自觉。农民对党和国家的高度认同、对新时代中国社会主义道路的坚定信心、对共产主义的美好憧憬都凸显了新时代农民政治社会化的有效性。

一位曾经在 1958—1963 年当过 5 年兵的 80 岁农民兴奋地说道："我为习近平主持召开的十九大编了一个顺口溜，'国强天下顺，民安百世兴，贫富缩小了，和谐万年生'，这是走进新时代。后面第二段是'反腐无止境，贪官应自勤，官位在多高，法律不留情'。我现在对国家的认识，一句话就可以说清楚。世界东方这面红旗将永远飘扬下去，这就是我的思想。具体说共产主义的话不管是不是党员都相信一定能实现。"①

总体来看，中华人民共和国成立以来农村改革发展的每一个时期，党和国家施行的每一项农村政策都深刻影响和改变着农民的生活境遇与价值观念，充分展现了农民政治社会化进程中国家的建构性与适应性、农民的被动性与自主性的有机统一，从纵向历史进程的勾勒中呈现了农民的封闭性、同质性向多元性、异质性的趋势转变，诠释了农民政治社会化中离散的乡村逻辑、利维坦式的国家逻辑以及开放的市场逻辑的演变发展。其实质都体现了党和国家对农村的整合以及对农民政治性格的重塑，与此同时，也体现了农民在认同与抗争中对党和国家政策与行为的调适和再造，如此互动加速二者的整合与渗透，最终淬炼出时代性的政治人。

---

① 访谈编号：2019CQLJ01。

第三章　当代中国农民政治社会化变迁的发展逻辑

> 当代意义最为重大的革命不是经济革命或是政治革命,而是一场在被统治者中制造同意的艺术的革命……在新一代掌权者的政治生活中,劝服已然成为一门自觉的艺术与大众政府的常规器官。还没有人开始理解这场革命的结果,然而说如何制造同意的认识将改变所有的政治前提将毫不为过。①
>
> ——沃尔特·李普曼

中华人民共和国成立 70 余年来,我国政治社会一直处于急剧的变迁之中。从土地改革到集体化,再到改革开放时期,从改革开放后的税费时期到后税费时期,乡村治理机制的每一次变迁,都伴随着中国农民政治态度、政治价值、政治理想、政治信念乃至政治行为的重新建构与塑造。事实上,中国农民政治社会化的过程总是与国家政治环境和制度结构的变革相携相行。国家的政治重心及其政策变化规制着农民的政治心理与政治行为方向,同时,农民的政治心理及行为也型构着国家制度及其治理机制的改革抉择和实践。二者的双向互动推动着农民政治社会化的目标、内容、机制、方式乃至效果等发生着不同的变迁。研究分析农民政治社会化的相关要素,厘清中华人民共和国成立以来农民政治社会化变迁的发展逻辑,揭示农民政治社会化变迁演进的基本规律,有助于为我们探寻到未来农民政治社会化发展的优化路径。

---

① [美]沃尔特·李普曼:《公共舆论》,阎克文、江红译,上海世纪出版集团 2009 年版,第153页。

一　农民政治社会化变迁的目标

经典作家恩格斯曾言，"任何事情的发生都不是没有自觉的意图，没有预期的目的的"①。目标是一切工作的出发点和归宿，是实现一定预期的成就和结果。中国农民自中华人民共和国成立以来70余年的政治社会化，从一开始就蕴含着中国共产党和新生政权特定的政治期待与目标追求。"不忘初心、方得始终。"研究中国农民政治社会化70余年沧海桑田变迁中始终坚持并为之奋斗的目标，总结农民政治社会化变迁的价值取向，对未来中国农民政治社会化绩效提升具有重要的方向指引作用。然而，当代中国农民政治社会化，是对中国千百年来所形成的"无政治阶层"的农民的政治大改造，也是中国共产党塑造农村良好政治生态，巩固政治体制和维系农村社会稳定的依靠，因而是一个持续无止境的过程。其目标必然也是一个"多结构、多层次、多序列的完整的目标体系"②：以现代政治人格的塑造为基础，以乡村政治文化的整合为抓手，以政治认同的建构为依归，最终达致有利于巩固政治统治的目的。

（一）从臣民到公民：塑造现代政治人格

在中国，基于农村、农业和农民在现代化过程中的基础性地位与重要性，党和国家历来把如何将农民从"传统小农（臣民）"改造为"现代公民"问题作为政治社会化的首要工作和目标。在革命战争年代，我们即认识到"农民问题乃国民革命的中心问题"，能否赢得农民决定着能否赢得中国，因而重视在革命实践中动员农民、用马克思主义理论武装农民、教育农民，在革命政权建设实践中锻炼农民，把共产主义的革命理想信念和主张灌输给农民，使其为革命胜利提供了源源不断的经济、政治和军事力量。中华人民共和国成立以后，国家经济领域一穷二白百废待兴，政治层面不稳定因素众多，国家政权急需赢得公众尤其是广大农民的认同与支持。为此，中国共产党更是将改造传统小农、唤起农民的支持、对农民进行政治社会化作为党和国家的中心工作。强调君权至上和"三纲五常"的封建礼教、"万般皆下品，唯有读书高"的官本位思想、"家国一体"的社会组织结构和分散、孤立、封闭的小农生产方式，

---

① 《马克思恩格斯选集》第4卷，人民出版社1995年版，第247页。
② 马振清：《中国公民政治社会化问题研究》，黑龙江人民出版社2001年版，第217页。

造就了思想顺从、意识被动、心理依附的传统臣民文化和这种文化熏陶下逆来顺受、封闭保守、政治主体性缺失、批判精神缺乏的臣民式传统小农。农民这种无自我精神、无个体自主性、无政治意识的思想特点，是新生政权实现国家整合、建构农民对新兴国家政权认同的绊脚石。因此，中国共产党在中华人民共和国成立后不久就开始进行了大刀阔斧的土地改革，通过诉苦、划成分、斗地主、分果实等手段把田地分给农民，摧毁了封建剥削制度、乡村传统政治秩序和权力格局，构建起政权下乡和政党下乡的乡村治理新秩序，"旧日的国家政权、士绅或地主、农民的三角关系被新的国家政权与农民的双边关系取代"①。农民感受到自己与国家的距离从未如此之近，过往处于社会底层的他们翻身做了主人并有了当家做主的意识，爆发出空前的政治参与热情。土地改革不仅是农民经济翻身的过程，也是乡村中的弱势群体借助国家政权力量改变自己在基层社会政治层级序列中弱势地位的过程，"本质上来说是一种国家视角下的政治翻身运动"②，更是"他们的认知观念彻底翻转的过程"③。阶级、集体、法制等新的社会价值观念开始嵌入农民头脑。而后，党和国家又通过合作化运动和农业的社会主义改造，在农村建立起"政社合一"的管理体制，彻底打破传统社会上层统治与下层社会间的阻隔，实现对乡村社会的高度整合。阶级关系取代血缘关系、宗族关系开始在农村社会占据主导地位，促进了乡村社会现代民主政治因素的生长，农民的国家意识、政党意识和集体意识得到进一步强化。

但此后的阶级斗争扩大化和"文化大革命"，使得相互间的斗争走向极端。"横扫一切牛鬼蛇神"的"大学习""大批判"给农民的权利意识和本不独立健全的政治人格造成了难以愈合的伤害，使其政治人格徘徊、踯躅于传统与现代之间④。因此，十一届三中全会后党和国家开始拨乱反正，着手重建农民的精神家园，开启农民的公民化建设征程。家庭联产承包责任的全面推行和改革开放的纵深发展极大激发了农民的权利意识、参与意识、公平意识和民主意识。与此同时，国家以推广农民首创的村民自治制度为契机加快了政治体制

---

① [美]黄宗智：《长江三角洲小农家庭与乡村发展》，中华书局1992年版，第17页。
② 朱斌：《马克思主义意识形态嵌入乡村日常生活探析——以新中国成立初期的土地改革为考察对象》，《学术论坛》2013年第12期。
③ 郭于华：《受苦人的讲述：骥村历史与一种文明的逻辑》，香港中文大学出版社2013年版，第227页。
④ 李云：《中国农民政治心理及行为方式变迁研究》，博士学位论文，西北农林科技大学，2009年，第131页。

改革的进程，不断完善人民代表大会制度、多党合作和政治协商制度、民族区域自治制度和选举制度，致力于扩大社会主义民主和健全社会主义法制，唤起农民在公共生活中的公民意识和公共精神，推动农民从国家权力的依附者向主动者、合作者转变。在政治体制改革进程中，国家始终把农民的政治社会化工作置于国家工作的重心，始终强调要加强农村思想道德建设，借助教育引导、舆论宣传、文化熏陶、制度保障、实践参与、榜样示范等各种渠道和方式，致力于将传统封闭保守的小农改造成"有理想、有道德、有文化、有纪律的新型农民"[①]。改革开放40多年持续不断的社会化历程，使农民的政治认知、政治情感、政治态度、政治评价和政治信仰愈来愈全面深刻、理性客观，政治技能愈来愈丰富和娴熟，传统的农民性日益剥离，公民性的诉求越来越明显。从旧社会被囚禁在制度和礼教的双层"牢笼"之下，到中华人民共和国成立时由政治觉醒再到政治自觉，农民政治人格经历着从"依附型"到"主体—独立型"的历史演变。政治素质和政治实践能力的整体提高，使得中国农民开始具备适应政治系统变革的角色要求，愈来愈具有现代政治人所要求的"活动、参与和理性"的公民意识和素质[②]，已经由"传统臣民式小农"日益走向"现代公民"。"从臣民转变为公民，这是我们中国人对自己进行的一次脱胎换骨的自我改造，是中国人国民性的质变和升华。"[③]

（二）从龃龉到认同：巩固政治统治基础

政治关系是社会关系的核心。人与政权的关系问题是现代政治共同体必须考量的问题，由此成为政治社会化的核心议题。而政治认同，正是社会成员与政权之间政治关系的交汇点，是政治体系统治合法性最重要的社会基础，也恰"是当代政治社会化理论中最为重要的内容之一"[④]。作为政治社会化的一种途径和产物，政治认同实际上是公民基于自我觉醒而对国家政权的一种赞同性态

[①]《中共中央关于印发〈中国共产党农村基层组织工作条例〉的通知》，载中共中央文献研究室编：《十五大以来重要文献选编（上）》，人民出版社2000年版，第764页。

[②] 美国社会学家英克尔斯把现代公民人格概括为"参与性公民"，并在对六个发展中国家进行跨国比较研究后认为，"参与性公民"一般具有如下四个心理及行为特征：（1）了解政治和政府的取向，消息灵通，关注政治事件；（2）忠于国家和民族领导人，不惧怕政治权威，具有政治效能感；（3）积极参加政治活动，如支持候选人、参加选举、参加社会活动、自愿加入社团和政党；（4）承认并接受合理规章制度的约束。显然，"活动、参与和理性"是现代公民人格的核心。［美］阿历克斯·英克尔斯：《人的现代化素质探索》，曹中德等译，天津社会科学院出版社1995年版，第264页。

[③] 周树智：《从臣民到公民——论中国价值观革命》，《文化学刊》2017年第2期。

[④] 马振清：《当代政治社会化基本理论》，九州出版社2017年版，第197页。

度、支持性行为和心理归属感，是国家政权得以稳定存续的重要根基，对维护政治秩序、促进政治稳定、降低社会治理成本具有重要作用。

政治认同是一个现代性命题。"国权不下县，县下唯宗族，宗族皆自治，自治靠伦理，伦理造乡绅"的治理结构，使得中国乡村社会成为一个唯血缘与地缘为纽带的生活和心理共同体，农民成为"只知有家不知有国"的政治局外人，政治认同问题无从谈起。但中华人民共和国的成立，使中国开始迈上现代化的征程。社会主义现代化事业的建设急需获得包括农民在内的全体民众的支持和肯定以积聚力量。时代的变化让政治认同成为一个无法回避的问题。这正如美国学者里普森所言，"民众不再像从前那样仅仅只是一个被动的观众。……政府不能再指望有消极的公民，他们必须面对积极的公民"[①]。唤醒农民的政治意识，激发其主体性和自主性，由此基于其内心自觉而形成并坚定对中国共产党和新中国的强烈认同与支持，就成为中华人民共和国成立后新生政权的核心政治社会化工作。

面对乡村旧的权力结构和政治秩序，面对政治麻木冷漠的农民群体，中国共产党从中华人民共和国成立后就着手改造和重建乡村政治结构，启发和调动广大农民参政议政的觉悟和热情，形成对新生人民政权的认同与归属。一方面，通过土地改革引导农民诉苦、划成分、斗地主和分果实，将物质利益的分配延伸至农民政治心理关系的建构。诉苦使党"构建起农村基层社会与国家意识形态的精神通道，使'只知有家不知有国'的传统意识改变为'国与家相连'的现代意识"[②]，成功地从文化和心理上建构起农民对新生人民政权的高度认同和忠诚。另一方面，面对土改结束后不久乡村社会出现的疏离政治、斗志松弛的现象，展开对广大农民和农村基层干部的社会主义和爱国主义思想教育和改造。伴随着革命的对象已经由地富反坏右转变为农民自身，运动的性质和目的已经"从组织、依靠农民变转为'教育农民'"，国家对农民关注的视角和重点就开始"从农民的觉醒过程转化为觉悟过程"[③]。党通过"政党下乡"，借助各种会议、训练班、农村剧团、群众组织等形式宣扬意识形态和国家政策，淡化和改变农民的小农意识和家族意识，帮助农民养成集体、团结和

---

① [美]莱斯利·里普森：《政治学的重大问题：政治学导论》，刘晓等译，华夏出版社2001年版，第181页。
② 徐勇：《"宣传下乡"：中国共产党对乡土社会的动员与整合》，《中共党史研究》2010年第10期。
③ 杜国景：《合作化小说中的乡村故事与国家历史》，中国社会科学出版社2011年版，第279页。

国家等社会主义意识，使得自私、散漫、政治冷漠的农民一变而为无私、有组织、热情的政治参与者，坚定了对党和国家的政治认同。但是，这一时期农民的政治认同并非整齐划一。农民对党和国家政治认同的层次和程度总是受制于其个体利益的层次和需求满足程度，而呈现出相应的差别。这一时期尤其是人民公社时期，"政社合一"的政权组织结构和"组织军事化、行动战斗化、生活集体化"的运行模式，虽然形塑了集体主义的公共精神，培育了农民政治认同的价值基础，而使农民对党和国家的认同得到强化，但农业集体化和城乡二元社会所塑造的结构化的农民身份压制了个体权利生长的空间和个体利益的表达，最终"疏离了农民与国家的联系，农民对集体和对乡村的服从，阻隔了对国家的认同"①。而革命年代政治运动惯性和"以阶级斗争为纲"斗争哲学下导燃的"文化大革命"，更是掩盖和抹杀了农民个人利益和权利的表达。这种自上而下的"动员式民主"虽然释放了群众在原有体制中不曾有的政治热情，但狂热的群众运动所造成的政治动乱无序和经济社会发展停滞的状态，使民众的民主精神和政治意识受到严重扭曲。"其政治认同也日益处于僵化状态，没有中华人民共和国成立初期对社会主义的认识迅速上升的特征。"②与政治运动的利维坦式的政治熔炉相对照，农民政治认同呈现出"急流勇退"之势，开始停滞甚至倒退。

十一届三中全会召开后，国家结束了以阶级斗争为纲的错误路线，走上了以经济建设为中心的发展道路。家庭联产承包责任制、改革开放和村民自治的确立和实行，农村经济开始由凋敝走向活跃。获得了经营自主权并接受了市场经济洗礼、日渐富裕的农民，权利意识得到了苏醒，政治思想价值观念发生了重大转变，并由僵化保守走向开放、独立，由狂热走向理性，国家再次获得了农民发自内心的高度政治认同。但这一时期贫富分化的加剧、农民相对剥夺感的增强、计划生育政策执行和征地拆迁手段的简单粗暴以及基层政府应对涉农问题"治标不治本"的运动式治理策略，造成部分农民在心理和行动上对基层政权的不满、反感甚至对抗，干群矛盾紧张、基层维稳压力山大。农民在对党和国家保持高度政治认同的同时，对基层政权的政治信任却走向低谷，农民政治认同呈现"层级差异"。面对农民政治认同的不均衡状态和20世纪90年代极其紧张的干群冲突，进入21世纪后国家开始调整农村政策，加强对农村

---

① 张英洪：《农民、公民权与国家》，中央编译出版社2013年版，第126页。
② 张华：《现代国家建构中的农民政治认同变迁》，《云南行政学院学报》2012年第3期。

的资源输入和政策倾斜来强化农民对国家的政治认同。通过取消传统的皇粮国税、改善乡村公共服务、建设新农村和实施精准扶贫等一系列惠农政策,从衣食住行、生老病死各方面使农民真正共享到改革开放的红利;同时调整计划生育政策、加大微腐败反腐力度,营造风清气正的政治生态与和谐的干群关系,重塑和更新农民对基层政权的政治信任与政治认同。"在'生存政治'的视野下,税费时代的资源汲取主要是国家权力实践的产物,因而难以凝聚农民政治认同,而后税费时代国家资源下乡因滋养农民的国家归属感而产生政治认同。"[①] 农民对党和国家的情感在新时代实现了一致。

从政治龃龉到政治认同,这是中华人民共和国成立以来中国共产党对农民政治社会化最重要的成绩之一。从淡薄狭隘到积极参与,从对新生政权态度的参差不齐到广泛一致的认同支持,从麻木到觉醒再到觉悟,农民的政治认同经历了一波三折的动态发展。正如安东尼·吉登斯所言,"认同是由人类自己创造的一个动态的、没有终点的过程"[②]。不同时期的利益需求决定公众政治认同的内容和形式也相应有别。由此来看,因应时代的发展和需要,不断调适国家的政治社会化策略,不断形塑、更新和强化农民的政治认同,是中华人民共和国成立 70 余年来始终如一的坚守,也是未来国家应当继续努力的方向。

(三) 从传统到现代:整合乡村政治文化

政治文化是政治关系的心理和精神反映,是一国政治社会化工作的核心议题。现代社会政治发展的最终目的,在于实现稳定的民主社会生态。而政治系统的稳定与民主机制的有效运转,则"有赖于由政治价值观、政治认同、政权合法性基础等社会心理变量构成的政治文化因素"[③]。因为是否认同某种共同的政治文化,影响着统治阶级的政治统治和治下社会的稳定,所以,政治文化由此与政治社会化发生密切的联系。通过政治社会化维持、趋同和变革政治文化,成为任何政治体系巩固统治的重要使命。

在中华人民共和国成立前,乡村传统政治文化并未因革命战争而受到洗礼和改变。以王权主义为核心的政治意识形态、以伦理道德为标准的政治价值评

---

① 杜鹏:《农民政治认同的土地秩序基础与集体实践脉络——改革开放以来农民与国家关系的思考》,《探索》2020 年第 5 期。
② Braker Chris, *Culture Studies*: *Theory and Practice*, London: Sage Publication, 1995, p. 166.
③ 郑建君:《行动中的政治人:中国公民政治参与实证研究》,中国社会科学出版社 2020 年版,第 6 页。

价、以"均平—太平"为内容的社会政治理想和以传统经学为框架的政治思维方式①，构成中国传统政治文化的主体。这些传统文化致力于将仁礼结合、政伦合一的伦理政治观灌输给广大农民，培养忠君爱国、不问政治的"臣民"。因而，这样一个依靠儒家思想教化民众以维护政治统治的传统政治社会化体系，延续和传递的是以血缘等级构造的伦理和宗法精神，塑造的是丧失主体性的臣民顺民和淡薄参与的政治文化。封建统治维系两千多年，当中虽有改朝换代，但亦不过是改换门庭，"换汤不换药"。即使历朝历代均强调"君舟民水"的重民思想，也不过是官贵民贱的封建思想体系，依然掩盖不了"君君、臣臣、父父、子子"的"义务型"政治文化本质。因此，中国旧思想"无公法、私法之别。国家对于人民，有权利而无义务；人民对于国家，有义务而无权利"②。但中华人民共和国的成立，现代化事业的建设需要千千万万中国人以主人翁精神和姿态参与这项伟大的工程，强调服从义务而忽视权利、淡薄参与的传统政治文化，迎来了千年未有之大变局而开始迈上革命的征程。

中华人民共和国的成立，改写了中国农民的历史地位。依靠土地改革和划成分、斗地主、分田地等措施，国家政治改革打破了旧社会固有的藩篱，实现了"耕者有其田"和"人民当家做主"。农民获得土地、农具等生产资料，摆脱了旧社会受剥削被压迫的历史命运，由"贫雇农"转变为"自耕农"。"翻身农奴把歌唱"，臣民依附意识开始向当家做主的主体意识转变。同时，国家权力全面渗入到乡村社会，实现了基层人民民主政权的迅速建构，"并且通过村落政治话语的重塑，实现了对农民的高度动员，完成了传统农民从政治边缘向政治中心的转化"③。这一时期国家对农民的政治社会化重在依靠土地改革和社会主义思想教育，激发农民的阶级意识、公民身份认同和对新生人民政权的政治认同，培养农民的主体性和主人翁精神。经由这些运动和思想教育培训，政治上成为了国家主人的农民，获得了从未有过的政治地位和民主权利；由"草民""贱民"向"公民"的身份转变，致使农民政治主体意识和政治参与意识空前高涨，政治效能感不断提升。强调服从义务而忽视权利、淡薄参与的传统政治文化开始逐渐改变，迈上向现代政治文化的变迁之路。集体化时期，农业的社会主义改造和轰轰烈烈的人民公社运动将农民由"自耕农"转

---

① 李娟：《中国传统文化精义》，西安交通大学出版社 2017 年版，第 111—117 页。
② 梁启超：《国家思想变迁异同论》，《清议报》第 94 期（1901 年 10 月 12 日）。
③ 吴毅：《从革命到后革命：一个村庄政治运动的历史轨迹——兼论阶级话语对于历史的建构》，《学习与探索》2003 年第 2 期。

变成为了同质的"公社社员"。组织军事化、行动战斗化和生活集体化营造起农村高度单一的社会结构、集体利益高于一切的集体主义精神,公共性和集体性取代个体性成为农村政治文化的主体。

十一届三中全会后,中国进入了经济建设、改革发展的快车道。从实行家庭联产承包责任制,到推行农村基层自治,再到全面取消农业税、建设社会主义新农村,农村政治文化在历经市场化、工业化和城镇化洗礼中发生巨大变迁。一方面,基层民主自治制度和市场经济体系的日趋完善,培育并增强了农民的现代竞争、效率、平等、民主法制意识和开拓进取精神,传统政治文化遭遇巨大震荡。农民政治心理开始了从狭隘顺从向积极参与转变、从等级依附向独立自主转变、从对权力的惧怕向主权在民思想转变,农民政治认知愈来愈全面和深刻,政治态度愈来愈理性与客观,政治情感愈来愈独立与温和[1]。农民的权利意识得到相当程度的唤醒和彰显,其政治精神风貌有了巨大的进步。另一方面,市场经济又是一把"双刃剑",在带给农民民主法治、竞争、平等等现代政治意识的同时,其趋利性、消费性等自身特点又造成农民政治价值观的激烈震荡,诱发拜金主义、享乐主义、否定传统义利观和金钱观的极端个人主义以及自由主义和分散主义等政治价值取向的滋生蔓延。这些政治价值取向的变化,与封建主义和资本主义的政治文化一起滞阻着中国农民现代政治人格的养成。由于"任何一个政治共同体的政治文化都不是清一色的,完全清一色的政治文化在政治时代已不可设想,可能在任何时代都无法存在"[2],改革开放以来40多年国家对农民的政治社会化,就是对已经发生巨大变迁并异常复杂的农村政治文化进行整合。通过加大对"三农"的扶持力度、促进农村经济蓬勃发展,实行"九年义务教育"、因地制宜推进乡村文化转型发展,大力弘扬繁荣社会主义核心价值观,激发乡村文化内生动力,吸收外来文化、现代文化中有助主体性政治人格形成的有益成分为我所用,兼收并蓄、博采众家之长,中国农村政治文化已经从强调义务忽视权利、强调服从性忽视主体性和参与性的传统走向强调权利、主体性、参与性、平等性的现代政治文化。

---

[1] 匡和平:《从农民到公民:中国农民政治社会化问题研究》,黑龙江人民出版社2009年版,第145页;熊光清:《当代中国政治文化变迁与政治发展》,《太平洋学报》2011年第12期。

[2] 王沪宁:《比较政治分析》,上海人民出版社1987年版,第166页。

二　农民政治社会化变迁的结构

作为个体与国家双向互动的过程，政治社会化是国家建构与公民习得上下联动、相互作用，是作为政治信息传播的"教"和作为个体政治学习的"化"的相得益彰。中国农民政治社会化也正是在个体与国家之间不断地探索与调适，找寻着农民政治社会化的最优方式与出路。

（一）政治主导还是个体自觉：农民政治社会化的主体分析

政治社会化，究竟是一种自上而下的政治主导过程，还是自下而上的个体自觉过程？政治社会化的向度问题，关系着政治社会化的主导力量，并在一定程度上决定着政治社会化的内容及其实施机制。在我国不同历史时期，农民政治社会化的向度及主导力量存在着很大差别，且影响着政治社会化的效果。中华人民共和国成立初期，"政治革命"是政治社会化的主导逻辑。土地改革的目的不仅是给农民分得土地，保障农民生存权，更重要的目的还在于摧毁村庄旧的权力秩序，实现农村政治社会的阶级化，建构适应共产党统治需要的新的权力格局，以巩固新生政权的统治基础。在集体化时期，国家需要完成农业的社会主义改造，由小农土地所有制转变为高级社乃至人民公社的"一大二公"体制，实现农村经济社会的集体化。无论是土地改革中对村庄权力结构的再造，还是集体化与合作化过程中对农业生产经营模式乃至农民生活方式的改造，村庄和农民都是被教育和被改造的对象。村庄向何处去、农民如何发展等都被纳入国家计划之中，他们都属于国家"规划性的制度变迁过程"[1]的一部分，都必须要服从党和国家政权建设的需要。农民的政治思想、政治态度、政治价值观，乃至政治话语、政治行为都遵循着自上而下的政治主导逻辑，农民难有真正独立而自由的选择权。

进入改革开放时期，国家政治控制的松动赋予农民进行自主性创造的机会。安徽小岗村十八户农民的血手印开启了中国家庭联产承包责任制改革的历程，率先突破了计划经济体制和人民公社体制的藩篱，同时也吹响了中国改革的号角；广西宜山县合寨村村民面对人民公社体制瘫痪后的村治乱象，创新性

---

[1] 范连生：《西南民族地区土地制度变革与乡村社会重构研究（1949—1957）》，知识产权出版社 2018 年版，第 222 页。

地推出村民自治模式,影响了国家的农村治理机制,启动了国家政治体制改革的按钮,中国的基层民主从这里开始走向世界。在这样一个大变革时期,农民的自主性和创造性不仅成功解决了国家权力退出乡村后的村治难题,维护了村庄秩序,也成功解决了农民生产积极性问题,提升了农民生活水平,保障了国家粮食安全。更为重要的是农民在自发的村民自治政治实践中,前所未有地习得了民主知识,提升了民主参与技能,而且自发性地创造创新了农村治理体制机制,解决了人民公社时期形成的以国家强控制为主的权力体系解体后,新权力体系尚未建立的空当时期的乡村控制和治理难题。同时,在这一时期,国家也未放松对农民的教育,一方面国家通过计划生育政策强制性地改造着农民的生育观念;另一方面启动税费改革,着力解决农民负担,提升农民对党和国家的认同感。因此,这一阶段的农民政治社会化体现出农民的个体自觉为主、国家政治建构为辅的发展逻辑。

税费改革后,城镇化和工业化的迅速发展而引发的干群利益冲突,使得官民冲突矛盾加剧。农民开始通过上访等维权行动表达对基层政治的不满,维权规模与层次愈来愈呈扩大、越级之势,农民的政治信任呈现出自上而下的"差序化"格局。社会结构的分化和利益格局的重新调整,使农民的思想观念和政治认知发生了深刻的变革,农民对党和国家的认识开始走向"世俗化"。为重拾农民的政治信任,党和国家一方面在农村基层大力开展反腐运动,坚决纠正和制止侵害农民群众利益的腐败现象与不正之风,以让广大农民看到党和国家反腐的决心;另一方面通过全国范围内的精准扶贫及其他惠民措施,改变基层政权的政治角色,重塑干部与农民的关系,重建基层干部的政治形象,在为民服务中赢得农民的政治信任。后税费制时期,特别是党的十八大以来,农民政治社会化因此体现出国家主导与个体自觉互动的特征。

显然,"自上而下、自下而上的充分互动以及相互呼应是任何一场伟大的社会变革获得成功的必要条件"[①]。中华人民共和国成立以来 70 余年农民的政治社会化也正是农民个体与国家共同体之间的上下双向互动的过程。一方面它是农民自觉对政治知识、政治价值、政治态度的学习、获取和内化,农民个体是政治社会化的主要力量;另一方面也是国家为了巩固政治统治而从外部对农民进行政治动员和嵌入的过程,以强化政治信仰、传播政治文化、形塑政治

---

① 范连生:《西南民族地区土地制度变革与乡村社会重构研究(1949—1957)》,知识产权出版社 2018 年版,第 224-225 页。

人。过于强调其中一个而忽视另一个,都不利于政治社会化目标的实现:单单只强调农民的自觉作用,易忽略政治社会化的政治建构,影响国家对乡村社会的整合,造成乡村与国家之间的离散化;而过于强调国家的政治建构,又易形成极权主义的政治文化,压制农民的个性发展,使社会难有生机与活力。在我国,农民政治社会化的意义,不仅在于农民的政治成长,更在于它是民族国家及民主国家建构的重要构成,具有对农民进行政治吸纳,培养农民政治信仰,维持政治统治秩序的作用。因而,国家和农民之间并非单向作用,而是相互"发力"、相互影响、相互作用,或者说是相互间的权力和热情的借用①,是个体学习政治文化与国家传播政治价值的双向互动,是政治人的自我形成与国家的政治形塑的相互调适。

(二) 政治教育还是公民教育:农民政治社会化的内容分析

1990年美国联邦政府教育部国际研究院院长在谈及学校的任务时曾说:"我们学校的任务就是教学生政治社会化技术,或者叫公民技术,中国叫德育或思想政治教育,我们叫公民教育,叫政治社会化。"② 事实上,政治教育与公民教育都属于政治社会化的范畴,但二者在内容和指向上存在着一定的差异。政治教育往往把民众视为被动的接受对象,着眼于以政治宣传、政治动员、政治灌输甚至政治威慑等手段传播意识形态、国家政策、领导人讲话等统治阶级的政治文化,以启发民众的思想政治觉悟和责任感,培养政治上的忠诚者及其与政治权力间的依赖关系。在政治教育框架下,政治教育往往与政治强制相伴随,"政治正确"是每一个体必须遵循的基本准则,什么人、在什么时候、什么程度及范围内参与政治都受到严格规定与约束。政治参与和表达等不仅是个体的一项法定权利,更是一项强制义务。而公民教育则将个体视为政治过程的主体,强调个体主动积极地学习、实践来习得政治知识、形塑国家意识、培养家国情怀,构建个体与国家之间的相互认同与信任。更为重要的是,公民教育注重个体独立人格的养成、权利意识的培养和公共观念的塑造,个体不再仅仅是一个被教化了的"政治人",而是一个自由、独立、平等且不乏公共关怀的现代公民。在公民教育的框架下,公民个体与统治机构之间不是政治

---

① 周晓虹:《从国家与社会关系看中国农民的政治参与——毛泽东和后毛泽东时代的比较》,《香港社会科学学报》2000年秋季卷。
② 郑永廷:《美国学校的政治观及价值观教育》,《思想教育研究》1990年第5期。

依附关系，而是国家权力的委托与代理关系。

我国农民政治社会化的实践，既有过分注重国家政治教育而压制农民公民性成长的时代，也有农民自由权利得到充分彰显而政治教育不足的时代。在土地改革时期，为了营造政治革命的氛围，尽快结束旧的政治秩序，建立稳固的新政治格局，对农民进行政治教育以灌输阶级观念就是农民政治社会化的核心内容。国家派出土改工作队进驻村庄，进行访贫问苦、扎根串联，动员农民诉苦、以苦引苦，并将"苦根"引向封建地主阶级的剥削，激发农民的阶级仇恨，培养农民的阶级情感，进而展开对封建地主阶级的斗争。土地改革时期的农民政治社会化是国家通过策略性的政治动员与阶级教育对农民的政治启蒙，农民所获得的不仅是对阶级敌人的仇恨和对同一阶级的政治认同这些思想观念的巨大转变，而且是阶级地位的置换，农民在"翻身"斗争中由"臣民""子民"变成了"人民""做了主人"。在合作化和集体化运动中，国家一方面通过"算经济账"给农民描绘一幅共产主义的美好蓝图，鼓励农民交出土地和其他生产资料而"组织起来"；另一方面则以"走资还是走社"两条路线的斗争给农民带来选择上的强大政治威慑和压力，迫使农民加入合作社。与此同时，对"闹退社"和"单干风"的农民重提阶级斗争，强化"单干"与"合作"的政治色彩，并以毛主席著作和语录为教材对农民进行社会主义政治教育和"文化大革命"，彻底将农民卷入政治"熔炉"进行锤炼，农民丧失了个体独立自主性和完整的政治人格。这一时期农民政治社会化体现出浓厚的政治教育色彩。

"文革"结束后，"一大二公"的农村人民公社体制运转失灵，以安徽小岗为代表的农民"分田单干"和以广西合寨为代表的"村民自治"是国家权力从乡村场域暂时退出后农民个体意识觉醒的标志性事件，农民开始养成独立、自主、自治的公民人格。家庭联产承包责任制和村民自治的全面推行，重新建构了农民个体与国家之间的关系，农民对国家的认同意识得到强化，但对国家政权组织特别是基层政权也产生了不信任。如在农业税征收中，农民虽将"皇粮国税"视为天经地义必须尽的义务，但对繁重的税赋也具有了反抗的意识，学会了运用国家法律与政策等工具维护政治权利和经济利益[①]，湖南等地

---

① 李连江、欧博文：《当代中国农民的依法抗争》，载吴国光编：《九七效应：香港与太平洋》，太平洋世纪研究所1997年版，第70-141页。

甚至还出现了有组织的"抗税"斗争和全县性的抗争网络①。从政治社会化的视角观之,这是农民公民人格养成的过程,是农民在日常生活实践中政治意识的自我学习和政治技能的自我摸索和创新。同时,这也是农民主动接受国家的政治教育,以国家的基本政策框架为界进行合法抗争维权,锻炼政治参与能力的过程。可以说,改革开放以来尤其是税费改革以来,国家治理和乡村改革的实施使得国家不再将农民视为被动的政治灌输对象,而是作为国家治理的合作者来激发其能动性,农民享受了更多的改革红利,自主性和政治参与能力都得到极大彰显和提高。农民逐渐实现了由"身份农民"到"契约农民"的转变,开始走向公民化。这一时期农民政治社会化的政治教育色彩开始减淡,自主、自治、独立的公民教育意味逐渐增强。

整体上,由政治教育为主转向公民教育为主是农民政治社会化的必然趋势。现代意义上的公民是个体性与公共性的统一体,个体的权利与自由是公民人格的体现,而对公共事务的关怀和对公共秩序的维护则是公民人格的底色。以公民教育为内核的政治社会化更有利于培育农村公民型政治文化,促使农民将个体价值与公共价值相融合,行使权利与表达诉求时更加理解和认同党与国家的治理理念、举措,进而在对基层政治的深度参与中构筑基层政治共同体。同时也不能忽略国家政治教育,因为政治教育始终是农民政治社会化的重要内容,国家的意识形态及其政策需要借助国家政权自上而下地向农民传播,但政治教育的方式、手段需要更加柔和、人性,由传统的说教与灌输转换成情感体认与心灵默化。

(三)规训还是引导:农民政治社会化的方式分析

规训和引导是政治社会化的两种发展模式。规训总是与权力的全能化密切相关。福柯认为,全能主义政治场域犹如一个"全景敞视监狱",每个人无时无刻不在"权力之眼"的监视之下,权力无处不在,并始终影响着我们的行动。② 在全能主义政治场域,权力几乎渗透到社会日常生产生活的每个领域,权力的行使总伴随着一方对另一方的压迫、统治与支配,任何对权力和规则的挑战都不被允许。这种规训式的政治社会化,只会孕育驯化了的个体,难以形

---

① 于建嵘:《抗争性政治:中国政治社会学基本问题》,人民出版社2010年版,第51-131页。
② [法]米歇尔·福柯:《规训与惩罚》,刘北成、杨远婴译,生活·读书·新知三联书店2012年版,第219-255页。

塑出具有独立人格、自由精神、民主意识和公共关怀的现代公民，还可能激起政治上先知先觉人士的反叛，给现有政治体制造成严重压力。引导型的政治社会化，以有限权力的构建为前提，国家政权组织及权力行使者在政治生活中所扮演的角色不再是"规训"，而是"服务"，通过政治文化的传播与行动上的示范实现对个体的思想动员与政治引领。作为一种政治学习与政治意识培养的过程，引领型政治社会化机制更符合人性发展的需要，更易触动人们内心的政治情感，坚定对政权组织的政治信任，并生发出共同体精神。

纵观中华人民共和国成立以来农民政治社会化模式的演变轨迹，由"规训"转向"引导"是其变迁的主要趋势。在新旧政权交替之际，土改不仅是让农民在经济上"翻身"，更是要在政治上"翻心"，以稳固党和国家的统治基础。因此，昔日村落社会中的精英自然成为了革命的对象，不仅在运动中被剥夺了财富，也失去了政治权力、社会地位而被扫进历史。村落社会笼罩着浓厚的革命氛围，阶级话语被强力建构进农民的思想深处，被划分为阶级敌人的地主丧失了个体尊严与权利。即使是成为"阶级主人"的贫下中农也难以脱离政治旋涡，每个人的意识、思想与行为都被革命的氛围裹挟。随着新民主主义社会向社会主义社会的转变，分得了土地的农民需要再次将土地交给集体，若没有强大的政治动员与意识形态压力很难完成。因此，继地主阶级被打垮后，为保证社会主义改造的顺利实现，分得土地的贫下中农也成了国家权力的直接规训对象，加不加入合作社成为"走资还是走社"的评判标准。到了完全社会主义性质的高级社时期和"一大二公"的人民公社时期，任何小农经济都被视为滋生资本主义的温床，农民的家庭副业也都面临着被"割资本主义尾巴"。而在"文革"的红色浪潮下，旧思想、旧文化、旧风俗、旧习惯都被当作"牛鬼蛇神"予以破除。从土改到集体化时期，基层政权的全能主义趋势不断凸显，农民的生产生活、信仰和习俗等都被全面纳入国家权力的规训之中。国家的高度一体化使得农民丧失了个体独立性而成为政治"木偶"。改革开放时期，人民公社崩溃后留下的权力真空和乡村治理的现实需要激发了农村进行经济与政治改革的自主性。国家向社会的适时放权、对农民首创的家庭联产承包责任制和村民自治予以政策与法律支持，更是进一步充分孕育和彰显了农民的自主性、自治性、民主意识。但国家并未完全放松对农村的管治，"皇粮国税"规制着农民对党和国家的义务，计划生育政策让农民感受到权力的无处不在。农民的行为，甚至生育这一属于家庭伦理秩序范畴的传统行为都被国家权力严密管控起来。"要钱要粮要命"这种嘲讽式国家权力角色称谓显现出权力机器对农村社会的渗透及对农民日常生活的规训。

在市场经济时代,规训式政治社会化虽然取得了一定成效,但是规训的强制性遭遇了受过民主洗礼的农民的反抗。20 世纪 90 年代以来因农民负担问题和计划生育政策中的暴力执法问题,全国各地展开了形式多样的反抗行动,越级上访闹访缠访现象在农业税取消之后依然形势严峻。后税费时期,特别是党的十八以来,随着精准扶贫、乡村振兴及其他一系列惠民政策的出台,农村基层政权的角色发生了重大改变,由"汲取型政权"或"悬浮型政权"转向"服务型政权",扶贫干部走村入户解决农民实际困难。国家政策向农村偏斜,让农民享受到更多的改革红利。农村基层治理注重内生资源的挖掘与培育,将自治、法治、德治相融合构建现代乡村治理体系。在这一时期,随着基层政权权力角色的变革,国家不再将农民视为政治规训的对象,农民政治社会化更多是以政治引领与利益驱动的方式推动。不仅改变了基层政权与农民之间的关系,农村的社会活力也得到充分释放,农民对党和国家的政治情感也得到了强化。

政治社会化是建构秩序与演进秩序的统一,国家借助一定的机制和手段可以达到对个体进行政治教化的目的,进而确立个体的政治观念,形塑政治认同。但过于强大的权力威慑也易压制个体的自主性与创造性,政治规训虽可塑造政治上的"顺民",却难以培养真正的公民。演进式政治社会化往往是一个漫长而渐进的过程,需要国家政治环境、政治文化、乡村习俗、公民利益等多方驱动,具有方向的不可控性。农民政治社会化,归根结底是要培养农民的自治精神、民主意识、家国情怀和民族观念,最终实现农村政治现代化。国家政治权力既不能对农民进行"全景敞视监控",也不能完全放任,而应当充分挖掘农村内生资源,调动农民的内生动力,激发农村创新活力,并深入发挥基层党组织的战斗堡垒作用,坚持"以人民为中心"的发展理念,引领农民政治社会化的方向,提升农民的政治认同。

(四) 服从还是内化:农民政治社会化的机制分析

政治社会化是公民个体由社会人成长为政治人的过程。对统治阶级的意识形态和政治规则,是被动服从还是内化认同,是政治社会化两种截然不同的政治效果。成功的政治社会化并不在于以强力迫使人们接受特定政治规则和主导性意识形态,而在于借助"教育、期望、理想、习俗、礼仪、文娱"等暗示或"正面宣传教育、象征、连续与强化"等明示方法[①]，传递政治信息、强化政治责任、内化政治观念。强制性政治威慑，虽使个体服从甚至产生轰轰烈烈的激情政治表象，但因始终违背个体的理性逻辑，最终难以真正促进个体政治人格成长，化育公民政治观念，也不能有效调谐干群关系，提升政治信任。因而，政治社会化应以政治价值观念的内化为基本遵循，形成公民独立自由、民主自治而又不乏公共精神的政治人格，并由内而外形塑公民对政治规范的自觉遵守和对政治责任的自觉承担。内化不仅是政治心理的形塑过程，更是政治文化的建构过程，它能够有效革新政治文化，形成公民对政治体系较为稳固的政治态度，推动政治现代化发展进程。与服从仅是规训与惩罚的高压态势下，公民对国家价值规范及意识形态等外在律令的被迫遵循不同，政治社会化的内化强调公民基于内心意愿，对与其价值观念相一致的国家价值的认同和遵从。

中华人民共和国成立70余年来，农民的政治社会化具有强制性服从与观念内化相结合的典型特点。土地改革实现了中国共产党对农村的社会重组，政权组织和政党组织下沉到乡村和土地私有制的确立迅速使农民成为新生政权的拥护者。但小农经济单打独斗的生产方式所天生的自私自利性使得土改完成后不久农民的政治离散性就开始凸显，无论是贫下中农还是富农都表现出疏离政治的倾向。因此，"只有在革命者成功地将农民并入一种独立的经济和政治制度之后，农民才会对该种制度产生义务感"[②]。所以土改完成后不久，国家就开始了对农业的社会主义改造和对农民阶级观念与国家观念的再植入。国家一方面通过互助组、合作社和人民公社三步曲，变土地私有制为土地公有制，进而把所有生产资料归集体所有，实现农村经济社会从生产生活到消费的全部集体化。是否入社从初级社时的自愿选择和保有土地所有权的性质，到高级社时土地私有制性质被直接改变为土地公有，入社与否不再是生产经营模式问题，而上升为"走资"与"走社"的阶级斗争性质。经历过土改运动的农民深知被划为阶级敌人的后果，因此即便明知"大跃进"、共产风、浮夸风等极端"左"倾思想和人民公社这种虚幻的共同体明显违背生产生活常识和其生存理性，受制于阶级斗争的政治氛围，他们也不得不做出顺从的选择。另一方面国家开始将阶级意识和国家观念的重建提上议事日程，要求

---

① 马振清：《中国公民政治社会化问题研究》，黑龙江人民出版社2001年版，第14-15页。
② [美] J. 米格代尔：《农民、政治与革命——第三世界政治与社会变革压力》，李玉琪、袁宁译，中央编译出版社1996年版，第214页。

阶级斗争年年讲、月月讲、日日讲，并先后发动"大鸣大放大辩论"的全民整风运动和"文化大革命"，对包括农村基层政权的领导者在内的所有农民进行意识形态、政治观念、政治情感的大批判和对毛泽东思想以及无产阶级革命路线的大学习。

这一场国家主导下的农民政治社会化过程，依靠国家政权力量快速实现了村落社会的结构与价值整合，农民的思想观念发生了深刻变革。阶级观念被输入到农民内心深处，集体主义价值观和对共产主义的渴求代替了传统农民的"私愚"观念，阶级斗争所造成的净化效应和政治压力极大压制和规范着农民的思想和行为，迫使农民从思想到行为都不得不服从于公社的准则。但组织军事化、行动战斗化和生活集体化、一大二公的人民公社，因为超越了农民自主意愿和农村经济发展的实际，虽然表面上获得了农民群众的纷纷认同，但实际上并未真正实现对农民价值观念的同化，人民公社表象下的"隐性抗争"此起彼伏。而轰轰烈烈的"文化大革命"，虽然将政治革命、阶级斗争的氛围营造得无处不在，也将阶级意识深植于农村社会，但声势浩大、持续甚久的"文化大革命"造就了农民群众的意识疲乏。革命集体文化的作用最终只集中于政治层面和与公社制度相关的公共生活层面，私人生活领域充斥的仍是传统村落文化和生存理性。因而在公社末期，安徽小岗村十八户农民才敢冒"杀头"坐牢的风险"分田单干"，广西合寨村民才敢探索变革公社体制进行村民自治。随着改革开放的推进和市场经济模式的确立，民主、自由、权利等观念越来越内化为农民的自觉意识，农民开始拿起政策与法律武器捍卫生存权、财产权和政治参与权。有鉴于此，改革开放以来的农民政治社会化不再以强制服从为主，而转向调整国家政策体系，通过取消农业税、建设新农村等系列惠民政策，变革国家的乡村治理模式，充分利用明示与暗示等各种方式构建符合国家需求的新村落政治文化，有效提升农民的政治认同度，促进国家意识形态传播的实效性。可以说，经济与政治的双轮驱动，切实改变了农民的政治认知和政治态度，农民对社会主义的制度优势有了更深刻的理解，对基层政权的政治信任有了更切实的提高。

被动服从与内化认同，是政治社会化的两种截然不同的政治效果。国家通过阶级斗争的威压，并不能形塑完整的公民政治人格。被动服从下的公民个体往往只是形式上的政治人，实质的政治冷漠者或抵触者，其政治态度常常具有表象性和不稳固性。而依靠公民的内心自觉而认同的政治价值观念，则具有很强的稳定性，往往会使国家的意识形态和政策规范成为农民自觉践行的内在价值，引导农民形成健全的政治人格和正确的政治行为模式，最终使政治体系获得权威和支持，保证社会秩序的稳定与发展。因此，未来中国农民政治社会化唯有走内化为主的发展道路，才能顺应时代潮流并起到良好的效果。

可见，政治社会化是一种多主体相互型构、互动调适的复合的多元政治过程。任何单向、单一的政治社会化过程均难以促进政治发展与公民成长。就农民政治社会化而言，它既是国家的政治传播过程，也是农民的政治习得过程，它不仅关系到农民的政治人格成长，也关系到国家与乡村社会关系的调适。是国家自上而下的政治主导与农民自下而上的公民自觉的双向互动，国家借助政治社会化机制实现了对农民的政治改造，农民也在政治参与中丰富和完善了自我政治知识，并以自身的伟大创造推动着政治发展和国家政权建设。与此同时，农民政治社会化也是政治教育与公民教育的结合，政治教育有利于国家政策和意识形态的快速传播，实现对农民的强制性政治改造，而公民教育则有利于独立而具有公共人格的政治人成长，并在特定政治情境下能够影响国家政治走向和改革进程，带有一定的自主性和改革性。因此，合理把握政治教育与公民教育的强度、方式及手段，推动农民政治社会化从政治教育为主走向公民教育为主。同时，规训和引导、外在服从与内在认同都是今天农民政治社会化走向成功所必需。但显然，"引导"比"规训"、"内在认同"比"外在服从"，都更有利于政治价值传播和政治体系认同，因而由"规训"走向"引导"、由"外在的强制性服从"走向"内化认同"，既是过去70余年来农民政治社会化的发展轨迹，也是未来农民政治社会化的必然选择与趋势。

三　农民政治社会化变迁的动力

回顾中华人民共和国成立以来70余年的变迁史，尽管不同时期农民政治社会化程度略有不同，但其基本理路具有相似性，有着殊途同归的动力构成。

(一) 利益需求：农民政治社会化的内生动力

马克思主义认为，社会存在决定社会意识，"一定的生产关系，亦即整个社会的一定结构，它的性质将一般地反映于人们的全部心理之上，反映于他们的一切习惯、道德、感觉、观点、意图和理想之上……社会的心理永远地顺从

第三章　当代中国农民政治社会化变迁的发展逻辑

于它的经济目的，永远适合于它，永远为它所决定"①。"人们奋斗所争取的一切，都同他们的利益有关。"②利益是人们一切政治经济活动的出发点和最终归宿，是影响公民政治社会化的基础性因素，也是农民政治社会化的原动力。"一切社会成员都是按照不同的利益要求，选择和接受不同的政治心理和政治思想"，"不同的利益要求影响着人们选择不同的政治社会化的途径、媒介和方式"③。紧紧围绕农民利益的满足来赢取和巩固农民对党和国家的认同与支持，是中华人民共和国成立70余年来国家提高农民政治社会化工作实效性的核心。国家的农民政治社会化工作的成效大小，往往与对农民利益需求的满足程度成正比。中华人民共和国成立之初，党和国家延续了土地革命时期的土地政策。通过在新解放区进行土地改革，解决了农民对土地的根本利益诉求；诉苦、划成分、分土地等土改方法，使农民获得了感性的阶级认知并深化了阶级认同，发自内心地构筑起对新生政权的认同与支持。这一时期农民的政治社会化成效显著。此后的合作化运动，无论是最初的互助合作，还是到后来的初级社、高级社，始终尊重和考虑农民的利益满足，克服农民生产设施不足困难、提高农业生产力和农民生活质量，进一步强化农民对人民政权的政治信任和支持，继续成为党和国家的农民政治社会化工作一以贯之的目标。农民对党和国家的政治认同与政治情感在这一时期得到了极大的增强。尽管后来的人民公社和"文化大革命"一定程度脱离了农民的生活实际和利益需求，但并没有根本影响农民对社会主义和国家政权的信心。

改革开放后，家庭联产承包责任制和村民自治的确立与推行，农村经济开始由凋敝走向活跃。获得了经营自主权并接受了市场洗礼、日渐富裕的农民，权利意识得到苏醒，农民群体的利益需求伴随着社会交往的多元化而愈来愈复杂化、多样化，农村社会分化加剧。与此同时，与家庭联产承包责任制相伴随的沉重的税费负担、简单粗暴的计划生育政策执行和征地拆迁手段、基层政府应对涉农问题的运动式治理策略，相互交织造成农民利益受损的"农民真苦、农村真穷、农业真危险"的"三农"问题；各级政府、传媒和网络宣传虽然铺天盖地，但农民政治意识仍旧淡薄，政治获得感不强；部分农民在心理和行动上对基层政权不满、反感甚至对抗，甚至采用上访、静坐等体制外方式来维

---

① ［苏］普列汉诺夫：《普列汉诺夫哲学著作选集》第1卷，生活·读书·新知三联书店1961年版，第715页。
② 《马克思恩格斯全集》第1卷，人民出版社1995年版，第82页。
③ 王浦劬：《政治学基础》，北京大学出版社2014年版，第286—287页。

护自己的权益。农民在对党和国家继续保持高度政治认同的同时，对基层政权的政治信任却走向低谷，农民政治认同呈现"层级差异"。进入 21 世纪后尤其是党的十八大以来，党和国家不断加强农村的建设和公共服务的供给与完善，先后进行社会主义新农村建设、精准扶贫、乡村振兴战略等，大大提升了农民的生产生活空间，改善了干群关系，重塑了农民对基层政权的认同度和信任度，也锻造了农民的政治参与能力和民主政治意识，增强了农民的政治效能感。中华人民共和国成立以来 70 余年农民政治社会化变迁史已经证明，利益需求的满足是农民政治社会化的动力之源，只有切实考虑并关照农民的利益，国家对农民的政治社会化才能取得实效；反之则会弱化农民对党和国家的政治认同。因此，未来国家的农民政治社会化工作应当始终围绕增进农民利益来展开。

（二）政治动员：农民政治社会化的外在促动

政治动员是获取人力资源为政治服务的过程，是统治集团为实现一定的政治目标和政治任务而开展的组织宣传工作。其意在唤起被动员者的政治参与意识，强化被动员者对动员主体的政治认同，进而积极参与促成动员者政治目标的实现。因此，政治动员在任何时候都是国家政治的重要手段。陈胜吴广领导大泽乡起义那句"王侯将相宁有种乎？"是那个时代动员百姓推翻暴秦的最强音。显然，在国家政权建立之前，"政治动员是旧政体崩溃的原因"。而政权建立后，对民众进行广泛的政治动员，将其吸纳进统治者所设定的政治轨道，培养其政治认同和支持，是统治者施行政治社会化、维系政治统治的重要手段和动力。正如阿尔蒙德和维巴所言，"反复灌输对国家的忠诚和认同感以及服从中央权威管理的倾向，在新兴国家中是第一个优先考虑的问题"[1]。在中国，新生人民政权以广大农民为统治根基和力量源泉，因而对"无政治阶层"的农民进行充分而有效的政治动员，激发其政治意识并将其纳入党所设定的政治轨道，是新中国相当长时间里对农民进行政治社会化、实现政治目标的动力。

回顾历史，政治动员以及由此形成的政治运动是中国共产党确立新国家、建立新社会、实现新发展的动力机制[2]，也是农民政治社会化的重大助力。亨

---

[1] ［美］加布里埃尔·A. 阿尔蒙德、西德尼·维巴：《公民文化》，徐湘林等译，东方出版社 2008 年版，第 23 页。

[2] 林尚立：《当代中国政治形态研究》，天津人民出版社 2000 年版，第 279 页。

第三章　当代中国农民政治社会化变迁的发展逻辑

廷顿在分析共产党的成就时，就将成功的秘诀归因于其强大的动员和组织能力。"共产主义的政治功能不是推翻权威而是填补权威的真空。""共产党人的……特长是组织，他们的目标是动员民众加入他们的组织。""它们有能力激起受到它们鼓动的人民的巨大反响。"① 革命战争年代，中国共产党运用强大的政治动员技术，鼓舞士气、统一思想，团结一切可以团结的力量取得了中国革命的伟大胜利，缔造了新国家。中华人民共和国成立后，面对帝国主义"政治孤立、经济封锁、军事威胁"的严峻国际环境和千疮百孔、百废待兴、敌对分子破坏频频、农民政治意识淡薄等错综复杂的国内形势，党和国家稳定政权、恢复和发展经济的一切工作都必须以获得民众尤其是广大农民的认同和支持为基础。因此，党和国家延续了革命战争时期的政治动员策略。政治动员被视为一种赢得和巩固农民信任与支持、最具有决定性意义的政治社会化动力和手段，而被用之于随后的各种政治运动中。"政治工作是一切经济工作的生命线"，"思想、政治是统帅，是君，技术是士兵，是臣，思想政治又是技术的保证"②。依靠制度、观念和组织三管齐下以土地为中心的政治动员③，中国共产党牢牢掌握住了乡村政权的领导权，重塑起符合新生政权的乡村秩序和文化，将意识形态教育与宣传深度融入政治经济文化等各种政治运动。通过镇压反革命、"三反五反"、土地改革和扫盲等政治运动，政治动员深入到社会结构的神经末梢，将阶级立场和政治态度灌输给广大农民。被彻底动员起来的农民在自上而下的政治运动中形成了政治观念、政治意识和对国家政权的高度认同与支持，农民政治社会化取得了显著的成效。

但土改完成后不久暴露出的政治认同松弛现象和对国际国内形势的错误估计，使得党和国家在本应采用建设手段开启现代化征程之际，却仍然采用政治的力量、政治动员的方式来推动社会发展和农民精神世界的塑造。这一时期所有的政治动员，无论是"大鸣大放大辩论"的全民整风、大跃进、人民公社，还是"文化大革命"等，都以阶级斗争作为政治动员的支点，以阶级立场和政治态度作为政治动员的基础，并以大民主的形式开展。这种"非体制性的、权力意志性的和克里斯马权威性的政治动员"④ 虽然形成了急风骤雨式的群众

---

① ［美］塞缪尔·P. 亨廷顿：《变化社会中的政治秩序》，王冠华等译，上海人民出版社2008年版，第274—278页。
② 《建国以来毛泽东文稿》第7卷，中央文献出版社1992年版，第25页。
③ 陈明：《近代中国革命中以土地为中心的政治动员》，《社会科学论坛》2018年第2期。
④ 林尚立：《当代中国政治形态研究》，天津人民出版社2000年版，第286页。

运动,强化了广大农民对政权的敬畏,但这种"仍旧以阶级斗争的思维与方式运用政治动员,或者囿于政治浪漫主义而过高估计政治动员的权能功效"[①]的做法既严重背离了农民生产生活的实际,又破坏了整个政治经济制度的权威和正常运作,更是严重破坏了人们的价值和信仰体系,使人们的精神世界陷于混乱。人们服膺某种思想往往是迫于外部的压力而不再是基于内心的自觉自愿。本是出自于善意的农民政治社会化,虽然效果惊人,但却和初心背道而驰。

十一届三中全会后,国家任务回到以经济建设为中心,聚精会神搞建设、一心一意谋发展的正轨上来。农民政治社会化重新起步,国家开始重建集体化时期有所弱化的农民政治认同。改革开放、家庭联产承包和市场经济的发展、社会流动加剧,使得公民个人利益得到彰显,公民主体意识增强。这一时期,国家以"实现社会主义现代化"为主旨,以利益诱导、试点、发展民主政治和民间组织进行法理型政治动员[②],将党的意识形态弥散式的、毛细血管式的长期渗透和潜移默化地广泛播撒到日常生活的方方面面,提升农民政治参与水平和政治效能感,强化其政治认同。进入后税费时期,基层政权维稳怪圈和乡村衰败的事实,一定程度消减了农民对基层政权的信任。农民政治社会化由此因应时代进入侧重社会治理和社会革命来进行政治动员,夯实农民政治信任和认同的新征程。通过建设社会主义新农村、实施精准扶贫和乡村振兴、城乡一体化发展,通过加大微腐败反腐力度,以"社会革命"为关键,以国家引导和社会共建为特征,凸显动员式精准治理。通过增强农民主体意识,为农民政治参与创造条件和释放动能,改变农民"马铃薯"式的松散状态,聚沙成塔,激发农民参与新时代中国特色社会主义建设的热情,努力推进社会革命,从而使之成为"众人之事"引导新时期农民政治社会化进程。

(三) 树立典范:农民政治社会化的示范诱导

"典型是权威评价活动的产物,树典型有助于权威机构加强对社会的动员、控制和整合。"[③] 借助道德楷模来对人们进行政治宣传和教育,引导农民

---

① 李斌:《政治动员与社会革命背景下的现代国家构建——基于中国经验的研究》,《浙江社会科学》2010 年第 4 期。

② 杨小明、张涛:《改革开放以来中国共产党的政治动员方式初探》,《云南行政学院学报》2009 年第 1 期。

③ 苗春凤:《论中国社会的树典型活动——社会评价论的视角》,《桂海论丛》2009 年第 1 期。

政治生活,是我们党和国家自中华人民共和国成立以来整合农民,引领农民政治社会化的一种重要动力。在中华人民共和国成立后农民政治社会化的每个重要时期,党和国家都非常重视宣传各种先进模范人物,以典范影响农民精神世界。在土地革命时期,经由"诉苦"被建构和强化了阶级意识的农民,释放出投身社会主义建设的巨大热情,全国涌现出一大批劳动模范。党和国家通过树立模范榜样、学习先进典型,大规模宣传典范人物的道德人格、模范行为,引领广大农民通过典型的精神鼓舞最终实现精神文化的整合。集体化时期,面临 20 世纪 60 年代初农村三年自然灾害导致的严重经济困难,人民公社制度受到广大农民的质疑,人民公社制度何去何从成为党和国家领导层当时迫切需要考虑的大事。而山西省大寨大队在党支部书记陈永贵的带领下取得的农业丰收的成功,迅速成为农村积聚集体力量抗击自然灾害、克服困难的榜样,农村集体化发展道路的模范。"大寨大队所坚持的政治挂帅、思想领先的原则,自力更生、艰苦奋斗的精神,爱国家、爱集体的共产主义风格"被时任国务院总理周恩来高度表扬并向全国宣传。大寨所蕴含的历史使命感和时代感、所展现的拼搏精神和集体主义的精神,极大辐射、感染、培育、激励着广大农民的精神世界,使得农业学大寨进而成为中国整合农民精神文化长达十数年的政治运动。通过收音机、广播、政治标语、大小会议等铺天盖地的宣传,通过大寨的政治行为示范,农业集体化道路的政策风向标被正式确定下来。在轰轰烈烈的"农业学大寨"活动中,农民政治认同感和使命感被激发出来,社会资源整合和政治社会化的双重目的在"农业学大寨"的政治运动中得以实现。

改革开放后,尽管时代发生巨大变化,农民的价值观念越来越多元化、复杂化,但树立典型作为引导社会主流思想和价值观念的重要工具这一点并未改变,仍然在农民政治社会化、农民精神世界培育上起着重要的引领作用。道德楷模的道德引领、示范能够形塑起"一种强大的社会舆论,能对社会的一些重大问题产生极其重要的影响。它能够在潜移默化中改变人的性情,影响人的气质和社会风气,形成某种道德的氛围"[1],因此,党和国家在面对日益复杂多元、碰撞更加激烈的精神世界,树立道德典范时,更加贴合时代特点来倡导主流的价值观念。一是更加体现时代特色。新时期我国典型教育围绕改革创新的时代主题和艰苦奋斗的民族精神而展开,社会主义核心价值观被充分运用到乡村,农民和国家之间的关系更加贴近。二是更加注重大众思想、心理的特

---

[1] 龚群:《以德治国论》,辽宁人民出版社 2002 年版,第 8 页。

点，结合新媒体技术和德育教育的新特点优化农民政治社会化的外部环境，达到春风化雨的效果。三是更加强调贴近农民的实际需求。通过更直观和更富有感染力、更贴近农民生活世界的道德楷模，以榜样的高尚道德人格感化培育农民政治意识和公共精神，以榜样的公共行为示范激励感染农民精神世界，以榜样道德生活的"道德场"濡化农民公共精神，增强农民集体主义、社会公德和社会主义核心价值观在内的政治意识与政治技能。

四 农民政治社会化变迁的规律

历史视野中的政治社会化是阶段性与延续性的统一。就个体性而言，农民政治社会化过程是持续一生的；就社会性而言，农民政治社会化过程是永无止境的。考察中华人民共和国成立 70 余年来农民政治社会化发展变迁的轨迹可以发现，农民政治社会化跨越历史发展的变迁有着基本规律可循，若干影响农民政治社会化变迁发展的大事件、核心要素以及关键环节等多重力量汇聚成合力助推农民政治社会化的演进发展。

（一）国家政策形塑农民政治意识

由于公共政策总是关系到公众的切身利益，因而任一公共政策都会引起人力、物力、财力各种资源的布局和流向的变动，从而引发公众思想和行动的改变。公共政策"具有特定意识形态和价值取向，它总是试图通过制定政策来实现自己的价值目标，使之成为社会主流意识形态和价值追求"[1]，形塑和改变着公众的政治思想和政治意识。在农民政治社会化领域，国家政策同样是影响农民政治社会化变迁的"晴雨表"。农民政治社会化和农民政治意识的变迁都与国家对农村、农业、农民的态度和政策高度契合，显示出农民政治意识鲜明的政策导向特征。

传统中国，长期延续的小农自然经济、严苛控制的皇权专制制度、迢迢相续的家族制度和塑造顺民的教化机制等国家政策，造就了农民两极化的政治心理和政治意识：政治认知清晰而又朦胧，政治情感崇拜而又疏离，政治动机积极而又消极。封闭保守、权威依附、"事不关己、高高挂起"的政治冷漠成为

---

[1] 方立峰、任骙：《公共政策导向与文化存亡》，《西北大学学报（哲学社会科学版）》2012 年第 4 期。

古代中国农民政治画像的典型特征。中华人民共和国成立以后，国家全新的经济、政治和社会政策彻底改变了中国农民传统政治心理和政治意识赖以产生的基础，促使农民政治意识出现巨大的转变。经济上，中华人民共和国成立后的土地改革和集体化重建了乡村的生产关系，在改变亿万农民的生活境遇和生命历程，获得其对党和国家的认知与发自内心的感激的同时，更是培养起广大农民"遵守纪律和商量着办事"这两大现代政治人所应当具备的基本能力[①]。政治上，"政权下乡"和"政党下乡"将离散于国家正式统治体系之外的农民纳入国家政治体系。"队为基础、三级所有"的人民公社体制和生产小队、大队、公社分级设立党小组、党支部、党委的"支部建在村庄"，国家无处不在的"在场"将国家意识形态强有力地渗透进农民的精神深处，内化为其政治心理和政治意识。社会结构上，"划成分"并赋予不同成分对应不同经济、政治待遇的阶级政策完全颠覆了传统中国的社会分层结构，在唤醒解放区农民阶级意识并建构其政治认同的同时，使得阶级身份符号宰制了此后20多年农民的政治心理、政治意识和政治情感。可以说，中华人民共和国成立30年国家对乡村的经济、政治和社会政策框定了农民政治意识的主线，使得农民政治认知、政治态度出现了诸多向好的新变化，但也夹杂着进步与落后、认同与敬畏、积极与被动等意识矛盾。

十一届三中全会后，在深刻总结了中华人民共和国成立30年建设与发展的血泪教训后，国家开始回归经济建设的正轨。一系列经济、政治、文化和社会政策出台，农民的政治意识出现"从国家的退却到社会的成长"[②]的巨大变化。经济上，家庭联产承包责任制的推出和最终确立、人民公社和统购统销政策的废除，实现了农村经济的市场化，传统高度统一、步调一致的农民在市场经济的大潮中经受了锻炼，权利、竞争、法治、参与等现代意识开始萌生。政治上，拨乱反正政策的实施、基层民主自治制度的确立推广和现代法制建设的推进，国家管理权限和管理范围从农村领域的收缩与退出，使农民在村民自治的舞台上得到持续不辍的锻炼。九年义务制教育政策的推行和农村大众传播媒介的覆盖，"给人们带来有关现代生活诸多方面的信息；给人们打开了注入新观念的大门；向人们显示新的行事方式；显示有助于增进效能感的技能；启迪

---

① 曹锦清、张乐天、陈中亚：《当代浙北乡村的社会文化变迁》，上海人民出版社2014年版，第457页。
② 李正东：《河村水会：日常生活、集体行动与生存文化（1978—1987）》，光明日报出版社2013年版，第53页。

并探讨纷呈多样的意见；刺激并加强对教育与流动的期望；歌颂科学，为技术大唱赞歌——所有这一切在能够接受外来影响的人那里将会导致更多的现代性"[1]。市场经济的发展也改变了中华人民共和国成立30年间高度同质化的农村社会结构，社区合作经济组织、老年协会等新社会组织的出现、曾经沉寂的家族组织、宗教组织的再度兴起、农民群体内部社会阶层的分化，都极大强化了农民的利益意识，促进了农民平等、主动参与的主体性精神。现代公民政治意识在农民中开始萌生：经由改革开放后40余年国家政策的全面突进，农民对国家基本政治符号、政治制度和政治规则、国家政策和意识形态、自身在政治关系与过程中的地位、作用和权利义务的政治认知越来越清晰，他们参与政治已不限于追求狭隘的个人经济利益，而是有着履行法律义务或维护道义等更为宽广的动力。伴随着后税费时期基层民主和基层治理向精细化方向的不断深化，伴随着社会主义核心价值观、农业供给侧改革、乡村振兴等一系列政策的实施，农民的政治意识已经愈来愈清晰。

（二）政治环境规制农民政治行为

政治社会化是特定的社会政治环境中社会主流政治文化的传播和学习过程。因而，农民对政治世界的认知、政治观念的获得、政治人格的形成和政治行为的选择与实施，都与外在的政治环境密不可分。"人创造环境，同样，环境也创造人。"[2] 外部政治环境尤其是政治文化深刻影响和制约着农民的政治行为。小农生产方式的长期延续、严苛的户籍和连坐管控、"家国同构"的社会制度和三纲五常的观念教化，造就了地域型鲜明的臣民文化。"到处弥漫着义务观念之中国，其个人便几乎没有地位。此时个人失没于伦理之中，殆将永不被发现。……一个人简直没有站在自己立场说话的机会。"[3] 这样一种以他者为本位的传统社会环境，将逆来顺受、自我降格、权威依附等人格特点和义务角色深深融入中国人的骨血。这种培养顺民的臣民政治文化，全方位框定和影响着农民的政治行为。一方面，培养出政治冷漠的传统农民群体，若无特殊事件，农民对政治都敬而远之，生活在统治者所希望的界限之内；另一方面，当农民遭遇政治高压而臣民文化中其权益的保护人"清官"却缺位时，生存

---

[1] ［美］阿列克斯·英克尔斯、戴维·H. 史密斯：《从传统人到现代人——六个发展中国家中的个人变化》，顾昕译，中国人民大学出版社1992年版，第224页。
[2] 《马克思恩格斯选集》第1卷，人民出版社1995年版，第92页。
[3] 梁漱溟：《中国文化要义》，学林出版社1987年版，第259页。

理性将驱使农民的政治参与意识从极度冷漠转向极度狂热。传统臣民政治文化下制度化参与途径的封闭阻塞终将诱使农民以非制度化的暴力方式来反抗。因而,剥夺农民政治权利的传统政治环境下,农民政治行为必然呈现出冷漠与暴力的双重面向。"冷漠与暴戾的并存或两极摆动,则是臣民文化的双生子,后者除了营造被动的顺从,还同时培植情绪化的逆反,而从臣民到暴民,其间也并不存在一道难以逾越的精神鸿沟。"①

中华人民共和国成立以后,党和国家砸碎了旧的农村政治、经济和社会关系,对乡土社会进行了改造和整合,塑造了有利于农民利益表达的政治环境。"政权下乡""政党下乡"和土地改革,使农民政治上翻身成为国家的主人,经济上摧毁了封建土地制度,分得了田地改善了生活。经由中华人民共和国成立初期的乡村建设,农民权利意识苏醒,主体性精神开始萌生。这一时期农民对党和国家饱含感激,政治参与热情高涨,采用民主选举、民主管理、民主决策等形式行使参政权利,踊跃投身新中国社会主义建设。但农民政治上的积极参与意愿和行为并未长久。"一大二公"的人民公社的到来,迅速弱化了农民好不容易培养出来的一点主体性意识,很快消解、吞噬了广大农民基于自身利益追求而投身政治参与的内在动力。尽管随后的政治参与轰轰烈烈,一浪高过一浪,无论是"三反""五反""农业学大寨",还是"文化大革命"、争夺农村金融大权、学"红宝书",都没有考虑农民的经济利益,致使这些政治参与行为都只是农民"响应国家特别是最高领袖政治号召的社会行动,而不是基于自身经济利益要求及政治权利主张的积极行动"②。受阶级斗争政治文化影响,这一时期农民已不再是政治体系中利益的积极表达者,而只是社会形势的顺从者;这一时期农民受疾风暴雨式的群众运动的裹挟,其政治参与行为虽多,但却极度扭曲与极端,完全失却了农民政治参与的本心而无实质性意义。

改革开放后,随着家庭联产承包责任制的实行、社会主义市场经济的蓬勃发展和村民自治的全面推行,农村焕发出前所未有的生机和活力。经由了市场经济洗礼的农村社会,更基于进入 21 世纪后社会主义新农村建设、精准扶贫以及正在进行的乡村振兴战略的实施,农村政治环境发生了翻天覆地的变化。一方面,国家迅速适应时代的变化要求,展开农村政治社会化工作,营造出时

---

① 吴毅:《网络暴戾之气与中国臣民文化》,《长江商报》2009 年 5 月 18 日。
② 郭正林:《当代中国农民政治参与的程度、动机及社会效应》,《社会学研究》2003 年第 3 期。

代所需的农村政治文化。20 世纪 80 年代,党中央召开全国农村思想政治工作会议,多次发出加强农村思想政治工作的文件,要求在抓好农村经济工作的同时抓好思想政治工作,用疏导和教育的方式将农民锻炼成"四有"新人。20 世纪 90 年代,党和政府也因应"两个转变"的历史契机(经济体制由计划转向市场、农村从农业、封闭半封闭传统社会转向工业、开放的现代社会),在继续抓好农村经济建设的同时将学习"三讲""三个代表""科学发展观""和谐社会""社会主义新农村建设"等活动融入农村思想政治工作。2015 年以来更是连续三年以中央一号文件的形式强调农民思想政治教育,要求在农村大力培育、弘扬和践行与社会主义核心价值观相契合,与社会主义新农村建设相适应的优良家风、文明乡风和新乡贤文化。改革开放 40 余年持续不断的市场熏陶、思想政治教育感染和形式多样的农村公共文化建设,以社会主义核心价值观为主体的现代公民政治文化正在逐渐生成。另一方面,相较于其他亚政治文化(封建传统政治文化、外来政治文化、农民阶级内部不同阶层政治文化),现代公民政治文化造就了今天民主、平等、包容的氛围和宽松的政治环境。徜徉于其中的农民主体意识和权利意识进一步增强,国家观念、法制意识、责任意识得到显著提升。国家这 40 年注重保障农民获得经济实惠、共享改革红利的农村经济政策和工作方式,更是极大地启发了农民的思想政治觉悟,增强了农民的国家认同。这一切变化使得农民政治行为开始呈现新的特点:面对现实生活中的权益受损,农民维权的行为选择越来越务实、理性,已逐渐放弃过去大规模的、情绪激烈的集体上访、逼退、静坐、暴力围攻等对抗性的手段,而更多采用调解、复议、仲裁、诉讼、信访、借助媒体或社会组织等平和的救济方式;面对村民自治、政治选举和乡村振兴,有越来越多的农民表现出强烈的参与意愿和基于自身目的而现实地去影响政府决策或干部行为,尽管仍然有部分农民政治冷淡或在选举中放弃自己的选举权或被选举权,但这些政治行为都是农民基于自身实际情况的理性自主选择。显然,农民政治行为的这些改变,与当下民主、包容、宽松的政治环境密不可分。

(三) 政治实践培育农民政治技能

培育现代独立的政治人格,实现农民从"传统臣民"转变为"现代公民",是中国农民政治社会化最重要的价值取向之一。英克尔斯指出,在人的现代化进程中,"并非某一种社会力量而是各种影响的整个综合体在促使人逐步由传统转向现代"①。现代公民政治人格的培育,需要多方因素的齐心协力方能成功。国家的政治教育、政治宣传和个体的训练学习,都只是个体习得政治文化、内化政治认知、政治情感、政治态度、政治价值、政治信仰的过程,这一过程仅仅形成观念形态的政治人格。而要真正成为具有独立政治人格的现代公民,个体还需要将观念形态的政治人格付诸于政治参与、政治管理等政治实践,只有经由现实政治生活的不断锤炼才能将政治人格从观念形态变为现实。因此,"现代政治人"是拥有现代公民政治文化和良好政治技能、知行合一的统一体,农民政治社会化天然地含有"外化"这一内容。有理想、有道德、有文化、有纪律的新型农民的培育,不仅需要内化社会主义主导政治文化,更需要通过政治实践掌握娴熟的政治技能。农民政治社会化变迁的这一逻辑,在中华人民共和国成立70余年的历史里得到了很好的注解。

中华人民共和国成立后,改造农民的精神世界,将农民培养成社会主义新中国所需要的支持者和建设者,成为党和国家农民政治社会化工作的重要内容。轰轰烈烈的土地改革、社会主义的思想政治教育,启发了民智,将阶级意识、集体主义等社会主义意识形态和政治文化内化进农民灵魂深处,激发起农民前所未有的政治热情投身政治实践。这一时期,政治经济各方面翻了身的农民,开始以各种方式活跃于政治舞台之上。他们或借助人民代表大会、农民协会、合作社、来信来访等制度化渠道,或利用参与运动、私人接触等非制度化方式行使参政权利,尤以运动为其参政的主要方式。参与的范围从最初的政策执行阶段延展至全国各级权力部门的决策以及学校、卫生院、财政经济机构等农村国家事业机构的"砸碎"与重建,参与深度达到了历史上农民从未触及的程度。"农民出身的陈永贵出任国务院副总理,为这一时期农民政治参与所能达到的高度写下了最醒目的注脚。"② 中华人民共和国成立30年运动为主的政治参与,虽然带来了大民主的政治狂热和不理性,酿成了新中国农民政治参与史上的诸多惨痛教训,但客观上取得了培育农民政治技能的效果。广大农民在政治参与中逐渐学会了选举、投票、来信来访等制度内的参政技能,初步掌握了社会主义民主制度的程序和规则等政治知识,从中学会了"理解、反思

---

① [美]阿历克斯·英克尔斯:《人的现代化素质探索》,曹中德等译,天津社会科学院出版社1995年版,第67页。
② 转引自余林媛等《中国农村政治文明建设理论研究》,中山大学出版社2013年版,第92页。

政治事务的能力,以及必要的组织、沟通和协调能力"[1]。

十一届三中全会后,摆脱了人民公社体制下政治参与盲从性和非理性禁锢的农民,政治参与开始"从过去那种工具性的群众政治卷入转变到权利性的公民政治参与"[2],开始从动员型、革命型、激情型参与转向基于自身利益诉求的自主型、建设型理性参与,参与的主体、参与范围和参与方式都发生了诸多新的变化。一方面,市场经济的发展所促成的农村阶层大分化"瓦解了中国社会非民主、非法制的社会根基"[3]。农村复杂的利益新格局促使各种阶层的农民都真正开始从自身利益出发决定自己的政治态度和取向而向政治体系表达其意志和愿望。农民开始从集体化时代纸面上的政治参与权的享有者、形式上的政治参与转变为事实上的积极政治参与者、践行者。与此同时,农民的政治参与越来越注重实效,在继续以参与人大政协、信访组织、政党和社会团体、大众媒介、智囊组织等方式参与国家政治生活和国家治理的同时,政治参与的重心回归其所熟悉的乡村这一基层治理领域。围绕新农村建设、城乡统筹发展、乡村振兴而产生的各类事务,从推动乡村经济、振兴乡村产业到优化乡村环境,从繁荣乡村文化、健全乡村治理体系到保障和改善民生,农民通过村民自治组织、农村基层党组织、乡镇人大、农村专业合作社等多样化的渠道参与农村基层政治生活,积极表达诉求、建言献策。另一方面,改革开放40多年来的市场熏染和政治体制改革,充分调动了农民参与政治的积极性、能动性和创造性,农民在村民自治层面的参政方式方法日益丰富。直接选举、差额选举、不记名投票等各种选举方式很好地照顾了各地农村实际,使得90%以上的农民都参与到村民自治的民主选举中,并从中掌握了投票、唱票、计票的程序和规则,产生出对选举结果的尊重;村民自治中群众创造的"村务听证会""民主恳谈会"、一事一议、民主协商、民主评议、村务财会电算化、村务公开、民主理财等各种方式,赋予农民民主决策、民主管理和民主监督很好的技术和手段。农民在40多年民主治理和科学治理的政治实践中学会和掌握了民主政治运行的方式与技能,养成了良好的民主素质和民主习惯,这是今天农民政治社会化成功外化的基本逻辑之一。

---

[1] 黄少华、谢榕:《政治动机、政治技能和社团参与对网络政治参与行为的影响——基于公民自愿模型的分析》,《兰州大学学报》(社会科学版)2017年第3期。
[2] 郭正林:《当代中国农民政治参与的程度、动机及社会效应》,《社会学研究》2003年第3期。
[3] 朱光磊:《当代中国社会各阶层分析》,天津人民出版社1998年版,第43页。

（四）政治效能感影响农民政治情感

在人类历史上，塑造符合政治体系要求的政治人、顺应时代发展传承和革新政治体系的政治文化并使之不断趋同成为国民共同的精神信仰以维护政治统治，是任何时代任何国家政治社会化的使命和目标。但政治社会化这一内化和外化效果的和谐统一与实现，单靠国家公共政策、制度环境和政治教化及政治实践并不能达成，最终将取决于政治社会化的个体是否经由政治教化学习和政治实践产生政治心理的转变，由此是否带来政治情感的变化。因此，政治效能感作为一种重要而独特的政治心理取向，成为个体政治社会化的重要一环。[1]作为一个舶来品，政治效能感意指个体基于与政治体系的互动而产生的对自我政治能力的感知，包含着对自身政治影响力和政治体系对自身诉求的回应力两个方面的主观评价。在政治社会化中，个体的政治效能感既是民众评估自身和政治体系政治能力的重要依据，也是影响个体政治参与积极性的关键因素之一，更是衡量个体政治社会化程度和国家政治统治正当性的核心指标。一般而言，个体的政治效能感与其政治参与程度、对政治体系的政治情感呈正相关关系。当个体对政治参与的过程和结果越满意，越认为自己对政治体系及其运行具有影响力时，其政治效能感就越高；其政治效能感越高，参与的热情就越高涨，对政治体系的情感往往就更为浓厚和真诚；对统治者而言，政权执政的正当性就更为牢固，巩固和完善政治统治、实现社会控制的目标就更容易达成。

在中国，农民政治社会化70多年变迁史已经验证，政治效能感深刻影响着农民政治情感的走向，每一时期农民政治社会化的进度与效度都与农民的政治效能感密不可分，并进而决定着农民政治社会化目标的实现程度。正向的政治效能感能激发起农民对党和国家积极的政治情感，加速农民政治社会化的成功，而长期持续的反向政治效能感则会弱化农民对党和国家的政治情感，引发党和国家执政的正当性追问，危及党和国家的长远执政。中华人民共和国成立初期，执政性质的转变和党与国家任务的变化使得这一时期党的农民政治社会化的目标、内容和手段发生了不同于以往的巨大变化。为了实现新民主主义政治文化从解放区推向全国，并迅速实现向社会主义政治文化的全面转换，赢得广大农民群众对新生政权和社会主义政治文化秩序的全面认同，党和国家借助

---

[1] David Easton, Jack Dennis, "The child's acquistion of regime norms: Political Efficacy", The American Science Review, Vol. 61, No. 1, 1967, pp. 25-38.

广播电影、剧团、报纸、会议等传统传播资源和座谈、读报、绘制标语、集体学习等多种通俗方式开展对农民的扫盲和时事政策教育。土地改革、农业合作化运动中走村串户、扎根串联、说服教育和典型示范，激发起农民参政议政的巨大热情；而土地等生产资料的获得，使得农民看到了政治参与和利益诉求实现之间的关联，产生出巨大的政治效能感与对党和国家的政治感激与认同。改革开放后，家庭联产承包责任制和村民自治制度的实施以及国家政治生活的进步，使得农民长期被压抑的经济需求开始复苏并日益走向多元化。"富起来"了的农民面对人民公社体制解体后农村公共事务无人治理的困境，生发出维护乡村秩序、实现乡村良好治理的政治诉求，开始以"原子化"的个人身份进入乡村政治领域，参与乡村民主选举、民主决策、民主管理和民主监督，创造出公推直选、党代会常任制等干部任用选拔、集体决策、民主评议等新型的民主形式。这些积极的政治参与，促进了农村基层民主政治的蓬勃发展，让广大农民现实地享受到参政带来的积极效果和对自身影响政治能力的满意度。良好的政治效能感增强了广大农民基于对社会公平正义的信念和对自身合法权益的追求而积极参与谋求影响公共决策的信心，更是强化了农民对党和国家的政治认同，对党的农民政治社会化工作迈向成功功不可没。

政治参与是个体通过各种合法方式参加政治生活并为影响政治体系的构成、运行和公共决策而采取的行为，个体积极的政治参与总是暗含着其特定的个人利益、愿望，并受参政能力的制约。作为个体进行政治社会化的一种实践形式，政治参与的效度既受制于政治社会化进程，又决定着个体政治社会化的程度。因而，个体在政治参与中对自身影响政府的能力认识和政府对自己政治参与的回应程度的主观感觉会显著影响农民的政治情感和政治社会化走向。良好政治效能感确实能增强农民的政治情感和政治社会化程度，这已被中华人民共和国成立初期和改革开放初期的农民政治参与史证实。而低下的政治效能感会消减农民的政治情感、制阻农民政治社会化，也能从历史中得到验证。进入全面建设社会主义时期后，本该退出历史舞台的阶级斗争路线与方法在国家政治经济文化生活中继续保留，并在"文化大革命"中发展至极致。各种消极错误的政治文化和政治意识铺天盖地地涌入并占据农民的精神世界。大鸣、大放、大字报、大辩论的"大民主"，虽将所有农民身不由己卷入其中，但这场被政治权力和政治社会体制严格控制的政治运动并未将农民纳入诉求表达和政策制定的核心层面。这一时期农民政治参与虽然轰轰烈烈，但却剥离了农民自身利益这一政治参与的根本动因，因而使得农民对这场运动的参与仅是出于对国家号召的响应，在这场参与中也就自然无甚影响政治的效能感。"文革"10年低下的政治效能感淡化了农民对党和国家的政治情感，也构成对农民政治参与内驱力的消解，中华人民共和国成立初期农民政治社会化取得的成绩被侵蚀。与此同时，经由20年改革开放和村民自治的实施，经济政治活力已经释放殆尽的农村在20世纪90年代末遭遇了经济和政治发展的瓶颈。一方面，严重的税费负担和工业化城镇化发展带来的农村空心化造成了"农民真苦、农村真穷、农业真危险"的"三农"问题；另一方面，作为农民政治参与主要平台的村民自治制度，由于无法提供更具操作性和实用性的制度设计以因应时代变化，正在日益走向衰退和功能异化，农民的利益诉求和民主权利很难经由村民自治渠道得到捍卫。因此，政治参与的预期目标与参与结果间的巨大反差所带来的低度效能感，伤害了农民朴素的政治情感，使得这一时期农民的抗议性、暴力性参与等非制度化参与行为频现。显然，低下的政治效能感对农民政治情感和政治社会化效果的影响直接而重大。当下乡村振兴对农民主体性的强调将促进农民政治效能感的生长和发展，未来党和国家应当将进一步提升农民的政治参与效能感作为农民政治社会化工作的重要内容，着力提档升级增效来增进农民政治情感，提升农民政治认同。

五 农民政治社会化变迁的趋势

农民政治社会化是一个不断发展变化的过程，因此需要用发展的眼光来看待。回顾历史，中华人民共和国成立以来农民政治社会化70余年的变迁，遵循着从局部走向全局、从单向度走向多向度、从控制走向治理等基本逻辑，从而使得全局性、多向度和治理性成为农民政治社会化演进的趋势性特征。

（一）从局部性向全局性转变

受"小农的生产方式、宗法血缘的社群结构、以封建正统文化为支柱的社会规范、小生产者受压迫被剥削的阶级地位"[1]所影响，农民政治思想保守且落后。新生人民政权对农民的政治社会化工作，首要的就是要借助土地改革，"要从政治上摧毁封建地主阶级在农村的政治权威，使广大农民起来掌握

---

[1] 程歗：《晚清乡土意识》，中国人民大学出版社1990年版，第13页。

农村政治权力"[①]，进而激发农民的政治意识与对党和政府的感激、认同和支持，以巩固党和新生人民政权的执政合法性基础。因此，中华人民共和国成立后至改革开放前30余年，农民政治社会化主要是着眼于培育农民的政治意识和政治认同这一目标。土地改革依靠党的政治动员这一外部政治力量，通过诉苦教育"挖穷根"、斗地主、划成分并将田地等物质生产资料与阶级身份相挂钩进行财产分配，彻底唤醒了农民政治意识，点燃了农民政治热情，颠覆了乡村社会的旧政治秩序，实现了农村政治秩序的再造，农民由"穷棒子"转化为革命农民，实现了当家做主。农民政治社会化工作借助土地改革实现了"农民取得土地，党取得农民"[②]的效果。此后，土地改革后出现的贫富分化和社会主义经济建设的需要，使得农民政治社会化工作走上了培养阶级农民的方向。无论是后来集体化时期"政社合一"的人民公社体制还是城乡分立的户籍制度，都架空了农民的社会空间，农民被隔绝在农村的壁垒内。社会流动被限制，农村社会架构高度单一化、同质化，农民身份被结构化，公民社会发展一度中断。这一时期农民政治社会化呈现出局部性特点，国家行政权力主导并将强化农民政治意识和政治认同作为党和国家核心工作，将政治符号生活化、日常化、泛政治化于农民生活各个层面，以形塑具有强烈阶级斗争意识的革命农民。"与土地改革时期相比，集体化时期的阶级身份越来越深地揳入乡村社会生活的深处，镶嵌在农民的日常生活和心理世界之中，并借助于日渐强化的阶级政策和不断发生的政治运动而扩展其政治社会功能。"[③]农民心中形成巨大的领袖崇拜心理并经由多次运动不断强化，僵化的政治狂热代替了理性的思维，从众的政治行动大潮割裂了个体的政治取向，最终酿成了"文化大革命"的悲剧。

在经历以阶级斗争为中心的政治纲领给国家带来巨大挫折后，农民政治社会化工作在十一届三中全会后重新起步。改革开放初期，农村百废待兴。包产到户的家庭联产承包责任制的推行，结束了计划经济时代"无所不能"的人民公社体制。国家权力的乡村退出，致使乡村治理出现真空地带，农民政治社会化工作面临全新的挑战，急需根据变化了的社会情势进行创新。广西宜山和罗城、四川遂宁等地开始适应新的政治经济体制，探索具有地方特色的乡村治

---

① 王瑞芳：《土地改革与农民政治意识的觉醒——以建国初期的苏南地区为中心的考察》，《北京科技大学学报（社会科学版）》2006年第3期。
② 杜润生：《杜润生自述：中国农村体制变革重大决策纪实》，人民出版社2005年版，第20页。
③ 李海金：《集体化时期农民政治身份及其影响的变迁研究》，《中共党史研究》2011年第12期。

理形式和政治社会化模式。村民自治制度这种政治实践和伟大创举，就在农民"摸着石头过河"的探索中创造出来，并随即被国家法律吸纳。1982年新修订的《中华人民共和国宪法》第111条规定"村民委员会是基层群众自治性组织"，1983年国家正式废除人民公社制度，举国上下在农村基层设立乡镇政府和村民委员会，1987年全国人大常委会通过《村民委员会组织法（试行）》，最终确立村民自治这项基本政治制度，农村逐步形成"乡政村治"格局（乡政即依法设立的国家基层政权——乡镇政府，村治即建立村民委员会实行村民自治）。依靠村民自治，农民充分享有"四权"，政治主体地位得以强化，农村基层治理内生动力得以进一步激活，农村政治民主化发展步伐加快，农民政治社会化工作呈现注重全局的生机勃勃景象。后税费时期，农民政治社会化工作更是走向全局性系统性的方向。国家加大了对农村的投入力度，深入推进农村政治体制、经济体制、文化体制变革，深入推进农村政治、经济、文化、社会、生态五位一体协调发展，营造农村良好政治文化氛围，切实提高其思想政治素质和主体意识。农民政治社会化工作凸显出愈来愈强的系统性、全局性特征。

（二）从单向度向多向度转变

传统中国，封建等级制和宗法制交织而成的乡绅自治，造成乡村社会政治权力掌握在少数人手中。而缺乏文化这一事实，更是使得作为被统治被压迫阶级的农民没有政治参与的可能性。"判断农民阶级是否获得翻身，不仅在于社会经济和政治地位上，更重要的是有没有彻底打破封建地主阶级对农村文化教育的独霸。"[1] 这也正如亨廷顿等人所言："保守地说，真理的中心在于，对一个社会的成功起决定作用的，是文化，而不是政治。"[2] "一个国家如果有许多人不识字，就不可能有现代化的民主。"[3] 中华人民共和国成立以后高达80%的文盲率，严重制约新中国的建设和农民的政治社会化。因此，中华人民共和国成立后农民政治社会化，首要的工作之一就是进行扫盲以提高农民的政治文化素质，赋予其话语权，进而培养其对党和国家的政治认同。由此，国家在开

---

[1] 叶国文：《土地改革的政治逻辑：农民、政权与中国现代化》，天津人民出版社2008年版，第82页。
[2] ［美］塞缪尔·亨廷顿、劳伦斯·哈里森：《文化的重要作用——价值观如何影响人类进步》，程克雄译，新华出版社2010年版，第8页。
[3] ［英］柏特兰·罗素：《社会改造原理》，张师竹译，上海人民出版社1987年版，第37页。

展土地改革运动的同时，也于 1952 年进行了轰轰烈烈的扫盲运动，使农民政治经济翻身的同时实现了文化的翻身。既将阶级意识深植农民的内心，又提高了农民的文化水平，实现了农民政治参与的必要条件。和古代社会结构相对单一而采取无为而治的方式不同，新中国农民政治社会化工作，无论是土地改革还是扫盲，抑或是后来的合作化或"文化大革命"，采取的都是运动的手段。挖苦根、划成分、斗地主、分田地，集体劳动、学文化、学习毛泽东语录，这些政治规制和运动式教化治理提供了农民持续政治社会化的外在动力。"在不断的群众运动、不断的财富和权力再分配中，党和国家的意志在乡村社会得以实施，对乡村社会的控制和治理得以实现。"[①] 土地革命时期定性的农民政治身份固化，农村泛政治化趋势明显。身份固化加户籍制度所施加的人口流动限制，使农民个体意识弱化，集体意识得到强化。强国家弱社会弱个体的模式，使得中华人民共和国成立后 30 年里农民政治社会化工作整体呈现出非此即彼（敌人—朋友，市民—农民）的单向度特征。

然而，农民政治社会化在改革开放后开始由单一走向多元。市场经济的迅速发展、工业化和城镇化浪潮的席卷，使得公平、自由、法治、竞争等民主政治意识纷涌而来，冲击着农民的精神世界，农民的价值观念越来越趋向于复杂和多元。政治意识的不断提高、政治主体意识和参与意识的极大提升以及复杂多变的社会情势和政治文化氛围，使得传统单向度的政治灌输已然落后于时代，对农民精神世界的塑造难有好的效果。多向度的发展成为农民政治社会化的必然趋势和要求。后税费时期，尤其是电子智能时代的到来，农民的思想观念更是遭遇着来自现实世界和虚拟世界形形色色政治文化观念的熏染和侵蚀，面临着更加复杂多变的诱惑。农民政治社会化必须要关注和适应社会变化的现实，采取更加多元、更加注重实效的方法来引导农民的精神世界以塑造合格的政治人。事实也确实如此，党和国家在继续改善民生时，依托党的基层组织将农民思想政治教育引导和个体内化相结合，充分利用乡贤榜样、道德模范、网络等新媒体，更新思想政治教育内容和形式，以更加精细化的思想政治教育营造良好乡村政治文化，激发乡村内生动力，拓宽农民政治参与广度和深度，塑造"有理想、有道德、有文化、有纪律的新型农民"，农民政治社会化走向多向度。

---

① 李里峰：《运动式治理：一项关于土改的政治学分析》，《福建论坛（人文社会科学版）》2010 年第 4 期。

(三) 从控制性向治理性转变

传统中国，维护政治统治是国家进行政治社会化的核心目的。一方面，依靠宗法制、宗教、乡规民约等以儒家思想为主导的社会教化体系，依托政权组织、书院、乡绅、家庭、族长等主体，刚柔并济构筑一套"家国同构"的伦理道德体系，陶冶化育人们的思想道德。通过思想教育，使民众接受其统治理念，调节社会关系，维系社会稳定，进而维护统治基础，达到润物细无声的政治效果。另一方面，依靠法律和暴力机器维护执政者的统治。农民完全被排斥在政治权利之外，与农民发生关联的政治统治和道德教化都只是着眼于有效巩固统治秩序而对农民进行的管控。但新生的人民政权是党领导劳苦大众浴血奋战而得，党深知得民心者得天下的道理，因而中华人民共和国成立后党和国家对农民进行政治社会化，初衷已然完全不同于旧时的控制而转向治理。"国家不仅需要拯救农民受压迫的'肉身'，更需要拯救其作为思想和精神的身体，以此来'惩前毖后、治病救人'。"[1] 通过"政权下乡""政党下乡""教育下乡"和"宣传下乡"等各种运动，党和国家将国家观念与阶级意识深深植入农民头脑，使其内化为其政治价值观和行为指导。党站在意识形态教育的制高点，依靠强大的政治宣传攻势，使农民深刻认识到中国共产党的先进性而自愿紧紧团结、偎依在党的周围。"农民政治意识的萌生和增强使他们拥护中国共产党的领导，拥护新政权，并逐渐认同和接受了社会主义思想，实现了基层政权建设和农民政治认同的同构。"[2] 从此以后，更好地治理乡村社会，培养社会主义现代化建设所需要的合格政治人，就成为党和国家农民政治社会化工作的一个核心任务。即便风云变幻，形势更迭，也初心不改。

税费改革时期，国家政治、经济、文化、社会等各方面发生巨大变革。家庭联产承包责任制和村民自治的施行，"政社合一"的人民公社制向"乡政村治"的转变，国家权力让位于社会自治，民间组织获得新的发展空间。"在市场经济不断扩展和深化的情势下，国家权力向日益成长的民间社会让出地盘。"[3] 乡村社会迎来中华人民共和国成立30年后新的转机，农民的主体意

---

[1] 马维强：《政治规制与革命伦理教化：集体化时代的乡村私人生活——以山西平遥双口村为考察中心》，《安徽史学》2018年第6期。

[2] 高斐：《试论新中国成立初期农民政治意识的构建》，《河南师范大学学报（哲学社会科学版）》2016第5期。

[3] 虞崇胜：《政治文明论》，武汉大学出版社2003年版，第377页。

识、参政议政积极性、志愿精神等得到长足发展，激发了农村公民社会的内生动力。但20世纪90年代干群关系紧张所导致的农村社会矛盾，致使农民公共意识有所淡化，对基层政府政治信任度下降。"乡村治权"弱化和治理能力衰减驱使党和国家对农民的政治社会化比任何时候都更加强调通过制度进行调整。税费改革的推行，基层政权实现由"汲取型"向"悬浮型"转变，减压减负在赢取农民政治信任的同时，又造成基层政府财政"空壳化"和基层政府行为"迷失"[①]的窘境。经济建设职能丧失且公共服务职能缺位的基层政权陷入应对处理农民维权上访的泥潭。农民"小闹小解决、大闹大解决、不闹不解决"的维权上访逻辑，与压力型体制下基层政府"正式权力非正式运用"的权宜性策略和运动式、选择性治理行为的博弈，再次带来农民基层政治信任度和认同度下降的严峻现实。党和国家对农民的政治社会化仍然强调急需通过治理来重建农民对基层政权的信任。为此，进入后税费时期，国家着手进行政治经济体制改革，着力推进"四个全面"和"五位一体"建设，深入探索新的治理模式，不断压缩基层选择性治理和运动式治理的生存空间，强化农村基层政权公共服务职能。通过建设社会主义新农村、公共服务均等化、精准扶贫和乡村振兴等，推动乡村治理日益向精准治理转变，从政治经济文化等各方面全面落实"最后一公里"，推进农村社会组织蓬勃发展和公民社会向纵深拓展，使农民共享改革发展的红利。农民的政治认知和政治技能也在与国家的政治互动中不断增强，其政治思想文化素质和政治认同也在日新月异的乡村政治经济和文化生活中得到提高。

总之，每一个时代有每一个时代的历史使命、治国方略和民族特色，党和国家在坚持和加强中国社会主义革命、建设和改革的历史进程中，先后制定和执行了一系列农村改革的制度、政策和措施，深刻改变着农民的政治态度和行为，重塑了农民的政治性格。究其实质而言，当代中国农民政治社会化在不同阶段具有特定目标取向和价值选择，有其相应的内容和形式与之匹配，进而展现出农民政治社会化发展变迁的主要逻辑和基本规律。据此，全面客观科学检审城镇化和乡村振兴战略视野下农民政治社会化的样态、因素、机理、趋势及其绩效对于深化提升政治社会化水平具有重要的理论价值和实践意义。

---

① 周飞舟：《从"汲取型"政权到"悬浮型"政权——税费改革对国家与农民关系之影响》，《社会学研究》2006年第3期。

第四章　城镇化背景下农民政治社会化样态实证分析（上）

　　在任何特定的时期，个体的政治自我都会是几种情感和态度的混合。①

　　　　　　　　　　　　　　　　　　　　　　　　——阿尔蒙德

　　今日中国正处在一个急剧变革的时代！改革开放以来波澜壮阔的城镇化进程将亿万农民裹挟于中。其所引发的中国人口、经济、社会和文化的急剧变迁，正在塑造一个完全不同于传统的现代中国。城镇化在带来乡村生产、生活和社会交往方式的巨大变化的同时，也急速冲击着农民的精神世界，改造着乡村社会的文化、道德和秩序。1978 年到 2019 年 41 年的时间里，中国城镇人口从 1.7 亿人到 8.48 亿人的变迁和城镇化率从 17.92% 到 60.60% 的提升，是马克思 100 多年前"现代的历史是乡村城市化"②论断在中国的最好注解。然而，尽管"城镇化最基本的趋势是农村富余劳动力和农村人口向城镇转移"③，但城镇化不是一个单纯的人口转移问题，而是城市型生产和生活方式向农村的渗透和覆盖问题，其实质是要实现农村农民向城镇市民从身份角色到思想观念的全方位转变，促使农民经由城镇化的洗礼转化为具有现代政治人格的合格市民。因此，实现人的城镇化，成为国家城镇化发展和

---

① ［美］加布里埃尔·A. 阿尔蒙德等：《当代比较政治学：世界视野》，杨红伟等译，上海人民出版社 2010 年版，第 60 页。
② 《马克思恩格斯文集》第 8 卷，人民出版社 2009 年版，第 151 页。
③ 《习近平关于社会主义经济建设论述摘编》，中央文献出版社 2017 年版，第 162 页。

农民政治社会化的交汇点和共同使命。而根据世界城镇化发展普遍规律，城镇化之于中国不是一个可以短期完结的事业，未来相当长一段时间农民将继续置身于城镇化快速发展的浪潮中以磨炼现代政治人格。考察城镇化背景下农民政治社会化的新形态及绩效，揭示农民政治社会化的影响因素和内在规律，对准确把握城镇化进程中农民群体市民化现状并为未来国家推进和指导农民政治社会化工作具有重要意义。

评估城镇化背景下农民政治社会化的样态和绩效，必须首先找准测量政治社会化的基本维度。马克思主义认为，现实世界是主观世界和客观世界的对立统一体，社会个体通过心理活动产生关于客体的感觉、知觉和表象，形成关于客体的"知""情""意"，并在此基础上形成关于客体本质、规律性的理论观念，实现人的主观世界和现实物质世界的统一。这一过程正是塑造公民政治心理，影响公民政治行为的过程，也正是政治社会化过程中政治心理作用于政治行为并再次反馈形成新的政治心理的螺旋式上升过程。鉴于政治社会化作为主观（政治心理）见之于客观（政治行为）的实践活动的本质，政治心理与政治行为理应成为测量农民政治社会化绩效的两个最基本维度。现有研究也证实，政治心理和政治行为事实上已被绝大多数学者用于测量农民政治社会化。如匡和平就从内在心理和外在行为两个方面[1]，吴鲁平立足于政治认同和政治参与两个视角[2]，彭正德则从政治认知、政治评价、政治信任和政治参与四个维度[3]，张明澍分政治知识、政治观念、政治参与三部分来考察测量政治社会化[4]。尽管彭正德和张明澍的研究没有指明政治心理指标，但政治认知（包含政治知识）、政治评价、政治信任和政治观念本身都是政治主体对社会政治关系或政治生活的一种心理反应而归属于政治心理的范畴。因此，无论从哲学世界观还是现有学术研究的角度，政治心理和政治行为都是测量农民政治社会化绩效的最佳维度。与此同时，作为社会成员对社会政治关系及由此形成的政治行为、政治体系和政治现象等政治生活所产生的一种主观反应和心理状态，政治心理按照主观反应和心理状态由

---

[1] 匡和平：《从农民到公民：中国农民政治社会化问题研究》，黑龙江人民出版社 2009 年版，第 158-239 页。

[2] 吴鲁平：《大学生政治社会化的结果分析——以"社会互构论"为理论视角》，社会科学文献出版社 2013 年版，第 11-25 页。

[3] 彭正德：《民生政治：新农村建设中的农民认同——湖南五县十村考察》，中央编译出版社 2014 年版，第 131-184 页。

[4] 张明澍：《中国人想要什么样民主》，社会科学文献出版社 2013 年版，前言第 6 页。

浅入深的变化程度可依次划分为政治认知、政治观念、政治态度、政治评价和政治效能感五种。前三者考察作为政治社会化主体的农民的自身发展，测量农民对政治的认知、观念和态度，解决"是什么"的问题，后二者连同政治行为，聚焦农民政治社会化所指向的主客体交互关系和农民政治行为，回答现实中农民政治社会化效果"怎么样"的问题。这六个方面构成一个整体能较好地呈现和解释农民政治社会化的心理变化历程和政治行为选择。我们由此将按照如上两个层次分两章来开展农民政治社会化的实证分析，以更好诠释城镇化背景下农民政治社会化的现实样态。

一　农民的政治认知

政治认知是政治主体获取关于政治人物、政治制度、政治事件和政治活动等政治现象的知识并形成自己的理解和判断的过程。作为政治心理的基础内容之一，政治认知是促成政治观念、政治态度、政治评价和政治效能感形成与转化的基础性条件，同时也是反映个体对公共政治事务的关心程度和政治信息的传播效果，是催促个体制度化政治参与的前提条件，因而是农民政治社会化的重要内容。因此，衡量农民的政治社会化水平，必须首先全面把握农民的政治认知，考察其对政治文化、政治制度、政治理念和政治实践等政治相关知识的了解程度。鉴于政治人物、政治制度与农民的生活、实践与利益紧密相关，构成其所有政治认知的前提和基础，因此，本书着重考察农民对国家领导人、乡镇领导干部等政治人物和对村民自治这一基层政治制度的认知，以此来管窥当下农民的政治认知水平。

（一）对政治人物的认知

对政治人物的认知是农民政治认知的基本内容之一，直接反映了农民对政治事务的关心程度和对政治知识最低程度的了解。我们设置了六个问题（"您知道中国现任的国家主席是谁吗？""您知道中国现任的国务院总理是谁吗？""您知道美国现任的总统是谁吗？""您知道俄罗斯现任的总统是谁吗？""您知道您所在乡镇党委书记的名字吗？""您知道您所在乡镇镇长的名字吗？"），要求被调查农民指出中国国家主席、中国国务院总理、美国总统、俄罗斯总统四个政治领袖人物的姓名，并说出其所在乡镇党委书记和乡镇镇长的姓名，以此考察和分析农民对政治人物的认知状况。同时，根据人口学变量、区域变量和经济变量，分别用性别、年龄、政治面貌、职业、文化程度、所在区域和经济水平等因素进行多层相关性分析。

1. 农民对政治人物的认知现状

调查数据分析显示，农民对政治人物的认知近年来有较大提升。表4-1显示，知道中国现任国家主席姓名的受调查农民的比例高达97.2%，知道中国现任国务院总理姓名的比例高达89.0%，能准确说出美国总统姓名的受调查农民有67.6%，能准确说出俄罗斯总统姓名的受调查农民也有68.3%；但知道所在乡镇党委书记和乡镇镇长姓名的受调查农民的比例却分别仅有36.7%和35.8%。显然，随着大众传媒尤其是新媒体的普及，农民对政治人物的认知有着较以前更大的提升，但受调查农民对我国国家领导人的知晓度明显高于国外领导人，并呈现出中国国家主席、中国国务院总理、俄罗斯总统、美国总统这样的知晓度排序。在对乡镇领导干部的认知上，农民与乡镇领导干部虽然空间距离较近，但现有的制度安排和乡镇主要领导远离农村集体生活、缺乏与农民积极互动的现实，致使乡镇党委书记与镇长的姓名并不像国家领导人那样被多数农民所知晓。表4-1显示，乡镇党委书记和镇长的知晓度显著低于国家领导人，知道所在乡镇党委书记和镇长姓名的受调查农民比起知道中国国家主席和国务院总理姓名的比例要低近60个百分点，甚至还不如对国外领导人的知晓度。可见，如今农民对政治的关注有所提升，但是对身边政治的关注还远远不足。这样的政治认知，显然不利于基层部门开展农村工作，也不利于农民的政治社会化。

表4-1　　　　　　　　农民对政治人物认知情况

		中国国家主席	中国国务院总理	美国总统	俄罗斯总统	乡镇党委书	乡镇镇长
正确	计数（人）	1118	1021	777	786	421	411
	百分比（%）	97.2	89.0	67.6	68.3	36.7	35.8
错误	计数（人）	32	126	372	365	726	737
	百分比（%）	2.8	11.0	32.4	31.7	63.3	64.2

在对政治人物认知的内部，性别、年龄、政治面貌、宗教信仰、受教育程度、所在区域、职业和收入等不同因素会对受调查农民的政治认知产生不同的影响。表4-2显示，不同性别对政治人物的认知有着明显的差异。能正确回答

第四章　城镇化背景下农民政治社会化样态实证分析（上）

出中国现任国家主席和国务院总理、美国现任总统、俄罗斯现任总统、乡镇党委书记、乡镇镇长姓名的男性农民分别有97.8%、92.4%、72.6%、73.9%、42.1%、42.2%，而能正确回答出中国现任国家主席和国务院总理、美国现任总统、俄罗斯现任总统、乡镇党委书记、乡镇镇长姓名的女性农民分别为96.3%、83.8%、60.0%、59.8%、28.0%、25.6%。显然，男性对政治人物的认知度总体高于女性，且越往下对政治人物的认知度的差异越大。男性的家庭主体地位和中国传统文化中的"男性政治"使得关心政治等朝堂之事成为男子的专利，由此导致农村男性在工作之余更爱谈论政治，而女性更多关注生活层面的事情。这样的政治认知，不利于农民群体内部不分性别的现代政治人格的培育。

表4-2　　　　　　　　农民对政治人物认知情况（性别的影响）

		男性	女性	总计
国家主席	计数（人）	674	440	1114
	百分比（%）	97.8	96.3	97.2
国务院总理	计数（人）	635	382	1017
	百分比（%）	92.4	83.8	89.0
美国总统	计数（人）	499	275	774
	百分比（%）	72.6	60.0	67.6
俄罗斯总统	计数（人）	509	274	783
	百分比（%）	73.9	59.8	68.3
乡镇党委书记	计数（人）	289	128	417
	百分比（%）	42.1	28.0	36.5
乡镇镇长	计数（人）	290	117	407
	百分比（%）	42.2	25.6	35.6

注：表中数据为回答正确的计数与百分比。

表4-3显示，对政治人物的认知具有显著的年龄差异，低龄段农民更熟知国家领导人，高龄段农民则更知晓乡镇领导人。数据显示，"25岁及以下"的受调查农民对国家领导人的认知度最高，他们对中国现任国家主席和国务院总理的认知比例高达99.3%、93.3%，对美国总统、俄罗斯总统这些外国国家领导人的认知度也高达80.0%和85.2%，"66岁及以上"农民对中外国家领导人

的认知度最低，比"25岁及以下"的农民分别少5个、11.3个、36.4个和37.7个百分点。对国家领导人的认知由此呈现出伴随年龄的增长而有所下降的趋势。这是因为随着信息化时代的发展，年轻人相比年长者更容易接触政治信息，也更加关心政治生活，对国家领导人就更加熟悉。而对乡镇党委书记、乡镇镇长的认知，则与对国家领导人的认知度与年龄的增长呈负相关关系刚好相反。数据展示，能准确指出乡镇党委书记和镇长姓名的受调查农民，比例最高的集中在"46～55岁"年龄段（47.8%、47.8%），其次依次是"36～45岁"（38.9%、36.6%）、"56～65岁"（37.1%、35.4%），"26～35岁"和"66岁及以上"年龄段虽然认知度各有起伏，但都高于"25岁及以下"年龄段的农民，"25岁及以下"的农民对乡镇党委书记和镇长的认知度最低，能准确指出其姓名的比例仅分别为20.0%、22.2%。这主要是因为较高龄段农民对家乡政治发展更为关注，日常与家乡基层政府的接触也更多。因此，未来国家必须注意年龄和政治人物认知差异的关系而调适农民政治社会化工作的方式方法。

表4-3　　　　　　农民对政治人物认知情况（年龄的影响）

		25岁及以下	26～35岁	36～45岁	46～55岁	56～65岁	66岁及以上	总计
国家主席	计数（人）	134	198	237	289	141	115	1114
	百分比（%）	99.3	97.5	96.7	97.3	97.9	94.3	97.2
国务院总理	计数（人）	126	182	212	267	130	100	1017
	百分比（%）	93.3	89.7	87.2	89.9	90.9	82.0	89.0
美国总统	计数（人）	108	152	178	208	75	53	774
	百分比（%）	80.0	74.9	72.7	70.3	52.1	43.4	67.6
俄罗斯总统	计数（人）	115	154	171	215	71	58	784
	百分比（%）	85.2	75.9	69.5	72.4	49.3	47.5	68.4
乡镇党委书记	计数（人）	27	70	95	142	53	32	419
	百分比（%）	20.0	34.5	38.9	47.8	37.1	26.4	36.7
乡镇镇长	计数（人）	30	58	90	142	51	38	409
	百分比（%）	22.2	28.7	36.6	47.8	35.4	31.7	35.8

注：表中数据为回答正确的计数与百分比。

表4-4显示，政治面貌也会影响农民对政治人物的认知。数据表明，中共

第四章 城镇化背景下农民政治社会化样态实证分析（上）

党员对中国现任国家主席和国务院总理、美国总统、俄罗斯总统、乡镇党委书记、乡镇镇长的知晓程度最高，认知度分别高达99.3%、98.7%、87.3%、86.7%、72.0%和73.8%，共青团员对政治人物的认知度稍低，但对中国国家主席和国务院总理、美国总统、俄罗斯总统、乡镇党委书记和乡镇镇长的知晓度也分别达到98.6%、94.5%、78.1%、80.8%、36.5%和32.9%，群众对各种政治人物的认知最低，尤其是对其所在乡镇党委书记和乡镇镇长的认知比起党员农民低很多，认知度皆不足30%。整体来看，中共党员对政治人物的认知水平明显高于非党员，农民对政治人物的认知程度与其政治面貌呈正相关关系，政治面貌越先进，对政治人物的认知度越高；党员与非党员对国家领导人的认知差异不大，但对乡镇领导的认知却相差悬殊。未来畅通广大农民尤其是非党员农民参与乡镇基层政治事务的通道，提高其对乡镇领导干部的认知度，既能提升农民对包括政治人物在内的各种政治现象的总体认知水平，还可以助力乡村治理工作的开展，培养农民对基层政府的政治信任。

表4-4　　　　　农民对政治人物认知情况（政治面貌的影响）

		群众	共青团员	中共党员	总计
国家主席	计数（人）	753	216	149	1118
	百分比（%）	96.4	98.6	99.3	97.2
国务院总理	计数（人）	667	207	147	1021
	百分比（%）	85.6	94.5	98.7	89.0
美国总统	计数（人）	475	171	131	777
	百分比（%）	60.9	78.1	87.3	67.6
俄罗斯总统	计数（人）	479	177	130	786
	百分比（%）	61.3	80.8	86.7	68.3
乡镇党委书记	计数（人）	233	80	108	421
	百分比（%）	29.9	36.5	72.0	36.7
乡镇镇长	计数（人）	229	72	110	411
	百分比（%）	29.4	32.9	73.8	35.8

注：表中数据为回答正确的计数与百分比。

表4-5显示，农民对政治人物的认知水平因有无宗教信仰而有不同。调查数据展示，无宗教信仰的农民对政治人物通常有着较高的认知，其对中国国家

主席和国务院总理、美国总统、俄罗斯总统、乡镇党委书记和乡镇镇长的知晓度分别占比 97.7%、89.7%、68.3%、69.1%、37.5%、36.4%，而有宗教信仰的农民对政治人物的知晓程度则相对较低，其对上述政治人物的认知度比无宗教信仰的农民平均低 6.1 个百分点。可见，不同宗教信仰的农民对政治人物的认知存在一定差异，无宗教信仰的农民对政治人物的认知水平更高。进一步考察这些宗教的门类发现，累计占比 79.5%的农民信仰佛教与道教。佛教与道教以关注与重视人的内心为教旨，因而使得个体对世俗事务不太关注，而无宗教信仰的农民就相对更愿意主动接触社会事务，更关心现实政治的动向，因而政治认知水平更高。对此，国家在农民政治社会化工作时应当注重去除农民宗教信仰中的不利成分，促推农民关注现实、关心政治。

表 4-5　　　　农民对政治人物认知情况（宗教信仰的影响）

		无宗教信仰	有宗教信仰	总计
国家主席	计数（人）	1004	114	1118
	百分比（%）	97.7	93.4	97.2
国务院总理	计数（人）	920	101	1021
	百分比（%）	89.7	83.5	89.0
美国总统	计数（人）	701	76	777
	百分比（%）	68.3	62.3	67.6
俄罗斯总统	计数（人）	711	75	786
	百分比（%）	69.1	61.5	68.3
乡镇党委书记	计数（人）	384	37	421
	百分比（%）	37.5	30.3	36.7
乡镇镇长	计数（人）	373	38	411
	百分比（%）	36.4	31.1	35.8

注：表中数据为回答正确的计数与百分比。

表 4-6 显示，农民对政治人物的认知也受教育程度的影响。数据表明，各种学历层次受调查农民对政治人物的认知和熟悉度具有明显的差异。能指出国家领导人姓名的受调查农民以大学（大专）及以上学历的农民最多，其次依次为高中（中专）、初中、小学学历的农民。整体来看，文化程度越高的农民对政治人物的认知水平也越高，二者呈现出正相关关系。但对乡镇领导的认知

第四章 城镇化背景下农民政治社会化样态实证分析（上）

则呈现相反的趋势。具有大学（大专）及以上受教育程度的农民由于大多在外求学或留城工作，个人生活、工作的重心不在乡村而较少关注乡村政治事务，与乡镇政府的接触不多，致使其认识和了解乡镇党委书记和镇长较少。而中等学历的农民生活工作在乡镇，其受教育程度也使其愿意并能够关注和参与基层政治事务，其对乡镇领导的知晓度在受教育程度各不相同的农民中最高，超过大学（大专）及以上受教育程度的农民17个百分点。显然，文化程度的高低对了解政治知识，提高农民的政治社会化水平影响极大。以形塑现代政治人为主旨的农民政治社会化工作，必然要重视农民文化程度的提升。

表 4-6　　　　　农民对政治人物认知情况（受教育程度的影响）

		从未受过任何教育	小学	初中	高中（中专）	大学（大专）及以上	总计
国家主席	计数（人）	51	281	409	221	149	1111
	百分比（%）	85.0	97.9	97.4	98.7	98.0	97.2
国务院总理	计数（人）	35	231	384	215	149	1014
	百分比（%）	58.3	80.8	91.9	96.0	98.0	88.9
美国总统	计数（人）	16	136	301	185	135	773
	百分比（%）	26.7	47.4	71.8	82.6	88.8	67.7
俄罗斯总统	计数（人）	12	138	301	194	137	782
	百分比（%）	20.0	47.9	71.7	86.6	90.1	68.4
乡镇党委书记	计数（人）	17	85	148	115	52	417
	百分比（%）	28.3	29.6	35.4	51.6	34.2	36.6
乡镇镇长	计数（人）	14	97	150	105	42	408
	百分比（%）	23.3	33.7	35.9	46.9	27.8	35.8

注：表中数据为回答正确的计数与百分比。

表4-7显示，农民对政治人物的认知具有较为明显的区域特征。东部地区农民对国外领导人的知晓度最高，中部地区农民最熟悉国内领导人，西部地区对乡镇领导人的知晓度最高。数据表明，对中国国家主席与国务院总理的认知，分别以东部地区的98.4%和中部地区的92.6%的比例问鼎；对美国和俄罗斯两国总统的知晓程度则呈现出东、中、西部地区递减的趋势，东部地区农民知道两国总统的比例最高，西部地区知道的比例最低；而对乡镇

领导的认知，则以西部地区的知晓率最高，分别以40.6%和39.9%的比例远远领先于东、中部地区农民。显然，经济更发达与开放程度更高的东部地区农民更关注国际政治，而经济欠发达、较为保守的西部地区的农民则更关注身边的政治。

表4-7　　　　　农民对政治人物认知情况（区域的影响）

		东部地区	中部地区	西部地区	总计
国家主席	计数（人）	122	302	694	1118
	百分比（%）	98.4	97.7	96.8	97.2
国务院总理	计数（人）	114	286	621	1021
	百分比（%）	91.9	92.6	87.0	89.0
美国总统	计数（人）	104	214	459	777
	百分比（%）	83.9	69.3	64.1	67.6
俄罗斯总统	计数（人）	107	204	475	786
	百分比（%）	86.3	66.0	66.2	68.3
乡镇党委书记	计数（人）	46	84	291	421
	百分比（%）	37.7	27.2	40.6	36.7
乡镇镇长	计数（人）	43	82	286	411
	百分比（%）	35.0	26.6	39.9	35.8

注：表中数据为回答正确的计数与百分比。

与此同时，受调查农民的职业和收入水平对其政治认知也有着影响。表4-8显示，农民对政治人物的认知比例与其职业类型有着较大的相关性。对美国总统与俄罗斯总统的姓名，完全务工的农民有75.9%和74.5%回答正确，认知度位居榜首，完全务农的农民仅有59.5%和61.8%回答正确，认知度最低，而半工半农的农民则居于二者之间。而对乡镇党委书记与镇长姓名的知晓度上，半工半农的农民占比最高（分别是43.9%与45.2%），而完全务农的农民虽然生产生活在农村，但却对农村公共政治事务缺乏足够的关心，其对乡镇党委书记和镇长的认知比例本应最高，但实际不仅低于半工半农的农民，甚至还低于完全务工的农民。这样的状况证明农民尤其是完全务农的农民尚未脱离"无政治阶层"的传统束缚，国家需要继续激发其对政治事务的热情。

表 4-8　　　　　农民对政治人物认知情况（职业的影响）

		完全务农	半工半农	完全务工	总计
国家主席	计数（人）	427	273	413	1113
	百分比（%）	96.2	97.5	98.3	97.3
国务院总理	计数（人）	372	260	384	1016
	百分比（%）	84.2	92.9	91.6	89.0
美国总统	计数（人）	264	192	318	774
	百分比（%）	59.5	68.6	75.9	67.7
俄罗斯总统	计数（人）	275	196	313	784
	百分比（%）	61.8	70.0	74.5	68.5
乡镇党委书记	计数（人）	160	123	135	418
	百分比（%）	36.1	43.9	32.3	36.6
乡镇镇长	计数（人）	165	126	119	410
	百分比（%）	37.2	45.2	28.3	35.9

注：表中数据为回答正确的计数与百分比。

表 4-9 也展示出经济收入与政治人物认知之间的关联，经济水平是影响农民政治认知和政治社会化程度的重要因素。数据显示，自我感知收入"较高""中等""较低"的农民对各类政治人物的认知比例各不相同。整体来看，农民自我感觉收入水平越高，其对政治人物的认知比例往往就越高，而收入越低的农民，其知晓各类政治人物的比例也刚好处于最低位置。农民收入的高低与其对政治人物的认知水平间呈现出正相关关系。提升农民的政治社会化水平，当以大力发展农村经济，提高农民收入为前提。

表 4-9　　　　　农民对政治人物认知情况（经济收入的影响）

		收入较高	收入中等	收入较低	总计
国家主席	计数（人）	51	625	439	1115
	百分比（%）	98.1	97.4	96.9	97.2
国务院总理	计数（人）	50	588	380	1018
	百分比（%）	96.2	91.9	84.1	89.0
美国总统	计数（人）	42	454	278	774
	百分比（%）	80.8	70.6	61.6	67.5

续表

		收入较高	收入中等	收入较低	总计
俄罗斯总统	计数（人）	42	459	282	783
	百分比（%）	80.8	71.4	62.3	68.2
乡镇党委书记	计数（人）	25	253	142	420
	百分比（%）	48.1	39.5	31.5	36.7
乡镇镇长	计数（人）	25	246	140	411
	百分比（%）	48.1	38.3	31.0	35.9

注：表中数据为回答正确的计数与百分比。

2. 差序认知：农民对政治人物知晓度的"高与低"

农民对相关在任政治人物的辨识是政治认知中最为基础的内容，直接反映了农民对政治事务的关注与参与兴趣。对各类政治人物的认识、对其相关政治活动的关注和理解以及分析和比较，是农民形成正确的政治观念、政治态度，做出正确的政治评价和政治行为抉择的前提。因而，农民对各类政治人物的正确认知构成测量农民政治认知的重要维度。对中国国家领导人、代表性外国国家领导人和中国乡镇基层领导干部三个层面的政治人物的认知调查显示，农民对各层级政治人物的认知存在显著的"差序"现象：农民对国家领导人的知晓比例明显高于对乡镇领导干部的认知，而在国家领导人内部，农民对中国国家领导人的认知又明显高于对外国国家领导人的认知；三者之间呈现出对中国国家领导人认知水平最高、国外领导人次之、乡镇领导干部最低的状态。这种差序认知水平与农民对政治人物的知晓渠道、认知意愿有着紧密联系。一方面，新闻媒体的普及与广大新兴媒体的发展壮大，使农民拥有了更加多元化、更为便捷的政治信息获取渠道，相比以往更容易接触到国内外的重要政治信息，也就更容易知晓各国国家领导人；但另一方面，各类新闻媒体给予基层政治事务的关注明显少于高层时事政治，因而农民认识、了解基层领导干部的渠道相对较少，加之农民主动接触、认识乡镇领导的意愿较低，最终使得农民对空间距离更近的乡镇领导的知晓度远远低于国家领导人，甚至远不及外国领导人。

不仅如此，农民对政治人物的认知还体现出明显的内部结构性差异。农民的性别、年龄、政治面貌、宗教信仰、受教育程度、区域、职业、收入水平，严重影响着其对政治人物的认知。调查数据已经验证，男性农民对政治人物的认知水平总体高于女性，他们基本都能正确指出国家领导人的姓名，但在能否准确认知乡镇干部上差别明显；不同年龄段的农民对政治人物的认知也有明显的差异，低年龄段更熟知国家领导人，而高年龄段则更为知晓乡镇领导人；中共党员对政治人物的认知水平整体明显高于非党员，但二者对乡镇领导的知晓度差异最大；无宗教信仰的农民对政治人物认知水平普遍高于有宗教信仰的农民；学历高的农民的政治认知水平总体较高，而对乡镇领导的知晓度则以中等学历农民最高；对政治人物的认知在不同区域呈现出不同的特点，东部地区最熟悉国外领导人，中部地区对国内领导人最了解，而西部地区则相对最关心、熟悉乡镇领导人；职业类型和收入水平的不同也会影响农民对政治人物的认知，完全务工的农民对国外领导人的认知水平更高，而半工半农的农民则更为关注和了解乡镇领导干部，经济收入自我感知越好的农民对政治人物的认知水平越高，而自我感知收入水平越低的农民关注和了解政治人物的兴趣越小。总之，随着农民群体受教育程度的提升、农村党组织力量的加强、乡村的发展和农村基层治理方式的改进，会有越来越多的农民主动关注国家和乡村政治事务，其对政治人物及其活动的认识、了解和分析判断能力必定会进一步提升。

（二）农民对制度的认知

自《村民委员会组织法》实施以来，村民自治这一基层民主实践逐步走上了制度化的道路，成为保障农民当家做主权利最为有力的手段。虽然村民自治并非乡村民主的全部内容，但村民自治制度所内含的民主选举、民主决策、民主管理、民主监督已经包含了选举、参与、监督这些民主的本质要求。因此，村民自治已经成为中国乡村民主的重要内容并贯穿于农民的整个公共政治生活。农民是否了解与其生活密切相关的村民自治制度，成为影响农民政治参与及其实践效果的一个关键，也成为衡量农民政治认知水平的一个重要变量。鉴于此，本书设置"您对村民自治制度了解吗？""您知道如何参与村民自治吗？"两个问题来考察农民对村民自治制度的认知。

1. 农民对村民自治制度的认知现状

作为中国乡村民主的主要内容和重要形式，村民自治成为农民政治认知中制度认知的重要构成。对"您对村民自治制度了解吗？""您知道如何参与村民自治吗？"两个问题的调查分析发现，尽管村民自治在中国施行已久，但农民对其的政治认知仍然非常有限。

第一，农民对村民自治制度的存在了解甚少。表4-10显示，获取的1146

个有效样本中,"非常了解"村民自治制度的农民占比仅 5.7%,"比较了解"村民自治制度的农民占比 18.0%,两者累计占比仅 23.7%;表示了解程度为"一般"的农民占比 33.4%,还有高达 42.9%的农民表示"不了解"。可见,尽管村民自治制度施行已 30 余年,但对该制度本身知之甚少的农民仍然高达七成之多。村民自治在农民群体中的这种有限知晓度,既不利于乡村民主的发展,更不利于经由基层民主政治建设而提升农民政治认知和参政技能的农民政治社会化。

表 4-10　　　　　　　农民对村民自治制度的了解程度

	频数	有效百分比(%)
非常了解	65	5.7
比较了解	206	18.0
一般	383	33.4
不了解	492	42.9
总计	1146	100.0

中国农民对村民自治制度的存在不仅总体上知之甚少,而且还具有明显的性别、政治面貌、民族、区域、位置、受教育程度和收入差异。从性别看,男性较女性更了解村民自治制度,但两者在了解度"一般"的层面上并无明显不同。表 4-11 显示,男性农民"非常了解"与"比较了解"村民自治的累计占比为 29.0%,女性累计有 15.2%,前者比后者多 13.8 个百分点;在表示对村民自治并"不了解"的人数上,受调查男性有 36.5%,女性有 52.7%,前者比后者少 16.2 个百分点。可见,相对女性,男性更了解村民自治制度,但二者在表示"一般"的选项上差异并不明显,都有超三成的农民表示对村民自治不了解。

表 4-11　　　　　农民对村民自治制度的了解程度(性别的影响)

		男性	女性	总计
非常了解	计数(人)	54	10	64
	百分比(%)	7.9	2.2	5.6
比较了解	计数(人)	145	59	204
	百分比(%)	21.1	13.0	17.9

续表

		男性	女性	总计
一般	计数（人）	237	146	383
	百分比（%）	34.5	32.1	33.5
不了解	计数（人）	251	240	491
	百分比（%）	36.5	52.7	43.0
总计	计数（人）	687	455	1142
	百分比（%）	100	100	100

从年龄段看，对村民自治制度的了解程度具有"中间高，两边低"的年龄特征。不同年龄的农民身份地位不同，对村民自治这一民主政治制度的认知也有所不同。调查发现，表示"非常了解"与"比较了解"村民自治的农民群体中，"46~55岁"年龄段农民占比最高，累计达33.1%，其次分别是"56~65岁""25岁及以下""26~35岁""36~45岁"年龄段农民，其占比依次为25.7%、20.7%、19.9%、19.2%；而表示"不了解"的农民群体，以"46~55岁"年龄段农民最少，占比仅38.2%（见表4-12）。可见，中间年龄段农民最为了解村民自治制度，而年龄越往上或越往下的农民对村民自治制度都不够了解。

表4-12　　　　农民对村民自治制度的了解程度（年龄的影响）

		25岁及以下	26~35岁	36~45岁	46~55岁	56~65岁	66岁及以上	总计
非常了解	计数（人）	1	5	10	31	14	4	65
	百分比（%）	0.7	2.5	4.1	10.5	9.7	3.3	5.7
比较了解	计数（人）	27	35	37	67	23	17	206
	百分比（%）	20.0	17.4	15.1	22.6	16.0	14.0	18.0
一般	计数（人）	54	73	86	85	46	38	382
	百分比（%）	40.0	36.3	35.1	28.7	31.9	31.4	33.5
不了解	计数（人）	53	88	112	113	61	62	489
	百分比（%）	39.3	43.8	45.7	38.2	42.4	51.2	42.8
总计	计数（人）	135	201	245	296	144	121	1142
	百分比（%）	100	100	100	100	100	100	100

从政治面貌看，政治面貌较高的农民群体对村民自治制度具有高于群众的认知度。表4-13显示，对村民自治制度知晓比例最高的是中共党员，其"非常了解"和"比较了解"的人员占比累计高达64.7%，共青团员"非常了解"和"比较了解"村民自治制度的比例也有24.0%，而群众"非常了解"和"比较了解"村民自治制度的只有15.7%，显然，中共党员对村民自治制度的了解程度远远高于非党员；而对村民自治制度回答"不了解"的农民中，群众占比最高（50.4%）、共青团员其次（37.3%）、中共党员最少（12.0%）。可见，农民的政治面貌与其对村民自治制度的了解度呈正相关关系，即政治面貌越积极先进，具有该政治面貌的农民群体就越了解村民自治制度。值得注意的是，作为中国共产党后备军的共青团员，本应在基层民主实践中充分发挥其先锋作用，但其对村民自治的认知与其身份极不匹配，他们对村民自治制度了解"一般"和"不了解"的比例（合计占比76.0%）仅稍好于普通群众。未来国家提升农民的政治认知水平，显然应当以提升共产党员和共青团员对村民自治的认知度为首要，再充分发挥其先锋模范作用带动普通群众对村民自治的认知。

表4-13　　　农民对村民自治制度的了解程度（政治面貌的影响）

		群众	共青团员	中共党员	总计
非常了解	计数（人）	14	5	46	65
	百分比（%）	1.8	2.3	30.7	5.7
比较了解	计数（人）	108	47	51	206
	百分比（%）	13.9	21.7	34.0	18.0
一般	计数（人）	264	84	35	383
	百分比（%）	33.9	38.7	23.3	33.4
不了解	计数（人）	393	81	18	492
	百分比（%）	50.4	37.3	12.0	42.9
总计	计数（人）	779	217	150	1146
	百分比（%）	100	100	100	100

从民族看，少数民族比汉族更了解村民自治制度。表4-14显示，在受调查的少数民族农民（133人）和汉族农民中（1013人），表示"非常了解"与"比较了解"的少数民族农民累计有29.3%，而做出相同回答的汉族农民却仅

是受调查汉族农民的 22.9%，前者比后者多 6.4 个百分点；在表示"不了解"村民自治这一制度的农民中，少数民族只有 37.6%，而汉族高达 43.6%，前者比后者少 6 个百分点。显然，少数民族农民对村民自治制度的了解比汉族农民更多。这种状况的存在与汉族和少数民族不同的村民自治传统与历程有关。在历史上，汉族与少数民族农村都有着悠久的自治传统，少数民族实行地方自治下的长老治寨，汉族则是在郡县制下实行士绅治乡[1]，前者因文化而自治，后者因利益而自治。中华人民共和国成立后少数民族地区实行"民族区域自治制度"，自治的传统没有中断，而汉族地区却是在人民公社实践的后期才开始村民自治[2]，自治的中断使得村民自治制度没有得到如同少数民族那样的深刻认知。因而，村民自治制度在汉族农民这里的认知度就明显低于少数民族。

表 4-14　　　　农民对村民自治制度的了解程度（民族的影响）

		少数民族	汉族	总计
非常了解	计数（人）	10	55	65
	百分比（%）	7.5	5.4	5.7
比较了解	计数（人）	29	177	206
	百分比（%）	21.8	17.5	18.0
一般	计数（人）	44	339	383
	百分比（%）	33.1	33.5	33.4
不了解	计数（人）	50	442	492
	百分比（%）	37.6	43.6	42.9
总计	计数（人）	133	1013	1146
	百分比（%）	100	100	100

从受教育程度看，农民对村民自治制度的了解程度随着学历的提高而逐步上升，但是在大学（大专）及以上学历中又有所回落。在调查得到的 1139 个有效样本中，从未受过任何教育的农民"非常了解"和"比较了解"村民自治的比例仅有其 1.7%，小学文化、初中文化、高中（中专）文化水平和大学（大专）及以上学历的农民了解村民自治制度的比例分别有 17.4%、19.9%、

---

[1] 李华胤：《汉族与少数民族：村民自治有效实现的民族状况》，《东南学术》2016 年第 2 期。
[2] 罗平汉：《村民自治史》，福建人民出版社 2006 年版，第 21-23 页。

38.0%、32.4%,而上述各类文化程度农民"不了解"村民自治制度的比例依次为70.0%、51.6%、44.6%、29.9%、31.1%(见表4-15)。可见,具有高中(中专)文化水平的农民对村民自治制度最为了解,其次是大学(大专)及以上学历的农民,初中、小学与从未受过任何教育的农民对村民自治的认知度依次下降。显然,农民对村民自治制度的了解程度与其文化程度大致呈正向关系,但大学及以上学历的农民群体因常年在外,对村民自治制度的了解程度则相对较弱,并不因其文化最高就最为了解。

表4-15　　农民对村民自治制度的了解程度(受教育程度的影响)

		从未受过任何教育	小学	初中	高中(中专)	大学(大专)及以上	总计
非常了解	计数(人)	0	6	25	30	4	65
	百分比(%)	0.0	2.1	6.0	13.4	2.6	5.7
比较了解	计数(人)	1	44	58	55	45	203
	百分比(%)	1.7	15.3	13.9	24.6	29.8	17.8
一般	计数(人)	17	89	148	72	55	381
	百分比(%)	28.3	31.0	35.5	32.1	36.4	33.5
不了解	计数(人)	42	148	186	67	47	490
	百分比(%)	70.0	51.6	44.6	29.9	31.1	43.0
总计	计数(人)	60	287	417	224	151	1139
	百分比(%)	100	100	100	100	100	100

从区域看,不同区域农民对村民自治制度的认知有较大的区别。表4-16显示,表示"非常了解"与"较了解"村民自治制度的农民,东部地区为31.5%,中部地区为16.3%,西部地区为25.5%;"不了解"村民自治制度的农民比例,东、中、西部地区分别为34.7%、50.0%、41.3%。可见,不同区域农民对村民自治制度的认知呈现出"东部—西部—中部"的递减趋势,东部地区农民最为了解村民自治制度,中部地区农民最不了解。不同区域农民对村民自治制度的认知具有明显的"中部塌陷"特征。鉴于区域政治认知的不平衡,尤其是中部地区农民对政治人物和政治制度的认知度都低于东部和西部,国家未来在进行农民政治社会化工作时需要注意。

表 4-16　　　　　农民对村民自治制度的了解程度（区域的影响）

		东部地区	中部地区	西部地区	总计
非常了解	计数（人）	12	11	42	65
	百分比（%）	9.7	3.6	5.9	5.7
比较了解	计数（人）	27	39	140	206
	百分比（%）	21.8	12.7	19.6	18.0
一般	计数（人）	42	104	237	383
	百分比（%）	33.9	33.8	33.2	33.4
不了解	计数（人）	43	154	295	492
	百分比（%）	34.7	50.0	41.3	42.9
总计	计数（人）	124	308	714	1146
	百分比（%）	100	100	100	100

从空间位置看，与城市空间距离的远近影响农民对村民自治制度的了解。表4-17显示，城市郊区农民表示"非常了解"与"比较了解"村民自治制度的累计比例为26.4%，乡镇郊区农民累计为23.8%，偏远农村农民累计为23.0%。同时，对村民自治制度表示"不了解"的农民，城市郊区、乡镇郊区、偏远农村分别为40.7%、40.9%、45.9%。可见，农民对村民自治制度的了解程度与乡村和城市的距离呈正相关关系，即离城市距离越近，就越了解村民自治制度。农村与城市的空间距离影响农民的政治制度认知，未来提升农民政治认知水平时必须注意因地制宜采取个性化的工作方式。

表 4-17　　　　　农民对村民自治制度的了解程度（空间位置的影响）

		城市郊区	乡镇郊区	偏远农村	总计
非常了解	计数（人）	11	26	28	65
	百分比（%）	12.1	4.4	6.0	5.7
比较了解	计数（人）	13	114	79	206
	百分比（%）	14.3	19.4	17.0	18.0
一般	计数（人）	30	208	145	383
	百分比（%）	33.0	35.3	31.1	33.4
不了解	计数（人）	37	241	214	492
	百分比（%）	40.7	40.9	45.9	42.9

续表

		城市郊区	乡镇郊区	偏远农村	总计
总计	计数（人）	91	589	466	1146
	百分比（%）	100	100	100	100

从经济收入看，收入水平的高低影响农民对村民自治制度的了解程度。调查得到的1143份有效样本显示，收入水平不同的农民群体对村民自治的了解很不相同。自我认为"收入较高"的农民"非常了解""比较了解"村民自治的有34.6%，自认"收入中等"的农民"非常了解""比较了解"村民自治的比例有29.5%，自认"收入较低"的农民"非常了解""比较了解"村民自治制度的比例最低，仅有14.2%；他们中表示"不了解"的比例则呈现出依次上升的态势，分别为21.2%、36.0%、55.1%（见表4-18）。由此可见，农民对村民自治制度的了解程度与其收入水平呈正相关关系。相对于收入较低的同辈群体，经济收入较高的农民群体对关系自身利益的乡村公共事务具有更大的兴趣，更愿意关注和了解管理乡村公共事务的政治制度。经济收入因此成为影响农民政治认知的重要因素。

表4-18　　　　农民对村民自治制度的了解程度（经济收入的影响）

		收入较高	收入中等	收入较低	总计
非常了解	计数（人）	8	46	11	65
	百分比（%）	15.4	7.2	2.4	5.7
比较了解	计数（人）	10	143	53	206
	百分比（%）	19.2	22.3	11.8	18.0
一般	计数（人）	23	221	138	382
	百分比（%）	44.2	34.5	30.7	33.4
不了解	计数（人）	11	231	248	490
	百分比（%）	21.2	36.0	55.1	42.9
总计	计数（人）	52	641	450	1143
	百分比（%）	100	100	100	100

第二，绝大多数村民并不知晓村民自治的具体运作和参与渠道。尽管村民自治在施行多年后已为部分农民所知晓，但在村民自治实践中，农民参与其中的

次数与频度远远不足，导致绝大多数农民对村民自治究竟如何运作、自己该怎样参与并不清楚。表4-19显示，在1140个有效样本中，表示不知道如何参与村民自治的农民人数有774人，占比高达67.9%；表示知道如何参与村民自治的只有366人，有效比重仅32.1%。相对于村民自治制度在村民中57.1%的知晓率（前文数据），运作和参与渠道32.1%的认知度显示，村民自治政治制度具体内容的政治认知在当下农村可谓任重道远，对提高农民政治社会化水平极为不利。

表4-19　　　　农民对"如何参与村民自治"的知晓情况

	频率（个）	有效百分比（%）
不知道	774	67.9
知道	366	32.1
总计	1140	100

与此同时，这种不容乐观的政治认知在农民群体内部，又因性别、政治面貌、宗教信仰、民族、区域等因素而呈现出较大的差异，需要在未来的农民政治社会化工作中加以注意。从性别、政治面貌、宗教信仰和民族的视角考察，虽然各种身份的农民知晓村民自治制度详情的比例整体上仍然不高，但其内部还是有明显的层次差异。表4-20的数据显示，在"如何参与村民自治"问题上，知道参与渠道和流程的男性以37.4%的比例远远超出女性（24.2%），回答"知道"的党员（36.1%）明显多于非党员（31.7%），无宗教信仰农民知道如何参与村民自治的比例（33.1%）也多于有宗教信仰的农民（24.0%），而少数民族更是以多出14.7个百分点的比例领先汉族。显然，男性、党员、无宗教信仰、少数民族的农民更加知道如何参与村民自治，他们对村民自治制度的实践运作具有更高的认知水平。

表4-20　　　农民对"如何参与村民自治"的知晓情况（身份的影响）

		不知道（%）	知道（%）	总计样本数
性别	男性	62.6	37.4	682
	女性	75.8	24.2	454
政治面貌	党员	63.9	36.1	97
	非党员	68.3	31.7	1043

续表

		不知道（%）	知道（%）	总计样本数
宗教信仰	有宗教信仰	76.0	24.0	121
	无宗教信仰	66.9	33.1	1019
民族	少数民族	54.9	45.1	133
	汉族	69.6	30.4	1007

年龄对村民自治具体内容的认知度也有着重要影响。整体来看，不同年龄段农民对村民自治具体内容的认知度具有明显的"中间高、两边低"的特征。表4-21显示，在所有年龄段农民中，表示"知道"如何参与村民自治的农民以"46~55岁"的农民最多（占比42.7%），其次依次是"56~65岁"（33.8%）、"25岁及以下"（31.1%）、"36~45岁"（29.2%）、"26~35岁"（26.0%）、"66岁及以上"（22.3%）。可见，如对村民自治制度的存在的认知一样，农民对村民自治具体内容的政治认知同样呈现出"中间高、两边低"的特点，中间年龄段农民相较于高年龄段与低年龄段更加知晓如何参与村民自治。

表4-21　农民对"如何参与村民自治"的知晓情况（年龄的影响）

		25岁及以下	26~35岁	36~45岁	46~55岁	56~65岁	66岁及以上	总计
知道	计数（人）	42	52	71	126	48	27	366
	百分比（%）	31.1	26.0	29.2	42.7	33.8	22.3	32.2
不知道	计数（人）	93	148	172	169	94	94	770
	百分比（%）	68.9	74.0	70.8	57.3	66.2	77.7	67.8
总计	计数（人）	135	200	243	295	142	121	1136
	百分比（%）	100	100	100	100	100	100	100

农民对村民自治具体内容的认知度受受教育程度的影响而有差异。在采集到的1133份有效样本中，除从未受过任何教育的绝大部分农民都不知道如何参与村民自治（知晓率仅8.3%）外，受过教育的农民均不同程度地知道如何参与村民自治。具有小学文化、初中文化、高中（中专）文化和大学（大专）及以上文化的农民对此的政治认知率分别达到24.4%、30.3%、47.3%和

第四章 城镇化背景下农民政治社会化样态实证分析（上）

38.8%（见表4-22）。显然，除大学（大专）及以上文化的农民政治认知稍有起伏外，农民对村民自治具体内容的政治认知均与其受教育程度成正比，受教育程度越高，政治认知越高。

表4-22　农民对"如何参与村民自治"的知晓情况（受教育程度的影响）

问题选项		从未受过任何教育	小学	初中	高中（中专）	大学（大专）及以上	总计
知道	计数（人）	5	69	126	105	59	364
	百分比（%）	8.3	24.4	30.3	47.3	38.8	32.1
不知道	计数（人）	55	214	290	117	93	769
	百分比（%）	91.7	75.6	69.7	52.7	61.2	67.9
总计	计数（人）	60	283	416	222	152	1133
	百分比（%）	100	100	100	100	100	100

不同区域农民对村民自治参与渠道的认知也具有典型的"中部塌陷"特征。这一特征与今天东中西部地区在国家发展中的经济地位和所获取的国家政策密切相关。东部地区因为经济发达，西部地区由于西部大开发和国家的政策扶持，农村资源丰富，农民因此具有关注乡村公共事务的兴趣和动力，因而对村民自治的运作和参与比较熟悉。而中部地区处于中间地带，本土经济不够发达又无来自外部的强力政策扶持，农村的经济发展、人才资源、公共配置都渐趋于弱势。村民自治的经济条件与民主基础的薄弱消减了中部地区农民参与村民自治的热情。因此，对村民自治参与渠道的政治认知率呈现出东部地区41.5%、中部地区22.3%和西部地区34.7%，中部地区农民知晓度严重不足的特征（见表4-23）。

表4-23　农民对"如何参与村民自治"的知晓情况（区域的影响）

问题选项		东部地区	中部地区	西部地区	总计
知道	计数（人）	51	68	247	366
	百分比（%）	41.5	22.3	34.7	32.1
不知道	计数（人）	72	237	465	774
	百分比（%）	58.5	77.7	65.3	67.9
总计	计数（人）	123	305	712	1140
	百分比（%）	100	100	100	100

同时，农民的自我收入水平判定也会影响其对村民自治内容的认知。调查获取的1137份有效样本中，自认"收入较高"的农民中有46.2%知道村民自治的参与渠道，认为自身"收入中等"的农民有38.4%知道如何参与村民自治，但评价自己"收入较低"的农民仅有21.3%知道如何参与村民自治，而有78.7%表示自己"不知道"如何参与村民自治（见表4-24）。可见，自我收入水平的判定会显著影响农民的政治认知，判定自我收入越低的农民群体的政治认知相应越低，提高农民的收入水平应是未来提升农民政治社会化水平不可回避的问题。

表4-24　　农民对"如何参与村民自治"的知晓情况（收入的影响）

问题选项		收入较高	收入中等	收入较低	总计
知道	计数（人）	24	245	95	364
	百分比（%）	46.2	38.4	21.3	32.0
不知道	计数（人）	28	393	352	773
	百分比（%）	53.8	61.6	78.7	68.0
总计	计数（人）	52	638	447	1137
	百分比（%）	100	100	100	100

2. 漠然置之：农民对村民自治制度的政治认知远远不足

政治知识是一个人政治素养的重要组成部分，是现代公民获取政治经验、选择政治信息、形成政治见解并做出正确政治抉择的基础和前提。作为基础政治知识的重要构成，对政治制度的认识和理解能够增强人们参与政治的信心，并为政治参与活动的顺利进行保驾护航。在农村，与农民生活最为密切的政治制度就是村民自治制度——一项由村民自己决定村庄内部事务的基本村级社区政治制度。[①] 能否认识这项政治制度的存在和具体内容以及村民参与村民自治的方式，影响着村民自治制度是否能够有效运转，影响着广大农民是否能参与基层政治生活并影响乡村公共事务的治理，进而养成对党和国家的政治认同，并经由村民自治的政治实践提高政治技能。但调查统计显示，村民自治制度对农民主体权益的保护作用和其所蕴含的民主力量尚未被农民认识，他们对村民自治这一制度的存在的认知度还比较低，有近一半的农民尚不知道村民自

[①] 刘友田：《村民自治：中国基层民主建设的实践与探索》，人民出版社2010年版，第12页。

治制度的运作规则。并且村民自治实践中,农民参与村民自治的次数与频度的有限致使绝大多数农民对村民自治制度的详情缺乏真切的了解。这样一种政治认知,严重滞阻了农民的政治社会化进程。

而且,农民的政治认知,无论是对村民自治这一制度的存在还是对这一制度的具体内容,都因农民个人的性别、年龄、政治面貌、宗教信仰、受教育程度、区域、职业和收入等因素的不同,而存在着明显差别。具体表现在:相对而言,男性、党员、无宗教信仰和少数民族的农民对村民自治制度的认知水平更高;东中西部地区农民对村民自治制度的认知具有明显的"中部塌陷"特征;不同年龄段农民对村民自治制度的认知具有"中间高、两边低"的倒"U"字形特点,老年人和年轻人知晓村民自治的比例明显不如45~55岁年龄段的中年人;而且随着学历的提高,农民对村民自治制度的知晓度也相应成正比提升,但具有大学(大专)及以上学历的农民由于学习工作重心的外移,对村民自治的认知度有所回落;与城市空间距离的远近和对自身收入水平的感知判定,也影响着农民对村民自治制度的认识、理解和判断,离城市空间距离越近、自我感知收入水平越高的农民认知村民自治的比例往往越高。为此,要想提高农民的政治制度认知度,提升农民的政治社会化水平,除了要一以贯之地提高农民文化程度、推动东中西部和城乡之间平衡协调发展、实现农民增收提高其获得感之外,更要加强农村思想政治工作、畅通村民参与乡村事务的渠道,激发他们主动参与乡村公共事务的积极性。通过理论的输入和实践的输出反思,以最终提升农民的政治认知。

二 农民的政治观念

政治观念是农民政治社会化不可或缺的心理要素,反映着农民有关中国政治发展的主观价值期待或主张。作为占据国家人口大多数的农民群体,其政治观念的质量关系着国家基层治理体系的创新、基层治理能力的提升和治理动力的增进。广大农民群体究竟有着怎样的政治观念?其政治观念在其内部又有着怎样的差异?就成为我们推进农民政治社会化工作、培育农民政治信念、提升农民政治社会化水平需要考察的问题。"了解农民的生活方式是一个很重要的工作。现代的人只能说服而不能强迫。要想说服,就必须知道他们原来的价值观,他们是如何看待世界和他们周围的社会。简言之,必须知道他们的'认知图示'。"[1] 鉴于有关国家、政府、社会政治生活的观念构成公民政治观念的根本内容，因此，系统考察农民的国家观、民主观和政府观以此来分析当下农民的政治社会化水平就具有重要意义。

（一）农民的国家观

国家观是个人对个体与国家关系的主观认知，"是指人们对国家及其相关问题的科学认识，其中涵盖了对爱国的深刻理解"[2]。有无正确的国家观，是个体能否理性对待新时代我国政治生活中各种现象和问题的思想基础与认识前提[3]，也是个体能否成长为具有正确政治观的现代政治人的重要内核。而国家责任意识最能说明个体对自身与国家关系的认识和理解，因此，我们以此来考察农民的国家观，并在把握其总体特征的基础上进行内部结构性的差异比较。

1. 农民的国家观现状

国家责任意识是农民对自己应承担的对国家的职责和义务的察觉与认识。作为国家观的重要组成部分，国家责任意识在引导个体履行自己的职责和义务，实现国家和平、稳定和发展上作用重大。因而，"天下兴亡，匹夫有责"和热爱国家成为千百年来国家责任意识的主体内容。对"你对国家的看法是？"问题的调查统计发现，当下中国农民，除少数责任意识模糊外，绝大多数都具有明确且浓厚的国家责任感。表4-25显示，调查获取的1149个有效样本中，有85.3%的农民选择"国家兴亡，匹夫有责"，仅1.4%的农民选择"若国家使您失望，就有理由不爱她"，0.2%的农民选择"若国家使您失望，就有理由背叛她"。可见，绝大多数农民的国家责任感都是正向并且清晰的。但表示"说不清"的农民比例仍有13.1%，意味着部分农民对国家的责任感受工业化、城镇化和信息化发展的影响而较为模糊。但这部分农民只是陷入了暂时的迷茫，其国家责任感具有一定的可重塑性。因此，未来的农民政治社会化工作应重视国家观培育，尤其应帮助这部分农民科学认识国家的起源、本质、发展趋势和其对国家的权利与义务，提高其国家责任意识。

---

[1] ［美］埃弗里特·M. 罗吉斯、拉伯尔·J. 博德格：《乡村社会变迁》，王晓毅、王地宁译，浙江人民出版社1988年版，第320-321页。
[2] 朱小娟：《习近平关于正确国家观的重要论断探析》，《思想教育研究》2019年第9期。
[3] 冯秀军：《时代新人树立正确国家观的几个基本问题》，《思想理论教育》2019年第1期。

第四章 城镇化背景下农民政治社会化样态实证分析（上）

表 4-25　　　　　　　　　　　农民对国家的看法

	有效样本数（个）	有效百分比（%）
国家兴亡，匹夫有责	980	85.3
若国家使您失望，就有理由不爱她	16	1.4
若国家使您失望，就有理由背叛她	2	0.2
说不清	151	13.1
总计	1149	100

中国农民的国家责任意识整体上较强，但在农民群体内部，其国家责任意识仍然具有性别、政治面貌、民族、受教育程度和收入的差别。从性别看，男性比女性普遍具有更强的国家责任意识。表 4-26 显示，调查获取的 1145 个有效样本中，男性选择"国家兴亡，匹夫有责"的比例占全部男性的 87.8%，而女性选择此选项的比例只有 81.4%。选择"说不清"这个选项的比例，女性有 17.5%、男性仅 10.3%，前者比后者高 7.2 个百分点。可见，相对于男性，女性对国家的责任意识更为模糊，未来政治社会化工作应尤其关注对女性政治观念的培育。

表 4-26　　　　　　　　　农民对国家的看法（性别的影响）

		男性	女性	总计/均值
国家兴亡，匹夫有责	计数（人）	604	372	976
	百分比（%）	87.8	81.4	84.6
若国家使您失望，就有理由不爱她	计数（人）	11	5	16
	百分比（%）	1.6	1.1	1.35
若国家使您失望，就有理由背叛她	计数（人）	2	0	2
	百分比（%）	0.3	0.0	0.15
说不清	计数（人）	71	80	151
	百分比（%）	10.3	17.5	13.9
总计	计数（人）	688	457	1145
	百分比（%）	100	100	100

从年龄段看，农民的国家责任意识具有明显的年龄差异。就"国家兴亡，匹夫有责"这个选项，表 4-27 显示，不同年龄段的农民体现出的国家责任意

识差异较大。整体上，农民的国家责任意识呈现出随年龄的增长而逐渐递减的态势。"25 岁及以下""26~35 岁""36~45 岁""46~55 岁""56~65 岁"和"66 岁以上"的农民选择"国家兴亡，匹夫有责"的比例分别为 91.9%、86.6%、84.1%、87.2%、81.9% 和 77.9%。显然，"25 岁及以下"农民的国家责任意识最强，而"66 岁及以上"的老年农民则国家责任意识最弱，而"46~55 岁"年龄段农民则是一个例外，其国家责任意识仅逊于"25 岁及以下"的农民。就"说不清"这个选项看，做此选择的人员比例与年龄呈现出正相关关系，年龄越大，对自身应承担的对国家的职责和义务的认识与理解就越模糊。针对这样一种年龄展现的国家责任意识差异，未来国家在加强农民群体的思想政治教育时，应更加注意对中年群体和老年群体国家观的输入和培育。

表 4-27　　　　　　　　农民对国家的看法（年龄的影响）

		25 岁及以下	26~35 岁	36~45 岁	46~55 岁	56~65 岁	66 岁及以上	总计
国家兴亡，匹夫有责	计数（人）	124	175	207	258	118	95	977
	百分比（%）	91.9	86.6	84.1	87.2	81.9	77.9	85.3
若国家使您失望，就有理由不爱她	计数（人）	3	2	4	3	1	3	16
	百分比（%）	2.2	1.0	1.6	1.0	0.7	2.5	1.4
若国家使您失望，就有理由背叛她	计数（人）	0	0	1	1	0	0	2
	百分比（%）	0.0	0.0	0.4	0.3	0.0	0.0	0.2
说不清	计数（人）	8	25	34	34	25	24	150
	百分比（%）	5.9	12.4	13.8	11.5	17.4	19.7	13.1
总计	计数（人）	135	202	246	296	144	122	1145
	百分比（%）	100	100	100	100	100	100	100

从政治面貌看，农民国家责任意识的强弱也与政治面貌有关联。调查数据显示，具有中共党员身份的农民，国家责任意识最强，他们选择"国家兴亡，匹夫有责"的比例高达 97.1%；具有共青团员政治身份或曾经入过团或入过党的农民，对"国家兴亡，匹夫有责"的选择都超过九成。但不具有任何政治身份的普通农民，选择"国家兴亡，匹夫有责"的比例则相对

较低，仅有 81.0%，远不足全体农民的平均水平（85.3%）；他们表示"说不清"的人数和比例在所有农民中也最高，占比高达 17.0%（见表 4-28）。可见，普通农民的国家责任意识明显低于具有或曾经具有政治身份的农民群体，加强对普通农民的思想政治教育应是未来农民政治社会化工作需要特别注意的问题。

表 4-28　　　　农民对国家的看法（政治面貌的影响）

		中共党员	共青团员	曾经入过团者	群众	曾经入过党者	总计
国家兴亡，匹夫有责	计数（人）	135	91	112	623	11	972
	百分比（%）	97.1	92.9	92.6	81.0	91.7	85.3
若国家使您失望，就有理由不爱她	计数（人）	1	2	0	13	0	16
	百分比（%）	0.7	2.0	0.0	1.7	0.0	1.4
若国家使您失望，就有理由背叛她	计数（人）	0	0	0	2	0	2
	百分比（%）	0.0	0.0	0.0	0.3	0.0	0.2
说不清	计数（人）	3	5	9	131	1	149
	百分比（%）	2.2	5.1	7.4	17.0	8.3	13.1
总计	计数（人）	139	98	121	769	12	1139
	百分比（%）	100	100	100	100	100	100

从民族看，国家责任意识的强弱具有鲜明的民族差异。少数民族鲜明的群体性格特征和国家长期以来对他们的优抚政策使得少数民族的国家责任感相比汉族有较大提升。表 4-29 显示，选择"国家兴亡，匹夫有责"的少数民族占受调查少数民族总人数的 91.0%，而汉族选择此项的人数仅 84.5%，前者比后者高 6.5 个百分比。其余三个选项的选择也体现出国家责任意识上的民族差异。汉族农民虽只有 1.5% 选择"若国家使您失望，就有理由不爱她"，0.2% 选择"若国家使您失望，就有理由背叛她"，但却有高达 13.8% 表示"说不清"。国家责任意识的这一"灰色地带"虽然表明此部分农民具有可塑性，但也意味着其走向极端的较高可能性。而少数民族表示"说不清"的仅有 8.2%，比汉族少 5.6 个百分点，选择"若国家使您失望，就有理由不爱她"和"若国家使您失望，就有理由背叛她"的少数民族只有 1 位。显然，少数民族对国家的看法较汉族更为清晰与坚定。

表4-29　　　　　　　　农民对国家的看法（民族的影响）

		少数民族	汉族	总计
国家兴亡，匹夫有责	计数（人）	122	858	980
	百分比（%）	91.0	84.5	85.3
若国家使您失望，就有理由不爱她	计数（人）	1	15	16
	百分比（%）	0.7	1.5	1.4
若国家使您失望，就有理由背叛她	计数（人）	0	2	2
	百分比（%）	0.0	0.2	0.2
说不清	计数（人）	11	140	151
	百分比（%）	8.2	13.8	13.1
总计	计数（人）	134	1015	1149
	百分比（%）	100	100	100

从受教育程度看，文化层次越高国家责任意识越强。表4-30显示，国家责任意识的强弱与被调查农民的受教育程度成正比。数据表明，从未受过任何教育的被调查农民选择"国家兴亡，匹夫有责"的比例最低，只有其总人数的70.0%，小学、初中、高中（中专）文化的被调查农民选择此项的比例依次上升，分别是其总人数的78.0%、84.3%和93.8%，具有大学（大专）及以上学历的农民选择此项的人最多，比例高达94.7%。其余三个选项的调查数据显示，未选择"国家兴亡，匹夫有责"的其余农民，绝大部分选择了"说不清"，其国家责任意识总体上处于模糊状态，甚至有少数农民对自身应承担的对国家的职责和义务的认识与理解比较消极。其中，以初中文化的农民最为突出。相较于其他文化程度的受调查农民对"若国家使您失望，就有理由不爱她"的态度，初中文化水平的农民选择此项的比例远远超过均值。因此，未来农民的政治社会化工作除要继续提升农民文化程度外，尤需注意初中文化农民国家责任意识的培养。

表4-30　　　　　　农民对国家的看法（受教育程度的影响）

		从未受过任何教育	小学	初中	高中（中专）	大学（大专）及以上	总计/均值
国家兴亡，匹夫有责	计数（人）	42	224	354	210	143	973
	百分比（%）	70.0	78.0	84.3	93.8	94.7	84.16

续表

		从未受过任何教育	小学	初中	高中（中专）	大学（大专）及以上	总计/均值
若国家使您失望，就有理由不爱她	计数（人）	1	2	8	2	3	16
	百分比（%）	1.7	0.7	1.9	0.9	2.0	1.43
若国家使您失望，就有理由背叛她	计数（人）	0	1	0	1	0	2
	百分比（%）	0.0	0.3	0.0	0.4	0.0	0.15
说不清	计数（人）	17	60	58	11	5	151
	百分比（%）	28.3	20.9	13.8	4.9	3.3	14.07
总计	计数（人）	60	287	420	224	151	1142
	百分比（%）	100	100	100	100	100	100

2. 利益权衡：农民国家责任意识从理想主义到现实主义的渐变

在历史上，两千多年的民族摩擦和文化交融所形成的儒家"大一统"政治思想将浓厚的爱国意识和责任感融入中国人的骨血。因此，中国尤其是近代中国从不发生国家认同的问题。学者闵琦在 1987 年对公民国家责任意识的调查证实，国人虽饱受"文化大革命"所带来的苦痛，但"天下兴亡，匹夫有责"的责任感仍坚定如初、一如既往[①]。但时隔 34 年，时代背景的更迭改变了中国人国家责任意识植根的经济文化土壤，国人对自身应承担的国家责任和义务的认识与理解也随之变化。对农民国家责任意识的调查显示，农民总体上仍然具有很强的爱国意识和责任感，但却有了明显的下降，比 1987 年的调查数据低了 5.44 个百分点；与此同时，1987 年时持"若国家使您失望，就有理由不爱她"和"若国家使您失望，就有理由背叛她"这两种消极国家责任意识的农民比例有了极大的下降，分别由当年的 30.81% 和 16.14% 降至现在的 1.4% 和 0.2%；与此伴随的是，对自身对国家应当承担的职责表示"说不清"的农民比例大幅增加，已达 13.1%。学者张明澍在对 2011 年和 1988 年中国公民的政治参与态度进行对比后指出，从 1988 年到 2011 年这 20 多年间，中国

---

① 在 1987 年对当代中国公民政治心理展开的调查中，选择"若国家使您失望，就有理由不爱她"和"若国家使您失望，就有理由背叛她"的农民人数仅分别占被测试总人数的 30.81% 和 16.14%，而同意"国家兴亡，匹夫有责"的农民人数占被测试总人数的比例高达 90.74%，仅 9.26% 的人否定该主张。显然，中国农民虽然经历了"文化大革命"的十年内乱和刚刚过去的政治风波，但爱国意识和责任感并未减退，仍一如既往地坚定和强烈。闵琦：《中国政治文化——民主政治难产的社会心理因素》，云南人民出版社 1989 年版，第 20 页。

公民的政治态度正在经历一个从理想主义向现实主义的转变①。市场经济发展使得经济成为国家压倒一切的中心，也成为人们社会生活的中心。所有制结构调整、利益格局分化带来利益主体价值取向的剧烈变化，人们变得更加现实和世俗。传统中对国家责任感的政治强调和关注被对经济的世俗关心所冲淡，人们对国家前途命运的理想主义认识色彩逐渐减少而走向现实。尽管"天下兴亡，匹夫有责"的爱国意识和责任感仍是主流，绝大部分农民都能从整体与局部的关系来认识国家，"国家是一个整体，家就是小家庭，国家就是由众多的小家庭组成而来的，国家好我们人民生活才能好"②，"如果国家都没得了哪来的家呀"③，愿意为国家发展贡献自己的力量，但"天下兴亡，匹夫有责"的激情显然已不如30多年前那么澎湃沸腾，而有明显降温。另外，虽然消极负面的国家责任意识比例极大降低，但"说不清"的相当比例意味着经济飞速发展下农民国家观上的价值迷茫。关注农民的国家观，夯实其正确且深厚的国家认同，必然是国家未来的农民政治社会化工作的重点之一。

农民的国家责任意识虽然较30多年前总体比例有所下降，整体上仍然较好，但在农民群体内部，其对国家的忠诚感和责任感并非整齐划一，仍然有着性别、年龄、政治面貌、民族、受教育程度和收入的差别。性别、年龄、民族、政治面貌、受教育程度不同，其对国家的忠诚感和责任感也相应不同。具体来讲，男性比女性普遍具有更强的国家责任意识；中年农民对国家责任的看法更多元，低龄段的国家责任意识更强，老年农民的国家责任意识则稍显模糊；具有政治身份的农民，无论是党员、共青团员还是曾经的入团或入党者，受到的思想政治熏陶更多，其国家责任意识明显高于群众；少数民族农民的国家责任意识较汉族更强且更加清晰与坚定；文化水平越高的农民的国家责任意识越强。而东中西部的区域划分、村庄所处位置（城市郊区、乡镇郊区、偏远农村）、农民职业（完全务工、半工半农、完全务农）和经济状况对农民群体内部对国家的看法没有明显的影响，他们对国家的看法大致相同。因此，加强农村党组织建设，增强党的基层组织在农村的影响力，并提升农民群体的文化水平是夯实农民国家责任意识、提高其政治社会化水平的必然。

---

① 张明澍：《中国人想要什么样民主》，社会科学文献出版社2013年版，第148页。
② 访谈编号：2019SCLP01。
③ 访谈编号：2019SCQZM01。

(二) 农民的民主观

作为现代政治的基本价值和发展目标，民主"现已成为唯一具有普遍正当性的政府形式"[①] 和"大多数人生活其下的政治制度"[②] 而备受推崇。英格尔斯曾坦言，"完善的现代制度以及伴随而来的指导大纲、管理守则，本身是一些空的躯壳。如果一个国家的人民缺乏一种能赋予这些制度以真实生命力的广泛的现代心理基础，如果执行和运用着这些现代制度的人，自身还没有从心理、思想、态度和行为方式上都经历一个向现代化的转变，失败和畸形发展的悲剧结局是不可避免的"[③]。事实上，现代民主政治的发展无一不要求个体首先具有理解和认同现代民主的心理基础。在农村，民主是农民进行有效村庄治理的基础性资源，农民有无现代的民主观念关乎着基层民主自治的推行效果。农民对民主政治的看法，既体现着农民的政治理论素质和认知水平，同时也是农民政治态度、政治情感的直接反应并最终影响农民的政治参与。因此，本书设置"您对'政治'的理解是？""下面哪种说法最能代表您对'民主'的认识？"两个问题来测量和反映当下农民的民主观，以为国家的农民政治社会化工作提供客观理性的建议。

1. 农民的民主政治观念现状

经由表4-31～表4-41农民对政治内涵和民主的理解的调查发现，中国农民对民主政治的理性认知不容乐观。第一，他们多数没有意识到民主权利的重要性，对政治的理解仍停留在自上而下的管理或对资源的权威分配层面。表4-31显示，1133个有效样本中，选择政治即"一种权力与权利之间的关系"的农民仅200人，只占被调查农民总数的17.7%，而有近44.0%的被调查农民认为政治是"管理众人之事"，14.5%的认为是"资源的权威性分配"，认为政治就是"争权夺利，尔虞我诈"或"阶级之间的斗争"的人尚分别有8.2%和5.7%。可见，绝大多数农民对政治的理解仍受传统价值的驱动，他们尚未充分认识到现代政治所包含的民主权利价值。对民主与现代政治之间基本联系的这样一种有限认知，必然阻碍现代民主政治的发展而应成为未来农民思想政治教育的重要内容。

[①] [美] 霍华德·威亚尔达：《民主与民主化比较研究》，榕远译，北京大学出版社2004年版，前言第1页。

[②] [美] 拉里·戴蒙德：《今日之民主第三波》，倪春纳、钟茜韵译，人大复印资料《政治学》2013年第4期。

[③] [美] 阿历克斯·英格尔斯：《人的现代化》，殷陆君译，四川人民出版社1985年版，第4页。

表 4-31　　　　　　　　农民对民主政治的理解

	有效样本（个）	有效百分比（%）
管理众人之事	498	44.0
资源的权威性分配	164	14.5
一种权力与权利之间的关系	200	17.7
阶级之间的斗争	65	5.7
争权夺利，尔虞我诈	93	8.2
其他	113	10.0
总计	1133	100

尽管目前农民对政治的认知尚跟不上现代政治发展的要求和步伐，其对现代政治所蕴含的民主价值的认知还未完全觉醒，但这种认知在农民群体内部并不完全一致，不同农民群体对此的认知不同。表 4-32 显示，农民对政治内涵的理解具有显著的年龄差异。除去 66 岁及以上农民比例略有下降外，认为政治就是"管理众人之事"的农民比例呈增长之势，随着年龄的增加而越来越大，而 35 岁以下两个年龄段的青年农民则不太赞同此观点，他们选择此项的占比都分别低于平均值。对政治就是"一种权力与权利之间的关系"这一选项的选择则刚好相反，25 岁及以下持这种观点的农民有 18.5%，26~35 岁的农民为 23.2%，36~45 岁的占比 21.3%，46~55 岁的占比 17.7%，而更高年龄段的农民持这种观点的比例则相对较小。可见，高龄段农民受传统价值观的影响较大，对政治的理解更为传统，而青年群体则更容易接受现代民主政治观念，对现代政治中的民主权利意涵的认知比其他年龄层次更深刻。

表 4-32　　　　　　农民对民主政治的理解（年龄的影响）

		25岁及以下	26~35岁	36~45岁	46~55岁	56~65岁	66岁及以上	总计
管理众人之事	计数（人）	44	75	118	132	71	57	497
	百分比（%）	32.6	37.9	48.4	45.1	51.1	47.5	44.0
资源的权威性分配	计数（人）	36	37	23	43	16	9	164
	百分比（%）	26.7	18.7	9.4	14.7	11.5	7.5	14.5
一种权力与权利之间的关系	计数（人）	25	46	52	52	12	13	200
	百分比（%）	18.5	23.2	21.3	17.7	8.6	10.8	17.7

续表

		25岁及以下	26~35岁	36~45岁	46~55岁	56~65岁	66岁及以上	总计
阶级之间的斗争	计数（人）	7	10	14	9	12	13	65
	百分比（%）	5.2	5.1	5.7	3.1	8.6	10.8	5.8
争权夺利，尔虞我诈	计数（人）	13	14	14	31	10	10	92
	百分比（%）	9.6	7.1	5.7	10.6	7.2	8.3	8.1
其他	计数（人）	10	16	23	26	18	18	111
	百分比（%）	7.4	8.1	9.4	8.9	12.9	15.0	9.8
总计	计数（人）	135	198	244	293	139	120	1129
	百分比（%）	100	100	100	100	100	100	100

从政治面貌看，具有政治身份的农民对政治的理解比普通群众更为传统，较少意识到现代政治中民主权利的重要性。受传统"官本位"思想和曾经发生的重大政治事件的影响，中共党员更多将政治视为与国家政权有关的活动，其对政治的理解甚至还残存着20世纪六七十年代的政治烙印。他们选择"管理众人之事"的人数最多，占全部被调查中共党员的59.0%，他们也以7.9%的比例在选择政治即是"阶级之间的斗争"的选项上高踞首位，而曾经入过党者由于政治身份的解除，政治即是"管理众人之事"或是"阶级之间的斗争"的观念则开始淡化，他们对政治内涵的理解更加多元，选择此两个选项的人员比例最低（25.0%、0.0%）。而对政治内涵的现代理解上，共青团员与曾经入过团者具有更充分清楚的认识，他们对"资源的权威性分配"或"一种权力与权利之间的关系"的选择比例都高于中共党员和普通群众（见表4-33）。可见，相较于非党员，中共党员更倾向于认为政治便是管理或是阶级之间的斗争，他们对现代政治所蕴含的民主价值的认知不及其他农民群体。访谈中我们也发现，多数农村党员都曾在村庄担任村干部或村小组的组长，这种任职经历使得他们对政治的认识始终停留在管理层面。

表4-33　　　　农民对民主政治的理解（政治面貌的影响）

问题选项		中共党员	共青团员	曾经入过团者	群众	曾经入过党者	总计
管理众人之事	计数（人）	82	35	44	331	3	495
	百分比（%）	59.0	35.7	36.4	43.8	25.0	44.0

续表

		中共党员	共青团员	曾经入过团者	群众	曾经入过党者	总计
资源的权威性分配	计数（人）	17	22	23	98	3	163
	百分比（%）	12.2	22.4	19.0	13.0	25.0	14.5
一种权力与权利之间的关系	计数（人）	19	26	32	122	1	200
	百分比（%）	13.7	26.5	26.4	16.2	8.3	17.8
阶级之间的斗争	计数（人）	11	3	6	42	0	62
	百分比（%）	7.9	3.1	5.0	5.6	0.0	5.5
争权夺利，尔虞我诈	计数（人）	2	6	10	74	0	92
	百分比（%）	1.4	6.1	8.3	9.8	0.0	8.2
其他	计数（人）	8	6	6	88	5	113
	百分比（%）	5.8	6.1	5.0	11.7	41.7	10.0
总计	计数（人）	139	98	121	755	12	1125
	百分比（%）	100	100	100	100	100	100

从受教育水平看，农民受教育水平的高低影响着其能否认识到现代政治中的民主意蕴。表4-34显示，从未受过任何教育的农民更容易认为政治即是"管理众人之事"，他们中持这一观点的人数占其被调查总数的57.6%，比大学（大专）及以上学历的农民多26.3个百分比，而对政治是"一种权力与权利之间的关系"这一选项，未受过任何教育、小学、初中、高中（中专）、大学（大专）及以上文化水平的农民选择的比例各占其被调查总数的10.2%、14.0%、17.5%、17.7%和28.0%。显见，农民选择的比例与其文化程度呈正相关关系，受教育程度越高越倾向于认为政治是"一种权力与权利之间的关系"，受教育程度越高其民主政治观念越强。

表4-34　　　　　农民对民主政治的理解（受教育程度的影响）

		从未受过任何教育	小学	初中	高中（中专）	大学（大专）及以上	总计/平均
管理众人之事	计数（人）	34	128	186	99	47	494
	百分比（%）	57.6	44.8	45.3	45.0	31.3	44.80
资源的权威性分配	计数（人）	4	23	61	44	32	164
	百分比（%）	6.8	8.0	14.8	20.0	21.3	14.18

续表

		从未受过任何教育	小学	初中	高中（中专）	大学（大专）及以上	总计/平均
一种权力与权利之间的关系	计数（人）	6	40	72	39	42	199
	百分比（%）	10.2	14.0	17.5	17.7	28.0	17.48
阶级之间的斗争	计数（人）	2	20	18	14	9	63
	百分比（%）	3.4	7.0	4.4	6.4	6.0	5.44
争权夺利，尔虞我诈	计数（人）	4	31	34	13	11	93
	百分比（%）	6.8	10.8	8.3	5.9	7.3	7.82
其他	计数（人）	9	44	40	11	9	113
	百分比（%）	15.3	15.4	9.7	5.0	6.0	10.28
总计	计数（人）	59	286	411	220	150	1126
	百分比（%）	100	100	100	100	100	100

从区域看，农民所处区域也会影响其对现代政治中的民主意蕴的认知。整体而言，东部地区农民更容易注意到现代政治中的民主意蕴。表4-35显示，东、中、西部选择政治即是"管理众人之事"或"资源的权威性分配"这两项的农民在其被调查总数中的占比呈现出共同的趋势，即中部或西部地区农民对此两选项均比较看重，东部地区农民选择此两项的意愿则明显低于中、西部。而对政治是"一种权力与权利之间的关系"的认知上，则呈现出刚好相反的态势，中西部农民选择此项的比例均只有其被调查总人数的13.7%、17.8%，而东部地区则以26.2%的选择比例高踞于中、西部之上。可见，中部与西部地区农民受"官本位"等思想影响，对政治内涵的认知更接近于传统价值观，而东部地区农民则更多受现代价值观念的驱动，比中、西部农民更能认识到现代政治中的民主价值。

表4-35　　　　　农民对民主政治的理解（区域的影响）

		东部地区	中部地区	西部地区	总计
管理众人之事	计数（人）	50	138	310	498
	百分比（%）	41.0	46.2	43.5	44.0
资源的权威性分配	计数（人）	13	42	109	164
	百分比（%）	10.7	14.0	15.3	14.5

续表

		东部地区	中部地区	西部地区	总计
一种权力与权利之间的关系	计数（人）	32	41	127	200
	百分比（%）	26.2	13.7	17.8	17.7
阶级之间的斗争	计数（人）	11	18	36	65
	百分比（%）	9.0	6.0	5.1	5.7
争权夺利，尔虞我诈	计数（人）	5	25	63	93
	百分比（%）	4.1	8.4	8.8	8.2
其他	计数（人）	11	35	67	113
	百分比（%）	9.0	11.7	9.4	10.0
总计	计数（人）	122	299	712	1133
	百分比（%）	100	100	100	100

从职业看，外出务工的农民较其他职业类型农民更易认识到现代政治中的民主意蕴，与外界接触越多的农民更容易受到现代政治观念的驱动。表4-36显示，各种职业身份的农民对政治是"管理众人之事"的态度呈现出降序排序的特征，完全务农的农民最为认同（占比48.5%），半工半农的农民其次（45.3%），完全务工的农民的选择意愿最低（38.4%）；而对政治是"一种权力与权利之间的关系"这个选项的认知，则呈现出升序排序之势，完全务农的农民认同意愿最低（占比仅12.8%）、半工半农的农民占比较高（18.6%）、完全务工的农民认同意愿最大（占比22.5%）。调查数据同时显示，对政治即"阶级之间的斗争"或"争权夺利，尔虞我诈"两个选项，完全务农的农民选择比例累计均高于半工半农和完全务工的农民。可见，职业身份会严重影响农民对政治内涵的认知，完全务工的农民因与外部世界接触更多，更易接受现代政治价值观念，更能认知到现代政治中的民主价值，留守农民因为眼界的限制对政治的理解最为传统。

表4-36　　　　农民对民主政治的理解（职业的影响）

		完全务农	半工半农	完全务工	总计
管理众人之事	计数（人）	213	124	159	496
	百分比（%）	48.5	45.3	38.4	44.0

续表

		完全务农	半工半农	完全务工	总计
资源的权威性分配	计数（人）	53	41	69	163
	百分比（%）	12.1	15.0	16.7	14.5
一种权力与权利之间的关系	计数（人）	56	51	93	200
	百分比（%）	12.8	18.6	22.5	17.7
阶级之间的斗争	计数（人）	35	14	16	65
	百分比（%）	8.0	5.1	3.9	5.8
争权夺利，尔虞我诈	计数（人）	35	19	38	92
	百分比（%）	8.0	6.9	9.2	8.2
其他	计数（人）	47	25	39	111
	百分比（%）	10.7	9.1	9.4	9.8
总计	计数（人）	439	274	414	1127
	百分比（%）	100	100	100	100

第二，绝大多数农民已经意识到民主的重要性，但其对民主的认知基本停留于传统的"民本思想"。对1142个有效样本的调查显示，近年来中国农民的民主意识有了明显的提升，绝大多数农民都对民主有了比较清楚的认知，但仍有9.5%的农民表示对民主并不清楚、不了解；还有8.1%的受调查农民没有意识到民主的重要性，坚持"有没有民主无所谓，关键是把人民生活水平与国家发展水平搞上去"。而在对民主的内涵所设置的三个选项（即"民主就是政府要充分尊重老百姓的意见，要能够为民做主""实质民主是最重要的，核心是人民当家做主""民主必须通过选票来体现，形式民主是实质民主的保证"）上，农民的选择也反映出其对民主的理性认知还不如人意。55.8%的农民对人民的权利缺乏认知，他们受传统民本价值的驱动，大多把维护百姓权益的希望寄托于政府为民做主并充分尊重老百姓的意见，而不是人民自己当家做主。表明半数以上的受调查农民对民主的认知还等同于中国传统政治思想中的民本主义和开明专制，还未认知到现代民主的真正意蕴。而认识到民主现代意蕴的农民（占比仅26.7%）对民主的实质性意义和程序性意义的认知也不均衡，他们更愿意选择"当家做主"的实质民主，而忽略重视选举的程序民主（见表4-37）。这样一种与34年前相

比没有明显变化的民主认知[①]，表明推动中国农村的民主政治建设还任重道远。

表4-37　　　　　　　　　农民关于民主的认识

具体选项	有效样本（个）	有效百分比（%）
民主就是政府要充分尊重老百姓的意见，要能够为民做主	637	55.8
实质民主是最重要的，核心是人民当家做主	237	20.8
民主必须通过选票来体现，形式民主是实质民主的保证	67	5.9
有没有民主无所谓，关键是把人民生活水平与国家发展水平搞上去	93	8.1
说不清	108	9.4
总计	1142	100

尽管中国农民对民主的理性认知还较为欠缺，但这种认知在农民群体内部仍然有着年龄、政治面貌、受教育程度和职业的差异，不同群体对民主内涵的理解有不同的偏好。从年龄看，不同年龄段农民对民主的认知特点鲜明。表4-38显示，在对"民主就是政府要充分尊重老百姓的意见，要能够为民做主"和"说不清"两个选项上，不同年龄农民的选择比例基本相同，表明不了解民主本身和将其等同于传统民本主义和开明专制的农民比例大体相同。而持"有没有民主无所谓，关键是把人民生活水平与国家发展水平搞上去"观点的农民比例，各年龄段依次是5.3%（25岁及以下）、8.9%（26~35岁）、8.6%（36~45岁）、7.1%（46~55岁）、10.4%（56~65岁）、7.5%（66岁及以上），中间年龄段农民相比青年和老人更倾向于将经济实惠作为个人关心的重点，而对民主的重要性则有些不以为然。在"实质民主是最重要的，核心是人民当家做主"这一选项中，低年龄段的占比最高，他们最注重实质民主，中间年龄段的世俗性更强，高年龄段则更不了解民主本身。

---

① 闵琦教授1987年对当代中国公民政治心理所做的调查展现的农民对民主的认知就是：有52.45%的受调查农民持传统民本主义和开明专制观点，而认识到民主的现代内涵（实质民主和程序民主）的农民只有20.85%，其中18.57%的农民偏重实质民主，选择程序民主的只有2.28%（参见闵琦：《中国政治文化——民主政治难产的社会心理因素》，云南人民出版社1989年版，第181页）。经由34年的发展，尽管认识到民主现代内涵的农民群体有了5.85个百分点的增长，但民主认知的全貌并没有发生根本变化。

表 4-38　　　　　　　　　　农民对民主的认知（年龄的影响）

		25 岁及以下	26~35 岁	36~45 岁	46~55 岁	56~65 岁	66 岁及以上	总计
民主就是政府要充分尊重老百姓的意见，要能够为民做主	计数（人）	76	107	134	173	79	66	635
	百分比（%）	57.1	52.7	54.9	58.8	54.9	55.0	55.8
实质民主是最重要的，核心是人民当家做主	计数（人）	33	53	53	54	29	15	237
	百分比（%）	24.8	26.1	21.7	18.4	20.1	12.5	20.8
民主必须通过选票来体现，形式民主是实质民主的保证	计数（人）	8	8	15	22	9	5	67
	百分比（%）	6.0	3.9	6.1	7.5	6.3	4.2	5.9
有没有民主无所谓，关键是把人民生活水平与国家发展水平搞上去	计数（人）	7	18	21	21	15	9	91
	百分比（%）	5.3	8.9	8.6	7.1	10.4	7.5	8.0
说不清	计数（人）	9	17	21	24	12	25	108
	百分比（%）	6.8	8.4	8.6	8.2	8.3	20.8	9.5
总计	计数（人）	133	203	244	270	144	120	1138
	百分比（%）	100	100	100	100	100	100	100

从政治面貌看，中共党员对民主的认知较非党员更理性。调查数据显示，尽管中共党员对民主的认知也存在有超半数的受调查党员持民本主义和开明专制的民主观，但整体上所有数据都证明中共党员有着比非中共党员更理性的民主认知。这点从不同政治面貌的农民对"实质民主""经济比民主更重要""说不清"三个选项的态度能得到反映。数据表明，对民主的实质性意义的认知，受调查中共党员以 36.5% 的比例，多出 17.2 个百分点遥遥领先非中共党员。而在民主的重要性和是否懂得民主这两个问题上，中共党员选择"经济比民主重要"的人只有 1 个，占比仅 1.0%，"说不清"民主是什么的党员也仅只有 4.2%，而选择此两项的非中共党员却高达 8.8% 和 9.9%（见表 4-39）。可见，中共党员整体上比非中共党员更为理性，但却更认同"实质民主"，而非中共党员则更注重经济水平的发展，不了解民主的人也最多。

表 4-39　　　　　　　　农民对民主的认知（政治面貌的影响）

		非中共党员	中共党员	总计
民主就是政府要充分尊重老百姓的意见，要能够为民做主	计数（人）	586	51	637
	百分比（%）	56.0	53.1	55.8

续表

		非中共党员	中共党员	总计
实质民主是最重要的，核心是人民当家做主	计数（人）	202	35	237
	百分比（%）	19.3	36.5	20.8
民主必须通过选票来体现，形式民主是实质民主的保证	计数（人）	62	5	67
	百分比（%）	5.9	5.2	5.9
有没有民主无所谓，关键是把人民生活水平与国家发展水平搞上去	计数（人）	92	1	93
	百分比（%）	8.8	1.0	8.1
说不清	计数（人）	104	4	108
	百分比（%）	9.9	4.2	9.5
总计	计数（人）	1046	96	1142
	百分比（%）	100	100	100

从受教育程度看，学历越高对民主现代内涵的认知越清晰。统计被调查的1135个有效样本发现，受教育程度的高低在影响农民认知民主的现代内涵上作用重大。表4-40所示，在认为是实质民主还是形式民主更重要的问题上，受教育程度的影响作用显著。选择"实质民主是最重要的，核心是人民当家做主"的人中，从未受过任何教育的农民占其被调查总人数的18.6%，小学文化的农民占比10.8%，初中文化的农民选择此项的人数是其总人数的22.1%，高中（中专）文化的选择比例有其24.5%，大学（大专）及以上文化的农民有30.3%表示同意。"民主必须通过选票来体现，形式民主是实质民主的保证"被认可的强度也受受教育程度的影响。表4-40显示，认为"民主必须通过选票来体现，形式民主是实质民主的保证"的，各文化水平的农民表示认同的比例依次是1.7%（从未受过任何教育）、4.9%（小学）、5.8%（初中）、6.8%[高中（中专）]、8.6%[大学（大专）及以上]。可见，虽然认识到"实质民主"和"程序民主"的人总体不多，但最能理性认知二者的人群毋庸置疑是学历最高的群体。

表4-40　　　　　　农民对民主的认知（受教育程度的影响）

		从未受过任何教育	小学	初中	高中(中专)	大学(大专)及以上	总计
民主就是政府要充分尊重老百姓的意见，要能够为民做主	计数（人）	27	166	238	124	78	633
	百分比（%）	45.8	57.8	57.1	56.4	51.3	55.8

第四章　城镇化背景下农民政治社会化样态实证分析（上）

续表

		从未受过任何教育	小学	初中	高中（中专）	大学（大专）及以上	总计
实质民主是最重要的，核心是人民当家做主	计数（人）	11	31	92	54	46	234
	百分比（%）	18.6	10.8	22.1	24.5	30.3	20.6
民主必须通过选票来体现，形式民主是实质民主的保证	计数（人）	1	14	24	15	13	67
	百分比（%）	1.7	4.9	5.8	6.8	8.6	5.9
有没有民主无所谓，关键是把人民生活水平与国家发展水平搞上去	计数（人）	8	28	35	17	5	93
	百分比（%）	13.6	9.8	8.4	7.7	3.3	8.2
说不清	计数（人）	12	48	28	10	10	108
	百分比（%）	20.3	16.7	6.7	4.5	6.6	9.5
总计	计数（人）	59	287	417	220	152	1135
	百分比（%）	100	100	100	100	100	100

从职业看，与外界接触的多寡也影响农民对民主现代内涵的认知。表4-41显示，"为民做主"选项的受认可度呈现出完全务农的农民高于半工半农和完全务工的农民，完全务工的农民对"实质民主"选项最为认可；而对经济与民主的抉择上，半工半农的农民相比完全务农或完全务工的农民更为看重经济实惠，他们对经济发展的需求高于对政治民主的渴望。但对民主的内涵感到困惑而"说不清"的农民，则以在家留守的农民居多。可见，农民与外界接触得越多，他们越容易接受现代民主观念。

表4-41　　　　　　农民对民主的理解（职业的影响）

		完全务农	半工半农	完全务工	总计
民主就是政府要充分尊重老百姓的意见，要能够为民做主	计数（人）	255	150	229	634
	百分比（%）	57.7	54.2	54.9	55.8
实质民主最重要，核心是人民当家做主	计数（人）	83	60	94	237
	百分比（%）	18.8	21.7	22.5	20.9
民主必须通过选票来体现，形式民主是实质民主的保证	计数（人）	25	18	24	67
	百分比（%）	5.7	6.5	5.8	5.9

续表

		完全务农	半工半农	完全务工	总计
有没有民主无所谓，关键是把人民生活水平与国家发展水平搞上去	计数（人）	33	26	34	93
	百分比（%）	7.5	9.4	8.2	8.2
说不清	计数（人）	46	23	36	105
	百分比（%）	10.4	8.3	8.6	9.2
总计	计数（人）	442	277	417	1136
	百分比（%）	100	100	100	100

2. 独立与依附：农民的传统民主政治观强于现代民主观

作为舶来品，"民主"这一概念自引入中国就因为顺应革命的需求而备受推崇。其与中国传统的"民本"思想虽一字之差，但却天壤之别。民主追求人民当家做主，民本则强调以人为本、为民做主，是否重视人民的权利成为二者的本质差异。在中国，以维护政治统治为目的、以儒家思想为教义、学校教育和科举考试为主要机制的传统政治社会化体系把"君王为主、臣民为本"的社会伦理和封建礼教深深灌输强化于民众心中，使尊重和服从权威成为广大民众尤其是农民的基本品性。因而，即便民主传入中国已百年，但他们对民主的理解仍未摆脱"为民做主"的民本主义思想藩篱。这与他们对政治的理解多为"管理众人之事"不谋而合，即他们仍然认为自己的作用和影响力微弱，谋求并实现乡村治理和自身权益的维护只有依靠党和国家这样强有力的外在权威。但随着改革开放和工业化城镇化的飞速发展以及城乡交流互动的深入，走出乡村、具有更高文化水平的农民经由现代文化的熏陶，开始逐渐认知现代民主政治思想。但他们对民主的现代内涵的完全接受还是一个"路漫漫其修远兮"的过程，他们目前对民主的认知和情感尚停留在民主的实质性意义上，仅向往"人民当家做主"的实质民主，而不愿意肯认民主的程序性意义，忽略民主的具体形式和程序设计。

中国农民对民主政治的认知整体虽然尚不理想，但其对民主政治现代内涵的认识和理解比起改革开放之初确实有了巨大的进步。但这些进步在农民群体内部，在不同年龄段、政治面貌、受教育程度、区域、职业的农民身上的表现并不相同，而各有不同。其中，老年农民对政治的理解更为传统，青年人相对更容易认知到现代政治中的民主价值，并更看重实质民主；中共党员对政治的理解更为传统，他们更多将政治视为管理之事而更少意识到现代政治的民主意蕴，因而对民主的实质和程序意义的理解上，他们较非中共党员更为偏重实质民主且更为忽视程序民主；受教育水平越高的农民对现代政治的民主价值的认知度越高，对实质民主和程序民主的选择意愿也相应越高；经济发达的东部地区农民对现代民主政治中的民主价值的认识和理解度在全国所有农民中最高；农民与外界接触的多寡也使得外出务工的农民较半工半农和完全务农的农民更加理解民主之于现代政治的价值，更易受到现代民主政治观的影响而更钟爱实质民主。因此，当下农民的传统民主政治观虽然强于现代民主观，但随着农民受教育水平的提高、对外部世界更多的接触和农村经济的发展，现代民主观势必会在农村茁壮成长并最终取代民本思想而成为农民的主导民主观。

（三）农民的政府观

在古代中国，政府在脱离小农实际利益的过程中被设计成一种神圣的权威。在长达几千的历史中，民众对皇权的服从与敬畏心理不断被强化。直到中华人民共和国成立，包含权力有限、公仆平等、民意导向的公共决策方式的现代政府观[①]才逐渐传播开来。农民对政府的认识和理解是其民主观的延伸，他们对待政府的态度直接影响到其政治参与，更是农民政治社会化培育现代政治人、强化农民政治认同的重要内容。经由中华人民共和国成立70余年变迁尤其是改革开放以来40余年变化，如今农民的政府观到底如何，他们更愿意直接服从政府还是更想参与政府事务，成为当前考察农民政治社会化水平的重要内容。为此，我们设置"下面哪种说法最能代表你对政府的认识？"这一问题来分析当下农民的政府观。

1. 农民的政府观现状

调查发现，农民对政府的传统服从与敬畏心理已经改变，绝大多数农民现在都有平等参与政府决策的强烈意愿。表4-42显示，调查获得的1145个有效样本中，有高达52.4%的受调查农民认为"政府应该平等对待每个人"，还有31.9%的受调查农民认为"政府决策前应考虑人民意见"，两个选项的累计占比达到84.3%。仅有8.4%和4.7%的农民认为"每个人都应该服从政府做出的决定"或认同"政府是一种统治工具"。显然，绝大多数农民已经摒弃了传

[①] 刘元贺、肖唐镖、孟威：《媒介接触如何影响民众地方治理评价？——基于民众政府观的中介效应分析》，《新闻界》2020年第9期。

统的服从与敬畏心理，取而代之以平等参与政府事务的观念。这样一种认知状态让政府走下神坛，更易为民众所接触、知晓和表达诉求，成为强化民众政治认同的重要心理基础。

表 4-42　　　　　　　　　　　农民的政府观

选项	有效样本（个）	有效百分比（%）
政府应该平等对待每个人	600	52.4
政府决策前应考虑人民意见	365	31.9
每个人都应该服从政府做出的决定	96	8.4
政府是一种统治工具	54	4.7
其他	30	2.6
总计	1145	100

从年龄看，年龄对当下农民政府观的影响极大，年轻人政府观的保守主义倾向突出。"政府应该平等对待每个人"和"政府决策前应考虑人民意见"代表着农民对政府的公仆角色和与自身关系的理性认识。而表 4-43 显示，不同年龄段农民对此两项选择的累计占比呈现出倒"U 字"形趋势，25 岁及以下农民选择的累计占比为 83.7%，此后选择比例随着年龄的增加而逐渐加大，到 46~55 岁农民时达到最高（占比 88.5%），而后随着年龄的增大又开始下降，到 66 岁及以上年龄的老年农民时降到最低，仅占比 71.3%。农民对政府的公仆角色和与自身关系的理性认识呈现出"两端低、中间高"的特点，中年农民的政府参与意识明显高于青年农民和老年农民。另外，"每个人都应该服从政府做出的决定"和"政府是一种统治工具"代表着农民对政府与自身关系的传统认识，强调对政府的服从和敬畏。不同年龄段农民选择此两个选项的累计占比呈现出"两端高、中间低"的相反特点，25 岁及以下的农民有 13.3%选择二者，此后选择比例随着被调查农民年龄的增长而逐渐下降，到 46~55 岁年龄段农民时达到最低点（占比 8.8%），而后随着年龄的增大又开始上升，到 66 岁及以上年龄段农民时达到最高（占比 22.1%）。显然，中年农民对政府的服从意识明显弱于处于年龄两端的青年农民和老年农民。可见，老年农民和青年农民的政府观都趋于保守。老年农民对政府的认识保守主要是其深受传统威权主义人格的影响所致，是与其人生和政治经历相匹配的正常体现。而"95 后"青年农民对政府的认识如此保守，则是阶层固化越发严重背景下年青

第四章 城镇化背景下农民政治社会化样态实证分析（上）

一代资源相对匮乏，不得不从依赖市场转向寻求家庭与政府的庇佑，导致对政府的认识趋于保守。

表 4-43　　　　　　　　农民的政府观（年龄的影响）

		25 岁及以下	26~35 岁	36~45 岁	46~55 岁	56~65 岁	66 岁及以上	总计
政府应该平等对待每个人	计数（人）	66	110	136	150	78	58	598
	百分比（%）	48.9	54.7	56.0	50.7	54.2	47.5	52.4
政府决策前应考虑人民意见	计数（人）	47	61	78	112	37	29	364
	百分比（%）	34.8	30.3	32.1	37.8	25.7	23.8	31.9
每个人都应该服从政府做出的决定	计数（人）	8	14	19	18	17	20	96
	百分比（%）	5.9	7.0	7.8	6.1	11.8	16.4	8.4
政府是一种统治工具	计数（人）	10	12	8	8	9	7	54
	百分比（%）	7.4	6.0	3.3	2.7	6.3	5.7	4.7
其他	计数（人）	4	4	2	8	3	8	29
	百分比（%）	3.0	2.0	0.8	2.7	2.1	6.6	2.5
总计	计数（人）	135	201	243	296	144	122	1141
	百分比（%）	100	100	100	100	100	100	100

从受教育程度看，学历越高越倾向于现代政府观。表 4-44 显示，对综合反映现代政府观的两个选项"政府应该平等对待每个人"和"政府决策前应考虑人民意见"的选择累计占比的走势与被调查农民的受教育程度呈明显的正相关，不同文化水平的农民认同二者的累计比例依次是 66.7%（从未受过任何教育）、81.5%（小学）、85.2%（初中）、88.3%［高中（中专）］和 88.0%［大学（大专）及以上］。而对"每个人都应该服从政府做出的决定"和"政府是一种统治工具"这两个代表传统政府观的选项的选择比例，也与被调查农民的受教育程度密切相关，呈现出负相关走势。从未受过任何教育的被调查农民认同传统政府观的累计占比最高（25.0%），此后传统政府观的认同度随着农民受教育程度的提高开始逐渐下降，到大学及以上文化水平的被调查农民时到达最低点（仅 10.6%）。可见，学历越低越容易受到传统价值观的影响而将人民与政府的关系视为服从与控制关系，高中及以上学历的农民更容易接受政府的公仆角色和平等参与政府的观念。

表 4-44　　　　　　　　农民的政府观（受教育程度的影响）

		从未受过任何教育	小学	初中	高中（中专）	大学（大专）及以上	总计
政府应该平等对待每个人	计数（人）	27	163	225	106	76	597
	百分比（%）	45.0	56.8	53.7	48.0	50.3	52.5
政府决策前应考虑人民意见	计数（人）	13	71	132	89	57	362
	百分比（%）	21.7	24.7	31.5	40.3	37.7	31.8
每个人都应该服从政府做出的决定	计数（人）	9	32	32	14	8	95
	百分比（%）	15.0	11.1	7.6	6.3	5.3	8.3
政府是一种统治工具	计数（人）	6	14	17	9	8	54
	百分比（%）	10.0	4.9	4.1	4.1	5.3	4.7
其他	计数（人）	5	7	13	3	2	30
	百分比（%）	8.3	2.4	3.1	1.4	1.3	2.6
总计	计数（人）	60	287	419	221	151	1138
	百分比（%）	100	100	100	100	100	100

从区域看，不同区域农民对政府的认识各有侧重。表 4-45 显示，对"政府应该平等对待每个人"这一选项，东部地区农民最为赞同（占比 62.6%），中部地区和西部地区农民对自身与政府关系持这一态度的人数相对较少，分别只有 52.9% 和 50.4%。而对"政府决策前应考虑人民意见"这一选项的认同，东、中、西部则呈相反的特点，西部地区农民以 34.3% 的占比高踞榜首，中部地区其次（30.2%），东部地区最后（22.0%）。对"每个人都应该服从政府做出的决定"，西部地区受调查农民表现出比东部与中部地区更高的认同度，他们因为国家对西部的扶持而更愿意服从政府的决定，但很少视政府为统治的工具。可见，东部和西部地区农民对自身与政府关系的认识各有偏重，东部地区农民期望政府平等对待自己，西部地区农民则更希望政府决策尊重民意。

表 4-45　　　　　　　　农民的政府观（区域的影响）

		东部地区	中部地区	西部地区	总计
政府应该平等对待每个人	计数（人）	77	163	360	600
	百分比（%）	62.6	52.9	50.4	52.4

续表

		东部地区	中部地区	西部地区	总计
政府决策前应考虑人民意见	计数（人）	27	93	245	365
	百分比（%）	22.0	30.2	34.3	31.9
每个人都应该服从政府做出的决定	计数（人）	7	24	65	96
	百分比（%）	5.7	7.8	9.1	8.4
政府是一种统治工具	计数（人）	8	19	27	54
	百分比（%）	6.5	6.2	3.8	4.7
其他	计数（人）	4	9	17	30
	百分比（%）	3.3	2.9	2.4	2.6
总计	计数（人）	123	308	714	1145
	百分比（%）	100	100	100	100

从收入看，经济收入主观感知越低的农民对政府决策尊重民意的期待越大。表4-46显示，对自我收入水平的感知不同影响着农民对政府与自身关系的认识。被调查农民中，自我判定收入较高的农民有71.2%选择"政府应该平等对待每个人"，而自我判定收入中等或收入较低的农民持这一观点的比例就相差较多，分别只有其被调查总人数的53.8%和48.2%。数据同时也证明，持"每个人都应该服从政府做出的决定"和"政府是一种统治工具"观点的农民群体的占比确实与农民的收入水平有密切联系。整体而言，收入水平自我认知较高的农民对政府的看法受现代民主、平等价值的驱动，因而更希望政府平等待人，而收入水平自我认知较低的农民则更期待政府考虑人民的意见并更愿意服从政府决定。

表4-46　　　　　　农民的政府观（经济收入的影响）

		收入较高	收入中等	收入较低	总计
政府应该平等对待每个人	计数（人）	37	344	217	598
	百分比（%）	71.2	53.8	48.2	52.4
政府决策前应考虑人民意见	计数（人）	14	203	147	364
	百分比（%）	26.9	31.7	32.7	31.9
每个人都应该服从政府做出的决定	计数（人）	1	51	44	96
	百分比（%）	1.9	8.0	9.8	8.4

续表

		收入较高	收入中等	收入较低	总计
政府是一种统治工具	计数（人）	0	28	26	54
	百分比（%）	0.0	4.4	5.8	4.7
其他	计数（人）	0	14	16	30
	百分比（%）	0.0	2.2	3.6	2.6
总计	计数（人）	52	640	450	1142
	百分比（%）	100	100	100	100

2. 由统治到参与：农民的平等参与意识强于服从控制意识

农民对政府与个人关系的认知，是考察农民政府观的主要尺度。而农民对政府与个人关系的认知，主要有服从控制的传统观和平等参与的现代观两种类型。在经过全面实行村民自治多年后，绝大多数农民已经接纳了平等参与的现代政府观，只有一成左右的农民对政府的看法还停留在服从与控制层面。但在农民群体内部，他们对政府的认识和看法因其年龄、受教育程度、区域和收入水平的自我感知的不同而呈现不同的偏好。一是受传统价值观念驱动，青年农民和老年农民更为认同服从控制的传统政府观，其对平等观念的信仰比例明显不及中年群体，其政府观具有明显的保守主义倾向；二是受教育程度对农民的政府观影响巨大，越是低学历越是容易持强调服从与控制的传统政府观，而学历越高越容易承认政府的公仆角色并更强调对政府的平等参与；三是东部地区农民在与政府的关系中更加向往平等以待，而西部地区农民则更希望政府能考虑人民的意见并更愿意服从；四是个体收入水平的主观感知在农民政府观形成上具有显著的差异性，经济收入主观感觉越好越能接受政府的公仆角色并平等参与政府，而自我判定收入较低的农民则具有较强的服从控制意识。因此，转变农民传统的政府观，必须在加快农村经济发展，协调各区域间资源分配，提高受教育水平基础上，全面提升农民群体的获得感，畅通阶层上升流动渠道。

三　农民的政治态度

政治态度是人们对特定的政治组织或政治现象比较一贯、相对稳定的综合性心理反应倾向，是政治心理通过一定机制转换为政治行为的必经环节[①]。通常而

---

① 王邦佐等：《政治学辞典》，上海辞书出版社2008年版，第17页。

言,个体政治态度如何决定着其政治行为的选择倾向,也影响着国家政治统治的稳定。因而,顺应政治时局的变化,始终确保农民对国家保有正确稳定的政治态度是国家的农民政治社会化工作的重要使命。经过40余年改革开放,经由农村联产承包、村民自治和市场经济洗礼、社会阶层流动分化后的农民,其政治态度总体现状如何?内部又有着怎样的差异?是我们未来开展农民政治社会化工作必须了解的"认知图示"。鉴于政治态度总是"在具体的生活环境中所形成",本书重点从政治责任意识、村民自治态度和政治取向三方面来考察农民当下的政治态度。

(一)农民的政治责任意识

中国自古就推崇"先天下之忧而忧,后天下之乐而乐"的政治责任观。从词源上考察,责任具有双重含义,既包含着分内应当完成的职责又意味着违反职责应当承担的不利后果。而政治学语境中的政治责任则重在强调国家机关及其工作人员必须对自己的决策和履职行为负责,违反政治义务而应承受政治谴责和制裁。因而,政治责任意识的核心就在于要求政治责任主体不断强化自己对国家、政府的责任意识。作为政治社会化的主体之一,农民也具有作为合格公民应该承担的政治责任和义务以及作为政治人而应具有的主体意识。鉴于此,我们设置"您认为对待政治的最好态度是什么?"来考察农民的政治责任意识。

1. 农民政治责任意识现状

农民的政治责任意识是公民责任感、公民义务意识在心理层面的反应。对调查获得的1141个有效样本的分析显示,当下大多数农民都具有较强的政治责任感,但仍有为数不少的农民政治责任意识淡薄,对参与政治贡献自己的力量没有主人翁意识和主体精神。数据显示,受调查农民仅有55.0%表示愿意"积极参与"政治,尚有近半数的人或者表示不参与政治或者不愿意深度参与。其中"19.7%"的受调查农民选择"尽可能少参与",只参与不得不参与的事项,21.5%的受调查者根本反对参与政治,只想敬而远之,还有3.9%的受访者选择"其他"(见表4-47)。这样一种政治态度,既有千百年来中国农民"非政治阶层"的政治冷漠传统残留的因素,更与中华人民共和国成立以来尤其是改革开放以来国家解决农民问题的政治实践有关。在解决中国革命和建设发展的中心问题——农民问题上,中华人民共和国成立70余年里我们主要是站在高高在上的位置"把农民问题作为外在的一个对象的意义上来加以解决"[1],着重从道义、

---

[1] 秦晖:《农民中国:历史反思与现实选择》,河南人民出版社2003年版,第168页。

技术、资源投入等纯粹的外部输入层面来着手。这种忽略农民主体精神和责任意识的培育和发挥，脱离农民自身而将其作为对象来解决的政治实践，不仅不能彻底解决农民问题，反而造成农民主体精神和主人翁意识的缺位和等靠要思想。显然，农民的政治责任意识和主体性能否得到唤醒，深刻影响着农民政治社会化的效果，并关系到中国整个农民问题能否得到根本解决。

表4-47　　　　　　　　　农民对待政治的最好态度

	有效样本（个）	有效百分比（%）
积极参与	627	55.0
尽可能少参与	225	19.7
不介入	245	21.5
其他	44	3.9
合计	1141	100.0

经由改革开放和市场的磨炼洗礼，农民的政治责任意识有了较大提升，但其政治责任意识因性别、年龄、政治面貌、民族、受教育程度、区域和收入的差异而不一而足。调查显示，农民的政治责任意识具有显著的性别差异，男性比女性具有更强的政治责任感。现实生活中，58.9%的男性愿意"积极参与"政治，愿意"积极参与"政治的女性只有49.0%，比例远远低于男性。而在表示"尽可能少参与"或根本"不介入"政治的问题上，女性21.0%、25.6%（见表4-48）的高比例也证明女性的政治责任意识更为薄弱。这恰与已有研究"女性农民的政治参与度低，与男性的参与程度有一定的差距"[①]"男性的参与程度远远高于女性"[②]的论断相印证。

表4-48　　　　　　　　农民的责任意识（性别的影响）

		男	女	合计
积极参与	计数（人）	403	222	625
	百分比（%）	58.9	49.0	55.0

---

① 徐勇：《中国农民的政治认知与参与》，中国社会科学出版社2012年版，第325页。
② 胡荣：《社会资本与中国农村居民的地域性自主参与》，《社会学研究》2006年第2期。

续表

		男	女	合计
尽可能少参与	计数（人）	128	95	223
	百分比（%）	18.7	21.0	19.6
不介入	计数（人）	129	116	245
	百分比（%）	18.9	25.6	21.5
其他	计数（人）	24	20	44
	百分比（%）	3.5	4.4	3.9
总计	计数（人）	684	453	1137
	百分比（%）	100.0	100.0	100.0

从年龄段看，农民政治责任意识的强弱具有不同的年龄段特征。表4-49的数据从正面和反面反映出不同年龄段农民的政治责任意识各不相同。"积极参与"政治的选项从正面体现农民的政治责任意识强弱，数据取值越大政治责任意识越强。选择此项的各年龄段农民占其被调查总人数的比例依次是62.7%（25岁及以下）、62.4%（26~35岁）、50.6%（36~45岁）、56.1%（46~55岁）、51.0%（56~65岁）和43.8%（66岁及以上）。而"尽可能少参与"政治和"不介入"政治两个选项则是从反面反映农民的政治责任意识，数据取值越大政治责任意识越弱。选择此两项的不同年龄段农民的累计占比分别为35.1%（25岁及以下）、33.1%（26~35岁）、46.1%（36~45岁）、40.8%（46~55岁）、45.5%（56~65岁）和48.0%（66岁及以上）。总体来看，政治责任意识的强弱与年龄具有负相关的关系，农民年龄越大政治责任意识越弱，而年龄越小政治责任意识却越强。其中，"36~45岁"农民的政治责任意识特别引人注目：其持正向政治责任态度的比例均低于前后两个年龄段，其持反向政治责任态度的比例均高于前后两个年龄段，这与社会学中的"35岁现象"带来的间接影响有关联。

表4-49　　　　　　农民的责任意识（年龄的影响）

		25岁及以下	26~35岁	36~45岁	46~55岁	56~65岁	66岁及以上	总计/均值
积极参与	计数（人）	84	126	123	165	73	53	624
	百分比（%）	62.7	62.4	50.6	56.1	51.0	43.8	54.4

续表

		25岁及以下	26~35岁	36~45岁	46~55岁	56~65岁	66岁及以上	总计/均值
尽可能少参与	计数（人）	25	32	53	55	35	25	225
	百分比（%）	18.7	15.8	21.8	18.7	24.5	20.7	20.0
不介入	计数（人）	22	35	59	65	30	33	244
	百分比（%）	16.4	17.3	24.3	22.1	21.0	27.3	21.4
其他	计数（人）	3	9	8	9	5	10	44
	百分比（%）	2.2	4.5	3.3	3.1	3.5	8.3	4.2
合计	计数（人）	134	202	243	294	143	121	1137
	百分比（%）	100.0	100.0	100.0	100.0	100.0	100.0	100.0

从政治面貌看，农民政治责任意识的强弱与其政治面貌成正比。表4-50显示，认同"积极参与"政治的农民群体，群众有45.5%，共青团员有67.0%，中共党员有86.5%。而表示"尽可能少参与"和"不介入"的农民群体的比例，群众累计有49.5%，共青团员累计有30.7%，中共党员累计只有13.6%。显然，农民的政治身份决定了其政治责任意识的强弱，政治身份越处于顶端，其政治责任意识越强。整体而言，不同政治身份的农民政治责任意识呈现出中共党员最强、共青团员居中、群众最弱的状态。但需注意的是，尽管中共党员受过良好的党性教育，但仍有13.6%的党员农民选择了"尽可能少参与""不介入"。

表4-50　　　　　　　农民的责任意识（政治面貌的影响）

		群众	共青团员	中共党员	合计
积极参与	计数（人）	353	146	128	627
	百分比（%）	45.5	67.0	86.5	55.0
尽可能少参与	计数（人）	178	33	14	225
	百分比（%）	23.0	15.1	9.5	19.7
不介入	计数（人）	205	34	6	245
	百分比（%）	26.5	15.6	4.1	21.5
其他	计数（人）	39	5	0	44
	百分比（%）	5.0	2.3	0.0	3.9
合计	计数（人）	775	218	148	1141
	百分比（%）	100.0	100.0	100.0	100.0

第四章 城镇化背景下农民政治社会化样态实证分析（上）

从民族看，少数民族的政治责任意识更强烈。尽管被调查农民中55.0%的人都具有强烈的政治责任意识，愿意积极参与政治，但这一比例在不同民族之间相差较大。数据显示，少数民族农民愿意"积极参与"政治的人占比高达65.4%，而汉族中表达此意愿的农民只有53.6%，不仅低于少数民族，更没有达到均值。选择"尽可能少参与"和"不介入"的比例也反映出少数民族与汉族间的民族差异。数据显示，少数民族表示"尽可能少参与"和"不介入"政治的比例合计为30.8%，汉族则有42.5%（见表4-51）。显然，无论从正向还是反向看，有感于国家对少数民族的系列惠农政策，少数民族农民的政治责任意识普遍高于汉族。

表4-51　　　　　　　农民的责任意识（民族的影响）

		少数民族	汉族	合计
积极参与	计数（人）	87	540	627
	百分比（%）	65.4	53.6	55.0
尽可能少参与	计数（人）	20	205	225
	百分比（%）	15.0	20.3	19.7
不介入	计数（人）	21	224	245
	百分比（%）	15.8	22.2	21.5
其他	计数（人）	5	39	44
	百分比（%）	3.8	3.9	3.9
合计	计数（人）	133	1008	1141
	百分比（%）	100.0	100.0	100.0

从受教育程度看，农民政治责任意识的强烈程度与受教育程度成正比。表4-52显示，农民"积极参与"政治的比例随着受教育程度的提升而不断增加，从"从未受过任何教育"的农民只有22.0%的参与率逐渐提升，到大学（大专）及以上文化水平的农民时"积极参与"政治的比例提升至73.5%。反向的"尽可能少参与"与"不介入"两项选项的选择数据显示，从未受过任何教育、小学、初中、高中（中专）、大学（大专）及以上文化水平的农民选择此两项的累计比例分别为69.4%、51.9%、40.9%、32.6%、23.1%。可见，受教育程度对农民政治责任意识的强弱确实有显著影响，受教育程度越高的农民政治觉悟越高，权利义务意识越清醒，政治责任意识相应就越强。

表 4-52　　　　　　　　　农民的责任意识（受教育程度的影响）

		从未受过任何教育	小学	初中	高中（中专）	大学（大专）及以上	合计/均值
积极参与	计数（人）	13	121	234	144	111	623
	百分比（%）	22.0	42.2	56.3	65.2	73.5	51.8
尽可能少参与	计数（人）	11	75	79	38	20	223
	百分比（%）	18.6	26.1	19.0	17.2	13.2	18.8
不介入	计数（人）	30	74	91	34	15	244
	百分比（%）	50.8	25.8	21.9	15.4	9.9	24.8
其他	计数（人）	5	17	12	5	5	44
	百分比（%）	8.5	5.9	2.9	2.3	3.3	4.6
合计	计数（人）	59	287	416	221	151	1134
	百分比（%）	100.0	100.0	100.0	100.0	100.0	100.0

从区域看，不同区域农民政治责任意识也有强度的差异。表4-53显示，受经济发展水平和速度的影响，东、中、西部地区农民"积极参与"政治的意愿有一定差别，东部地区被调查农民参与政治的意愿最高（61.8%），西部地区以55.4%的比例紧随其后，中部地区农民积极参与政治的意愿最低（51.1%），其参与度尚未达到全国平均值。在选择"尽可能少参与"和"不介入"两个选项上，东、中、西部地区的数值呈现出东部35.8%、中部43.9%、西部41.0%的趋势。总体看，西部地区农民各选项的占比与全国平均值最接近，各选项波动最小，东部地区农民各选项的占比较之于全国平均值波动最大，各种选择比例均属"之最"行列。可见，东部地区农民政治责任意识最为强烈，持"尽可能少参与""其他"的比例最小，但持"不介入"的比例又最高。这表明东部地区农民政治责任意识比较突出，他们态度鲜明而少有摇摆和模糊。

表 4-53　　　　　　　　　农民的责任意识（区域的影响）

		东部地区	中部地区	西部地区	合计
积极参与	计数（人）	76	156	395	627
	百分比（%）	61.8	51.1	55.4	55.0
尽可能少参与	计数（人）	13	66	146	225
	百分比（%）	10.6	21.6	20.5	19.7

续表

		东部地区	中部地区	西部地区	合计
不介入	计数（人）	31	68	146	245
	百分比（%）	25.2	22.3	20.5	21.5
其他	计数（人）	3	15	26	44
	百分比（%）	2.4	4.9	3.6	3.9
合计	计数（人）	123	305	713	1141
	百分比（%）	100.0	100.0	100.0	100.0

从收入水平看，收入感知不同的农民政治责任意识强弱不同。表4-54的数据显示，愿意"积极参与"政治的人群因收入感知水平不同而有差异。自我认为"收入较高"的农民有65.4%主人翁意识和主体精神强烈，自我感知"收入中等"的农民群体60.9%有政治责任意识，自我感知"收入较低"的农民群体积极参政的意愿最低，仅45.4%。而"尽可能少参与"和"不介入"这两项表征较弱政治责任意识的选项，收入感知不同的农民群体的选择比例也有规律可循：整体上，自我感知"收入较高"的农民较少选择（占比仅32.7%），自我感知"收入中等"的农民有36.3%的人选择，自我感知"收入较低"的农民选择此两项比例最高（占比高达49.0%）。可见，农民对自己收入状况的主观评价与其政治责任意识成正比，"收入较高"农民的政治责任意识最强，"收入较低"农民最弱，"收入中等"群体则居中、最稳定。除此之外，村庄所处位置、农民职业身份和宗教信仰对农民政治责任意识的影响均无统计的显著性，各农民群体对政治的态度大致相同。

表4-54　　　　　农民的责任意识（经济收入的影响）

		收入较高	收入中等	收入较低	合计/均值
积极参与	计数（人）	34	389	203	626
	百分比（%）	65.4	60.9	45.4	55.0
尽可能少参与	计数（人）	11	125	89	225
	百分比（%）	21.2	19.6	19.9	19.8
不介入	计数（人）	6	107	130	243
	百分比（%）	11.5	16.7	29.1	21.4

续表

		收入较高	收入中等	收入较低	合计/均值
其他	计数（人）	1	18	25	44
	百分比（%）	1.9	2.8	5.6	3.9
合计	计数（人）	52	639	447	1138
	百分比（%）	100.0	100.0	100.0	100.0

2. 参与抑或逃避：农民政治责任意识的"喜"与"忧"

农民政治责任意识是农民在推动现代化发展中应当承担的责任和义务，是农民自我负责精神和主体意识的重要体现，同时也是衡量农民政治态度的重要指标。"责任意识具有情境性和道德性特点，负责任表达了一种对自我呈现的关注，表明个体具有较强的自我监控能力，愿意根据情境来评价和调整自身的行为，使自身的行为更符合社会规范的要求。"[①] 农民的政治责任意识既是对自我呈现的积极关注，更是助力公共事务和现代化建设的重要条件，是农民合格政治人格形成道路上的必备素质。今天，改革开放已经唤醒大多数农民的主体意识和自我负责精神，他们已经意识到美好生活需要自己创造而不能单纯指望来自上面的阳光雨露，因而大多具有较强的政治责任意识，但仍有近半数的农民政治责任意识淡薄，或者根本未认识到自身对他人、社会和国家负有的责任，或者虽有认识但自我负责和参与意识不够。因此，进一步强化农民的政治责任意识、彰显其主体性，是未来提升农民政治社会化效果和解决中国农民问题的关键。

而要进一步强化农民的政治责任意识、彰显其主体性，不仅需要了解和把握中国农民政治责任意识的整体状况，更要结合农民政治社会化在性别、年龄、政治面貌、民族、地区、受教育程度、收入水平上的个性化特征，才能制定和实施更具针对性和实效性的政治社会化策略。为此，必须注意农民政治责任意识所具有的明显差异性特点：男性比女性政治责任意识更强；不同年龄段农民的政治责任意识具有随年龄增长而减弱的趋势，青年农民自我负责意识和主体精神最强，老年农民最弱，中年农民居中；党员农民的政治责任意识明显高于群众，但部分党员对政治的责任意识仍比较薄弱；少数民族农民比汉族具

---

① 陈欣：《责任意识新探：基于行为博弈论视角》，《南京师范大学学报（社会科学版）》2009年第6期。

有更强的政治责任意识；受区域经济发展水平和国家扶持的力度影响，东、中、西部区域农民政治责任意识表现出"两头高、中间低"的特征，中部地区农民政治责任意识最模糊，而东部地区农民态度鲜明，政治责任意识比较突出；农民受教育程度和收入水平自我感知度也影响政治责任意识，受教育程度和自我感知收入水平越高，政治责任意识越强。

（二）农民的自治印象

自治是个体自己管理自己的一种美好状态，与人民民主殊途同归，具有异曲同工之妙。"一个真正的民主的社会就是一个'自治'的社会，就是一个人民自己管理自己的社会。"[①] 自治天然地具有自主性、参与性和开放性等属性，内在地强调公民主体性的弘扬和彰显。民众对自治的认同和满意度是实现基层"善治"的基础，也是衡量今天民众政治态度的重要尺度。在中国，村民自治是农民参与乡村事务管理的基本形式，是农民继家庭联产承包责任制、乡镇企业之后治理农村、建设农村、发展农村的又一次伟大创造。它填补了人民公社体制瓦解后村级组织瘫痪造成的权力"真空"，极大激活和释放了农民参与政治的激情和活力。农民在心理层面对30余年村民自治运行实践所形成的印象，既是农民对村民自治这一基层民主政治制度政治态度的反映，又是未来农民是否乐于积极参与乡村事务的重要决定性因素。因此，本书设置"您对村委会、村党支部满意吗？""您对村民自治满意吗？""您对村干部满意吗？""您对村里的选举满意吗？"四个问题来考察当下农民对村民自治的印象，以此评估农民对村民自治的政治态度和未来积极参与的可能性。

1. 农民的自治印象现状

对村"两委"、村干部、乡村选举和村民自治四个因素的调查（见表4-55）显示，经由30余年的实践参与后，农民对村民自治整体持积极态度，但对村"两委"、村干部和乡村选举等村民自治具体内容的政治态度则有程度的差异。所有评价指向中，农民对乡村选举最不满意。数据显示，各题项的选择比例绝大部分都分布于"非常满意""比较满意"和"一般"三个选项上，而持"非常不满意"和"不太满意"的合计比例基本都在20.0%以下。数据分布的集中程度表明农民对村民自治整体印象良好。而从农民对村"两委"、村干部和乡村选举的态度内部看，受调查农民"比较满意"和"非常满意"的累计

[①] 朱宇：《中国乡域治理结构：回顾与前瞻》，黑龙江人民出版社2006年版，第164页。

占比也反映出农民的政治态度。数据显示,受调查农民对村"两委"、村干部、乡村选举"非常满意"和"比较满意"的累计占比分别是 53.8%、48.3%和44.9%,而对其"非常不满意"和"不太满意"的累计比例则呈 15.3%、17.9%、20.3%的递增趋势。显然,无论正向的满意度还是反向的否定度都表明农民对乡村选举意见最大,但对村"两委"和村干部都比较满意。而且从宏观和微观两个层面视之,农民对村民自治宏观层面的印象(村民自治、村"两委")要比具体层面的人(村干部)和事(乡村选举)的印象更好。整体而言,多数农民对村民自治的印象较好,但尚未形成高度一致的认同,受调查农民中仍有五分之一的人"不满意"和"不太满意",村干部和乡村选举在受调查农民中的满意度相对最低;而表态认为村"两委"、村干部和乡村选举"一般"的人群占比始终较高。因此,要进一步提升农民对村民自治的总体印象,要特别重视持"一般"态度农民的政治态度走向,做实做细村民自治的"绣花功夫",提升村干部的素质和整体形象,规范乡村选举等村民自治的程序,争取赢得更多的农民认同。

表 4-55　　　　　　　　农民自治印象的总体情况　　　　　　　　单位:%

	非常不满意	不太满意	一般	比较满意	非常满意
对村"两委"的满意度	4.3	11.0	30.9	35.7	18.1
对村干部的满意度	4.9	13.0	33.9	33.5	14.8
对乡村选举的满意度	6.0	14.3	34.8	29.8	15.1
对村民自治的满意度	2.9	9.8	36.9	34.1	16.3

从性别看,农民对村民自治的满意度具有显著的性别特点。一是男性农民普遍对村民自治较女性更为满意。农民对村"两委"、村干部、乡村选举、村民自治的所有印象和评价都无一例外地显示,男性农民以 54.9%、49.4%、45.3%、52.9%的比例一一超越女性(52.3%、46.6%、44.5%、46.9%),但二者间的比例正在日渐接近。而在其内部,二者对村"两委"、村干部和乡村选举的满意度差异都不大,但对村民自治总体的评价却有较大的分歧,差值高达 6 个百分点。二是女性农民更倾向于选择中立态度。对村民自治总计和各分项表示是否满意时,分别有 33.7%、37.0%、38.4%、39.9%的女性农民选择了"一般",其比例平均比男性高出 5.35 个百分点。三是比较男性和女性农民对村民自治的反向态度可以发现,他们对乡村选举的满意度在所有项目评价

第四章 城镇化背景下农民政治社会化样态实证分析（上）

中最低，而不满的比例却最高，一度超过了20.0%，从性别方面再次印证了当前乡村选举最为人诟病的事实（见表4-56）。

表4-56　　　　　　　农民的自治印象（性别的影响）　　　　单位：%

		非常不满意	不太满意	一般	比较满意	非常满意
对村"两委"的满意度	男	5.1	11.0	29.0	35.0	19.9
	女	3.1	10.9	33.7	36.5	15.8
对村干部的满意度	男	6.0	12.8	31.8	33.0	16.4
	女	3.1	13.3	37.0	34.1	12.5
对乡村选举的满意度	男	6.5	15.7	32.4	28.3	17.0
	女	4.8	12.2	38.4	32.1	12.4
对村民自治的满意度	男	2.2	9.9	34.9	33.9	19.0
	女	3.7	9.4	39.9	34.4	12.5

从年龄段看，中间年龄段农民的态度最能代表平均水平，位于年龄段两端的农民出现极值的比例最大。表4-57显示，所有年龄段农民中，中间年龄段农民对村民自治的满意度最能反映公众的态度，其中，36~45岁的农民对村干部和村民自治印象更接近平均值，45~55岁农民对乡村选举的态度最接近平均值。而对村"两委"、村干部和乡村选举的满意度调查数据显示，不同年龄段农民对村民自治的态度呈现出两极分化的显著统计学特征。表4-57表明，农民对村"两委"持"非常不满意"和"不太满意"的累计占比与"比较满意"和"非常满意"的累计比例都体现出相同的一点，即66岁及以上老年农民不满意的占比最高（18.0%），而最为满意的人群则是25岁及以下的青年农民（61.5%）。对村干部、乡村选举和村民自治整体做出的评价也具有和前者完全相似的轨迹特点。以上现象说明，低龄段农民主要的时间精力都在村庄以外的世界，每年候鸟式的迁徙使他们参与村民事务的频次较低，可能因"距离产生美"而更能够给予村民自治比较积极的评价，而老年农民由于生活的中心就在乡村本土，因而更可能因为近因效应而对村民自治做出较低的评价。

表 4-57　　　　　　　　　农民的自治印象（年龄的影响）　　　　　　　单位:%

		25岁及以下	26~35岁	36~45岁	46~55岁	56~65岁	66岁及以上	平均
对村"两委"的满意度	非常不满意	3.0	3.4	6.5	4.0	4.2	4.1	4.4
	不太满意	7.4	12.3	8.6	12.1	10.4	13.9	10.8
	一般	28.1	36.5	33.1	26.3	29.2	34.4	31.0
	比较满意	45.9	31.5	38.8	32.7	36.1	31.1	35.6
	非常满意	15.6	16.3	13.1	24.9	20.1	16.4	18.2
对村干部的满意度	非常不满意	3.7	3.9	4.9	5.1	6.3	5.0	4.8
	不太满意	10.4	13.8	11.8	13.5	9.7	19.0	12.9
	一般	31.9	39.9	39.0	29.7	29.9	31.4	34.0
	比较满意	37.0	31.5	33.3	31.1	40.3	31.4	33.5
	非常满意	17.0	10.8	11.0	20.6	13.9	13.2	14.8
对村庄选举的满意度	非常不满意	4.5	4.9	6.5	6.1	8.3	4.9	5.9
	不太满意	12.7	17.2	12.2	13.8	9.0	22.1	14.2
	一般	32.1	36.9	35.0	32.3	43.8	30.3	34.9
	比较满意	38.1	30.0	32.1	27.6	24.3	27.0	29.8
	非常满意	12.7	10.8	14.2	20.2	14.6	15.6	15.2
对村民自治的满意度	非常不满意	4.5	4.4	4.1	1.7	0.7	1.7	2.9
	不太满意	9.0	10.3	6.9	9.2	10.4	15.7	9.7
	一般	31.3	42.9	35.5	34.1	39.6	38.8	36.8
	比较满意	35.1	31.0	38.4	34.5	31.3	32.2	34.1
	非常满意	20.1	11.3	15.1	20.5	18.1	11.6	16.4

从政治面貌看，党员农民对村民自治的印象明显好于共青团员和群众。表4-58显示，对村"两委"、村干部、乡村选举和村民自治整体进行的各项评价中，中共党员在各个选项中持"比较满意"和"非常满意"态度的累计比例均为最高，分别占到被调查党员农民的74.0%、69.6%、64.0%、68.7%，而持"非常不满意"和"不太满意"态度的累计比例在所有被调查农民中最低，仅分别为8.7%、11.5%、16.6%、7.3%。与此同时，具有共青团员身份的农民和普通群众对村民自治的评价基本一致，相互间的满意度差别很小，几乎可以忽略不计。数据显示，共青团员和群众农民对村"两委"的满意人群累计占比各自为51.5%、50.7%，不满意比例分别为14.6%、16.8%；他们对

村干部表示满意的人数，各占其受调查总人数的44.3%、45.4%，而表示不满意的人数比例各为17.3%、19.2%；他们对乡村选举的满意度，共青团员和群众农民分别为43.3%、41.7%，不满意的人数均只占其受调查总人数的20.0%左右；他们对村民自治的总体评价，也是如此，满意和不满意人群所占比例均非常接近。可见，中共党员对村民自治总体和各分项的评价最好，各选项赋值与共青团员和普通群众相差较大，而共青团员和普通群众各自的满意度评价与其政治面貌没有必然的关联。

表4-58　　　　农民的自治印象（政治面貌的影响）　　　　单位：%

		非常不满意	不太满意	一般	比较满意	非常满意
对村"两委"的满意度	群众	5.0	11.8	32.5	37.1	13.6
	共青团员	2.3	12.3	34.2	31.5	19.6
	中共党员	4.0	4.7	17.3	34.0	40.0
对村干部的满意度	群众	5.4	13.8	35.4	34.8	10.6
	共青团员	2.7	14.6	38.4	26.5	17.8
	中共党员	5.4	6.1	18.9	37.2	32.4
对乡村选举的满意度	群众	6.0	14.6	37.6	31.2	10.5
	共青团员	5.0	16.4	35.2	27.4	16.0
	中共党员	7.3	9.3	19.3	26.0	38.0
对村民自治的满意度	群众	3.0	11.1	38.9	36.0	11.1
	共青团员	3.2	8.3	38.5	28.9	21.1
	中共党员	2.0	5.3	24.0	32.0	36.7

从民族看，少数民族对村民自治的印象整体好于汉族，但也非整齐划一。表4-59显示，对村民自治总体和村"两委"、村干部、乡村选举各分项的评价上，少数民族农民表示满意的人数分别是其受调查总人数的56.8%、60.5%、56.0%、48.1%，而汉族农民对此表示满意的人数则对应是其受调查总人数的49.6%、52.9%、47.3%、44.5%。少数民族做出不满意评价的人数累计占比分别为8.3%、8.2%、12.7%、17.3%，而表示不满意的汉族农民占比则分别为其受调查总人数的13.3%、16.2%、18.5%、20.7%。显然，少数民族农民对村民自治总体和村"两委"、村干部、乡村选举各分项都较汉族农民更满意，其所表现出来的不满意度也低于汉族；但相同的是，少数民族和汉

族农民近年对村"两委"、村干部和乡村选举这些分项的满意度都有递减之势。而在自治印象的内部，少数民族和汉族对村民自治总体及各分项的评价还有着显著的统计性差异。他们对乡村选举的满意度差异不大，但在村民自治总体和村"两委"、村干部的评价上则差异较大。数据显示，他们对待乡村选举的态度整体趋于一致，无论是满意还是不满意，比例差距都仅在3个百分点，但他们对其余三项的态度却相差较大。事实上，他们对村民自治整体、村"两委"、乡村选举的满意度差距平均高达近8个百分点，不满度也基本达6.3个百分点。这说明村民自治确实遭遇到了发展困局，已经影响到不同民族对其的政治态度，必须注意改进。

表4-59　　　　　　　　农民的自治印象（民族的影响）　　　　　　　单位:%

		非常不满意	不太满意	一般	比较满意	非常满意
对村"两委"的满意度	少数民族	2.2	6.0	31.3	44.8	15.7
	汉族	4.6	11.6	30.8	34.4	18.5
对村干部的满意度	少数民族	1.5	11.2	31.3	41.8	14.2
	汉族	5.3	13.2	34.2	32.4	14.9
对乡村选举的满意度	少数民族	3.8	13.5	34.6	32.3	15.8
	汉族	6.3	14.4	34.8	29.5	15.0
对村民自治的满意度	少数民族	3.8	4.5	34.8	40.9	15.9
	汉族	2.8	10.5	37.2	33.2	16.4

从受教育程度看，学历的高低对农民自治印象的影响并没有显著的统计性差异，学历越高并不代表着对村民自治的印象就越好。对村民自治总体进行满意度统计分析发现，具有高中（中专）或大学（大专）及以上学历的农民对村民自治的总体满意度分别为59.8%和51.9%，依次位居第一、第二，初中、小学学历和未受过任何教育的农民表示满意的比例分别为51.8%、41.9%和40.0%，而他们表示不满的人数比例依次是10.0%、15.8%、12.1%、15.6%和16.6%。显然，农民的自治印象与其学历并不成正比，大学（大专）及以上学历的农民的正向满意度低于高中文化的农民，而在反向的不满意度排序上却又高于除未受过教育以外的所有农民。对村"两委"和村干部最为满意的群体也是具有高中（中专）文化的农民（各自占比63.9%、59.2%），而非拥有最高学历的农民（各占61.2%、50.0%）（见表4-60）。对村"两委"、村

干部、乡村选举所做的分项统计结果同样发现，农民的自治印象与其学历并不总成正比。尽管对此三分项持满意态度累计比例的后两位和持不满意态度的前两位都落在了"小学"和"初中"文化区间上，说明除"未受任何教育"的农民外，受教育较少的农民更易对村民自治形成较低的评价，但却无法得出受教育程度更高的农民满意度就更高的结论；并且受教育程度较低的农民对村"两委"的评价有极化倾向，他们容易进行极低的评价也容易展示较高的认同。因此，农民对村民自治的态度与其受教育程度之间的关系没有规律可循。

表 4-60　　　　　农民的自治印象（受教育程度的影响）　　　　单位：%

		从未受过任何教育	小学	初中	高中（中专）	大学（大专）及以上	平均
对村"两委"的满意度	非常不满意	3.3	5.9	6.0	2.2	0.7	4.4
	不太满意	8.3	13.5	10.0	10.3	9.9	10.8
	一般	30.0	33.3	34.6	23.7	28.3	31.1
	比较满意	40.0	35.4	30.8	39.3	42.8	35.7
	非常满意	18.3	11.8	18.6	24.6	18.4	18.0
对村干部的满意度	非常不满意	3.3	6.3	6.4	3.6	0.7	4.9
	不太满意	11.7	15.6	13.1	9.0	13.8	13.0
	一般	36.7	35.4	35.1	28.3	35.5	34.0
	比较满意	35.0	33.3	30.1	39.5	34.9	33.6
	非常满意	13.3	9.4	15.3	19.7	15.1	14.5
对乡村选举的满意度	非常不满意	5.0	6.6	7.4	5.4	2.6	6.0
	不太满意	15.0	14.6	15.3	12.1	14.5	14.3
	一般	35.0	40.6	34.6	30.8	29.6	34.7
	比较满意	35.0	26.6	26.7	32.6	38.8	29.9
	非常满意	10.0	11.5	16.0	19.2	14.5	15.0
对村民自治的满意度	非常不满意	3.3	2.8	3.1	2.7	2.6	2.9
	不太满意	13.3	12.8	8.1	6.3	13.2	9.9
	一般	43.3	42.6	37.0	31.3	32.2	36.9
	比较满意	30.0	31.6	34.1	37.5	35.5	34.1
	非常满意	10.0	10.3	17.7	22.3	16.4	16.2

从区域看，不同区域农民对村民自治的满意度各有不同。数据显示，东部地区农民的满意度较之中、西部地区更显著。农民对村"两委"、村干部、乡村选举和村民自治总体的满意度评价，东部地区以62.9%、57.2%、62.1%、62.9%的比例领先于中、西部地区，而其表示不满的人群又以累计不到10.0%的比例远低于中、西部地区，其对村民自治的认同度因而最高。对乡村选举、村民自治总体的评价排序显示，中部地区农民对此两项满意的比例仅分别有42.7%、46.3%，比东部（62.1%、62.9%）、西部（42.9%、50.1%）均低，而其表示不满意的人数占比又分别高达23.0%、16.9%，在东、中、西部区域中最高。而三区农民对村"两委"、村干部的评价数据显示，西部地区农民对此两项的综合满意度最低，中部地区居中。对村民自治总体和各分项的评价，表示"一般"的人群仍以西部地区为首，分别以38.0%、32.9%、35.7%和35.7%的比例占据最多位置（见表4-61）。可见，不同区域农民对村民自治的态度较为复杂。整体上，东部地区农民对各项都最为满意，但对村民自治总体和各分项的最不满意的人群并不固定在某个区域。事实上，中部地区农民对乡村选举、村民自治总体最不满意，西部地区农民则对村"两委"、村干部最不满意。

表4-61　　　　　　　　农民的自治印象（区域的影响）　　　　　　单位：%

		非常不满意	不太满意	一般	比较满意	非常满意
对村"两委"的满意度	东部地区	0.8	8.1	28.2	32.3	30.6
	中部地区	5.5	11.3	27.2	37.2	18.8
	西部地区	4.5	11.3	32.9	35.6	15.8
对村干部的满意度	东部地区	1.6	6.5	34.7	30.6	26.6
	中部地区	5.5	14.7	29.3	36.5	14.0
	西部地区	5.2	13.4	35.7	32.7	13.1
对乡村选举的满意度	东部地区	0.8	6.5	30.6	29.8	32.3
	中部地区	5.2	17.8	34.3	31.7	11.0
	西部地区	7.3	14.1	35.7	29.0	13.9
对村民自治的满意度	东部地区	0.8	5.6	30.6	33.1	29.8
	中部地区	3.9	13.0	36.8	32.9	13.4
	西部地区	2.8	9.1	38.0	34.8	15.3

从村庄位置看，村庄所处位置会严重影响农民对村民自治的满意度。表4-62显示，农民所处村庄地理位置与其对村民自治的态度成正比，所处位置越优越对村民自治越是满意。城郊农民对村民自治总体和各分项最为满意，分别以53.9%（村民自治）、58.3%（村"两委"）、52.8%（村干部）和48.4%（乡村选举）的比例高于乡镇郊区、偏远农村农民，其不满意率又都低于乡镇郊区、偏远农村而最小。说明城郊农民对村民自治的印象最好，而偏远农村农民对村民自治的印象最低。尽管不同地理位置的农民对村民自治的满意度有程度的差异，但这种因地理位置而造成的差异并不大。以对村民自治总体的评价为例，对此表示满意的城郊农民有53.9%，乡镇郊区农民有50.1%，偏远农村农民有50.1%。而表示不满的人群比例，城郊、乡镇郊区和偏远农村的农民分别有8.8%、12.9%和13.2%。显然，他们相互间的差距都不大。与此同时，除不约而同均不满意乡村选举外，村庄所处位置不太的农民对村"两委"、村干部、乡村选举和村民自治总体的满意度排序也有差别。城郊农民最满意村"两委"，乡镇郊区农民对村民自治最满意，偏远农村农民则对村民自治总体情有独钟。

4-62　　　　　农民的自治印象（村庄位置的影响）　　　　单位：%

		非常不满意	不太满意	一般	比较满意	非常满意
对村"两委"的满意度	城市郊区	2.2	9.9	29.7	37.4	20.9
	乡镇郊区	4.4	10.9	28.7	34.7	21.3
	偏远农村	4.7	11.3	33.8	36.5	13.8
对村干部的满意度	城市郊区	2.2	7.7	37.4	39.6	13.2
	乡镇郊区	5.3	12.1	32.5	33.3	16.8
	偏远农村	4.9	15.1	34.9	32.6	12.6
对乡村选举的满意度	城市郊区	6.6	5.5	39.6	28.6	19.8
	乡镇郊区	6.1	12.4	35.3	29.4	16.8
	偏远农村	5.7	18.3	33.2	30.6	12.1
对村民自治的满意度	城市郊区	2.2	6.6	37.4	36.3	17.6
	乡镇郊区	3.4	9.5	36.9	32.1	18.0
	偏远农村	2.4	10.8	36.8	36.1	14.0

从职业看，半工半农的农民对自治的印象优于职业身份单一的农民。统计分析显示，不同职业身份的农民对村民自治总体和村"两委"、村干部的

满意度，半工半农的农民分别以 56.0%（村"两委"）、51.4%（村干部）、56.6%（村民自治）的比例居于首位，完全务农的农民则以 53.6%（村"两委"）、49.2%（村干部）、49.5%（村民自治）的比例紧随其后，完全务工的农民对村"两委"、村干部和村民自治的满意度最低，分别只有52.2%、44.8%和47.3%的人表示满意。这主要是因为半工半农的农民收入渠道多元，工作方式灵活，既能参与村庄治理又能保持较高的收入，因而比起不能兼顾二者的其他村民，他们对村民自治最为满意。只有在乡村选举问题上，半工半农的农民才因完全务农的农民留守乡村、最为熟悉乡村候选人情况而在满意度上被超越。与此同时，农民对村"两委"、村干部、乡村选举、村民自治的印象与评价存在着或多或少的程度差异，但农民对村"两委"的满意度内在差异最小。数据显示，完全务农、半工半农、完全务工农民对村"两委"表示满意的比例分别为 53.6%、56.0%、52.2%，不满意的比例分别为 15.1%、16.8%、14.7%，各项之间的差距都非常小（见表4-63）。这说明村"两委"的工作得到了不同职业农民的认同，他们对村"两委"的态度整体比较稳健。

表4-63　　　　　　　　　农民的自治印象（职业的影响）　　　　　单位：%

		非常不满意	不太满意	一般	比较满意	非常满意
对村"两委"的满意度	完全务农	4.1	11.0	31.3	34.2	19.4
	半工半农	5.4	11.4	27.1	37.1	18.9
	完全务工	4.0	10.7	33.1	36.0	16.2
对村干部的满意度	完全务农	5.4	14.4	30.9	35.2	14.0
	半工半农	4.3	12.5	31.8	32.5	18.9
	完全务工	4.8	11.9	38.6	31.9	12.9
对村里选举的满意度	完全务农	5.6	16.2	35.4	26.4	16.4
	半工半农	5.7	13.6	31.8	31.4	17.5
	完全务工	6.7	12.9	36.2	31.9	12.4
对村民自治的满意度	完全务农	1.6	10.7	38.2	32.7	16.8
	半工半农	3.9	9.7	29.7	38.0	18.6
	完全务工	3.6	8.8	40.3	32.7	14.6

从收入水平看，农民对村民自治的满意度与其收入水平有密切联系。

表4-64显示，以"非常满意"和"比较满意"累计计算的农民对村"两委"、村干部、乡村选举和村民自治总体的态度，收入较高的农民各有82.7%、80.7%、73.1%和71.1%表示满意，而收入较低的农民对此的满意度则与其收入水平成正比，分别以41.6%、36.3%、34.5%和41.5%位于最末，比收入较高者整整低了40个百分点。说明村民自治必须千方百计改善低收入者的生产、生活状况，才能提高其对自治的总体认同度。从以"非常不满意"和"不太满意"累计计算的不满意度来看，农民不满村民自治的比例与其自我感知的收入水平成反比。数据显示，无论是对村"两委"、村干部、乡村选举还是对村民自治总体，自我感知收入较低的农民群体都最不满意，而自我感知收入较高的农民群体不满的比例则最低。与此同时，在满意与不满意之间徘徊，评价"一般"的群体仍以自我感知收入较低者最多，收入中等者其次，收入较高者最少。可见，农民对村民自治的印象和评价与其感知的收入水平具有密切的关联。

表4-64　　　　　农民的自治印象（经济收入的影响）　　　　　单位：%

		非常不满意	不太满意	一般	比较满意	非常满意
对村"两委"的满意度	收入较高	5.8	1.9	9.6	46.2	36.5
	收入中等	3.7	10.1	26.3	37.9	21.9
	收入较低	5.1	13.3	40.0	31.4	10.2
对村干部的满意度	收入较高	3.8	5.8	9.6	51.9	28.8
	收入中等	4.2	11.4	30.5	37.2	16.7
	收入较低	6.0	16.2	41.6	26.3	10.0
对乡村选举的满意度	收入较高	3.8	5.8	17.3	48.1	25.0
	收入中等	5.3	14.3	30.6	32.7	17.1
	收入较低	7.3	15.3	42.9	23.9	10.6
对村民自治的满意度	收入较高	0.0	3.8	25.0	44.2	26.9
	收入中等	3.0	9.4	32.8	36.3	18.6
	收入较低	3.1	11.1	44.3	30.1	11.4

2. 从选举到治理：乡村选举的困局及对有效治理的期待

作为中国特色的基层民主理论和实践，村民自治本应是民主选举、民主决策、民主管理、民主监督紧密联系的统一体。但以往的实践和研究过多将注意力集中在选举权利、选举制度和程序，较少关注选举过后农村"实践权力"的运行。乡村选举在经历了"无序的热闹"到"理性的平静"再到"旁观的漠然"后，调动农民的参与积极性，并实现选举与治理的融合，已成为学界关注的热点问题。从选举走向治理，将选举与管理、决策、监督有机结合已成为学界共识。① 当前，农民对村"两委"和村民自治的整体运转持积极态度，满意度均在 50.0% 以上，但有超半数的人认为选举的竞争性不足等问题让乡村选举一言难尽，难以让人满意。

"我觉得当选的都不是我们选的，都是上面选定好了的，我们只是投个票走走形式。"②

"想选上的干部提前来我家里，喊我选他，给我说选上后要如何，结果并不满意。"③

"怎么说，那有的村选干部，那是给老百姓发东西了，谁选他就发一袋面，有的是一壶油，发这发那了。那有的村的是发钱了，选支书，你选我了，我给你一百块钱，选其他的也有五十块钱。"④

大多数村民看重自己的选举权利，他们期望作风正派、有真本事的村庄治理"能人"带领他们把村庄"搞好"，他们选举的标准是要求村干部有能力、为老百姓着想、能干实事。

我们主要是为了选出有能力能带领村里发展的人嘛，选个熟人但是没有能力不适合当干部，那选上去有什么作用呢？⑤

选干部的标准就是看那个人的思想好不好，有没有那个能力，看他能不能让村庄发展起来嘛。⑥

对于我来说，投票的标准就是要选择能够为老百姓、为党、为人民办事的人。⑦

---

① 参见高新军：《村民自治转型：从选举走向治理》，《南风窗》2013 年第 22 期；付建军：《从民主选举到有效治理：海外中国村民自治研究的重心转向》，《国外理论动态》2015 年第 5 期；唐鸣、李兵园：《从"选举权力"到"生产权力"：治理视阈中的村庄权力研究路径转变》，《社会主义研究》2015 年第 4 期；《治理"根深"，选举才能"叶茂"》，《南方都市报》2017 年 12 月 7 日第 2 版。

② 访谈编号：2019SCWYL02。
③ 访谈编号：2019SX2WRX01。
④ 访谈编号：2019SX2MX01。
⑤ 访谈编号：2019HBZFL01。
⑥ 访谈编号：2019SCLJ01。
⑦ 访谈编号：2019SCLJ03。

选有能力、说话做事各方面都行的，村干部由群众推选，要大家满意，不依某一个人。①

不管沾亲不沾亲的，不管那个事，只要能把我们的事情办好，相信哪个人就选哪个人。我们选举就是选能把我们领导好，干得好，能起到作用的人。亲戚朋友再好，他没有那个能力，那我们就亏了。②

进言之，农民对村民自治的态度主要表现为对乡村选举现状的忧虑和对有效治理的期待。这其中隐含的逻辑是：农民非常珍视自己的选举权利，但现实中农村选举存在的"竞争性不足""拉关系"等现象严重影响了农民选举的公正性。但他们都希望把真正有能力的人选出来，发展好、治理好村庄，给老百姓带来实实在在的好处。实现村庄的有效治理既是他们的美好愿望，也是他们对村民自治尤其是民主选举寄予的厚望。

经由30余年的实践参与，农民对村民自治整体持积极态度，但其对村"两委"、村干部和乡村选举等村民自治具体内容的态度，仍然有着性别、年龄、政治面貌、受教育程度、民族、职业、收入水平、区域和村庄位置方面的统计学差异。具体来讲，男性农民普遍对村民自治较女性更为满意，但二者满意度的比例差别不大，同时女性更倾向于选择中立；高龄段和低龄段农民对村民自治的态度具有两极分化的显著统计学特征；具有党员身份的农民对村民自治的印象明显好于共青团员和普通群众，但后者对村民自治的满意度差别很小，且共青团员对村民自治的满意度并不一定高于群众；少数民族农民对村民自治的印象整体要优于汉族，但在不同的自治场景中也存在内在差异，他们对乡村选举的满意度差异最小，但对村民自治的满意度差异最大；学历的高低对农民自治印象的影响没有显著的统计性差异，学历越高并不代表对村民自治的印象就越好。半工半农的农民比职业类型单一的农民对村民自治更为满意；农民的收入水平与其对村民自治的满意度有密切联系，收入水平与满意态度之间成正比例，与不满意态度、"一般"态度成反比例；不同区域的农民对村民自治的满意度各有不同，东部地区农民对村民自治的满意度整体高于中西部，但对村民自治总体和各分项的最不满意的人群并不固定在某个区域，中部地区农民对乡村选举、村民自治总体最不满意，西部地区农民则对村"两委"、村干

---

① 访谈编号：2019SC1Q03。
② 访谈编号：2019SX1LHM01。

部最不满意;农民所处村庄地理位置与其对村民自治的态度成正比,城郊农民对村民自治的满意度最高,偏远农村最低,不管农民所处村庄位置怎样,乡村选举都最不能令人满意。因此,未来农民政治社会化工作的开展,必须因地制宜地开展并完善村民自治尤其是乡村选举,尽最大可能提高农民群体对村民自治的认同度。

(三) 农民的政治取向

政治取向是指人们通过特定的阶层经历和政治社会化过程而形成的关于政治系统的认识、情感、价值、信念等心理结构及其特征。[①] 作为政治态度形成、运行和变迁的社会心理条件,政治取向属于政治文化范畴。它通过影响社会共识的形成和社会意志的凝聚而影响社会稳定。因此,社会成员的政治取向与政治系统所倡导的价值观是否一致,是判断一个社会能否保持稳定的重要依据。中国是一个农耕文明悠久的国家,农民的政治取向关系着国家安宁与经济社会发展大局。因此,研究农民的政治社会化现状,离不开对农民政治取向的考察。由于"但凡民主,必有自下而上的政治参与,这是一种政治权利的实现;但是政体维度上的民主必然离不开'国家'即政府的作用,这是一种官民互动的过程"[②],我们因此设计"政治方面的事,多谈无益,最好不要触及""只要管好自己的事就够了,政府的好坏与我无关""不管什么选举,选谁都一样,所以没有必要去投票"三个问题,从农民对待"政治""政府""选举"的态度来分析其政治取向。

1. 农民的政治取向现状

对调查获取的1151份有效问卷进行统计发现,受调查农民总体上政治取向都比较积极,绝大多数都能够正确抵制消极的政治态度。数据显示,受调查农民对关涉政治取向的三个问题的回答都态度鲜明。被问及是否同意"不管什么选举,选谁都一样,所以没必要去投票"时,75.0%的受调查农民选择了反对;面对"只要管好自己的事就够了,政府的好坏与我无关"这一观点时,有71.6%的受调查农民同样表示了反对;而对"政治方面的事,多谈无益,最好不要触及"这一明哲保身的政治冷漠态度,61.0%的受调查农民明确不同

---

① 秦广强、张美玲:《"类聚群分":当代中国中产阶层的多元构成及其多维政治取向》,《社会》2019年第2期。

② 杨光斌:《以中国为方法的政治学》,《中国社会科学》2019年第10期。

第四章 城镇化背景下农民政治社会化样态实证分析（上）

意（见表4-65）。显然，在"选举""政治""政府"等根本性政治取向问题上，绝大多数农民都有清晰而正确的认识和态度；并且其政治取向与政治系统倡导的价值观的匹配度和集中度与其日常生活和利益的关联度有关，他们往往对与自身利益关联紧密的"选举"更为关心，对比较抽象的"政治"则较为疏远。"政治方面的事，多谈无益，最好不要触及"是一种比较被动、消极的政治观。亚里士多德早在几千年前就得出了"人是天生的政治动物"的论断，国家政治就是人的政治，人不可能摆脱政治的影响。今天，农民政治社会化的终极目标就是要实现人的现代化。"具备成熟的政治思想、政治实践能力的人才是真正成熟的人"[1]，因此，公民的政治参与是迈进现代文明社会的阶梯[2]，每个农民都应当超越传统"无政治阶层"的藩篱，关心家事、国事、天下事，积极投身政治。而当前近四成受调查农民对政治敬而远之的现象，不利于现代政治人的形塑，未来需注意加强对农民政治取向的引导和重视。

表4-65　　　　　　　　　农民的政治取向情况一览

		很不同意	不同意	同意	很同意
"政治方面的事，多谈无益，最好不要触及"	频数	111	591	403	46
	百分比（%）	9.6	51.4	35.0	4.0
"只要管好自己的事就够了，政府的好坏与我无关"	频数	125	699	276	51
	百分比（%）	10.9	60.7	24.0	4.4
"不管什么选举，选谁都一样，所以没必要去投票"	频数	165	696	251	37
	百分比（%）	14.4	60.6	21.8	3.2

农民对"政治""政府"和"选举"等问题的政治取向整体比较积极，但受性别、年龄、受教育程度、职业、区域、政治面貌和经济收入的影响，农民内部不同群体的政治取向也略有差异。从性别看，男性农民较之女性农民政治取向更为积极。表4-66显示，男性农民普遍喜欢关心政治，他们对政治具有更大的接触热情，因而他们反对"政治方面的事，多谈无益，最好不要触及"这一观点的比例（62.7%）高于女性农民（58.5%），多出4.2个百分点。他们具有更强的责任感，往往具有忧国忧民的情怀，因而反对"只要管好自己

---

[1] 周海燕：《高校思想政治理论课教师角色研究》，人民出版社2017年版，第22页。
[2] 胡连生：《政治参与：现代民主政治的基石》，《云南社会科学》2007年第4期。

的事就够了，政府的好坏与我无关"观点的比例高达73.5%，比女性农民整整高出5个百分点。在选举问题上，他们往往具有更强的参与意愿，并致力于选出真正有才能又乐于为民服务的代表，因而他们反对"不管什么选举，选谁都一样，所以没必要去投票"观点的声音（76.2%）也高于女性农民（72.9%）。

表4-66　　　　　　　　农民的政治取向（性别的影响）　　　　　　　　单位：%

		很不同意	不同意	同意	很同意
"政治方面的事，多谈无益，最好不要触及"	男	10.4	52.3	33.8	3.5
	女	8.5	50.0	36.7	4.8
"只要管好自己的事就够了，政府的好坏与我无关"	男	12.8	60.7	22.9	3.6
	女	8.1	60.4	25.8	5.7
"不管什么选举，选谁都一样，所以没必要去投票"	男	15.9	60.3	21.5	2.3
	女	12.0	60.9	22.5	4.6

从年龄看，农民政治取向都比较积极，但不同年龄段农民也有差异。整体来看，所有农民的积极政治取向占比都在50.0%以上，但低龄段和高龄段相差显著。数据显示，有关"政治""政府""选举"的政治取向，态度积极的青年农民（25岁及以下）分别有65.2%、77.0%、80.0%，而态度积极的两个高龄段农民（56~65岁和66岁及以上），前者只分别有50.0%、61.8%和68.0%，后者只分别有50.8%、57.4%和62.8%，比青年农民平均整整分别低出14.1个和18个百分点。显然，青年农民对政治的理性认识水平高于老年农民。与此同时，除去高龄段农民的政治取向较低外，中青年农民的各种政治取向基本相同，但不同年龄段的政治取向差异存在显著性程度的不同。数据显示，不同年龄段农民对"政治""选举"的政治取向比例最大差异值都是17.2个百分点，但他们对"政府"的政治取向的差异则达到了最大，最高比例（78.1%）与最低比例（57.4%）的差值高达20.7个百分点。显然，传统政治文化中的等级尊卑秩序所强化的"政治是政治家与贤人之事"的观念影响了农民对参与"政府"事务的态度。最后，各年龄段的政治取向的稳定性也有差异。数据显示，"36~45岁"的农民对"政治""政府""选举"的取向最稳定，态度积极的人数比例累计分别为67.1%、74.0%、77.2%，最大值与最小值之间仅相差10.1个百分点，而"56~65岁"的农民的取向则起伏很大，态

度积极的人数比例累计分别为 50.0%、61.8%、68.0%，最大值和最小值之间相差近 20 个百分点（见表 4-67）。未来的农民政治社会化工作必须注意年龄对农民政治取向的重大影响。

表 4-67　　　　　　　　　农民的政治取向（年龄的影响）　　　　　　　单位：%

		25岁及以下	26~35岁	36~45岁	46~55岁	56~65岁	66岁及以上
"政治方面的事，多谈无益，最好不要触及"	很不同意	11.9	10.3	9.8	11.1	7.6	4.9
	不同意	53.3	52.7	57.3	51.2	42.4	45.9
	同意	30.4	33.5	30.1	34.0	41.7	46.7
	很同意	4.4	3.5	2.8	3.7	8.3	2.5
"只要管好自己的事就够了，政府的好坏与我无关"	很不同意	12.6	10.8	12.6	12.1	8.3	4.9
	不同意	64.4	60.6	61.4	66.0	53.5	52.5
	同意	17.8	25.1	23.2	18.2	30.6	36.9
	很同意	5.2	3.5	2.8	3.7	7.6	5.7
"不管什么选举，选谁都一样，所以没必要去投票"	很不同意	18.5	12.8	19.2	13.8	9.7	9.1
	不同意	61.5	64.5	58.0	64.3	58.3	53.7
	同意	16.3	20.7	18.0	20.2	27.1	33.9
	很同意	3.7	2.0	4.8	1.7	4.9	3.3

从政治面貌看，政治取向的正确比例与农民政治身份的先进性之间具有正相关关联。表 4-68 显示，政治面貌不同的农民的政治取向有较大的数值差异。对"政治方面的事，多谈无益，最好不要触及"问题，取向正确的群众、共青团员和中共党员的比例分别为 55.2%、67.1%和 82.0%；对"只要管好自己的事就够了，政府的好坏与我无关"这一问题，不同政治面貌农民持否定态度的累计比例分别为 67.1%（群众）、75.4%（共青团员）和 89.4%（中共党员）；对"不管什么选举，选谁都一样，所以没必要去投票"问题，表示否定的农民比例累计分别为 71.0%（群众）、79.0%（共青团员）和 89.3%（中共党员）。显然，农民的政治取向呈现出中共党员、共青团员和群众的排序趋势，农民中中共党员取向正确的比例最高，共青团员居中，普通群众最低。这说明政治面貌先进的农民是农民群众中的"先锋模范"，政治觉悟、思想素质都很高，因而更能对不同问题持积极、坚定的态度。

表 4-68　　　　　　农民的政治取向（政治面貌的影响）　　　　　　单位：%

		很不同意	不同意	同意	很同意
"政治方面的事，多谈无益，最好不要触及"	群众	7.4	47.8	39.8	5.0
	共青团员	12.3	54.8	30.6	2.3
	中共党员	17.3	64.7	16.7	1.3
"只要管好自己的事就够了，政府的好坏与我无关"	群众	9.6	57.5	28.0	4.9
	共青团员	10.1	65.3	19.6	5.0
	中共党员	18.7	70.7	9.3	1.3
"不管什么选举，选谁都一样，所以没必要去投票"	群众	12.3	58.7	25.6	3.4
	共青团员	14.6	64.4	17.3	3.7
	中共党员	24.6	64.7	8.7	2.0

从民族看，民族差异对农民政治取向也有明显的影响。表4-69显示，对"政治方面的事，多谈无益，最好不要触及"的观点，72.4%的少数民族受调查农民表示反对，反对的声音比汉族农民（59.5%）高12.9个百分点。在"只要管好自己的事就够了，政府的好坏与我无关"的观点上，少数民族持否定态度的累计比例（78.4%）也高于汉族（70.7%）7.7个百分点。而在"不管什么选举，选谁都一样，所以没必要去投票"问题上，尽管少数民族农民和汉族的反对声音之间的差异最小，仅5.6个百分点，但少数民族（79.9%）的比例仍高于汉族（74.3%）。这种差异的造成，与我国实行民族区域自治制度，民族自治政策给少数民族带来的积极参与体验有关。因此，未来国家的农民政治社会化工作，应当注意通过各种渠道继续千方百计提升各民族的政治参与意识，并确保其始终保持积极且正确的政治态度。

表 4-69　　　　　　农民的政治取向（民族的影响）　　　　　　单位：%

		很不同意	不同意	同意	很同意
"政治方面的事，多谈无益，最好不要触及"	少数民族	11.2	61.2	26.1	1.5
	汉族	9.5	50.0	36.2	4.3
"只要管好自己的事就够了，政府的好坏与我无关"	少数民族	14.2	64.2	19.4	2.2
	汉族	10.4	60.3	24.6	4.7
"不管什么选举，选谁都一样，所以没必要去投票"	少数民族	14.2	65.7	17.1	3.0
	汉族	14.4	59.9	22.5	3.2

第四章 城镇化背景下农民政治社会化样态实证分析（上）

从受教育程度看，农民的政治取向与其受教育程度具有密切联系。整体来看，二者之间呈现出正相关关系，农民受教育程度越高，其政治取向越积极。表4-70显示，有关"政治方面的事，多谈无益，最好不要触及"的问题，"从未受过任何教育"到"大学（大专）及以上"学历的农民，取向正确的累计比例分别为41.7%、50.7%、60.2%、74.1%、70.4%；有关"只要管好自己的事就够了，政府的好坏与我无关"的观点，不同受教育程度的农民否定此观点的比例累计分别为53.3%、62.1%、73.4%、77.3%、83.6%；而对"不管什么选举，选谁都一样，所以没必要去投票"这一观点表示否定、取向正确的农民比例，按照其受教育程度依次为60.0%、66.9%、74.7%、85.3%、80.2%。显然，总体上受教育程度更高的农民的政治取向更积极，但高中（中专）文化程度农民在"政治"和"选举"两个问题上的积极取向比例略高于"大学（大专）及以上"学历的农民。

表4-70　　　　　　农民的政治取向（受教育程度的影响）　　　　　　单位：%

		很不同意	不同意	同意	很同意
"政治方面的事，多谈无益，最好不要触及"	从未受过任何教育	11.7	30.0	48.3	10.0
	小学	5.6	45.1	44.1	5.2
	初中	9.2	51.0	36.9	2.9
	高中（中专）	11.6	62.5	22.8	3.1
	大学（大专）及以上	13.8	56.6	25.7	3.9
"只要管好自己的事就够了，政府的好坏与我无关"	从未受过任何教育	10.0	43.3	35.0	11.7
	小学	6.9	55.2	32.3	5.6
	初中	12.4	61.0	22.6	4.0
	高中（中专）	11.2	66.1	21.0	1.8
	大学（大专）及以上	12.5	71.1	11.8	4.6
"不管什么选举，选谁都一样，所以没必要去投票"	从未受过任何教育	10.0	50.0	36.7	3.3
	小学	11.2	55.7	29.3	3.8
	初中	14.8	59.9	22.0	3.3
	高中（中专）	14.3	71.0	12.5	2.2
	大学（大专）及以上	19.7	60.5	16.5	3.3

从区域看，农民的政治取向也受其所处区域的影响。数据显示，不同区域

农民的政治取向具有显著的数值差异。东部地区农民对这些观点表示否定的人数比例累计分别为69.4%、86.3%、87.1%,西部地区农民取向正确的累计比例分别为64.1%、71.7%、75.9%,而中部地区农民对应的累计比例分别为50.5%、65.4%、67.8%(见表4-71)。显然,不同区域农民对"政治""政府"和"选举"问题的正确取向比例呈现出东部、西部、中部的排序规律,东部地区农民政治取向积极的比例最高,西部居中,中部地区农民比例最低。不同区域农民的政治取向上也有明显的"中部塌陷"特征。

表4-71　　　　　农民的政治取向(区域的影响)　　　　　单位:%

		很不同意	不同意	同意	很同意
"政治方面的事,多谈无益,最好不要触及"	东部地区	17.0	52.4	26.6	4.0
	中部地区	5.2	45.3	44.7	4.8
	西部地区	10.3	53.8	32.3	3.6
"只要管好自己的事就够了,政府的好坏与我无关"	东部地区	16.1	70.2	11.3	2.4
	中部地区	5.8	59.6	30.4	4.2
	西部地区	12.1	59.6	23.4	4.9
"不管什么选举,选谁都一样,所以没必要去投票"	东部地区	20.2	66.9	10.5	2.4
	中部地区	11.0	56.8	28.6	3.6
	西部地区	14.8	61.1	20.9	3.2

从职业看,职业身份的差异也影响农民的政治取向。整体上看,与外界接触最少的农民政治取向积极的人数占比低于与外界接触较多者。数据显示,对"政治""政府"和"选举"三个问题的政治取向,不同职业身份的农民态度积极的比例不完全相同。其中,完全务农的农民取向正确、态度积极的累计人数分别为其受调查总人数的57.3%、68.1%和71.9%,半工半农的农民做出相同抉择的人数比例则分别累计为64.7%、74.6%和76.3%,而与外界接触最多的农民(完全务工类型)做如此表态的比例则分别为62.4%、73.6%和77.6%(见表4-72)。显然,完全务农的农民的政治觉悟、思想素质在不同职业身份的农民中最弱,因而对消极政治取向的正确认识比例也相应最低。与此同时,农民的政治取向也存在着较大的程度差异。

数据显示,对"选举"和"政府"问题的政治取向,农民因职业身份不同带来的态度差异都较小,极差值分别为5.7%和5.1%,数据的离散程度很低且接近;而对"政治"事务的取向,农民因职业身份的不同带来的态度差异最大(极差值为7.4%),数据的离散程度最高。这说明不同职业身份农民政治取向的强弱与农民具体利益的紧密程度有关。与农民具体利益联系越紧密的领域,农民政治态度的一致性越强,越不容易因职业状态的差异而造成政治取向上的差别。

表4-72　　　　　　　　农民的政治取向（职业的影响）　　　　　　单位:%

		很不同意	不同意	同意	很同意
"政治方面的事,多谈无益,最好不要触及"	完全务农	9.0	48.3	38.0	4.7
	半工半农	10.4	54.3	31.8	3.5
	完全务工	9.5	52.9	34.0	3.6
"只要管好自己的事就够了,政府的好坏与我无关"	完全务农	8.8	59.3	25.6	6.3
	半工半农	13.2	61.4	22.9	2.5
	完全务工	11.4	62.2	22.6	3.8
"不管什么选举,选谁都一样,所以没必要去投票"	完全务农	13.3	58.6	24.5	3.6
	半工半农	17.2	59.1	22.6	1.1
	完全务工	13.3	64.3	18.4	4.0

从收入看,农民的政治取向也受个人经济收入主观感知的高低影响。表4-73显示,农民政治取向与其自我感知的经济收入水平有重大关联。对"政治方面的事,多谈无益,最好不要触及"问题,自我感知收入较高者、收入中等者和较低者表示否定,取向正确的人员分别占其受调查总人数的76.9%、63.3%和55.6%;对"只要管好自己的事就够了,政府的好坏与我无关"的观点,他们表示否定的人员占其受调查总人数的比例分别为80.8%、73.6%和67.6%;而对"不管什么选举,选谁都一样,所以没必要去投票"的观点,自我感知收入较高者对这种观点持否定态度的比例为82.4%,收入中等者持否定态度的累计比例为78.3%,收入较低者表示否定的比例累计为69.1%。显然,农民政治取向的正确度与其自我感知的经济收入高低成正比例,经济收入自我感知越高的农民越倾向于持有积极的政治取向,而经济收入自我感知越低的农民持正确取向的比例则明显不及前者。"处于较高社会经济

地位的人参与政治的比例必然要比处于较低社会经济地位的人高些,这种差别,确实可以反映出那些处于较低社会地位的成员各方面的不利条件,诸如仅享有较低级别的信息和较少的闲暇时间。"[①] 低收入者阶层往往更加关注物质生活状况,政治参与的热情并不十分强烈。因此,促进经济发展,着力提高农民经济收入水平,是确保农民始终保持正确政治取向的根本。

表 4-73　　　　　　农民的政治取向（经济收入的影响）　　　　　　单位:%

		很不同意	不同意	同意	很同意
"政治方面的事,多谈无益,最好不要触及"	收入较高	17.3	59.6	21.2	1.9
	收入中等	11.5	51.8	33.4	3.3
	收入较低	6.2	49.4	39.1	5.3
"只要管好自己的事就够了,政府的好坏与我无关"	收入较高	15.4	65.4	15.4	3.8
	收入中等	12.5	61.1	21.9	4.5
	收入较低	8.2	59.4	28.0	4.4
"不管什么选举,选谁都一样,所以没必要去投票"	收入较高	17.7	64.7	13.7	3.9
	收入中等	16.8	61.5	18.7	3.0
	收入较低	10.6	58.5	27.4	3.5

2. "理性行为人":当代中国农民政治取向中的选择逻辑

价值的力量是任何国家发展中具有深刻影响力的因素。著名法国思想家阿历克西·德·托克维尔指出:"政治社会的建立并非基于法律,而是基于情感、信念、思想以及组成社会的那些人的心灵和思想的习性。"[②] 正确的价值取向和政治态度不仅深刻影响着国家的治理与发展,也深刻影响着个体的决策和政治行为选择。因此,分析和研究农民的政治取向,能够洞悉深藏在农民态度选择背后的理性逻辑,并为国家的农民政治社会化工作提供夯实农民正确政治取向的科学策略。考察农民对"政治""政府"和"选举"等问题的政治态度发现,农民的政治取向整体上都比较积极,大多数都能够对消极的政治取向持否定态度。但他们内部对不同问题的政治取向的一致性程度存在差异,他们对有关"选举"问题的政治取向最为一致和积极,对是否参与"政治"的政

---

① [美]安东尼·奥罗姆:《政治社会学——主体政治的社会剖析》,张华清、孙嘉明译,上海人民出版社1989年版,第290-291页。
② [法]托克维尔:《论美国的民主》,董果良译,商务印书馆1998年版,第88页。

治取向的一致性则最低。影响农民政治取向如此的因素是其"理性行为人"选择的逻辑使然。"我不太关心和谈论政治方面的话题，那些事情和我们无关，没有必要去谈论。"① "我们谈论的更多的就是自己的生活方面，比如说花生种什么类型的产量更高之类的。"② "先思考后认知再决策"的"理性行为人"逻辑③驱使农民在理性思考、权衡比较的基础上根据与自身利益的关联程度和生活经验做出政治取向决策。因而，农民往往能够对与自身利益紧密关联的"选举"和"政府"保持较高一致性的积极取向，而对比较抽象、与自身利益关联度不太高的"政治"问题选择积极参与的概率就相对较低。

尽管农民对"政治""政府"和"选举"等问题的政治取向整体比较积极，但他们内部仍然有着结构性的差异。不同的性别、民族、年龄、受教育程度、职业、政治面貌、区域、经济收入的农民的政治取向会有相应差别。男性农民较之于女性政治取向更积极，但他们对"选举"的政治取向的性别差异很小；少数民族农民的政治取向比汉族更为积极，这种民族不同带来的政治取向差异在是否参与"政治"问题的取向上最为明显，而且少数民族对各种政治问题的取向比较接近，不像汉族对各种政治问题的取向相互间差异较大；所有农民的政治取向都比较积极，但高龄段农民政治取向积极一致的比例明显低于低龄段农民，不同年龄段之间对"政治""政府""选举"问题的政治取向差异存在显著性程度的不同；农民的政治取向与其受教育程度成正比例，受教育程度越高，其政治取向越积极，但大学（大专）及以上学历的农民对"政治"和"选举"问题的积极政治取向不及高中（中专）学历。职业身份的差异也影响农民政治取向，与外界接触最少的农民政治取向积极的人数占比低于与外界接触较多者，但不同职业身份的农民政治取向积极性的投向不同，半工半农者最愿意参与"政治"和"政府"事务，完全务工者最为重视"选举"问题，他们对不同政治问题的态度的数值差异也存在着差异；农民对"政治""政府"和"选举"问题的政治取向呈现出中共党员、共青团员和群众的排序趋势，中共党员政治取向的积极态度明显高于共青团员和普通群众；不同区域农民对"政治""政府"和"选举"问题的积极取向比例呈现出东部、西部、中部的排序规律，具有明显的"中部塌陷"特征；农民政治取向的正确度与

---

① 访谈编号：2019SCYT02。
② 访谈编号：2019SCSLB02。
③ 何大安、童汇慧：《理性行为人：对修正"理性经济人"范式的探讨》，《浙江学刊》2014年第5期。

其自我感知的经济收入高低成正比例，经济收入自我感知越高的农民越倾向于持有积极的政治取向，而经济收入自我感知越低的农民持积极取向的概率则相对较低。面对农民政治取向的这些多元化特点，国家未来的农民政治社会化工作必须因地制宜地采取更为个性化的策略，确保不同性别、民族、年龄、受教育程度、职业、政治面貌、区域、经济收入的农民都尽可能持积极正向的政治取向。

第五章　城镇化背景下农民政治社会化样态实证分析（下）

一　农民的政治评价

"政治评价是政治行为主体以政治价值取向为依据，对政治行为、政治体系和政治现象进行评判选择的心理过程。"[1] 政治评价是人们立足于基本政治认识、政治经验和直观的政治情感基础，对政治价值观、群体意识、国家认同等思想与态度的升华。[2] 作为政治心理的重要内容，农民的政治评价指导或限制着其政治行为和他们对国家、政府的政治认同，构成政治社会化的核心工作之一。因此，测评农民的政治社会化水平，必须测量和了解农民价值判断和选择的过程，掌握农民对政治行为、政治制度和政治现象的主观认识和评价。鉴于农民对国家、政府和党政干部的评价是其对政治体系及其政治行为和各种政治现象评价的缩影，因此，本文主要从农民对国家、政府和党政干部的评价三个方面考察农民的政治评价。

（一）农民对国家的评价

国家是当今世界功能最强、形态最复杂的政治共同体和政治主体，它"渗透到了社会每一个最隐秘的角落"，"触及到了全部社会联系的总和"[3]。任

---

[1] 田瑞兰、袁刚：《新编政治学原理》，人民出版社2017年版，第231页。
[2] 刘景岚：《台湾政治转型及其对两岸关系的影响》，东北师范大学出版社2010年版，第33页。
[3] 唐士其：《国家与社会的关系》，北京大学出版社1998年版，第32页。

何人都必须依附国家而存在，基于国家合理性而建构对一个国家的身份归属感是每个人在政治关系中形成自我认知并产生政治认同的关键。而这需要民众首先要以对国家的正确政治认识和评价为前提。而正确认识和评价国家的过程，其实质就是民众的政治社会化。一方面，国家不断通过话语在场、话语共存、话语记忆等方式传递国家话语体系，塑造和强化人们对国家的印象和认同。另一方面，人们也通过自己的生活经历和实践体验形塑着对国家行为及其活动成果的认识，形成整体性的国家印象[①]。正如戴维·伊斯顿所指出，与"具体"的特定政治支持相比，相对"抽象"的弥散性政治支持更为稳定与持久。[②] 民众对国家的整体性评价因更具稳定性而成为衡量其政治认同和政治社会化水平而必须考量的因素。因此，我们从"您对国家的总体印象如何？""您对国家现状满意吗？""您认同中国公民的身份吗？""总的来说，对这个国家，您最引以为豪的是什么？"四个问题来考察和分析当下中国农民对国家的整体印象和情感。

1. 农民对国家的评价现状

政治评价是政治文化的重要取向之一。任何个体对政治体系及其政治行为和各种政治现象所做的评价，背后都隐含着个体特定的价值取向，决定着其未来的政治行为选择和政治情感。农民对国家的评价，同样隐含着农民对国家的价值判断和情感，影响着当代农民对国家的政治认同。通过调查分析发现，享受到国家经济巨大腾飞和个人生活显著改善实惠的农民对国家普遍满意。第一，农民对国家的总体印象良好，但仍有部分农民对国家的印象模糊甚或没有好感。调查获取的1150个有效样本中，表示对国家印象良好（含"非常好"43.9%和"比较好"42.3%）的受调查农民累计有86.2%，有12.8%的表示对国家印象"一般"，表示对国家印象不好（含"非常不好"0.4%和"比较不好"0.6%）的累计仅有1%（见表5-1）。

表5-1　　　　　　　　农民对国家的总体印象

	有效样本（个）	有效百分比（%）
非常不好	5	0.4

[①] 国家印象，又称国家形象，是人们对一个国家的认知、评价和基本的态度指向。
[②] [美]戴维·伊斯顿：《政治生活的系统分析》，王浦劬译，华夏出版社1999年版，第331-332页。

续表

	有效样本（个）	有效百分比（%）
比较不好	7	0.6
一般	147	12.8
比较好	486	42.3
非常好	505	43.9
总计	1150	100

但这种特点在不同农民群体身上并非整齐划一，而是有着年龄、政治面貌、民族、受教育程度、区域、职业和经济收入等差异。从年龄看，农民对国家的印象具有"两头高、中间低"的代际特点。表5-2显示，对国家表示印象"一般"的人群占比最多的是26~35岁和36~45岁年龄段的农民，他们各自占其受调查总数的17.3%和16.7%；表示对国家印象"比较好"的人群在各年龄段中占比较为均衡，大多在39%~45%浮动；但不同年龄段农民表示对国家印象"非常好"的人数占比则差异较大，分别是43%（25岁及以下）、37.1%（26~35岁）、37.0%（36~45岁）、49.2%（46~55岁）、51.4%（56~65岁）和47.5%（66岁及以上）。显然，中间年龄段农民对国家的印象普遍不如高龄段和低龄段，他们对国家的印象整体较弱。

表5-2　　　　　　　　农民对国家的印象（年龄的影响）

		25岁及以下	26~35岁	36~45岁	46~55岁	56~65岁	66岁及以上	总计/均值
非常不好	计数（人）	1	0	2	0	2	0	5
	百分比（%）	0.7	0.0	0.8	0.0	1.4	0.0	0.44
比较不好	计数（人）	0	1	3	2	0	1	7
	百分比（%）	0.0	0.5	1.2	0.7	0.0	0.8	0.61
一般	计数（人）	16	35	41	31	8	15	146
	百分比（%）	11.9	17.3	16.7	10.4	5.6	12.3	12.74
比较好	计数（人）	60	91	109	118	60	48	486
	百分比（%）	44.4	45.0	44.3	39.7	41.7	39.3	42.41
非常好	计数（人）	58	75	91	146	74	58	502
	百分比（%）	43.0	37.1	37.0	49.2	51.4	47.5	43.8
总计	计数（人）	135	202	246	297	144	122	1146
	百分比（%）	100	100	100	100	100	100	100

从政治面貌看，农民对国家的印象与其政治面貌有密切的关联。数据显示，对国家总体印象表示良好（含"非常好"和"比较好"）的农民群体的累计比例，曾经入过党者最多（占比100%），中共党员其次（占比98.6%），而后依次是共青团员（占比89.8%）、群众（占比83.6%）和曾经入过团者（占比83.5%）；对国家总体印象模糊、感受"一般"的农民群体，以曾经入过团者、群众和共青团员居多，他们各有16.5%、14.8%和10.2%的受调查者做出此种表态，受调查的中共党员则只有1.4%的人表示对国家印象"一般"；对国家总体印象表示"非常不好"和"比较不好"的农民群体，只有普通群众有1.6%的人有此感受（见表5-3）。显然，农民对国家的印象与其政治面貌具有正相关关系，政治面貌越积极先进的农民群体对国家的印象越好。值得注意的是，基本上有过入党或入团经历的农民对国家都持有积极正向的情感和印象，但仍有1.6%的普通群众对国家的情感复杂，不够正向。未来的农民政治社会化工作在继续提升农民对国家的印象的美誉度时，尤需注意通过全方位地优化政治社会化环境，强化农村思想政治工作，从政治、经济、文化和社会生活各方面提升农民尤其是普通群众的获得感、幸福感和安全感，形塑其对国家的良好印象。

表5-3　　　　　　　　农民对国家的印象（政治面貌的影响）

		中共党员	共青团员	曾经入过团者	群众	曾经入过党者	总计
非常不好	计数（人）	0	0	0	5	0	5
	百分比（%）	0.0	0.0	0.0	0.7	0.0	0.4
比较不好	计数（人）	0	0	0	7	0	7
	百分比（%）	0.0	0.0	0.0	0.9	0.0	0.6
一般	计数（人）	2	10	20	114	0	146
	百分比（%）	1.4	10.2	16.5	14.8	0.0	12.8
比较好	计数（人）	35	38	53	354	1	481
	百分比（%）	25.0	38.8	43.8	46.0	8.3	42.2
非常好	计数（人）	103	50	48	289	11	501
	百分比（%）	73.6	51.0	39.7	37.6	91.7	43.9

从民族看，农民对国家的印象有着较为明显的民族特点。整体上看，少数民族和汉族农民对国家的印象都比较好，他们表示对国家印象"比较好"和

"非常好"的累计比例分别为85.0%和86.3%,相差不大。但具体来看,不同民族对国家的印象仍有差异。表示对国家印象"非常好"的汉族农民高达45.2%,少数民族只有34.3%;表示对国家印象"一般"的汉族农民只有其受调查总数的12.5%,而持有相同情感的少数民族农民有14.9%(见表5-4)。由此可见,汉族农民对国家的整体印象好于少数民族。但值得注意的是,少数民族受多年来国家经济发展政策的扶持,对国家有着深厚的情感,受调查者中无人表示对国家印象不好,但汉族农民尚有1.2%的受调查者有此种印象。未来的农民政治社会化工作需要注意。

表5-4 农民对国家的印象(民族的影响)

		非常不好	比较不好	一般	比较好	非常好
少数民族	计数(人)	0	0	20	68	46
	百分比(%)	0.0	0.0	14.9	50.7	34.3
汉族	计数(人)	5	7	127	418	459
	百分比(%)	0.5	0.7	12.5	41.1	45.2
总计	计数(人)	5	7	147	486	505
	百分比(%)	0.4	0.6	12.8	42.3	43.9

从受教育程度看,农民对国家的印象随着学历的提高而逐步上升。表5-5显示,对国家总体印象表示不好的农民数量极少,主要集中于受教育程度为小学、初中和高中(中专)学历的农民群体,他们的累计比例分别为1.0%、1.7%和0.8%;对国家总体印象表示"一般"的农民虽遍布于各种受教育程度范围,但主要集中于小学(11.8%)和初中(16.8%)学历。显然,除去从未受过任何教育的农民群体没有消极印象外,受教育程度较低的农民更有可能出现消极的国家印象。而数据同时显示,从未受过任何教育、小学、初中、高中(中专)和大学(大专)及以上学历的农民群体,对国家印象良好的比例累计分别为其受调查总人数的90.0%、87.1%、81.4%、90.1%和90.7%。显然,农民的积极国家印象在受教育程度视角也具有"中间低、两边高"的特征,受教育程度较高的农民对国家的评价更高且更为集中,而受教育程度较低的农民对国家的评价则有两极分化的特征,他们容易进行较低的评价也容易展示极高的评价。

表 5-5　　　　　　　农民对国家的印象（受教育程度的影响）

		从未受过任何教育	小学	初中	高中（中专）	大学（大专）及以上	总计/平均
非常不好	计数（人）	0	0	4	1	0	5
	百分比（%）	0.0	0.0	1.0	0.4	0.0	0.28
比较不好	计数（人）	0	3	3	1	0	7
	百分比（%）	0.0	1.0	0.7	0.4	0.0	0.42
一般	计数（人）	6	34	71	20	14	145
	百分比（%）	10.0	11.8	16.9	9.0	9.2	11.38
比较好	计数（人）	29	145	156	91	63	484
	百分比（%）	48.3	50.3	37.1	40.8	41.4	43.58
非常好	计数（人）	25	106	186	110	75	502
	百分比（%）	41.7	36.8	44.3	49.3	49.3	44.28

从区域看，农民对国家的印象也有显著的统计学特征。表 5-6 显示，表示对国家的印象"一般"的农民，东、中、西部地区分别有 10.6%、15.9% 和 11.8%，中部地区农民持这一观点的比例比东部、西部分别高出 5.3 个和 4.1 个百分点；表示对国家的印象良好的农民占受调查总人数的累计比例，东部、中部和西部分别为 88.6%、83.5% 和 86.9%。不同区域农民对国家总体印象的评价具有明显的"中部凹陷"特征，东部与西部地区农民对国家的好感度总体高于中部地区。这与三区域整体的经济发展水平和国家的政策帮扶情况相关。

表 5-6　　　　　　　农民对国家的印象（区域的影响）

		东部地区	中部地区	西部地区	总计
非常不好	计数（人）	1	0	4	5
	百分比（%）	0.8	0.0	0.6	0.4
比较不好	计数（人）	0	2	5	7
	百分比（%）	0.0	0.6	0.7	0.6
一般	计数（人）	13	49	85	147
	百分比（%）	10.6	15.9	11.8	12.8
比较好	计数（人）	37	148	301	486
	百分比（%）	30.1	47.9	41.9	42.3
非常好	计数（人）	72	110	323	505
	百分比（%）	58.5	35.6	45.0	43.9

从职业看，职业身份的差异也影响农民的国家印象。整体而言，职业身份单一（完全务工或完全务农）的农民的国家印象比职业身份多元（半工半农）的农民更为良好。表5-7显示，完全务农、半工半农、完全务工的农民群体表示对国家印象良好的比例累计分别为89.4%、82.5%和84.9%；而他们表示对国家印象"一般"的人数，半工半农者占其受调查总人数的16.1%，完全务工者有14.6%，完全务农者最少，仅有9.2%的受调查农民做出此种表态。可见，完全务农的农民群体对国家的总体印象最好，其次是完全务工，最后是半工半农。

表5-7　　　　　　　农民对国家的印象（职业的影响）

		完全务农	半工半农	完全务工	总计
非常不好	计数（人）	3	0	2	5
	百分比（%）	0.7	0.0	0.5	0.4
比较不好	计数（人）	3	4	0	7
	百分比（%）	0.7	1.4	0.0	0.6
一般	计数（人）	41	45	61	147
	百分比（%）	9.2	16.1	14.6	12.8
比较好	计数（人）	194	109	179	482
	百分比（%）	43.6	38.9	42.7	42.1
非常好	计数（人）	204	122	177	503
	百分比（%）	45.8	43.6	42.2	44.0

从收入看，农民对国家的印象也受个人经济收入主观感知的高低影响。表5-8显示，农民对国家的印象与其自我感知的经济收入水平有重大关联。自我感知收入较高的农民对国家的印象整体良好，他们中有34.6%表示对国家总体印象"比较好"，有57.7%表示"非常好"，累计占比92.3%；自我感知收入中等的农民有40.7%表示对国家总体印象"比较好"，有48.1%表示"非常好"，累计占比88.8%；而自我感知收入较低的农民对国家的印象相比前两者相对较低，他们中表示对国家总体印象"比较好"的有45.7%，表示"非常好"的有36.0%，累计占比仅81.7%。可见，农民对国家的总体印象与其自我感知的收入水平成正比例，自我感知的收入水平越高，其对国家的总体印象也越好。

表 5-8 农民对国家的印象（经济收入的影响）

		收入较高	收入中等	收入较低	总计
非常不好	计数（人）	0	3	2	5
	百分比（%）	0.0	0.5	0.4	0.4
比较不好	计数（人）	0	2	5	7
	百分比（%）	0.0	0.3	1.1	0.6
一般	计数（人）	4	67	76	147
	百分比（%）	7.7	10.4	16.8	12.8
比较好	计数（人）	18	261	207	486
	百分比（%）	34.6	40.7	45.7	42.4
非常好	计数（人）	30	309	163	502
	百分比（%）	57.7	48.1	36.0	43.8

第二，绝大多数农民都对国家现状表示满意，但仍有部分农民不满意或态度模糊。调查获取的1151个有效样本显示，有45.9%的受调查农民表示"比较满意"国家现状，有40.6%的受调查者"非常满意"，持满意评价的农民占比累计达86.5%。但受调查者中仍有11.9%的农民态度模糊，更有累计1.6%的明确表示对国家现状不满意（见表5-9）。但农民对国家现状的这种满意度在农民群体内部并非完全一致，仍然有着性别、年龄、职业、政治面貌、民族和收入等差异。

表 5-9 农民对国家现状的总体满意程度

	频数（个）	有效百分比（%）
非常不满意	4	0.3
不太满意	15	1.3
一般	137	11.9
比较满意	528	45.9
非常满意	467	40.6
合计	1151	100.0

从性别看，男性农民对国家现状的满意度整体高于女性。表5-10显示，男性农民有88.0%"比较满意"和"非常满意"国家现状，表示"非常不满

意"和"不太满意"的累计比例仅占1.0%;而女性农民对国家现状持"比较满意"和"非常满意"的累计比例为84.3%,"非常不满意"和"不太满意"的累计比例为2.6%。显然,无论从积极还是消极的角度,男性农民对国家现状的满意程度均高于女性。

表5-10　　　　　农民对国家现状的满意度（性别的影响）　　　　单位:%

		非常不满意	不太满意	一般	比较满意	非常满意
国家现状满意度	男	0.3	0.7	11.0	44.6	43.4
	女	0.4	2.2	13.1	47.8	36.5

从年龄看,农民对国家现状的满意度具有明显的年龄段差异。表5-11中的数据显示,各年龄段农民对国家现状持满意态度的累计比例分别为82.2%（25岁及以下）、80.8%（26~35岁）、84.6%（36~45岁）、90.3%（46~55岁）、89.6%（56~65岁）和91.0%（66岁及以上）,中高龄段农民较低龄段农民对国家现状更为满意。而对国家现状是否满意问题上,表示态度"一般"的人群比例分别为16.3%（25岁以下）、16.7%（26~35岁）、12.2%（36~45岁）、8.7%（46~55岁）、9.7%（56~65岁）和9.0%（66岁及以上）;对国家现状表示不满意的人群,在各年龄段中的占比累计分别为1.5%（25岁及以下）、2.5%（26~35岁）、3.2%（36~45岁）、1.0%（46~55岁）、0.7%（56~65岁）和0.0%（66岁及以上）。显然,中高年龄段农民对国家现状持模糊态度和不满意态度的比例总体低于低龄段。他们亲身经历了新中国从站起来到富起来再到强起来的发展历程,更易"忆苦思甜"而感恩国家和时代。

表5-11　　　　　农民对国家现状的满意度（年龄的影响）　　　　单位:%

		非常不满意	不太满意	一般	比较满意	非常满意
国家现状满意度	25岁及以下	0.0	1.5	16.3	46.7	35.5
	26~35岁	0.0	2.5	16.7	48.3	32.5
	36~45岁	1.6	1.6	12.2	48.4	36.2
	46~55岁	0.0	1.0	8.7	45.5	44.8
	56~65岁	0.0	0.7	9.7	41.7	47.9
	66岁及以上	0.0	0.0	9.0	41.8	49.2

从政治面貌看,中共党员较之于群众和共青团员对国家现状更为满意。如表5-12所示,政治面貌为中共党员的农民对国家现状持"比较满意"和"非常满意"的累计比例最高(94.0%),比群众、共青团员分别高出8.6个和9.2个百分点;其对国家现状持"一般"态度的比例在不同政治面貌的农民群体中也最低,只有6.0%,比群众、共青团员分别低7.3个和5个百分点;而在对国家现状"非常不满意"和"不太满意"的问题上,群众和共青团员各有1.3%和4.2%的人表示不满,中共党员却无一人表示不满。显然,政治面貌为党员的农民对国家现状的满意程度较之于非党员农民更高且更为稳定。

表5-12　　　　　农民对国家现状的满意度（政治面貌的影响）　　　　单位:%

	非常不满意	不太满意	一般	比较满意	非常满意
群众	0.4	0.9	13.3	47.4	38.0
共青团员	0.5	3.7	11.0	45.6	39.2
中共党员	0.0	0.0	6.0	38.0	56.0

从民族看,少数民族农民对国家现状的满意程度很高且少有模糊态度。如表5-13所示,受调查少数民族农民"非常满意"和"比较满意"国家现状的人员累计有88.8%,高出受调查汉族农民2.7个百分点;受调查少数民族农民无人对国家现状不满,而受调查汉族农民有1.9%对此"不太满意"和"非常不满意"。说明少数民族农民对国家现状的满意程度更高而且没有负面态度,这与国家对少数民族地区多年来的政策优惠和持续帮扶有关系。

表5-13　　　　　农民对国家现状的满意度（民族的影响）　　　　单位:%

	非常不满意	不太满意	一般	比较满意	非常满意
少数民族	0.0	0.0	11.2	52.2	36.6
汉族	0.4	1.5	12.0	45.0	41.1

从职业看,与外界接触的多寡也影响农民对国家现状的满意度。统计分析显示,不同职业身份的农民对国家现状的满意度有所不同,完全务农的农民对国家最为满意(89.9%),半工半农者以85.7%的比例居于第二,完全务工者对国家现状表示满意的比例最低,累计仅83.1%;而在对国家现状是否满意问

题上表示"一般"问题上，不同职业身份的农民比例也很不相同，完全务农者最少，仅有8.5%表示国家现状"一般"，完全务工者做出相同表态的人最多，有15.0%，半工半农者有12.9%，居中（见表5-14）。显然，不同职业身份的农民对国家现状的满意度呈现出完全务农者、半工半农者、完全务工者依次递减的排序规则。完全务农者对国家现状最为满意，与国家通过精准扶贫、乡村振兴等手段大力扶持农村，改善了农村的生产生活条件有很大关系，而完全务工者对国家现状的不满意，主要是因为其长期漂泊在外，在城市中属于"弱势"群体，回不去的农村、融入不了的城市使得他们容易产生对国家的不满情绪。

表5-14　　　　　农民对国家现状的满意度（职业的影响）　　　　单位：%

	非常不满意	不太满意	一般	比较满意	非常满意
完全务农	0.7	0.9	8.5	46.1	43.8
半工半农	0.0	1.4	12.9	45.0	40.7
完全务工	0.2	1.7	15.0	46.2	36.9

从收入看，自我感知收入水平的高低影响农民对国家现状的满意度。表5-15显示，相比于自我感知收入中等和收入较低的农民对国家现状89.5%和80.8%的满意度，自我感知收入"较高"的农民对国家现状有着最高的满意度，他们"比较满意"和"非常满意"的累计比例高达96.2%，比自我感知收入中等和较低的农民分别高6.7个和15.4个百分点；这种满意度差异主要源于他们在"非常满意"方面的选择，自我感知收入较高的农民有高达50.0%的"非常满意"率，高于收入中等的农民6.2个百分点，高于收入较低的农民15.6个百分点；而且自我感知收入越高的农民对国家现状越是持有积极正向的评价，他们态度模糊的比例仅为3.8%，远远低于自我感知收入中等（9.8%）和收入较低（15.9%）的农民；并且他们对国家现状尽管满意度有大小之别，但无人对国家现状表示不满，而自我感知收入中等或较低的农民则有一小部分人对国家现状"不太满意"或"非常不满意"。可见，农民对国家现状的满意度与自我感知的收入水平有着正向的关联，自我感知收入水平越高的农民，往往对国家现状有着更高且更明确的满意度。

表 5-15　　　　　　农民对国家现状的满意度（经济收入的影响）　　　　　单位：%

	非常不满意	不太满意	一般	比较满意	非常满意
收入较高	0.0	0.0	3.8	46.2	50.0
收入中等	0.2	0.5	9.8	45.7	43.8
收入较低	0.7	2.6	15.9	46.4	34.4

第三，农民对其中国公民身份具有绝对的高认同度，但仍有极少数农民对此不理性。国家认同是"一个人确认自己属于哪个国家，以及这个国家究竟是怎样一个国家的心理性活动"[①]。个体是否认同自己的国民身份，塑造着个体与国家的互动关系并深刻影响个体的政治认同。对1146个有效样本的调查统计显示，受调查农民绝大多数认同自己的中国公民身份，累计有92.5%（含"比较满意"和"非常满意"）的受调查者对自己的中国公民身份表示满意，而认为中国公民身份"一般"的受调查农民仅有6.6%，表示不满意的累计占比不到一成。可见，经过中华人民共和国成立以来70余年的政治、经济、文化和社会建设，农民政治社会化工作成效显著，超九成农民都已对中国公民身份具有很高的认同度，并且性别、年龄、政治面貌、宗教信仰、民族、文化程度、职业、经济收入等变量对农民的中国公民身份认同没有影响。

表 5-16　　　　　　　　　农民对中国公民身份的认同

	有效样本（个）	百分比（%）
非常不满意	1	0.1
不太满意	9	0.8
一般	76	6.6
比较满意	338	29.5
非常满意	722	63.0
总计	1146	100.0

第四，农民对国家的满意度具有多元动因，其中，经济发展和中国特色的民主集中制是主要缘由。国家是一个复合概念，其所蕴含的地理纬度、政权纬

---

① 江宜桦：《自由主义、民族主义与国家认同》，台北：扬智文化事业股份有限公司1998年版，第12页。

度和人口与民族纬度都会影响个体对国家的认同。这些因素中,地理环境虽然会影响国民的性格和国家法律制度,但其天然性和不可选择性使得其往往不会成为个体国家认同的阻碍因素。而意识形态、政治经济文化绩效和国际地位等政权建设成绩以及国家的历史和文化,则是理解现实、认同一个国家的主要依据。为此,我们需要考察农民对国家的满意度的产生来源,以便为我们更好展开农民政治社会化工作,更好提升农民对国家的满意度。通过对"总的来说,对这个国家,您最引以为豪的是什么?"这一问题的调查发现,中国特色的民主集中制、日渐完善的法律制度、日益提升的国际地位、愈加强劲的经济发展和优秀的历史文化传统都支撑着当代中国农民内生出对国家的满意度,但这些因素对农民群体的国家满意度的贡献有着明显的分量差异。表 5-17 显示,中国的经济发展和富有特色的政治制度最使农民引以为豪,分别占比 25.2% 和 21.9%,累计比例接近一半;受调查者中也分别有 18.8% 和 18.4% 认为"优秀传统文化"和中国日益提升的"国际地位"最使其引以为豪;"法律制度"(占比为 9.0%)和"其他"(占比为 6.7%)因素在中国农民形成对国家的满意度上也作用明显。显然,与农民生活改善联系最紧密、群众感受最直观具体的经济发展和为其保驾护航的制度优势,在促成农民对国家的认同上作用显著,而被农民认为最值得骄傲。但选择"法律制度"的比例相对较低的事实说明,法律制度在提升农民的国家满意度上尚未起到应有的作用,未来必须补齐法律方面的短板,"健全国家治理急需的法律制度、满足人民日益增长的美好生活需要必备的法律制度,以良法善治保障新业态新模式健康发展"[1]。

表 5-17　　　　　　　　农民对国家最引以为豪的总体选择情况

	频率(个)	有效百分比(%)
中国特色的民主集中制	241	21.9
法律制度	99	9.0
国际地位	202	18.4
经济发展	277	25.2
优秀文化传统	207	18.8
其他	73	6.7
总计	1099	100

---

[1] 《习近平在中央全面依法治国工作会议上强调　坚定不移走中国特色社会主义法治道路　为全面建设社会主义现代化国家提供有力法治保障》,《人民日报》2020 年 11 月 18 日第 1 版。

从年龄看，不同年龄段农民最引以为豪的中国元素各不相同。数据显示，低龄段农民选择"优秀文化传统"的比例较高，中高年龄段农民更看重"经济发展"和"中国特色的民主集中制"。具体来讲，"25岁及以下"农民最为青睐"优秀文化传统"，占比28.9%，"26～35岁"农民选择"优秀文化传统"的比例仅次于"经济发展"，占24.6%；36～65岁的农民，更为看重"经济发展"和"中国特色的民主集中制"，将这二者作为自己的优先选择；而"66岁及以上"的农民则最以"国际地位"和"经济发展"为豪。显然，除36～45岁认为"中国特色的民主集中制"最让人自豪外，其余中高年龄段农民都无一例外地将"经济发展"作为其最引以为豪的中国元素。

表5-18　　　　　农民对国家最引以为豪的选择（年龄的影响）　　　　单位:%

	中国特色的民主集中制	法律制度	国际地位	经济发展	优秀文化传统	其他
25岁及以下	24.2	5.5	17.2	17.2	28.9	7.0
26～35岁	19.6	9.5	16.1	25.1	24.6	5.0
36～45岁	22.9	9.3	21.2	21.6	17.8	7.2
46～55岁	24.4	6.6	20.1	29.6	15.7	3.6
56～65岁	24.3	10.7	11.4	33.6	12.9	7.1
66岁及以上	13.6	15.2	20.3	22.0	15.3	13.6

从政治面貌看，不同政治面貌的农民最引以为豪的中国元素具有显著的统计学特征。数据显示，群众、共青团员和中共党员最引以为豪的中国元素各不相同，"经济发展"最受群众（占比26.4%）青睐，"优秀文化传统"最受共青团员（占比24.8%）欢迎，而中共党员则认为"中国特色的民主集中制"最让其自豪（占比40.6%），并且其对最受其欢迎元素的选择比例远高于群众和共青团员，分别高出他们14.2个和15.8个百分点。同时，对"国际地位"对国家认同的影响力，不同政治面貌的农民认识也不同。农民党员有20.3%表示认可，而群众和共青团员只分别有18.5%和16.7%表示同意（见表5-19）。显然，农民党员具有更高的思想政治素质和更宽广的国际视野，更能体会到经济发展背后的体制优势，也更容易领会国际地位提升带来的国家自豪感，因而对最引以为豪的中国元素的选择更加理性。

表 5-19　　　　农民对国家最引以为豪的选择（政治面貌的影响）　　　　单位:%

	中国特色的民主集中制	法律制度	国际地位	经济发展	优秀文化传统	其他
群众	18.1	9.9	18.5	26.4	18.6	8.5
共青团员	22.8	8.6	16.7	23.3	24.8	3.8
中共党员	40.6	4.9	20.3	21.7	11.2	1.4

从受教育程度看，农民最引以为豪的中国元素因其受教育程度而有不同。表5-20显示，从未受过任何教育的农民和小学、初中学历的农民都将"经济发展"作为最影响其国家认同的元素，但随着受教育程度的提升，最让人引以为豪的中国元素在发生变化。数据表明，拥有高中（中专）学历、大学（大专）及以上学历的受调查农民眼中最受欢迎的元素，从"经济发展"变化到"中国特色的民主集中制"，他们分别以27.8%、32.2%的选择比例取代"经济发展"成为最受欢迎的中国元素。与此同时，"其他"元素对中国农民国家自豪感和认同感的影响力也在变化。数据显示，随着受调查农民受教育程度的提升，"其他"元素的被选比例也开始从最初的17.5%（从未受过任何教育）依次下降到5.8%（小学）、8.7%（初中）、3.8%［高中（中专）］和2.7%［大学（大专）及以上］。可见，受教育程度显著影响农民对国家的评价，受教育程度越高的农民越能正确理解"民主集中制"的科学内涵和现实价值，因而更青睐选择"中国特色的民主集中制"并引以为豪；并且受教育程度越高，对引以为豪的元素的选择就越明确，选择"其他"这种代表不确定性和摇摆态度的比例也就越低。

表 5-20　　　　农民对国家最引以为豪的选择（受教育程度的影响）　　　　单位:%

	中国特色的民主集中制	法律制度	国际地位	经济发展	优秀文化传统	其他
从未受过任何教育	12.3	8.8	8.8	28.1	24.5	17.5
小学	13.0	13.0	17.3	32.6	18.1	5.8
初中	22.7	7.5	19.7	24.7	16.7	8.7
高中（中专）	27.8	5.3	23.4	23.9	15.8	3.8
大学（大专）及以上	32.2	10.7	12.8	14.1	27.5	2.7

从区域看，东部地区农民更能从体制优势来把握国家自豪感，而中、西部农民更偏向于选择经济发展。数据显示，东、中、西部地区农民对最引以为豪

的中国元素的选择有所不同。中部地区和西部地区农民皆认为"经济发展"最让人自豪，因而各以25.6%、26.7%的最高比例选中，而东部地区农民则表示"中国特色的民主集中制"最让人自豪，其参与调查的人员以31.4%的最高比例选中此项，分别高出中部和西部地区农民最高选项5.8个和4.7个百分点（见表5-21）。显然，这与东部地区经济发展整体水平最高，农民对经济特区和乡镇企业的发展、"先富带后富"的政策导向给当代带来的变化体会最深刻，最能从体制优势上来认识国家自豪感密不可分。

表5-21　　　　　农民对国家最引以为豪的选择（区域的影响）　　　　　单位：%

	中国特色的民主集中制	法律制度	国际地位	经济发展	优秀文化传统	其他
东部地区	31.4	6.6	20.7	15.7	18.2	7.4
中部地区	18.5	7.4	21.2	25.6	17.9	9.4
西部地区	21.7	10.1	16.8	26.7	19.4	5.3

从收入水平看，收入水平的高低影响农民对最引以为豪的中国元素的感知和评判。表5-22显示，不同收入水平的农民对最引以为豪的中国元素的评价各不相同。收入较低的农民的国家认同感更多是来源于"经济发展"，他们中有最多的人（占比26.5%）选择"经济发展"，收入中等和收入较高的农民的国家认同感则更多是源于对"中国特色的民主集中制"的信任和感恩，他们中各有24.6%和39.2%的人选择了"中国特色的民主集中制"。而对"优秀文化传统"对国家认同的影响力，不同收入的农民群体的认同意愿有所不同，收入较低和收入中等农民各有21.4%和17.4%的人予以认可，但收入较高农民却只有13.7%的人表示同意。可见，虽然改革开放以来"经济发展"对国家认同的影响力众望所归，但收入较高的农民更能领悟体制优势给国家发展带来的助力，更能从体制层面来生成和表达国家自豪感，而收入较低的农民社会资本总体上较为匮乏，更倾向从传统的血缘、地缘中寻求支持，因而更易从"守望相助"的优秀传统文化产生国家认同。

表5-22　　　　　农民对国家最引以为豪的选择（经济收入的影响）　　　　　单位：%

	中国特色的民主集中制	法律制度	国际地位	经济发展	优秀文化传统	其他
收入较高	39.2	7.8	11.8	23.5	13.7	4.0

续表

	中国特色的民主集中制	法律制度	国际地位	经济发展	优秀文化传统	其他
收入中等	24.6	9.4	19.0	24.4	17.4	5.2
收入较低	16.3	8.6	18.4	26.5	21.4	8.8

2. 国家认同：基于中国特色社会主义制度自信的政治评价

国家认同是政治认同的最高形式[①]，"其本质是对自我与国家之间存在的内在一体性的认同"[②]。就个体而言，国家认同是公民"个人安身立命最基本而不可或缺的认同所在，是他们赖以为生的社会价值所系"[③]；就社会而言，是"维系一个国家存在和发展的重要纽带，是实现国家安定团结和社会稳定发展的核心要素"[④]。农民对国家的总体印象、对国家现状的满意度和对中国公民身份的满意度三个方面的实证分析已经验证：绝大多数农民都在坚信中国特色社会主义制度的基础上对国家有着普遍的认同；"经济发展""中国特色的民主集中制"和"优秀传统文化"是农民国家认同感产生的最主要来源，经济发展和隐藏其后的更深层次的体制是农民最引以为豪的中国元素。访谈资料也显示，绝大多数农民对国家的满意度和认同度都源于改革开放以来我国经济社会的快速发展，这本身就意味着对中国特色社会主义道路和制度的高度认可：

> 改革开放后印象最深的是中国的经济发展和国际地位，中国在改革开放后短短四十年内发展成为仅次于美国的国家，经济高速发展是最主要的原因，经济发展起来了就带动了国际地位的提升。[⑤]

> 改革开放之后，老百姓对"国家""中国共产党""政府"是更满意的，也不愿再回到以前。现在是不愁吃穿，日子最好的时期。[⑥]

> 从小到现在我们的日子是越过越好，现在有谁说不好的话？什么都不

[①] 周平：《论中国的国家认同建设》，《学术探索》2009年第6期。
[②] 林尚立：《现代国家认同建构的政治逻辑》，《中国社会科学》2013年第8期。
[③] [英]霍布斯鲍姆：《民族与民族主义》，李金梅译，上海人民出版社2006年版，第4页。
[④] 杨虎得：《国家认同是社会和谐稳定的核心要素》，《青海师范大学学报（哲学社会科学版）》2013年第4期。
[⑤] 访谈编号：2019HBZFL01。
[⑥] 访谈编号：2019SCLYF01。

缺，我说这两不愁，不愁吃不愁穿，吃了又吃不完，穿了又穿不烂。①

尽管国家经济政治文化和社会的发展使农民享受到了改革开放的红利和实惠，而使他们对国家有着强烈的认同，但这种认同在农民群体内部因性别、年龄、民族、政治面貌、受教育程度、区域、职业、收入水平等因素的不同而呈现出结构性差异。男性农民对国家现状的满意度较女性更高；农民对国家印象的评价具有"两头高、中间低"的代际特点，中间年龄段农民对国家的印象普遍不如高龄段和低龄段，他们对国家的印象整体较弱；而对国家现状的满意度评价上，中高年龄段农民的满意度普遍高于低龄段，且他们国家认同感最主要来自于"经济发展"和"中国特色的民主集中制"的影响，而低龄段农民则认为"优秀文化传统"最让人自豪；从政治面貌视角观之，中共党员对国家的评价和对国家现状的满意度都高于群众和共青团员，并比群众和共青团员更能认识到"中国特色的民主集中制"的制度优势对其国家认同感的影响力，更能够深刻体会到国际地位的显著提升。并且，汉族农民对国家的印象较少数民族更为积极；农民的积极国家印象在受教育程度视角也具有"中间低、两边高"的特征，受教育程度较高的农民对国家的评价更高且更为集中，且更能感受到"中国特色的民主集中制"给国家发展带来的内在优势而受教育程度较低的农民对国家的评价则有两极分化的特征，他们容易进行极低的评价也容易展示极高的认同；东、中、西部地区农民对国家总体印象的评价具有明显的"中部凹陷"特征，东部地区农民更能从体制优势来体悟国家自豪感，而中、西部农民更偏向于选择经济发展；不同职业身份的农民对国家现状的满意度呈现出完全务农者、半工半农者、完全务工者依次递减的排序态势，完全务农的农民对国家的满意度最高，完全务工者最低，半工半农者居中；从收入水平视角观之，农民对国家总体印象和国家现状的满意度与家庭经济收入水平成正比，收入水平较高的农民对国家拥有着更佳的总体印象和更高的满意度，并比收入较低的农民更能从体制优势上来领悟国家自豪感。

（二）农民对政府的评价

政治体系理论强调政治体系的正常运转关键在于政府，政府在现代社会中

---

① 访谈编号：2019SCWC01。

第五章 城镇化背景下农民政治社会化样态实证分析（下）

扮演着重要角色，政府的责任意识、服务水平、治理能力影响着社会的运转秩序和公民的切身利益。"政府—公民"之间是双向互动过程，是政府服务公民、管理社会的过程与公民反馈评价政府过程的统一。公众对政府的满意度作为"公民—政府"反馈环节的重要组成部分，"不仅能够衡量政府与公民的互动情况，还能够通过影响其他的公民反馈行为，进一步对公民与政府的互动发挥重要作用"[①]。进言之，作为公众基于主观感知对政府所持的心理认可状态，公众的政府满意度关乎政府的形象，影响公民对政府的信任和支持。就目前政府满意度的理论研究来看，国外主要有以 Daniel R. Ilgen 为代表的"期望失验论"和以 Jr. Joseph S. Nye 等为代表的"政治冲突论"，分别从期望与绩效之间的偏差、文化和政治冲突导致的政府满意度下降等方面予以了研究。国内主要从政府新媒体的公众使用、公共产品绩效、电子商务服务质量、生活境遇、社会公正感、生活满意度、人口结构与社会资本等视角对政府满意度进行测量，研究了这些变量与政府满意度之间的关系。目前主要有单条目测量和多条目测量两种方式[②]来测量和准确把握不同社会群体对政府的满意度。本书采用单条目测量中的第一种方法，具体设置三个问题（即"您对中央政府满意吗？""您对县政府满意吗？""您对乡镇政府满意吗？"）来对农民对中央政府和地方县乡政府工作的总体满意度进行考察评价。

1. 农民对政府的评价现状

总体来看，大多数农民都对政府持满意态度，对中央政府的满意程度显著高于县级政府和乡镇政府，农民对各级政府的满意度展现出明显的差序格局。如表 5-23 所示，受调查农民 90.0% 对中央政府表示满意（含"比较满意"和"非常满意"），66.5% 对县政府持满意态度，而受调查农民对乡镇政府持满意态度的比例相对较少，仅 53.3%，而认为其"一般"或对其表示不满（含"不太满意"和"非常不满意"）的受调查农民分别有 31.1% 和 15.6%，远远高出对中央政府和县级政府的不满率。这说明基层政府在农民心中的形象尚不佳，未来的农民政治社会化工作必须以公众满意为导向，进一步以解决关切农

---

① 贾奇凡、尹泽轩、周洁：《行为公共管理学视角下公众的政府满意度：概念、测量及影响因素》，《公共行政评论》2018 年第 1 期。

② 单条目测量是指使用单一条目询问被试对政府整体或特定领域工作质量的评价或满意程度的测量方法，又可以细分为对中央或地方政府总体满意度的评价与对政府特定领域工作质量的评价两种情况；多条目测量是根据政府涉及的工作内容，将政府满意度划分为不同的领域，采用层次分析法，构建一级或多级指标，并对每个指标赋予权重的测量方法。

民利益的民生问题为要旨，积极争取更多的农民支持，增强民众对基层政府的满意度。

表5-23　　　　　　　　　　农民对政府的总体满意度　　　　　　　　　　单位：%

	非常不满意	不太满意	一般	比较满意	非常满意
对中央政府的满意程度	0.4	0.9	8.7	36.6	53.4
对县政府的满意程度	1.6	5.1	26.8	39.7	26.8
对乡镇政府的满意程度	4.5	11.1	31.1	34.1	19.2

具体来看，农民对政府的满意度也非整齐划一，不同农民群体的政府满意度各有特点。男性农民对中央政府、县政府的满意度高于女性，而女性农民对乡镇政府的满意度高于男性，且女性更容易持"一般"的模糊态度。如表5-24所示，男性农民对中央政府和县政府的满意度累计比例分别为92.0%和67.3%，分别高出女性农民4.9个和1.9个百分点。而女性农民对乡镇政府的满意度累计比例为54.2%，略高于男性农民（52.6%）。在对各级政府的满意度中，女性农民持"一般"的比例均高于男性。显然，女性农民对政府的满意度低于男性。

表5-24　　　　　　　　农民对政府的满意度（性别的影响）　　　　　　　　单位：%

		非常不满意	不太满意	一般	比较满意	非常满意
对中央政府的满意态度	男	0.3	0.6	7.1	33.7	58.3
	女	0.7	1.3	10.9	41.0	46.1
对县政府的满意态度	男	1.7	5.4	25.6	38.4	28.9
	女	1.3	4.8	28.5	41.8	23.6
对乡镇政府的满意态度	男	5.8	11.2	30.4	33.0	19.6
	女	2.6	10.9	32.3	35.8	18.4

从年龄看，高龄段农民对政府的满意度高于低龄段农民。如表5-25所示，46岁及以上农民对中央政府的满意度均在90.0%以上，而低龄段农民均在88.0%以下，最大值和最小值的极差为5.9%；46岁及以上农民对县政府的满意度大都在70.0%以上，而低龄段农民均在68.0%以下，极差值为16.6%；46岁及以上农民"非常满意"乡镇政府的比例大都在22.0%以上，而低龄段

农民非常满意的比例却均在18.0%以下。这与低龄段农民处于成家立业的关键期，生活压力相对较大有关。

表 5-25　　　　　农民对政府的满意度（年龄的影响）　　　　单位：%

		非常不满意	不太满意	一般	比较满意	非常满意
对中央政府的满意态度	25岁及以下	0.0	0.7	11.9	44.4	43.0
	26~35岁	0.0	1.0	12.3	44.3	42.4
	36~45岁	2.0	0.8	9.8	35.0	52.4
	46~55岁	1.0	1.3	5.4	31.0	62.3
	56~65岁	0.0	0.0	7.0	34.7	58.3
	66岁及以上	0.0	0.8	7.4	35.2	56.6
对县政府的满意态度	25岁及以下	0.7	3.7	28.2	40.7	26.7
	26~35岁	1.4	3.0	37.9	36.0	21.7
	36~45岁	3.3	5.3	25.7	45.3	20.4
	46~55岁	1.0	7.1	21.6	37.5	32.8
	56~65岁	1.4	3.5	20.8	48.6	25.7
	66岁及以上	0.8	7.4	27.9	29.5	34.4
对乡镇政府的满意态度	25岁及以下	3.7	8.9	31.1	40.0	16.3
	26~35岁	3.9	12.3	37.0	31.0	15.8
	36~45岁	5.3	11.0	31.8	34.7	17.2
	46~55岁	5.1	10.4	24.9	37.0	22.6
	56~65岁	3.5	9.0	37.5	31.9	18.1
	66岁及以上	4.1	15.6	28.7	27.0	24.6

从政治面貌看，农民党员对各级政府的满意度均高于群众和共青团员，并且因政治面貌带来的政府满意度差异越到基层政府越明显。如表5-26所示，农民党员对中央政府的满意度累计比例为97.3%，高于群众（88.7%）和共青团员（89.4%），并且持不满意态度的比例为0；农民党员对县政府的满意度累计比例为77.3%，高于群众（65.0%）和共青团员（64.3%）；农民党员对乡镇政府的满意度也远高于群众和共青团员，分别超出其19.5个和18.9个百分点。可见，政治面貌会显著影响农民的政府满意度，农民的政治觉悟和思想素质不同，对政府的评价也就不同。

表 5-26　　　　　　农民对政府的满意度（政治面貌的影响）　　　　　　单位：%

		非常不满意	不太满意	一般	比较满意	非常满意
对中央政府的满意态度	群众	0.5	1.2	9.6	39.4	49.3
	共青团员	0.5	0.5	9.6	36.5	52.9
	中共党员	0.0	0.0	2.7	22.0	75.3
对县政府的满意态度	群众	1.9	6.0	27.1	41.7	23.3
	共青团员	0.9	3.7	31.1	34.2	30.1
	中共党员	0.7	2.7	19.3	37.3	40.0
对乡镇政府的满意态度	群众	4.9	12.7	31.9	34.8	15.7
	共青团员	3.7	11.4	33.8	31.0	20.1
	中共党员	4.0	2.7	23.3	34.7	35.3

从受教育程度看，农民对各级政府的满意度与受教育程度之间没有明显的关联，但越到基层政府不同学历的满意度差异越大。如表 5-27 所示，在对不同层级政府的满意度中，小学、初中、高中（中专）文化程度农民对政府的满意度持续递增，但"未受过任何教育"的农民对中央政府、县政府的满意度最高，分别占 95.0%、75.0%，而大学（大专）及以上学历的农民对县政府的满意度则最低，占比为 62.5%。因此，并不能得出学历越高对政府的满意度就越高的结论。但是，政府的层级越高农民因学历不同而对其产生的满意度差异越小；反之则越大。例如，对中央政府，不同学历农民的满意度均在 90.0% 左右，差异非常小，但对乡镇政府，不同受教育程度农民的满意度的差异则较大，最大达到 14.1%。

表 5-27　　　　　　农民对政府的满意度（受教育程度的影响）　　　　　　单位：%

		非常不满意	不太满意	一般	比较满意	非常满意
对中央政府的满意态度	从未受过任何教育	0.0	0.0	5.0	40.0	55.0
	小学	0.7	2.4	8.7	36.5	51.7
	初中	0.7	0.2	10.2	34.8	54.0
	高中（中专）	0.0	0.9	6.2	36.2	56.7
	大学（大专）及以上	0.0	0.0	9.2	41.5	49.3

续表

		非常不满意	不太满意	一般	比较满意	非常满意
对县政府的满意态度	从未受过任何教育	0.0	1.7	23.3	46.7	28.3
	小学	2.8	8.7	24.7	38.3	25.5
	初中	1.4	4.8	29.1	39.1	25.5
	高中（中专）	0.9	3.5	21.9	42.9	30.8
	大学（大专）及以上	0.7	3.3	33.5	37.5	25.0
对乡镇政府的满意态度	从未受过任何教育	0.0	8.3	40.0	28.3	23.4
	小学	5.6	12.8	35.4	30.6	15.6
	初中	6.0	11.0	29.1	34.6	19.3
	高中（中专）	3.1	11.2	25.4	36.6	23.7
	大学（大专）及以上	2.0	9.2	34.9	37.5	16.4

从区域看，东部地区农民对各级政府的满意度均高于中西部农民，并且越到基层政府这种差距越大。如表5-28所示，东部地区农民对中央政府的满意度为92.0%，高于中部（90.3%）和西部地区（89.6%），不同区域农民的满意度差异极差值为2.4%；东、中、西部地区农民对县级政府表示满意的人员比例分别有75.8%、63.4%和66.2%，东部和西部的满意度极差值扩大到12.4%；而对乡镇政府表示满意的人员，东、中、西部地区农民各有69.3%、51.8%和51.1%，东部和中西部农民的满意度极差值进一步扩大到18.2%。可见，地区经济发展程度和开放程度会影响农民对政府的满意度评价，而且越到基层政府，因区域产生的各层级政府满意度极差值越大。

表5-28　　　　　　农民对政府的满意度（区域的影响）　　　　　　单位：%

		非常不满意	不太满意	一般	比较满意	非常满意
对中央政府的满意态度	东部地区	0.0	0.0	8.0	23.4	68.6
	中部地区	0.3	1.3	8.1	43.0	47.3
	西部地区	0.6	0.8	9.0	36.1	53.5
对县政府的满意态度	东部地区	0.8	1.6	21.8	38.7	37.1
	中部地区	1.3	6.2	29.1	36.9	26.5
	西部地区	1.8	5.3	26.7	41.1	25.1

续表

		非常不满意	不太满意	一般	比较满意	非常满意
对乡镇政府的满意态度	东部地区	1.6	5.7	23.4	41.9	27.4
	中部地区	3.9	12.0	32.3	33.0	18.8
	西部地区	5.3	11.7	31.9	33.2	17.9

从空间位置看，农民对中央政府的满意度没有显著差异，但对县级及以下政府的满意度则呈现出农民对政府的满意度因村庄所处位置越偏远而越低的特点。如表5-29所示，处于不同农村位置的农民对中央政府的满意度均在90.0%左右，相互间没有显著差异；但对县政府和乡镇政府的满意度调查显示，城市郊区、乡镇郊区、偏远农村农民的满意度相差较大，他们对县政府的满意度累计分别为72.6%、67.9%、63.5%，对乡镇政府的满意度累计分别为61.5%、53.7%、51.0%。显然，农民对县级和乡镇政府的满意度与其所处村庄位置的便捷性成正比，所处村庄位置越便捷的农民对县乡政府越满意，而所处村庄位置越偏远的农民对县乡政府的满意度越低。这种结果与不同位置农村的经济发展程度和生活便利程度不同有很大关系，偏远农村的经济、交通、教育等较之于城市落后，客观物质条件和外在环境影响了农民的政府评价。

表5-29　　　　农民对政府的满意度（空间位置的影响）　　　　单位：%

		非常不满意	不太满意	一般	比较满意	非常满意
对中央政府的满意态度	城市郊区	0.0	0.0	11.0	34.1	54.9
	乡镇郊区	0.5	0.7	7.6	36.7	54.5
	偏远农村	0.4	1.3	9.6	36.9	51.8
对县政府的满意态度	城市郊区	0.0	4.4	23.1	47.3	25.3
	乡镇郊区	1.4	5.1	25.6	40.0	27.9
	偏远农村	2.1	5.3	29.1	37.8	25.7
对乡镇政府的满意态度	城市郊区	0.0	6.6	31.9	42.8	18.7
	乡镇郊区	5.8	9.2	31.4	32.8	20.9
	偏远农村	3.8	14.5	30.7	34.0	17.0

从职业看，不同职业身份的农民对政府的满意度存在差异。半工半农的农民对政府的满意度最高，完全务工的农民对政府的满意度最低，完全务农的农

民对政府的满意度则位于二者之间。表5-30显示，不同职业身份的农民对政府的满意度呈现出半工半农、完全务农、完全务工农民的由高至低趋势。无论是对中央政府、县级政府还是对乡镇政府的满意度，都是半工半农的农民最满意（分别占比92.1%、70.0%和58.2%），完全务农的农民其次（分别占比91.7%、66.8%和52.0%），完全务工的农民满意度最末（分别占比86.9%、63.8%和50.8%）。而对中央政府、县级政府和乡政府做"一般"评价的人群占比，以完全务工的农民最多，他们分别占11.9%、29.5%、34.4%。总体来看，由于半工半农状态的农民，既有相对宽裕的经济收入又可以兼顾务农，所以对中央、县级和乡镇各级政府都非常满意；而完全务工的农民由于长期"漂泊"在外，诸多方面不能享受到完全相同的市民待遇，所以持满意态度的比例相对最低，同时持"一般"模糊态度的比例也最高。

表5-30　　　　　农民对政府的满意度（职业的影响）　　　　　单位：%

		非常不满意	不太满意	一般	比较满意	非常满意
对中央政府的满意态度	完全务农	0.9	1.1	6.3	37.3	54.4
	半工半农	0.0	0.4	7.5	33.2	58.9
	完全务工	0.2	1.0	11.9	38.1	48.8
对县政府的满意态度	完全务农	1.8	5.9	25.5	40.6	26.2
	半工半农	0.4	5.0	24.6	37.5	32.5
	完全务工	2.2	4.5	29.5	40.5	23.3
对乡镇政府的满意态度	完全务农	4.7	12.1	31.2	32.2	19.8
	半工半农	2.9	12.5	26.4	35.7	22.5
	完全务工	5.5	9.3	34.4	35.1	15.7

从收入水平看，农民对政府的满意度与收入水平同方向发展，收入水平不同对政府的满意度也不同，并且这种内在差异越到基层政府越明显。如表5-31所示，收入较高、收入中等、收入较低农民对中央政府持满意态度的累计比例分别为98.1%、91.6%、86.8%，对县政府持满意态度的累计比例分别为86.6%、71.2%、57.3%，对乡镇政府持满意态度的累计比例分别为80.8%、58.8%、41.8%，显然，农民的收入水平越高，对政府的满意度就越高。数据也显示，收入较高与收入较低农民对中央政府的满意度的极差为11.3%，他们对县级政府的满意度极差值增长到29.3%，而对乡镇政府的满意度极差值则扩大到39%。可

见，越到基层，因收入带来的政府满意度差异越明显。

表 5-31　　　　　　农民对政府的满意度（经济收入的影响）　　　　　单位：%

		非常不满意	不太满意	一般	比较满意	非常满意
对中央政府的满意态度	收入较高	0.0	0.0	1.9	21.2	76.9
	收入中等	0.3	0.5	7.6	35.3	56.3
	收入较低	0.7	1.5	11.0	40.4	46.4
对县政府的满意态度	收入较高	1.9	1.9	9.6	36.6	50.0
	收入中等	1.1	3.7	24.0	42.2	29.0
	收入较低	2.2	7.5	33.0	36.5	20.8
对乡镇政府的满意态度	收入较高	3.8	3.8	11.6	44.2	36.6
	收入中等	3.7	8.4	29.1	37.3	21.5
	收入较低	5.8	15.9	36.5	28.3	13.5

2. 公众满意：中央政府与基层政府评价的价值导向

人民立场是中国共产党执政的根本立场，习近平指出"我们党的执政水平和执政成效都不是由自己说了算，必须而且只能由人民来评判。人民是我们党的工作的最高裁决者和最终评判者"①。因此，考察农民的政府评价也必须牢牢抓住"人民群众满意是检验工作的根本标准"这一原则。通过实证研究我们发现，绝大多数农民都对政府持满意态度，他们对中央政府的满意度（90.0%）显著高于县级政府（66.5%）和乡镇政府（53.3%）。这一结果与哈佛大学肯尼迪政府学院 2020 年发布的《理解中国共产党韧性：中国民意长期调查》的调查数据基本一致，他们通过 13 年的持续观察和访谈发现，2003 年以来中国民众对政府的满意度几乎全面提升，尤其是内陆及贫困地区的民众的满意度提升较大，而且政府等级越高，民众满意度越高②。实证分析进一步发现，民众对政府满意度的提升与政府在公共服务供给、反腐倡廉、环境保护方面的出色表现有很大关系。因此，各级政府应该继续按照现代政府建设的要求，以公众满意为导向，建设服务型政府、责任型政府、法治型政府和廉洁型

---

① 中共中央文献研究室：《习近平关于党的群众路线教育实践活动论述摘编》，党建读物出版社 2014 年版，第 9 页。
② 《哈佛大学调查报告：中国民众对中央政府的满意度高达 93.1%》，https://baijiahao.baidu.com/s?id=1672346392712744457&wfr=spider&for=pc。

政府，在服务中进一步提升农民对政府的满意度。

不同性别、年龄、政治面貌、受教育程度等农民的政府满意度有所不同。具体而言，男性农民对中央政府、县政府的满意度高于女性，女性农民对乡镇政府的满意度高于男性，且更容易持"一般"的模糊态度；高龄段农民对政府的满意程度高于低龄段农民，农民对政府满意度的年龄差异在中央政府层面最小；半工半农的农民对政府的满意度最高，完全务工的农民对政府的满意度最低，完全务农的农民对政府的满意度则位于二者之间；在对中央政府的满意度方面没有显著的农村位置差异，而在对县级及以下政府的满意度呈现出农村位置越偏远，对政府的满意度越低的特点；农民对政府的满意度与收入水平同向发展，收入水平不同对政府的满意度也不同，并且这种内在差异越到基层政府越明显；农民的受教育程度与政府满意度之间没有明显的关联，但越到基层政府不同学历的满意度差异越大；农民党员对各级政府的满意度均高于群众和共青团员，并且因政治面貌带来的政府满意度差异越到基层政府越明显；东部地区农民对各级政府的满意度均高于中、西部地区农民，并且越到基层政府这种差距越大。

（三）农民对党政干部的评价

新中国的缔造者毛泽东曾强调，"政治路线确定之后，干部就是决定的因素"[①]。改革开放的总设计师邓小平也强调，"现在我们是搞建设，干部已成为决定性的因素"[②]。事实上，无论任何时候，"党的干部都是党和国家事业的中坚力量"[③]，好的政策要靠干部去贯彻落实，治理中的具体问题也需要干部去主动化解。干部是否兼备"德""能""勤""绩""廉"，关乎党和政府的形象与国家发展大局。党政干部的工作做得怎么样，有没有获得民众的认可，这些都不是党政干部以及行政系统自身可以决定的，必须交由民众来评判。因为，"金杯银杯不如老百姓的口碑"，民众尤其是农民对党政干部的评价关乎着农民的政治认同和国家执政合法性。据此，本书拟从总体性和特殊性两个角度来考察当下农民对党政干部的评价。

---

① 《毛泽东选集》第 2 卷，人民出版社 1991 年版，第 526 页。
② 《邓小平文选》第 1 卷，人民出版社 1994 年版，第 209 页。
③ 习近平：《决胜全面建成小康社会　夺取新时代中国特色社会主义伟大胜利——在中国共产党第十九次全国代表大会上的报告》，人民出版社 2017 年版，第 64 页。

1. 农民对党政干部的评价现状

对"您怎样看待'我们党和国家机关的绝大多数党员、干部是廉洁奉公的,是经得住改革开放考验的'观点""有农民议论说'中央领导是恩人,省级领导是亲人,市级领导是好人,县级领导是坏人,乡级领导是恶人,村级领导是仇人',您是否同意这样的说法?""当今中国反腐败不断升级,近年来多位省部级以上高官相继落马。您对反腐怎么看?"三个问题的调查发现,绝大多数党政干部的执政能力和党性修养都获得了农民认可。

第一,大多数农民对党政干部持肯定态度,但部分农民的评价比较模糊。如表5-32所示,调查获取的1138份有效数据中,认同"我们党和国家机关的绝大多数党员、干部是廉洁奉公的,是经得住改革开放考验的"观点的受调查农民比例达60.7%(含"基本符合实际"和"恰如其分符合实际")。他们在访谈中表示"大多数的干部还是好干部,只不过有一些以权谋私的"[①]。这与哈佛大学肯尼迪政府学院2020年发布的调查数据基本一致,"就地方政府官员的具体行为和品质而言,越来越多的民众认为他们善良、博学、高效"[②]。然而,仍有19.8%的受调查者对上述评价表示不同意(含"绝不是这样"和"评价过高"),也还有19.5%的受调查者表示"不了解情况"。可见,尽管党政干部获得了大多数农民的肯定,但仍有近40.0%的受调查者"不同意"和"不了解"。说明未来的农民政治社会化仍要将提升党政干部形象,提高领导干部廉洁奉公、勤政为民的执政能力和素养作为重要工作。

表5-32　　　　　　　　农民对党政干部的总体评价　　　　　　　　单位:%

	频率(份)	有效百分比(%)
不了解情况	222	19.5
绝不是这样	40	3.5
评价过高	185	16.3
基本符合实际	526	46.2
恰如其分符合实际	165	14.5
合计	1138	100.0

① 访谈编号:2019SCHWQ01。
② 陈禹同:《美调查报告显示:中国民众对政府满意度高》,《中国社会科学报》2020年7月31日第2版。

第五章 城镇化背景下农民政治社会化样态实证分析（下）

在农民群体内部，农民对党政干部的评价也不完全一致，性别、年龄、受教育程度、政治面貌和收入等因素会影响不同农民群体对党政干部的评价。从性别看，男性农民对党政干部的评价好于女性。在被问及你是否同意"我们党和国家机关的绝大多数党员、干部是廉洁奉公的，是经得住改革开放考验的"这一观点时，受调查的男性农民47.6%认为此评价"基本符合事实"，另有17.1%表示此评价"恰如其分符合实际"，认同此观点的男性农民比例累计有64.7%；而女性农民认为此评价"基本符合实际"和"恰如其分符合实际"的比例分别有44.3%和10.6%，累计共有54.9%；同时，对党政干部是否廉洁奉公、是否经得住改革开放考验这一问题表示"不了解情况"而无法做出评价的受调查者，女性农民以24.6%的比例高于男性（15.9%）；而不同意绝大多数党政干部廉洁奉公、经得住改革开放考验这一评价或认为该评价过高的人数比例，女性也高于男性（见表5-33）。显然，无论从正向的积极肯定，还是反向的消极否定，甚至是中性的视角，男性农民对党政干部的评价都整体好于女性。

表5-33　　　　农民对党政干部的评价（性别的影响）　　　　单位：%

	不了解情况	绝不是这样	评价过高	基本符合实际	恰如其分符合实际
男	15.9	3.1	16.3	47.6	17.1
女	24.6	4.2	16.3	44.3	10.6

从年龄看，农民对党政干部的评价具有明显的年龄差异。表5-34显示，不同年龄段农民的评价具有典型的代际特点。他们认同这一评价的人数分别占其受调查者总人数的比例分别为57.8%（25岁及以下）、49.8%（26~35岁）、57.8%（36~45岁）、66.7%（46~55岁）、69.9%（56~65岁）和63.9%（66岁及以上）。显然，45岁及以下年龄段农民积极认可的比例都在60.0%以下，未达到对党政干部积极评价的整体平均数（60.7%），而46岁及以上的农民对党政干部的评价普遍较好，积极认可的比例远远超越了农民群体正向评价的整体平均数。与此同时，反对绝大多数党政干部廉洁奉公、经得住改革开放考验这一评价或认为该评价过高的各年龄段农民人数也有明显的代际特点。数据显示，45岁及以下各年龄段农民否定此评价的累计占比分别为20.7%、28.6%、20.5%，而46岁及以上各年龄段农民否定的比例累计分别为17.2%、15.4%、14.0%。可见，无论从正向还是反向的评价数据来看，高龄段农民对党政干部的评价都好于低龄段农民。

表 5-34　　　　　　农民对党政干部的评价（年龄的影响）　　　　　　单位:%

	不了解情况	绝不是这样	评价过高	基本符合实际	恰如其分符合实际
25 岁及以下	21.5	2.2	18.5	43.0	14.8
26~35 岁	21.6	5.5	23.1	40.7	9.1
36~45 岁	21.7	4.5	16.0	46.7	11.1
46~55 岁	16.1	2.4	14.8	47.1	19.6
56~65 岁	14.7	2.8	12.6	51.7	18.2
66 岁及以上	22.1	3.3	10.7	50.8	13.1

从政治面貌看，农民对党政干部的评价具有显著的政治面貌差异。表 5-35 显示，认同"绝大多数党政干部廉洁奉公、能够经得住改革开放考验"这一评价的农民群体，群众有 56.0%，共青团员有 64.8%，中共党员有 79.7%；表示这一"评价过高"和现实"绝不是这样"的农民群体的比例，群众、共青团员和中共党员累计分别有 20.9%、21.3% 和 11.5%；而对党政干部是否廉洁奉公、是否经得住改革开放考验表示"不了解情况"的被调查农民比例，中共党员有 8.8%，远低于群众（23.1%）和共青团员（13.9%）。显然，农民的政治身份决定了其对党政干部的认识和评价。农民党员因为有着比群众和共青团员更多的机会接触党政干部，更了解党政干部群体，因而更容易形成对党政干部的认同，也更愿意明确表达对党政干部的认同。整体而言，中共党员对党政干部的评价更为积极。

表 5-35　　　　　　农民对党政干部的评价（政治面貌的影响）　　　　　　单位:%

	不了解情况	绝不是这样	评价过高	基本符合实际	恰如其分符合实际
群众	23.1	4.1	16.8	45.5	10.5
共青团员	13.9	2.8	18.5	50.0	14.8
中共党员	8.8	1.4	10.1	44.6	35.1

从受教育程度看，农民对党政干部的评价与其受教育程度具有密切关联。表 5-36 显示，对"我们党和国家机关的绝大多数党员、干部是廉洁奉公的，是经得住改革开放考验的"这一观点，"从未受过任何教育"的被调查农民认同的比例最低，只有其参与被调查总人数的 48.4%，此后小学、初中、高中（中专）文化的被调查农民认同此观点的比例依次上升，分别是其总人数的

57.7%、61.3%和64.0%，具有"大学（大专）及以上"文化程度的农民认同这一观点和评价的人数占比最高，达到65.3%。与此同时，不同受教育程度的农民对绝大多数党政干部廉洁自律、能够经得住改革开放考验这一评价表示否定的声音，也具有鲜明的学历特点。他们否定这一评价的比例仍然呈现出从未受过教育的最低（16.6%），小学、初中、高中（中专）学历的农民比例依次上升，具有大学（大专）及以上学历的被调查农民最多（21.4%）。而对党政干部是否廉洁自律、是否经得住改革开放考验表示"不了解情况"的比例则呈现出随受教育程度的提升而递减的趋势。显然，受教育程度越高的农民对党政干部的行为有更充分和理性的认识，因而比起受教育程度较低的农民更能够对党政干部做出明确的评价。而且农民对党政干部的评价，无论是正向还是反向的评价，都呈现出与其受教育程度成正比的特点。

表5-36　　　　农民对党政干部的评价（受教育程度的影响）　　　单位：%

	不了解情况	绝不是这样	评价过高	基本符合实际	恰如其分符合实际
从未受过任何教育	35.0	1.6	15.0	36.7	11.7
小学	23.8	2.8	15.7	49.7	8.0
初中	18.9	4.8	15.0	46.5	14.8
高中（中专）	14.9	2.7	18.4	42.8	21.2
大学（大专）及以上	13.3	2.7	18.7	48.7	16.6

从区域看，不同区域农民对党政干部的评价有较大的不同。表5-37显示，表示"绝大多数党政干部廉洁奉公且经得住改革开放考验"这一评价"基本符合实际"和"恰如其分符合实际"的累计占比，东部地区农民有66.6%，西部地区农民有64.6%，中部地区农民有49.3%；表示这一"评价过高"和现实"绝不是这样"的被调查农民比例，东部、西部和中部地区分别有12.9%、18.2%和26.0%；而对"党政干部是否廉洁奉公、是否经得住改革开放考验"表示"不了解情况"的被调查农民比例，东部地区有20.3%，西部地区有17.2%，中部地区则多达24.7%。可见，不同区域农民对党政干部的评价呈现出"东部—西部—中部"的递减趋势，东部地区农民对党政干部的评价最高，中部地区农民对党政干部的评价最低，东、中、西部区域农民对党政干部的评价仍具有典型的"中部塌陷"特征。

表 5-37　　　　　　　农民对党政干部的评价（区域的影响）　　　　　　单位：%

	不了解情况	绝不是这样	评价过高	基本符合实际	恰如其分符合实际
东部地区	20.3	2.4	10.5	39.8	26.8
中部地区	24.7	4.9	21.1	41.2	8.1
西部地区	17.2	3.1	15.1	49.5	15.1

从收入看，收入水平的高低影响农民对党政干部的认识和评价。表5-38显示，收入水平不同的农民群体对党政干部的评价差异较大。自我判定"收入较高"的农民持"基本符合实际"和"恰如其分符合实际"的人最多，累计比例高达82.0%，比自认"收入中等"和"收入较低"的农民分别高出13.6个和34.4个百分点。显然，农民对党政干部的正向认同程度与其收入水平成正比例关系。数据同时显示，表示这一"评价过高"和现实"绝不是这样"和认为自己"不了解"党政干部是否廉洁自律、是否经得住改革开放考验的被调查农民比例则与其经济收入水平呈反向发展的态势。自认"收入较低"的农民有25.1%反对上述评价，自认"收入中等"的农民有16.8%表示否定，而自认"收入较高"的农民反对上述评价的声音只有10.0%；对党政干部是否廉洁自律、是否经得住改革开放考验态度模糊的农民群体，自认"收入较低"的农民占比最高（27.3%），自认"收入中等"的农民居中（占比14.8%），自认"收入较高"的农民占比最少，只有8.0%。可见，收入水平越高的农民对党政干部的评价越积极肯定。提高农民经济收入必然成为未来提升并夯实农民政治认同的重要策略。

表 5-38　　　　　　　农民对党政干部的评价（经济收入的影响）　　　　　　单位：%

	不了解情况	绝不是这样	评价过高	基本符合实际	恰如其分符合实际
收入较高	8.0	2.0	8.0	52.0	30.0
收入中等	14.8	2.8	14.0	49.5	18.9
收入较低	27.3	4.7	20.4	40.9	6.7

第二，农民对不同层级党政干部的评价都比较理性，但其评价具有明显的差序信任特点。在被问及是否同意"中央领导是恩人，省级领导是亲人，市级领导是好人，县级领导是坏人，乡级领导是恶人，村级领导是仇人"这一说法时，被调查农民的态度很不相同。有42.0%的农民表示不赞成这种观点，

有34.5%表示认同,有23.6%表示"无所谓"。42.0%的受调查农民明确反对上述说法,说明近半数农民对党政干部都有正确的认识,也能做出理性、客观的评价;但34.5%的赞同比例又说明当下党政干部尤其是基层干部的认同度不高,部分农民对党政干部的评价存在"以偏概全"的倾向和差序信任。

表5-39　　　　　　　农民对不同层级党政干部的评价　　　　　　　单位:%

	频率(份)	有效百分比(%)
非常不赞同	68	6.0
不赞同	411	36.0
无所谓	269	23.6
赞同	273	23.9
非常赞同	121	10.6
合计	1142	100.0

从年龄段看,高龄段农民对不同层级领导干部的评价具有典型的差序信任特点,而低龄段农民的评价更加理性客观。如表5-40所示,各年龄段农民赞同的比例各不相同,分别是30.1%(25岁及以下)、36.0%(26~35岁)、34.4%(36~45岁)、30.1%(46~55岁)、38.9%(56~65岁)和42.2%(66岁及以上),随着年龄的上升他们赞同的比例整体也随之上升;而不同年龄段农民对此表示反对的比例则随着年龄的上升而有下降的趋势,他们反对的比例依次表现为42.1%(25岁及以下)、36.4%(26~35岁)、40.3%(36~45岁)、51.0%(46~55岁)、36.1%(56~65岁)和39.6%(66岁及以上)。可见,高龄段农民由于经历丰富,对党政干部的评价容易陷入固定思维而具有绝对的差序信任特点,而低龄段农民更倾向基于现实进行理性务实的评价。

表5-40　　　　农民对不同层级党政干部的评价(年龄的影响)　　　　单位:%

	非常不赞同	不赞同	无所谓	赞同	非常赞同
25岁及以下	8.3	33.8	27.8	21.8	8.3
26~35岁	3.4	33.0	27.6	23.7	12.3
36~45岁	7.5	32.8	25.3	23.6	10.8
46~55岁	7.4	43.6	18.9	23.3	6.8
56~65岁	3.5	32.6	25.0	25.7	13.2
66岁及以上	3.3	36.3	18.2	27.3	14.9

从政治面貌看，中共党员对不同层级党政干部的认知较非党员更理性。调查数据显示，农民党员持否定态度的累计比例为60.7%，比群众和共青团员分别高出22.3个和19个百分点；并且对此"无所谓"的中共党员仅有7.3%，比群众和共青团员分别低19.8个百分点和14.7个百分点（见表5-41）。可见，农民党员更能够秉持实事求是、客观理性的态度对不同层级领导干部进行全面的认识和评价，观点鲜明且很少模糊不清。

表5-41　　　　农民对不同层级党政干部的评价（政治面貌的影响）　　　单位：%

	非常不赞同	不赞同	无所谓	赞同	非常赞同
群众	4.5	33.9	27.1	23.9	10.6
共青团员	5.0	36.7	22.0	25.3	11.0
中共党员	14.7	46.0	7.3	22.0	10.0

从受教育程度看，较高文化程度的农民对不同层级领导干部的评价更理性。表5-42显示，对"中央领导是恩人，省级领导是亲人，市级领导是好人，县级领导是坏人，乡级领导是恶人，村级领导是仇人"这一观点，表示赞同的被调查农民比例具有典型的学历差异，高中（中专）及以下文化程度的农民持赞同态度的比例大都在36.0%以上，高中（中专）文化程度的农民有27.9%表示赞同，而大学（大专）及以上文化程度的农民有29.8%表示认同。而明确表示反对的农民群体，高中以上文化程度的农民累计有50.0%左右，而高中（中专）及以下文化程度的农民比例基本都在40.0%以下。可见，农民对不同层级党政干部的评价与其受教育程度密切相关，文化程度较高的农民更容易秉持实事求是的态度进行理性分析和评价，而文化程度较低的农民对干部的评价容易随大溜，缺乏自己的独立分析和判断。

表5-42　　　　农民对不同层级党政干部的评价（受教育程度的影响）　　单位：%

	非常不赞同	不赞同	无所谓	赞同	非常赞同
从未受过任何教育	5.0	31.7	21.6	26.7	15.0
小学	2.5	32.7	26.8	25.7	12.3
初中	5.5	34.4	23.7	25.4	11.0
高中（中专）	9.5	40.1	22.5	18.9	9.0
大学（大专）及以上	8.6	41.7	19.9	23.2	6.6

从收入水平看，经济收入主观感知越高的农民对不同层级领导干部的评价更为理性。表5-43显示，自认收入较高的农民持反对意见的比例最高，累计达到48.1%，分别高于自认收入中等（47.3%）和收入较低的农民（33.5%）；持"无所谓"态度的比例，自认收入较高的农民最少（17.30%），自认收入较低的农民最多（27.0%）。可见，农民对不同层级党政干部的评价与其收入水平成正比，收入越高的农民越能理性认识和明确表达自己的观点。

表5-43　　农民对不同层级党政干部的评价（经济收入的影响）　　单位：%

	非常不赞同	不赞同	无所谓	赞同	非常赞同
收入较高	7.7	40.4	17.3	17.3	17.3
收入中等	8.3	39.0	21.6	22.0	9.1
收入较低	2.5	31.0	27.0	27.4	12.1

第三，绝大多数农民都对反腐败持高度肯定态度。亨廷顿曾指出，"腐化是现代化的产物""腐化程度与社会和经济迅速现代化有关"[1]。现代化转型过程中社会基本价值观、社会财富和权力来源的变化以及政治体制输出的变革，使得腐败已成为当下中国现代化发展进程中的突出问题，已经严重影响到公众对党和国家的政治信任与认同。因此，党的十八大以来将反腐败作为党和国家重建公众政治信任、密切党群关系、提升党政干部形象的重要策略，并开展了如火如荼的反腐败工作。反腐败的成效如何？公众如何看待反腐败？实质上是公众评价党政干部的另一种表现。对"当今中国反腐败不断升级，近年来多位省部级以上高官相继落马。您对反腐怎么看？"这一问题的调查发现，绝大多数受调查农民表现出了对反腐败成效的乐观态度，认为"反腐大快人心"（55.0%）和对反腐败"比较乐观"（30.9%）的受调查农民累计达到85.9%，仅有8.4%对此感到"比较失望"或"比较担忧"（见表5-54）。这说明，党的十八大以来中央坚持"老虎""苍蝇"一起打的反腐败斗争已经形成压倒性态势，严惩腐败的各类举措得到了绝大多数农民的支持和认同并寄予了很高的期望。"反腐倡廉的支持率已从2011年的35.5%上升到2016年的71.5%，民众普遍支持政府的反腐倡廉行动""中国政府比过去20年中的任何时候都更

---

[1]　[美]塞缪尔·P.亨廷顿：《变化社会中的政治秩序》，王冠华等译，上海人民出版社2008年版，第45页。

受欢迎""中国民众对中国政府满意率比过去几十年任何时候都高",这都与十八大以来的反腐倡廉有很大关系。哈佛大学肯尼迪政府学院阿什民主治理与创新中心于2020年7月发布的这一最新调查结论正是对农民对反腐败的积极态度和对党政干部的良好评价的最好印证[①]。

表5-44　　　　　　　　农民对当下反腐败的评价　　　　　　　单位:%

	频率(份)	有效百分比(%)
没有看法	65	5.7
比较失望	33	2.9
比较担忧	63	5.5
比较乐观	353	30.9
反腐大快人心	628	55.0
合计	1142	100.0

当然,对反腐败的认同和支持在农民群体内部也非完全一样,仍然有着性别、年龄、政治面貌、区域和收入等因素造成的差异。整体而言,男性农民对反腐败的评价更为积极乐观。表5-45显示,对近年来的反腐败,男性农民有31.4%"比较乐观",有57.3%认为"反腐大快人心",两者的累计比例高达88.7%,而女性农民认为反腐败"比较乐观"和"反腐大快人心"的比例分别为30.4%和51.3%,累计占比81.7%,均低于男性。

表5-45　　　　　　　农民对反腐败的评价(性别的影响)　　　　　　单位:%

	没有看法	比较失望	比较担忧	比较乐观	反腐大快人心
男	3.9	3.1	4.2	31.4	57.3
女	8.2	2.6	7.5	30.4	51.3

从年龄段看,高龄段农民对反腐败持乐观肯定态度的比例要高于低龄段。表5-46显示,各年龄段农民整体都对反腐败有信心,但他们的信心程度仍然有差异。数据显示,不同年龄段农民对反腐败"比较乐观"和认为"反腐大

[①] 陈禹同:《美调查报告显示:中国民众对政府满意度高》,《中国社会科学报》2020年7月31日第2版。

快人心"的累计比例分别为82.8%（25岁及以下）、80.8%（26~35岁）、82.7%（36~45岁）、89.8%（46~55岁）、89.5%（56~65岁）和90.1%（66岁及以上）。显然，46岁及以上各年龄段农民对反腐败的信心更强，他们认同反腐败成效的人数占比大都在90.0%左右，明显超出其他年龄段。与此相应，对反腐败成效无论是"失望"或"担忧"的悲观情绪，还是"没有看法"的漠然情绪，45岁及以下年龄段的被调查农民占比都明显高于46岁及以上年龄段的被调查农民。整体上，高龄段农民对反腐败更为乐观。

表5-46　　　　　农民对反腐败的评价（年龄的影响）　　　　单位：%

	没有看法	比较失望	比较担忧	比较乐观	反腐大快人心
25岁及以下	6.7	3.8	6.7	34.3	48.5
26~35岁	7.4	6.4	5.4	30.1	50.7
36~45岁	7.8	2.9	6.6	28.4	54.3
46~55岁	3.1	1.0	6.1	31.1	58.7
56~65岁	4.9	1.4	4.2	28.7	60.8
66岁及以上	4.9	2.5	2.5	36.0	54.1

从政治面貌看，农民对反腐败的信心具有显著的政治身份差异。整体而言，具有中共党员身份的农民群体对反腐败具有高于群众的更大信心。表5-47显示，对反腐败信心最大的是中共党员，其"比较乐观"和认为"反腐大快人心"的人员占比合计为93.3%，共青团员"比较乐观"和认为"反腐大快人心"的人员占比累计为87.6%，群众中"比较乐观"和认为"反腐大快人心"的人员累计却只有84.0%，显然，不同政治面貌的农民对反腐败的信心呈现出群众、共青团员、中共党员的递增趋势。农民的反腐败信心与其政治面貌具有显著的正相关关系，即政治面貌越积极先进，具有该政治面貌的农民群体就对反腐败越有信心。这与李辉等人的研究结论殊途同归，"无论模型怎么变化，中共党员对反腐败的满意度都要显著高于非中共党员"[1]。

---

[1] 李辉、肖汉宇、公婷：《个人经济状况会影响其对反腐败的评价吗?》，《东方早报》2016年6月7日。

表 5-47　　　　　农民对反腐败的评价（政治面貌的影响）　　　　单位：%

	没有看法	比较失望	比较担忧	比较乐观	反腐大快人心
群众	7.1	3.1	5.8	30.4	53.6
共青团员	3.2	2.8	6.4	33.5	54.1
中共党员	2.0	2.0	2.7	30.0	63.3

从区域看，不同区域农民对反腐败的信心有大小之别。表 5-48 显示，认为当下反腐败"比较乐观"和"反腐大快人心"的累计比例，东部、西部和中部地区农民分别有 92.7%、86.7% 和 81.4%，东部地区农民反腐败的信心最大，中部地区农民反腐信心最小；而对反腐败成效持"失望"和"担忧"的悲观情绪，或"没有看法"的漠然情绪上，东部地区农民累计分别只有 4.8% 和 2.4%，西部地区农民累计只分别有 7.7% 和 5.6%，而中部地区农民持此两种观点的比例则最高，分别达到 11.4% 和 7.2%。显然，东部地区农民最为认同反腐败，中部地区农民反腐败的信心相对最小，不同区域农民所展现的反腐败信心呈现出"东部—西部—中部"的递减趋势，具有明显的"中部塌陷"特征。

表 5-48　　　　　农民对反腐败的评价（区域的影响）　　　　单位：%

	没有看法	比较失望	比较担忧	比较乐观	反腐大快人心
东部地区	2.4	2.4	2.4	31.7	61.0
中部地区	7.2	2.9	8.5	37.1	44.3
西部地区	5.6	2.9	4.8	28.1	58.6

从收入水平看，农民的自我收入水平判定也会影响其对反腐败的信心和评价。整体而言，自我判定收入较高的农民对反腐败更为乐观。表 5-49 显示，自我判定属于"收入较高"层次的农民对反腐败持"比较乐观"和"反腐大快人心"的比例最高，累计达到 90.4%，分别高出自我判定"收入中等"（87.2%）和"收入较低"（83.5%）层次的农民 3.2 个和 6.9 个百分点；并且他们对反腐败成效如何往往态度明确，漠然视之"没有看法"的情况很少，相比自我判定"收入中等"和"收入较低"的农民各自 4.5% 和 7.8% 的比例，他们仅有 1.9% 的人对反腐败"没有看法"。可见，农民对国家反腐败的信心大小和评价好坏与其自我感知的经济收入高低成正比例，经济收入自我感知越

高的农民可能会将自身经济状况的改变归因于政府的反腐败努力,因此会对政府的反腐败绩效做出更积极的评价,而经济收入自我感知越低的农民对反腐败的满意程度则相对较小。

表 5-49　　　　　　　农民对反腐败的评价(经济收入的影响)　　　　　　单位:%

	没有看法	比较失望	比较担忧	比较乐观	反腐大快人心
收入较高	1.9	1.9	5.8	40.4	50.0
收入中等	4.5	2.7	5.6	29.8	57.4
收入较低	7.8	3.3	5.3	31.4	52.1

2. 清正廉洁:农民对干部的理性评价与高度的反腐认同

在中国,传统封闭落后的小农自然经济创设了明君贤臣的政治制度安排和人主我奴的政治依附心理。作为中国特有的一种政治文化现象,这种对权力的崇拜所导致的"清官"情结展现了具有臣民人格的农民对权威的盲目依附和服从。中华人民共和国成立 70 余年农民政治社会化的变迁就是要实现中国农民政治人格由臣民走向公民,让其对官员的态度从盲目依附与服从走向理性认识和评判,让其政治理念从人治走向法治、忠君走向人民利益至上。在中国特色社会主义进入新时代的当下,"信念坚定、为民服务、勤政务实、敢于担当、清正廉洁"[1] 已经成为党政干部是否合格的评判标准。而"清正廉洁"既是对干部从政最基本的道德底线要求,更是中国共产党的优良传统和政治本色[2],是影响农民评价党政干部的核心指标,进而成为衡量农民政治认同的重要尺度。实证研究显示,今天在绝大多数农民心中,党政干部整体上都是廉洁自律的,他们都经受住了改革开放各种诱惑的考验。中国数十年经济发展成果和各级政府推动减贫事业、保障弱势群体利益、促进公共服务均等化各项政策措施的有效实施,使城乡居民尤其是农民成为改革红利和实惠更广泛的受益者,农民对不同层级政府及党政干部的满意度在全面提升。而"中国政府比过去 20 年中的任何时候都更受欢迎""中国民众对中国政府满意率比过去几十年任何时候都高",十八大以来的反腐倡廉有巨大功劳。可以说,对国家反腐败工作及成效的认识和看法,也从另一方面反映出当下农民对党政干部的态

---

[1] 《习近平谈治国理政》第 1 卷,外文出版社 2018 年版,第 412 页。
[2] 秦彪生:《清正廉洁:党员干部从政道德之本》,《求知》2015 年第 6 期。

度。调查数据显示，今天绝大多数农民都对反腐败持高度肯定态度，"这几年国家打贪官真是大快人心，我们都很支持国家反腐败"①。"国家大力反腐，我认为这好得很啊。"② 受调查农民既从整体上肯定了党员干部清正廉洁，又从具体领域对我国近年的反腐败工作给予了高度评价，表达出了对党员领导干部的政治信任和认同。

当然，尽管农民整体上对党政干部都有很高的认同度，但仍有少部分农民还不能理性地认识和评价，而且农民群体内部对党政干部的评价也还有着结构性差异。整体而言，男性农民相较于女性对党政干部有着更大的信心、更正面的评价，对国家反腐败工作及其成效更为乐观和中肯；中高龄段农民相较于低龄段农民对党政干部有着更高的评价，对国家反腐败工作及成效更为乐观和中肯，同时由于经历丰富，他们更容易基于固定思维对不同层级的党政干部形成绝对化的差序评价，而低龄段农民更能秉持理性客观的态度正确评价各级党政干部；农民对党政干部的评价总是与其受教育程度密切相关，文化程度较高的农民更容易秉持实事求是的态度对党政干部进行理性分析和评价，而文化程度较低的农民容易随大溜，对党政干部缺乏自己的独立分析和判断。不同政治面貌的农民对党政干部和反腐败的信心都呈现出群众、共青团员、中共党员的递增趋势，中共党员对党政干部的认可程度和对反腐败的信心均高于群众和共青团员，并更能客观理性地对各层级党政干部进行评价，并且观点最鲜明而少有模糊；在对党政干部和反腐绩效的评价上仍然存在明显的"中部塌陷"特征，东部和西部地区农民对党政干部和反腐绩效的评价都明显高于中部地区；农民对党政干部和反腐败绩效的信心大小和评价好坏与其自我感知的经济收入高低成正比，自我判定经济收入较高的农民比自我判定收入中等或较低的农民对党政干部的评价更好更高，对反腐败工作及其成效更为乐观。

二 农民的政治效能感

政治效能感是民众关于自身政治影响力和政治系统回应力的认知与判断，是一种"政治和社会变迁是可能的以及公民个体能够促使这一变迁发生的感

---

① 访谈编号：2019HBZFL01。
② 访谈编号：2019SX1LHM01。

觉"①。作为政治心理系统中一种特殊的政治态度②,政治效能感是农民政治社会化过程中的重要心理基础,构成现代"政治人"公民品格的重要组成部分。在政治社会化中,个体的政治效能感既是民众评估自身和政治体系政治能力的重要依据,也是影响个体政治参与意愿的关键因素之一,更是衡量个体政治社会化程度和国家政治统治正当性的核心指标。因此,测量农民的政治效能感,能够清晰地反映当下农民对政治事务的了解程度和参与意愿以及对政府回应力的评价,进而从精神层面把握农民政治参与的真实想法,为农民政治社会化提供切实有效的改进策略。

(一) 农民政治效能感的现状

政治效能感作为公民对政治体系的心理认知,包含着对自身政治影响力和政治体系对自身诉求的回应力两个方面的认知。虽然这两种认知所产生的政治效能感都会影响公民的政治态度和参与行为,但其侧重点却有明显的差别。前者主要通过对政治体系的认识和理解来判断自己的影响力,因而属于内在政治效能感。而后者主要通过政治体系对个体意见的重视和回应来判断个人对政府的实际影响力,因而属于外在政治效能感。然而,政治效能感不是一种简单的政治心理,而是"作为规范的政治效能感、作为心理学倾向或者感觉的政治效能感和作为一种行为方式的政治效能"这三个"彼此独立但又紧密关联的要素的综合体",本身就存在"应然的规范""能然的感觉"和"实然的行为"三种形态的转化③,加之社会环境、制度规范和个体内在利益需求等内外因素的影响,现实中个体的政治效能感必然有差异,并内聚成群体的现实样态。因此,考察农民在政治社会化过程中所形成的政治效能感,必须注意这些复杂的因素。

1. 农民的内部政治效能感现状

作为"个人相信自己可以影响政府的感觉",内在政治效能感深刻影响着

---

① Campbell, Angus, Gurin, Gerald and Miller, Warren E., *The Voter Decides*, New York: Row, Peterson and Company, 1954, p.187.
② 政治效能感是一种特殊的政治态度,是公民在与政治系统接触的过程中,自觉主动对参与双向互动的公民自身进行反思而形成的对自身政治能力的判断,不同于对单向度的外在认识对象所作的政治评价。
③ David Easton and Jack Dennis, "The child's acquisition of regime norms: political efficacy", *The American Political Science Review*, Vol.61, No.1, 1967.

个体政治参与的实际意愿和行动,也进而影响着个体对政府的政治信任。"那些自信的公民更像是民主的公民。他们不仅认为自己可以参与,而且其他人也应该参与,他们在参与的过程中更加积极,同时也具有更高的满意度和忠诚度"①,"没有内在政治效能感,公民将很可能变得冷漠、无动于衷、脱离民主进程"②。在中国,农民的内在政治效能感对其总体性、维持性和推动性各类政治参与确实有着显著的影响③。因此,本书依据农民了解、认识和影响基层政治能力的不同,具体设置"当我想向政府官员提意见时,常觉得没有适当的渠道""有时准备到政府部门办事,不知道该到哪些单位办理""政治这类事情太复杂了,很难理解""对于政府的决策,我一点影响力也没有""我觉得投票是我唯一能影响政府政策及表达意见的机会"五个题目来测量和掌握新型城镇化背景下农民的内部政治效能感现状。前三个问题重在测量农民对基层政治的认知和了解方面的政治效能感(可称之为"了解型政治效能感"),后两个问题重在测量农民对自己是否有能力影响政府的效能感(可称之为"影响型政治效能感")。这些题项均为负向提问,回答赞成(含"同意"和"很同意")的累计比例越大,表明农民的内部政治效能感越低;反之则意味着内部政治效能感越高。

调查统计显示,受调查农民的内在政治效能感普遍较低,但农民对自身有能力影响政府的认知明显高于对政治事务的认知和了解。表 5-50 显示,当被问及"当我想向政府官员提意见时,常觉得没有适当的渠道"和"有时准备到政府部门办事,不知道该到哪些单位办理"这两个问题时,农民表示赞成(含"同意"和"很同意")比例高达 77%,超七成受调查者都不了解、不熟悉政治参与的基本流程和知识,也不熟悉政府部门的机构设置和职能。对"政治这类事情太复杂了,很难理解"这一观点,表示反对(含"不同意"和"很不同意")的受调查农民仅有 27.8%,同样有超七成的农民无法正确理解和认识政治。农民对这些反映其最基本的了解和认知政治的主观能力问题的回答证实,农民的"了解型政治效能感"很不乐观。而对"对于政府的决策,

---

① Gabriel A. Almond and Sidney Verba, *The Civic Culture*, Princeton: Princeton University Press, 1963, p. 257.
② Morrell, M. E., Deliberation, "Democratic Decision-making and Internal Political Efficacy", *Political Behavior*, Vol. 27, No. 1, 2005.
③ 李蓉蓉:《农民政治效能感对政治参与影响的实证研究》,《深圳大学学报(人文社会科学版)》2013 年第 4 期。

我一点影响力也没有"和"我觉得投票是我唯一能影响政府政策及表达意见的机会"的观点，表示反对的农民比例累计分别有 36.5% 和 45.2%，有超半数的农民认为自身不仅对政府的影响能力较低，而且没有渠道能够实际影响现实政治体系。总之，农民的内在政治效能感总体偏低，他们潜意识里认为自身不具备认识和理解政治的能力，也不能对政府决策产生实际影响，致使其参与政治的活跃度不高。

表 5-50　　　　　　　　中国农民的内部政治效能感　　　　　　　单位：%

	很不同意	不同意	同意	很同意
当我想向政府官员提意见时，常觉得没有适当的渠道	1.5	21.6	59.1	17.8
有时准备到政府部门办事，不知道该到哪些单位办理	1.6	21.6	60.1	16.7
政治这类事情太复杂了，很难理解	2.6	25.2	59.6	12.6
对于政府的决策，我一点影响力也没有	2.4	34.1	52.2	11.3
我觉得投票是我唯一能影响政府政策及表达意见的机会	5.1	40.1	46.6	8.2

农民整体的内部政治效能感不高，农民群体内部具有不同社会人口学特征的农民的内部政治效能感是否也是如此？调查显示，性别、民族、受教育程度、政治面貌、宗教信仰、职业、收入等社会人口学特征变量都会对政治效能感产生影响，不同农民群体的内部政治效能感有差异。整体来看，男性农民的内部政治效能感普遍强于女性。如表 5-51 所示，认为自己有适当渠道向政府官员提意见的男性农民占比 24.1%、女性占比 21.4%；认为自己准备到政府部门办事而熟悉政府机构及其职能的男性农民有 25.2%，女性有 20.1%；对政治是否复杂而难以理解，被调查男性农民有 31.0% 表示政治并不复杂、自己能够理解，比做出相同表示的女性高出 7.7 个百分点；对"对于政府的决策，我一点影响力也没有"的观点，明确表示反对、认为自己对政府决策拥有影响力的男性有 39.3%，女性只有 32.4%，男性比女性高 6.9 个百分点。此外，在自己是否只有投票这个唯一渠道能够影响政府的问题上，表示自己还有其他方式表达意见和影响政府决策的男性农民有 47.2%，女性农民只有 42.5%。可见，尽管中华人民共和国成立以来农村妇女获得了极大程度的政治解放，同男性的差异和分歧也趋于弥合，但女性事实上没有获得和男性同等的政治参与话语权与影响力，因而其内在政治效能感总体上低于男性。

表 5-51　　　　　　　农民的内部政治效能感（性别的影响）　　　　　　单位：%

	性别	很同意	同意	不同意	很不同意
当我想向政府官员提意见时，常觉得没有适当的渠道	男	18.0	57.8	22.2	1.9
	女	17.4	61.3	20.7	0.7
有时准备到政府部门办事，不知道该到哪些单位办理	男	15.8	59.1	23.7	1.5
	女	17.9	62.0	18.6	1.5
政治这类事情太复杂了，很难理解	男	12.6	56.4	27.8	3.2
	女	12.7	64.0	21.6	1.7
对于政府的决策，我一点影响力也没有	男	11.4	49.3	37.1	2.2
	女	11.2	56.5	29.5	2.9
我觉得投票是我唯一能影响政府政策及表达意见的机会	男	9.5	43.3	42.0	5.2
	女	6.4	51.1	37.7	4.8

从政治面貌看，党员农民的内部政治效能感明显高于非党员。如表5-52所示，中共党员对"当我想向政府官员提意见时，常觉得没有适当的渠道"这一观点表示反对的比例累计有38.0%，"不同意"和"很不同意"这一观点的共青团员有21.2%，同样"不同意"和"很不同意"这一观点的群众有20.8%；熟悉政府机构及其职能并能找到正确部门办事的受调查农民，比例最高的仍是中共党员，占比44.7%，比受调查共青团员（19.2%）和群众（20.2%）分别高出25.5个和24.5个百分点；认为政治事务并不复杂，自己能够理解的受调查农民，仍然是中共党员最多，占比46.3%，共青团员只有28.3%，持相同看法的群众仅有其被调查总人数的24.2%。而在"影响型政治效能感"问题上，对自己影响政府决策的能力怀有信心，表示拥有多种渠道能够现实表达意见并影响政府决策的人员，仍以中共党员最多，占比均超过50.0%，而非党员农民的比例则要低得多。显然，政治面貌对农民的内部政治效能感具有显著影响，中共党员因为自身政治素质较高，有着相对于普通群众和共青团员与政府更多的接触机会，因而对自己参与政治并影响政府的能力有更大的信心。

表 5-52　　　　　农民的内部政治效能感（政治面貌的影响）　　　　单位：%

		很同意	同意	不同意	很不同意
当我想向政府官员提意见时，常觉得没有适当的渠道	群众	16.9	62.3	19.6	1.2
	共青团员	21.7	57.1	19.4	1.8
	中共党员	16.7	45.3	35.3	2.7
有时准备到政府部门办事，不知道该到哪些单位办理	群众	17.5	62.3	19.3	0.9
	共青团员	19.2	61.6	16.9	2.3
	中共党员	8.7	46.7	40.7	4.0
政治这类事情太复杂了，很难理解	群众	13.3	62.5	22.0	2.2
	共青团员	13.7	58.0	25.6	2.7
	中共党员	7.4	46.3	41.6	4.7
对于政府的决策，我一点影响力也没有	群众	11.5	54.4	31.8	2.3
	共青团员	10.5	56.2	30.6	2.7
	中共党员	11.3	34.7	51.3	2.7
我觉得投票是我唯一能影响政府政策及表达意见的机会	群众	8.4	49.4	37.1	5.1
	共青团员	7.8	46.1	41.1	5.0
	中共党员	8.0	32.7	54.7	4.7

从民族看，少数民族农民比汉族农民有更强的内部政治效能感。表5-53显示，在向政府官员提意见时有无渠道和是否熟悉政府机构及职能方面，汉族农民的内部政治效能仅分别以1.7%和1.0%的微弱优势高于少数民族，差异不显著。但就对政治事务的理解和认知、影响政府决策及其渠道而言，汉族农民的政治效能感普遍不如少数民族农民。数据显示，少数民族农民认为自己能够理解政治事务的占比为32.8%，而汉族农民仅有27.2%；认为自己具有影响政府决策能力的农民群体，少数民族农民有46.2%，而汉族农民为45.3%；表示自己具有多种渠道可以表达意见并影响政府决策，少数民族农民为48.9%，而汉族农民仅为44.7%。总体来看，少数民族农民的内部政治效能感大于汉族农民，这种差异在"影响型政治效能感"中表现得更为明显。这与少数民族地区实行民族区域自治，农民在常态化的自治实践中深化了对政治事务和政府机构的理解和认识，真切体会到了自己对政府决策的积极影响有关。

表 5-53　　　　　　　　农民的内部政治效能感（民族的影响）　　　　　　　单位：%

		很同意	同意	不同意	很不同意
当我想向政府官员提意见时，常觉得没有适当的渠道	汉族	18.5	58.2	21.8	1.5
	少数民族	12.7	65.7	20.1	1.5
有时准备到政府部门办事，不知道该到哪些单位办理	汉族	17.0	59.7	21.8	1.5
	少数民族	14.2	63.4	20.1	2.2
政治这类事情太复杂了，很难理解	汉族	12.9	59.9	24.4	2.8
	少数民族	10.4	56.7	31.3	1.5
对于政府的决策，我一点影响力也没有	汉族	11.5	53.3	33.0	2.3
	少数民族	9.7	44.0	42.5	3.7
我觉得投票是我唯一能影响政府政策及表达意见的机会	汉族	8.2	47.1	39.8	4.9
	少数民族	8.3	42.9	42.9	6.0

从宗教信仰看，农民的内部政治效能感的大小因有无宗教信仰而有不同。整体而言，无宗教信仰农民的内部政治效能感普遍高于有宗教信仰的农民。表5-54显示，无宗教信仰的农民认为有适当的渠道向政府官员提意见的有23.9%，比有宗教信仰的农民高7.5%；其自认为熟悉政府机构及其职能的有23.7%，高出有宗教信仰的农民4个百分点；对于政治是否复杂且难以理解，被调查的无宗教信仰的农民有28.3%表示政治并不复杂、自己能够理解，比做出相同表示的有宗教信仰者高出4.5个百分点。对"对于政府的决策，我一点影响力也没有"这一观点，无宗教信仰的农民有37.3%明确表示反对，认为自己对政府有着一定的影响力，有宗教信仰的农民持相同观点的比例只有30.3%；在意见表达的渠道方面，农民有无宗教信仰在影响政府政策和意见表达的效能感无显著差别。显然，无宗教信仰农民的内部政治效能感普遍高于有宗教信仰者，他们更加关心现实政治生活，在日常政治活动中也相对更加活跃。

表 5-54　　　　　　　农民的内部政治效能感（宗教信仰的影响）　　　　　　单位：%

		很同意	同意	不同意	很不同意
当我想向政府官员提意见时，常觉得没有适当的渠道	有宗教信仰	19.7	63.9	16.4	0.0
	无宗教信仰	17.6	58.5	22.2	1.7

续表

		很同意	同意	不同意	很不同意
有时准备到政府部门办事，不知道该到哪些单位办理	有宗教信仰	16.4	63.9	17.2	2.5
	无宗教信仰	16.7	59.7	22.2	1.5
政治这类事情太复杂了，很难理解	有宗教信仰	18.0	58.2	19.7	4.1
	无宗教信仰	12.0	59.7	25.9	2.4
对于政府的决策，我一点影响力也没有	有宗教信仰	15.6	54.1	28.7	1.6
	无宗教信仰	10.7	52.0	34.8	2.5
我觉得投票是我唯一能影响政府政策及表达意见的机会	有宗教信仰	7.4	45.9	43.4	3.3
	无宗教信仰	8.3	46.7	39.7	5.3

从受教育程度看，农民的内部政治效能感总体上与其受教育程度成正比。数据显示，除从未受过任何教育的被调查农民以外，农民的内部政治效能感随着受教育程度的提升而不断增强。表5-55显示，在"了解型政治效能感"方面，小学、初中、高中（中专）和大学（大专）及以上文化程度的农民觉得自己有渠道向政府提意见的比例分别为17.1%、23.4%、24.6%、27.8%，认为自己熟悉政府机构及其职能，知道到哪些单位办事的比例依次为17.0%、26.1%、25.0%和25.6%，认为政治事务并不复杂，自己能够理解的比例分别为18.4%、27.8%、34.8%和37.7%。而在"影响型政治效能感"方面，不同文化程度的农民认为自己能够影响政府决策的比例分别为26.7%（从未受过任何教育）、33.0%（小学）、38.0%（初中）、41.5%［高中（中专）］和36.2%［大学（大专）及以上］，认为自己有多种渠道、机会表达意见并影响政府决策的比例分别为36.7%（小学）、43.4%（初中）、52.3%［高中（中专）］和54.0%［大学（大专）及以上］。显然，除"从未受过任何教育"的农民外，农民的内部政治效能感与其受教育程度基本成正比。这一方面说明，"从未受过任何教育"的农民更多依靠经验来认识自己的政治影响力，多维参与经验对其内部政治效能感具有积极影响。另一方面表明，"受教育程度更高的公民，会有更频繁的政治关注、政治讨论以及更高水平的政治认知，进而提升了人们的内在政治效能感。"[1]

---

[1] 孙伦轩、刘好好：《教育如何影响人们的政治效能感——基于CGSS2010的实证研究》，《教育经济评论》2018年第4期。

表 5-55　　　　　　　农民的内部政治效能感（受教育程度的影响）　　　　　　单位：%

		很同意	同意	不同意	很不同意
当我想向政府官员提意见时，常觉得没有适当的渠道	从未受过任何教育	21.7	50.0	23.3	5.0
	小学	15.0	67.9	15.7	1.4
	初中	19.9	56.7	22.0	1.4
	高中（中专）	15.2	60.3	22.8	1.8
	大学（大专）及以上	20.5	51.7	27.8	0.0
有时准备到政府部门办事，不知道该到哪些单位办理	从未受过任何教育	23.3	58.3	18.3	0.0
	小学	17.4	65.6	16.3	0.7
	初中	16.2	57.6	24.0	2.1
	高中（中专）	13.4	61.6	22.8	2.2
	大学（大专）及以上	17.8	56.6	24.3	1.3
政治这类事情太复杂了，很难理解	从未受过任何教育	25.0	51.7	20.0	3.3
	小学	14.6	67.0	16.7	1.7
	初中	11.0	61.2	25.2	2.6
	高中（中专）	10.7	54.5	32.6	2.2
	大学（大专）及以上	10.6	51.7	33.1	4.6
对于政府的决策，我一点影响力也没有	从未受过任何教育	20.0	53.3	26.7	0.0
	小学	10.5	56.5	31.2	1.8
	初中	10.8	51.2	34.2	3.8
	高中（中专）	8.9	49.6	39.3	2.2
	大学（大专）及以上	13.2	50.7	34.9	1.3
我觉得投票是我唯一能影响政府政策及表达意见的机会	从未受过任何教育	8.3	43.3	43.3	5.0
	小学	10.5	52.8	33.9	2.8
	初中	7.7	48.9	37.4	6.0
	高中（中专）	6.7	41.1	46.0	6.3
	大学（大专）及以上	7.2	38.8	48.7	5.3

从区域看，不同区域农民内在政治效能感总体上呈现"两头高、中间低"的态势，仍然具有典型"中部塌陷"的特征。表 5-56 显示，在对基层政府政治的了解和认知上，东部地区被调查农民有着相较于中西部农民最大的政治效能感。他们中表示有适当渠道向政府官员提意见的比例为 31.4%，高出西部

（22.2%）和中部地区（21.7%）农民近10个百分点；对"有时准备到政府部门办事，不知道该到哪些单位办理"这一观点，东部地区农民最不赞同，他们有31.4%的受调查者明确表示熟悉政府机构及其职能，办事时能够找到正确部门，西部和中部地区能够做到这点的被调查农民分别只有23.3%和19.7%；而表态能够认识和理解政治事务的人员比例，同样是东部地区农民最多（有33.0%），而西部和中部地区农民仅分别有29.1%和22.7%。显然，中部地区农民的"了解型政治效能感"始终最低。在对政府决策是否有影响力和有多少渠道和机会表达意见并影响政府决策的"影响型政治效能感"的评估上，东部地区分别有46.7%和51.6%的受调查者怀有最大的自信，西部地区分别有37.6%和43.4%的受调查农民相信自己能够影响政府，而中部地区表示自己能够多渠道表达意见并影响政府的人分别有30.2%和46.6%。可见，除在多渠道表达意见并影响政府决策的积极表态上中部地区农民比例略高于西部地区之外，中部地区农民的内部政治效能感仍然最低。不同区域农民的内在效能感呈现出"东部—西部—中部"的降序排序趋势和显著的"中部塌陷"特征。

表5-56　　　　　　农民的内部政治效能感（区域的影响）　　　　　　单位：%

		很同意	同意	不同意	很不同意
当我想向政府官员提意见时，常觉得没有适当的渠道	东部地区	21.0	47.6	27.4	4.0
	中部地区	16.5	61.8	20.4	1.3
	西部地区	17.8	59.9	21.1	1.1
有时准备到政府部门办事，不知道该到哪些单位办理	东部地区	22.6	46.0	28.2	3.2
	中部地区	16.8	63.4	18.4	1.3
	西部地区	15.6	61.1	21.9	1.4
政治这类事情太复杂了，很难理解	东部地区	6.5	60.5	29.8	3.2
	中部地区	12.9	64.4	20.1	2.6
	西部地区	13.5	57.3	26.6	2.5
对于政府的决策，我一点影响力也没有	东部地区	9.7	43.5	42.7	4.0
	中部地区	10.1	59.7	28.9	1.3
	西部地区	12.0	50.4	34.9	2.7
我觉得投票是我唯一能影响政府政策及表达意见的机会	东部地区	6.5	41.9	50.8	0.8
	中部地区	7.4	46.0	38.2	8.4
	西部地区	8.8	47.7	39.1	4.3

从空间位置看,与城市空间距离的远近影响农民的内在政治效能感。表 5-57 显示,城市郊区农民拥有强于乡镇郊区和偏远农村农民的内部政治效能感。他们知道该找哪些政府部门办事的有 24.2%,乡镇郊区和偏远农村农民分别只有 23.6% 和 22.5% 知晓如何找政府部门办事;对政治事务的理解和认知方面,受调查的城市郊区农民有 36.3% 的人能够很好地理解政治事务,而乡镇郊区和偏远农村受调查的农民分别只有 27.4% 和 26.8% 能够理解政治事务。在对政府决策是否有影响力和有多少渠道与机会表达意见并影响政府决策的评估上,受调查的城市郊区农民中分别有 41.8% 和 54.9% 的人对此怀有自信,表示自己能够影响政府的决策,并有多元渠道向政府表达意见并影响其决策,乡镇郊区农民对此分别只有 36.5% 和 43.5% 的受调查者相信自己能够影响政府,偏远农村农民对自己能够影响政府抱有自信的人员占比分别只有 35.6% 和 45.4%。可见,除在多渠道表达意见并影响政府决策的积极表态上偏远农村农民略高于乡镇郊区外,农民的内部政治效能感的大小强弱与乡村和城市的距离呈负相关关系,农民的居住空间距离城市越远,其内在政治效能感越低,而离城镇越近的农民其内在政治效能感越强。这种状况的出现与农民的公民意识、政治参与经历有很大关系,可以说城郊农村的城镇化"推动了农民与城市文明的频繁接触,促进了公民意识、参与意识和维权意识的发展",而"经济欠发达远郊村城镇化水平低,农民缺乏参与公共生活和接触现代传媒文化的经历,参与意识和政治效能感最低"[①]。

表 5-57　　　　农民的内部政治效能感(空间位置的影响)　　　　单位:%

		很同意	同意	不同意	很不同意
当我想向政府官员提意见时,常觉得没有适当的渠道	城市郊区	22.0	57.1	20.9	0.0
	乡镇郊区	15.4	60.9	22.4	1.4
	偏远农村	20.0	57.3	20.8	1.9
有时准备到政府部门办事,不知道该到哪些单位办理	城市郊区	24.2	51.6	23.1	1.1
	乡镇郊区	13.8	62.6	22.2	1.4
	偏远农村	18.9	58.6	20.6	1.9

① 章秀英、章剑锋:《农村城镇化发展类型与农民公民意识的发展——以浙江省 15 个村落为例》,《学术研究》2015 年第 11 期。

续表

		很同意	同意	不同意	很不同意
政治这类事情太复杂了，很难理解	城市郊区	7.7	56.0	31.9	4.4
	乡镇郊区	12.1	60.5	25.5	1.9
	偏远农村	14.2	59.0	23.6	3.2
对于政府的决策，我一点影响力也没有	城市郊区	13.2	45.1	40.7	1.1
	乡镇郊区	9.6	53.9	34.5	2.0
	偏远农村	13.0	51.4	32.4	3.2
我觉得投票是我唯一能影响政府政策及表达意见的机会	城市郊区	7.7	37.4	50.5	4.4
	乡镇郊区	8.4	48.1	41.3	2.2
	偏远农村	8.1	46.5	36.7	8.7

从职业看，半工半农的农民比职业身份单一的农民有更高的内部政治效能感。即是说就业方式灵活的农民，越容易形成对自己参与政治活动能力的积极评价。表5-58显示，不同职业身份的农民对提意见渠道的知晓程度，半工半农的农民以27.3%的比例居于首位，完全务工的农民以24.1%的比例紧随其后，完全务农的农民知晓提意见渠道的人员最少，占比仅19.6%；对到政府办事时能准确找到相应部门最有信心的仍然是半工半农的农民（占比25.0%），完全务农者和完全务工者各有22.9%和22.1%；但在政治事务是否复杂、自己能否理解问题上，完全务工的农民因为与外界接触较多，政治知识更为丰富而表现出了比半工半农（占比27.6%）、完全务农（占比26.5%）的农民更大的政治效能感（占比29.3%）。与此同时，对自身是否有能力、有多元渠道表达意见并影响政府决策的评估也显示出半工半农的农民有最大的政治效能感。可见，半工半农农民比职业身份单一的农民更能形成积极的内部政治效能感。

表5-58　　　　　农民的内部政治效能感（职业的影响）　　　　　单位:%

		很同意	同意	不同意	很不同意
当我想向政府官员提意见时，常觉得没有适当的渠道	完全务农	18.2	62.2	18.9	0.7
	半工半农	16.8	55.9	24.4	2.9
	完全务工	17.9	57.9	22.7	1.4

续表

		很同意	同意	不同意	很不同意
有时准备到政府部门办事，不知道该到哪些单位办理	完全务农	17.3	59.8	21.3	1.6
	半工半农	16.1	58.9	23.9	1.1
	完全务工	16.7	61.2	20.2	1.9
政治这类事情太复杂了，很难理解	完全务农	15.1	58.4	24.0	2.5
	半工半农	10.8	61.6	25.4	2.2
	完全务工	11.4	59.3	26.2	3.1
对于政府的决策，我一点影响力也没有	完全务农	10.8	51.6	35.8	1.8
	半工半农	9.4	52.5	35.9	2.2
	完全务工	13.1	52.4	31.2	3.3
我觉得投票是我唯一能影响政府政策及表达意见的机会	完全务农	10.2	45.5	39.8	4.5
	半工半农	7.2	47.0	38.4	7.5
	完全务工	6.9	48.0	41.8	3.3

从收入水平看，农民的内部政治效能感大小与其收入水平有密切联系。如表5-59所示，在对基层政府政治的了解和认知上，自我感知收入较高的农民有着相较于收入中等和收入较低的农民更大的效能感。他们中表示有适当渠道向政府官员提意见的比例为40.3%，分别高出自认收入中等（24.6%）和收入较低（18.7%）农民15.7个和21.6个百分点；对"有时准备到政府部门办事，不知道该到哪些单位办理"这一观点，自我感知收入较高的农民最不赞同，他们有34.6%的受调查者明确表示熟悉政府机构及其职能，办事时能够找到正确部门，自我感知收入中等和收入较低的农民能够做到这点的比例分别只有26.9%和16.6%；而表态能够认识和理解政治事务的人员比例，自我感知收入较高的农民有46.2%，比自我感知收入中等（占比31.1%）和收入较低（占比20.9%）的农民分别高出15.1个和25.3个百分点。在对政府决策是否有影响力和有多少渠道与机会表达意见并影响政府决策的"影响型政治效能感"的评估上，自我感知收入较高的农民对此怀有最大的自信，其政治效能感分别达到54.0%和51.9%，自我感知收入较低的农民表示自己能够多渠道表达意见并影响政府决策的人员最少，占比分别只有28.4%和39.4%，自我感知收入中等的农民其政治效能感居中。显然，无论是"了解型"还是"影响型"，农民的内部政治效能感与其收入水平感知都呈显著正相关，自我感知收

入水平越高的农民,对自己影响政治能力的认知度更高。这与收入较低的农民"具有较少资源,或者认为政治系统与他们背道而驰,参与进来也是徒劳无益的"[1],收入的相对剥夺感影响了他们对政府的信任,因而更倾向把时间、精力放在解决自己的实际问题有关。因此,未来提升农民的内部政治效能感,必须以提高农民的经济收入为要。

表5-59　　　　农民的内部政治效能感(经济收入的影响)　　　　单位:%

		很同意	同意	不同意	很不同意
当我想向政府官员提意见时,常觉得没有适当的渠道	收入较高	15.4	44.2	36.5	3.8
	收入中等	17.7	57.7	23.0	1.6
	收入较低	18.3	63.0	17.6	1.1
有时准备到政府部门办事,不知道该到哪些单位办理	收入较高	9.6	55.8	32.7	1.9
	收入中等	16.2	56.9	24.9	2.0
	收入较低	18.3	65.1	15.7	0.9
政治这类事情太复杂了,很难理解	收入较高	11.5	42.3	40.4	5.8
	收入中等	10.4	58.4	28.0	3.1
	收入较低	15.9	63.1	19.4	1.5
对于政府的决策,我一点影响力也没有	收入较高	10.0	36.0	52.0	2.0
	收入中等	10.4	48.6	38.9	2.0
	收入较低	12.6	59.0	25.5	2.9
我觉得投票是我唯一能影响政府政策及表达意见的机会	收入较高	9.6	38.5	48.1	3.8
	收入中等	7.9	43.5	43.6	5.0
	收入较低	8.5	52.1	34.1	5.3

2. 农民的外部政治效能感现状

外部政治效能感是个体对政府能够对其诉求做出回应的心理预判[2],是相信自己通过公开表明自身立场能对政府的政策、决策产生影响的自我感觉[3]。

---

[1] Uslaner, E. M., "Inequality, Trust, and Civic Engagement", *American Politics Research*, Vol. 33, No. 6, 2005, pp. 868-894.

[2] Wenfang Tang, *Populist Authoritarianism: Chinese Political Culture and Regime Sustainability*, New York: Oxford University Press, 2016, pp. 77-79.

[3] Sulitzeanu-Kenan, R. and E. Halperin, "Making a Difference: Political Efficacy and Policy Preference Construction", *British Journal of Political Science*, Vol. 1, No. 1, 2013, pp. 1-28.

这种预判和感觉能够增强个体的政策偏好与其政治意识形态间的统一性[①]，能够激发公民将"应然"和"能然"的政治效能感转化为"实然"的政治行为。由于其侧重的是公民对政治体系能够重视自己意见的程度及其回应力的主观判断，比内在政治效能感更可能受到政治参与经验的影响[②]，因此，外部政治效能感成为衡量个体政治参与意愿和政治社会化水平的核心尺度。由于农民对政府政策、决策所提建议能够得到的重视和回应程度的不同感知，决定着其外部政治效能感大小，因此，我们把外在政治效能感分为"重视型"和"回应型"，并设置"当您向政府提出您的看法时，他们会认真对待""当您有事不得不找政府机关，您会受到跟其他人一样的平等对待""我对政府所提的建议，多半会被接受"三个具体题项来测量和把握农民的外部政治效能感。其中前两个问题属于"重视型外部政治效能感"，后一个问题属于"回应型外部政治效能感"。这些问题均为正向提问，回答越赞成（"同意"与"很同意"的累计比例越高），表明农民的外部政治效能感越高；反之则外部政治效能感越低。

调查统计显示，农民的外部政治效能感整体较低，"回应型外部政治效能感"尤其低于"重视型外部政治效能感"，农民对自己能够得到政府回应的信心更为不足。如表5-60所示，在"重视型外部政治效能感"中，表示当自己向政府提出看法时，政府会认真对待的受调查农民有49.1%，而认为当自己有事不得不找政府机关时会得到跟其他人一样的平等对待的受调查农民有58.5%。这说明，有五成左右的农民认为自己的意见会被政府重视并得到平等对待。但对"我对政府所提的建议，多半会被接受"这一观点，大多数农民持否定态度，认为自己所提建议能被政府回应的比例不足40%。可见，虽然有一半左右的农民认为自己的意见会得到重视，但重视并不代表政府就一定会积极回应，农民基于政治参与经验而认为政府可能做出积极回应并采纳自己建议的可能性较低。

[①] Hayes, B. C. and C. S. Bean, "Political Efficacy: A Comparative Study of the United States, West Germany, Great Britain and Australia", *European Journal of Political Research*, Vol. 23, No. 3, 1993, pp. 261–280.

[②] Finkel, S. E., "Reciprocal Effects of Participation and Political Efficacy: A Panel Analysis", *American Journal of Political Science*, Vol. 29, No. 4, 1985, pp. 891–913.

第五章 城镇化背景下农民政治社会化样态实证分析（下）

表 5-60　　　　　　　　　中国农民的外部政治效能感　　　　　　　单位：%

	很同意	同意	不同意	很不同意
当您向政府提出您的看法时，他们会认真对待	3.8	45.3	43.3	7.6
当您有事不得不找政府机关，您会受到跟其他人一样的平等对待	5.9	52.6	36.0	5.5
我对政府所提的建议，多半会被接受	5.2	33.6	52.9	8.3

农民整体的外部政治效能感不高，"回应型外部政治效能感"尤其低于"重视型外部政治效能感"，具有不同社会人口学特征的农民群体内部是否也是如此？调查显示，性别、年龄、民族、受教育程度、政治面貌、宗教信仰、区域、职业、收入等社会人口学特征变量都会对政治效能感产生影响，不同农民群体的外部政治效能感因此有着差异。整体来看，男性农民有着比女性更强的外部政治效能感。如表 5-61 所示，在对自己所提建议能否获得政府重视的效能感上，受调查男性农民 51.9% 认为政府会认真对待，并有 59.7% 表示自己会受到和他人一视同仁的平等对待，受调查女性农民有此相同效能感的人员比例则对应为 44.9% 和 56.3%；在对自己所提建议能否被政府接受的效能感上，受调查男性农民有 41.3% 对此抱有信心，受调查女性农民相应只有 34.7%。显然，男性农民对政府重视和回应自己建议所形成的效能感明显高于女性。

表 5-61　　　　　　　农民的外部政治效能感（性别的影响）　　　　　单位：%

		很同意	同意	不同意	很不同意
当您向政府提出您的看法时，他们会认真对待	男	3.8	48.1	40.8	7.3
	女	4.0	40.9	47.0	8.1
当您有事不得不找政府机关，您会受到跟其他人一样的平等对待	男	5.5	54.2	35.6	4.7
	女	6.1	50.2	36.9	6.8
我对政府所提的建议，多半会被接受	男	6.2	35.1	50.7	8.1
	女	3.8	30.9	55.5	8.8

从年龄看，外部政治效能感的大小强弱具有显著的年龄差异，中间年龄段农民具有最强的外部政治效能感。如表 5-62 所示，面对"当您向政府提出您的看法时，他们会认真对待"的题项，36~65 岁年龄段农民认可的比例平均在 51% 以上，既高于 35 岁及以下的农民（平均值约为 45.0%），也高于 66 岁

及以上的农民（均值为48.3%）；面对题项"当您有事不得不找政府机关，您会受到跟其他人一样的平等对待"，36~65岁年龄段农民平均有61.0%以上的受调查者表示认同，而35岁及以下和66岁及以上农民有此认知的人员仅分别有其被调查总人数的53.0%和57.4%。面对题项"我对政府所提的建议，多半会被接受"，36~65岁年龄段受调查农民平均有40.0%以上表示自己的建议有很大概率得到回应和接受，而35岁及以下和66岁及以上年龄段农民具有相同认知的比例分别仅有35.0%和33.1%。显然，无论是"重视型"还是"回应型"，中间年龄段农民的外部政治效能感都高于低龄段和高龄段。这与低龄段农民通常社会资本较弱，缺乏政治参与经验，高龄段农民政治关注度、政治参与的积极性有所降低有关。

表5-62　　　　　农民的内部政治效能感（年龄的影响）　　　　　单位：%

		25岁及以下	26~35岁	36~45岁	46~55岁	56~65岁	66岁及以上
当您向政府提出您的看法时，他们会认真对待	很同意	3.7	4.4	2.5	5.1	4.9	1.6
	同意	40.0	42.9	47.5	46.4	47.2	46.7
	不同意	48.1	43.3	40.2	42.7	44.4	42.6
	很不同意	8.1	9.4	9.8	5.8	3.5	9.0
当您有事不得不找政府机关，您会受到跟其他人一样的平等对待	很同意	3.7	8.0	5.3	7.5	4.9	4.1
	同意	48.1	46.3	57.7	54.2	54.2	53.3
	不同意	40.7	38.8	29.7	33.9	38.9	40.2
	很不同意	7.4	7.0	7.3	4.4	2.1	2.5
我对政府所提的建议，多半会被接受	很同意	4.4	4.5	4.6	8.2	2.1	5.0
	同意	31.9	29.7	35.3	37.5	34.5	28.1
	不同意	51.1	55.9	51.0	49.5	58.5	56.2
	很不同意	12.6	9.9	9.1	4.8	4.9	10.7

从政治面貌看，农民的外部政治效能感与其政治面貌高度相关，党员农民的外部政治效能感显著高于非党员。表5-63显示，政治面貌较高的农民群体对政府对自己诉求的重视和回应度具有高于群众的效能感。数据显示，认为自己向政府提出看法时会受到认真对待人群，比例最高的农民群体是中共党员，他们选择"同意"和"很同意"的人员占比合计达到72.6%，共青团员"同

意"和"很同意"的人员合计51.9%,群众"同意"和"很同意"这一感受的人员只有45.0%;认为自己有事找政府时会受到平等对待的人员中,比例最高的仍是中共党员,他们有此效能感的人员累计高达75.2%,分别比具有相同效能感的共青团员和群众高出22.2个和18.4个百分点。而对自己建议被政府接受的可能性,60.3%的受调查中共党员农民对此深有信心,认为政府多半会接受自己所提建议,而共青团员和普通群众对此具有政治效能感的比例累计分别仅有38.5%和34.8%,差值最大达到25.5个百分点。显然,农民的外部政治效能感与其政治面貌具有显著的正相关关系,政治身份越先进的农民与政治体系互动的素质、能力和机会更好、更大、更多,因而对政治系统回应力的主观感知和效能感更强。

表5-63　　　农民的外部政治效能感（政治面貌的影响）　　　单位:%

		很同意	同意	不同意	很不同意
当您向政府提出您的看法时,他们会认真对待	群众	2.6	42.4	47.4	7.6
	共青团员	5.9	42.0	41.6	10.5
	中共党员	7.3	65.3	24.0	3.3
当您有事不得不找政府机关,您会受到跟其他人一样的平等对待	群众	4.6	52.2	37.1	6.0
	共青团员	6.5	46.5	40.6	6.5
	中共党员	12.1	63.1	23.5	1.3
我对政府所提的建议,多半会被接受	群众	3.9	30.9	56.2	9.0
	共青团员	4.1	34.4	53.7	7.8
	中共党员	13.7	46.6	34.2	5.5

从民族看,少数民族农民的外部政治效能感普遍强于汉族。如表5-64所示,在对自己所提建议能否获得政府重视的效能感上,受调查的少数民族农民有54.4%认为政府会认真对待,并有62.7%表示会受到政府一视同仁地对待,受调查的汉族农民效能感则相对较低,他们认为政府会认真并平等对待自己所提建议的人员比例分别仅有48.5%和57.9%,比少数民族平均低5.35个百分点。在对自己所提建议能否获得政府接受的效能感上,少数民族农民有43.2%深信自己能够得到政府的采纳,而汉族农民深信政府会回应和接受自己所提建议的比例只有38.2%。显然,少数民族农民在现实政治生活中的政治体验更好。

表 5-64　　　　　　　农民的外部政治效能感（民族的影响）　　　　　　单位：%

		很同意	同意	不同意	很不同意
当您向政府提出您的看法时，他们会认真对待	汉族	3.9	44.6	43.4	8.1
	少数民族	3.7	50.7	41.8	3.8
当您有事不得不找政府机关，您会受到跟其他人一样的平等对待	汉族	5.8	52.1	36.2	5.8
	少数民族	6.7	56.0	34.3	3.0
我对政府所提的建议，多半会被接受	汉族	5.4	32.8	53.1	8.7
	少数民族	3.8	39.4	51.5	5.3

从宗教信仰看，农民对政府是否回应自身诉求的政治效能感因有无宗教信仰而有不同。调查数据展示，无论是农民对政府回应还是政府重视的主观感受，无宗教信仰农民的外部政治效能感均高于有宗教信仰的农民。这种差异在回答"当您向政府提出您的看法时，他们会认真对待"时表现得最明显，无宗教信仰的农民有50.6%具有这种受重视的效能感，比有宗教信仰的农民整整高出13.7个百分点（见表5-65）。显然，有宗教信仰的农民较少关注政治事务，因而对自己所提的建议被重视和回应的效能感较弱，而无宗教信仰的农民积极关注和参与现实政治，因而对自己与政治体系互动反馈的主观感知程度较高。

表 5-65　　　　　　农民的外部政治效能感（宗教信仰的影响）　　　　　单位：%

		很同意	同意	不同意	很不同意
当您向政府提出您的看法时，他们会认真对待	有宗教信仰	2.5	34.4	54.1	9.0
	无宗教信仰	4.0	46.6	41.9	7.4
当您有事不得不找政府机关，您会受到跟其他人一样的平等对待	有宗教信仰	8.2	44.3	38.5	9.0
	无宗教信仰	5.7	53.6	35.7	5.1
我对政府所提的建议，多半会被接受	有宗教信仰	2.5	33.6	53.3	10.7
	无宗教信仰	5.5	33.6	52.9	8.1

从受教育程度看，农民的外部政治效能感与受教育程度的高低无必然联系，学历不会显著影响农民的外部政治效能感。数据显示，在对自己所提建议能否获得政府重视的效能感上，不同受教育程度的农民的体验各不相同。认为自己的看法会被政府认真对待问题上，高中（中专）文化的农民的效能感最

强（占比53.2%），从未受过任何教育的农民的效能感最低（占比30.0%），大学（大专）及以上文化和小学文化的农民的效能感分别位居第二（占比51.3%）、第三（占比49.8%）；认为自己有事找政府时会受到政府平等对待上，从未受过任何教育的农民效能感最强（占比66.6%），高中（中专）（占比60.4%）、初中（占比59.1%）、大学（大专）及以上文化（占比58.2%）的农民效能感分别为第二、第三和第四，小学文化的农民效能感最低，只有54.4%的人对此怀有信心。在对自己所提建议能否获得政府回应和接受上，不同受教育程度的农民的效能感则呈现出"高中（中专）（46.4%）—初中（42.0%）—大学（大专）及以上（39.5%）—从未受过任何教育（30.0%）—小学（29.5%）"的降序排序趋势（见表5-66）。显然，农民的外部政治效能感与受教育程度的关联并无特定规律可循，学历越高并不一定外部政治效能感就越强。

表5-66　　　　农民的外部政治效能感（受教育程度的影响）　　　　单位：%

		很同意	同意	不同意	很不同意
当您向政府提出您的看法时，他们会认真对待	从未受过任何教育	6.7	23.3	65.0	5.0
	小学	1.4	48.4	43.1	7.1
	初中	4.3	43.9	43.2	8.6
	高中（中专）	5.4	47.8	40.2	6.7
	大学（大专）及以上	3.9	47.4	40.1	8.6
当您有事不得不找政府机关，您会受到跟其他人一样的平等对待	从未受过任何教育	8.3	58.3	33.3	0.0
	小学	4.2	50.2	40.8	4.9
	初中	6.2	52.9	34.8	6.2
	高中（中专）	5.4	55.0	34.7	5.0
	大学（大专）及以上	7.9	50.3	34.4	7.3
我对政府所提的建议，多半会被接受	从未受过任何教育	3.3	26.7	63.3	6.7
	小学	3.9	25.6	61.8	8.8
	初中	5.6	36.4	48.5	9.5
	高中（中专）	7.2	39.2	47.3	6.3
	大学（大专）及以上	4.6	34.9	53.3	7.2

从区域看，农民的外部政治效能感具有显著的区域差异。整体而言，东部

地区农民对政府重视和回应自身诉求的效能感最强。表 5-67 显示，认为自己向政府提出看法时会受到认真对待的农民群体，比例最高的是东部地区，他们选择"同意"和"很同意"的人员占比合计达到 62.6%，西部和中部地区有此效能感的农民累计占比分别为 50.9% 和 39.8%，差值最大达到 22.8 个百分点；面对题项"当您有事不得不找政府机关，您会受到跟其他人一样的平等对待"，东部地区农民有最大的效能感，他们有 70.2% 的受调查者表示自己能受到平等对待，西部地区有 61.5% 的受调查者有此效能感，而中部地区受调查农民的这一政治效能感最低，只有 46.9% 的受调查者表示认同，比东部地区整整低 23.3 个百分点。在"我对政府所提的建议，多半会被接受"的观点上，东部地区农民也展现了最强的效能感，有 52.0% 的受调查者认同此观点，而西部和中部地区拥有相同效能感的农民仅分别有 39.9% 和 30.7%。可见，不同区域农民的外部政治效能感呈现出"东部地区最高—西部地区其次—中部地区最低"的趋势和"中部塌陷"的典型特征。这种规律与东、中、西部的经济发展和国家一贯的扶持政策差异始终一脉相承。

表 5-67　　　　农民的外部政治效能感（区域的影响）　　　　单位：%

		很同意	同意	不同意	很不同意
当您向政府提出您的看法时，他们会认真对待	东部地区	8.9	53.7	34.1	3.3
	中部地区	3.6	36.2	51.8	8.4
	西部地区	3.1	47.8	41.1	8.0
当您有事不得不找政府机关，您会受到跟其他人一样的平等对待	东部地区	9.9	60.3	26.4	3.3
	中部地区	3.2	43.7	46.6	6.5
	西部地区	6.4	55.1	33.1	5.4
我对政府所提的建议，多半会被接受	东部地区	13.0	39.0	43.1	4.9
	中部地区	2.6	28.1	59.5	9.8
	西部地区	4.9	35.0	51.8	8.3

从职业看，职业身份多元的农民比职业单一的农民具有更高的外部政治效能感。无论是"重视型"还是"回应型"，半工半农的农民都以最高的比例展现出了最强的外部政治效能感。数据显示，在认为政府会认真对待自己所提看法问题上，半工半农农民效能感最大（占比 52.4%），完全务农的农民效能感稍弱（占比 50.2%），完全务工农民效能感最弱（占比 46.4%）；在认为政府

第五章　城镇化背景下农民政治社会化样态实证分析（下）

会像对待他人那样平等对待自己问题上，不同职业身份农民的效能感仍然呈现出"半工半农（60.5%）—完全务农（58.5%）—完全务工（57.1%）"的降序排序状态，半工半农的农民效能感仍然最强；在对自己所提建议能否获得政府回应和接受的效能感上，受调查的半工半农农民有44.3%深信自己能够得到政府的回应和接受，而完全务工和完全务农的农民有此效能感的比例只分别有37.3%和37.1%（见表5-68）。与此同时，三种职业身份的农民虽然外部政治效能感各有不同，但他们对政府对自身的重视程度所形成的感知大体一致，彼此的效能感数值差异并不明显。如在被问及是否同意"当您有事不得不找政府机关，您会受到跟其他人一样的平等对待"时，虽然半工半农农民的效能感最高，但他们三者之间的效能感差距并不大，只有2个百分点的体验差别。显然，职业身份多元，与外界和农村同时保有密切接触的农民的政治参与积极性更高，与政治体系的互动感知也更好。

表 5-68　　　　　农民的外部政治效能感（职业的影响）　　　　单位：%

		很同意	同意	不同意	很不同意
当您向政府提出您的看法时，他们会认真对待	完全务农	3.4	46.8	42.1	7.7
	半工半农	4.7	47.7	43.0	4.7
	完全务工	3.8	42.6	44.7	8.9
当您有事不得不找政府机关，您会受到跟其他人一样的平等对待	完全务农	4.3	54.2	36.4	5.2
	半工半农	9.4	51.1	34.4	5.1
	完全务工	5.2	51.9	37.1	5.7
我对政府所提的建议，多半会被接受	完全务农	5.7	31.4	54.3	8.6
	半工半农	6.6	37.7	48.0	7.7
	完全务工	3.6	33.7	54.9	7.9

从收入水平看，农民的外部政治效能感与其感知的收入水平成正比，自我感知收入水平更高的农民往往有着更强的外部政治效能感。亨廷顿等在解释经济收入与政治参与之间关系时曾指出，"对个人来说，高地位与较强的政治功效感相联系，而这种功效感又导致高水平的政治参与"[①]。表5-69的数据验

---

① ［美］塞缪尔·P.亨廷顿、琼·纳尔逊：《难以抉择：发展中国家的政治参与》，汪晓寿、吴志华、项继权译，华夏出版社1989年版，第73页。

证，自我感知收入较高的农民群体确实具有更强的政治效能感。他们在政府会认真和平等对待自己以及多半会回应并接受自己所提建议上，分别以54.9%、70.6%和56.0%的比例展现出最强的效能感。自我感知收入中等的农民又以各自54.5%、60.4%和42.6%的比例展现出高于自我感知收入较低农民（占比依次为40.7%、54.6%和31.3%）的政治效能感。显然，农民的外部政治效能感呈现出"收入较低—收入中等—收入较高"的升序排序趋势，农民的收入水平感知越高，参与政治的积极性越高，其外部政治效能感也相应越强。自我感知收入水平的高低不仅影响农民政治效能感的强弱，而且造成不同收入水平农民政治效能感之间的巨大差异。数据显示，不同收入水平的农民对政府会认真和平等对待自己的"重视型"外部政治效能感差异分别达到10.2个和16个百分点，对政府回应和接受自己建议所形成的"回应型"外部政治效能感更是差异巨大，自我感知收入较高的农民比自我感知收入较低农民的差值高达24.7个百分点。可见，经济收入对农民外部政治效能感的影响巨大。未来提高农民政治社会化水平和政治效能感，不可忽视大力发展经济。

表5-69　　　　　　农民的外部政治效能感（经济收入的影响）　　　　　单位:%

		很同意	同意	不同意	很不同意
当您向政府提出您的看法时，他们会认真对待	收入较高	9.8	45.1	41.2	3.9
	收入中等	4.5	50.0	38.0	7.5
	收入较低	2.2	38.5	51.0	8.2
当您有事不得不找政府机关，您会受到跟其他人一样的平等对待	收入较高	5.9	64.7	25.5	3.9
	收入中等	6.6	53.8	34.8	4.8
	收入较低	4.9	49.7	38.9	6.6
我对政府所提的建议，多半会被接受	收入较高	4.0	52.0	40.0	4.0
	收入中等	6.3	36.3	51.0	6.4
	收入较低	3.8	27.5	57.1	11.6

（二）非均衡的效能：农民政治效能感中的"内外有别"

实现农民均衡发展，将其形塑为拥有良好政治认知、正确政治观念、积极政治态度、客观政治评价、良好政治效能感和积极政治参与的现代合格政治人

第五章　城镇化背景下农民政治社会化样态实证分析（下）

是农民政治社会化的根本目标。但受现实的约束，农民政治社会化无法实现不同农民群体共时性的均衡发展，而始终体现出"多样性、差异性的存在状态"[①]。农民在政治社会化过程中产生的政治效能感也不可避免地处于非均衡状态。调研发现，大部分农民都不太了解和熟悉政治参与的基本流程和知识，不熟悉政府的机构设置和职能，对自身能否影响政府也认知较低。调研显示，具有积极内部政治效能感的农民比例均不足受调查农民总数的一半，但在对政府是否重视并会平等对待自己问题上，有超五成的受调查农民表达了认为意见会被政府重视并受到与他人相同的平等对待的外部政治效能感。显然，农民的内部政治效能感低于外部政治效能感，二者明显不够均衡。与此同时，农民内外政治效能感各自内部也展现出非均衡的特点。在"了解型"和"影响型"所构成的内部政治效能感上，尽管农民的"了解型"和"影响型"政治效能感都较低，但其对基层政治的认知和了解尤其低下，对此具有良好政治效能感的受调查农民不足 30.0%，比对自身能够影响政府具有良好认知的受调查农民比例整整低占近 10 个百分点，因此，农民的"了解型"政治效能感明显低于"影响型政治效能感"；而由"重视型"和"回应型"所构成的外部政治效能感上，有超过一半的受调查农民对自己的意见会得到重视有信心，但重视并不代表政府就一定会积极回应，农民基于自己的政治参与经验认为政府做出积极回应并采纳自己建议的可能性较低，受调查农民中深信自己会得到政府回应的比例不足 40.0%，农民的"回应型政治效能感"明显弱于"重视型政治效能感"。"政治参与的功效性，是在一次又一次的单个民主活动中体现的，取决于每次参与过程的公开性、公正性和'刚性程度'。"[②]自主性公民意识的羸弱、有效政治参与渠道的匮乏、政治信息公开程度的不高和农民政治参与的不佳体验，造成"新市民的社区（村庄）内在、外在政治效能感的结构处于'内低外高'的非均衡状态，并且是处于内、外在低水平性下的普遍的非均衡，显示出对基层自治组织低信任、低依赖下的'内低外高'状态"[③]。学者肖唐镖和孟威对维权人士群体的政治观念的分析也证实了农民政治效能感非均

[①] 徐勇：《现代国家建构中的非均衡性和自主性分析》，《华中师范大学学报（人文社会科学版）》2003 年第 5 期。
[②] 房宁：《中国政治参与报告（2016）》，社会科学文献出版社 2016 年版，第 73 页。
[③] 李蓉蓉：《脱域的政治态度：中国新市民政治效能感的特征分析——基于比较的视角》，《上海大学学报（社会科学版）》2017 年第 1 期。

衡的这一结论。①

总体而言，农民的内部和外部政治效能感整体均较低，且"内外有别"，其内部与外部之间及其内外部各自均存在结构性的差别，并常常以"内低外高"等形态展现出来，这种不均衡样态在不同性别、年龄、政治面貌、区域、民族、受教育程度等社会人口学变量上更显突出。具体而言，男性农民的政治效能感普遍高于女性；中间年龄段农民的外部政治效能感分别高于年龄段两端的农民，但低龄段和高龄段农民的政治效能感也有差异，低龄段农民的"回应型外部政治效能感"高于高龄段，但其"重视型外部政治效能感"又低于高龄段；政治面貌对农民的政治效能感具有显著影响，农民的知识、素质和能力存在差异，会影响到农民对自己参与政治活动能力和政治系统回应力的主观感觉，党员农民的政治效能感明显高于非党员；农民政治效能感均存在明显的"中部塌陷"特征，不同区域农民的政治效能感普遍呈现出"东部地区—西部地区—中部地区"的降序排序趋势；无宗教信仰农民的政治效能感普遍高于有宗教信仰的农民；少数民族农民的政治效能感高于汉族，这种差异在"影响型政治效能感"中尤其明显。居住位置离城镇的距离影响农民的政治效能感，其与农民的内在政治效能感呈负相关关系，但对农民外部政治效能感没有显著影响；农民的受教育程度与其内部政治效能感基本成正比，但与其外部政治效能感没有明显的关联，不会显著影响农民对政府重视和回应自己看法的认知与感觉。职业身份多元的农民有着较高的政治参与积极性和与政治体系的更多互动，因而有着比职业身份单一的农民更强的政治效能感；自我感知的收入水平影响农民的政治效能感，农民自我感知的收入水平越高，其政治效能感越高，同时"回应型外部政治效能感"中农民的收入水平差异明显高于"重视型外部政治效能感"。

三 农民政治参与行为

尽管随着中国新型城镇化的推进，农村人口总量已降至 5.09 亿人，占比

---

① 通过调查分析，肖唐镖和孟威认为：受访者的内在政治效能感普遍不高，而外在政治效能感要稍高于内在政治效能感。肖唐镖、孟威：《维权人士群体的政治观念分析》，《社会科学战线》2020年第8期。

仅36.11%[1]，但中国农民当下的政治素质、参政能力和政治实践仍然很大程度上影响着政治的基本走向。中国政治的本质是农民政治，没有农民的积极政治参与就没有中国的民主政治发展。[2] 农民的政治行为既是农民政治诉求的外在表现，又是检视现有政治参与渠道是否多元与畅通的有效方式，直接关系着中国农村政治现代化建设与民主政治的发展。因此，政治参与行为是测量农民政治素质、参政能力和参政技能的重要尺度，也是观察农民政治社会化水平的一个重要窗口。本部分将以政治投票、政治表达与政治接触三种主要的现实政治参与行为分析当下农民影响公共事务和政治决策的行为实践。

（一）农民的政治投票

政治投票是公民个人在互相竞争的政策或候选人之间或在其他有争议的政治问题面前表示其政治偏好或政治态度的一种政治行为。[3] 在农村，政治投票是农民直接进入民主政治生活，进行政治实践的主要方式。在中国，农民的政治投票主要集中于民主选举与民主决策两大领域，前者旨在投票选举村委会成员和人大代表，后者旨在就村庄事务决策进行投票，尊重广大村民意愿与意见，群策群力治理村庄。为此，本书设置"您是否参与过村委会成员选举投票？""您是否参与过村庄事务决策投票？""您是否参与过地方人大代表选举投票？""以上投票行为，是主动的还是被动的？"四个问题，以考察农民投票选举村委会成员和人大代表以及进行村庄事务决策的频次和意愿。

1. 农民的政治投票行为现状

对上述四个问题的调查发现，当下农民的政治投票行为总体上仍不够乐观。第一，农民政治投票行为很不均衡。农民热心于村委会成员选举，但对村庄事务决策和地方人大代表选举缺乏参与动力。表5-70显示，农民参与村委会成员选举、村庄事务决策投票和地方人大代表选举的人数比例呈现出参与村委会成员选举投票多于村庄事务决策投票，参与村庄事务决策投票又多于地方人大代表投票的状况。农民参与各类政治投票行为的统计数据验证，受调查农民有63.2%参与过（含"偶尔参加"和"经常参加"）投票选举村委会成员，有40.3%表示参与过村庄事务决策投票，而表示投票选举过地方人大代表

---

[1] 《我国人口发展呈现新特点与新趋势——第七次全国人口普查公报解读》，http://www.stats.gov.cn/tjsj/sjjd/202105/t20210513_1817394.html。
[2] 董石桃：《中国农民政治参与研究：视域和方向》，《理论与改革》2010年第3期。
[3] 黄甫生、刘凤健主编：《政治学》，湖南人民出版社2003年版，第264页。

的受调查农民仅有21.1%。可见，农民参与最多的是村委会成员选举，其参与比例远高于村庄事务决策和地方人大代表选举（二者之和为61.4%）。但这种参与状况在农民群体内部，又因农民性别、政治面貌、民族、区域、位置、收入、职业等因素的差异而又有所不同。

表5-70　　　　　　　　　　农民的政治投票行为　　　　　　　　　　单位：%

	不清楚	从不参加	偶尔参加	经常参加
村委会成员选举投票	5.5	31.3	42.2	21.0
村庄事务决策投票	9.8	50.0	28.8	11.5
地方人大代表选举投票	11.0	67.9	15.4	5.7

从性别看，男性参与政治投票的频率明显高于女性，但二者的差距在不同领域表现不同。表5-71显示，男性参与村委会成员选举投票的累计比例为69.1%，而女性仅有54.4%实际参与过村委会成员选举，比男性少14.7个百分点；对村庄事务决策，受调查男性有46.5%实际参与，而女性仅有31.1%曾经参与过，比男性低15.4个百分点；对地方人大代表选举，受调查男性有25.0%表示参与过，而女性仅有15.3%，比男性低9.7个百分点。显然，男性与女性的政治投票行为差异在与农民生活最为密切的村委会成员选举、村庄事务决策方面较大，男性参与频率明显高于女性，但在和农民生活联系不那么紧密的人大代表选举问题上，二者的差异则明显较小。这说明，男性和女性参与地方人大代表选举的意愿和实践都较低，未来的农民政治社会化工作必须强化各类政治投票行为与农民利益的关联力度，激发农民参与投票的内生动力。

表5-71　　　　　　农民的政治投票行为（性别的影响）　　　　　　单位：%

		不清楚	从不参加	偶尔参加	经常参加
村委会成员选举投票	男	4.9	26.0	44.1	25.0
	女	6.1	39.5	39.5	14.9
村庄事务决策投票	男	9.8	43.7	30.7	15.8
	女	9.4	59.4	26.1	5.0
地方人大代表选举投票	男	10.4	64.6	17.3	7.7
	女	11.6	73.1	12.7	2.6

从年龄段看，低龄段农民政治投票的参与意愿和行动最低。表5-72显示，对村庄事务决策、村委会成员和地方人大代表选举等各项政治事务的投票参与，25岁及以下农民群体的参与比例都居于最末。对村委会成员的选举，各年龄段农民的参与比例累计分别是其受调查总人数的76.2%（66岁及以上）、70.1%（56~65岁）、75.1%（46~55岁）、63.1%（36~45岁）、52.7%（26~35岁），25岁及以下农民的参与率仅32.6%；在村庄事务决策和地方人大代表选举投票问题上，25岁及以下农民的累计参与率都明显低于其余年龄段，且其参与率甚至未达各年龄段参与政治投票的平均值。显然，25岁及以下农民的政治投票参与实践相比其他年龄段具有断崖式下降的特点。

表5-72　　　　农民的政治投票行为（年龄的影响）　　　单位:%

		25岁及以下	26~35岁	36~45岁	46~55岁	56~65岁	66岁及以上	平均
村委会成员选举投票	不清楚	8.1	7.4	4.9	4.4	4.2	4.9	5.7
	从不参加	59.3	39.9	32.0	20.5	25.7	18.9	32.7
	偶尔参加	25.2	43.8	45.5	41.8	45.1	49.2	41.8
	经常参加	7.4	8.9	17.6	33.3	25.0	27.0	19.9
村庄事务决策投票	不清楚	12.8	8.9	10.2	8.8	7.0	12.3	10.0
	从不参加	65.4	58.1	51.6	38.5	44.4	50.8	51.5
	偶尔参加	19.5	28.1	29.1	32.8	31.7	26.2	27.9
	经常参加	2.3	4.9	9.0	19.9	16.9	10.7	10.6
地方人大代表选举投票	不清楚	14.1	8.4	12.6	10.4	7.6	13.9	11.2
	从不参加	75.6	72.8	67.1	60.9	70.1	68.0	69.1
	偶尔参加	9.6	16.8	15.4	19.2	13.2	12.3	14.4
	经常参加	0.7	2.0	4.9	9.4	9.0	5.7	5.3

从政治面貌看，政治面貌对农民政治投票行为具有反向影响。对能够有效测量农民政治社会化水平的其他基本维度（含政治认知、政治观念、政治态度、政治评价和政治效能感），政治面貌都具有正向的影响作用，越具有先进政治面貌的农民，其政治认知、政治观念、政治态度、政治评价和政治效能感往往都越强。而在这里，政治面貌对农民政治投票行为的影响并不如其往常那样正向。数据显示，党员农民的政治投票行为明显不如非党员。非党员累计有

65.4%参与村委会成员选举投票,党员仅有39.8%,比非党员整整低出25.6个百分点;对村庄事务决策,非党员累计有41.3%参与,党员仅28.5%,比前者低12.8个百分点;而在参与选举地方人大代表问题上,非党员有21.3%表示参与过,而表示参与过选举地方人大代表的党员有18.4%,两者相差2.9个百分点(见表5-73)。可见,农村非党员进行政治投票的实际参与率常常大于党员。一方面是由于农村党员老龄化现象比较突出致使参与度不高;另一方面是由于农村党员多是乡村精英,由于城镇化工业化的推进,流动性的加强致使农村党员多在城市务工所致。

表5-73 农民的政治投票行为(政治面貌的影响) 单位:%

		不清楚	从不参加	偶尔参加	经常参加
村委会成员选举投票	党员	10.2	50.0	27.6	12.2
	非党员	5.0	29.6	43.6	21.8
村庄事务决策投票	党员	12.2	59.2	22.4	6.1
	非党员	9.6	49.1	29.3	12.0
地方人大代表选举投票	党员	12.2	69.4	14.3	4.1
	非党员	10.9	67.8	15.5	5.8

从民族看,少数民族农民的政治投票行为多于汉族农民。表5-74显示,少数民族农民对村委会成员选举、村庄事务决策和地方人大代表选举等政治参与都具有更大的热情。他们参与村委会成员选举、村庄事务决策和地方人大代表选举的人员分别占其被调查总人数的70.7%、50.3%和27.6%,分别高出汉族农民8.5个、11.4个和7.4个百分点。可见,相较于汉族,少数民族农民对政治投票事务具有表明自己意愿、偏好和态度的更强意愿。

表5-74 农民的政治投票行为(民族的影响) 单位:%

		不清楚	从不参加	偶尔参加	经常参加
村委会成员选举投票	少数民族	7.5	21.8	43.6	27.1
	汉族	5.2	32.6	42.0	20.2
村庄事务决策投票	少数民族	10.5	39.1	35.3	15.0
	汉族	9.7	51.4	27.9	11.0
地方人大代表选举投票	少数民族	14.2	58.2	15.7	11.9
	汉族	10.6	69.2	15.4	4.8

从受教育程度看，农民参与政治投票的多寡与受教育程度同样存在密切联系。整体而言，农民投票的参与意愿和行动随受教育程度的提升而增强。表5-75显示，投票参与村委会成员选举的农民，从未受过任何教育的累计有51.6%，小学有65.4%，初中有68.6%，高中（中专）有66.5%，大学（大专）及以上有43.4%；对村庄事务决策的投票，不同受教育程度农民参与比例分别是其受调查总人数的38.3%（从未受过任何教育）、38.4%（小学）、41.6%（初中）、43.8%［高中（中专）］和34.3%［大学（大专）及以上］；对地方人大代表选举的投票，不同受教育程度农民分别有6.7%（从未受过任何教育）、14.6%（小学）、21.4%（初中）、30.0%［高中（中专）］和25.2%［大学（大专）及以上］参与。显然，除大学（大专）及以上学历的农民因生活工作重心不在农村而较少参与乡村事务的政治投票外，农民参与政治投票的人员比例与其受教育程度成正比，学历越高参与乡村事务投票的积极性越大。

表5-75　　　　农民的政治投票行为（受教育程度的影响）　　　　单位：%

		从未受过任何教育	小学	初中	高中（中专）	大学（大专）及以上	平均
村委会成员选举投票	不清楚	10.0	6.3	4.5	2.2	9.9	6.6
	从不参加	38.3	28.3	26.9	31.3	46.7	34.3
	偶尔参加	38.3	45.1	46.9	37.9	31.6	40.0
	经常参加	13.3	20.3	21.7	28.6	11.8	19.1
村庄事务决策投票	不清楚	11.7	12.9	9.3	5.9	10.5	10.1
	从不参加	50.0	48.6	49.0	50.2	55.3	50.6
	偶尔参加	35.0	29.0	29.9	26.2	25.7	29.2
	经常参加	3.3	9.4	11.7	17.6	8.6	10.1
地方人大代表选举投票	不清楚	20.0	15.6	8.8	6.7	11.3	12.5
	从不参加	73.3	69.8	69.8	63.4	63.6	68.0
	偶尔参加	6.7	11.8	15.0	18.8	21.9	14.8
	经常参加	0.0	2.8	6.4	11.2	3.3	4.7

从区域看，东、中、西部农民的政治投票行为具有明显的"中部塌陷"特征。对各种政治投票的参与比例统计结果都显示，中部地区农民各项政治投

票的参与意愿和实际参与都处于垫底状态，明显不及东部和西部地区农民。如表5-76所示，东、中、西部受调查农民参与村委会成员选举投票的人员占比累计分别为70.1%、54.3%、65.8%，参与村庄事务决策投票的人员占比累计分别为48.4%、28.3%、44.0%，参与地方人大代表选举投票人员分别为24.2%、10.7%、24.9%。而表示"从不参加"政治投票的农民比例，无论是村委会成员选举、村庄事务决策，还是地方人大代表选举投票，中部地区受调查农民的占比都最高，分别以40.5%、63.3%、81.9%的比例远超东部和西部地区。显然，东部和西部地区受调查农民的政治投票行为均高于中部地区，且东、西部之间农民的参与比例非常接近，差距较小。

表5-76　　　　　农民的政治投票行为（区域的影响）　　　　　单位：%

		不清楚	从不参加	偶尔参加	经常参加
村委会成员选举投票	东部地区	4.8	25.0	39.5	30.6
	中部地区	5.2	40.5	40.1	14.2
	西部地区	5.7	28.5	43.6	22.2
村庄事务决策投票	东部地区	6.5	45.2	37.1	11.3
	中部地区	8.4	63.3	22.1	6.2
	西部地区	11.0	45.1	30.2	13.8
地方人大代表选举投票	东部地区	12.9	62.9	16.1	8.1
	中部地区	7.4	81.9	7.1	3.6
	西部地区	12.3	62.8	18.8	6.1

从村庄位置看，与城市距离远近不同的农民的政治投票行为各有特色。整体而言，城市郊区农民更多参与村委会成员选举和村庄事务决策的投票，而偏远农村农民则参与地方人大代表选举较多。表5-77显示，在村委会成员选举中，城郊农民的投票行为占比最高（累计70.4%），偏远农村（累计占比64.4%）稍后，乡镇郊区农民参与比例最低（累计占比60.9%）；在村庄事务决策中，投票行为占比最高的仍是城郊农民（累计45.1%），乡镇郊区农民参与比例仍然最低，累计占比仅38.7%；但受调查农民参与比例排序在地方人大代表选举问题上有新变化，偏远农村受调查农民以21.9%的比例居于此项投票行为最高位，乡镇郊区从以往最末位升格为第二位（累计占比21.1%），城郊农民则从最积极的政治投票者降格为此处的最末位，只有

16.7%积极参与地方人大代表选举。可见,对与农民利益联系紧密的村委会成员选举和村庄事务决策,城郊农民政治投票更为积极,但对与农民自身利益联系不那么密切的地方人大代表选举事宜,其政治投票就不及偏远农村与乡镇郊区农民。

表 5-77　农民的政治投票行为(空间位置的影响)　　单位:%

		不清楚	从不参加	偶尔参加	经常参加
村委会成员选举投票	城市郊区	0.0	29.7	37.4	33.0
	乡镇郊区	5.4	33.6	42.4	18.5
	偏远农村	6.6	28.8	42.9	21.7
村庄事务决策投票	城市郊区	5.5	49.5	31.9	13.2
	乡镇郊区	9.8	51.5	27.7	11.0
	偏远农村	10.7	48.2	29.4	11.7
地方人大代表选举投票	城市郊区	11.1	72.2	15.6	1.1
	乡镇郊区	9.7	69.3	15.3	5.8
	偏远农村	12.7	65.4	15.5	6.4

从职业看,农民的政治投票行为受职业身份限制而有不同。整体而言,在农村就业或从事较多农业生产工作的农民具有更高的政治投票参与积极性。不同职业身份的农民政治投票的参与比例呈现出"完全务农—半工半农—完全务工"的降序排序态势。表5-78显示,对村委会成员选举、村庄事务决策和地方人大代表选举等政治事务的政治投票,完全务农的农民的参与比例最高,分别以71.1%、44.9%和24.3%的比例居于首位,半工半农的农民参与政治投票的积极性已较高,分别以70.0%、46.5%和21.4%的比例位居第二,而完全务工的农民参与政治投票的意愿和实际行动最小最少,累计分别仅有50.4%、31.1%和17.6%。显然,个人职业、生活与村庄事务的关联度决定了农民实际参与政治投票的意愿和行动。完全务农者和半工半农者由于工作生活与农村联系紧密,因而对乡村事务决策、村委会成员和地方人大代表选举有着更大更强更多的参与意愿和参与行动,并且二者之间的参与比例差距很小;而完全务工者则基本脱离了乡村生活,长期在外的现实使得他们参与政治投票的意愿和行动都相对最低,而且与前两者差距较大。

表 5-78　　　　　　　　农民的政治投票行为（职业的影响）　　　　单位：%

		不清楚	从不参加	偶尔参加	经常参加
村委会成员选举投票	完全务农	4.1	24.8	42.7	28.4
	半工半农	5.0	25.0	46.1	23.9
	完全务工	6.7	42.9	39.0	11.4
村庄事务决策投票	完全务农	9.1	46.0	27.7	17.2
	半工半农	8.6	45.0	32.9	13.6
	完全务工	10.8	58.0	27.3	3.8
地方人大代表选举投票	完全务农	11.0	64.7	15.5	8.8
	半工半农	9.3	69.3	15.7	5.7
	完全务工	11.7	70.7	15.2	2.4

第二，农民参与政治投票的主观意愿仍显不足。对1071个有效样本的调查统计发现，表示主动参与政治投票的农民有401个，占比37.4%，表示参与政治投票并非主动而是被迫的农民有332个，占比31.0%，还有31.6%的受调查农民表示不清楚自己参与政治投票是基于自己意愿还是迫于外界压力（见表5-79）。由此观之，虽然农民主动参与政治投票的比例略高于被动参与政治投票的农民，但表示"被动"参与和虽然已经参与但"不清楚"自己为何参与政治投票的人员比例高达62.6%足以说明，虽然实际的政治投票行为中农村进行了大量的政治动员，但农民主动参与政治投票的意愿仍然不足。而在农民群体内部，这种参与政治投票的主观意愿因农民性别、政治面貌、民族、区域、受教育程度、年龄而又有所不同。

表 5-79　　　　　　　　农民政治投票行为的主观意愿　　　　　　单位：%

	有效样本（个）	有效百分比（%）
不清楚	338	31.6
被动	332	31.0
主动	401	37.4
总计	1071	100

具体来讲，男性的政治投票行为较女性更为主动，且对自己政治投票的主

观意愿更为清晰。表 5-80 显示，男性对自己参与政治投票往往有比较明确的认知，"不清楚"自己是主动还是被动参与政治投票的只有 26.3%，而女性农民"不清楚"自己政治投票主观意愿的人却高达其受调查总人数的 39.4%，比男性整整高出 13.1 个百分点；明确表示自己是"主动"参与的男性有 42.4%，而女性仅 29.7%，男性比女性多 12.7 个百分点。显然，男性农民具有更清晰、更强的政治投票主观认知。

表 5-80　　　　农民政治投票行为的主观意愿（性别的影响）

		男	女	总计
不清楚	计数（人）	170	166	336
	百分比（%）	26.3	39.4	31.5
被动	计数（人）	202	130	332
	百分比（%）	31.3	30.9	31.1
主动	计数（人）	274	125	399
	百分比（%）	42.4	29.7	37.4
总计	计数（人）	646	521	1167
	百分比（%）	100	100	100

农民参与政治投票的主观意愿因年龄的不同而有差异。所有年龄段农民对政治投票的参与意愿数据显示，低龄段农民对政治投票的出发点的认知和实际参与的意愿都处于垫底状态。表 5-81 显示，对参与政治投票的出发点认知模糊、表示"不清楚"的人员比例，以 25 岁及以下农民为最，他们中有超半数对自己为何参加政治投票感到迷茫，高出不同年龄段 32.4% 的平均值近 20 个百分点；而在表态"主动"参与意愿上，26 岁及以上年龄段农民主动参与的比例都或高于或接近 36.0% 的平均值，只有 25 岁及以下农民主动参与的比例最低，仅有 23.1%，比均值低出整整近 13 个百分点。显见，相较于其他年龄段，年青一代主动参与政治投票的主观积极性明显较低，而且多数对自身参与政治投票的动机认知非常模糊。对此，未来的农民政治社会化工作必须充分注意对年青一代政治知识和政治态度的传输与形塑。

表 5-81　　　　　农民投票行为的主观意愿（年龄的影响）

		25 岁及以下	26~35 岁	36~45 岁	46~55 岁	56~65 岁	66 岁及以上	总计/平均
不清楚	计数（人）	61	76	84	64	31	22	338
	百分比（%）	52.1	41.1	36.1	22.4	22.8	20.0	32.4
被动	计数（人）	29	46	79	81	49	46	330
	百分比（%）	24.8	24.9	33.9	28.3	36.0	41.8	31.6
主动	计数（人）	27	63	70	141	56	42	399
	百分比（%）	23.1	34.1	30.0	49.3	41.2	38.2	36.0
总计	计数（人）	117	185	233	286	136	110	1071
	百分比（%）	100	100	100	100	100	100	100

少数民族较汉族更倾向于主动参与政治投票，并对自身投票行为的主观意愿更为清楚。表 5-82 显示，在是否明知自己参与政治投票的动机上，少数民族和汉族农民各自有 27.6% 和 32.1% "不清楚" 自己为何进行政治投票，前者比后者少 4.5 个百分比；而在对自己为何参与政治投票有明确认知的农民群体中，受调查少数民族表示自己是基于外界压力而 "被动" 投票的比例（24.4%）较少，比汉族（31.9%）低 7.5 个百分点；表示 "主动" 参与政治投票的少数民族农民则有 48.0%，比汉族（仅 36.1%）多出 11.9 个百分点。显见，少数民族农民受调查总人数虽然不及汉族，但其主动参与政治投票的意愿却强于汉族。

表 5-82　　　　　农民政治投票行为的主观意愿（民族的影响）

		少数民族	汉族	总计
不清楚	计数（人）	34	304	338
	百分比（%）	27.6	32.1	31.6
被动	计数（人）	30	302	332
	百分比（%）	24.4	31.9	31.0
主动	计数（人）	59	342	401
	百分比（%）	48.0	36.1	37.4
总计	计数（人）	123	948	1071
	百分比（%）	100	100	100

无宗教信仰的农民较有宗教信仰者参与政治投票更主动。表 5-83 显示,对自己为何参与政治投票,有宗教信仰的受调查农民有 38.6% 是基于外界压力而"被动"参与,有 28.1% 则是基于内心追求而主动参与,而无宗教信仰的受调查农民表示自己参与是基于"被动"和"主动"的比例分别为 30.1% 和 38.6%。可见,相较而言,无宗教信仰的农民具有较高的参与政治投票的主观意愿。

表 5-83　　政治投票行为的主观意愿(宗教信仰的影响)

		无宗教信仰	有宗教信仰	总计
不清楚	计数(人)	300	38	338
	百分比(%)	31.3	33.3	31.6
被动	计数(人)	288	44	332
	百分比(%)	30.1	38.6	31.0
主动	计数(人)	369	32	401
	百分比(%)	38.6	28.1	37.4
总计	计数(人)	957	114	1071
	百分比(%)	100	100	100

农民参与政治投票的主观意愿与其受教育程度有很大的关联。表 5-84 显示,不同受教育程度农民主动参与政治投票的比例分别是 28.3%(从未受过任何教育)、29.3%(小学)、40.4%(初中)、51.2%[高中(中专)]和 27.3%[大学(大专)及以上];表示并非基于主动而是迫于外界压力而"被动"参与的人员,不同受教育程度的受调查农民依次分别有 41.5%(从未受过任何教育)、38.9%(小学)、32.0%(初中)、21.5%[高中(中专)]和 24.5%[大学(大专)及以上];而对自己参与政治投票究竟是主动还是被动没有明确认知,处于迷茫状态"不清楚"的人员,从未受过教育的农民有 30.2%,小学文化的有 31.9%,初中文化的有 27.6%、高中(中专)文化的有 27.3%,大学(大专)及以上文化的有 48.3%。可见,农民参与政治投票的主观意愿与其受教育程度有密切关联。除大学(大专)及以上学历的农民以外,农民主动参与政治投票的比例与其受教育程度成正比,而被动参与政治投票和对自己参与动机"不清楚"的比例则与其受教育程度成反比。值得注意的是,具有最高学历——大学(大专)及以上学历的农民有近五成对自身参与政治投票的动机感到迷茫,并且其主动参与政治投票的比例在所有农民中

· 303 ·

最低，这一点与学历越高越能正确认知并参与政治的政治学常识相悖。未来推进农民政治社会化工作时必须尤其关注这一群体。

表 5-84　　　　农民政治投票行为的主观意愿（受教育程度的影响）

		从未受过任何教育	小学	初中	高中（中专）	大学（大专）及以上	总计/平均
不清楚	计数（人）	16	86	108	57	69	336
	百分比（%）	30.2	31.9	27.6	27.3	48.3	33.1
被动	计数（人）	22	105	125	45	35	332
	百分比（%）	41.5	38.9	32.0	21.5	24.5	31.7
主动	计数（人）	15	79	158	107	39	398
	百分比（%）	28.3	29.3	40.4	51.2	27.3	35.3
合计	计数（人）	53	270	391	209	143	1066
	百分比（%）	100	100	100	100	100	100

农民参与政治投票的主观意愿也具有显著的区域特点。整体而言，东部地区农民具有更强的政治投票参与意愿。表 5-85 显示，中部和西部地区农民"被动"参与政治投票的比例分别为其受调查总人数的 33.2% 和 31.6%，二者差距不大，但东部地区表示"被动"参与的受调查农民仅有 22.0%，比前者整整少约 10 个百分点；而对政治投票表示"主动"参与的人员比例，东部地区农民最高（占比 44.9%），分别高出西部（39.2%）和中部（30.0%）5.7 个和 14.9 个百分点。可见，无论从主动还是被动视角，东部地区农民参与政治投票的主动意愿都更强。

表 5-85　　　　农民政治投票行为的主观意愿（区域的影响）

		东部地区	中部地区	西部地区	总计
不清楚	计数（人）	39	103	196	338
	百分比（%）	33.1	36.8	29.1	31.6
被动	计数（人）	26	93	213	332
	百分比（%）	22.0	33.2	31.6	31.0
主动	计数（人）	53	84	264	401
	百分比（%）	44.9	30.0	39.2	37.4
总计	计数（人）	118	280	673	1071
	百分比（%）	100	100	100	100

2. 圈层生活中的政治：利益链接与政治动员结合下的农民政治投票选择

村庄治理中的选举与决策投票，是农民政治参与行为的重要表现，也是检验农民政治社会化水平的重要指标。马克思主义认为，利益是政治行为的原生动力。"人们奋斗所争取的一切，都同他们的利益有关"①，"利益（物质的与理念的），而不是理念，直接控制着人的行动"②。农民对各项政治投票活动的参与意愿和实际行动，都因利益因素的驱使和影响而有程度的差异。总体而言，村委会成员选举和村庄事务决策与农民切身利益有着紧密联系，农民参与投票的意愿因此更强，参与的人员比例明显高于地方人大代表选举。但由于村庄选举与决策的渠道差异等因素，实务中农民投票参与村委会成员和村庄事务决策的比例相差较远。不仅如此，尽管农民主动参与政治投票的人员比例略高于被动参与比例，但农民整体的政治投票参与意愿仍显不足，尚各有三成农民表示自己是迫于压力而被动所为或对为何参加政治投票而迷茫。更有农民在访谈中明确表示自己参与非出于自愿，"村干部来口头通知我们去的，我们那时候都是被动员去参加的"③。"关于选举，是村干部挨家挨户通知，大喇叭没广播，选举的时候去，也不是自愿。"④ 大量的政治动员才保证了农民参与政治投票的相当比例。"农民的政治参与意识低，参与态度冷漠，缺乏政治参与的主动性和自觉性，显示出明显的被动性。"⑤ 2011年中国农村研究院对全国31个省27个村进行实地调研后得到的这一结论印证了中国农民的政治参与程度和水平经由近十年的发展虽有提高但仍然很低的现实。依靠农民自主参与的村庄治理依然任重道远。

强大的内在利益驱动和强力的政治动员相结合，实现了受调查农民较大比例的政治投票参与，但农民参与政治投票的兴趣因政治投票的类型和农民社会人口学变量因素的不同而有着较为显著的内部结构性差异。具体而言，男性较女性参与政治投票更为积极主动，且对自己政治投票的主观意愿的认知更为清晰；值得注意的是，党员农民的政治投票行为不如非党员；少数民族农民较汉族参与政治投票更积极主动；无宗教信仰的农民较有宗教信仰者更愿意主动参与政治投票；东、中、西部农民政治投票行为具有明显的"中部塌陷"特征，中部地区

---

① 《马克思恩格斯全集》第1卷，人民出版社1995年版，第82页。
② [德] 马克斯·韦伯：《儒教与道教》，王容芬译，商务印书馆2002年版，第19-20页。
③ 访谈编号：2019HBZFL01。
④ 访谈编号：2019HNZJH01。
⑤ 徐勇：《中国农民的政治认知和参与》，中国社会科学出版社2012年版，第65页。

受调查农民政治投票的主观意愿和实际行动明显不及东部和西部;与城市距离远近不同的农民的政治投票行为各有特色,城郊农民更青睐投身村委会成员选举和村庄事务决策,而偏远农村农民则更喜欢投票选举地方人大代表;农民的政治投票行为受职业身份限制而有不同,不同职业身份的农民政治投票的参与比例呈现出完全务农—半工半农—完全务工的降序排序态势,完全在乡就业或从事较多农业生产工作的农民比完全务工的农民更有热情参与政治投票。值得注意的是,低年龄段政治投票行为的参与率相较其他年龄段具有"断崖式"下降特点,他们对政治投票的认知和实际参与的意愿都处于垫底状态,这与他们大多在外务工有关;与此同时,农民对政治投票的主观参与意愿和客观参与实践与其受教育程度有很大的关联,除大学(大专)及以上学历的农民以外,农民受教育程度与此主动参与政治投票的比例成正比,与其被动参与政治投票和对自己参与动机"不清楚"的比例成反比。而具有大学(大专)及以上学历的农民主动参与政治投票的比例最低,且有近半数对自己为何参与政治投票感到迷茫。未来的农民政治社会化工作在提升农民政治社会化水平时,必须针对农民群体的上述特点制定更加因地制宜、因人制宜,更加多元化、注重实效的举措。

(二) 农民的政治表达

美国著名政治学家亨廷顿指出,"任何一种给定政体的稳定都依赖于政治参与程度和政治制度化程度之间的相互关系"[1]。现代国家之所以能够保持政治体系稳定和有效运作,其中一个重要原因就在于它能提供给公众制度化的利益诉求表达渠道,架起公众和政府之间沟通交流的桥梁。[2] 政治表达已经成为政府获取公众诉求、知晓社情民意并维系社会稳定的重要渠道,也是培养和锻炼公众参政技巧和能力,衡量公众政治社会化水平的重要尺度。因此,测量和评估农民的政治社会化绩效离不开对农民政治表达现状的研究和把握。而随着科技的发展,农民政治表达的渠道已经突破现实生活场域的局限,而延展到线上网络虚拟空间。计算机技术的发展和自媒体的兴起,为农民的政治表达带来了更多契机,网络成为与现实生活场域同等重要的政治表达通道。因此,本书将从线下与线上表达两个视角来考察当代农民的政治表达。

---

[1] [美] 塞缪尔·P. 亨廷顿:《变化社会中的政治秩序》,王冠华等译,上海人民出版社 2008 年版,第 60 页。

[2] 李俊、唐芳、聂应德:《城镇化和工业化互动视域下维稳的域外经验及对中国的启示》,《政治学研究》2014 年第 1 期。

1. 农民的政治表达现状

对"您是否（线下）参与过针对村干部的民主监督活动？""您向新闻媒体反映过问题吗？""您通过网络反映过问题吗？"三个政治表达问题的调查分析发现，当下农民无论是在线下抑或是线上都很少表达自己的利益诉求和看法。表5-86显示，受调查的农民有相当比例从未进行过任何政治表达，他们有71.0%的人从未在线下进行过民主监督，有91.2%的人从未向新闻媒体反映过问题，有88.5%从未借助网络反映过问题；对比三种具体的政治表达方式，农民更愿意进行线下的民主监督，他们有29.0%的人进行过线下的民主监督（含"偶尔"和"经常"两种情况），向媒体反映诉求与问题的人累计仅有8.7%，通过网络反映问题的累计也仅有11.5%。可见，线下政治表达是农民政治表达的主流。

表5-86　　　　　　　　　农民政治表达的情况　　　　　　　　　单位:%

	从未	偶尔	经常
线下参与民主监督	71.0	21.5	7.5
向新闻媒体反映	91.2	7.7	1.0
通过网络反映	88.5	10.1	1.4

当然，农民群体当下的这种政治表达现状在不同农民群体身上并不完全一致，仍然有着性别、政治面貌、区域、职业、年龄和受教育程度等变量的独特性。具体而言，男性无论是线下还是线上的政治表达经历都多于女性。如表5-87所示，对"线下参与民主监督"，男性有33.7%曾经参与过，女性只有21.6%，前者比后者高12.1个百分比；对"向新闻媒体反映问题"这一表达渠道，男性累计有10.7%的受调查者进行过，女性只有6.1%，前者比后者多4.6个百分比；而"通过网络反映问题"这一表达渠道，男性累计有12.1%、女性累计有10.7%曾经在网络上表达过诉求，前者比后者多1.4个百分比。可见，男性比女性更愿意通过各种渠道表达自己的诉求。

表5-87　　　　　　　农民的政治表达（性别的影响）　　　　　　　单位:%

		从未	偶尔	经常
线下参与民主监督	男	66.4	23.9	9.8
	女	78.3	17.9	3.7

续表

		从未	偶尔	经常
向新闻媒体反映	男	89.4	9.2	1.5
	女	93.9	5.7	0.4
通过网络反映	男	87.9	10.5	1.6
	女	89.3	9.6	1.1

不同年龄段农民政治表达的渠道选择各有偏好。表5-88显示，不同年龄段受调查农民表示有线下民主监督经历的比例基本呈上升趋势，25岁及以下农民选择线下实际参与民主监督和诉求表达的比例最低，仅19.3%；表示向新闻媒体反映过问题、表达过诉求的不同年龄段受调查农民比例基本呈降序趋势，55岁及以下的农民平均有10.0%选择这种方式表达诉求，而56岁及以上农民则很少选择这种渠道；而表示借助网络进行政治表达的人群比例，最多的是26~35岁农民（占比20.3%），25岁及以下农民居于第二（占比17.8%），而后其他年龄段农民借助网络进行政治表达的比例依次在下降。可见，相比高龄段农民更青睐线下方式，低龄段农民在现实政治生活中更倾向于网络这种线上表达。

表5-88　　　　　　　农民的政治表达（年龄的影响）　　　　　　单位：%

		25岁及以下	26~35岁	36~45岁	46~55岁	56~65岁	66岁及以上	平均
线下参与民主监督	从未	80.7	75.2	73.5	63.6	64.3	74.6	72.0
	偶尔	15.6	19.3	20.0	24.9	28.0	18.9	21.1
	经常	3.7	5.4	6.5	11.4	7.7	6.6	6.8
向新闻媒体反映	从未	89.6	89.1	91.1	90.2	94.4	95.1	91.5
	偶尔	9.6	9.4	7.3	8.8	4.9	4.9	7.4
	经常	0.7	1.5	1.6	1.0	0.7	0.0	0.9
通过网络反映	从未	82.2	79.7	87.8	91.2	95.8	96.7	88.9
	偶尔	16.3	18.3	10.6	7.8	3.5	2.5	9.8
	经常	1.5	2.0	1.6	1.0	0.7	0.8	1.2

党员和非党员进行线下民主监督并无显著差异，但二者在线上的政治表达则有明显不同。表5-89显示，中共党员和非党员进行线下民主监督实践的人员比例基本相同，无论是"从未"参与还是"参与"过的比例差距都只有0.6

个百分点，几乎可以忽略不计；但向新闻媒体和通过网络反映诉求的比例则差距较大，表示向新闻媒体反映过问题的中共党员累计有21.4%，非中共党员仅7.7%，前者比后者多13.7个百分点；表示通过网络反映过问题的中共党员累计有29.6%，非党员累计有9.8%，前者比后者多出近20个百分比。显然，中共党员线上表达的积极性高于非党员。

表5-89　　　　　农民的政治表达（政治面貌的影响）　　　　　单位：%

		从未	偶尔	经常
线下参与民主监督	党员	70.4	22.4	7.1
	非党员	71.0	21.4	7.5
向新闻媒体反映	党员	78.6	19.4	2.0
	非党员	92.4	6.7	1.0
通过网络反映	党员	70.4	26.5	3.1
	非党员	90.2	8.6	1.2

农民的政治表达渠道偏好与其受教育程度密切相关。整体而言，不同受教育程度的农民采用传统的线下方式表达诉求的比例都比较高，但随着网络获得的普及，文化程度允许的农民开始较多地采用这种线上渠道进行政治表达。如表5-90所示，不同受教育程度的农民都有"线下参与民主监督"经历，他们进行线下政治表达的人员比例从未受过任何教育到高中（中专）学历的累计占比逐渐提高，但具有大学（大专）及以上学历的农民累计占比又有所回落；而借助线上渠道进行政治表达的农民群体则呈现出增长趋势，学历越高采用这种方式进行政治表达的受调查农民比例越高，而且学历越高者越倾向于通过网络反映身边的公共问题。这既与网络本身的便捷性、实时性有关，也与具有较高文化程度的农民使用网络的能力分不开。

表5-90　　　　　农民的政治表达（受教育程度的影响）　　　　　单位：%

		从未受过任何教育	小学	初中	高中（中专）	大学（大专）及以上	平均
线下参与民主监督	从未	81.7	75.6	70.6	62.1	71.5	72.3
	偶尔	16.7	19.9	21.7	22.8	24.5	21.1
	经常	1.7	4.5	7.6	15.2	4.0	6.6

续表

		从未受过任何教育	小学	初中	高中（中专）	大学（大专）及以上	平均
向新闻媒体反映	从未	100	95.5	90.7	90.6	81.5	91.7
	偶尔	0.0	3.8	8.3	8.0	16.6	7.3
	经常	0.0	0.7	1.0	1.3	2.0	1.0
通过网络反映	从未	95.0	94.1	89.8	86.6	76.2	88.3
	偶尔	5.0	4.5	9.0	11.6	21.9	10.4
	经常	0.0	1.4	1.2	1.8	2.0	1.3

不同区域农民政治表达的偏好各有特色。整体而言，东、中、西部地区在借助新闻媒体与网络反映诉求上没有明显差异，但借助现实渠道进行民主监督则具有明显的"中部凹陷"特征。如表5-91所示，东、中、西部地区农民从未向新闻媒体和向网络反映过诉求的人员比例都在90.0%左右，取值差异非常小，说明作为"第四种权力"的新闻媒体和作为"第五种权力"的网络在政治表达上的重要工具作用尚未被农民所充分认识和践行；而就线下进行民主监督、表达诉求而言，东、中、西部地区农民都已在实践中使用过，但他们借助此种渠道进行政治表达的比例相差较大，东部地区受调查农民累计有36.3%，中部地区有20.7%，西部地区有31.4%。可见，中部地区农民线下表达的发生频度明显低于东部与西部地区，他们遇到公共问题时更容易沉默。

表5-91　　　　　　　农民的政治表达（区域的影响）　　　　　　单位:%

		从未	偶尔	经常
线下参与民主监督	东部地区	63.7	22.6	13.7
	中部地区	79.3	16.8	3.9
	西部地区	68.7	23.4	8.0
向新闻媒体反映	东部地区	91.9	8.1	0.0
	中部地区	93.2	6.1	0.6
	西部地区	90.2	8.4	1.4
通过网络反映	东部地区	90.3	7.3	2.4
	中部地区	89.3	9.7	1.0
	西部地区	87.8	10.8	1.4

职业身份的差异影响农民政治表达方式的选择。整体而言，在乡村就业或工作生活场域主要在乡村的农民更倾向选择传统渠道来进行政治表达，而完全走出乡村场域的农民则更多借助网络和新闻媒体等现代新兴方式表达诉求。如表5-92所示，表示有线下民主监督经历的农民，受调查的完全务农的农民累计有31.4%，半工半农的累计有其受调查总人数的36.0%，但完全务工的农民则仅有22.0%表示自己曾通过线下传统渠道表达过诉求，其与前二者的差距较大；而选择"向新闻媒体反映"和"通过网络反映"上，完全务农的农民仅分别有6.5%和7.2%，半工半农的农民分别有7.5%和11.5%，而完全务工的农民选择新闻媒体和网络表达诉求的比例累计分别达到12.2%和16.0%，远远高于前两者。可见，外出务工的农民虽因时空限制无法进行线下的民主监督，但线上渠道却给了他们政治表达的平台。

表5-92　　　　　　　　农民的政治表达（职业的影响）　　　　　　单位:%

		从未	偶尔	经常
线下参与民主监督	完全务农	68.6	21.7	9.7
	半工半农	63.9	26.4	9.6
	完全务工	78.0	18.4	3.6
向新闻媒体反映	完全务农	93.5	5.6	0.9
	半工半农	92.5	6.1	1.4
	完全务工	87.8	11.2	1.0
通过网络反映	完全务农	92.8	6.3	0.9
	半工半农	88.5	9.3	2.2
	完全务工	84.0	14.6	1.4

2. "沉默的大多数"：村级监督视域下的农民政治表达

政治表达是农民参与政治生活的重要表现。互联网科技的日新月异更是扩大了农民群众参与村庄治理的话语空间，赋予其进行政治表达新的渠道。但当前，无论是线下还是线上，农民表达自己诉求的意愿和行动都还远远不足。当他们遇到公共政治问题时，更多的是选择"沉默"而不是"公开"。20世纪70年代，德国学者伊丽莎白·诺埃尔-诺伊曼提出了"沉默的螺旋"理论，指出公民若感知到自己的观点处于"弱势"地位时，出于被孤立的恐惧，则倾向于选择沉默。① 而"网络时代无处不在的监控也会使人们感到焦虑和压抑，从而会抑制自己的政治表达，甚至以沉默面对"②。传统的"官本位"思想、"顺从型"政治文化和现实政治生活中的"感知威胁"依然于无声处影响着农村政治生活，抑制着农民的主体地位和政治表达的践行。

细致分析农民对政治表达渠道的选择，我们发现虽然通过网络反映身边的公共问题已经被文化较高的农民选择，并有愈来愈增长的趋势，但线下对村级事务的监督才是农民政治表达的主流，并且农民对政治表达渠道的选择受到其性别、政治面貌、区域、年龄与受教育程度等因素的影响。具体而言，男性无论是线下还是线上表达的经历都多于女性；党员和非党员在线下民主监督中无显著差异，但中共党员在线上进行政治表达的频度明显高于非党员；东、中、西部地区农民在借助新闻媒体与网络反映诉求上没有明显差异，但借助现实渠道进行民主监督则具有明显的"中部凹陷"特征，中部地区农民遇到公共问题时更容易选择"沉默"；职业身份的差异严重影响农民政治表达方式的选择，在乡村就业或工作生活场域主要在乡村的农民更倾向选择传统渠道来表达诉求，而完全走出乡村场域的农民则更青睐网络和新闻媒体等现代新兴方式；不同年龄段和受教育程度农民政治表达的渠道选择也各有偏好，相比高龄段农民和较低文化程度的农民更青睐线下方式，低龄段农民和学历较高的农民在现实政治生活中更倾向于网络和媒体两种线上表达方式。换而言之，随着农村基层党组织力量的扩大和农民学历的提升以及农民眼界的拓宽，农民政治表达的意愿与积极性将会进一步提升，其线上表达的次数与频度也会逐渐上涨。

(三) 农民的政治接触

"政治接触是公民为解决个别政治问题，谋求自己的特殊利益或少部分人的利益而主动与政府官员进行接触，陈述自己所关心的问题，并试图影响政治决策的政治行为"③。作为农民主动出击实现政治诉求的重要方式，政治接触关乎着农村社会秩序的稳定与治理体系的有效运作，成为衡量农民政治参与行为的重要指标。在我国政治体系中，农民可以通过写信、访问、面谈、座谈、

---

① Elisabeth Noelle-Neuman, "The spiral of silence a theory of public opinion", *Journal of communication*, Vol. 24, No. 2, 1974, pp. 43-51.

② White G L, Zimhardo P G, "The effects of threat of surveillance and actual surveillance on expressed opinions toward marijuana", *The Journal of Social Psychology*, Vol. 111, No. 1, 1980, pp. 49-61.

③ 张宏伟主编：《政治学原理》，东北大学出版社2017年版，第206页。

基层人大等方式与国家政权机关及其工作人员进行直接的信息沟通、意见反映与诉求表达。但由于农村利益的多元化愈发突出,有些利益诉求之间甚至具有不可调和的矛盾和冲突,原有信访制度的承载能力有限,致使农民转向寻求制度外渠道来保护利益,找关系、靠人情、上访、静坐、暴力反抗等非制度化政治接触增多①,既破坏了社会治理体系的稳定,又构成对农民正常政治参与的负向教育。因此,了解和把握农民对政治接触的态度与实际行为,是掌握并提高农民政治社会化水平的前提。

1. 农民的政治接触现状

对"您曾通过上访、写联名信等方式表达您的意见吗?""您向政府领导反映过问题吗?""您向人大代表反映过问题吗?""您参加过集会、静坐和游行示威吗?""您是否越级上访过?"五个问题的调查分析发现,当下农民的政治接触整体偏少。表5-93显示,超九成农民从未为谋求自身利益而上访、写联名信、向人大代表反映过诉求,仅有20.8%的受调查农民有过向政府领导反映问题的经历。相较于能代表人民利益的人大,农民对政府官员有着更大的心理预期,因而倾向于与政府领导进行政治接触,而在制度化与非制度化政治接触方式的选择上,绝大多数农民都更倾向于温和的制度化政治接触,而很少选择集会、静坐、游行示威、越级上访等非制度化的政治接触方式来谋求自身利益。

表5-93　　　　　　　　农民的政治接触情况　　　　　　　　单位:%

	从未	偶尔	经常
上访、写联名信	91.0	7.8	1.2
向政府领导反映	79.2	18.1	2.7
向人大代表反映	90.8	7.2	2.0
集会、静坐和游行示威	96.5	2.8	0.7
越级上访	95.8	3.5	0.7

但这种政治接触的整体情况在农民群体内部因农民性别、政治面貌、民族、所处区域和位置、年龄、受教育程度以及职业等因素又具有差异。整体而言,男性政治接触经历多于女性。表5-94显示,有过"上访、写联名信""向政府领导、人大代表"反映以谋求利益的政治接触行为的男性分别有

---

① 徐勇:《中国农民的政治认知与参与》,中国社会科学出版社2012年版,第7页。

10.3%、25.7%和12.2%，人员比例明显高于女性农民，尤其是后两者的人员比例比女性整整分别高出11.9个和7.4个百分点；但在"集会、静坐和游行示威"和"越级上访"等非制度化的政治接触上，有过这类政治接触经历的男性农民也高于女性，尤其是"越级上访"经历整整比女性高出1倍。可见，男性农民在政治接触中更加积极，但也更容易采取极端化的接触手段。因此，未来在规范与形塑农民政治接触的正确态度与行为选择时，不仅应加大对整个农民群体的教育与培养，更应注意对男性农民的教育与规制。

表5-94　　　　　　　　　农民的政治接触（性别的影响）　　　　　　　　单位：%

		从未	偶尔	经常
上访、写联名信	男	89.7	9.1	1.2
	女	92.8	5.9	1.3
向政府领导反映	男	74.3	21.8	3.9
	女	86.4	12.7	0.9
向人大代表反映	男	87.8	9.3	2.9
	女	95.2	4.1	0.7
集会、静坐和游行示威	男	96.1	3.2	0.7
	女	97.2	2.2	0.7
越级上访	男	94.8	4.7	0.6
	女	97.4	1.7	0.9

农民的政治接触与年龄也有密切的关联。表5-95显示，不同年龄段农民的政治接触经历各有特点。对"上访、写联名信""向政府领导"和"向人大代表"反映这三种制度化接触渠道，除66岁及以上者因年龄较大而很少进行政治接触以外，不同年龄段受调查农民有过此类政治接触经历的比例基本呈增长之势，但25岁及以下农民最不愿意进行政治接触，其有过政治接触经历的占比相应最少。而在"集会、静坐和游行示威"以及"越级上访"问题上，不同年龄段受调查农民若非迫不得已，很少采用这些容易过激的政治接触方式，而且其此类政治接触经历基本呈降序之势。但需注意的是，26~35岁的农民参与"集会、静坐和游行示威"的比例最高，占比为5.9%，66岁及以上农民参与"越级上访"的比例最高，达8.3%。未来农民的政治社会化工作必须注意这一特点。

表 5-95　　　　　　　　农民的政治接触（年龄的影响）　　　　　　单位：%

		25岁及以下	26~35岁	36~45岁	46~55岁	56~65岁	66岁及以上	平均
上访、写联名信	从未	94.1	91.6	91.5	89.2	88.9	92.6	91.3
	偶尔	5.9	5.9	7.3	10.1	9.7	6.6	7.6
	经常	0.0	2.5	1.2	0.7	1.4	0.8	1.1
向政府领导反映	从未	91.1	80.8	81.3	72.9	72.9	82.0	80.2
	偶尔	8.1	17.7	16.3	22.7	22.9	16.4	17.4
	经常	0.7	1.5	2.4	4.4	4.2	1.6	2.5
向人大代表反映	从未	97.8	91.1	91.5	86.5	89.6	93.4	91.7
	偶尔	1.5	7.9	6.5	11.5	5.6	4.9	6.3
	经常	0.7	1.0	2.0	2.0	4.9	1.6	2.0
集会、静坐和游行示威	从未	96.3	94.1	97.2	97.3	97.2	97.5	96.6
	偶尔	3.7	4.4	1.6	2.7	2.1	1.6	2.7
	经常	0.0	1.5	1.2	0.0	0.7	0.8	0.7
越级上访	从未	97.0	96.1	95.9	96.6	96.5	91.7	95.6
	偶尔	2.2	3.0	2.8	3.0	3.5	8.3	3.8
	经常	0.7	1.0	1.2	0.3	0.0	0.0	0.5

农民的政治接触行为的多寡与类别也受其政治面貌影响。整体而言，中共党员的政治接触经历多于非党员，且更容易发生非制度化的政治接触。表 5-96 显示，中共党员和非党员选择向人大代表反映问题这一接触方式的人员比例完全一致，但对其他政治接触的渠道选择则具有一定的差异性。表示有过上访、写联名信经历的中共党员累计有 15.3%，有此经历的非党员仅有 8.4%，前者比后者多 6.9 个百分比；表示有过"向政府领导反映"问题经历的中共党员累计有 25.5%，有此政治接触经历的非党员累计有 20.4%，前者比后者多 5.1 个百分比。而有过"集会、静坐和游行示威"经历的中共党员累计有 8.2%，比有此政治接触经历的非党员多 5.1 个百分比；"越级上访"过的中共党员累计有 10.2%，比也有此经历的非党员多 6.6 个百分比。可见，具有中共党员身份的农民的政治接触经历更为丰富，而且中共党员在制度性政治接触遇挫时也易转向非制度化接触。

表 5-96　　　　　　　农民的政治接触（政治面貌的影响）　　　　　　单位：%

		从未	偶尔	经常
上访、写联名信	党员	84.7	12.2	3.1
	非党员	91.5	7.4	1.0
向政府领导反映	党员	74.5	23.5	2.0
	非党员	79.6	17.6	2.8
向人大代表反映	党员	90.8	6.1	3.1
	非党员	90.8	7.3	1.9
集会、静坐和游行示威	党员	91.8	5.1	3.1
	非党员	97.0	2.6	0.5
越级上访	党员	89.8	5.1	5.1
	非党员	96.4	3.3	0.3

少数民族的政治接触经历多于汉族。整体而言，少数民族选择制度化的政治接触方式比例多于汉族。表5-97显示，愿意并有过"上访、写联名信""向政府领导"和"人大代表"反映诉求经历的农民，少数民族分别累计有10.5%、33.6%和20.9%，汉族分别累计有8.9%、19.1%和7.7%，少数民族比汉族分别高出1.6个、14.5个和13.7个百分点；而在"集会、静坐和游行示威"以及"越级上访"方式上，表示有过这两种非制度化经历的少数民族分别有5.2%和8.2%，汉族相应分别有3.3%和3.7%。可见，少数民族与政权机关及其工作人员进行政治接触的经历更多，并且他们容易有更高的制度化政治接触意愿，也比汉族更容易陷入非制度化政治接触的泥沼。

表 5-97　　　　　　　农民的政治接触（民族的影响）　　　　　　单位：%

		从未	偶尔	经常
上访、写联名信	少数民族	89.6	9.0	1.5
	汉族	91.2	7.7	1.2
向政府领导反映	少数民族	66.4	27.6	6.0
	汉族	80.9	16.8	2.3
向人大代表反映	少数民族	79.1	14.9	6.0
	汉族	92.3	6.2	1.5

续表

		从未	偶尔	经常
集会、静坐和游行示威	少数民族	94.8	3.0	2.2
	汉族	96.8	2.8	0.5
越级上访	少数民族	91.8	6.7	1.5
	汉族	96.4	3.1	0.6

农民的政治接触也与受教育程度有明显关联。表 5-98 显示，对"上访、写联名信""向政府领导"和"向人大代表"反映这三种制度化政治接触有过经历的农民群体比例，与其受教育程度具有正相关关系。通常受教育程度越高，选择制度化政治接触的意愿越高。而在"集会、静坐和游行示威"以及"越级上访"问题上具有非制度化政治接触经历的农民群体比例与其受教育程度的关系则比较复杂。一方面，进行过"集会、静坐和游行示威"的农民比例与其受教育程度成正比，受教育程度越高的农民越倾向于进行此类政治接触；另一方面，对"越级上访"这种非制度化政治接触方式，有过这种经历的农民比例则与其受教育程度成反比，除去从未受过教育的农民以外，越是文化低的农民越容易被煽动而越有可能实施越级上访这种极端的政治接触，而文化越高的农民进行越级上访的可能性反而更低。

表 5-98　　　　农民的政治接触（受教育程度的影响）　　　　单位：%

		从未受过任何教育	小学	初中	高中（中专）	大学（大专）及以上	平均
上访、写联名信	从未	96.7	92.4	90.2	91.5	87.5	91.7
	偶尔	3.3	7.3	8.1	7.6	9.9	7.2
	经常	0.0	0.3	1.7	0.9	2.6	1.1
向政府领导反映	从未	91.7	82.6	76.7	75.3	80.9	81.4
	偶尔	8.3	17.4	18.3	21.1	17.8	16.6
	经常	0.0	0.0	5.0	3.6	1.3	2.0
向人大代表反映	从未	100.0	95.5	89.0	86.1	89.5	92.0
	偶尔	0.0	4.5	7.4	11.2	9.2	6.5
	经常	0.0	0.0	3.6	2.7	1.3	1.5

续表

		从未受过任何教育	小学	初中	高中（中专）	大学（大专）及以上	平均
集会、静坐和游行示威	从未	100.0	97.6	96.2	96.0	95.4	97.0
	偶尔	0.0	2.4	2.9	4.0	2.6	2.4
	经常	0.0	0.0	1.0	0.0	2.0	0.6
越级上访	从未	100.0	95.1	95.5	96.0	96.7	96.7
	偶尔	0.0	4.5	3.8	3.1	2.0	2.7
	经常	0.0	0.3	0.7	0.9	1.3	0.6

农民与国家的政治接触具有典型的区域特点。整体而言，中部地区农民政治接触的意愿不如东、西部农民强烈，其政治接触行为相对最少。表5-99显示，不同区域农民有过"上访、写联名信""向政府领导""向人大代表"反映问题等制度化政治接触经历的比例，呈现出东部和西部地区名列前茅、中部地区垫底的排序趋势，中部地区与排名第一的差距最大达到10.2个百分点；而"集会、静坐和游行示威"以及"越级上访"的政治接触经历，中部地区农民有过这类非制度化政治接触经历的人员非常少。显然，中部地区农民与政府进行政治接触的意愿和实际行动都比较少，少有的政治接触更多都是采取温和的制度化方式，很少采用集会、静坐、游行示威和越级上访这类非制度化渠道。

表5-99　　　　　　农民的政治接触（区域的影响）　　　　　　单位：%

		从未	偶尔	经常
上访、写联名信	东部地区	87.9	10.5	1.6
	中部地区	95.1	4.2	0.6
	西部地区	89.7	8.9	1.4
向政府领导反映	东部地区	78.2	18.5	3.2
	中部地区	86.4	12.0	1.6
	西部地区	76.3	20.7	3.1
向人大代表反映	东部地区	93.5	5.6	0.8
	中部地区	93.9	4.5	1.6
	西部地区	89.0	8.6	2.4

第五章 城镇化背景下农民政治社会化样态实证分析（下）

续表

		从未	偶尔	经常
集会、静坐和游行示威	东部地区	96.0	3.2	0.8
	中部地区	99.7	0.3	0.0
	西部地区	95.3	3.8	1.0
越级上访	东部地区	97.6	1.6	0.8
	中部地区	96.4	3.6	0.0
	西部地区	95.3	3.8	1.0

农民所处地理位置与城市距离的远近也影响其政治接触。表5-100显示，有过上访、写联名信这类政治接触经历的农民，以城郊农民占比最高，乡镇郊区与偏远农村农民没有明显差异；而向政府领导反映问题这一政治接触经历，偏远农村农民最多，而城郊与乡镇郊区农民选择这种途径的比例非常接近。可见，偏远农村农民受传统的"官本位""为民做主"等思想驱动，更容易选择与政府领导面对面交流的政治接触方式。数据显示，在向人大代表反映或集会、静坐和游行示威以及越级上访等政治接触方式的选择上，城郊农民很少向人大代表反映诉求，但却比乡镇郊区和偏远农村农民更易进行集会、静坐、游行示威和越级上访等非制度化政治接触。显然，城郊农民最容易实施极端化的政治接触，当制度性的上访等途径不能解决其诉求、达成其利益要求时，他们则有较高可能转而借助极端方式来争取政治利益。

表5-100　　　　　农民的政治接触（空间位置的影响）　　　　　单位：%

		从未	偶尔	经常
上访、写联名信	城市郊区	84.6	15.4	0.0
	乡镇郊区	91.3	7.3	1.4
	偏远农村	91.7	7.0	1.3
向政府领导反映	城市郊区	80.2	16.5	3.3
	乡镇郊区	81.5	15.8	2.7
	偏远农村	76.2	21.3	2.6
向人大代表反映	城市郊区	93.4	6.6	0.0
	乡镇郊区	90.7	7.3	2.0
	偏远农村	90.4	7.2	2.3

续表

		从未	偶尔	经常
集会、静坐和游行示威	城市郊区	94.5	4.4	1.1
	乡镇郊区	96.8	2.2	1.0
	偏远农村	96.6	3.2	0.2
越级上访	城市郊区	94.5	5.5	0.0
	乡镇郊区	95.4	3.6	1.0
	偏远农村	96.6	3.0	0.4

2. 量小力微：农民政治接触有限且单一

作为农民政治参与的重要方式，政治接触为农民谋求个体利益而与政权机关及其工作人员对话沟通提供了自下而上的通道，有助于农村社会治理体系的稳定与发展。当下，互联网技术的发展和国家法律法规的健全赋予农民越来越多可资利用的政治接触渠道和手段。但受官本位思想、权威主义人格等因素的影响，农民上访、写联名信等各种政治接触的意愿仍然极少，绝大多数农民从未与政权机关及其工作人员进行过政治接触。在已经发生过的有限政治接触中，对政府所报有的较大心理预期使得农民更倾向于选择向政府领导而不是能代表公众利益的人大代表进行交流沟通。并且随着近年来公共服务均等化、新农村建设、城乡一体化和精准扶贫战略的实施与改革开放成果惠及民众的落地，农民对党和国家的政治信任、政治情感和政治认同以及农民自身的政治效能感都得到巨大提升，绝大多数农民在面对制度化和非制度化的政治接触方式时，都更倾向于温和的制度化政治接触渠道，很少选择集会、静坐、游行示威、越级上访等非制度化的政治接触方式来谋求自身利益。

在农民群体内部，这种政治接触的整体情况又因农民性别、政治面貌、民族、年龄、所处区域和位置以及职业等因素而呈现出不同的偏好。具体而言，男性的政治接触经历整体多于女性，并且男性政治接触更加积极，但也容易采用极端的非制度化接触方式；党员的政治接触经历多于非党员，但党员中有相当比例的农民在制度性政治接触遇挫时也易转向非制度化接触；少数民族的政治接触经历多于汉族，他们尤其钟爱向人大代表反映问题与诉求；中部地区农民政治接触的意愿不如东、西部农民强烈，其政治接触行为相对最少，或者也更多采取温和的制度化方式，很少诉诸集会、静坐、游行示威和越级上访这类非制度化渠道。农民所处地理位置与城市距离的远近也影响其政治接触，偏远农村农民钟爱与政府领导接触，城郊农民则偏好写联名信、上访等制度化政治接触方式，但在上访等制度性途径不能达成其利益诉求时则更可能转而进行极端化的非制度化接触；不同年龄段农民的政治接触经历各有特点，他们的制度化政治接触的经历与其年龄基本呈增长之势，但他们整体都不愿实施集会、静坐、游行示威和越级上访等极端化的政治接触，而且年龄越大越少进行这些极端政治接触；农民的政治接触也与受教育程度有明显关联，受教育程度越高的农民选择制度化政治接触意愿越强，而选择越级上访的可能性越低，相反学历较低的农民越容易实施越级上访这种极端化的政治接触。可见，除了建立健全我国政治法律制度，供给农民多元的制度化政治接触渠道外，还要注意积极引导各类农民群体正确选择接触方式，正确争取和维护自身利益，维护乡村社会的稳定与发展。

四　城镇化背景下农民政治社会化总体性特征

"人们自己创造自己的历史，但是他们并不是随心所欲地创造，并不是在他们自己选定的条件下创造，而是在直接碰到的、既定的、从过去承继下来的条件下创造。"[①] 广袤的农村地区的稳定和占人口绝大多数的农民的现代化，既关系着国家安宁与经济社会发展大局，决定着中国的现代化建设和两个一百年国家战略能否最终实现，也是维系党和国家政治统治合法性的根本。中华人民共和国成立70余年来党和国家始终将农民的政治社会化作为中国革命、建设和改革的重要工作，面对波澜壮阔的城镇化进程给农村带来的经济政治文化和社会的急剧变化和治理难题，国家更是推行了农村税费改革、新农村建设、精准扶贫、乡村振兴等"三农"政策和改革举措以求解乡村治理难题，并始终坚持对农民开展广泛的思想政治工作。经过70余年尤其是新型城镇化背景下的不懈努力，农民政治社会化水平有了较大提升。经由前文从政治认知、政治观念、政治态度、政治评价、政治效能感和政治行为六个方面对农民政治社会化状况进行的全方位"探测"，我们发现农民作为行动中的"政治人"具有以下总体性特征。

1. 农民政治认知提升较大，但存在认知差序

由于主流媒体对不同层级领导干部的报道差异和农民对不同层级领导干部

---

① 《马克思恩格斯选集》第 4 卷，人民出版社 1995 年版，第 732 页。

的关注程度不同，农民对政治人物的认知具有明显的认知"差序"。九成以上农民能准确说出国家领导人姓名，六成以上农民知晓美国和俄罗斯等国主要领导人，但熟悉基层乡镇领导的农民却不到四成。村民自治作为当代中国政治制度的重要组成部分，已经成为中国乡村民主的重要内容并贯穿于农民的整个公共政治生活。农民是否了解与其生活密切相关的村民自治制度，成为影响农民政治参与及其实践效果的一个关键，也是衡量农民政治认知水平的一个重要变量。但与对政治人物认知的差序特征相比，当下农民对村民自治制度的认知整体不足，大部分农民对村民自治制度了解很少，更不知道如何参与村民自治，造成当下农民的政治参与仍然主要依赖经验和感觉，缺乏制度的自觉。

2. 农民政治观念正在从传统向现代过渡

中国是一个农业大国，农民在国家政治经济文化生活中至关重要。农民能否实现现代化，是否具备合格政治人所需的现代政治观念，决定着现代化战略能否实现与党和国家的长治久安。经过 70 余年持续不断的政治社会化，农民的政治观念有了较大变化。绝大多数农民都具有较强的国家责任意识和深厚的家国情怀，深刻认同"国家兴亡，匹夫有责"的观念，但改革开放带来的所有制结构调整、利益格局分化导致利益主体价值取向剧烈变化，少部分农民的国家观有价值迷茫、意识模糊的倾向。70 余年如火如荼的政治社会化熏陶与浸染，已经将农民从作壁上观的"无政治阶层"卷入政治的洪流，变身政治时代的弄潮儿，他们已经充分认识和领略到现代政治所包含的民主权利价值和本质，但仍有近半数的农民受传统价值观的驱动，对政治的理解仍停留在自上而下的管理、统治或资源分配层面。与此同时，受传统"民本"思想的影响，过半数的农民对政府及其官员非常依赖，在涉及农民利益维护的问题上总是希望政府能够为民做主并充分考虑他们的意见；他们还未认知到现代民主的真正意蕴，对民主的实质性意义和程序性意义的认知尚不清晰，他们更倾向于选择"当家做主"的实质民主，而对民主的具体形式和程序设计则不太重视。显然，农民对民主的认知虽有中国传统政治思想中的民本主义和开明专制成分，但他们对政府和民主的认识与期待却早已超越民主政治即统治和控制的传统观念，而赋予了当家做主，与政府能够双向互动的意蕴。可见，当代中国农民政治观念的总体"转型"已经发生，农民思想中虽然还残留着传统观念的影子，但其对国家、政府和民主政治的观念已经越来越多地具有平等、参与、理性等现代成分。

3. 农民政治态度总体积极且具有"理性人"的行为逻辑

经由 70 余年政治社会化的培育，大多数农民都具有较强的政治责任感，参与政治态度积极，但仍有为数不少的农民政治责任意识淡薄，对参与政治、贡献自己的力量没有主人翁精神和主体意识。这样一种政治态度，既有千百年来中国农民"非政治阶层"的政治冷漠传统残留的因素，更与中华人民共和国成立以来尤其是改革开放以来国家"把农民问题作为外在的一个对象的意义上来加以解决"①，而忽视农民自身主体意识和主人翁精神的培育与发挥的政治实践有关。与此同时，"一个真正的民主的社会就是一个'自治'的社会，就是一个人民自己管理自己的社会"②。自治天然地具有自主性、参与性和开放性等属性，内在地强调公民主体性的弘扬和彰显。民众对自治的认同和满意度是实现基层"善治"的基础，也是衡量今天民众政治态度的重要尺度。经由 30 余年的实践参与，农民整体上对村民自治印象良好，但对村"两委"、村干部和乡村选举等村民自治具体内容的政治态度则有程度的差异，其对村民自治宏观层面的印象要比具体层面的人（村干部）和事（乡村选举）的印象更好。农民对村干部和选举评价的走低与基层选举存在的问题有很大关系，也与农民更看重治理的实际绩效的理性选择有联系。

4. 农民政治评价总体较高，但仍呈现"央强地弱"的态势

国家认同是政治认同的最高形式，"其本质是对自我与国家之间存在的内在一体性的认同"③。既是公民安身立命最基本而不可或缺的认同所在，也是维系一个国家存在和发展、实现国家安定团结和社会稳定发展的核心要素。中国特色的民主集中制、国家日渐完善的法律制度、日益提升的国际地位、愈加强劲的经济发展和优秀的历史文化传统都支撑着农民内生出对国家现状的普遍满意，但这些因素对农民群体的国家满意度的贡献有着明显的分量差异，经济发展和隐藏其后的更深层次的体制最让农民引以为豪。与此同时，近年来政府公共服务供给的增加、脱贫攻坚与乡村振兴的大力推进、持续高压反腐、生态环境保护等方面的巨大成效极大增强了农民的幸福感、获得感和安全感。享受到国家经济社会巨大腾飞和个人生活显著改善实惠的农民对政府普遍感到满意。但受政府政策执行质量、政策执行者素质和现实环境等多方面因素影响，

---

① 秦晖：《农民中国：历史反思与现实选择》，河南人民出版社 2003 年版，第 168 页。
② 朱宇：《中国乡域治理结构：回顾与前瞻》，黑龙江人民出版社 2006 年版，第 164 页。
③ 林尚立：《现代国家认同建构的政治逻辑》，《中国社会科学》2013 年第 8 期。

农民对各级政府的满意程度具有明显的差序结构特征，农民对基层政府的满意度明显不及上级政府尤其是中央政府。党政干部是政府联系群众的桥梁，其形象、素质如何会直接影响农民对政府的评价，关乎着农民的政治认同和国家执政的合法性。中国数十年经济发展成果和各级政府推动减贫事业、保障弱势群体利益、促进公共服务均等化各项政策措施的有效实施，使城乡居民尤其是农民成为改革红利和实惠更广泛的受益者，农民对不同层级政府及党政干部的满意度在全面提升。在绝大多数农民心中，党政干部整体上既是勤政务实、为民服务、敢于担当的实干者，又是清正廉洁、一心为公的践行者，但其对不同层级党政干部的评价仍然具有明显的差序信任特点。

5. 农民的政治效能感总体较低且不均衡

政治效能感是民众关于自身政治影响力和政治系统回应力的认知与判断，是一种"政治和社会变迁是可能的以及公民个体能够促使这一变迁发生的感觉"[①]。作为政治心理系统中一种特殊的政治态度，政治效能感是农民政治社会化过程中的重要心理基础，既是民众评估自身和政治体系政治能力的重要依据，也是影响个体政治参与意愿的关键因素之一，更是衡量个体政治社会化程度和国家政治统治正当性的核心指标。尽管经由70余年发展，农民的政治参与积极性有了很大提高，政治体验相较以前有了较大的进步，但当下农民的政治效能感总体仍然较低，大部分农民都不太了解和熟悉政治参与的基本流程和知识，不熟悉政府的机构设置及职能，对自身能否影响政府也认知较低，而且其对自身政治能力和政治体系回应自身的内外政治效能感也很不均衡，其对自身政治能力的内部效能感明显不及政治体系回应自身的外部政治效能感。不仅如此，农民内外政治效能感各自内部也具有这种不均衡的特点。在"了解型"和"影响型"所构成的内部政治效能感上，尽管农民的"了解型"和"影响型"政治效能感都较低，但其对基层政治的认知和了解尤其低下；而由"重视型"和"回应型"所构成的外部政治效能感上，农民对政府能够积极回应并采纳自己建议的信心明显更为不足。

6. 农民的政治参与行为增多且依法依规是主流

农民的政治参与行为不仅是其"政治人"品格必备的素质，更是影响国家政局稳定和发展的重要因素。在中国，中华人民共和国成立70余年来政治

---

① Campbell, Angus, Gurin, Gerald and Miller, Warren E., *The Voter Decides*, New York: Row, Peterson and Company, 1954, p.187.

社会化的发展和国家制度的健全以及改革开放，极大激发了农民政治参与的动力和热情。自从获得投票权以来，农民政治投票的积极性大为提高，但农民当下的政治投票的意愿和行动具有很大的利益诱因。农民会根据与自己利益关联度高低和参与渠道的便利可及程度来决定参与何种投票，因而相比村庄事务决策和地方人大代表选举，农民有参与村委会成员选举的更大意愿和实际行动。即便如此，农民主动参与政治投票的意愿和个体自觉仍然较低，大部分农民参与政治投票都是政治动员的结果。然而，政治投票只是定期的政治参与行为，真正培育和锻炼农民的参政能力与技巧需要政治表达和政治接触这种常态化的政治行为。随着科技的发展，农民政治表达的渠道已经突破现实生活场域的局限而延展到线上网络虚拟空间，但无论是线上还是线下，农民表达自己诉求的意愿和行动都较为有限。但相对新闻媒体和网络，农民更愿意通过线下的渠道反映诉求，更愿意与政府官员接触而不是上访、写联名信和向人大代表反映。尽管在政治接触的方式选择上，仍有少量的农民采用非制度化的政治接触方式来谋求自身利益，但依法、依制度通道表达诉求以维护自身权益始终是主流。

第六章　城镇化背景下农民政治社会化机理及影响因素

社会学习和认知发展相伴而行、交织在同一过程中，这充分体现了人的社会化过程是主观与客观、外在环境与内在环境相互作用的辩证统一。①

——周晓虹

实现人的城镇化，"以人为本，公平共享"是新型城镇化的核心和首要原则。② 城镇化是农村人口向城镇的积聚和现代文化、生活方式、价值观念向农村扩散相统一的过程，其根本目的在于通过政治社会化实现农村和农民全方位、整体性的现代性政治观念转向。但是，政治社会化效果最终如何，取决于农民自身内部因素和外部因素的交互影响和共同作用。因此，探索和研究农民政治社会化的内部机理和外在影响因素，对于掌握和呈现农民政治社会化的实现过程极为重要。由于人的政治社会化是"知""情""意""行"的螺旋上升过程，"知"解决客观知识层面的认知问题，"情"和"意"解决政治心理层面的主观情感和意志问题，"行"解决判定农民政治社会化效果的外部参与问题，是主观见之于客观的互动产物，政治知识、政治心理和政治参与相互影响构成推进农民政治社会化的内驱力。而媒体信任影响农民的信息选择，政治

---

① 周晓虹：《现代社会心理学——社会学、心理学和文化人类学的综合探索》，江苏人民出版社1991年版，第138页。
② 《国家新型城镇化规划（2014—2020年）》，人民出版社2014年版，第16页。

关注持续塑造农民的政治认知和政治情感，收入感知影响农民对公平、正义等社会基本价值的评价，社会资本影响农民政治行为选择的可能范围，它们与政治知识、政治心理和政治参与一起共同作用于农民政治社会化过程。因此，我们将根据在全国范围内调研得到的数据，构建理论模型实证分析和展示农民政治社会化的内外互动机理。

一　农民政治社会化运行的内部机理

（一）政治心理与政治参与：基于政治知识的调节模型

1. 文献回顾与研究假设

在政治学上，政治参与被视为公民为影响政治决策而进行的活动，其目的或效果是通过直接影响公共政策的制定与实施，或间接影响政策制定者的选择来影响政府行为。[1] 在西方民主政治体系中，这些活动有许多不同的形式。20世纪60年代初，政治参与主要是投票、竞选和公民与政府官员之间的接触。到20世纪60年代末70年代初，政治参与扩大到包括公民和社区团体、政府官员和政治家之间的直接接触。同时，示威、堵车、签署请愿书甚至暴力等抗议形式也被认可为政治参与。但在政治社会化中，所有政治参与的活动，无论合法还是非法、有序还是无序，只有那些合乎法规、遵循秩序、保持理性、适度恰当的有序政治参与才是将公民政治利益诉求合理吸纳进体制的重要方式[2]，才是形塑合格政治人、培养政治认同和巩固执政者政治统治的助推器，而非法、无序的政治参与则无益于个体政治社会化的推进和政权稳定的维护。鉴于此，本部分在研究农民政治社会化运行的内在机理时，关注的视角将聚焦于农民的有序政治参与行为，着力建构研究假设，并通过数据模型验证呈现其如何与政治心理、政治知识互动影响农民政治社会化。

对政治心理与政治参与之间的关系，传统理论研究认为，那些心理上信任政治机构并认为政治有效的公民更有可能积极投身政治参与。"一个主观上有

---

[1] Verba, S., Schlozman, K. L. and Brady, H. E., *Voice and Equality: Civic Voluntarism in American Politics*, Cambridge MA: Harvard University Press, 1995, p. 38.
[2] 伍俊斌：《政治参与和有序政治参与的基本内涵分析》，《上海大学学报（社会科学版）》2013年第4期。

能力的公民更可能是一个积极的公民"[1],而"积极的公民可以被认为是更好的公民,因为他们有对民主规范和价值观的强烈支持"[2]。大量实证研究也显示,包括政治效能感在内的政治心理对个体政治参与行为确实具有显著的正向促进作用[3]。因此,无论是理论研究还是实证分析都认为,政治观念、政治态度、政治评价和政治效能感等政治心理,都是政治参与的重要预测因素,可以预计个体能否会更加积极地参与政治活动。基于此,我们提出第一个假设。

H1:具有较高政治心理预期的农民,在有序政治参与中的行为表现更为积极。

如果说政治心理是个体政治参与的心理意愿,那么政治知识则约束着个体政治参与的实际能力。作为储存在长期记忆中的关于政治的事实信息[4],政治知识决定着个体的政治取向和对同一政治目标采取的行动策略。在个体政治社会化的道路上,政治知识不仅能在个体生命的早期通过正规教育获得,还可以在成年后的非政治性环境中通过人际讨论和接触新闻媒体来获得和增强[5]。但无论其来源渠道如何,其对政治行为都具有一定的影响。事实上,德国纵向选举研究的数据验证政治知识对投票、常规或非常规政治参与具有明显的直接影响,政治知识在提高内部政治效力的基础上间接增加了公民参与政治的机会。[6]那些政治参与者往往对政治有更多的了解,并对政治事务更感兴趣。[7]因此,我们假设:

H2:有更多政治知识的农民,在有序政治参与中的行为表现更为积极。

---

[1] [美]加布里埃尔·A.阿尔蒙德、西德尼·维巴等:《公民文化》,徐湘林等译,东方出版社2008年版,第171页。

[2] Mansbridge, J., "On the Idea that Participation Makes Better Citizens", in S. L. Elkin and K. E. Soltan (eds), *Citizen Competence and Democratic Institutions*. University Park PA: Pennsylvania State University Press, 1999, pp. 291-325.

[3] Kenski, Kate, and N. J. Stroud, "Connections Between Internet Use and Political Efficacy, Knowledge, and Participation", *Journal of Broadcasting & Electronic Media*, Vol. 50, No. 2, 2006. pp. 173-192.

[4] Delli Carpini, M. X., & Keeter, S., *What Americans know about politics and why it matters*, New Haven, CT: Yale University Press, 1996, p. 10.

[5] Scheufele, D. A., & Nisbet, "M. C.. Being a citizen online: New opportunities and dead ends", *Harvard International Journal of Press/Politics*, Vol. 7, No. 3, 2002, pp. 55-75.

[6] Reichert, Frank, "How Internal Political Efficacy Translates Political Knowledge Into Political Participation: Evidence From Germany", *Eur J Psychol*, Vol. 12, No. 2, 2016, pp. 221-241.

[7] Quintelier, E., and M. Hooghe, "Political attitudes and political participation: A panel study on socialization and self-selection effects among late adolescents", *International Political ence Review*, Vol. 33, No. 1, 2011, pp. 63-81.

第六章　城镇化背景下农民政治社会化机理及影响因素

政治知识、政治心理与政治参与三者之间有着一定的相关性，学术界已经达成共识，但它们之间究竟是怎样的关系尚不明朗。有学者注意到政治效能感、政治知识和政治参与是相互关联的概念，指出内部效能感、政治知识和参与度彼此正相关[1]。但在计划行为理论看来，各种态度确实可以被认为是行为的诱因，但人们并不总是遵循自己的信念，政治知识与政治心理会共同作用于政治参与。这暗示着：政治知识或者在政治心理与政治参与之间扮演着调节角色[2]。为此，我们提出以下假设与模型（见图6-1）。

H3：农民的有序政治参与行为受到政治知识与政治心理的交互作用影响。

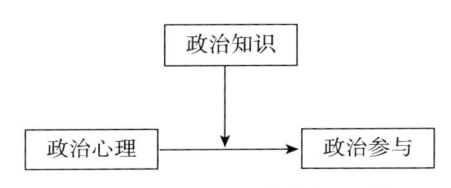

图6-1　政治知识的调节效应假设模型

2. 测量工具

（1）政治知识。政治知识的多寡直接影响着个体政治社会化和政治参与。"前现代社会可以通过宗教、社会权威、礼仪等的潜移默化影响，实现民众的政治社会化，而现代社会的政治社会化则必须通过政治知识的大众化得以实现。"[3] 本书用人物知晓度和制度知晓度两个维度来测量农民的政治知识情况。对人物知晓度设置包括对中国、美国、俄罗斯重要领导人和乡镇主要领导干部的名字知晓情况在内的6个题项，对制度知晓度设置"您对村民自治制度了解吗？""您知道如何参与村民自治吗？"2个题项。对这8个题项的回答选项"知道""不知道""回答错误"，分别赋值1分、0分、0分。将所有题目得分加总（0~8分），被调查者得分越高，表示了解的相关政治知识越多。所得量表的总体克隆巴赫系数为0.750。

（2）政治心理。政治心理是社会形势的"晴雨表"，其形成、变化和发展极大影响着社会政治生活和个体政治行为及其政治社会化。个体政治观

---

[1] Morrell, M. E., "Survey and experimental evidence for a reliable and valid measure of internal political efficacy", *Public Opinion Quarterly*, Vol. 67, No. 4, 2003, pp. 589-602.

[2] 中国学者郑建君认同这一观点，认为公民政治知识对其政治效能感与选举政治参与行为就具有调节作用。郑建君：《参与意愿的中介效应与政治知识的边界效应——基于政治效能感与参与行为的机制研究》，《南京大学学报（哲学·人文科学·社会科学）》2019年第3期。

[3] 曹沛霖：《制度的逻辑》，上海人民出版社2019年版，第273页。

念、政治态度、政治评价和政治效能感构成个体政治心理的四个层面和研究维度。本文对政治观念设置 4 个题项，分别检测农民的"国家观""民主观"和"政府观"，对政治态度设置"政治责任""自治印象""政治取向"三大类别共 9 个具体题项，对政治评价设置"国家评价""政府评价""党政干部评价"三类共 8 个题项，对政治效能感设置"内部政治效能感"和"外部政治效能感"两类共 8 个题项。对每个题项的选项采用李克特量表测量，分值从低到高，代表政治心理从消极到积极的走向，该量表的总体克隆巴赫系数为 0.885。

（3）政治参与。政治参与是个体进行政治社会化的一种基本实践形式，既是个体实践获取政治知识的通道，更是整合个体利益诉求于政治体制，实现个体政治追求，提升个体政治素养的关键。当下，农民主要通过政治投票、政治表达和政治接触方式参与政治。为此，本文通过村委会成员和地方人大代表选举投票、村庄事务决策投票 3 个题项来测量农民政治投票行为，通过"您是否参与过针对村干部的民主监督活动""您向新闻媒体反映过问题吗""您通过网络反映过问题吗" 3 个题项来测量其政治表达，通过"您曾通过上访、写联名信等方式表达您的意见吗""您向政府领导反映过问题吗""您向人大代表反映过问题吗" 3 个题项来考察其政治接触。每个题项的选项都选择 3 点计分，"从不参与"赋值 1 分，"偶尔参与"赋值 2 分，"经常参与"赋值 3 分。该量表的总体克隆巴赫系数为 0.821。

3. 数据处理

本文运用 SPSS 与 AMOS 对数据进行处理。首先使用主成分方法提取因子，并固定因子数为 1。处理结果显示，第一个因子的方差解释率为 21.58%，远低于 40%，不存在共同方法偏差。在此基础上计算政治知识、政治心理、政治参与和交互项（政治知识乘以政治心理）的得分，并在 SPSS 中检验政治知识、政治心理对政治参与的影响。而后将 SPSS 中的数据导入 AMOS 进行调节效应检验。

4. 模型检验与结论

鉴于各个变量都是数值型变量，本书采取显变量[①]调节效应分析，使得政治心理、政治知识和交互项的箭头都指向政治参与，并从政治知识出发连接政治心理，建构起完整的调节效应模型（见图 6-2）。

---

① 显变量是与潜变量相对应的概念，指的是可以直接观测的指标。

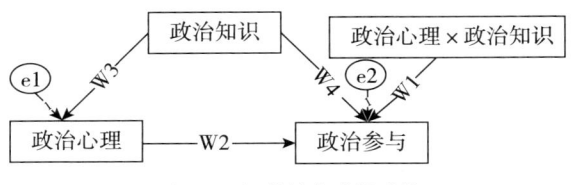

第六章 城镇化背景下农民政治社会化机理及影响因素

图 6-2 调节效应路径系数

注：W1、W2、W3、W4 为路径系数名称，e1、e2 为残差。

在 SPSS 中构建多元线性模型，发现政治知识（$\beta=0.350$，$t=12.488$，$P<0.05$）与政治心理（$\beta=0.178$，$t=6.330$，$P<0.05$）都正向影响农民的有序政治参与行为，证实 H1 和 H2 两种假设都能成立。与此同时，根据调节效应检验标准，交互项对因变量的影响显著，则调节效应显著。表 6-1 显示，政治心理、政治知识、政治心理×政治知识都显著影响农民的政治参与（P 值均小于 0.05），说明该调节效应模型成立，政治知识在政治心理与政治参与之间起着调节作用。其中，政治心理、政治知识和交互项影响政治参与的路径系数分别为 -0.100、-0.548 和 0.745。因而调节效应模型的路径系数公式为：

政治参与 = 0.745×政治心理×政治知识 - 0.548×政治知识 - 0.100×政治心理

表 6-1　　　　　　　　模型与路径系数检验

	Estimate	C. R.	P
政治参与<---政治心理（W2）	-0.100	-10.241	***
政治参与<---政治知识（W4）	-0.548	-56.054	***
政治参与<---政治心理×政治知识（W1）	0.745	80.777	***

最后，我们对该模型的路径系数公式进行转换，以进一步厘清该调节效应模型中政治心理、政治知识和政治参与三者间的关系。为此，我们将公式中共有的政治心理项作为公因子予以提取整合，得到调节效应模型新的路径系数公式：

政治参与 = （0.745×政治知识 - 0.100）×政治心理 - 0.548×政治知识

转化后的新公式表明，农民的政治参与受到其政治知识和政治心理的双重影响，不仅具有较高政治心理预期的农民，在有序政治参与中的行为表现更为积极，而且拥有更多政治知识的农民，其在有序政治参与中的行为表现也更好，假设 H1、H2 和 H3 都得到验证。可见，提高农民政治知识水平、培育积极的政治心理，是农民积极投身有序政治参与的影响因素。

（二）政治知识与政治参与：基于政治心理的部分中介作用

1. 文献回顾与研究假设

国外大量研究表明，不仅政治知识的多寡会影响个体政治参与行为的发生与否，而且其构成类型也会影响个体对政治参与行为种类的选择。[①] 有学者着眼于中国台湾举行的五次"总统"和"立法"选举，考察政治知识对各类型政治参与的影响后证实，政治知识对政治参与确实具有积极影响，但其对不同类型的政治参与的影响随选举制度和选举的类型而异。[②] 即便如此，具有丰富政治知识的个体在政治参与中的表现也并不一定积极，他们的政治认知与政治行为之间可能存在较大的知行落差和脱节。[③] 究其原因，政治参与行为的发生除了受制于政治知识的多寡，还要受到个体政治心理的限制。学者克里斯滕森和 H. 塞鲁普的研究证实，政治知识和政治信任与直接民主参与都有预期的关系，当它们相互作用并朝同一方向拉动以形成参与倾向时，它们对政治参与的作用会更强。[④] 这种情况同样存在于中国农村的现实政治生活场域。随着城镇化的推进，政治知识水平得以提高的农民，参与政治的积极性和实践并没有根本改善。究其根源就在于政治心理是农民投身有序政治参与行为不可或缺的因素，其与政治知识共同影响着参与倾向：即农民的政治知识能直接作用于政治参与行为，同时也通过政治心理间接影响其政治参与。所以，我们提出以下假设与模型（见图 6-3）。

H4：农民政治心理在政治知识与政治参与之间起着部分中介作用。

[①] Johann, David, "Rules of the Game and Political Actors: Political Knowledge as an Essential Resource for Political Participation", *Osterrchische Ztschrift fur Politikwissenschaft*, Vol. 40, No. 4, 2011, pp. 377-394.

[②] Ching-Hsing Wang, "A Deeper Look at the Relationship between Political Knowledge and Political Participation: Evidence from Presidential and Legislative Elections in Taiwan", *Asian Journal of Political Science*, Vol. 23, No. 3, 2015, pp. 397-419.

[③] 王雁、王鸿、谢晨、王新云：《大学生网络政治参与：认知与行为的现状分析与探讨——以浙江 10 所高校为例的实证研究》，《浙江社会科学》2013 年第 5 期。

[④] Christensen, and H. Serup, "Knowing and distrusting: how political trust and knowledge shape direct-democratic participation", *European Societies*, Vol. 20, No. 4, 2018, pp. 572-594.

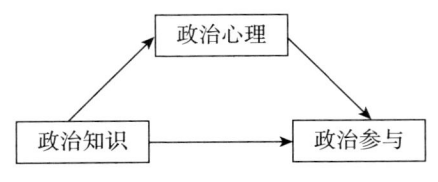

第六章　城镇化背景下农民政治社会化机理及影响因素

图 6-3　政治心理的部分中介效应假设模型

2. 测量工具

这里，我们采用与前文一致的方式来测量农民的政治知识、政治心理和政治参与各维度。由于部分数据缺失，我们在总分基础上对数据进行均分插补。同时为确保模型的稳健，我们决定对数据进行 Z 分数标准化，并再次纳入 AMOS 中介效应模型。这两种数据处理方式的结果殊途同归，二者除回归系数具有微小不同外整体没有差异。为此，我们将展示 Z 分数标准化数据处理下的模型检验。

3. 模型检验与结论

鉴于各变量都是数值型变量，本书运用 AMOS 对政治心理进行显变量中介效应分析。构建从政治知识到政治心理，再到政治参与的影响路径，并在箭头指向的政治心理与政治参与变量中加上残差 e1 与 e2，构建起完整的中介效应模型（见图 6-4）进行分析。

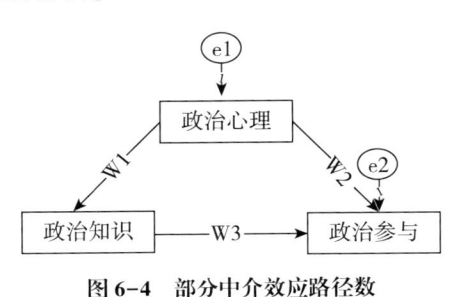

图 6-4　部分中介效应路径数

注：W1、W2、W3 代表模型的路径系数。

如表 6-2 所示，中介模型中三条路径系数全部显著（P 值小于 0.05）。其中，政治知识对政治心理的影响系数为 0.330，政治心理对政治参与的影响系数为 0.178，政治知识对政治参与的影响系数为 0.350，路径系数模型运算出来的这些结果能够较好地反映出农民政治心理对政治知识与政治行为的中介作用关系。而 bootstrap 分析显示，农民政治知识对政治参与影响的总效应为

0.409（$P=0.009$），直接效应为0.350（$P=0.012$），间接效应为0.059（$P=0.005$）。显见，农民政治心理在政治知识与政治行为之间起到了显著的正向中介作用，且该中介效应为部分中介，即农民的政治知识部分通过政治心理这一中介对其政治参与产生正向影响。农民了解的政治知识越多，其政治心理就越积极，有序政治参与行为发生的可能性就越大。假设H4得到验证。

表6-2　　　　　　　　　模型与路径系数检验

	Estimate	C. R.	P
政治心理<---政治知识（W1）	0.330	11.846	***
政治参与<---政治心理（W2）	0.178	6.336	***
政治参与<---政治知识（W3）	0.350	12.449	***

二　外部变量介入下的农民政治社会化机理

（一）媒体信任的调节作用

1. 文献回顾与研究假设

随着信息技术的发展，媒介的使用也出现在政治文化、政治心理与政治行为研究者的视野中。大量的经验发现为政治知识与新闻媒体使用之间的正相关提供了实质性证据。"在实践中，政治知识取决于传播，尤其是通过新闻媒体进行的大众传播"[1]，"媒体与政治之间是一种良性的互动，人们越接触媒体，得到的政治知识就越多，就会更多参与到政治中去"[2]。但学者们对新闻媒体与政治知识、政治参与的关系并未达成一致。有相当学者认为新闻媒体使用对政治知识和政治参与的影响并非"良性"而是"恶性"[3]，"接触新闻媒体会阻

---

[1] Eveland, W. P. Jr., Hayes, A. F., Shah, D. V., & Kwak, N., "Understanding the relationship between communication and political knowledge: A model comparison approach using panel data", *Political Communication*, Vol. 22, No. 4, 2005, pp. 423-446.

[2] P. Norris, *A Virtuous Circle: Political Communications in Postindustrial Societies*, Cambridge: Cambridge University Press, 2000, pp. 183-184.

[3] De Vreese, Claes H, and H., Boomgaarden, "News, Political Knowledge and Participation: The Differential Effects of News Media Exposure on Political Knowledge and Participation", *Acta Politica*, Vol. 41, No. 4, 2006, pp. 317-347.

碍公众的政治认知、兴趣和参与，造成公众对政治的冷漠和政治参与意愿的下降"[1]。有学者区分传统媒介与现代媒介，认为接触现代媒体对民众政治知识和政治参与的影响与接触传统媒介没有多大的差别，接触现代媒体并不能帮助增强政治知识和促进政治参与，只是为较小的政党提供了获得选票的机会。[2] 这种接触新闻媒体对民众政治参与有负面影响的"媒体抑郁论"观点在当前获得了相当多的支持。本书基于此做出如下假设与模型（见图6-5）。

H5：在农民政治心理对政治知识与政治行为的中介作用关系中，新旧媒体尤其是新兴媒体的使用并不能起到调节政治知识、政治心理与政治参与关系的中介作用。

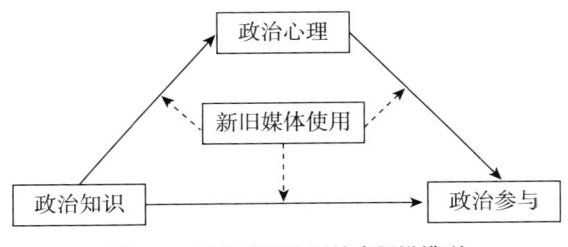

图6-5 媒体使用边际效应假设模型

与此同时，经验研究也发现，新闻媒体使用也可能显著影响民众的政治知识和政治参与，但这种影响很大程度上是通过选择性的信息接触影响个人政治心理而间接获取的结果。偏好使用新兴媒体的个体往往会在线上选择阅读与其观念一致的信息[3]，通过选择性的信息接触来强化其社会公平感，进而提升自身参与意愿和效能。[4] 因此，新兴媒体会根据个人偏好推送相关信息（不排除国家高层为获选进行的特定信息推送），但个体对媒体信息具有是否信任的权利。虽然政治信息的选择性接触会对个体接受的信息产生强化效益，进而极化其政治心理和政治参与，但是个体对信息本身的信任程度决定着政治心理的走

---

[1] J. Cappella and K. H. Jamieson, *Spiral of Cynicism: the Press and the Public Good*, New York: Oxford University Press, 1997, p.148.

[2] Partheymüller, Julia, and T. Faas, "The Impact of Online versus Offline Campaign Information on Citizens' Knowledge, Attitudes and Political Behaviour: Comparing the German Federal Elections of 2005 and 2009", *German Politics*, Vol. 24, No. 4, 2015, pp.507-524.

[3] Tolbert, C. J., and R. S. Mcneal, "Unraveling the Effects of the Internet on Political Participation?" *Political Research Quarterly*, Vol 56, No. 2, 2003, pp.175-185.

[4] 郑建君：《政治知识、社会公平感与选举参与的关系——基于媒体使用的高阶调节效应分析》，《政治学研究》2019年第2期。

向和政治参与行为的发生与否，因而是不同政治心理与政治参与行为得以产生的源头性因素。基于此，本书提出以下假设与模型（见图6-6）。

H6：农民对新旧媒体的信任程度具有调节效应，能够调节政治知识、政治心理与政治参与行为之间的关系。

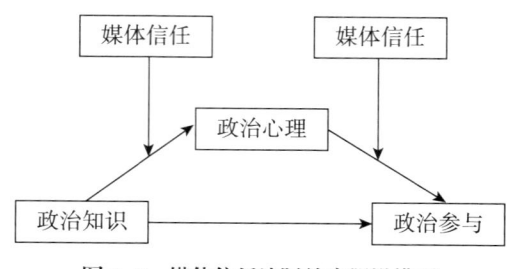

图6-6 媒体信任边际效应假设模型

2. 测量工具

媒体使用是否会影响农民的政治知识、政治心理与政治参与间的关系？为测量这一问题，本文赋值传统媒体"0"，赋值新兴媒体为"1"。并设置"您对电视、报刊、广播中的新闻/消息是否信任？""您对微博、微信、抖音等新兴媒体的新闻/消息是否信任？"2个题项，分别从对新兴媒体和传统媒体的信任两个维度测量媒体信任对政治知识、政治心理和政治参与之间关系的影响。两个题项均采用5分制李克特量表，其中，"完全不信任"赋值"1"，"完全信任"赋值"5"。

3. 模型检验与结论

首先检验新旧媒体使用对政治知识、政治心理与政治参与的调节效应，即新旧媒体的使用是否会对从政治知识到政治心理，再到政治参与这一中介效应模型产生影响。鉴于媒体使用为分类变量，本书选择AMOS多群组分析进行检验。建好中介效应模型图后，分别以新媒体、旧媒体使用的数据运算模型的路径系数，再比较新旧媒体使用的路径系数之间是否存在显著差异。如图6-7所示，b1-1、b2-1、b3-1代表使用旧媒体时政治知识、政治心理与政治参与之间的路径系数，而b1-2、b2-2、b3-2代表使用新媒体的路径系数。

检验发现，新旧媒体标准化系数路径的系数运算结果P值全部小于0.05，不同媒体使用下政治知识、政治心理与政治参与之间的影响关系全部显著，但

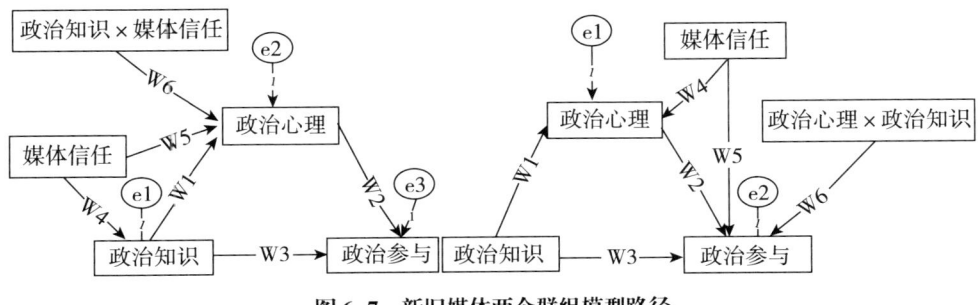

第六章 城镇化背景下农民政治社会化机理及影响因素

图6-7 新旧媒体两个群组模型路径

是无约束模型和限定路径系数完全相等模型[①]的拟合度不存在显著差异。具体如表6-3所示,两模型卡方差值为6.157,自由度差值为3,CHIDIST值0.1042远远大于0.05。因此,新旧媒体的使用无法调节政治知识、政治心理、政治行为三者之间的关系的假设H5,被证实成立。

表6-3 两模型拟合度CHIDIST检验

	卡方值	自由度
无约束模型	0.000	0
限定路径系数完全相等模型	6.157	3

鉴于媒体信任为数值型变量,本书采用有调节的中介效应分析(条件过程分析)[②]。在政治心理对政治知识与政治参与产生中介效应模型中的前半段与后半段分别设置调节效应,建构起两个有调节的中介效应模型(见图6-8):即媒体信任既调节政治知识与政治心理的关系,又调节政治心理与政治参与的关系。

检验发现,媒体信任和政治知识交互项以及其与政治心理交互项的P值均小于0.05,在政治知识通过政治心理影响政治参与的间接关系中,媒体信任度无论对其前半段还是后半段均具有显著调节作用。将表6-4中的数据代入前

[①] 无约束模型指新旧媒体数据可以自由估计;而限定路径系数完全相等模型则是指新媒体与旧媒体路径系数完全相等。

[②] HAYES,2019年正式用"条件过程分析"(Conditional process analysis)替换我们一直以来使用的有调节的中介和有中介的调节的称呼(Hayes, Andrew F., and N. J. Rockwood, "Conditional Process Analysis: Concepts, Computation, and Advances in the Modeling of the Contingencies of Mechanisms", *American Behavioral Scientist*, Vol. 64, No. 1, 2019, pp. 19-54.)。

图 6-8 媒体信任调节路径

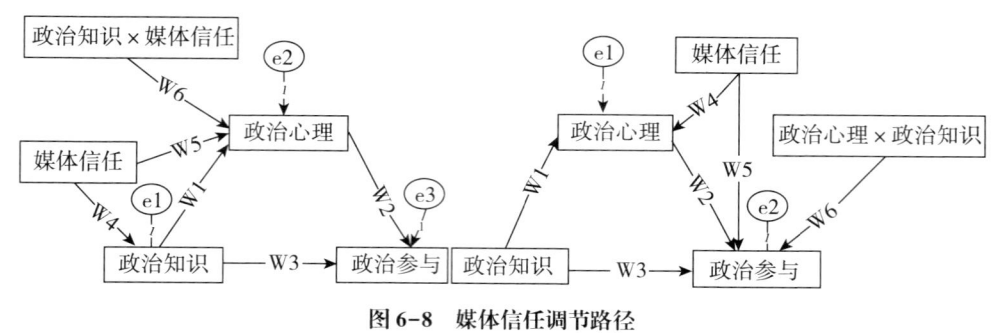

注：W1、W2 等为路径系数名称，e1、e2 等为残差。

半段与后半段模型的路径系数公式中发现，路径系数有正有负。在前半段路径系数中，媒体信任与政治知识的交互项、媒体信任和政治知识对政治心理的影响系数分别为 0.548、-0.061、-0.202；后半段路径系数中，政治信任与政治心理的交互项、政治知识、政治心理、媒体信任对政治参与的影响系数分别为 0.534、0.257、-0.079、-0.451。可见，媒体信任的取值范围不同，会影响调节效应的方向。总体上讲，媒体信任度对政治知识、政治心理、政治参与之间的关系具有调节效应的假设 H6 被验证成立。

前半段路径系数公式为：政治心理＝W1×政治知识+W5×媒体信任+W6×政治知识×媒体信任

后半段路径系数公式为：政治参与＝W3×政治知识+W2×政治心理+W5×媒体信任+W6×政治心理×媒体信任。

表 6-4　　　　　　　　　　路径系数显著性检验

	Estimate	C. R.	P
政治心理<---媒体信任×政治知识（W6）	0.548	23.082	***
政治心理<---政治知识（W1）	-0.202	-8.257	***
政治心理<---媒体信任（W5）	-0.061	-2.495	***
政治参与<---媒体信任×政治心理（W6）	0.534	27.293	***
政治参与<---政治知识（W3）	0.257	12.547	***
政治参与<---政治心理（W2）	-0.079	-3.812	***
政治参与<---媒体信任（W5）	-0.451	-22.702	***

(二) 政治关注的部分中介作用

1. 文献回顾与研究假设

政治关注是作为政治主体的个人对时事政治和国家内外政策等各种政治信息的心理倾向活动。对政治信息的关注往往会影响个体对政治现象的看法和态度以及未来参与政治生活的积极性和方向，为提高其政治素养并形塑成合格的政治人奠定基础。在相对落后的信息传播技术和二元分隔的户籍制度下，过去封闭的农村想要获取政治信息实属不易，但随着科学技术的发展、户籍制度的松绑和政治体制改革的不断深入，农民关注政治类新闻的渠道越发便利与畅通。接触的政治信息的增多正在引起农民政治心理与行为的变化。但不容忽视的是，农民不一定会主动关注时事政治，农民个体之间关注的内容和程度也会存在差异，并进而影响着其政治态度和政治参与行为。

农民对政治的关心和注意究竟如何影响其政治参与？尽管学者们都注意到了良好的政治关注习惯对个体政治参与的显著正向影响[①]，但他们更多是将重心放在大学生、中产阶层、青年等群体上，鲜有对农民群体的政治关注及其中介效应进行实证研究。事实上，农民政治信息关注对其政治参与的影响并非简单的线性关系，而是与政治心理交互作用而具有部分中介效应的复杂的多重因果过程，既有直接作用，也有间接效应。鉴于此，本书提出以下假设与模型（见图6-9）。

H7：当政治信息关注介入农民政治心理对政治知识与政治参与的中介模型中时，政治信息关注成为该中介模型的第二个中介变量，并与政治心理交互作用共同影响农民的有序政治参与。

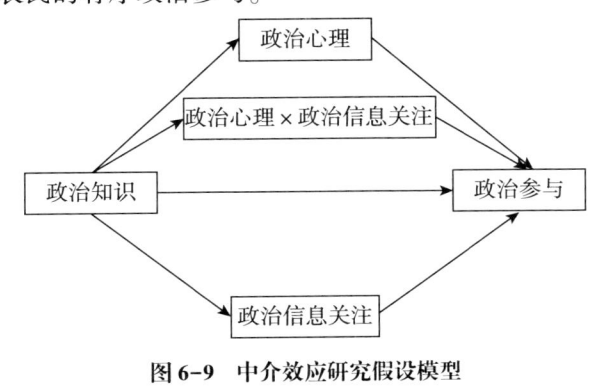

图6-9 中介效应研究假设模型

---

① 万斌、章秀英：《社会地位、政治心理对公民政治参与的影响及其路径》，《社会科学战线》2010年第2期。

2. 测量工具

本书通过"您是否经常关注有关政治方面（如国家大事、政府开会等）的消息？"这一题项来测量农民政治信息关注对其未来的政治参与的可能影响。对题项的具体选项"从不""很少""有时""经常"分别赋值 1 分、2 分、3 分、4 分。在此基础上，将农民政治关注的议题细化，并对量表的分值进行均分降维后纳入模型进行再次运算，以检验这一模型是否稳定。对细化的议题，赋值"没关注过""不清楚"1 分，"简单关注过"2 分，"高度关注过"3 分（见表6-5）。

表6-5　　　　　　　　　农民政治关注稳定性检验量表

1. 2018 年 12 月 18 日中央组织召开"改革开放 40 周年纪念大会"
2. 2018 年 3 月全国人民代表大会表决通过的《中华人民共和国宪法修正案》
3. 中华人民共和国国家监察委员会成立
4. 颁布实施"乡村振兴战略"
5.《中华人民共和国村民委员会组织法》修改通过
6.《中央军委关于深化国防和军队改革的意见》
7. 中美贸易战

3. 模型检验与结论

在政治心理对政治知识和政治参与产生中介效应的模型基础上，加入政治信息关注这一中介变量，构建从政治知识到政治信息关注再到政治参与的路径，同时，将政治心理与政治信息关注的交互项（政治心理×政治信息关注）也作为中介变量纳入模型中，最终形成三条路径（见图6-10）。

将数据纳入 AMOS 中进行中介效应检验发现，政治心理和政治关注同时对政治知识与政治参与起中介效应的模型 P 值小于 0.05，各项路径系数的 P 值也均小于 0.05，该双中介变量的模型在统计学中具有意义（见表6-6）。而各项系数都通过检验又证明这一中介作用并非完全中介效应，而仅是部分起到中介影响。可见，农民政治心理和政治信息关注对政治知识和政治参与的影响是兼具直接效应和间接效应，假设 H7 得到验证。

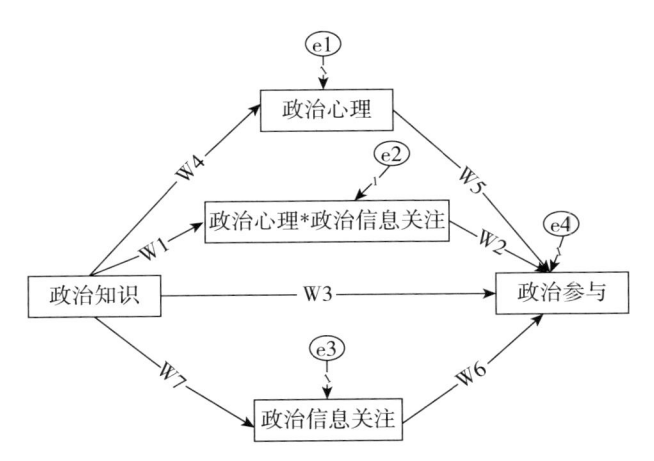

第六章　城镇化背景下农民政治社会化机理及影响因素

图 6-10　政治信息关注中介效应路径

注：W1~W6 为该模型的路径系数，e1~e4 为残差。

表 6-6　　　　　　　　　　　回归系数与模型显著性检验

	Estimate	C. R.	P
政治心理×政治信息关注<---政治知识	0.553	22.500	***
政治心理<---政治知识	0.330	11.846	***
政治信息关注<---政治知识	0.505	19.861	***
政治参与<---政治心理×政治信息关注	0.849	67.910	***
政治参与<---政治知识	0.082	5.907	***
政治参与<---政治心理	-0.157	-14.225	***
政治参与<---政治信息关注	-0.659	-54.600	***

在此基础上，我们进一步检验农民政治心理和政治信息关注对政治知识和政治行为的双中介作用模型的稳健性。为此，我们进一步细化政治信息关注的测量点，并将降维后的数据值纳入模型进行显变量中介效应检验。除路径系数值具有微小差异外，模型与各路径系数都通过了检验（P 值小于 0.05）（见表 6-7）。再次证明，农民政治心理和政治信息关注确实对政治知识和政治行为起着双变量中介影响效应。

表6-7　　　　　　　　　　稳健性检验的回归系数

	Estimate	C. R.	P
政治心理×政治议题关注<---政治知识	0.602	25.533	***
政治心理<---政治知识	0.330	11.846	***
政治议题关注<---政治知识	0.591	24.861	***
政治参与<---政治心理×政治议题关注	0.871	52.584	***
政治参与<---政治知识	0.106	5.381	***
政治参与<---政治心理	-0.160	-11.435	***
政治参与<---政治议题关注	-0.615	-37.451	***

（三）社会资本的边际效应

1. 文献回顾与研究假设

社会资本理论是20世纪八九十年代国际学界的热门议题，美国学者帕特南首次将社会资本理论运用到公共管理中。他认为"社会资本是能够通过推动协调的运动来提高社会效率的信任、规范和网络"[1]。共同体成员在长期的内外交往中形成的认同关系及这些关系所积淀的历史传统、价值观念、信仰和行为范式，与政治生活有着紧密的联系。[2] 在中国，城镇化的迅速扩张使得当前乡村社会无论是生产、生活，还是社会交往方式和文化，都发生了不同于传统乡土社会的巨大改变，但作为农民共同生产生活的空间，乡村社会基于地缘和血缘而形成的熟悉社会关系的特征不会改变。[3] 这些熟人关系网络就是农民最基本的社会资本。这些社会资本在农民政治社会化进程中是否会对其政治参与产生影响，是研究农民政治社会化运行机理必须考量的问题。

当下，学界已经意识到社会资本和政治参与之间有着密切的联系，但对二者之间究竟如何联系、彼此影响并未达成一致认识。有学者认为社会资本的水平决定着政治权力主体在政治过程中的投入和产出以及社会成员的行动方式，

---

[1] ［美］罗伯特·D.帕特南：《使民主运转起来：现代意大利的公民传统》，王列、赖海榕译，江西人民出版社2001年版，第214页。
[2] 燕继荣：《投资社会资本　政治发展的一种新维度》，北京大学出版社2006年版，第2-3页。
[3] 陆益龙：《后乡土性：理解乡村社会变迁的一个理论框架》，《人文杂志》2016年第11期。

丰沛的社会资本可以有效促进公民参与，加强政府和公民的良性互动。[1] 另一些学者则认为，社会资本并不能正向影响公民的政治参与，具有较高社会信任水平的公民其参与意识并不一定就高，人际层面的特殊信任反而不利于政治参与意识的形成和村民的政治参与。[2] 甚至有学者直接认为社会信任会显著影响农民外在效能感，但对其政治参与却无任何显著影响。[3] 可见，社会资本与政治心理、政治参与之间存在着某种关联，但这种关联并非简单的线性关系，而是有着复杂的关系：社会资本居间调节着政治心理与政治参与，但社会资本的作用效果因具体情况而有不同，或者正向影响政治参与，或者负向影响，或者根本不影响。因此，本书做以下假设与模型（见图6-11）。

H8：在政治心理对政治知识与政治参与的中介效应模型中，社会资本调节该模型的后半段，即居间调节着农民政治心理和有序政治参与的关系。

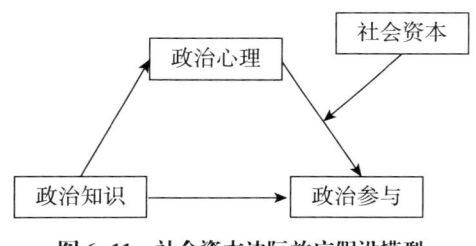

图6-11　社会资本边际效应假设模型

2. 测量工具

通过以下5个题项测量社会资本：（1）对"您家人的最高学历是？"题项，对回答选项"高中"赋值1分，"大学本科"赋值2分，"研究生及以上"赋值3分；（2）对"您家庭成员中有没有中共党员？"题项，对回答选项"有"赋值

---

[1] Klesner, and Joseph L., "Political Attitudes, Social Capital, and Political Participation: The United States and Mexico Compared", *Mexican Studies / Estudios Mexicanos*, Vol. 19, No. 1, 2003, pp. 29 - 61. MLA Hays, R. Allen, and A. M. Kogl, "Neighborhood Attachment, Social Capital Building, and Political Participation: A Case Study of Low- and Moderate-Income Residents of Waterloo, Iowa", *Journal of Urban Affairs*, Vol. 29, No. 2, 2007, pp. 181-205.

[2] 孟天广、马全军：《社会资本与公民参与意识的关系研究——基于全国代表性样本的实证分析》，《中国行政管理》2011年第3期；胡溢轩：《后乡土社会的信任格局与政治参与效能——基于CGSS数据的实证分析》，《社会建设》2018年第2期。

[3] 胡荣、沈珊：《社会信任、政治参与和公众的政治效能感》，《东南学术》2015年第3期；胡荣：《社会资本与中国农村居民的地域性自主参与——影响村民在村级选举中参与的各因素分析》，《社会学研究》2006年第2期。

1分，"无"赋值0分；（3）对"您的亲属中，是否有村干部、公务员、教师、老板等能人？"这一题项的回答选项"没有""有但很少""有且很多"分别赋值1分、2分、3分；（4）对"您的好友中，是否有村干部、公务员、教师、老板等能人？"这一题项的回答选项"没有""有但很少""有且很多"分别赋值1分、2分、3分；（5）对"您与其他村民彼此间是否信任？"这一题项采用李克特量表，分别赋值回答选项"不信任"和"很信任"各1分和4分。

3. 模型检验与结论

在政治心理对政治知识和政治参与的中介效应模型的基础上，将社会资本这一调节变量加入政治心理和政治参与的关系中，将从社会资本这一变量出发的箭头指向政治心理与政治参与，再添加政治心理和社会资本的交互项，让其也指向政治参与，进而构建起完整的有调节的中介效应模型（见图6-12）。

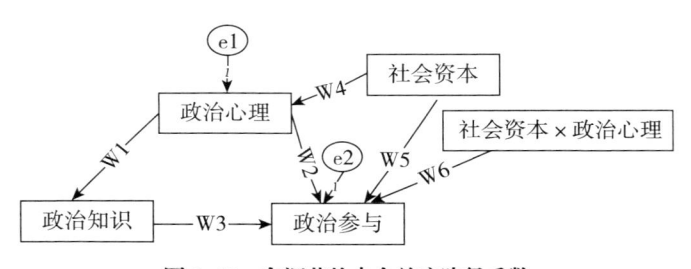

图6-12　有调节的中介效应路径系数

注：W1~W5为路径系数，e1、e2为残差。

鉴于社会资本各个维度的度量方式不一致，本文首先对数据进行Z分数标准化，而后纳入AMOS有调节的中介效应模型进行检验。检验结果显示，政治心理和社会资本的交互项对政治行为的影响显著（P值小于0.05），各路径系数的显著性检验也都通过（P值小于0.05），显然，社会资本对政治心理和政治行为具有显著的调节作用，该有调节的中介效应模型成立。虽然本书无法精确估计农民的社会资本究竟在哪些取值范围会对政治行为产生对应影响，但已经证明两者之间并不是简单的线性关系，而是有着复杂的因果关系和交互，假设H8得到验证。

表6-8　　模型与路径系数检验

	Estimate	C. R.	P
政治心理<---政治知识	0.285	10.246	***

续表

	Estimate	C. R.	P
政治心理<---社会资本	0.178	6.426	***
政治参与<---政治心理	0.101	4.869	***
政治参与<---政治知识	0.234	11.533	***
政治参与<---社会资本	-0.436	-22.029	***
政治参与<---政治心理×社会资本	0.558	28.661	***

(四) 经济地位的基础性影响

1. 文献回顾与研究假设

个体层面的人口学变量对农民政治社会化有着重要影响。已有研究表明，性别、年龄、民族、政治面貌、受教育程度等因素对个体的政治心理或政治行为均具有一定的影响，但学者们就经济地位这一因素是否影响、如何影响政治心理或政治行为尚未达成共识。对个体经济地位是否有助于政治知识的获取，学者们仍然众说纷纭。支持者认为拥有较高社会经济地位的个体不仅自身政治知识丰富，更会向公众提供政治知识[1]，互联网时代下个体的经济地位更是正向促进政治知识的获取[2]；但反对派则认为经济地位与政治知识并不一定成正比，贫困者可能有最丰富的政治知识，富裕者可能有最不活跃的政治思想和知识[3]。对经济地位之于政治心理的影响，同样存在针锋相对的两种看法。有学者认为个人经济地位与政治支持呈正相关，也有学者主张经济地位负向影响政治支持[4]，最贫穷的人可能是最忠诚的选民，而最富有的人则是最有可能改变政党和集团的人群[5]。而对经济地位是否会影响政治行为，学者们也仁者见仁

---

[1] 韦路：《从知识获取沟到知识生产沟——美国博客空间中的知识霸权》，《开放时代》2009年第8期。

[2] Fraile, and Marta, "Do information-rich contexts reduce knowledge inequalities? The contextual determinants of political knowledge in Europe", *Acta Politica*, Vol. 48, No. 2, 2013, pp. 119-143.

[3] Lay, and C. J, "Learning About Politics in Low-Income Communities Poverty and Political Knowledge", *American Politics Research*, Vol. 34, No. 3, 2006, pp. 319-340.

[4] Jost, J. T., Banaji, M. R., Nosek, B. A., "A decade of system justification theory: accumulated evidence of conscious and unconscious bolstering of the status quo", *Political Psychology*, Vol. 25, No. 6, 2004, pp. 881-919.

[5] Nissanov, Zoya, "Israeli political attitudes and income in the 2006—2015 elections", *Israel Affairs*, Vol. 25, No. 4, 2019, pp. 740-753.

智者见智，认同具有较高个人收入的公民，其政治参与的积极性也越高[①]和主张个人经济状况不会显著影响政治行为[②]的观点并存。

这些关于社会经济地位与政治知识、政治心理和政治行为之间关系的矛盾说法，究竟孰对孰错？由于关注客观的经济地位指标，得出的实证结果总是变动不居。极大的变数使得考究个体经济地位与政治知识、政治心理和政治行为之间关系的结论很难能够服众。因此，我们将目光投向农民的主观经济感知，着眼从主观认知视角来研究经济地位与政治知识、政治心理和政治行为之间关系，以克服客观视角带来的不确定性和不周延。尽管个体收入和其生活满意度往往正相关，但由于个体对生活的满意度受制于多种因素，而不仅限于个体收入带来的心理感受[③]，而且不同个体的政治行为选择，往往受到对其所处环境或区域的认知的影响[④]，因此，我们拟将农民对个人经济状况的感知与对家庭和村庄经济状况的感知相结合，来考察主观经济感知对其政治知识、政治心理和政治参与的影响。为此，提出以下假设与模型（见图6-13）。

H9：对个人、家庭和村庄经济状况感知越好的农民，其政治知识水平越高。

H10：对个人、家庭和村庄经济状况感知越好的农民，其政治心理越积极。

H11：对个人、家庭和村庄经济状况感知越好的农民，其在有序政治参与中表现得越积极。

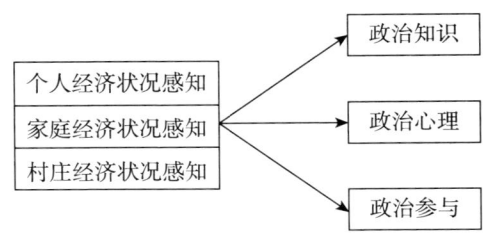

图6-13 主观经济感知影响假设模型

---

① Cohen, Aaron, and V. A. Samorly, "Analysis of the Mediating Effect of Personal - Psychological Variables on the Relationship Between Socioeconomic Status and Political Participation: A Structural Equations Framework", *Political Psychology*, Vol. 22, No. 4, 2001, pp. 727-757.

② Perrella, Andrea M. L., et al., "Does a Growing Income Gap Affect Political Attitudes?" *Canadian Public Policy*, Vol. 42, No. 1, 2016, pp. 35-48.

③ Cernat, Vasile, "Socio-economic status and political support in post-communist Romania", *Communist and Post-Communist Studies*, Vol. 43, No. 1, 2010, pp. 43-50.

④ 郑建君：《行动中的政治人：中国公民政治参与的实证研究》，中国社会科学出版社2020年版，第15页。

2. 测量工具

我们从横向的个人收入、纵向的家庭收入和对区域的认知三个维度测量对主观经济状况感知。用"您觉得您的收入在当地属于什么水平?"这一题项来测量自身经济地位感知,并对题项的"收入较高""收入中等""收入较低"三个选项分别赋值3分、2分、1分;设置"比起五年前,您家庭现在的经济状况如何?"和"比起五年前,您村里现在的经济状况如何?"两个题项分别测量农民对家庭经济状况和区域经济状况的感知,并对题项的"好一些""没变化""差一些"三个选项分别赋值3分、2分、1分。

3. 模型检验与结论

将上述测量所得数据进行多元线性回归分析,结果显示(见表6-9):模型一中,农民对家庭经济状况的感知($\beta=0.106$,$t=3.756$,$p<0.01$)和对村庄经济状况的感知($\beta=0.057$,$t=1.892$,$p<0.1$)都显著正向影响农民政治知识;模型二中,家庭经济状况的感知($\beta=0.190$,$t=5.176$,$p<0.01$)和村庄经济状况感知($\beta=0.193$,$t=4.857$,$p<0.01$)也都显著正向影响农民政治心理;模型三也表明家庭经济状况感知($\beta=0.104$,$t=3.441$,$p<0.01$)对农民政治行为的影响也是显著正向。显然,农民对经济地位和经济状况的感知都会正向影响其政治知识、政治心理和政治参与,自我感知经济地位越好的农民,表现出的政治知识越丰富、政治心理和政治参与越成熟、越积极,假设H9、H10和H11得到验证。但在经济地位感知内部,农民个体的经济收入横向比较并不影响其政治知识、心理与行为。这与中国农村家庭的紧密联合体性质相关,即在中国农村,即使个体认为自己的收入低于周围熟人,但只要家庭总体经济状况较好,也会促使个体形成积极的政治心理与行为表现。

表6-9　农民经济地位对其政治知识、政治心理与政治参与影响的多元回归模型

类别	模型一 政治知识 β	模型一 政治知识 t	模型二 政治心理 β	模型二 政治心理 t	模型三 政治参与 β	模型三 政治参与 t
性别	-0.176	-6.366***	-0.037	-1.024	-0.117	-3.963***
年龄	-0.184	-0.200	0.977	0.720	2.029	1.951*
年龄平方	-0.153	-0.166	0.967	0.712	2.059	1.979**

续表

类别	模型一 政治知识 β	模型一 政治知识 t	模型二 政治心理 β	模型二 政治心理 t	模型三 政治参与 β	模型三 政治参与 t
民族	-0.059	-2.116**	-0.048	-1.302	-0.102	-3.440***
职业	-0.068	-2.278**	-0.025	-0.635	-0.150	-4.684***
政治面貌	0.237	7.833***	0.201	4.999***	0.400	12.283***
宗教信仰	-0.039	-1.425	-0.046	-1.274	-0.008	-0.287
受教育程度	0.226	6.662***	0.006	0.136	0.006	0.153
东中西区域	0.021	0.765	-0.071	-1.949*	0.067	2.279**
村庄地处位置	-0.045	-1.621	-0.049	-1.341	0.001	0.019
个人经济地位感知	0.036	1.190	-0.027	-0.678	-0.049	-1.501
家庭经济状况感知	0.106	3.756***	0.190	5.176***	0.104	3.441***
村庄经济状况感知	0.057	1.892*	0.193	4.857***	0.003	0.101
R^2	0.244		0.158		0.268	
Adjust R^2	0.234		0.142		0.257	
Prob > F	0.000		0.000		0.000	

注：Ⅰ. *** 表示 0.01 的显著水平，** 表示 0.05 的显著水平，* 表示 0.1 的显著水平；
Ⅱ. "性别"（1 女性，0 男性）、"民族"（汉族 1，少数民族 0）、"职业"（完全务农 1，半工半农 2，完全务工 3）、"政治面貌"（1 党员，0 非党员）、"宗教信仰"（1 有宗教信仰，0 无宗教信仰）、"受教育程度"[1 从未受过任何教育，2 小学，3 初中，4 高中（中专），5 大学（大专）及以上]、"东、中、西区域"（1 村庄位于西部，2 村庄位于中部，3 村庄位于东部）、"村庄地处位置"（1 位于城市郊区，2 位于乡镇郊区，3 位于偏远山区）

三　城镇化背景下农民政治社会化影响因素

政治社会化是"人们在特定的政治关系中，通过社会政治实践活动，逐步获得政治知识和能力，形成和改变自己的政治心理和政治思想的能动过程"[①]。这个能动过程并非一劳永逸，是个体结合自身的主客观条件不断完善自己的政治认知、培育政治情感、坚定政治信仰并付诸政治实践的循环反复过

---

① 王浦劬：《政治学基础》，北京大学出版社 1995 年版，第 357 页。

程，整个过程受到政治生活、物质生活、政治文化等宏观条件的制约，也受个体受教育程度、政治认知能力、政治兴趣等微观因素的影响。在城镇化背景下，农民政治社会化过程的影响因素复杂又多元。经过实证研究发现，影响农民政治社会化的诸多条件和因素中，媒体信任、政治关注、经济收入和社会资本最关键，对农民政治社会化分别起着"调节器""稳定器""加速器"和"变压器"的作用。探讨和研究这四种因素影响农民政治知识、政治心理和政治行为的机理，有助于未来更好因地制宜、因时制宜制定政策，调适和推进农民政治社会化取得更好效果。

（一）媒体信任：农民政治社会化的"调节器"

公民对媒体的信任是内化媒体传导价值、增强政治认同的关键因素。实证分析表明，农民对媒体的信任程度会对政治知识、政治心理、政治行为之间的关系起到"调节器"的作用。这一发现与 Miller & Krosnick[1]、胡荣和庄思薇[2]、李丹峰[3]等人的结论基本一致，他们认为：媒介信任因素是影响受众媒介使用和政府信任、政治参与行为的前提条件。判断民众的媒介使用行为是否会对民众的政治认知、政治态度、政治行为产生显著影响，必须得优先考虑民众对媒体本身的信任程度。

1. 媒体自身具有政治社会化的功能

大众媒体是政治宣传的主要手段。随着现代科技的发展，传媒形式日新月异。以报刊、广播、电视、杂志和互联网等为载体的大众媒体已成为政治社会化的主渠道，它使公众接触、了解各类政治信息、政治活动和政治事件并潜移默化影响着公众的政治认知、政治情感。诚如卢梭所言，"全世界一切民族中，决定人民爱憎取舍的绝不是天性而是舆论"[4]。而大众媒体则正是舆论的形成者和主导者。"报刊最适当的使命就是向公众介绍当前形势，研究变革的条件，讨论改良的方法，形成舆论，给共同意志指出一个正确的方向。"[5]

当今世界是信息的时代，大众媒体作为现代社会向公众传递信息、思想和

---

[1] Miller, Joanne M. and Jon A. Krosnick, "News Media Impact on the Ingredients of Presidential Evaluations", *American Journal Political Science*, Vol. 44, No. 2, 2000, pp. 301-315.
[2] 胡荣、庄思薇：《媒介使用对中国城乡居民政府信任的影响》，《东南学术》2017 年第 1 期。
[3] 李丹峰：《媒体使用、媒体信任与基层投票行为——以村/居委会换届选举投票为例》，《江苏社会科学》2015 年第 1 期。
[4] ［法］卢梭：《社会契约论》，何兆武译，商务印书馆 2005 年版，第 164 页。
[5] 《马克思恩格斯全集》第 43 卷，人民出版社 1982 年版，第 488 页。

观念的重要工具和政府之外政治信息的主要生产者和传播者,几乎每时每刻都在以或明或暗的方式将有关政治理想、政治思想、政治价值观等各类政治知识和消息呈现给人们,"使得政治事件引人注目"①,并使人们身处一个"信息化了的政治生活"②之中。触目可及的海量政治信息潜移默化地诱发和提高着人们对政治的了解和兴趣,使其自觉不自觉关注政治事件的发展趋势,增长着对特定政治问题的关心程度。但大众媒体的信息传播并不是价值祛魅的中性过程,"技术工具从来就不是中性的,而是永远具有社会、政治的蕴含。技术反映了其制造者、拥有者和使用者的目的、利益、标准和价值。每一部机器——用马克斯·韦伯的表达方式来说——都是'凝结的精神'"③。今天,大众媒体尤其是微博微信等现代媒体已经成为兼具政治、经济、文化和社会功能,融合思维模式、价值观念和生产方式的政治社会化载体与介体。尽管不同国家、不同社会制度下大众媒介传播的内容大相径庭,但他们都会依据政治体系的需要,根据特定的政治倾向性和政治价值标准对传播的信息进行筛选与过滤,将蕴含着特定政治观念、政治情感的信息灌输给公众的同时,潜移默化地形成或改变公众的政治态度,强化其对政治观点的认识和理解,形成特定的政治情感和政治信仰,塑造与完善政治人格,实现从"自然人"到"政治人"转变。总的来说,大众媒体生产的政治图像、传播的政治信息对于国家政治文化的传承、民众现代政治价值观的确立、政治态度的形成和改变、政治人格的塑造、政治系统的维持和变革具有重要作用。但大众媒体自身的这种政治社会化功能,只是说明媒体在促进民众政治社会化过程中"可能"而且"应该"发挥出的应然作用,但现实政治生活中大众媒体能否真正发挥出这种作用、发挥出多大作用,取决于媒体自身的建设情况所带来的民众信任度。农民对媒体的信任程度是影响政治社会化目标实现抑或解构的"调节器"。

2. 媒体信任对政治社会化的调节作用

媒体信任是"公众对媒体及其所发布信息的信赖程度"④。现代社会,作为社会守望者的大众媒体,承担着传播信息、引导舆论、教育大众和提供娱乐

---

① [美]加布里埃尔·A. 阿尔蒙德、小 G. 宾厄姆·鲍威尔:《比较政治学:体系、过程和政策》,曹沛霖等译,上海译文出版社 1987 年版,第 111 页。
② 王沪宁:《比较政治分析》,上海人民出版社 1987 年版,第 5 页。
③ [荷兰]约翰·德·穆尔:《赛博空间的奥德赛》,麦永雄译,广西师范大学出版社 2007 年版,第 35-36 页。
④ Kiousis, Spiro, "Public trust or mistrust? Perceptions of media credibility in the information age", *Mass Communication & Society*, Vol. 4, No. 4, 2001, pp. 381-403.

第六章　城镇化背景下农民政治社会化机理及影响因素

等多重功能。是否能够赢得公众信任既是媒体存亡的前提，也是其能否发挥主导、影响公众舆论、政治态度和政治行为功能的关键。而公众对媒体及其发布的信息的信任程度究竟有多大，是一个复杂的系统问题，是媒体内部因素和公众外部因素综合作用的结果。今天，媒体的自身特质使得公众对其及所发布信息的信赖呈现出不同的状态。一方面，信息来源、信息内容和信息传播者的立场，媒介形态呈高度多元化[①]的大众媒体对新闻事件的"异质"报道，尤其是流量时代自媒体良莠不齐的信息呈现和评判对民众政治认知和判断的不断冲击，大众媒体对公众焦虑、公众关切的迟滞回应，等等，无形中消解着公众对媒体的信任。另一方面，媒体的专业主义、机构及机制特性又使得大众媒体尤其是国有媒体因为有着与公众基本相同的传统价值观、有着迅捷传播新闻信息、及时回应民众重要关切的追求，因而又易获得民众强有力的信任。然而，民众的媒体信任程度并不仅仅受制于大众媒体自身的特性特质，还受到公众个人因素的影响。今天，伴随着社会整体经济发展水平的提高、家庭收入的增加、公众知识文化水平的提升和互联网等现代媒介使用主体的年轻化，公众自我表达的意愿和能力增强，能够依据自己的知识对时事新闻和社会现象进行独立自主的、个性化的解读、判断和实践内化，而不再像以前那样只能被动倚重大众媒体，民众对媒体的信任在主体意识觉醒和实际能力增强的时代遭到削弱。因此，媒体本身和普通受众构成媒体信任关系不可或缺的双重主体。要提升民众对媒体的信任水平必须双管齐下，既要增强媒体的透明度，又要提升受众的参与度。

今天，作为公众政治社会化的"调节器"，媒体信任直接影响着公众的政治知识、政治态度和政治观念并一定程度上决定着其政治参与的意愿和具体方式。媒体信任越高的民众越容易接受媒体所报道的内容，越能形成与媒体导向相一致的价值取向并投身相应的政治行为。现有研究证实，"对媒体越信任的人越能接受媒体所阐述的内容，并对存在的社会问题有自己的价值判断"[②]，"媒体信任有助于增强人们对社会个体及组织的信心"[③]，"越容易对政府产生信任"[④]。而且这种信任与其政治信任和政治社会化呈现出显著的正相关。有

[①] 苏振华：《中国媒体信任的来源与发生机制：基于CGSS 2010数据的实证研究》，《新闻与传播研究》2017年第5期。
[②] 沈菲、张志安：《媒介公信力再探：公信力评价个人层面效果分析》，《新闻大学》2012年第6期。
[③] 胡百精、李由君：《互联网与信任重构》，《当代传播》2015年第4期。
[④] Tsfati, Y. &Cohen, J.，"Democratic Consequences of Hostile Media Perceptions"，*International Journal of Press/politics*，Vol. 10, No. 4, 2005, pp. 28-51.

学者基于 CGSS 2010 的数据，从媒体属性及大众传播的视角考察了媒体信任的影响，认为"公众对媒体的信任不同程度正向影响亲密信任、社群信任、普遍信任"[①]。这种正向影响广泛存在于所有形态的媒体上，无论其是传统媒体还是现代社交媒体，无论是官方还是民间。前文对全国农民政治社会化的实证分析显示，无论是对电视、报刊、广播等传统主流媒体的信息传播，还是对微博、微信、今日头条等现代社交平台的信息传播的信任，都会促使农民更加关心和信任其所传播的政治信息，从而不断拓展和深化其对原有政治观念的认识和理解，不断形成、解构和重构政治心理、激发其积极参与政治活动，从而对农民的政治社会化起到显著的正向影响。有学者运用 3120 份网络调查数据分析社交媒体上官方和非官方账号信任度对网民政治信任的影响，发现社交媒体信任对政治信心也有显著直接影响，无论是官方还是非官方社交媒体信任都对政治信任呈现部分中介效应，但前者信任度起到的中介效应远大于非官方信任度[②]。显然，媒体信任已成为影响农民政治社会化的桥梁和中介，一端连着农民的政治知识和认知，并形成带有价值取向的评价，另一端则连着农民的外在政治参与。因此，要提升农民的政治社会化水平必须重视媒体信任的桥梁作用。而在当下乃至于未来，媒体的多元化发展和公众价值观的多样性已经成为不可逆转的趋势，传统价值观和传统主流媒体对媒体信任的提升作用将不可避免地趋于减小，而未来整体经济发展水平和家庭收入的增加、公众知识文化水平的提升和现代媒介使用主体的年轻化将持续存在，继续形成合力共同降低着农民的媒体信任。因此，唯有"大力推进传统媒体和新兴媒体融合发展，增强主流媒体的传播力公信力影响力和舆论引导能力"[③]，在媒体与受众的互动中持续增强农民的政治效能感，才能提升农民媒体信任，进而提升农民政治社会化水平。

近年来我国大众媒体尤其是现代媒体的迅速发展和对广大网民关切的及时回应，印证了良好的媒体信任对于农民政治社会化的正向助推。2020 年 7 月发布的《中国新媒体发展报告 No. 11（2020）》显示，以纸媒和电视为代表的传统媒体在信息传播方面的占有率日益式微，新媒体已成为我国公民获取新

[①] 曾润喜、斗维红：《媒体信任与人际信任的关系及社会交往的调节作用——基于中国综合社会调查（CGSS 2010）数据的实证研究》，《新闻与传播评论》2019 年第 5 期。

[②] 张洪忠、何苑、马思源：《官方与个人社交媒体账号信任度对社会信心影响的中介效应比较研究》，《新闻大学》2018 年第 4 期。

[③] 《习近平总书记系列重要讲话读本》，人民日报出版社 2014 年版，第 99 页。

闻信息的主要渠道，其中微信、今日头条、抖音是民众获取新闻信息最重要的新媒体类型，也是民众最为信任的媒体来源（见图6-14）。最新发布的《中国互联网络发展状况统计报告》显示，我国互联网网络媒体和受众数量发展迅速。截至2020年12月，我国网民规模达9.89亿，互联网普及率达70.4%，农村互联网普及率四年间迅速从33.1%提升到55.9%；网络视频（含短视频）、在线政务服务和网络新闻用户规模分别达9.27亿、8.43亿和7.43亿，分别占网民整体的93.7%、85.3%和75.1%，政务机构微博数、政务头条号和抖音号分别为140837个、82958个、26098个[①]。网上政务服务的日趋完善和官媒主动占领新媒体，主动及时回应公众关切的显著成效极大提升了公众的媒体信任，并为促进其政治社会化提供了良好的环境。有学者对"网民新闻阅读习惯"的网络问卷调查和访谈证实，网友对目前重大新闻热点事件的态度"高度理性，与政府的期待亦高度吻合"[②]。我们认为公民政治社会化的这一良好效果正是官方媒体主动占领网络意识形态"高地"，积极回应公众关切，赢取并提高公众媒体信任的结果。同时，由于微信属于强联系传播，"微信群"被民众认为是信任度最高的媒体，因此，实现官方传统媒体与新媒体的融合与无缝衔接，牢牢把握官方媒体在微信、抖音等新媒体的话语权，以通俗易懂的方式将各种政治信息、政治态度迅速直接地传播给公众，潜移默化地影响其政治态度和行为，这将是充分发挥媒体信任对农民政治社会化调节作用的必然选择。

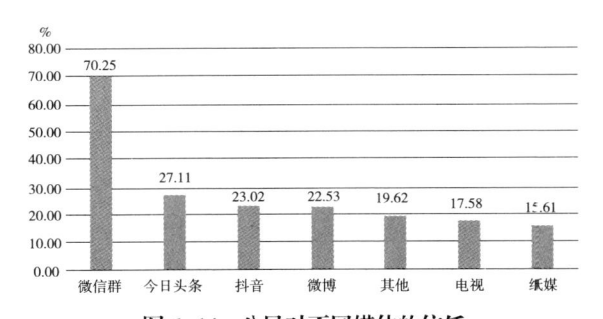

媒体	信任度(%)
微信群	70.25
今日头条	27.11
抖音	23.02
微博	22.53
其他	19.62
电视	17.58
纸媒	15.61

图6-14 公民对不同媒体的信任

[①] 中国互联网络信息中心：《第47次中国互联网络发展状况统计报告》，http://www.cnnic.net.cn/hlwfzyj/hlwxzbg/hlwtjbg/202102/t20210203_71361.htm。

[②] 匡文波：《5G时代中国网民新闻阅读习惯的量化研究》，《新闻与写作》2019年第12期。

（二）政治关注：农民政治社会化的"稳定器"

"关注"即关心和注意，本质上就是指向和集中一定对象的一种心理活动过程，高度关心就发展到"注意"，高度"注意"则转化为警觉。政治关注就是民众对政治事件、政治人物等时事政治的心理倾向活动。今天，农民在政治社会化过程中的政治关注，是宏观政治立场关注和微观政治体验相统一的过程。前者强调对国家制度安排、权利结构和运转的关注，追求以国家统治权为中心的同一性政治共识，后者则将关注的目光投向多元化的微观权力结构和社会控制，倡导一种多元叙事的差异政治[①]。由于"每个人在任何时候都会以特定的方式投入某种政治系统当中"[②]，宏观政治系统为我们政治认知和评价提供了根本的方向遵循，而各种微观政治生活的真实权力体验，则构成农民自身对政治社会的原初认知图式，成为其养成特定政治情感、政治态度、政治价值观的基础。因此，测量和探讨农民政治关注对政治社会化的影响，势必离不开对宏观政治关注和微观政治体验如何影响农民政治社会化水平的内在机理的研究。

1. 政治关注对农民政治社会化的功能分析

"这个时代的人类是政治化的人类"[③]，每个人都无法与政治隔缘，都要由"自然人"转变为具有一定政治认知、政治态度、政治情感和政治倾向的"政治人"。农民，这个政治时代最庞大的群体，同样要经历一个由自然人转变为合格政治人的政治社会化过程。这一过程，是"个体内化政治价值观念、学习政治态度、形成政治行为的样式的过程"[④]，是农民个体内化和外化的统一。个体经由内化形成的政治认知、政治情感、政治态度和政治价值观，是农民外化政治行为将自己锤炼成真正政治人的深厚价值基础。而千里之行、始于足下，农民对政治知识、态度、情感和价值观的形成内化，得以点燃农民对政治世界的关注热情为前提。没有对政治世界的充分关注，农民政治价值观念的内化和政治人格的形成、农民的政治社会化将无从谈起。

第一，政治关注有助于激发农民政治意识。早在两千多年前，亚里士多德

---

① 班建武：《当代青少年政治社会化需要关注的三大议题——来自微观政治的教育启示》，《中国青年研究》2017年第4期。
② ［美］罗伯特·A. 达尔：《现代政治分析》，王沪宁译，上海译文出版社1987年版，第6页。
③ 王沪宁：《比较政治分析》，上海人民出版社1987年版，第5页。
④ 马振清：《当代政治社会化基本理论》，九州出版社2017年版，第48页。

就提出"人是天生的政治动物"的基本命题,指出语言和理性的拥有使得人天生具有合群的性情而要追求城邦政治生活,人因而是自然人和政治人的二位一体。作为现代社会的一个重要群体,农民的政治意识和政治能力的获得,非一朝一夕所能成就,仍需一个激发、习得和发展的过程,只能在自身与社会的不断结合中逐步展开与实现。而不断的社会结合首要形式就是对政治、军事、经济、社会民生各种信息的关注。今天,信息化时代,农民依托数字化、互动式、丰富多彩、形式多样的传播渠道对各类信息的关心和注意,正在无形中创设着农民身临其境的政治环境,缩短着农民与政治之间的时空距离,提升着农民对时事政治的理性认识水平,激发着他们的政治觉悟和政治意识,提高着政治行为能力。

第二,政治关注有助于维持和强化农民政治心理。政治关注本质上是一种心理活动过程,通常包括认知、情绪情感和意志过程三个方面。在现实政治活动中,农民对政治的关注,既是对各种政治现象认识、理解和判断的前提,又体现着一定时期内农民通过感知、记忆、思维、态度、意志等形式所塑造的政治情感和政治倾向,并以此为中介影响着农民的政治行为。作为"社会成员对于社会政治关系以及因此形成的政治行为、政治体系和政治现象等政治生活自发产生的一种不系统的、不定型的、不成熟的主观反映和心理状态"[①],农民政治情感、政治动机和政治态度等汇聚而成的政治心理具有变动不居的特点。维持积极的政治心理,防范和化解消极政治心理,正是政治社会化的重要任务之一。政治关注作为一种旨在培育稳定政治心理的重要内生力量,其关注的视角、关注的广度、关注的深度、关注的频率等都深刻影响着农民政治心理。对政治行为、政治体系、政治现象的持久关注,有利于主体在纷繁复杂的政治生活中廓清思想认识、提升政治素质和政治修养,形成经由持续强化而攀升的稳定政治心理力量。

第三,政治关注有助于调适和推进农民政治行为。现代政治发展的显著特征是个人对政治的普遍参与。作为民众实现政治社会化的基本实践形式,政治参与成为公民获取参政经验、增强辨别是非能力、进行自我教育的重要方式和推动渐进性政治发展的工具性手段。然而,处于一定政治体系的"政治人"在一定政治参与心态驱动下表现出来的政治参与和其对政治的价值评价并不总是一致。这些有关政治参与认识、政治态度、政治能力方面的不足,只有在实

---

① 王邦佐等编:《政治学辞典》,上海辞书出版社2009年版,第18页。

践中通过对政治现象、政治活动的持续关注和对政治现象背后心理和行为的自觉反省才能得到反馈和调节。心理学上"选择性注意理论"认为,注意精力、时间和空间的有限性使得人们必然将这种有限的注意力资源聚集于自身认为有用或感兴趣的信息上面,并进行信息接收和处理并由此决定自己的行为选择。人们对政治现象、政治活动关注的广度、深度、频率越高,越能形成完整的政治知识结构,越有利于形成包容、客观、理性的现代公民精神,越有利于对自己的政治参与体验进行客观评价和反馈,进而为推进和调适自身的政治行为明确方向和目标。因而,农民对政治的关注自觉不自觉地导引和调适着其政治参与,既能够正向激励其政治参与中的理性行为,又能使其中的非理性参与得到及时纠偏。

2. 政治关注对农民政治社会化的现实影响

现代社会,民众基于什么样的视角和目的,对何种类别的政治信息进行多长时段和间隔、多大深度的政治关注,全方位影响着民众政治意识和能力的觉醒、政治知识的积累、政治心理的维持和强化,乃至政治参与的行为抉择和类型选择。作为影响农民政治社会化的"稳定器",政治关注对农民政治投票、意见表达和民主监督等政治参与行为的正向激励作用已得到多项实证研究成果的验证。事实上,政治知识、政治效能感和政治关心习惯与公民政治参与行为有着千丝万缕的复杂关系,但"政治民主知识并不会直接激发公民的政治参与行为,而是通过影响公民对政治的效能感(情感)和政治关心习惯(行为倾向)间接地影响公民政治参与"[1],政治关心习惯和政治效能感在政治知识与政治参与之间发挥着中介作用。因此,"提升普通居民的政治关注度,有利于提升社区民主选举参与的效率和质量,化解社会居民参与的政治冷漠困境"[2]。本书设置的农民对国家大事的关注频率和关注广度的问卷调查和模型检验,也证明农民政治关注和政治心理对政治知识与政治行为有着双变量中介影响效应,政治关注与政治心理交互作用影响农民的政治社会化。

不仅如此,农民对政治、军事、经济和民生社会话题的关注程度也反映出政治关注与农民政治社会化水平的密切关系。对"2018 年 12 月 18 日中央组

---

[1] 万斌、章秀英:《社会地位、政治心理对公民政治参与的影响及其路径》,《社会科学战线》2010 年第 2 期。

[2] 李向健、孙其昂、孙旭友:《地位、政治关注、政府信任与基层民主选举中的投票参与——一项来自 CGSS 2010 的 Logistic 回归模型研究》,《新疆大学学报(哲学・人文社会科学版)》2015 年第 4 期。

织召开'改革开放40周年纪念大会'、中华人民共和国国家监察委员会成立、颁布实施'乡村振兴战略'、《中华人民共和国村民委员会组织法》修改通过等"话题、对《中央军委关于深化国防和军队改革的意见》等军事话题、对中美贸易战等经济话题、对"陕西千亿矿权案卷宗丢失事件""明星范冰冰偷税漏税事件""长春长生狂犬病疫苗事件""房价上涨"等社会话题的关注程度的调查统计结果显示,农民对政治、经济、军事和社会民生等各类事件的关注程度与其政治社会化水平均呈现出极强的正相关,越关注各类事件、信息的农民,政治知识、政治情感、政治态度都比很少关注的农民更加丰富、正向和积极,政治参与的意愿和行动及效果都更强、更多、更好,其政治社会化水平整体更高。

访谈也证实政治关注对农民政治社会化具有双向影响。长期关注时事政治的农民,有更强的国家意识、更高的政治认同和政治支持。表示"个人还是比较关心我们国家政治发展的,我每晚上黑了,都要看电视,看海峡两岸,看中央新闻。我特别关注十九大报告,当时习近平讲话的时候我是守在电视机前看完了的"[①] 农民,正好反映出具有更高的总体政治社会化程度:

> 国家是国和家合在一起的,你国都没得了哪来的家呀。
> 我觉得精准扶贫这个政策是很好的,人家有困难就应该帮助,这个政策完全能够解决我国的贫困问题。
> 非常支持高压反腐,我觉得打老虎,抓苍蝇一样重要,上下都要一样,同样的打,不依大小。

相反,长期对政治持冷漠态度,不主动关注政治的农民政治社会化程度就较低。表示"政治那些事情和我们无关,没有必要去谈论。国家大事那都是中央领导的事,跟我们这些农民没有多大关系"[②] 的农民,被证实恰是对国家政策和改革开放前后地位评价消极、政治社会化水平较低的个体:

> 取消农业税后,村民和村干部之间的关系在我看来没有发生明显的改善,我一般也不和这些干部去接触,干好我自己的事就行了。

---

① 访谈编号:2019SCQZM01。
② 访谈编号:2019SCYT02。

我觉得精准扶贫这项政策就是给那些懒人准备的，这项政策并不好。

其实我觉得改革开放后的地位和以前也没啥变化，反正不搞浮夸风就好，就算再来一次思想改造，"文革"都行，但是一定是对我们有好处的运动。

（三）经济收入：农民政治社会化的"加速器"

诚如马克思主义经典作家所言，"每一历史时代的经济生产以及由此必然产生的社会结构，是该时代政治的和精神的历史的基础"[①]。经济发展是所有意识形态的决定力量和最终源泉，直接影响和制约着一国及其民众的政治参与和政治社会化。基本生存和生活需要得到满足的民众，个体关注重心才会逐渐从安全转向政治参与和公共事务管理。[②] "最积极的公民不成比例地来自富有者，而最不积极的则来自贫穷者。"[③] 个体的经济收入和其政治参与的意愿和政治社会化水平之间存在显著的正相关关系[④]。农民作为社会群体中的一员，其社会生活、政治生活和精神生活的过程同样受制于经济因素的影响。

1. 物质条件对政治社会化的内在价值分析

国家治理体系和治理能力现代化所需的"政治人"的培养过程，是政治认知、政治心理、政治行为的交互发展过程。这个发展过程归根结底只能由现实物质条件所决定，这是特定时期物质生产在认知、心理、行为等方面的反映。总的来说，物质生活条件影响着公民政治社会化的内容和方式，决定着公民政治社会化的广度和深度。

第一，经济现代化是培养现代"政治人"的物质基础。实现人的自由全面发展是人类解放的最高境界。在实现人的自由全面发展过程中，培养个性解放的现代"政治人"意义重大而深远，但无论是人的自由全面发展还是现代"政治人"的培育，都离不开坚实的物质基础。人们头脑中思想的形成过程"归根到底是由人们的物质生活条件决定的"。经济发展使得具有自身经济利益的人们基于自身的权益维护而生发出参与政治生活、了解政权的活动过程以

[①] 《马克思恩格斯选集》第1卷，人民出版社1995年版，第252页。
[②] ［美］罗纳德·英格尔哈特：《发达工业社会的文化转型》，张秀琴译，社会科学文献出版社2013年版，第72页。
[③] ［美］格林斯坦、波尔斯比编：《政治学手册精选》（下卷），储复耘译，商务印书馆1996年版，第339页。
[④] ［日］蒲岛郁夫：《政治参与》，解莉莉译，经济日报出版社1989年版，第13页。

第六章 城镇化背景下农民政治社会化机理及影响因素

及将给自己带来怎样的影响的强烈意愿。"经济发展增大了社会上高地位角色的比例,愈来愈多的人能识字并受教育,更多的人有较多的收入并从事中等阶层的职业工作,因此,占社会更大比例的人在政治上变成参与者。""社会——经济发展促进政治参与的扩大,造就参与基础的多样化,并导致自动参与代替动员参与。"① 显然,经济现代化和经济收入水平是激发和提高公众政治参与意愿,并现实投身政治参与的决定性条件,为培养公众成熟稳定的政治心理、理性务实的政治行为、形塑现代"政治人"所不可或缺。

第二,生存理性是增强社会成员政治认同的内在动力。塑造政治人、维持趋同、变革政治文化和实现政治认同,是古往今来政治社会化的共同目标和任务,而塑造政治人、维持趋同、变革政治文化归根结底都服务于政治认同这一根本目标。政治认同本质上是源于个人的心理期望,源自于个体对规则的遵循(制度基础)、统治的有效性(政绩基础)和意识形态(理念基础)等多个方面。然而,在国家政权制度、意识形态确立以后,政府能否获得民众的政治认同根本上将取决于政府执政的实际效果。对执政者而言,"政府存在的理论基础,决定其权威施用的合法范围,而人民服从与忠诚政府的程度,就取决于其能否满足人民的需要"②。而保持经济的增长、充分的就业,满足公众吃喝住行等生存资料的基本需要并实现较为充裕的物质生活,是人民最重要的需要、心理期待和生存理性。尽管经济增长不是政府绩效的唯一决定因子,但"利益,而不是理念,直接控制着人的行动"③,如果没有生存的基本保障,没有生活水平的基本支撑,政治认同就会面临直接的认同危机,政治社会化将难以为继。因此,提速经济增长,"坚持在发展中保障和改善民生"是各国进行政治社会化不约而同的共同战略选择。

第三,收入感知是影响个体政治社会化的深层动因。如前所述,个体的经济收入状况既决定着个体政治参与的意愿和实际投入,又影响着个体对国家和政府的政治认同,在政治社会化进程中举足轻重。个体经济收入状况,既可以借助客观的具体收入数量来测量,也可以通过收入的自我横向感知和纵向评价来反映。较之于绝对收入的数量增加,相对收入的感知增加对提升公民的政治

---

① [美]萨缪尔·P. 亨廷顿、琼·纳尔逊:《难以抉择——发展中国家的政治参与》,汪晓寿、吴志华、项继权译,华夏出版社1989年版,第47、69页。

② C. Ray, "Needs, Wants and Political Legitimacy", *Canadian Journal of Political Science*, Vol. 1, No. 3, 1968, p. 241.

③ [德]马克斯·韦伯:《儒教与道教》,王容芬译,商务印书馆2002年版,第19—20页。

社会化水平更为重要。实证研究证实,公平感知对公民幸福感、获得感的影响均大于收入数量增加带来的影响。[①] 因收入带来的主观评价会通过影响生活满意度,进而间接影响到公民对国家、政府和党政干部的信任与评价,两者之间呈现出正相关关系。当个体的收入公平感越强,自己的相对剥夺感越小和生活满意度越高,其对现存政治体系的评价和满意度也就越高,个体自我的收入感知水平就从不同层面影响着公民的政治社会化水平。一方面,收入感知会影响个体的政治认知和政治心理。收入感知水平较高的群体,有着更强的政治兴趣和了解政治人物、政治制度的意愿,整体的政治认知和政治知识更为丰富,因而往往能够对国家政策和党政干部的政治活动做出理性客观的评价与信任。另一方面,收入感知也显著影响着个体的政治行为。通常收入感知水平较高的群体,具有参与政治的良好意愿、能力和实际条件,相较收入感知较低的群体参与政治活动更积极、更理性、更合规,更少出现政治表达极端化、政治冷漠等畸形表现。因此,缩小收入差距,增加社会流动机会,提升收入感知水平,对提升个体政治社会化水平"将是比单纯追求增速或简单改善个体经济社会条件更为重要和有效的手段"[②]。

2. 经济收入对农民政治社会化的现实影响

经济收入对个体政治社会化的影响已经得到国内外学术研究的一致证实。在中国,这一规律性认识适用到农民群体身上仍然成立。历史上城乡资源分配差异带来的生活差距使得物质利益的获得、物质生活的改善仍然是今天农民政治社会化进程中的决定性因素,仍然是农民对现存政治秩序保持较高政治认同的主要原因。实证调查显示,"当前影响农民政治认同的主要因素是民生福利,而不是民主权利"[③]。历史的欠账和现今城镇化发展带来的巨大利益驱动,使得农民今天对民生利益的渴盼仍然远远超过对民主权利的需求。民生问题仍然是影响农民政治社会化的主要因素。不解决民生问题,不大力提高农民经济收入,就难以撬动和激发农民政治参与的内在动力,巩固和夯实其对党和国家的政治认同。因此,把美好生活真真正正从向往变为现实,应是农民政治社会

[①] 徐淑一、陈平:《收入、社会地位与幸福感——公平感知视角》,《管理科学学报》2017年第12期。

[②] 陈云松、范晓光:《阶层自我定位、收入不平等和主观流动感知(2003—2013)》,《中国社会科学》2016年第12期。

[③] 彭正德:《民生政治:新农村建设中的政治认同——湖南五县十村考察》,中央编译出版社2014年版,第72页。

化工作的首要之义。

不仅如此,农民经济收入的高低还显著影响其政治社会化的水平。徐勇教授主持的《中国农民政治参与状况研究——对全国 31 个省 270 个村 4794 位农民的调查研究》,证实经济收入与政治参与度成正比,"经济水平影响农民政治参与,家庭收入越高,农民的政治参与度越高;反之,则越低"[1]。卢春龙教授进行的农村政治信任度调查也证实,"农民经济状况与其政治信任之间呈正相关关系"[2]。而且不同收入水平的个体政治参与模式也有差异,政治参与中投票行为的发生率和个体的收入正相关,具有较高收入的个体参与政治投票的比率更大,其政治效能感越强,越认为自己有机会参与到所在单位事务的管理中。[3] 本书就农民的收入水平感知对政治知识、政治心理、政治行为的影响的实证分析也证明,农民对中国全局、所在村和家庭经济状况、个人收入水平、生活是否达到预期等问题的感知对其政治知识、政治心理和政治行为均有一定的正向影响,经济地位感知越好,其政治知识水平越高、政治心理与政治行为表现也会越积极,整体的政治社会化水平更高。

显然,农民收入水平和经济社会地位的客观变化和主观感知会影响其政治参与意愿和实际政治参与能力及取舍。农民政治社会化的推进,必须正视感知偏差和情境分割效应对农民收入水平感知的影响,要按照"保护合法收入,调节过高收入,清理规范隐性收入,取缔非法收入,增加低收入者收入,扩大中等收入者比重,努力缩小城乡、区域、行业收入分配差距,逐步形成橄榄形分配格局"[4]的要求,保持政治社会化的价值导向与农民的实际利益一致,与提高农民收入、减轻农民负担、增强农民积极的收入感知水平保持一致,唤醒农民"事实上能够参与的知觉"[5],由实际获取享有经济发展的实惠而加速政治社会化。

---

[1] 徐勇主编:《中国农民的政治认知与参与》,中国社会科学出版社 2012 年版,第 67 页。
[2] 卢春龙、严挺:《中国农民政治信任的来源:文化、制度与传播》,社会科学文献出版社 2016 年版,第 201 页。
[3] 麻宝斌、于丽春、杜平:《收入水平、政治社会化与参与意愿——转型期公众政治参与机会认知的影响因素分析》,《武汉大学学报(哲学社会科学版)》2017 年第 4 期。
[4] 《中国共产党第十八届中央委员会第三次全体会议文件汇编》,人民出版社 2013 年版,第 66 页。
[5] [美]加布里埃尔·A. 阿尔蒙德、西德尼·维巴等:《公民文化》,徐湘林等译,东方出版社 2008 年版,第 170 页。

(四) 社会资本：农民政治社会化的"变压器"

社会资本作为个人或公众理性运用来实现个人或集体目标的社会网络关系资源[1]，它是民主进步的一种重要的决定性因素，具有扩大个体社会网络、提高政府绩效、实现善治的积极功能。在新型城镇化的时空场域下，其通过信任、社会网络和规范影响着农民的政治社会化进程，调节着农民的政治心理和政治行为，成为农民政治社会化的"变压器"。

1. 社会资本对政治社会化的内在功能分析

作为个人或组织实现自身目标可资利用的资源，社会资本具有社会网络、信任和规范三个基本要素。这些要素能够为处于一定社会结构中的个体行动提供便利，促成个体在与他人的交往、互动和合作中形成相互信任、相互宽容、理性客观的美德，促进个体人格的完善；这些要素也能够有效促进个体基于信任而为共同利益进行协调和合作，推动公共事务的协商解决。社会资本所具有的社会保障和社会支持功能，使得社会资本丰富的地区，政府运作顺畅，社会治理的效率和效能均较高，有助于实现公共利益的最大化。社会资本存量的多少因此影响着其对个体抑或社会的积极促进功能是否能够充分发挥。社会资本的丰富程度由此决定着一个社会的经济和民主发展及个体的政治社会化。

第一，社会资本对政治信任具有调节功能。信任是社会资本的核心。福山强调，"社会资本是一种从社会或者社会的一部分中的普遍信任中产生的能力"[2]，"在一个共同体中，信任水平越高，合作的可能性越大。而且合作本身带来信任"[3]。传统社会资本多属于基于血亲关系和礼治秩序而成的先赋型社会资本，这种以个体为中心并随血亲关系的强弱由内到外构成的社会交往网络和资源具有极强的稳定性，由此赋予以此为基础的政治信任以稳定的特殊信任支持。诚如学者所言，"'家国同构'是历史上中国国家治理的基本底色与特性，国家治理的根基在家户，家户治理构成中国国家治理内生性演化的重要微

---

[1] Ronald Stuart Burt, Structural Holes, *The social structure of competition*, Cambridge: Harvard University Press, 1992, p.11; R. D. Putnam, "The prosperous Community: Social Capital And Public Life", *The American Prospect*, Vol.13, No.13, 1993, pp.35–42.

[2] [美] 弗朗西斯·福山：《信任：社会美德与创造经济繁荣》，彭志华译，海南出版社2001年版，第30页。

[3] [美] 罗伯特·D.帕特南：《使民主运转起来：现代意大利的公民传统》，王列、赖海榕译，江西人民出版社2001年版，第200页。

观基础"①。立足于血亲关系的家户治理所获得的较高信任能够延伸而至国家，使得既定的政治体系能够获得个体的深度信任和支持，社会资本由此能够正向调节个体对国家的信任。随着社会生产的发展，人们交往的范围逐渐扩大，基于生产生活、学习工作而建立的多层次社会关系网络突破了家户治理的传统单一社会网络结构，自致型社会资本消减了社会关系网络节点的道德要素。尽管由于特殊信任基础的弱化和普遍性信任的社会基础尚未成熟稳固，转型期社会资本仍然对政治信任起着复杂而深刻的影响。事实上，政治信任是公众相信政治系统（政府、党派、政治制度、政策、公职人员等）能够产生与自己期望相一致的结果的信心，政治系统能否给民众带来利益和历史经验、传统文化、伦理道德等文化因素都影响着公众的政治信任②。而制度规范给民众带来的利益多寡和文化网络对民众主观态度的积极影响正是社会资本的信任要素，根本上正向调节着公众对国家的信任水平。

第二，社会资本对政治效能感具有生产功能。社会资本是政治社会化的重要影响因素。社会资本一方面可以直接调节公民对外部政治体系的信任，另一方面又通过影响公民的政治效能感而间接影响公民的政治行为。政治效能感是公民在政治社会化过程中逐渐形成的对自身政治能力和外部政治体系（政府机构、官员等）会并且能够回应自身需求的信念，产生于对自身能力和外界条件的肯定评价，是个体政治社会化过程中政治参与的内生性因素，为公民政治参与提供深层的"心理"支持。而社会资本则是公民参与的外部因素，其所蕴含的网络、信任和规范为个体政治参与提供着外在的"资本"支持，并通过政治效能感的中介效应而影响政治行为③。"互惠规范"和"可强制推行的信任"是社会资本提供给行动者的两种结构性约束，赋予政治行为主体特定的成员资格。一方面，"互惠规范"促使共同体成员彼此尊重、信赖并促成合作和协调，这种互惠、合作和协调所带来的亲密的社会关系体验感和内在的满足感，正是政治效能感产生、变化的体现。另一方面，信任是维系社会成员持续稳定的合作的价值与道德基础，"信任恰如润滑剂，它能使任何一个群体

---

① 黄振华：《"家国同构"底色下的家户产权治理与国家治理——基于"深度中国调查"材料的认识》，《政治学研究》2018年第4期。

② Mishler W., Rose R., "What are the Origins of Political Trust? Testing institutional and cultural theories in post-communist societies", *Comparative Political Studies*, Vol. 34, No. 1, 2001, pp. 30-62.

③ 裴志军：《制度刚性下的村民自治参与：社会资本与政治效能感的作用》，《农业经济问题》2013年第5期。

或组织的运转变得更加有效"①。政治行为主体相互间的信任水平越高，越能促进彼此间的互助合作，提高政治体系的治理效率，进而增强政治行为主体的政治参与信心和政府回应自身的效能感。可见，政治行为主体在社会关系网络中所处的位置和在其中能够摄取到的资源的多少及变化，影响着政治行为主体对自身政治能力的认识和外部政治体系回应自身需求能力的信念，最终都会影响着政治行为主体政治态度的变化。

第三，社会资本对政治参与具有协调约束功能。政治参与作为政治社会化的重要途径和实现方式，深刻影响着政治行为主体政治认知和政治心理的理性科学水平。个人对政治的普遍参与是现代政治发展的显著特征，但个体的政治参与并非简单的线性增长，而是存在着价值评价和参与态度的失衡。个体一方面认为政治很重要并给予较高的评价，但另一方面又"敬而远之"，存在逃避、不参与等政治冷漠心态，参与意识和参与能力比较缺乏，参与的积极性和主动性较低。此种状况的造成，尽管表面上是源于参与机制不健全、"参与型"政治文化尚未形成、公民个体的素质能力较低等缘故，但追根溯源是公民所处的关系网络及其资源等社会资本不足所致。诚如最先将社会资本运用于政治学研究的美国学者罗伯特·帕特南所言，社会资本是由公民的信任、互惠和合作有关的一系列态度与价值观所构成的资源总和。这些信任、互惠和合作的核心价值驱使人们彼此信任、彼此理解、彼此同情，用良好的人格网络将朋友、家庭、社区、工作和公私生活联系起来。因为作为"嵌入在社会网络关系中的可以带来回报的资源投资"②，社会资本通过地位和权力相同抑或不同的个体的纵横网络，建立起协调一致的互惠合作解决集体行动的困境，能够协调约束政治参与中各方的行为选择，致使政治参与有共同的利益基础、明确的目标导向和强烈的团体认同。

2. 社会资本对农民政治社会化的现实影响

社会资本作为解释经济与社会发展的重要变量，其对现代民主政治的有效运作和公民政治社会化的重要影响作用已经得到国内外学术界的一致认同。在中国，这一规律性认识对农民群体同样适用。农民所具有的社会资本的类型和丰富程度同样影响着农民的政治发展、文化更新和政治社会化水平。但社会资

---

① [美] 弗朗西斯·福山：《大分裂：人类本性与社会秩序的重建》，刘榜离等译，中国社会科学出版社 2002 年版，第 18 页。
② [美] 林南：《社会资本——关于社会结构与行动的理论》，张磊译，上海人民出版社 2004 年版，第 8 页。

第六章　城镇化背景下农民政治社会化机理及影响因素

本对农民政治社会化的影响因不同的制度环境和组合形态而有显著的差别。一方面，社会资本对农民政治社会化能否起到或能起到多大的促进作用，要受制于一个国家和社会的民主体制是否相对完善。另一方面，社会资本不同构成要素对政治社会化的影响各不相同。有学者依照罗伯特·帕特南对社会资本构成要素的三分法研究中国民众的社会资本对政治信任的影响发现，社会信任和以互惠为核心的规范显著正向影响个体的政治信任，而社会网络却对政治信任构成显著的负向影响[1]。有学者把社会资本分解成结构型社会资本（公民团体数量和资格、公民社会网络结构）和情感型社会资本（人际之间形成的信任、互惠和宽容的社会资本形式），并通过对全球191个国家截面数据来研究社会资本的不同组合状态对政治信任的影响，认为"情感型社会资本和政治信任呈正相关，结构型社会资本和政治信任的相关性未达到显著水平"[2]。显然，社会资本对农民政治社会化的影响不能笼统而论，须根据社会资本自身的组合状态和现实情境做具体分析。社会资本在农民政治心理和政治行为之间或正向或负向的"升降"调节，诠释了其对农民政治社会化影响的"变压器"作用。事实上，社会资本是一个多维度、异质性的概念，其不同形态和维度会对社会发展产生不同的影响，因而社会资本对农民政治行为的影响有着基于不同取值范围的复杂因果。在社区治理中，共同性社会资本有利于社区居民参与治理，而特定性社会资本主要产生的是负向影响[3]；人际关系网络中的黏结型社会资本和社会身份中的桥梁型社会资本能够为公众提供的情感支持不同，对公众参与行为的影响也不同[4]。所以，社会资本对农民的政治行为有着或积极或消极的影响，在特殊情境下甚或没有显著影响。这种或高或低、或正向或反向的调节作用，贯穿于农民政治社会化的全过程。

总之，政治社会化是农民对政治体系传播的政治文化进行选择性接受并逐步自我内化的过程，实质上是要让农民在外部因素的影响下，通过个体政治知识、政治心理和政治行为的相互作用，使农民完成由"社会人"到"政治人"的转变。这一转变过程是农民政治社会化的内外互动机理和实现规律的深刻蕴

---

[1] 雷叙川、赵海堂：《中国公众的社会资本与政治信任——基于信任、规范和网络视角的实证分析》，《西南交通大学学报（社会科学版）》2017年第2期。

[2] 唐皇凤、陈鹏：《社会资本、善治和政治信任》，《比较政治学研究》2013年第2期。

[3] 陈捷、卢春龙：《共通性社会资本与特定性社会资本——社会资本与中国的城市基层治理》，《社会学研究》2009年第6期。

[4] Granovetter M. S., "The Strength of Weak Ties: A Network Theory Revisited, Sociological Theory", Vol. 1, No. 6, 1983, pp. 201-233.

含和展现。一方面，农民的政治社会化是农民个体政治知识、政治心理和政治行为交互作用的结果。农民的政治行为受到政治知识和政治心理交互作用的影响，其政治知识越科学完备、政治心理越积极，其政治参与就更积极。政治知识一般可以直接作用于农民的政治行为，但遇到复杂政治活动，政治心理就会发挥其在政治知识和政治行为间的中介作用，政治知识借助政治心理这一桥梁而共同影响农民的政治参与意愿和实际选择及行为。农民个体的政治知识、政治心理和政治行为的矛盾运动为农民政治社会化的前行提供着根本动力。另一方面，农民的政治社会化还要受到外部环境因素的影响。这些外部环境因素既有政治、经济、文化等宏观因素，也有个体受教育程度、政治认知能力、政治兴趣等微观因素。政治法律制度等政治因素是关键，经济制度、经济关系等因素是基础，政治思想意识、政治价值评价和政治心理习俗等文化因素、个体的政治认知等都是农民政治社会化的决定性因素[①]。这些因素作为一个时代的整体性条件面向全体农民，牵引着农民政治社会化的发展，决定着特定时代农民群体政治社会化的广度和深度。而在影响农民政治社会化的诸多条件和因素中，媒体信任、政治关注、经济收入和社会资本最为重要，对农民政治社会化分别起着"调节器""稳定器""加速器"和"变压器"的作用。实证分析表明，作为"调节器"媒体信任正向影响农民的政治知识、政治心理和政治行为；作为"稳定器"的政治关注在政治知识和政治行为之间发挥着中介作用，与政治心理交互作用共同推动着农民的政治社会化；作为"加速器"的经济收入正向调节着农民的政治知识、政治心理和政治行为，其政治知识水平、政治心理和政治行为的积极程度往往与其经济收入感知正相关；社会资本则是农民政治社会化的"变压器"，在政治心理对政治知识与政治行为的中介效应模型中根据具体情境起着或高或低、或正向或反向的调节作用。总之，影响和制约农民政治社会化的因素多种多样，正是他们与内在动因的无缝配合与衔接，才最终推动农民在"社会人"——"政治人"的螺旋上升过程中不断提升自己的政治社会化水平。

---

① 马振清：《当前影响我国公民政治社会化的宏观因素分析》，《哈尔滨工业大学学报（社会科学版）》2001年第1期。

第七章 城镇化背景下农民政治社会化绩效测评及趋势

> 改造小农,改造他们的整个心理和习惯,这件事需要花几代人的时间。①
>
> ——列宁

诚如著名政治学者格林斯坦、波尔斯比所言,"对政治学家而言,研究政治社会化的最基本理由是,早期获取的态度最终会在政治体系中产生某种结果"②。这种结果是对公民政治社会化效果的直接检验,体现着公民个体的政治社会化程度和绩效。今天,在经历了 40 余年高速和波澜壮阔的城镇化发展和生产生活方式、思想观念、价值取向的巨大转变,以及具有光荣传统的中国共产党思想政治教育后,农民政治知识、政治观念、政治态度和政治参与究竟发生了怎样的变化,农民政治社会化成效如何,是呈现城镇化背景下农民政治社会化现状之后必须明晰的内容。只有科学地测评过去 40 余年农民政治社会化的成效,我们才能理性总结农民政治社会化的成败得失,科学把握农民政治社会化的规律性特征,为未来农民政治社会化确定更科学合理的目标、制订更精准可行的行动方案。为此,我们利用课题组于 2019 年在全国调研获得的数

---

① 《列宁专题文集——论社会主义》,人民出版社 2009 年版,第 204 页。
② [美]格林斯坦、波尔斯比编:《政治学手册精选(下卷)》,储复耘译,商务印书馆 1996 年版,第 4 页。

据对农民政治社会化绩效进行测评和分析，以此研究农民政治知识、政治心理和政治行为的变化趋势并预测农民政治社会化的未来走向。

一 农民政治社会化绩效测评体系

农民政治社会化是一个具有特定内涵的概念，是政治体系的外部教化和农民个体的自我学习内化互动的过程，是通过外部"赋能"到自身"增能"，从"农民"到"公民"，从"内化"到"外化"再到"内化"的螺旋上升过程。这一过程的效果如何，必须依赖一套科学的测评体系来进行评估。"评估，可以解释为'评述'和'估价'。'评述'主要描述质量；'估价'主要描述数量。'评估'将质量描述和数量描述结合起来，构成了比较贴近实际的全面描述。"[①] 因此，我们结合现有研究来构建比较完善的政治社会化测评体系，为测量农民政治社会化绩效提供科学的分析工具。

（一）文献回顾与方法萃取

1. 农民政治社会化绩效测评研究回顾

农民政治社会化研究关注社会现实，反映农村社会变迁和政治发展过程，具有很强的社会问题意识和理论意义、现实意义。因此，运用科学的研究方法来客观、真实地呈现农民政治社会化的变化状况，就显得极为重要。国内学者围绕政治社会化的绩效测评已经展开了一些有益的尝试。从已有文献看，学者们通常按职业、年龄、政治面貌、文化等将公民群体划分成若干特殊群体，或分类别或从总体上对公民政治社会化状况进行评价，较少专门研究农民政治社会化绩效的测评。但政治社会化目标任务的一致性决定当代中国公民政治社会化绩效测评具有无可争议的普适性，因而各公民群体的政治社会化绩效测评指标对农民群体同样具有参考价值。

---

① 陈秉公：《思想政治教育学原理》，辽宁人民出版社2012年版，第684页。

第七章　城镇化背景下农民政治社会化绩效测评及趋势

我们汇总涉及政治社会化绩效测评指标的 13 篇文献①，发现测评政治社会化绩效的"二级指标"共 53 个。运用"微词云"进行词频统计分析，发现"政治参与""政治评价""政治认知""政治态度""政治情感""政治知识""政治信任"七个二级指标出现频次各在 2 次以上，且出现频次呈现出由高到低态势（见图 7-1）。且政治社会化绩效的这些测评指标经过合并同类项后，清晰地分层归类为政治心理（政治认知、政治观念、政治态度、政治情感、政治评价、政治信任、政治认同、政治效能感等）和政治参与两个方面。因而，无论是整体"公民"层面还是不同群体层面的政治社会化绩效测评，都蕴含着"政治心理—政治参与"的评价逻辑。作为"个人逐渐接受被现存的政治制度所肯定的政治态度和政治行为的过程"②，政治社会化是积极学习政治知识、形成理性政治心理的"内化"和积极参与政治生活的"外化"的统一。因此，测评农民政治社会化效果，既要看到政治心理发挥着怎样的作用，同时由于"政治社会化的最终结果是培养符合政治系统需要的能够承担政治角色的'政治人'"③，所以更要看行为主体在政治活动中的实际表现。因而，我们构建农民政治社会化绩效测评体系必须从"政治心理"和"政治参与"两个视角来着手。

---

① 参见马振清：《中国公民政治社会化效果分析》，《松辽学刊》1999 年第 5 期；刘世丽、马莹华：《当代中国青年政治社会化效果分析》，《青年研究》2001 年第 11 期；[美]唐文方：《中国民意与公民社会》，胡赣栋、张东锋译，中山大学出版社 2008 年版；沈明明等：《中国公民意识调查数据报告（2008）》，社会科学文献出版社 2009 年版；严洁等：《公民文化与和谐社会调查数据报告》，社会科学文献出版社 2010 年版；[美]陈捷：《中国民众政治支持的测量与分析》，安佳译，中山大学出版社 2011 年版；孙永芬：《中国社会各阶层政治心态研究——以广东调查为例》，中央编译出版社 2007 年版；徐勇主编：《中国农民的政治认知与参与》，中国社会科学出版社 2012 年版；张明澍：《中国人想要什么样民主：中国"政治人"2012》，社会科学文献出版社 2013 年版；彭正德：《民生政治：新农村建设中的农民认同——湖南五县十村考察》，中央编译局出版社 2014 年版；史卫民、周庆智、郑建君等：《政治认同与危机压力》，中国社会科学出版社 2014 年版；刘伟：《普通人话语中的政治——转型中国的农民政治心理透视》，北京大学出版社 2015 年版；赵璐：《社会化媒体使用的政治效果研究——以导向需求为调节变量》，博士学位论文，浙江大学，2017 年。

② 周晓虹：《现代社会心理学——社会学、心理学和人类学的综合探索》，江苏人民出版社 1991 年版，第 131 页。

③ 金太军：《公共政策执行的梗阻与消解》，广东人民出版社 2005 年版，第 234 页。

图 7-1　政治社会化绩效评价指标体系词频图

2. 农民政治社会化绩效测评体系的构建原则

政治社会化是以培养政治体系所要求的具有特定政治人格和政治能力的"政治人"、维系发展和变革政治文化、实现社会控制为目标，经由"准备—实施—评估—反馈"的阶梯式循环往复的推进过程。农民政治社会化活动是否实现了这一预期目的，需要构建科学的测评指标体系来对其绩效进行评估。由于农民政治社会化测评指标体系既是评判农民政治社会化水平和绩效的基本指标，也是检测农民满意度和幸福感的重要依据，更是农民政治社会化内在规律的体现，因而，农民政治社会化绩效测评指标体系的构建，必须遵循一定的基本原则以指导评估正确进行。

（1）导向性原则

导向性原则是指决定政治社会化绩效测评价值取向的准则。"导"即指导，意指能为绩效测评提供理念或标准上的指导；"向"即方向，意为能指引政治社会化健康发展的方向，找准政治社会化实践的基本点。当下，我国已进入全面建设社会主义现代化国家的新征程，也正处于城镇化深入发展的关键时期。面对城镇化发展所蕴含的巨大机遇、重大意义和新风险、新挑战，国家在《国家新型城镇化规划（2014—2020年）》中把"以人为本，公平共享"作为基本原则之首，把实现人的现代化作为新型城镇化的核心和实质。这正如美国学者英格尔斯所言，"一个国家，只有当它的人民现代化，它的国民从心理和行为上都转变为现代人格，它的现代政治、经济和文化管理机构中的工作人员都获得了某种与现代化发展相适应的现代性,这样的国家才可真正称为现代化的国家"[1]。然而,国民心理和行为的现代化,尤其是农民个体的政治信念、政治态度和基本行为方式的养成并非自发,而是国家有意识的持续不断的政治社会化的结果。因此,农民政治社会化绩效测评体系的设计,应当坚持方向性原则,把以人为本、实现农民的现代化发展作为测评农民政治社会化绩效的基本准则和方向,充分反映国家对农民政治社会化的期待。测评指标体系的构成,必须始终以培养具有现代政治人格和政治能力的公民或实现农民的现代化为方向和准绳。

(2) 科学性原则

科学性原则是指政治社会化测评体系的设计和测评指标的选用必须以科学理论为指导,遵循客观规律的准则。科学性"是反映人们认识客观事物的本质及其规律准确性、深刻程度的标志"[2],是对事物真理性和规律性的追求。农民的政治社会化也是有规律可循的进程,我们对政治社会化进行研究,本身就是旨在揭示其规律和真理的科学研究工作。因此,农民政治社会化测评体系的设计和测评指标的选用必须坚持科学性原则,充分考虑到关联农民政治心理和政治行为的各个相关领域不同层次的内容,注意测评指标的设计、选用和构成始终符合政治社会化的能力素质、运行过程和实际效果的客观规律。在构建测评指标体系时,所有指标必须始终围绕农民政治社会化的整体目标进行设计,注重测评指标体系的整体性和协调性,避免言不达意、背离目标;指标设置必须要有层次性和逻辑性,注意各指标之间相互联系而又彼此独立,并又能相互协同全面准确地反映农民政治社会化规律,避免各指标之间缺乏有机纽带和联系而交叉重叠、庞杂混乱;指标选取和设计要注意考虑农民政治社会化的客观实际,既看农民基于感性和理性的认知,又要观察分析其心理,识别心理层面的观念、态度、评价、效能感的差异,更要判断其行为,综合覆盖其知识、心理和行为各方面及其相互关系和作用。从系统论的视角观之,"多样性和统一性、独立性和整体性相互结合,系统才能有内在的生机与活力","一切有优化结构的系统,都是多样性和统一性、独立性和整体性的有机统一"[3]。只有做到整体性、层次性、独立性和客观性的结合,才能真正构建起科学理性

---

[1] [美]阿历克斯·英格尔斯:《人的现代化》,殷陆军编译,四川人民出版社1985年版,第23-34页。
[2] 李德顺:《价值学大辞典》,中国人民大学出版社1995年版,第367页。
[3] 姚传旺主编:《改革的哲学》,人民出版社1990年版,第246页。

的农民政治社会化绩效测评指标体系。

(3) 可操作性原则

可操作性原则是指决定政治社会化测评指标数据获取的难易程度、可信度和量化程度的准则。可操作性即可行性和现实性,是关于测评体系能否落实实施的问题。农民政治社会化测评指标的选定坚持可操作性原则,就是要通过一定的方法或技术手段把绩效从理论性的、概念性的层面变成可度量的现实。从哲学层面看,可能性与现实性是对立统一的关系。一方面,可能性不等于现实性,现实性已不再是可能性。现实着眼于"现在",标示的是事物的当前状况,可能着眼于"未来",标示事物发展的方向。另一方面,二者又互相统一、紧密联系,在充分尊重和主动运用客观条件并充分发挥人的主观能动性的条件下,可能性可以转化为现实性。[①] 因此,我们评估农民政治社会化的绩效,在尽可能确保测评指标体系的方向性、科学性和整体性的前提下,必须确保测评体系中的各个指标具有长期的可操作性。既坚持科学设计,又重视简便易行,更要注重数据或资料持续的可获得性,保证定量指标的可信度,尽量少用定性指标,实在需要使用定性指标时应尽可能选择那些能间接赋值或计算予以转化的近似指标,以获取尽可能多的内容。

(4) 发展性原则

发展性原则是强调指标体系的可持续性和前瞻性的准则。政治社会化是持续不断、永无止境的发展过程。从古代中国对"无政治阶层"的农民的教化到新中国对农民的思想政治教育再到今天农民政治社会化的蓬勃发展,国家对农民精神世界的塑造和农民对政治的追求感受也在不断发展的现实,要求农民政治社会化测评指标体系的构建必须坚持可持续发展的眼光,顺应时代发展的脉搏,与时俱进。从时代发展的纵向角度,农民政治社会化测评指标体系的构建必须立足时代,把握党和国家对农民政治社会化的最新要求和农民的精神需求,根据变化了的政治现实与国家推进农民政治社会化工作的旨向和进度安排,科学地分析预测农民政治社会化的发展背景和趋势,适时调整、完善测评指标体系,使之具有较长时间的适用性。另外,东、中、西部区域间农民政治社会化的历史基础、发展水平的差异,也使得农民政治社会化绩效测评指标体系的设计和构建在横向层面上同样必须坚持发展的眼光,注意关照不同区域农民政治社会化的实际发展水平和不同于其他区域的优势与问题,建构关照各地

---

① 肖前、李秀林、汪永祥主编:《辩证唯物主义原理》,人民出版社1982年版,第277—278页。

农民政治社会化发展现实，又融于国家整体具有较大前瞻性的测评指标体系。

3. 农民政治社会化绩效测评体系的构建方法

农民政治社会化绩效测评体系构建得科学与否，不仅需要一套科学的基本原则来加以指导，更需要合理地确定测评指标体系的权重值。为此，我们采用多属性决策方法中的层次分析法（以下简称 AHP）来确定农民政治社会化绩效测评指标体系的权重值。这种方法简单易于理解、灵活适用性强，能"把复杂的问题分解成各个组成因素，将这些因素按支配关系构成递阶层次结构，通过成对比较的方式确定同一层次中各因素的重要性，然后综合决策者的判断，确定备选方案的相对重要性总排序"①。结合问卷调查和访谈的实际情况，我们通过以下五步对农民政治社会化绩效测评体系进行权重值设定。

（1）构建层次结构模型。把复杂的政治社会化问题条理化、层次化，建立起一个包括最高层（目标层）——政治社会化，中间层（准则层）——政治知识、政治观念、政治态度、政治评价、政治效能感、政治行为，最底层（方案层）——各项具体问题组成的递进层次模型。

（2）构造成对判断矩阵。根据多层指标体系，在各层元素之间形成多个两两比较的判断矩阵。即相对上一层次而言，本层次 n 个元素中，就各相关因素之间的相对重要性可形成判断矩阵 $A = (a_{ij}) n \times n$。如中间层（准则层）的"政治知识、政治观念、政治态度、政治评价、政治效能感、政治行为"对政治社会化的影响程度并不一定相同，不同的决策判断者认为各指标在目标衡量中各占有一定的比例，可以按照表 7-1 所定义的比例标度对准则层中各因素相对于政治社会化的重要性程度赋值。

表 7-1　　　　　　　　　　判断矩阵标度定义②

标度	含义
1	两个元素相比，具有同等的重要性
3	两个元素相比，前者比后者稍微重要
5	两个元素相比，前者比后者明显重要
7	两个元素相比，前者比后者强烈重要

① 转引自朱建军：《层次分析法的若干问题研究及运用》，博士学位论文，东北大学，2005 年，第2页。

② 汪应洛：《系统工程》，机械工业出版社 2003 年版，第 131 页。

续表

标度	含义
9	两个元素相比，前者比后者极端重要
1/3	两个元素相比，前者比后者稍不重要
1/5	两个元素相比，前者比后者明显不重要
1/7	两个元素相比，前者比后者强烈不重要
1/9	两个元素相比，前者比后者极端不重要
2, 4, 6, 8, 1/2, 1/4, 1/6, 1/8	表示上述相邻判断的中间值

（3）层次单排序。在单一准则下，形成 n 个判断矩阵，求解每个判断矩阵的最大特征值和相应的特征向量，以此计算出该层次与上一层次有联系的因素相对于上一层次某因素的重要性次序的权值。如对判断矩阵 B，计算满足 $BW=\lambda_{max}W$ 的特征根和特征向量。其中 λ_{max}，为 B 的最大特征值，W 为对应于 λ_{max} 的正规化特征向量，W 的分量 W_i 即是相应因素单排序的权值。

（4）层次总排序。在计算出层次单排序权值后，利用加权计算，求解最底层因素相对目标层的相对重要性排序权值。

（5）一致性检验。对判断矩阵进行满意一致性检验，计算一致性比例 CR 值。当 $CR<0.10$ 时，认为判断矩阵具有满意一致性，否则需对判断矩阵做适应修正。在层次单排序和层次总排序中都需进行一致性检验。

$$CR=\frac{CI}{RI}$$

其中，CI 为一致性指标，$CI=\frac{\lambda max-n}{n-1}$，$RI$ 值为平均随机一致性指标，具体值如表 7-2 所示。

表 7-2　　　　　　　　平均随机一致性指标（RI）

n	1	2	3	4	5	6	7	8	9
RI	0.00	0.00	0.58	0.90	1.12	1.24	1.32	1.41	1.45

（二）农民政治社会化绩效测评指标体系构建

雷蒙·鲍尔曾指出，"指标是一种量化的数据，它是一套统计数据系统，用它来描述社会状况的指数，制定社会规划和进行社会分析，对现状和未来作出估价"①。正是基于指标在评价与衡量政治社会化的成效、描述监测和控制政治社会化过程和状态、规划和确定政治社会化预期目标上具有突出作用，我们在总结现有政治社会化绩效评价体系的基础上，遵照政治社会化的内涵、结构和发展过程，遵循方向性、科学性、可操作性和发展性四大基本原则，并使用层次分析法进行权重赋值，尝试建构起包含6个一级指标、16个二级指标的农民政治社会化测评指标体系（见表7-3），用以全面监测和考评国家的农民政治社会化工作及其成效。

1. 政治心理

作为维系、变革和发展政治文化、实现社会控制的一套机制，政治社会化目标任务的实现必须获得农民发自内心的心理认同。因此，作为社会成员在政治社会化过程中自发形成的对政治行为和政治活动的认识、情感、态度、情绪、兴趣、愿望和信念等方面的心理反应②，农民的个性心理是除了宏观的物质环境、政治制度之外影响和决定农民的思考与选择的重要因素③。实证研究证明，心理卷入的形式与积极的政治参与形式有着重要的关联，甚至是正相关关系。④ 政治心理由于其对政治行为的显著正向中介作用，而成为判断农民政治社会化绩效的重要依据。根据政治心理的共识性构成，我们将其细化设置为政治认知、政治观念、政治态度、政治评价和政治效能感5个指标，再具体化为民主观、政府观、国家观、政治责任、自治印象、政治取向、国家评价、政府评价、党政干部评价等13个二级指标集，以全面监测和呈现农民政治社会化中的政治心理及其成效。

2. 政治行为

农民的政治行为既是具体可感的参与表达，也是行动主体政治观念和态度的反应。作为"政治主体围绕政治权力而展开的分配权威性价值的活动"⑤，政治行为在现实政治中主要表现为政治参与。由此，引导农民积极主动地关注和参与政治，增强其政治参与的理性化、制度化、秩序化，是实现乡村治理现代化的关键。同时，政治行为本身不是目的，其最终旨趣在于完成参与政治的

---

① 转引自高红：《"幸福江阴"综合评价指标体系评析》，《中国城市经济》2011年第5期。
② 储峰：《当代中国农民政治参与心理分析》，《党史研究与教学》2005年第1期。
③ 王丽萍、方然：《参与还是不参与：中国公民政治参与的社会心理分析——基于一项调查的考察与分析》，《政治学研究》2010年第2期。
④ Milbrath, Lester W., and M. L. Goel, *Political Participation: how and why people get involved in politics?* Chicago: Rand McNally, 1977.
⑤ 杨光斌主编：《政治学导论》，中国人民大学出版社2000年版，第191页。

神圣使命：在政治参与中实现政治现代化，最终实现人的自由和解放[①]。因此，政治参与是政治社会化的重要内容和实现方式，也是农民政治社会化的基本实践形式和生动体现。考察农民的政治参与行为，能够直观地检测到农民政治社会化水平。而对农民政治参与，可以从广度和深度两方面衡量。前者主要测量"有多少人参与？""是否经常参与？"等涉及参与主体的范围和频率，后者主要测量"参与所涉及的权力层次如何？""是否实现了全程而且充分的参与？"等参与主体所触及的纵向权力层次和横向政治活动所处阶段。因此，我们尝试设置"政治投票""政治表达"和"政治接触"3个二级指标，从政治参与频次等广度和投票选举、投票决策、日常民主监督、问题反馈等涉及政治"输入""输出"等深度两方面对农民政治参与及成效进行测评（见表7-3～表7-9）。

表7-3　　　　　　　　中国农民政治社会化指标体系

一级指标	二级指标
政治认知	人物认知
	制度认知
政治观念	民主观
	政府观
	国家观
政治态度	政治责任
	自治印象
	政治取向
政治评价	国家评价
	政府评价
	党政干部评价
政治效能感	内部政治效能感
	外部政治效能感
政治参与	政治投票
	政治表达
	政治接触

---

① 万斌、陶建钟：《政治参与：政治文明和政治现代化的时代命题》，《复旦学报（社会科学版）》2008年第6期。

第七章 城镇化背景下农民政治社会化绩效测评及趋势

表 7-4　　政治认知

二级指标	具体问题及赋分情况
人物认知	中国现任的国家主席是谁？（正确 1；错误 0） 中国现任的国务院总理是谁？（正确 1；错误 0） 美国现任总统是谁？（正确 1；错误 0） 俄罗斯现任总统是谁？（正确 1；错误 0） 您知道您所在乡镇党委书记的名字吗？（知道 1；不知道 0） 您知道您所在乡镇镇长的名字吗？（知道 1；不知道 0）
制度认知	您对村民自治制度了解吗？（了解 1；不了解 0） 您知道如何参与村民自治吗？（知道 1 分；不知道 0）

表 7-5　　政治观念

二级指标	具体问题及赋分情况
民主观	下面哪种说法最能代表您对"民主"的认识？（有没有民主无所谓，关键是把人民生活水平与国家发展水平搞上去 1；民主就是政府要充分尊重老百姓的意见，要能够为民做主 2；民主必须通过选票来体现，形式民主是实质民主的保证 3；实质民主是最重要的，核心是人民当家做主 4）
政府观	下面哪种说法最能代表您对"政府"的认识？（政府是一种统治工具，每个人都应该服从政府做出的决定 1；平等对待每个人，决策前应考虑人民意见 2）
国家观	您对国家的看法是？（若国家使您失望，就有理由背叛她 1；若国家使您失望，就有理由不爱她 2；国家兴亡，匹夫有责 3）

表 7-6　　政治态度

二级指标	具体问题及赋分情况
政治责任	您认为对待政治的最好态度是？（不介入 1；尽可能少参与 2；积极参与 3）
自治印象	您对村委会、村党支部满意吗？（非常不满意 1；不太满意 2；一般 3；比较满意 4；非常满意 5） 您对村干部满意吗？（非常不满意 1；不太满意 2；一般 3；比较满意 4；非常满意 5） 您对村里的选举满意吗？（非常不满意 1；不太满意 2；一般 3；比较满意 4；非常满意 5） 您对村民自治满意吗？（非常不满意 1；不太满意 2；一般 3；比较满意 4；非常满意 5） 现在农村的干群关系怎么样？（很紧张 1；越来越紧张 2；不太好 3；总体良好 4；越来越好 5）

续表

二级指标	具体问题及赋分情况
政治取向	只要管好自己的事就够了，政府的好坏与我无关。（很不同意4；不同意3；同意2；很同意1） 不管什么选举，选谁都一样，所以没必要去投票。（很不同意4；不同意3；同意2；很同意1） 政治方面的事，多谈无益，最好不要触及。（很不同意4；不同意3；同意2；很同意1）

表 7-7　　政治评价

二级指标	具体问题及赋分情况
国家评价	您对国家现状满意吗？（非常不满意1；不太满意2；一般3；比较满意4；非常满意5） 您认同中国公民身份吗？（非常不认同1；不太认同2；一般3；比较认同4；非常认同5） 您对当前国家的总体印象如何？（非常不好1；比较不好2；一般3；比较好4；非常好5）
政府评价	您对中央政府满意吗？（非常不满意1；不太满意2；一般3；比较满意4；非常满意5） 您对县政府满意吗？（非常不满意1；不太满意2；一般3；比较满意4；非常满意5） 您对乡镇政府满意吗？（非常不满意1；不太满意2；一般3；比较满意4；非常满意5）
党政干部评价	当今中国反腐败不断升级，近年来多位省部级以上高官相继落马。您对此的看法是？（比较失望1；比较担忧2；没有看法3；比较乐观4；反腐大快人心5） 您怎样看待"我们党和国家机关的绝大多数党员、干部是廉洁奉公的，是经得住改革开放考验的"？（绝不是这样1；评价过高2；基本符合实际3；恰如其分，符合实际4）

表 7-8　　政治效能感

二级指标	具体问题及赋分情况
内部政治效能感	当我想向政府官员提意见时，常觉得没有适当的渠道。（很不同意4；不同意3；同意2；很同意1） 有时准备到政府部门办事，不知道该到哪些单位办理。（很不同意4；不同意3；同意2；很同意1） 有时准备到政府部门办事，不知道该到哪些单位办理。（很不同意4；不同意3；同意2；很同意1） 对于政府的决策，我一点影响力也没有。（很不同意4；不同意3；同意2；很同意1） 政治这类事情太复杂了，很难理解。（很不同意4；不同意3；同意2；很同意1） 我觉得投票是我唯一能影响政府政策及表达意见的机会。（很不同意4；不同意3；同意2；很同意1）

续表

二级指标	具体问题及赋分情况
外部政治效能感	我对政府所提的建议，多半会被接受。（很不同意1；不同意2；同意3；很同意4） 当您向政府提出您的看法时，他们会认真对待。（很不同意1；不同意2；同意3；很同意4） 当您有事不得不找政府机关，您会受到跟其他人一样的平等对待。（很不同意1；不同意2；同意3；很同意4）

表 7-9　政治参与

二级指标	具体问题及赋分情况
政治投票	您参加过村委会成员的选举投票吗？（从不参加1；偶尔参加2；经常参加3） 您参加过地方人大代表的选举投票吗？（从不参加1；偶尔参加2；经常参加3） 您参加过村庄事务的决策投票吗？（从不参加1；偶尔参加2；经常参加3）
政治表达	您是否参与过针对村干部的民主监督活动？（从未1；偶尔2；经常3） 您向新闻媒体反映过问题吗？（从未1；偶尔2；经常3） 您通过网络反映过问题吗？（从未1；偶尔2；经常3）
政治接触	您曾通过上访、写联名信等方式表达您的意见吗？（从未1；偶尔2；经常3） 您向政府领导反映过问题吗？（从未1；偶尔2；经常3） 您向人大代表反映过问题吗？（从未1；偶尔2；经常3）

二　农民政治社会化绩效测评分析

中国农民政治社会化的绩效究竟如何，这是我们研究农民政治社会化并为未来确定正确的策略必须把握的前提。依据上文建立的农民政治社会化测评指标体系，采用 AHP 层次分析法确定各指标的权重，在此基础上运用实地调研建立的数据库，我们拟计算出我国农民政治社会化测评的总体得分，以此判断我国农民政治社会化的当前水平，为进一步改进中国农民政治社会化，培育现代理性的"政治人"提供现实依据。

（一）数据来源及样本概况

1. 数据收集与整理

为把握中国农民政治社会化现状，课题组于 2019 年 1 月至 3 月在全国开展了一次调研。我们在综合考虑城镇化率、样本代表性基础上，运用分层随机抽样方法，在全国范围内选取222个村庄样本，覆盖东、中、西部79个市州、133个县（区）、194个乡镇，发放问卷1220份，回收问卷1183份，回收率达97.0%。回收问卷后，逐一核验问卷内容，剔除无效问卷后获得有效问卷1151份，有效回答率达94.3%。

2. 样本概况

本次调研获取的1151份有效问卷，地域、性别和年龄覆盖均比较合理。首先，样本具有较大的地域代表性。2019年全国城镇化率为60.6%，被抽中的样本均匀覆盖了城镇化率较高、中等和较低的东、中、西部各省、自治区、直辖市，最终抽取东部地区省份4个、中部省份6个、西部省份10个（见图7-2）[①]。由于城镇化率低于全国平均水平的区域主要集中在西部省份，东部省份的城镇化率整体较高，大都在均值以上，样本分布符合由东至西城镇化率递减、农村人口比例递增的现状。[②] 其次，样本的性别覆盖合理。男性样本689份，占比60.1%；女性样本458份，占比39.9%。再次，样本均匀覆盖各年龄段农民，年龄覆盖率同全国各年龄段人口分布比例相近。最后，由于我国农村主要分布在各乡镇周围和更偏远地区，位于城市郊区的农村相对较少，因此样本数据主要集中于乡镇郊区农民（占51.2%）和偏远农村农民（占40.9%），城市郊区仅占7.9%，样本数据的村庄位置分布合理。

[①] 样本中东部地区省份有广东、福建、山东、河北4个，其城镇化率依次从高到低，四省问卷样本数为124个，占总样本数的10.8%；中部地区省份按城镇化率由高至低有湖北、山西、江西、湖南、安徽、河南6个，样本数为309个，占总样本数的26.8%；西部地区按城镇化率由高至低有重庆、宁夏、陕西、青海、四川、广西、云南、甘肃、贵州、西藏10个省份，样本数为718个，占总样本数的62.4%。

[②] 根据《中国统计年鉴2020》，2019年全国城镇化率为60.6%，而未被问卷抽中的11个省份中有8个省份城镇化率均高出全国平均值（北京86.6%、上海88.3%、天津83.48%、浙江70%、江苏70.61%、内蒙古63.37%、辽宁68.11%、黑龙江60.9%），农村人口较少；吉林（58.27%）、海南（59.23%）和新疆（51.87%）3省城镇化率略低。因现有样本已有能够代表各个层级城镇化水平的充分数据，现有20个省份农民政治社会化样本数据能够代表全国情况。

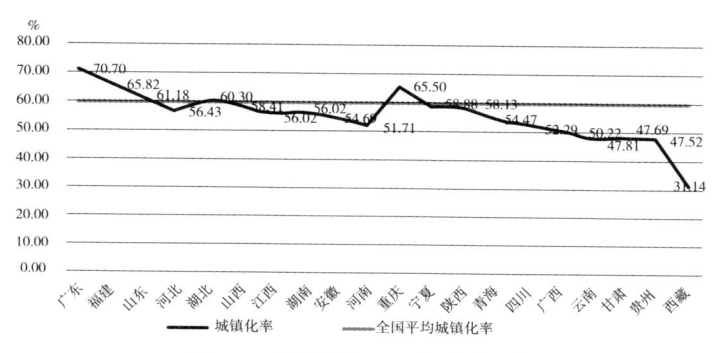

图 7-2　样本省份 2019 年城镇化率

（二）中国农民政治社会化测评指标权重的确定

我们采用 AHP 层次分析法，力求在主客观结合基础上确定农民政治社会化各指标的权重。首先，确定一级指标的权重。根据 12 位专家的打分，我们去掉每一项的最高值和最低值后取该项的平均值，并将平均值纳入 SPSSAU 中进行计算。针对政治认知、政治观念、政治态度、政治评价、政治效能感和政治参与六项构建六阶判断矩阵，运用和积法进行 AHP 层次分析，得到特征向量（0.878、1.002、1.039、1.002、1.014 和 1.064）和这六项对应的权重值（14.639%、16.701%、17.320%、16.701%、16.907% 和 17.732%）。再结合特征向量，计算出最大特征根（6.000）和 CI 值（0.000）[CI =（最大特征根 −n）/（n−1）]（见表 7-10）。

表 7-10　一级指标 AHP 层次分析结果

一级指标	特征向量	权重值（%）	最大特征值	CI 值
政治认知	0.878	14.639	6.000	0.000
政治观念	1.002	16.701		
政治态度	1.039	17.320		
政治评价	1.002	16.701		
政治效能感	1.014	16.907		
政治参与	1.064	17.732		

紧接着，计算一致性指标 CR 值（CR = CI/RI），对权重计算结果进行一致性检验分析。一般而言，CR 值越小，则表明矩阵一致性越好；当 CR 值小于

0.1时，表明矩阵满足一致性检验；当 CR 值大于 0.1 时，则不具有一致性，需要对判断矩阵进行调整并再次分析。根据相关理论构建出的六阶判断矩阵，计算得到 CI 值 0.000 和随机一致性 RI 值 1.260。依据一致性指标 CR 值计算公式进行运算后得到 CR 值 0.000，明显小于 0.1。由此，本次研究具有有效性（见表 7-11）。

表 7-11　　　　　　　　　　一致性检验结果

最大特征根	CI 值	RI 值	CR 值	一致性检验结果
6.000	0.000	1.260	0.000	通过

其次，采用同样的方法计算二级指标的初步权重。计算结果显示，所有打分均通过一致性检验。各项二级指标的初步权重如表 7-12 所示：针对人物认知和制度认知分别构建二阶判断矩阵进行 AHP 层次分析，得到特征向量（0.952，1.048）和对应权重值 47.586%、52.414%；针对民主观、政府观和国家观分别构建三阶判断矩阵，进行 AHP 层次分析分别得到特征向量 0.915、1.055、1.030 和对应权重值 30.508%、35.169%、34.322%；针对政治责任、自治印象和政治取向构建三阶判断矩阵，进行 AHP 层次分析得到特征向量 1.047、0.957、0.996 对应权重值 34.894%、31.915%、33.191%；针对国家评价、政府评价和党政干部评价分别构建三阶判断矩阵进行 AHP 层次分析，依次得到特征向量 0.929、1.000、1.071 和对应权重值 30.980%、33.333%、35.686%；对内部效能感和外部效能感分别构建二阶判断矩阵进行 AHP 层次分析，得到特征向量 1.040、0.960 和对应权重值 52.000%、48.000%；同样对政治投票、政治表达和政治接触分别构建三阶判断矩阵进行 AHP 层次分析后，得到特征向量 1.012、1.013、0.975 和对应权重值 33.750%、33.750%、32.500%。

表 7-12　　　　　　　　二级指标 AHP 层次分析结果

二级指标	特征向量	权重值（%）	最大特征值	CI 值
人物认知	0.952	47.586	2.000	0.000
制度认知	1.048	52.414		

续表

二级指标	特征向量	权重值（%）	最大特征值	CI 值
民主观	0.915	30.508	3.000	0.000
政府观	1.055	35.169		
国家观	1.030	34.322		
政治责任	1.047	34.894	3.000	0.000
自治印象	0.957	31.915		
政治取向	0.996	33.191		
国家评价	0.929	30.980	3.000	0.000
政府评价	1.000	33.333		
党政干部评价	1.071	35.686		
内部效能感	1.040	52.000	2.000	0.000
外部效能感	0.960	48.000		
政治投票	1.012	33.750	3.000	0.000
政治表达	1.013	33.750		
政治接触	0.975	32.500		

最后，将一级指标与二级指标的各个对应项相乘计算农民政治社会化二级指标的最终权重，用以计算农民政治社会化绩效测评的得分。如表 7-13 所示，人物认知和制度认知的权重分别为 6.97% 和 7.67%；民主观、政府观和国家观的权重依次为 5.10%、5.87% 和 5.73%；政治责任、自治印象和政治取向的权重分别为 6.04%、5.53% 和 5.75%；国家评价、政府评价和党政干部评价的权重分别为 5.17%、5.57% 和 5.96%；内外政治效能感的权重分别为 8.79% 和 8.12%；政治投票、政治表达和政治接触的权重分别为 5.98%、5.98% 和 5.76%。

表 7-13　　　　　　　　农民政治社会化各指标权重

一级指标	二级指标	权重值（%）
政治认知	人物认知	6.97
	制度认知	7.67
政治观念	民主观	5.10
	政府观	5.87
	国家观	5.73

续表

一级指标	二级指标	权重值（%）
政治态度	政治责任	6.04
	自治印象	5.53
	政治取向	5.75
政治评价	国家评价	5.17
	政府评价	5.57
	党政干部评价	5.96
政治效能感	内部效能感	8.79
	外部效能感	8.12
政治参与	政治投票	5.98
	政治表达	5.98
	政治接触	5.76

（三）中国农民政治社会化评分结果分析

1. 农民政治社会化的总体评分分析

对政治社会化绩效，我们设定总分10分，2分为一等次，0~2分为低水平，2~4分为较低水平，4~6分为中等水平，6~8分为较高水平，8~10分为高水平。根据指标体系中各项指标的上述权重进行计算，我们得到农民政治社会化的加权平均值为6.5677分，中位数为6.5054，最大值8.85，最小值4.26，标准差为0.945，偏度0.160，峰度-0.552（见表7-14）。全国农民政治社会化评分处于6~8分的区间，整体处于中等偏上水平。

表7-14　　　　　　　农民政治社会化评分总体趋势

均值	中位数	众数	最大值	最小值	方差	标准差	偏度	峰度
6.5677	6.5054	5.11	8.85	4.26	0.892	0.945	0.160	-0.552

注：剔除8个离散程度较高的样本，有效样本共计1143份。

（1）总体评分的集中趋势

集中趋势反映一组数据向某一中心值靠拢的倾向和程度。平均数和中位数能从不同侧面描绘一组数据的全貌，因而是反映数据集中趋势的最佳测度值。统计分析显示，我国农民政治社会化的均值为6.5677分，与中位数6.5054相差仅 0.0623，说明农民政治社会化水平具有比较明显的集中趋势特征，新型城镇化背景下农民的整体政治素质和能力提升显著。

（2）统计数据的离散程度

由于相同的平均值、中位数、众数等也可能体现于具有不同分布的数据，因此描述数据分布特征就不仅要看集中趋势，还要对离散程度进行分析。统计结果显示，农民政治社会化评分最大值 8.85，最小值 4.26，极差为 4.59，最大值与均值的差距为 2.28，最小值与均值的差距为 2.3，说明数据分布的差异性整体不大。同时，农民政治社会化总体数据的方差为 0.892，标准差为 0.945，二者差距相对较小，说明样本数据偏离平均值的可能性较小，数据因波动较小而具有较强的稳定性。总体而言，农民政治社会化指数的离散程度较低。

（3）统计数据的分布形态

农民政治社会化得分数据，不仅可以反映总体评分的集中趋势和统计数据的离散程度，还可以从数据分布的对称性、偏斜程度等反映其分布特点。我们借助偏态和峰态对分布形状进行测度。直方图（见图7-3）显示，农民政治社会化的评分偏度为 0.160，数据的偏态整体向右，表明高于政治社会化评分均值 6.56 的农民数量多于评分低于均值的农民；农民政治社会化的评分峰度为 -0.552，表明政治社会化得分的概率相差较小。综上所述，农民政治社会化指数的得分大致呈正态分布，且相互间差异较小。

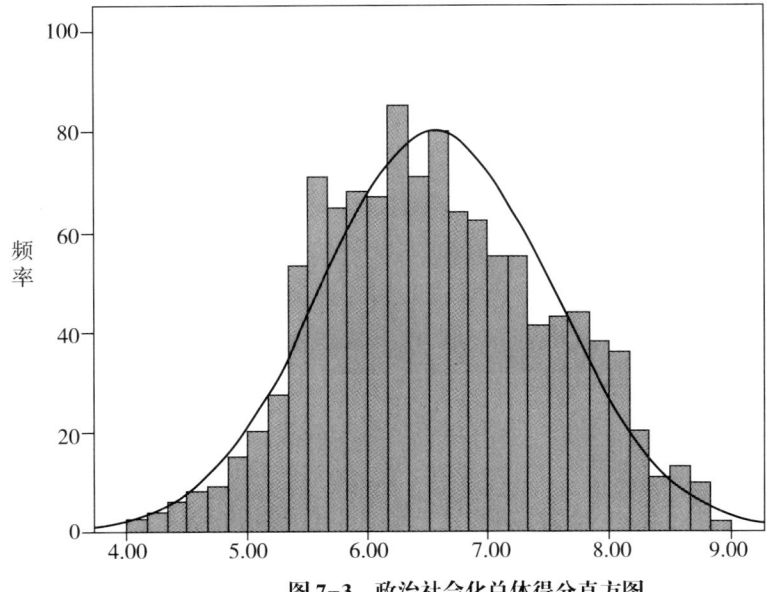

图7-3　政治社会化总体得分直方图

2. 农民政治社会化的异质性分析

政治社会化是个体从"社会人"到"政治人"的培育过程。整体量化计算农民政治社会化的总体评分，可以宏观把握其政治社会化水平。总体来看，农民政治社会化评分的数据呈现正态分布，整体离散程度较小、内部稳定性较好。但在农民群体内部，农民政治社会化绩效因其性别、年龄、政治面貌、收入水平、民族状况、受教育程度、宗教信仰、区域差异、城乡差异、就业状况等个体因素的存在，而具有多样性和变动性等群体差异，最终呈现出显著的异质性特征。

（1）农民政治社会化绩效的身份异质性分析

在中国，作为具有农村户籍居民的千千万万的个体，是个性和共性的统一，既有着中国农民的共性，也有着自己的独特"个性"。揭示农民群体内部政治社会化差异，就必须着眼于农民个体，从农民性别、年龄、政治面貌等基本标识出发对农民的政治认知、政治观念、政治态度和评价、政治效能感和政治行为等进行分析，展现基于身份这一异质性要素下农民政治社会化的群体差异。

一是不同性别农民的政治社会化绩效差异。男性与女性之间的政治社会化有着明显差别。受"男主外、女主内"职业模式和受教育水平影响，男性农民有着女性所不具备的政治参与勇气和资本，整体的政治社会化程度更高。他们不仅对政治人物、村民自治制度等具有更高的政治认知，对国家、民族具有更强的责任意识，对国家现状、政府、党政干部有着更高的满意度，因而其政治取向通常较女性更为积极，政治效能感更强。在现实政治生活中，更愿意参加政治投票、为维护自身利益而进行政治表达并与政权机关及其工作人员接触。而女性则受限于职业选择、受教育水平和农村社会生活地位的限制，政治心理和政治行为都显得相对保守和消极，整体明显不如男性。通过加权算术平均，我们得到不同性别农民群体的政治社会化得分。如表 7-15 所示，男性农民政治社会化得分 6.7064，女性农民政治社会化得分 6.3590，男性农民政治社会化的加权平均值比女性高 0.3474；女性农民政治社会化得分的标准差为 0.8818，比男性农民的 0.96097 低 0.07917，说明女性农民政治社会化得分的离散程度较小，其数据更稳定。尽管农民政治社会化水平存在性别差异，但随着社会现代化进程的加快，女性普遍更加独立，参与政治的渠道和意愿都在不断增加，农民政治社会化水平的性别差异呈现出不断缩小之势。

表7-15　　　　　　　　　不同性别农民政治社会化得分

性别	均值	最大值	最小值	标准差
男	6.7064	8.85	4.28	0.96097
女	6.3590	8.85	4.26	0.88180

二是不同年龄农民的政治社会化绩效差异。整体而言，位于年龄段两端的农民政治社会化水平起伏较大，中年农民的政治认知、政治观念、政治效能感和政治行为各方面较为成熟和平稳。青年农民比其他年龄段农民更熟悉国家领导人，对国家、民族有着更强的责任意识，更容易认知到现代政治中的民主价值并更重视"人民当家做主"的实质性意义，对不同层级政府的差序信任更为理性客观，并且更倾向于采用线上方式而非线下的政治接触来表达诉求。而老年农民更熟悉乡镇领导人，由于亲身见证感受了国家从中华人民共和国成立初期的落后到今天富强繁荣的沧海巨变，他们对国家、政府和党政干部有着比青年农民更高的满意度和评价，对国家包括反腐败在内的各项举措都非常信任和乐观，因而实践中有很大积极性去借助线下方式去与政权机关及其工作人员接触，反映其利益诉求，但多年来作为农民问题对象而被对待的经历又使其自我负责意识和主体精神欠缺。中年农民则处在二者的中间，政治社会化水平最为均衡。由于是农村生活的中流砥柱，对乡村事务参与最多，他们对村民自治的感受最为深刻，因而对村民自治印象最好，政治效能感最强。

通过加权算术平均，我们得到各年龄段农民群体的政治社会化得分。如表7-16所示，各年龄段农民政治社会化得分分别为6.5428（25岁及以下）、6.5064（26~35岁）、6.5522（36~45岁）、6.7799（46~55岁）、6.5446（56~65岁）和6.2572（66岁及以上）。显然，不同年龄段农民的政治社会化得分存在明显差异，36~65岁这一中间年龄段农民政治社会化的得分均高于年龄段两端的农民。其中，46~55岁年龄段农民政治社会化得分最高，这与其出生于改革开放以前，成年之时切身感受到改革开放带来的国家经济社会成就，因而对政治的态度更为积极有关；与此同时，35岁及以下农民虽然信息接收能力强、思想活跃，但政治心理还不成熟，缺乏政治参与经验，政治社会化水平相对较低；65岁及以上老年农民虽然政治参与经验丰富，政治心理成熟稳定，但年龄较大使其政治参与积极性较低，政治上处于边缘化状态，多方面因素叠加使得其政治社会化得分最低。而各年龄段农民政治社会化得分平均值分散程度显示，25 岁及以下农民标准差最小（仅 0.83889），56~65 岁农民标准差最大（1.03017），说明 25 岁及以下农民大部分政治社会化的得分比较接近平均值，而 56~65 岁农民大部分政治社会化的得分与平均值之间的差距较大，其内部政治社会化水平明显参差不齐。

表 7-16　　　　　　　　不同年龄农民政治社会化得分

年龄	均值	最大值	最小值	标准差
25 岁及以下	6.5428	8.45	4.33	0.83889
26~35 岁	6.5064	8.37	4.26	0.88931
36~45 岁	6.5522	8.85	4.41	0.93533
46~55 岁	6.7799	8.85	4.44	0.98130
56~65 岁	6.5446	8.82	4.47	1.03017
66 岁及以上	6.2572	8.82	4.31	0.87661

三是不同政治面貌农民的政治社会化绩效差异。相对非党员农民，具有党员身份的农民政治社会化程度更高。他们对政治人物和政治制度的认知水平、对国家的责任意识、对政治的责任感、对村民自治的印象和对政治取向的积极态度都明显高于非党员。由于更多地参与到乡村事务治理中，更了解国家、政府和党政干部推动乡村建设的努力，因而党员农民对国家、各级政府和党政干部比非党员更为满意，对自己的政治能力和受到政府回应能力有更大的效能感，比非党员农民更愿意进行政治表达、政治接触等政治参与。但也正是因为更多处在管理者位置，他们倾向于将政治视为管理、统治、治理之事；对民主的实质和程序意义的理解较非党员更为偏重实质民主。通过加权算术平均得到的不同政治面貌农民群体政治社会化得分（见表 7-17），中共党员、共青团员和普通群众的政治社会化得分分别为 7.6109、6.8208 和 6.3358，党员农民的得分比共青团员、群众分别高 0.7901、1.2551；并且党员、共青团员和群众内部各自的标准差分别为 0.80239、0.80657、0.86643，党员农民群体内部的政治社会化水平很接近，差异不大。显然，不同政治面貌农民政治社会化水平差异的规律比较明显，党员农民的政治社会化程度普遍高于非党员农民，并且稳定性更好。

表 7-17　　　　　　　不同政治面貌农民政治社会化得分

政治面貌	均值	最大值	最小值	标准差
中共党员	7.6109	8.85	4.89	0.80239
共青团员	6.8208	8.50	4.94	0.80657
群众	6.3358	8.82	4.26	0.86643

（2）农民政治社会化绩效的文化异质性分析

政治社会化的核心是如何改造政治文化，增强公民的民主意识、政治素质或公民意识，即培养"现代公民"[①]。而政治文化本身又与"家庭生活、社会生活、道德生活和伦理生活有千丝万缕的联系，政治文化弥漫在宏大的社会文化之中"[②]。不同的文化背景会造成农民群体政治社会化水平的差异。我们由此选取对政治文化形成起着关键作用的民族、宗教、受教育状况等因素，来测评分析不同文化背景农民的政治社会化绩效差异。

一是不同民族农民的政治社会化绩效差异。历史上，少数民族在历史渊源、生产方式、语言文化、风俗习惯和心理认同等方面与汉族均有着较大的民族差异和发展差距[③]，这些差异差距使得少数民族和汉族之间的政治社会化水平相差较大。但随着解放后少数民族自治，尤其是近年国家持续出台有益于民族地区经济、社会发展的惠农政策，各民族的发展差距逐步缩小，少数民族农民的政治知识、政治心理、政治行为获得了较大发展，其政治社会化水平得到极大提升。他们对村民自治制度有比汉族更深的认知、体悟和认同，对国家有着"国家兴亡，匹夫有责"的强烈责任意识和深厚的政治情感和满意度。参与民族区域自治的良好实践使得他们对自己参与政治事务的能力和政府回应自己诉求的程度都有着比汉族更高的效能感，因而他们比汉族农民有着更强更积极的政治取向和政治参与意愿，更愿意参与村委会成员、地方人大代表和村庄事务等政治选举、决策，并通过多种渠道与政权机关及其工作人员进行政治接触，反映其诉求、表达其意愿。但受其民族性格等多方面因素影响，他们也比汉族更容易陷入非制度化政治接触的泥沼。

有研究团队的调研发现，2013 年汉族农民的政治素质指数得分均值为

---

① 高峰：《美国政治社会化研究》，首都师范大学出版社 2004 年版，第 16 页。
② 王沪宁：《当代中国村落家族文化》，上海人民出版社 1991 年版，第 356 页。
③ 青觉、马守途：《论我国民族差异和民族发展差距的长期存在》，《兰州大学学报》2006 年第 3 期。

0.5870，虽比少数民族农民要高，但仅仅高出 0.0021[①]，少数民族农民的政治社会化水平提升显著，与汉族农民的差距越来越小。课题组 2019 年调研数据也显示，经过 6 年发展，少数民族政治社会化水平又有新发展、新变化（见表 7-18）。现在，少数民族农民政治社会化得分达到 6.7912，不仅高出全国平均水平（6.5677）0.2235 分，还高出汉族农民（6.5383）0.2529 分，而汉族农民政治社会化得分却低于全国平均水平 0.0294 分；与此同时，少数民族和汉族农民内部政治社会化水平也有差异，汉族农民内部政治社会化得分极差较大，最大值和最小值之间落差达到 4.59，大于少数民族农民内部间 4.32 的极差，且汉族农民政治社会化的标准差（0.94683）也高于少数民族（0.90037）。这与十八大以来精准扶贫战略实施深刻改变了少数民族农民的境况有关，少数民族农民在乡村建设中的积极体验提升了其获得感、幸福感和安全感，政治社会化水平不断发展并日趋稳定。

表 7-18　　　　　　　　　不同民族农民政治社会化得分

民族	均值	最大值	最小值	标准差
少数民族	6.7912	8.82	4.50	0.90037
汉族	6.5383	8.85	4.26	0.94683

二是不同宗教信仰农民的政治社会化绩效差异。宗教信仰是人的日常活动和由此获得的物质资源以外影响个人特征的最大因素[②]，对农民政治知识的科学性、政治心理的积极程度和政治行为的理性水平都有潜在的影响。虽然世俗化潮流在不断削弱宗教的影响力，宗教的政治功能有所弱化，但它对于社会中的孤独者、社会地位低下的民众、少数民族等仍具有重要的道德教化功能，深刻影响着民众的政治社会化。在农村，宗教信徒主要来源于总体社会地位和经济状况相对较差的老年人和妇女，他们信奉某种宗教并非源于对宗教的坚定信仰，而是为了寻求精神安慰或满足自身现实需求。所以，有宗教信仰的农民往往处于农村社会的底层，其幸福感和对自身生活状况的满意度都比无宗教信仰的农民更低，因而他们对政治世界缺乏热情。他们对政治人物和政治制度的认

[①] 徐勇、邓大才等：《中国农民政治状况发展报告 2014（政治卷）》，北京大学出版社 2014 版，第 649 页。

[②] 郭君平、张斌、吴国宝：《宗教信仰、宗教参与影响农民主观贫困和福利吗？——来自全国 5 省 1000 个农户调查的证据》，《经济与管理评论》2016 年第 3 期。

知明显不及无宗教信仰的农民，主观上更多认为自己没有改变和影响政治的能力，也对政府会回应自己诉求信心不足，因而，他们参与政治的意愿和实际参与的行动都明显不及无宗教信仰的农民。表7-19显示，无宗教信仰的农民政治社会化水平得分为6.5958，有宗教信仰农民政治社会化水平得分为6.3328，前者比后者高0.263分；无宗教信仰农民政治社会化的标准差为0.93809，有宗教信仰农民的标准差为0.97038。显然，无宗教信仰农民的政治社会化水平高于有宗教信仰的农民，且政治社会化得分的离散程度更小，其内部成员的政治社会化水平较为稳定，差异不大。

表7-19　　　　　　　　不同宗教信仰农民政治社会化得分

宗教信仰	均值	最大值	最小值	标准差
无宗教信仰	6.5958	8.85	4.26	0.93809
有宗教信仰	6.3328	8.69	4.28	0.97038

三是不同受教育程度农民的政治社会化绩效差异。参与国家和社会事务的管理，需要必备的科学文化知识和政治素质。个人的受教育水平是农民文化素质中对政治社会化水平影响最大的要素，决定其参与政治生活的能力，因为"即使处理最简单的国家事务也必须采取文明的办法"[①]。受教育状况也会决定其政治参与的频次和质量。事实上，教育水平对包括政治态度在内的农民政治社会化具有最重要的统计学影响，而使农民政治社会化呈现出显著的受教育程度差异。农民受教育程度越高，其对政治人物和村民自治的认知水平也越高，"国家兴亡，匹夫有责"的国家责任意识和对政治内涵、民主实质、政府职责的理解和认识越强越理性正确，越愿意积极参与政治。农民受教育程度越高，对国家和各级党政干部越为满意，对自身影响政治的主观能力越有信心，也更愿意参与村委会成员、地方各级人大代表和村庄事务的选举与决策，更愿意经由各种渠道尤其是制度化的方式与政权机关及其工作人员进行政治接触，反映自己的诉求。统计测评得分显示（见表7-20），从未受过任何教育、小学、初中、高中（中专）和大学（大专）及以上受教育程度农民的政治社会化均值分别为5.8862、6.2638、6.5943、6.9035、6.8410。其中，受教育程度最低（从未受过任何教育）的农民政治社会化水平最低，高中（中专）农民的政治

[①] 《列宁选集》第4卷，人民出版社1995年版，第688页。

社会化得分最高，大学（大专）及以上受教育程度农民政治社会化得分虽不是最高，但与高中（中专）学历的农民差异不大。与此同时，不同受教育程度农民群体内部政治社会化得分的离散程度也存在差异，离散程度最高的是高中（中专）农民（0.94386），离散程度最低的是"从未受过任何教育"的农民（0.79938）。可见，农民政治社会化程度大致与其受教育程度正相关，教育可以完善人的知识结构，培养和塑造人的情感、态度和价值观，因而政治知识、政治心理和政治行为等方面的表现就有差异。

表7-20　　　　　　　不同受教育程度农民政治社会化得分

受教育程度	均值	最大值	最小值	标准差
从未受过任何教育	5.8862	7.68	4.31	0.79938
小学	6.2638	8.73	4.41	0.83900
初中	6.5943	8.82	4.28	0.93463
高中（中专）	6.9035	8.85	4.33	0.94386
大学（大专）及以上	6.8410	8.63	4.51	0.89111

（3）农民政治社会化绩效的区域异质性分析

不同的区域、地理空间位置是社会人发展的重要外在环境。不同的区域和地理空间在历史长河中积淀形成的文化样态会使浸润其中的个体形成特定场域所特有的政治态度、政治观念和政治行为，造成政治社会化水平的显著差异。

一是东、中、西部区域农民的政治社会化绩效差异。受农村经济不均衡发展的现实和国家经济扶持政策倾斜的影响，东、中、西部地区农民政治社会化表现出显著的区域差异。他们对政治人物和村民自治制度的认知，对政治内涵和政府实质的理解，其政治责任意识、政治取向和对国家、政府以及党员干部的满意度，都呈现出"两头高，中间低"的特征，即东部地区农民最高，西部地区农民第二，中部地区农民最低。他们对自己影响和改变政治的主观能力和政府回应自身诉求的客观程度的认知、他们借助各种方式与政权机关及其工作人员进行政治接触以表达诉求、维护自身利益的政治行为，都体现了这种东、西部依次领先而中部塌陷的态势。表7-21显示，东部地区农民的政治社会化得分最高（6.9102），中部地区农民得分最低（6.3261），西部地区农民得分居中（6.6139）；在各区域农民群体内部，东部地区农民政治社会化得分

第七章 城镇化背景下农民政治社会化绩效测评及趋势

的标准差最大（为0.95872），中部地区农民的标准差最小（为0.89258）。显然，不同区域农民政治社会化水平呈现出东部最高、西部次之、中部最低的态势，并且东、中、西部区域内部农民群体的政治社会化水平也存在相同的差异，东部地区农民虽然整体政治社会化水平最高，但其内部农民个体的政治社会化水平差异也最大，中部地区农民虽然整体政治社会化水平最低，但其内部农民个体的政治社会化水平差异也最小。

表7-21　　　　　　　　　　不同区域农民政治社会化得分

区域	均值	最大值	最小值	标准差
东部地区	6.9102	8.78	4.71	0.95872
中部地区	6.3261	8.82	4.28	0.89258
西部地区	6.6139	8.85	4.26	0.94028

二是不同农村形态农民的政治社会化绩效差异。农民的区域差异除了东、中、西部的地区差别外，还体现在根据城乡位置而划分的城市郊区、乡镇郊区和偏远农村的农村形态。与城市距离的远近会造成农村在历史传统、经济发展、教育文化等方面的明显差异，身处其间的农民政治社会化水平因此也有不同的表现。居住位置离城市空间距离越近的农民的视野更为宽阔，能够获得的文化知识和外界信息更多，因而对村民自治制度及其运行、对县级及以下政府都有着比偏远农村农民更高的认知度和满意度，对自己影响和改变政府的主观能力有着更大的认知和自信。统计数据显示，城市郊区、乡镇郊区和偏远农村农民政治社会化得分的均值分别为6.6675、6.5918和6.5184，城市郊区农民政治社会化水平最高，乡镇郊区次之，偏远农村农民政治社会化水平最低。与中心城区的距离远近确实造成了农民群体政治社会化水平的差异。与此同时，各农村形态内部农民个体的政治社会化水平差异较大，城市郊区农民政治社会化得分离散程度最高（1.00577），偏远农村农民政治社会化得分离散程度最低（0.90336），乡镇郊区居中（见表7-22）。显然，距离中心城区越近的农民，其认识水平、态度观念受到现代生活的更多熏陶，其政治社会化水平相对更高，但地处城乡接合部、房屋拆迁、环境治理和社区治安管理所带来的切身利益牵扯又使农民个体的政治认知、政治心理和政治行为异常复杂，因而造成城市郊区农民内部政治社会化水平相差较大；而偏远农村则因为缺少与国家的复杂利益牵扯，农民群体的政治社会化水平整体略低，内部差异也不大。

表 7-22　　　　　　　　不同城乡区域农民政治社会化得分

城乡区域	均值	最大值	最小值	标准差
城市郊区	6.6675	8.78	4.48	1.00577
乡镇郊区	6.5918	8.85	4.26	0.96655
偏远农村	6.5184	8.82	4.35	0.90336

(4) 农民政治社会化绩效的经济水平异质性分析

一是收入水平不同农民的政治社会化绩效差异。诚如马克思主义经典作家所言，"物质生活的生产方式制约着整个社会生活、政治生活和精神生活的过程"①。经济收入直接影响一个人的认知和行为选择，不同收入水平的个体对政治的认识和体验也不同。美国政治社会学家安东尼·奥罗姆在论述经济收入对政治参与的影响时也认为，个体经济收入的层级差异直接决定着其有无充分的资源和动力参与政治，进而直接决定着个体政治社会化的手段、方式和成效。改革开放尤其是城镇化发展实现了农民增收和生活的改善，进而影响和改变着农民的精神世界和政治行为。一般地，农民政治社会化的水平与其自我感知的经济收入水平呈正相关关系。相对于经济收入中等或较低的农民，那些自我感知经济收入较高的农民对政治人物、政治制度和政府实质有着更高的认知和更正确的理解，对政府决策尊重民意抱有更大的期待，"国家兴亡，匹夫有责"的国家责任意识和积极参政的政治责任意识更强烈，对国家、政府和党员干部有着普遍的满意度，因此，他们更能体会到中国特色社会主义制度所带给我们的巨大发展支持并引以为豪，而更加积极投身政治生活并获得了能够影响和改变政治的良好体验。统计分析显示（见表7-23），农民的政治社会化水平确实与其经济收入有重大关联。收入较高、收入中等和收入较低农民的政治社会化得分均值分别为7.1330、6.7415、6.2534，收入较高农民的政治社会化程度最高，收入较低农民的政治社会化程度最低，不同经济收入水平的农民政治社会化水平确实有着显著差异。与此同时，收入较低农民的标准差最低，仅为0.84962，而收入中等农民的标准差（0.94576）和收入较高农民的标准差（0.93155）非常接近，差值仅0.01421。显然，收入较低的农民政治社会化程度普遍较低，其政治认知、政治心理和政治行为的内部差异不大，政治社会化得分的离散程度较低，而收入中等和收入较高的农民政治社会化水平整体较

---

① 《马克思恩格斯选集》第2卷，人民出版社1995年版，第32页。

高，其内部各农民的政治社会化水平比较接近。

表 7-23　　　　　　　　不同收入水平农民政治社会化得分

收入水平	均值	最大值	最小值	标准差
收入较高	7.1330	8.85	5.13	0.93155
收入中等	6.7415	8.82	4.26	0.94576
收入较低	6.2534	8.85	4.31	0.84962

二是就业状况不同农民的政治社会化绩效差异。就业乃民生之本，农民的就业状况也直接影响其经济收入、思想认识和行为选择。时间空间上与农业的结合程度以及收入对土地的依赖程度使得今日中国农民的就业类型区分为完全务工、半工半农和完全务农三种类型。农民对农业的投入时间和对土地的依赖程度决定着农民对国家惠农政策的感知体验和对外部政治世界的见识和个人政治权利意识，其政治社会化水平和程度因此呈现出与其就业类型相关的不同特点。相对于完全务农的传统农民，就业形式灵活多样、更多浸润在城市生活和文化环境中的农民群体的眼界与思想得以开阔和解放，他们对政治人物和村民自治的认知、对政治内涵和民主价值的认识与理解更加符合现代社会对合格政治人的要求。他们有着更积极更明确的政治取向，对国家和政府有着比传统农民更高的认可，因而更愿意以最适合自己的方式投身于政治接触、政治表达等政治参与活动，并对自己影响和改变政治的能力有着更大的效能感。统计分析显示（见表 7-24），不同就业类型农民的政治社会化水平确实存在显著差异，半工半农、完全务农和完全务工农民的政治社会化得分均值分别为 6.6947、6.4727 和 6.5793，半工半农农民政治社会化水平最高、完全务农农民最低、完全务工农民居中；三种就业类型农民群体内部不同农民个体的政治社会化水平差异也存在显著差异，他们的政治社会化得分标准差分别为 0.97826（完全务工）、0.96879（半工半农）和 0.88249（完全务农），完全务工农民政治社会化得分离散程度最高、完全务农农民政治社会化得分离散程度最低。显然，完全务农农民的政治社会化程度最低，其内部个体的政治社会化差异较小，而完全务工和半工半农的农民政治社会化水平整体较高，但其内部个体的政治社会化却差异较大。

表7-24　　　　　　　　不同就业状况农民政治社会化得分

城乡区域	均值	最大值	最小值	标准差
完全务工	6.5793	8.85	4.31	0.97826
半工半农	6.6947	8.82	4.47	0.96879
完全务农	6.4727	8.85	4.26	0.88249

总体来看，中国农民政治社会化处于中等偏上水平，其政治社会化指数呈正态分布态势，整体集中趋势比较明显，农民政治社会化得分的差异性较小。但农民群体内部的政治社会化具有明显异质性，不同的个人因素、文化因素、区域因素、经济因素会带来较为明显的政治社会化绩效差异。

3. 近年来中国农民政治社会化的绩效提升分析

20世纪80年代末以来，国内学者开始对农民政治社会化进行实证测量，以评估国家实施政治社会化工作的成效和农民政治社会化的水平。这些实证测量客观上总体反映了农民政治社会化的纵向历史发展和绩效演变。中国社会科学院张明澍研究员依据1989年在全国13个城市所做的调查研究，计算出城市公民的政治素质得分是4.9分（满分10分），并在此基础上减去会降低农村居民政治素质的受教育程度和城乡差别因素，计算出中国农村公民政治素质的平均得分为3.1分[①]。浙江师范大学章秀英教授根据2011年在全国9个省市54个村庄的随机抽样调查数据，计算出农民的政治意识总体均值为3.94分（满分5分）[②]，若以满分10分计则为7.88分。由于该研究主要聚焦农民的政治意识，而作为"社会成员在政治交往和政治联系中形成的对以国家为核心的客观政治现象的主观认识、见解和观念的总和"[③]的政治意识只是农民政治素质的部分内容，所以农民政治素质的实际得分会比单纯的政治意识得分更低。华中师范大学徐勇教授等依据2013年在全国272个村庄所做的调查，计算出全国农民政治素质均值为0.5867（满分1分）[④]，若以满分10分计算则为5.867分。显然，城镇化以来中国农民政治社会化的脚步从未停歇，农民的政治素质

---

① 张明澍：《中国"政治人"——中国公民政治素质调查报告》，中国社会科学出版社1994年版，第187—188页。
② 章秀英：《城镇化对农民政治意识的影响研究》，《政治学研究》2013年第3期。
③ 王邦佐等编：《政治学辞典》，上海辞书出版社2009年版，第18页。
④ 徐勇、邓大才等：《中国农民政治状况发展报告2014（政治卷）》，北京大学出版社2014版，第644页。

第七章　城镇化背景下农民政治社会化绩效测评及趋势

一直在不断提升。

2014年国家提出新型城镇化发展战略，在城镇化发展提速5年后，农民的政治社会化水平是否实现了与新型城镇化发展相匹配的提高？我们在2019年1—3月对全国222个村庄、1151位农民和71位老年农民分别进行随机抽样调查和访谈，运用这些数据建立起中国农民政治社会化绩效测评指标体系，最终计算出我国农民政治社会化水平的均值为6.5677分（满分10分）。这一数值表明，经由多年发展尤其是党的十八大以来农村的脱贫攻坚工作深刻地改变了农民的政治心理和行为，我国农民政治社会化水平提升显著，达到了"较高水平"。这一成绩的取得，得益于城镇化的发展、农民外出务工流动性的增强、农民受教育程度的提升和农村生活环境的改善的共同推动。

第一，城镇化的发展为农民政治社会化提供了最重要的时空场域。城镇化的发展让现代城市的生产方式、生活方式和文化价值观念扩散到农村地区，深刻影响着农民的政治心理和政治行为。"城市化改变了农村和农民与世隔绝的孤立和愚昧状态，使他们变为'社会的人'。"[①] 城市的生产生活方式和文化价值观念使农民摆脱土地的束缚，激发其权利意识和自主观念，为传统乡村文明走向现代城镇文明，为"乡村城市化"走向"城乡差别消失的未来社会"提供了现实基础。城镇化的发展同时就是人的现代化的进程。历次全国农民政治社会化调查数据显示，农民的政治社会化始终与城镇化发展步伐同向而行。1989年全国城镇化率仅有26.21%，此时农民政治素质得分为3.1分（满分为10分）；2013年国家城镇化率提升到53.73%，农民政治社会化水平也发展到5.867分（满分10分），20多年我国城镇化率翻了一倍，农民政治社会化水平也从"较低水平"发展到"中等水平"；2019年城镇化率增至60.6%，农民政治社会化水平也达到6.5677分（满分为10分），从"中等水平"迈入"较高水平"（见图7-4）。由于"城镇化是现代化应有之义和基本之策"[②]，农民通过城镇化逐步增强现代性，最终成长为合格的现代公民是大势所趋。

第二，农民的空间流动为农民价值观念的重塑提供了动力之源。改革开放以来，社会经济环境的巨大变化增强了农民的流动意识。生存理性、社会理性

[①]《马克思恩格斯文集》第2卷，人民出版社2009年版，第36页。
[②] 李克强：《协调推进城镇化是实现现代化的重大战略选择》，《行政管理改革》2012年第11期。

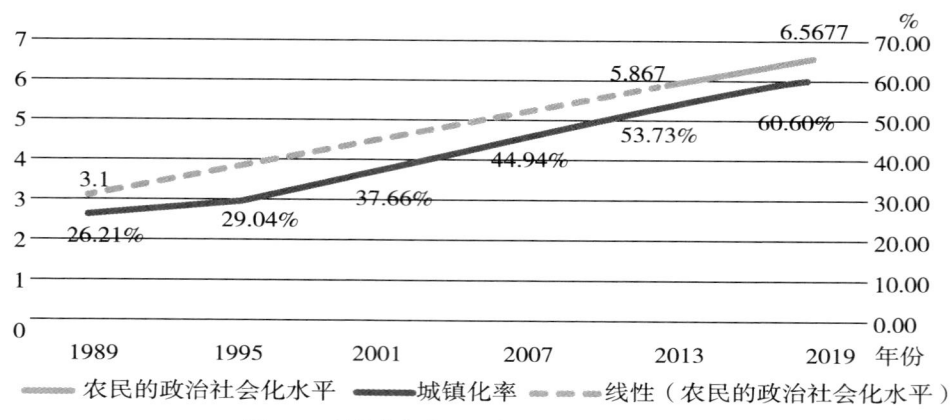

图 7-4 城镇化与农民的政治社会化水平的关联

和经济理性①的驱动使得农民参与社会流动成为热潮。20 世纪 80 年代，家庭联产承包责任制的推行所带来的农村劳动力的溢出效应和改革开放带来的沿海经济发展拉动效应带来了农民较大范围的流动，但此时国家的交通、通信等基础设施还比较落后②，大多数农民的活动范围局限在县域内。同时由于"在社会变迁中，社会观念、社会价值准则和意识变迁是最为滞后的，它不仅滞后于物质文化变迁，而且滞后于社会制度变迁"③，县域流动并没有带来农民价值观念的深刻改变，这一时期农民政治心理和政治行为仍然囿于传统，其政治素质与现代民主政治的要求相去甚远，仍然处于"较低水平"。迈入 21 世纪，交通、通信等基础设施大发展为农民日常流动提供了强大的物质技术支持④，流动性构成现代生活的核心⑤。"社会的流动、地理的流动和日常生活中的各种流动正在改变人类生活的环境。"⑥ 2013 年全国农民工总量达到 26894 万人，流动使农民在与外界的碰撞交流中累积了资源、增进了科学认识政治现象、理

---

① 文军：《从生存理性到社会理性选择：当代中国农民外出就业动因的社会学分析》，《社会学研究》2001 年第 6 期。

② 1989 年全国铁路营业里程 5.7 万千米，公路里程 101.43 万千米，高速公路里程 0.03 万千米，每百人拥有电话（包括移动电话）仅 0.98 部，每千人拥有公用电话数仅 0.04 部。

③ ［美］威廉·奥格本：《社会变迁：关于文化和先天的本质》，王晓毅、陈育国译，浙江人民出版社 1989 年版，第 260 页。

④ 2013 年全国铁路营业里程达 10.31 万千米，公路里程 435.62 万千米，高速公路里程 10.44 万千米，电话普及率（包括移动电话）为 109.95 部/百人，移动电话普及率为 90.33 部/百人，互联网普及率为 45.8%。

⑤ John Urry, *Sociology Beyond Societies*, London: Routledge, 2000, pp. 18-19.

⑥ 林晓珊：《流动性：社会理论的新转向》，《国外理论动态》2014 年第 9 期。

性参与政治活动的能力,其政治素质从"较低水平"迈进"中等水平"行列①。近年来,高铁、公路和互联网等交通、通信设施的迅速发展使得农民流动更为便捷②,农民工流动人数频创新高,到 2019 年底达到 29077 万人(见图 7-5)。交通、通信条件极大改善(见表 7-25)产生的"人流、物流带动了知识流、信息流、资金流,促进了知识的传播、思想的开化、文化的交流和风俗的改进"③,农民价值观念和政治态度发生了巨大变化,在流动中获得了极强的获得感、幸福感和对国家的满意度,政治社会化水平由"中级"升级进入"较高水平"。

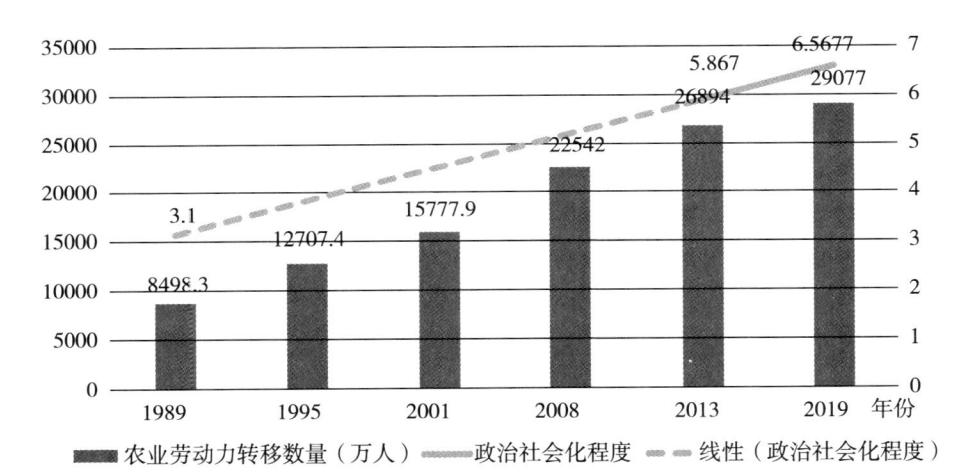

图 7-5 流动性与农民政治社会化水平的关联

表 7-25 近年来我国交通、通信建设数据表

年份	全国铁路营业里程(万千米)	公路里程(万千米)	高速公路里程(万千米)	电话普及率(部/百人)	移动电话普及率(部/百人)	互联网普及率
1989	5.7	101.43	0.03	0.98	/	/
2013	10.31	435.62	10.44	109.95	90.33	45.8%
2019	13.9	501.3	15	128.02	114.38	64.6%

---

① 2009 年 1 月 6 日,全球消除贫困联盟(GCAP)发布关于《中国农村外出务工者生存状况民间报告》,指出农民工中已经出现受过高等教育和职业教育的群体并已经占据一定比例,农民工群体的整体素质上升。《2013 年全国农民工监测调查报告》,《中国信息报》2014 年 5 月 13 日。

② 截至 2019 年底,全国铁路营业里程达到 13.9 万千米,其中高速铁路营业里程超过 3.5 万千米,公路里程达到 501.3 万千米,其中高速公路里程 15 万千米,交通基础设施已经从"连线成片"发展到了"基本成网",运输服务从"走得了"发展到了"走得好",农村公路总里程已经占到全国公路总里程的 83.8%;电话普及率(包括移动电话)进一步增加到 128.02 部/百人,移动电话普及率为 114.38 部/百人,互联网普及率为 64.6%。

③ 国务院新闻办公室:《中国交通的可持续发展》,2020 年 12 月 22 日。

第三，受教育程度的增加为农民政治素质的提升提供了知识支撑。中华人民共和国成立以来党和国家就把提升农民受教育水平作为政治社会化的核心工作。通过扫盲、实施义务教育等工作，农民受教育程度和整体文化素质迅速提高。统计数据显示，每一百个劳动力中各层级文化程度农民所占比例提升很快，从1989年到2019年，未上过学的农民比例从22.57%下降到3.6%，具有初中文化的农民从38.67%迅速增加到50.8%，具有高中文化的农民从6.81%增加到11.2%，受过大专、大学本科及以上教育的农民数量也在迅速增加（见图7-6和图7-7）。"我国城乡居民的平均受教育年限均有不同程度的提高，教育基尼系数呈现减小态势。"[1] 农民受教育程度的提升为农民政治素质的增强和政治行为能力的培养奠定了坚实的知识基础。农民的政治社会化水平在此背景下迅速提高，从1989年的3.1分，发展到2013年的5.867分，再到2019年我们调查测量得出的6.5677分，农民政治社会化水平与其受教育状况的发展趋向高度一致。随着农民的整体受教育程度的进一步提升，农民理性参与现代政治的能力和素质必将进一步增强，向合格的现代公民的转型之路必将提速。

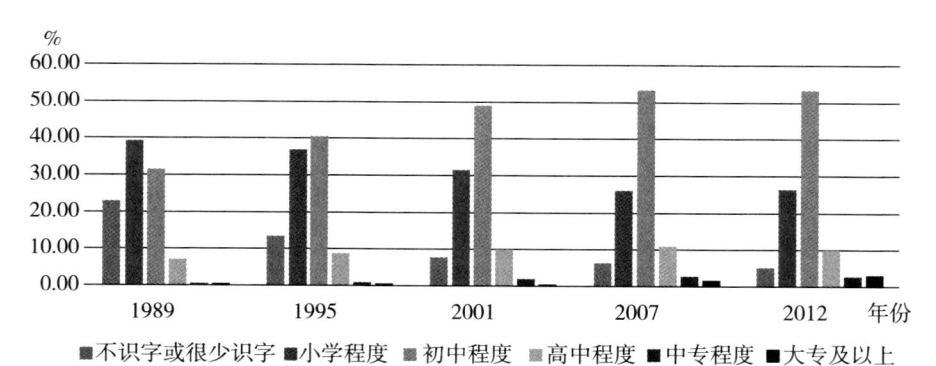

图7-6 农村居民家庭劳动力文化状况[2]

---

[1] 胡德鑫：《我国城乡教育公平程度的区域比较研究》，《当代教育科学》2017年第3期。
[2] 图中数据为平均每一百个劳动力中各层级文化程度农民所占比例，根据1989—2019《中国农村统计年鉴》整理而成。

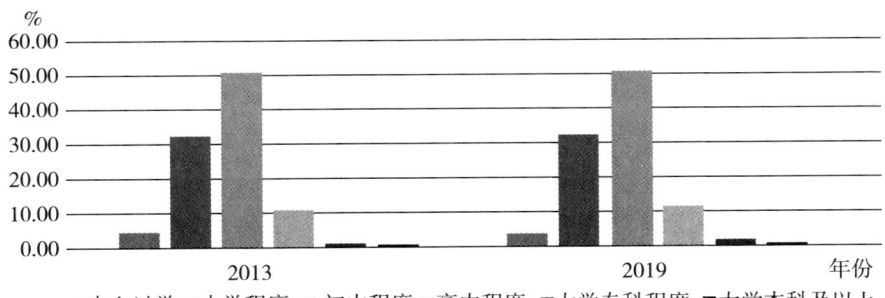

图 7-7　农村居民家庭户主文化程度①

第四，农村生活环境的整体改善为农民政治认同提供了最直接的现实依据。农民对国家、政府的认同和对社会的满意度也受农民生活中的各种"硬件"环境的深刻影响。实证研究证实，农民的生活满意度在政策满意度与政治认同的正向关系中起着中介作用②，对国家治理认同有显著的正向预测③。随着改革开放以来城镇化的迅速发展和精准扶贫、乡村振兴战略的实施，农民收入增长显著，生活水平获得极大改善。农村居民人均可支配收入从1978年的133.6元不断增长，到1989年增长到601.5元，2013年增长到9429.6元，2019年增长至16020.7元（见图7-8）；贫困发生率从1978年的97.5%下降到1989年的73.5%，2013年进一步降至8.5%，2019年末下降至0.6%，农村脱贫攻坚取得显著成效（见图7-9），区域性整体贫困基本得到解决。④ 此外，农村道路、安全饮水、电网改造的迅速发展，极大改善了农村地区生活环境。特别是自1994年中国正式接入国际互联网以来，互联网通信迈上发展的快车道并进入寻常百姓家，农村地区互联网普及率达到了55.9%。⑤ 农村生活环境

---

① 《中国农村统计年鉴》从2013年开始，对农民文化状况的统计从之前的"农村居民家庭劳动力文化状况"调整为"农村居民家庭户主文化程度"，文化程度的划分也做了微调，将之前未受过学校教育的"文盲或半文盲""不识字或识字很少"统一称为"未上过学"，删去了原来的"中专程度"，新增"大学本科及以上"，故我们在统计2013年以后农民文化状况时采用新的统计标准单独制表。

② 方帅：《涉农政策满意度与农民的政治认同——基于生活满意度的中介效应检验》，《湖北行政学院学报》2019年第1期。

③ 郭台辉、林知远、杨钦豪、郑小红：《农民工生活满意度对国家治理认同度的影响——基于1277名被试者有调节的中介效应分析》，《经济社会体制比较》2017年第2期。

④ 习近平：《在决战决胜脱贫攻坚座谈会上的讲话》，《人民日报》2020年3月7日第2版。

⑤ 中国互联网络信息中心：《第47次中国互联网络发展状况统计报告》，http://www.cnnic.net.cn/hlwfzyj/hlwxzbg/hlwtjbg/202102/t20210203_71361.htm。

的改善和农民可支配收入的显著增加极大提升了农民的幸福感和获得感，使得农民政治社会化水平近年来也由1989年的3.1分不断提高直至2019年的6.5677分。未来，按照国家《乡村振兴战略规划（2018—2022年）》，到2035年我国要基本建成生态宜居的美丽乡村，到2050年要实现"乡村全面振兴，农业强、农村美、农民富"①。农民生活环境的进一步改善，已经并将继续为农民关注现实政治生活、理性认识和评价政治现象、积极主动参与乡村治理提供强大的动力支撑，推动农民政治社会化水平不断走向新高。

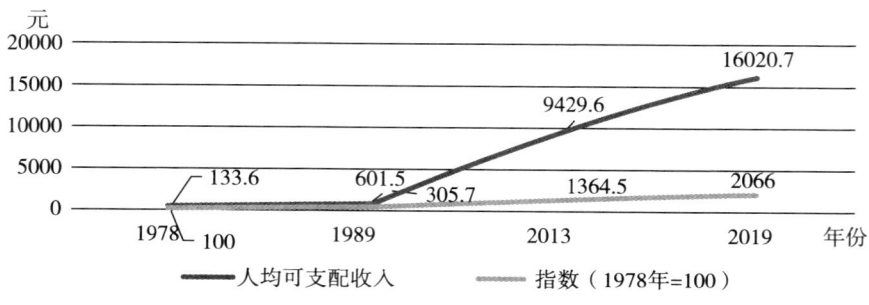

图7-8 改革开放40多年来农民人均可支配收入增长情况

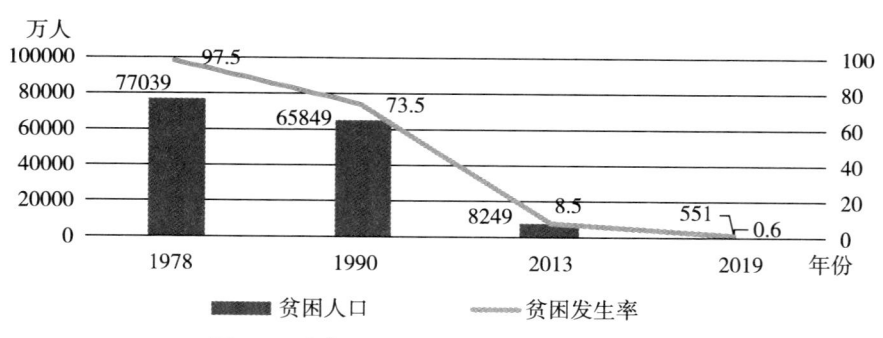

图7-9 改革开放40多年来农村脱贫攻坚成效

由此可见，中国城镇化的深入推进、农民流动性的增强、农民受教育程度的提高、农村生活环境和条件的显著改善与农村信息化程度的明显增强，创造着不断向好的总体宏观环境和条件，实现了城镇化发展40余年农民政治社会

---

① 《乡村振兴战略规划（2018—2022年）》，人民出版社2018年版，第17页。

化水平的稳步提升,并由"较低水平"迈入"较高水平"。我们对农民政治社会化纵向绩效提升所得出的这一实证分析结果既与以往的实证研究一致,又与客观现实相吻合。总之,近年来中国农民政治意识和政治价值观发生了革命性变革和历史性飞跃,各方面都有较大幅度提升,其社会化程度呈现出市民化趋势。但不均衡不充分的矛盾也不同程度体现在农民政治社会化上,甚至呈现出结构性差异,而这种差异会随着社会发展、历史进程而逐渐消减、弥合。

三 中国农民政治社会化发展趋势

"历史、现实、未来是相通的。历史是过去的现实,现实是未来的历史。"[①] 把握现在是为了更好地预见未来。通过测量当代中国农民政治社会化状况,可以整体上更好地把握新型城镇化背景下农民的政治社会化水平和发展趋势,排除不利因素干扰,根据变化了的经济、社会基础来进一步提升农民的政治社会化水平。如火如荼的城镇化和农民政治社会化发展历程,昭示出农民政治知识、政治心理、政治参与都发生了新的变化,展现出新的趋势。

(一)政治知识的传播由"单向供给"到"需求导向"

实证研究已经证实,政治知识在政治心理与政治行为之间发挥着重要的调节作用,具有丰富政治知识的农民具有更理性的政治心理和更积极稳妥的政治行为,政治知识的传播因而成为影响农民政治社会化发展的重要因素。回顾既往,在农民政治社会化的不同时期,政治知识的传播内容和形式差异明显,中国农民的政治知识的传播呈现出在"国家—社会"中的单向供给向"制度—生活"中的需求导向转变的趋势。

1. 政治知识在"国家—社会"中的单向供给

中华人民共和国成立以后改革开放以前,特定的社会背景制约着政治知识传播内容和形式的选择。中华人民共和国成立之初,新中国内忧外患、千疮百孔。新生政权急需加快政治经济文化各方面建设,尤其是将原解放区局部范围内的新民主主义政治文化推向全国,并迅速向社会主义政治文化秩序转变,以社会主义政治文化秩序统领社会生活各领域,将马克思主义牢牢植入广大民众的头脑成为广大民众认同的国家意识形态。这一历史使命的完成,就不得不借

[①] 《习近平谈治国理政》第1卷,外文出版社2018年版,第67页。

助政治社会化,对占人口绝大多数的农民进行政治启蒙和政治知识的灌输与教育。而中华人民共和国成立初期,我国人口素质十分低下,全国80%的人口都是文盲,适龄儿童小学入学率不足20%[1],农民的受教育程度很低,他们很难自主地学习政治知识;而经历了中华人民共和国成立初期急剧的社会流动后农村社会流动速度减缓,"一大二公"的人民公社体制和城乡二元分割的户籍政策使社会阶层结构逐步封闭,社会流动日趋凝固,到"文革"时期社会阶层结构僵化,除极少数零星、非常态的社会流动外,农民社会流动几于停滞[2],农民难以通过流动和与城市的接触交流来获取政治知识。在此背景下,农民获取政治知识就只能通过国家单向度的政治教育和政治传播而具有浓厚的历史"印记"。这一时期,国家主要采用政治动员、说服教育、典型示范、阶级划分、群众运动、识字和扫盲等方式,依托谈话、读报、书写和绘制宣传文字、图画、墙报标语等通俗易懂的方法,将新生社会主义政权的先进性、共产主义的理想信念、党和政府的方针政策及国内外时事形势等政治知识单向传递给农民,逐步从思想上、行动上解放农民,增强农民的主体意识,提高其思想觉悟和政治热情,将农民的思想高度统一到社会主义的意识形态中,使家族化的农民转变成具有阶级意识的革命的"政治人"。[3] 这种"国家—社会"单向度向农民灌输政治知识的政治社会化模式一直持续到改革开放以前,国家通过这种模式塑造并持续强化着农民的革命价值观和国家观念,实现了国家权力对乡村生活的全面嵌入与控制,为政治体系的运作和政治秩序的维持提供了最强有力的支持。

2. 政治知识在"制度—生活"中的需求导向

改革开放前30年以国家为主导的单向度政治知识传播和政治社会化模式虽然实现了主流意识形态在农村的渗透和农民强大的政治认同,实现了较低物质水平基础上的农民较高思想政治水平,但这种完全自上而下的政治知识传播和政治社会化模式脱离了农民生活实际与需求而最终导致"一家之言""一种声音",严重破坏了乡村政治生态和农民政治社会化水平。改革开放后,家庭联产承包责任制和市场经济、城镇化的推进,重新唤起了农民参与农村建设和

---

[1] 国家统计局:《人口总量平稳增长 人口素质显著提升——新中国成立70周年经济社会发展成就系列报告之二十》,http://www.stats.gov.cn/tjsj/zxfb/201908/t20190822_1692898.html.

[2] 张端:《新中国成立以来中国农民的变迁及走向》,中共中央党校出版社2015年版,第35—49页。

[3] 郭春领、程萌萌:《浅析建国初期农村政治社会化》,《西安社会科学》2010年第3期。

发展生产的激情，农村、农业和农民发生了翻天覆地的变化。农民政治社会化时代背景的巨大变迁使得农民政治社会化模式、政治知识的传播也因应时代而发生变化。一方面，经由九年义务教育制度的普及，全国百名劳动力中各文化层级中农民比例快速增长，高素质农民发展指数得分提升到 0.4872[1]。农民受教育程度和科学文化素质、知识文化水平的迅速提升，使得农民拥有了获取时事类和结构类各种政治知识的自主能力与智力支持。与此同时，城镇化发展和城乡二元分割的户籍制度的松绑使得传统束缚于土地之上的农民获得解放，固化的社会阶层结构和凝固的社会流动开始松动。农民从"离土不离乡"到"离土又离乡"再到"进厂又进城"，农民流动与与外部世界的接触交流赋予农民在现实政治生活中自觉不自觉获取政治知识的能力。国家对农民的政治社会化方式和政治知识的传播势必因应时代而变化，从"文革"时期的"革命浪漫主义"情结、"去日常化"的政治社会化模式和政治知识的单向传递向唤醒农民主体意识和自主能力，在现实政治生活中注重农民需求传递政治知识的方向转变。

另一方面，21 世纪后互联网技术的长足发展为政治知识的传播内容和方式更新提供了新的契机。传统媒体对政治知识的传播虽然有助于形塑农民政治心理，但"国家—社会"视角的单向供给和政治知识生产的官方唯一性容易造成知识生产中的"沉默受众"，"某些官僚机构生产的信息越多，他们和社会其他阶层之间在知识生产上的相对差距就越大"[2]。而进入 21 世纪后现代互联网技术的迅速发展和互联网时代的到来以及农村网民数量的快速增长，悄然改变着农民政治社会化的时代背景、内容和途径，也改变着政治知识的生产和传播。互联网信息的海量多元、传输的快捷简便、形式的多姿多彩、覆盖的广泛及时，塑造了消减信息不平等、缩小知识差距的全新政治信息环境，赋予了农民更多的政治学习机会，农民能够更容易接触到自己平时不太注意的政治知识，逐步缩小了不同程度政治兴趣者的知识差距[3]；颠覆了传统政治知识传播的主客体定位，赋予农民机会以多种形式参与政治知识建构，农民正在从传统

---

[1] 汪学军：《〈2020 年全国高素质农民发展报告〉发布词》，《农民科技培训》2021 年第 1 期。
[2] L. F. Rakow, "Information and Power: Toward a Critical Theory of Information Campaigns", in C. Salmon Ed, *Information Campaigns: Balancing Social Values and Social Change*, Newbury Park, NJ: Sage, 1989, pp. 164–184.
[3] 万旋傲、刘丛：《微博微信使用对公民知识差距的影响差异研究——政治兴趣和偶然接触的调节作用》，《新闻记者》2021 年第 1 期。

被动的信息消费者向积极的内容生产者转变。现代互联网技术的发展充分激发了其"强化边缘、赋权弱势的民主潜力",激活了农民了解政治事务的强烈愿望并投放更多注意力于媒介资讯,获取并生产更多的政治事务知识。当农民感到某一话题与自己相关性高,而自己对该话题又不具有把握时,就会产生很强的导向需求。互联网信息生产和传递的匿名性使得不同文化背景下的价值观念和政治倾向喧嚣尘上,这些社会亚文化对主流意识形态和道德价值观念的渗透和入侵使我国社会主义主流意识形态和政治知识的传播遭受空前压力。为此,国家在持续净化网络环境,打击各类网络违法犯罪行为,培育积极健康、向上向善的网络文化的同时,主动加强网络内容建设,强化互联网政务服务建设。截至 2020 年 12 月,建有政府网站 14444 个,开通政务服务栏目 29.8 万个,新浪平台认证政务机构微博 140837 个,开通政务头条号和政务抖音号分别 82958 个和 26098 个,我国在线政务服务实名用户 8.09 亿[①]。经由包括信息公开、网上办事和政务动态的国家网上政务服务,国家抢占了网络文化的制高点,掌握了时事类政治知识和国家制度等结构类政治知识生产和传播的主动权,农民对政治人物、政治事件和政治制度的认知为此有了较大提高。可以说,农民政治社会化过程中政治知识的内容生产和传播方式已经实现了从"国家—社会"的"单向供给"到基于"制度—生活"的"需求导向"的根本转变。注重基于"制度—生活"需求导向,重视国家社会与农民的双向互动交流,将是农民政治社会化中政治知识生产和传播的未来趋势。

(二)政治心理从"理性小农"走向"现代公民"

如果说"理解中国的关键是农民"[②],那么理解中国农民政治行为的关键就是把握农民的政治心理。这种来源于农民现实政治生活体验和经历的政治心理,引领、指导和支配着农民的政治行为。传统中国农民的政治心理是典型的"理性小农",脆弱的小农经济所形成的习惯性和本能性功利算计驱使农民做出理性价值判断和选择。但"人的理性最终是环境的产物,环境在变,人的理性也会变。当农民进入工商业社会以后,他最终会随着环境的改革而改变自

[①] 中国互联网络信息中心:《第 47 次中国互联网络发展状况统计报告》,http://www.cnnic.net.cn/hlwfzyj/hlwxzbg/hlwtjbg/202102/t20210203_71361.htm。

[②] 费孝通:《乡土中国》,中国社会科学出版社 2006 年版,第 102 页。

已的理念、态度和看法"①。中华人民共和国成立以来尤其是改革开放以来城镇化的迅速发展,消解着农民传统政治心理形成的经济社会基础,促使农民的"理性小农"心理呈现出螺旋式生长特点,其狭隘功利心理不断减退而现代理性意识开始生长并日益浓厚。农民政治心理正在从理性小农走向现代公民。

1. "理性小农"心理的衍变递嬗

中华人民共和国成立后改革开放前,国家对农民 30 年的政治社会化持续影响并修正着农民传统"理性小农"的政治心理。土地改革时期农民建设激情和政治参与热情的高涨、合作化运动中协作精神的磨砺、人民公社时期"一大二公"生产关系下的"集体主义内卷化"②,实现了国家对乡土社会的全面整合,完成了对农民的组织和动员,不断形塑和改变着农民的主体意识和政治心理。感激、敬畏、认同的政治效能感与政治盲从、随大溜、狂热、冲动构成了当时个人或家庭生存理性支配下的"理性小农"政治心理。改革开放以来城镇化开启后,农民生活的社会政治生态环境发生了翻天覆地的变化。社会主义市场经济的发展强化了农民的自由、权利、法制、竞争、进取冒险意识和对政治制度、规则的遵循意识;人民公社体制的解体、村民自治和协商民主等基层政治的多元化实践为农民的政治参与搭建了宽广的舞台,唤醒了"沉睡"农民的权利意识,培育和锻炼了农民的参政意识和民主能力,提高了其政治效能感;义务教育的全面推行、高等教育的逐步普及和信息技术引领下互联网的全面覆盖,极大提升了农民科学文化整体素养。40 多年改革开放如一座"大熔炉",被裹挟其中的广大农民的政治心理经受了日新月异的时代淬炼和形塑,传统政治心理结构中的狭隘功利算计心理不断减退,现代公民人格中的理性意识不断生长。根植于"乡土中国"背景中的"理性小农"正在逐渐成长为"新乡土中国"中的"新农民"③,"其心理表现出传统与现代交织的状态,既有现代性的民主法治意识,又有传统道德观念"④。当代中国农民政治观念、政治态度、政治评价开始"转型",展现出强烈的过渡性特征:尽管他们政治

---

① 徐勇:《农民理性的扩展:"中国奇迹"的创造主体分析——对既有理论的挑战及新的分析进路的提出》,《中国社会科学》2010 年第 1 期。
② [美] 黄宗智:《中国革命中的农村阶级斗争——从土改到文革时期的表述性现实与客观性现实》,《中国乡村研究》2003 年第 2 期。
③ 王露璐:《从"理性小农"到"新农民"——农民行为选择的伦理冲突与"理性新农民"的生成》,《哲学动态》2015 年第 8 期。
④ 张端:《新中国成立以来中国农民的变迁及走向》,中共中央党校出版社 2015 年版,第 18 页。

观念还受传统"民本"思想的驱动,但整体上已具备较强的国家责任意识,表现出较强的平等参与意识和更加理性的实质民主观念;尽管仍然有功利化的政治态度倾向,但政治责任感总体较强,对政治、政府和村民自治普遍关心并满意,政治责任意识和民主权利观念开始萌生并茁壮成长;尽管对国家、政府和党政干部的评价表现出"央强地弱"的差序格局,也未摆脱"以偏概全"的藩篱,但政治评价总体较为积极和理性,农民愿意从体制机制、文化优势和客观现实等层面来认识、分析和评价国家发展、政府治理和干部履职成效。尽管农民政治效能感仍然面临水平不高、内外结构失衡的困境,"基层民主政治建设在农民心理上的积淀相当有限,不足以推动更为深度的政治参与,只能维持最为基本的参与活动"[①],但经过改革开放和基层民主政治实践的锻炼,农民政治效能感确已进一步增强并激励着农民更加积极投身政治生活进行政治参与。

总之,传统乡土中国封闭的小农生产孕育出的"理性小农"的狭隘的功利算计、浓厚的地缘观念、对人欲的不合理压抑和安贫乐道轻视竞争的保守心理,已经逐步被市场经济条件所催生的"理性新农民"现代理念所替代。尽管农民的现代公民意识已经萌生,但与现代公民所要求的政治心理还有较大的差距。受文化素质、个人经验限制,农民群体中非此即彼的政治偏见、对待乡村公共事务的政治冷漠、政治态度中的功利取向等消极政治心理仍然将在一定范围内存在。

2. "现代公民"政治心理的全面发展

诚如王沪宁所言,"一个社会的政治发展在很大程度上取决于人本身的政治发展"[②],通过人的现代化而最终实现自由全面发展是行动中的"政治人"理想的价值追求。现有研究成果表明,"政治人"在走向全面发展的过程中,自身政治心理的现代化是公民从传统走向现代的重要标志[③]。经由中华人民共和国成立后70余年的持续政治社会化,农民政治心理已经有了明显的积极变化,"与以往历史相比,当代农民政治心理最大的变化即现代公民意识开始萌生"[④],自主品格和理性精神有了很大生长。但"萌生"仅为起步,离成熟尚

---

① Lane, Robert, *Political Ideology*, New York: The Free Press, 1962, p. 162.
② 王沪宁:《当代中国村落家族文化》,上海人民出版社1991年版,第259页。
③ 李秋洪:《中国农民的心理世界》,中原农民出版社1992年版,前言第6页。
④ 李云:《中国农民政治心理及行为方式变迁研究》,博士学位论文,西北农林科技大学,2009年,第105页。

第七章 城镇化背景下农民政治社会化绩效测评及趋势

有很长一段距离,农民的主体意识和现代理性意识总体上还处于初级阶段。但农民现代公民意识的萌芽,指明了农民政治社会化的未来方向和要求,即要从政治心理层面精心"培育"和强化已经萌生的现代公民意识,实现农民政治心理的全面发展,形成现代公民政治人格。

总体来看,具有成熟"现代公民"观念的新型农民是农民政治心理发展的必然趋势。这一目标的实现,绝非可以一蹴而就,而必然要经历几代人持续不断的努力。现实政治生活已经具有的客观基础和条件决定了以培养"现代公民"为目标,通过培育现代公民观念并在此基础上实现人的全面发展将是农民政治社会化的未来趋向。第一,现阶段农民政治心理已经具有政治人格的"边际化特征"[①]。经由改革开放尤其是近十年城镇化发展,农民政治心理已经发生了不同于传统社会"小农"意识的变化。农民社会流动的频繁、信息传播的便捷、社会交往的扩大,开阔了农民的眼界,提升了其政治参与意识、政治认同感和效能感,农民政治心态由保守走向开放。农民已经具有一定程度的理性参与意识和能力,但也存在着偏激、政治冷漠、功利主义倾向等传统非理性特质。农民政治心理的这一边际化特征,为农民政治社会化奠定了"扬弃"的心理基础。随着市场经济的发展、文化场域的优化、政治体制的改革完善,生活于时代交替中的农民的"边际"政治人格将更加趋近于现代化。第二,国家大政方针、外在环境为农民政治心理的全面发展提供着重要保障。高度重视"人"及其心理的现代化是十八大以来党的顶层设计的重要思想。党的十八届三中全会提出"推进国家治理体系和治理能力现代化"的要求,从"制度"和"人"两个层面为"政治人"的发展提供根本保障,为助推农民政治心理发展提供内驱力;党的十九大报告明确提出"加强社会心理服务体系建设,培育自尊自信、理性平和、积极向上的社会心态"的要求,把社会心态培育提升到前所未有的高度,指明了社会心态培育的方向。而当下政治、经济、文化、社会的健康发展也为农民政治心理的成长提供了有利的客观条件。有中国特色的政治制度在实践中愈发显示出其"优势",民主制度的完善增强了农民的政治认同;社会主义市场经济的稳步发展、宏观经济条件的持续改善为增加农民家庭收入奠定了物质基础,培育锻炼了农民的理性思维能力;社会

---

① 人的"边际性"特征最早由美国著名社会学家罗伯特·E.帕克提出,用来描述处于不同群体中间边际人形象,之后扩展到不同文化转型发展更迭过程中暂时的矛盾冲突和不协调状态。这里用来描述农民政治人格所具有的由传统型特质到现代品质过渡并逐步趋近现代化的过程。

主义核心价值体系和社会主义文化的繁荣发展为农民现代政治心理的形成积淀了深厚的民众心理基础；社会和谐稳定、人民安居乐业、公民幸福感不断提升，为培养农民健康的政治心理提供了社会基础。总之，当下农民政治心理所具有的"边际化特征"和现实背景都为农民政治心理的全面发展提供着可能和机遇，促进着农民政治心理由"理性小农"到"现代公民"的转变。

（三）政治参与行为由"动员式参与"到"自主性参与"

农民由"社会人"成长为"政治人"，不仅需要丰富的政治知识、成熟而健全的政治心理，还要依托有序有效的政治参与活动。"个体是否能够有效参与政治活动，也是衡量其作为'政治人'是否成熟的重要标志。"[①] 观察农民的政治参与可以充分判断农民的政治成熟度和卷入治理现代化的层次与水平。历史和现实证明，当下中国农民的政治人格正处于由"依附型人格"向"自主型人格"转变的过渡时期，其政治行为整体上仍然属于被动型并处于较低水平，呈现出农民"动员式"参与"源远流长"，而未来的"自主式"参与"道阻且长"的态势。

1. "动员式"参与虽"源远流长"但渐趋式微

农民的政治参与按照行为产生的自主程度可分为"动员式"参与和"自主性"参与。"动员式"参与具有主体行为的被动性、行为取向的集中性、参与方法的情绪性和参与行为的不稳定性等缺点，但其能够真正激活个体政治参与的动力，影响个体的政治心理和行为方式。各国现代化史证明，"一个落后发展中国家的现代化往往是与乡村动员联系在一起的"[②]。"动员型"参与是中华人民共和国成立后中国向现代社会转型过程中相当长一段时间的主要政治参与方式。具有封闭保守、权威依附、政治冷漠心理和行为方式的农民无法满足中华人民共和国成立后国家政治、经济、文化和社会制度的各种安排，因此，中华人民共和国成立后国家推进"土地改革""大跃进""人民公社化"运动就主要采用动员这种激发群众参与政治的策略，而后的"文化大革命"，国家更是把动员式的群众参与发挥到了极致，农民在富有强烈政治色彩的口号动员下不由自主卷入了大规模的政治运动。改革开放后，工作重心向经济建设的转

[①] 郑建君：《行动中的政治人——中国公民政治参与实证研究》，中国社会科学出版社2020年版，第2页。

[②] 李云：《中国农民政治心理及行为方式变迁研究》，博士学位论文，西北农林科技大学，2009年，第136页。

第七章 城镇化背景下农民政治社会化绩效测评及趋势

移改变了农民政治心理和行为方式所深植的宏观环境。社会主义市场经济体制的建立完善、社会管理体制改革的深入发展和基层民主自治、信访和举报、社会协商对话等政治制度的逐步建立完善，形成了公民自主式政治参与的良好社会基础，农民政治参与开始被纳入制度化、程序化、法治化的轨道，农民开始基于自身利益表达需要而自主参与。"由上而下'动员性'的大规模群众运动在改革开放以后基本消失，而公民在法制基础上的自主性参与行为开始逐渐增多"[1]，农民自主参与的动机、意愿和能力得到了显著提升。

但是，由于村民"政治距离感"[2]的根深蒂固、农民工政治参与缺失[3]、农民政治能力的欠缺和对公共利益关注理性的缺乏等多方面因素，当下农民的"自主式"参与的广度和深度显得较为有限。同时政治权力为整合乡村社会而提供的制度和公共产品与农民生存理性的不完全匹配，造成了过去很少见的农民静坐、示威、聚集甚至暴动等非制度化参与，成为农民理性"自主式"参与道路上的不和谐音符。因此，在单向输出的"动员式"参与因无法满足农民的多元利益要求而缺乏可持续发展的内在动力，在中国农民政治行为变迁的内在逻辑已从"生存政治"发展到"权利政治"的背景下，当下"动员式"参与和"自主式"参与并存并最终从"动员式"参与走向"自主性"参与，成为农民参与政治公共事务的必然发展趋向。这正如政治学学者房宁所言，"我国公民政治参与的总体'转型'已经发生，人们对传统的参与方式有所疏离，而更多地选择更具实质意义的参与方式"[4]。政治参与趋势的新变化预示着"国家与人民权利的良性互动，表征着公权力与私权力的政治光谱之间的公民有序政治参与"[5]。农民政治参与这种总体"转型"也体现出强烈的过渡性特征：相对于村庄事务决策和地方人大代表选举，农民对与自身利益关联度高的村委会成员选举具有更高的积极性；尽管还有各三成农民认为自己参与投票是被动或并不清楚自己是主动还是被动，但超四成农民参与政治投票是基于政治和利益取向的驱动，利益驱动将成为农民投票参与最持久和稳定的力量；尽管农民参与线下和线上监督的比例总体都比较低（均未过半），但相对于过

---

[1] 陈士玉：《当代中国公民政治参与的模式及其发展趋势研究》，吉林大学出版社2010年版，第63页。

[2] 焦文峰：《政治参与的限制因素》，《南京社会科学》1999年第3期。

[3] 何晓红：《村民自治背景下农民工政治参与的缺失与强化》，《政治学研究》2009年第1期。

[4] 房宁主编：《政治参与蓝皮书：中国政治参与报告（2017）》，社会科学文献出版社2017年版，第31页。

[5] 陈付龙：《当代中国社会公共生活建设研究》，人民出版社2017年版，第170页。

往，农民自主进行政治表达以反映诉求的比例已有较大提升，农民政治表达正在从"动员型"走向"自主型"；尽管现实政治生活中仍有维权抗争型政治接触参与，但制度内的理性政治接触显著高于激进的非制度参与，依照法律、遵循制度的参与才是主流和大趋势，农民政治接触型参与的理性程度比改革开放前有了较大的提升。

总之，改革开放以来中国农民政治参与的自主意识和能力在不断增强，传统依靠大规模的群体性动员而进行的政治参与已基本消失。农民主要基于自身利益考量，借助政治投票、政治表达和政治接触等途径自主参与影响政府决策的行为日益增多，既维护了自身利益，也使得民主政治的观念深入人心。正所谓"民主政治参与的意义，不仅仅是政治现代化工具理性的表达，更是政治文明价值取向的依托"[1]，但当下农民政治参与的积极性和自主性尚还不够，还需提升。

2. "自主性"参与虽"道阻且长"但未来可期

"自主性"参与是公民出于自身或公共利益需要，基于现代公民意识的驱动自主地以特定形式对政治过程施以影响的参与行为，具有参与渠道的稳定化、参与动力的内部化、参与行为的理性化和可持续化等优点。政治社会化过程使民众经过国家政治教育和自我学习之后，变身为具有一定政治认知和判断能力并有主动参与政治事务意识的公民，并积极将自己的政治取向作用于公共政策的制定过程中。公民个体长期的自主政治参与，能够给予公民良好的民主实践锻炼和熏陶，形塑公民的民主意识、权利意识，增强其民主政治素质，最终有助于合格、成熟且理性的现代公民的养成。改革开放以来村民自治、基层协商等政治制度在农村的落地实施，使农民的自主政治参与意识和民主政治体验明显增强。

事实上，从"动员式"走向"自主式"，并在现代化过程中稳步实现农民的有序政治参与，是中国历史和现实已经证明的政治社会化发展趋势。尽管由于农民自身需求的多样化、组织化水平的滞后和利益表达渠道的狭窄等原因，农民自主参与公共政治事务的积极性欠佳，自主参与政治生活的深度和广度都不足，但改革开放后40多年尤其是迈入21世纪后20多年发展使得现实政治生活具备了农民自主政治参与的良好基础和条件，农民自主性政治参与未来可期。第一，农民自主有序参与所需的政治素质总体向好，为未来农民自主性政

---

[1] 万斌：《政治参与：政治文明和政治现代化的时代命题》，《复旦大学学报》2008年第6期。

治参与的发展准备了充分的思想文化条件。经由普及九年义务教育、扩大高等教育入学率，我国公民受教育程度有了较大提高，平均受教育年限从 2000 年的 7.6 年增长到 2020 年的 10.8 年，农民平均受教育年限从 2000 年的 6.46 年增长到 2020 年的 9.5 年[1]；2020 年全国高素质农民中超过 45%受教育程度为高中及以上，且高素质农民发展指数得分为 0.4872，高素质农民发展总体稳中向好[2]。文化素质提高的中国农民开始掌握更多的政治知识和技能、熟悉政治运作程序，并敢于在参与公共事务时清楚地表达自己的诉求和意见，与人沟通，培养起解决复杂政治问题的知识和能力。其政治参与正在"从'经济赋权''文化赋权'走向'政治赋权'"[3]。农民思想政治素质的这些积极变化为农民未来自主有序政治参与的发展深化奠定着坚实的文化政治基础。第二，农民自主有序参与所需的制度保障已经具备，为未来农民自主性政治参与的发展准备了强大的制度支撑。改革开放后，国家加大了激活农民参政活力的法律法规和政策文件制定、修订的力度。国家先后数次修订宪法，颁布村民委员会组织法等法律，为农民融入乡村政治生活，参与民主选举、民主决策、民主管理和民主监督提供制度依据和权利保障；并根据乡村政治变化需要，先后制定《关于健全和完善村务公开和民主管理制度的意见》（2004）、《关于加强社会主义协商民主建设的意见》（2015）、《中共中央国务院关于实施乡村振兴战略的意见》（2018）、《中国共产党基层组织工作条例》（2018）、《关于加强和改进乡村治理的指导意见》（2019）等系列政策法规，逐步建立健全农民参与村级事务管理、村级议事协商的机制，完善自治、法治、德治相结合的乡村治理体系。党和国家制定的这些乡村治理法律法规政策为农民自主有序政治参与指明了方向、扫清了障碍、提供了保障，农民自主性政治参与在未来势必会越来越好。

总之，自城镇化高速发展以来，中国农民受公共政治生活的熏陶与政治实践的锻炼，其政治知识、政治心理和政治行为都取到了长足的进步，农民政治社会化水平有了肉眼可见的显著提高。但受历史和现实的限制，农民的政治知识、政治心理和政治行为离"现代公民"的政治人要求还有较大的距离：现阶段农民虽然对政治人物认知较好，但对保障自身投票、表达、监督权的政治

---

[1] 根据相关年份《中国人口统计年鉴》计算而来。
[2] 汪学军：《〈2020 年全国高素质农民发展报告〉发布词》，《农民科技培训》2021 年第 1 期。
[3] 房宁主编：《政治参与蓝皮书：中国政治参与报告（2017）》，社会科学文献出版社 2017 年版，第 32 页。

制度却不太熟悉；构成农民政治心理的政治观念、政治态度、政治评价和政治效能感总体健康积极，但仍未摆脱传统民本思想、功利化的态度取向、以偏概全的评价偏好、结构失衡的政治效能感等政治心理藩篱；政治行为形成了以利益为导向的投票参与、以现实"网络"为依托的政治表达和以制度为保障的政治接触等政治参与结构，但政治参与的广度、深度和积极性尚显不足。农民政治素质发展的历史基础、现实条件和政治现代化的发展大趋势决定了农民的政治社会化具有明显的过渡性特征：农民政治知识的内容和传播形式将由"单向传递"走向"双向互动"，政治心理将从"理性小农"走向"现代公民"，政治行为将由"动员式参与"走向"自主性参与"。

第八章 乡村振兴视域下农民政治社会化绩效提升

> 作为国家的政治社会化进程是持续不断、永无止境的过程，就像合法性进程总是一个持续的、没有终结的进程一样。[①]
>
> ——罗伯特·杰克曼

中国是一个农业大国，广袤的农村地区的治理成效关系着国家安宁与经济社会发展大局。国家自古以来就将乡村治理摆在治国理政的重要位置。21世纪以来，面对波澜壮阔的城镇化进程给农村带来的经济、政治、文化和社会的急剧变化和治理难题，国家更是推行了农村税费改革、新农村建设和统筹城乡发展、精准扶贫等惠农政策和改革举措以求解乡村治理难题。但工业化、城镇化的快速推进和城乡差距的进一步拉大部分抵消了上述改革的成效，中国乡村衰败进一步加剧。"农村空心化""农业边缘化"和"农民老龄化"等新"三农"问题取代"农民真苦、农村真穷、农业真危险"旧"三农"问题，成为当下制约乡村社会发展的突出难题。在此背景下，2017年国家提出"实施乡村振兴战略"，推动城乡一体化发展。实现乡村产业、生态、文化、组织的全面振兴，不仅需要来自政府自上而下的推动和外部的援助，更需要激活乡村内生发展潜力，农民发挥主体性和首创精神。因此，乡村振兴能否实现根本上取决于乡村生活的主体——农民——是否真正具有投身乡村建设的愿望和能

---

① [美] 罗伯特·杰克曼：《不需暴力的权力：民族国家的政治能力》，欧阳景根译，天津人民出版社2005年版，第155页。

力——具有健全政治人格、强大行为能力和正向政治文化。而内化政治价值、培养政治人格、强化政治认同，为乡村振兴形塑合格政治人恰是中国农民政治社会化所承担的使命，农民政治社会化就和乡村振兴在这一重要的历史时刻交汇，迎来了乡村振兴视域下农民政治社会化的重要机遇。在这特定的时代背景下，农民政治社会化和乡村振兴有着怎样的互动关系？农民政治社会化在乡村振兴的视域下怎样运行？未来我们又该如何改进才能提升农民政治社会化的绩效，形塑起乡村振兴所需要合格政治人？因此，本书试图运用系统论的原理揭示乡村振兴视域下农民政治社会化的机理，全面剖析和构建乡村振兴视域下农民政治社会化绩效提升的路径。

一 农民政治社会化与乡村振兴的互动关系

(一) 农民政治社会化对乡村振兴的促进作用

政治社会化是个体与社会互动的过程。一方面，它是社会成员学习和获取政治信仰、政治知识和政治情感，完善政治人格，充实政治自我，更新政治观念和影响政治文化的过程。另一方面，它也是政治体系经由各种途径向社会成员传播主导政治文化的过程。改革开放尤其是城镇化以来，国家高度重视农民的政治社会化工作，通过加强农村精神文明建设、弘扬乡村传统优秀文化、丰富农村公共文化产品和服务供给，借助教育引导、舆论宣传熏陶、实践养成和制度保障等方式，立体化全方位模铸着农民的政治心理、政治态度和政治情感，强化其政治认同、提升其政治素养、锻造其政治能力。改革开放40多年以来，农民政治社会化在这些方面所取得的成就，为乡村振兴奠定了良好基础。

1. 延续着社会主义主导政治文化，为乡村振兴提供了稳定的政治"软"环境

有着稳定的政治"软"环境是乡村振兴战略得以顺利施行并实现的基础和条件。作为一种"政治系统为适应社会环境系统的变化和发展所建立或维持的一种有序社会政治态势"[①]，政治稳定的真正实现，不仅依赖于宏观层面的法律法规等外在的刚性制度的完善及有效实施，更需要微观层面的社会个体的心理认可。个人对政治体系是否认同和信仰并能否将这种认同和信仰持续不

---

① 李元书：《政治发展道路》，商务印书馆2001年版，第261页。

第八章　乡村振兴视域下农民政治社会化绩效提升

断地内化为自己的心理取向，使之成为连接政府和民众的精神纽带，很大程度上决定着一个社会能否保持政治稳定。因此，"文化提供了政治、经济、社会力量得以运作的背景"①；"一个稳定的和有效率的民主政府，不光是依靠政府结构和政治结构；它依赖人民所具有的对政治过程的取向——即政治文化"②。现实政治也验证，包括政治认知、情感和态度在内的政治文化传播和延续的深度和广度，直接关联着政治体系稳定的程度，其对政治稳定的影响比外在的政治制度更长远、更深刻。因而，古往今来，任何政治体系都致力于灌输与传播社会主导政治文化，希望以此实现政体和国家的长治久安。而"将关于政治的知识、态度、规范、价值取向等从一代传到下一代"，在潜移默化中实现政治文化的代际传播，规约和塑造公民个体的政治认知、政治态度、政治情感和政治信仰，并进而产生对群体和国家的向心力及亲和力以维护政治稳定，正是政治社会化的使命。"因而几乎在所有国家，统治者把社会成员的政治社会化纳入自己的统治决策范围，并投入大量的物力、精力建立一整套的政治社会化机构体制，以确保自身统治的稳定。"③

中国是一个农耕文明悠久的国家。农业、农村和农民问题是关系国家稳定与发展的根本问题，决定着中国的现代化建设和两个一百年战略能否最终实现。"谁赢得了农民，谁就会赢得了中国"④，"严重的问题是教育农民"⑤。因而，党和国家始终将农民的政治社会化作为中国革命、建设和改革的重要工作来抓，广泛借助各种手段和途径向农民灌输社会主义的政治文化，提升农民思想意识，实现并不断强化其对党和国家路线方针政策与体制机制的认同。在中国，社会主义公有制主体地位的确立，将集体主义的思想和价值观镌刻进国人的血液，并深度融入协调国家、集体和个人利益关系的思维和行动之中；人民民主专政的国体、人民代表大会制度的政体和基层民主自治制度的施行以及全面依法治国战略的实施，赋予人们以各种途径和形式管理国家事务与乡村事务的权利和机会，将现代民主法制的观念和政治参与的意识深深融入其骨血。这

---

① Peter R. Moody, Jr., "Trends in the Study of Chinese Political Culture", China Quarterly, Vol. 139, No. 139, 1994, pp. 731-740.
② [美]加布里埃尔·A.阿尔蒙德、西德尼·维巴：《公民文化》，徐湘林等译，东方出版社2008年版，第443页。
③ 洪伟：《论政治社会化》，《浙江大学学报（社会科学版）》1995年第1期。
④ [美]洛易斯·惠勒·斯诺：《斯诺眼中的中国》，王恩光等译，中国学术出版社1982年版，第47页。
⑤ 《毛泽东选集》第4卷，人民出版社1991年版，第1477页。

些带有持久性和稳定性的文化样态，构成当代中国社会主义的主导政治文化，维持着当代中国的整体稳定。改革开放40多年来，不管全面深化改革给农民生产方式和生活方式带来多大的变化，也不管全面深化改革给农村带来多大的利益分化和价值取向变化，党和国家始终反复强调农民政治社会化与政治文化的密切联系、强调农民政治社会化之于全面建成小康社会的价值，借助各种途径和形式进行中国特色社会主义、中国梦和形势政策宣传教育，深入推进村民自治实践，将以集体主义、现代民主、参政意识和法制观念为核心的社会主义主导政治文化[1]持续不断地灌输给农民，凝聚其建设社会主义新农村和实现乡村与城市稳定的强大精神力量。改革开放40多年来的农民政治社会化工作，有效实现了社会主义主导政治文化在农村的传播和延续，为乡村振兴提供了健康有序的政治"软"环境。

2. 发展着社会主义主导政治文化，为乡村振兴提供了先进的理论指导

思想是行动的先导，理论是实践的指南。任何实践的成功，都离不开先进理论的指引。伟大革命导师列宁早在100年前就对理论的重要性如此强调，"没有革命的理论，就不会有革命的运动"[2]，"理论只要说服人，就能掌握群众；而理论只要彻底，就能说服人"[3]。鉴于政治文化对国家政治体系和政治过程的重大影响，自觉、主动地构建和发展与社会政治发展相一致的政治文化，是任何政治体系为维持政治统治而必须重视并实践到底的工作。他们必须"赋予自己的思想以普遍性的形式，把它们描绘成唯一合乎理性、有普遍意义的思想"[4]，并根据变化了的社会形势，不断修正和丰富自己的政治文化和理论，确保其能够始终"唤起并维持个体或团体对它'合法性'的信仰"[5]。不断发展主导政治文化，为政治秩序始终提供一种有效的道义诠释，为政治统治赢得散布性支持，并在不断的修正和发展中汲取社会文化中的优秀元素，为国家和社会发展提供方向和智力支持，是政治社会化的又一使命。而政治文化对国家和社会发展的指导作用，离不开人这一因素，总是在与人的互动中前行。

改革开放40多年，中国一直在社会主义市场经济体制改革和全面建成小康社会的浪潮中砥砺前行。社会主义市场经济的形成和发展，使得中国农村在

---

[1] 金太军、李善岳：《论当代中国政治文化的现代化》，《人文杂志》1998年第6期。
[2] 《列宁选集》第1卷，人民出版社1995年版，第311-312页。
[3] 《马克思恩格斯选集》第1卷，人民出版社1995年版，第9页。
[4] 同上书，第92页。
[5] [德]马克斯·韦伯：《经济与社会》，林荣远译，商务印书馆1996年版，第239页。

历经市场化、工业化和城镇化洗礼过程中遭遇了政治文化的巨大变迁。一方面，市场经济体系的日趋完善，培育并增强了农民的民主法制、平等、竞争、效率等现代公民意识，其政治心理开始从狭隘顺从向积极参与转变、从等级依附向独立自主转变、从对权力的惧怕向主权在民思想转变，政治认知愈来愈全面和深刻，政治态度愈来愈理性和客观，政治情感愈来愈独立和温和[①]。中国农民的权利意识在一定程度上得到唤醒和彰显，其政治精神风貌有了巨大的进步。另一方面，市场经济是一把"双刃剑"，在带给农民民主、法治、竞争、平等等现代政治意识的同时，其趋利性、消费性等特点又造成农民政治价值观的激烈震荡，诱发拜金主义、享乐主义、否定传统义利观和金钱观的极端个人主义以及自由主义和分散主义等政治价值取向的滋生蔓延和政治信仰淡化。这些政治价值取向的变化，与封建主义和资本主义的政治文化一起滞阻着中国农民现代政治人格的养成。然而，40余年的农民政治社会化在坚定不移地传播和延续社会主义主导政治文化的同时，也承认政治文化发生了巨大变迁的客观事实，在生产、获取、利用和传播政治信息中正确处理主导与非主导政治文化的关系，客观接纳和认同外来文化、现代文化中有助主体性政治人格形成的有益成分，兼柔并蓄、博采众家之长，凝练共识，丰富和发展社会主义主导政治文化，使其成为指导人们进行政治经济改革和全面建设小康社会以助推乡村振兴和实现城乡一体化发展的先进政治理论，指引着农村建设不断走向胜利。

3. 提升着民众政治素质和政治能力，为乡村振兴培养了合格政治主体

合格的主体是一切政治、经济、社会活动得以展开的基础和条件。理智、意志、心力构成人的本质中最为基本的东西。同时兼具这三者的"自由而全面"的人，是推动国家和社会发展的关键因素。现代民主社会，必然是由那些具有必需的知识、技能和品性的公民所支撑。缺乏这些"自由而全面"的公民，缺乏对民主的基本价值和基本原则的理性认同，一个自由而开放的社会、一个强大而文明的国家便不可能成为现实。因此，"任何一个取得政权的政治集团或阶级都必须为取得自身'合法性'而继续斗争"[②]。这种斗争首要的就是要围绕意识形态，通过各种途径和手段将自己的政治价值、政治理念和文化植入普罗大众头脑之中，培养符合本阶级需求的合格政治人以强化政治统

---

① 匡和平：《从农民到公民：中国农民政治社会化问题研究》，黑龙江人民出版社2009年版，第145页；熊光清：《当代中国政治文化变迁与政治发展》，《太平洋学报》2011年第12期。

② 宋惠昌：《当代意识形态》，中共中央党校出版社1993年版，第24页。

治的合法性。塑造合乎政治体系要求并能胜任一定政治角色的政治人由此成为政治社会化的重要使命和目的。因此，再"没有比培养出知情的、有效的和负责任的公民更重要的任务了"①。

在中国，基于农村、农业和农民在中国现代化过程中的基础性地位和重要性，党和国家历来把如何将农民从"传统小农"改造为"现代公民"作为政治社会化的首要工作。在革命战争年代，我们即认识到"农民问题乃国民革命的中心问题"，因而重视用马克思主义理论武装农民、教育农民，把共产主义的理想信念和主张灌输给农民，为革命胜利提供了源源不断的力量支持。中华人民共和国成立以后尤其是改革开放以来，社会主义市场经济极大激发了农民的民主法制意识、参与意识、权利意识、平等意识。与此同时，国家加快了政治体制改革的进程，社会主义民主的制度化、规范化、程序化水平得到巨大提升。国家在政治体制改革进程中也始终把农民的政治社会化置于国家工作的重心，始终强调要加强农村思想道德建设，"增强农民的国家意识、法治意识、社会责任意识，倡导契约精神、科学精神，提高农民文明素质和农村社会文明程度"②，借助教育引导、舆论宣传、文化熏陶、制度保障、实践参与等各种渠道和方式，致力于将传统封闭保守的小农改造成"有理想、有道德、有文化、有纪律的新型农民"③，"全面发展""担当民族复兴大任的时代新人"④。改革开放40多年持续不断的政治社会化，农民的政治认知、政治情感、政治态度、政治评价和政治效能感愈来愈客观、理性、全面和独立，政治技能愈来愈丰富和娴熟，传统的农民性日益剥离，公民性的诉求越来越明显。政治素质和政治实践能力的整体提高，使得中国农民开始具备适应政治系统变革的角色要求，由此为未来中国农村建设和乡村振兴准备了合格的政治主体。

（二）乡村振兴对农民政治社会化的积极效应

乡村因其蕴含着实现国家发展和稳定最广泛、最深厚的基础、最大的潜力和后劲，无论是革命战争年代还是社会主义建设乃至改革开放时期对国家都至

---

① 高峰：《美国政治社会化研究》，首都师范大学出版社2004年版，第16页。
② 《中共中央国务院关于落实发展新理念加快农业现代化实现全面小康目标的若干意见》，载中共中央党史和文献研究院编：《十八大以来重要文献选编（下）》，中央文献出版社2018年版，第123页。
③ 《中共中央关于印发〈中国共产党农村基层组织工作条例〉的通知》，载中共中央文献研究室编：《十五大以来重要文献选编（上）》，人民出版社2000年版，第764页。
④ 《新时代公民道德建设实施纲要》，人民出版社2019年版，第30页。

第八章　乡村振兴视域下农民政治社会化绩效提升

关重要。乡村兴则国家兴，乡村衰则国家衰。改革开放40余年来，城乡二元格局和工业化城镇化的推进所造成的乡村衰败现实，使得农村已成为我国社会主义现代化强国建设的最大短板、人民日益增长的美好生活需要和不平衡不充分发展之间的主要矛盾汇聚地、中华民族实现伟大复兴的滞阻。在此背景下，2017年10月党的十九大提出乡村振兴战略，强调把"三农"问题作为全党工作的重中之重。紧接着2018年中央一号文件《中共中央国务院关于实施乡村振兴战略的意见》对乡村振兴战略进行全面部署，乡村建设成为中国农村改革的焦点。此后，中共中央国务院于2018年9月26日印发了《乡村振兴战略规划（2018—2022年）》，进一步强调实施乡村振兴战略的意义和地位，正式开始推进实施乡村振兴战略。2020年乡村振兴制度框架和政策体系基本形成并正在不断健全。2021年通过的《中华人民共和国乡村振兴促进法》更是明确了当前和今后一个时期优先发展农业农村，走中国特色社会主义乡村振兴道路，全面实施乡村振兴战略的任务。作为一个富含产业、人才、文化、生态、组织振兴在内的内涵丰富的宏大战略，乡村振兴战略实施三年来精准对接农村产业发展、民生改善、组织再造、治理优化以及文化繁荣等方面，不断提升农民的获得感、幸福感和安全感，深刻触及到了农民的生产和生活方式，并由此对农民政治社会化产生了正向的推动效应。

1. 乡村经济建设提升农民政治认同

经济因素对个体的政治生活和政治社会化具有重要的现实意义。物质生活的生产方式及满足程度制约着整个社会生活、政治生活和精神生活，决定着人们对现存政治体系的态度。如果一个国家经济社会发展速度较快、水平较高，社会成员从发展过程中普遍受益，则政治体系倡导的政治文化就容易被接受和认可；反之，如果经济发展水平低、速度慢，收入分配不公，失业现象严重，政治社会化就不容易取得成效。一句话，经济发展与公民的政治倾向有着较强的关联，社会经济发展的水平和速度对政治社会化过程影响重大。研究显示，政策绩效尤其是经济效能是西方各个稳定民主国家政治信任的最主要决定性因素[1]，良好的政绩特别是保持好经济增长和充分的就业是政府取得合法性和政治认同的关键因素[2]。正如利普塞特所言，"几代人时间的长期持续的有效性，

---

[1] A Przeworski, M. Alvarez, JA Cheibub, etal., "What Makes Democracies Endure?" *Journal of Democracy*, Vol. 7, No. 1, 1996, pp. 39-55.

[2] [美]迈克尔·罗斯金等：《政治科学》，林震等译，华夏出版社2002年版，第6页。

也可以给予一个政治系统合法性",而"有效性一再丧失,或长期丧失,则会危及一个合法系统的稳定性"①。社会的经济发展水平为政治社会化的有效运行奠定着坚实的物质基础,深刻影响着个体对政治体系的政治认同。

党的十九大提出的乡村振兴战略是对"三农"工作做出的重大决策部署,是新时代做好"三农"工作的总抓手,也是全面建设社会主义现代化国家的重大历史任务。加强经济建设促成经济发展,通过"产业振兴"实现"产业兴旺"是乡村振兴的一个重要使命,在乡村振兴战略的五大振兴中居于第一位。"十三五"时期,党中央把全面推进乡村振兴作为实现中华民族伟大复兴的一项重大任务,通过统筹城乡发展空间、优化乡村发展布局、分类推进乡村发展、坚决打好精准脱贫攻坚战等构建乡村振兴格局,加快农业现代化步伐,发展壮大乡村产业,现代农业农村建设取得重大进展:新时代脱贫攻坚目标任务如期完成,贫困地区农村居民年均收入增长11.6%,贫困人口的收入和福利水平大幅度提升,区域性整体贫困得到解决,提前10年实现《联合国2030年可持续发展议程》减贫目标,创造了人类减贫史上的奇迹②。农业农村发展的伟大成就,为党和国家攻克各种艰难险阻、稳定经济社会发展大局,发挥了"压舱石"作用。如此乡村振兴战略的实施,统筹推进城乡一体化建设,改变城乡社会经济发展不平衡,缩小贫富差距和分配差距,提高了农民的获得感、幸福感和安全感,大大增强了农民的政治认同和政治信任。在此基础上,农民的民主政治热情及对党和国家的政治情感得到了充分的激发与累积。乡村振兴战略的全面推进和农民生活水平的不断提升,正带动着农民政治社会化水平走向新高,农民政治认同感越来越强。

2. 乡村政治建设增强农民政治效能感

政治建设对加强个体政治社会化,增强个体政治效能感具有重要作用。当今世界各国政治一定程度上就是政党政治,政党在政治发展中扮演着十分重要的地位。政治社会化理论认为,在所有的社会、经济、政治组织中,政党是现代社会最重要的政治社会化途径,它以其意识形态、理论纲领和方针政策影响其成员和选民,从而实现公众广泛的社会化。由于政党一贯致力于影响其支持者的思想和行为,因而得到了支持者一定程度的支持和认同,也就变成了人们

---

① [美]西摩·马丁·利普塞特:《政治人:政治的社会基础》,张绍宗译,上海人民出版社2011年版,第51、49页。

② 中华人民共和国国务院新闻办公室:《人类减贫的中国实践》(白皮书),2021年4月6日。

记忆和情感寄托的实体①。马克思主义者在研究政党的作用时强调,掌握思想政治领域的领导权和主动权,教育群众,提高群众的政治觉悟和政治活动能力是政党天然的目标,主张"掌握思想领导是掌握一切领导的第一位"②,"无产阶级先锋队的作用,即训练、启发、教育工人阶级和农民中最落后阶级和群众并吸引他们来参加新生活"③。作为最重要的政治社会化机构,政党领导与组织其成员和选民参与政治的行为,能够赋予个体充分的诉求表达机会和足够的政治参与实践锻炼,有助于增强个体的政治效能感。

政治文化的成功社会化,与民众对此种政治文化的传播主体的信任和民众在这种政治文化中所获得的政治效能感密不可分。任何一种政治文化,只有在先进分子的实践中凝聚成一种稳定的信仰和浓浓的政治效能感,才能生发出感召民众的魅力,最终内化为民众的信念。因此,实现政治社会化的有效治理,当以加强和改进乡村政治建设,实现组织振兴为要务,而首当其冲应以加强党的建设为首要。在我国,中国共产党是现代化事业的领导力量。加强党的建设既是社会主义现代化建设的关键,也是实施有效政治社会化的前提。加强乡村政治建设,实现组织振兴是乡村振兴五大任务之一。而此任务首当其冲即是要加强农村基层党组织建设。乡村振兴实施三年里,党和国家通过健全以党组织为核心的组织体系、加强农村基层党组织带头人队伍建设、强化农村基层党组织建设的责任与保障等具有原创性、独特性的重大举措,形成了中国特色脱贫攻坚与乡村振兴行动的制度体系;千方百计吸引乡村优秀人才投身乡村建设,千方百计调动农村基层党组织和党员投身乡村振兴的思想积极性,千方百计完善乡村振兴制度体系为农村基层党组织和党员投身乡村振兴保驾护航,改变了农村基层党组织一度出现的虚化、弱化、边缘化问题,重塑了农村基层党组织的领导作用,大大增强了党组织的凝聚力、向心力和广大基层党员和农民的政治效能感。"十三五"时期施行的脱贫攻坚战和乡村振兴战略所强化的中央统筹、省负总责、市县抓落实的工作机制,确立了农村治理中党的中央组织、地方组织和基层组织之间的权责意识,构建了五级书记抓扶贫与乡村振兴、一把手负责制的全党动员促攻坚的局面,党组织和党员队伍在扶贫脱贫和乡村振兴行动中得到了磨砺和淬炼,充分体现了党领导"三农"建设所展现出的组织

---

① Rod Hague, Martin Harrop, Shaun Breslin, *Political Science: A Comparative Introduction*, New York: St Martin's Press, 1992, p.236.
② 《毛泽东文集》第2卷,人民出版社1993年版,第435页。
③ 《列宁选集》第4卷,人民出版社1995年版,第160页。

力、执行力、动员力和协调力，增强了每个基层党组织和党员的政治效能感，重塑了党的权威。当前，全面推行的农村党组织书记"一肩挑"模式，将党内民主与人民民主结合起来，激发党员干部干事创业的热情；在政党、政府与社会三者关系的调适中构建"一核多元"的复合型主体结构，有利于破解多元主体分散治理的弊端，激活各方主体活力，激发整体性乡村治理效能。乡村振兴建设实施过程中，选派驻村工作队，建立以"中央、国家机关和有关单位"的定点帮扶、东西部协作的对口帮扶和地方包村联户的结对帮扶为主的跨区域、跨层级、跨部门的联结式帮扶网络[1]，将广大民众充分吸纳进乡村振兴的政治实践，团结奋进、群策群力，在乡村振兴的实践中大大提升了农民群众的政治效能感。通过加强农村基层党组织建设，农民积极参政的热情得到最大程度释放，农民政治效能感在乡村政治建设实践中得到增强。

3. 乡村文化建设培育农民理性政治文化

政治文化的性质、结构与政治稳定的程度、政治发展的水平高度相关。主流文化在政治共同体中传播的深度和广度，是政治发展、稳定和高效的决定条件之一。"对当代人类社会任一方面的透彻理解都离不开对与其相关的文化形态的深刻分析。"[2] 政治文化是一种巨大的无形力量，深刻地影响着政治发展的广度与深度。鉴于政治文化对政府的形式和稳定性的阐释力，有学者据此认为，"政治文化为全部政治活动提供了场景。如同不知道规则就看不懂足球比赛一样，不研究一国的文化，就不能理解一国的政治"[3]。然而，适应于社会秩序性治理的文化不是僵死、静态和一劳永逸的，而是发展的、动态的和常青的。毫无疑问，政治文化的发展变迁是一国治理的题中应有之义，政治文化的变革是社会变革的首要因素。为此，任何执政者都必须要"时刻铭记政治文化是动态的，而不是固定不变的，通常会和更大的社会、经济、政治变迁相连"[4]，而注意加强文化建设、培育积极健康的政治文化。

乡村振兴是一个包含经济、政治、文化、社会和生态等"五位一体"的全面振兴。其中，文化振兴是其重要内容。通过乡村文化建设，繁荣发展乡村

---

[1] 左才等：《告别扶贫：精准扶贫的制度密码》，复旦大学出版社2020年版，第127页。
[2] 王沪宁：《比较政治分析》，上海人民出版社1987年版，第156页。
[3] [英]罗德·黑格、马丁·哈罗普：《比较政府与政治导论》，张小劲、丁韶彬、李姿姿译，中国人民大学出版社2007年版，第128—129页。
[4] [美]霍华德·威亚尔达：《比较政治学导论：概念与过程》，娄亚译，北京大学出版社2005年版，第88页。

文化，培育文明乡风、良好家风、淳朴民风，是重塑乡村政治文化以发挥其对乡村稳定发展的保驾护航作用。按照乡村振兴战略规划，至 2022 年，乡村文化服务体系要实现村综合性文化服务中心覆盖率达 98%，县级及以上文明村和乡镇占比超过 50%，农村义务教育学校专任教师本科以上学历比例达到 68%[①]。经过三年建设，到 2020 年底，全国已建成村级综合性文化服务中心 57 万个，乡村公共文化服务体系不断优化。与此同时，各基层党组织、基层单位、农村社区有针对性地加强农民思想政治工作，以乡村公共文化服务体系建设为载体，通过教育引导、实践养成、制度保障三管齐下，采取符合农村特点和农民心理规律的方式方法和载体，保护利用传统文化、加强建设基层文化设施、丰富公共文化产品和服务供给、广泛开展群众文化活动，加强农民的爱国主义、集体主义、社会主义教育，传递正确的国家观、民主观、法治观和权利观，培育形成了自尊自信、理性平和、积极向上的农民政治心态。这种政治心态传承和发展了公民文化中的理性成分，为深化农民政治认同和维护政治稳定提供了坚实的政治心理支持。

4. 乡村公共服务建设深化农民政治信任

美国学者纽顿曾这样分析政治信任，认为"政治信任源于政治领域，是人们对政治制度和政府的绩效、政治制度的可信性的一种理性的评估"[②]。良好的治理绩效是公民政治信任得以形成的主要源泉。尽管政府经济绩效是影响公众政治信任的主要因素，但新时代基层政府提升经济绩效的资源和手段有限，依靠经济绩效来提高农民政治信任已经越来越难。"政府治理绩效的主观和客观维度的分析结果均表明，良好的治理绩效是转型期中国公民政治信任赖以形成的主要根源，而且经济增长的合法性效应已逐渐被公共产品（民生福利和纯公共产品）赶上并超越，后者逐渐成为生产政治信任的新源泉。"[③] 农村公共服务的改善和提升是调节城乡发展不平衡、农村发展不充分的引擎，有利于增强农民的获得感和幸福感，进而影响农民的政治态度，促进农民的政治信任。公共服务对政治信任有着重要作用已经在学术界达成共识。实证研究也

---

① 张勇主编：《〈乡村振兴战略规划（2018—2022 年）〉辅导读本》，中国计划出版社 2018 年版，第 241 页。

② K. Newton, "Trust Social Capital Civil Society and Democracy", *International Political Science Review*, Vol. 22, No. 2, 2001, pp. 201-204.

③ 孟天广、杨明：《转型期中国县级政府的客观治理绩效与政治信任——从"经济增长合法性"到"公共产品合法性"》，《经济社会体制比较》2012 年第 4 期。

证实，村民们对公共服务各项工程的满意度和总体满意度对各级政府的信任度影响具有明显的差序格局特征：对乡镇政府影响最大，其次是县级政府，再次是省级政府，最后是中央政府。"公共服务绩效对于提升基层政府的政治信任度作用更大"，但对提高高层级政府的信任度则作用较小，"当基层政府能够较好地提供公共产品和公共服务时，农民自然会对基层政府产生信任和感激的情绪"①。政府提供公共服务的绩效因此成为农民政治忠诚感或政治疏离感的风向标。提升个体对政府的政治信任度就离不开对教育、道路、公园和图书馆等政府公共产品的提供。

保障和改善民生是乡村振兴战略的重要内容。让改革发展成果更多更公平惠及广大农民，使农民群众在共建共治共享发展中提升其对政府的政治信任，是乡镇振兴战略的应有之义。按照规划，要求截至2022年，具备条件的建制村通硬化路比例、农村自来水普及率、农村卫生厕所普及率和对生活垃圾进行处理的村庄占比要分别达到100%、85%、85%和90%，村庄绿化覆盖率达32%。自党的十九大提出乡村振兴战略以来，党和国家通过加强农民基础设施建设和提档升级，增加农村公共服务供给，推进城乡基本公共服务均等化，农村民生得到巨大改善：2018年以来农村自来水普及率、农村集中式供水人口比例分别达到83%和88%，村容村貌明显改善；2019年底和2020年9月，全国具备条件的乡镇和建制村100%通硬化路和100%通客车分别实现，6亿农民"出门水泥路，抬脚上客车"的梦想变成了现实②；农村电网改造升级顺利进行；乡村生态保护与修复成效明显，森林覆盖率超过23%。乡村教育质量提升较大，95%的县通过了县域义务教育基本均衡发展评估认定；乡村两级医疗机构和人员基本覆盖，城乡统一的居民基本养老保险制度、居民基本医疗保险制度和大病保险制度基本建立。③ 随着乡村振兴战略的实施，农村基本公共服务水平迈上新台阶。这些发展绩效有效破除了城乡二元结构形成的制度和发展红利壁垒，让农村居民的生存权、发展权、教育权、生命权等基本权益得到有效实现。基层政府在乡村振兴中的公共服务及其绩效，使农民群众切切实实享受到了普惠共享的改革发展红利，进而由衷地生发出对党和国家尤其是基层政府

---

① 卢春龙、严挺：《中国农民政治信任的来源：文化、制度与传播》，社会科学文献出版社2016年版，第162页。
② 中华人民共和国国务院新闻办公室：《中国交通的可持续发展》白皮书，2020年12月22日。
③ 国家发展和改革委员会编：《〈中华人民共和国国民经济和社会发展第十四个五年规划和2035年远景目标纲要〉辅导读本》，人民出版社2021年版，第309-310页。

的强烈政治信任。

总之,党的十九大提出的乡村振兴战略是对"三农"工作做出的重大决策部署,是实现中华民族伟大复兴的基础工程、系统工程。其不仅包括乡村经济发展,更包括政治、文化、社会等的全方位发展;不仅要求农业农村的现代化,更是要求农民现代化;不仅是对经济关系的调整,更是对政治权利关系的变革。这场由中国共产党领导的纵向到底、横向到边的立体式治理网络,通过数字建设提高信息汇聚能力,有效整合了组织、财政、人力、技术等资源,营造了良好的干群关系,优化了治理绩效,彰显了中国共产党的制度伟力,充分诠释了中国共产党领导乡村振兴战略的合法性与有效性。事实上,乡村振兴战略是一场浩浩荡荡的乡村建设行动。这场行动也是一场农民政治参与的实践,是一场深入广泛的农民思想政治教育,更是一个模铸现代"政治人"的政治熔炉,锻造了农民的国家意识、民主意识、法治意识、社会责任意识等现代公民意识和独立的政治人格,增强了农民的政治社会化水平。

二 乡村振兴视域下农民政治社会化系统分析

乡村振兴战略是现阶段农民政治社会化的直接载体和现实环境。乡村振兴内涵的全面性、着眼未来的前瞻性、紧盯关键领域的战略性、统筹协调补齐短板的整体性使得新时代农民政治社会化成为了一个兼具复杂性、集成性的系统工程,展现出农民政治社会化要素的整体性、环境的开放性、实践的回应性、演化的动态性等鲜明特征,并在农民政治社会化的主体、客体、介体和环体等要素相互配合、各种诉求从信息输入到政治心理和政治行动的输出转换中不断调适,实现农民政治社会化的变迁与发展。

(一) 乡村振兴视域下农民政治社会化的系统意蕴

1. 农民政治社会化是一项复杂的系统工程

作为培养"政治人"的过程,农民政治社会化历来是一个关涉历史环境、现实国情、制度建设、价值引领和政治实践的系统工程,既包含农民的政治心理、政治行为等现实样态,也意指农民在特定环境影响下塑造政治心理、形成政治行为的动态过程;既包括农民政治社会化的主体、客体、介体、环体等系统要素,也包含外部环境输入、农民自身调试转换、政治心理和行为结果输出和政治社会化效果监测反馈等系统运行。这些系统要素和运行方式通过彼此关联、相互作用而构成一个有机整体,共同形塑着农民的观念世界和人格特质。

在这个系统中,农民和社会政治体系是实现农民政治社会化的主体。农民政治素养的提高,既需要作为政治社会化关键主体的农民充分发挥主体性,在现实政治生活中对政治知识、政治制度、政治技能和政治观念进行能动的、自主的认识、选择和改造,并在持续不断的政治实践中实现观念的内化和自身政治素质的提高,更需要社会政治体系的积极组织和推动,不断创新、发展和传播主导政治文化,引导和控制政治亚文化,优化农民政治社会化外部环境,全方位培养和提升农民政治素质[①]。而作为农民学习、社会政治体系传播或灌输的对象,社会主导政治文化——包括与政治制度文化相对应的政治意识形态、与政治行为习惯和模式等政治行为文化相对应的政治心理——则构成政治社会化客体的核心要素。农民的政治社会化其实质就是对这些政治文化进行学习、选择、接受、创新并付诸实践的过程。

然而,社会主导政治文化这一政治社会化客体要最终内化为农民的政治观念并外化为一定的行为,需要借助家庭、学校、同辈群体、大众媒介、社区机构、政府和社会政治组织等特定的政治社会化介体。这些介体充当着连接农民政治社会化主体与客体的纽带和桥梁,承载着向农民个体提供政治信息、传递政治文化,帮助农民正确认识和理解社会政治体系、正确选择和接受政治意识形态、认同主流政治文化,并自觉不自觉在现实政治生活中去实践、去检验、去修正自身政治心理的功能。然而,诚如马克思所言,"不是意识决定生活,而是生活决定意识","人们的意识,随着人们的生活条件、人们的社会关系、人们的社会存在的改变而改变"[②],农民政治社会化也受制于特定的社会历史条件和环境。作为政治社会化物质条件的硬环境和作为风气风貌、价值观念的软环境所构成的具体、多维、复杂、动态的社会环境是农民政治社会化不可或缺的重要环体,既为农民政治社会化提供着活动的场域,更深刻影响甚至决定着农民政治社会化的进程和效果。主体、客体、介体和环体这四个要素彼此联系、相互作用构建成一个以主客体之间的对象性关系为主轴、以介体为纽带、以环体为支撑的"四体"系统结构,主体是决定政治社会化效果的关键力量,客体决定着政治社会化的方向,介体决定着政治社会化的渠道,环体决定着政治社会化能够实现的程度,主体、客体和环体借助介体进行的互动共同推动着

---

① 张志荣:《农民工政治社会化问题研究》,博士学位论文,大连海事大学,2013年,第56页。
② 《马克思恩格斯选集》第1卷,人民出版社1995年版,第291、73页。

农民政治社会化的发展。

2. 系统论与乡村振兴视域下农民政治社会化

系统论认为，系统是"相互作用的诸要素的复合体"[①]，它通过系统内部各要素的协同互动而推动系统的发展与完善。乡村振兴战略是党的十九大以系统思维为指引提出的促进农业农村农民全面发展的重大决策部署，是一项追求"产业兴旺、生态宜居、乡风文明、治理有效、生活富裕"，实现两个一百年奋斗目标和中华民族伟大复兴中国梦的系统工程。而提升农民科学文化和思想道德素质，形成理性健康政治心理和政治行为，实现农民全面发展，是乡村振兴的最终落脚点，也正是农民政治社会化的目标。但该目标的达成显然不能一蹴而就，而是一个依托政治社会化各要素内化政治价值、健全政治人格、培育理性行为能力的复杂系统过程。乡村振兴赋予农民政治社会化新的系统化内涵。有效推进农民政治社会化，需要国家根据乡村社会的变化通盘考虑和推动农民政治社会化各要素的联动协同。

第一，乡村振兴特别强调激活农民的主体性。乡村振兴，本质是要实现乡村传统生产经济、生活生态和文化价值的升级、进步和发展。而农民是乡村价值的天然承载者和乡村振兴的最后受益人，乡村能否振兴关键在于农民，农民是乡村振兴的内因。为此，乡村振兴要求"建立健全党委领导、政府负责、民主协商、社会协同、公众参与、法治保障、科技支撑的现代乡村社会治理体制"[②]，特别强调激活农民的主体性，调动农民参与乡村政治、经济、生态、文化等集体公共事务治理的积极性、主动性和创造性，将乡村振兴的政策设计、金融助力、科技支持等外部手段最终通过农民的发展转化成为乡村振兴的砖瓦基石。这既是对农民主体自觉日渐缺位而导致的农村发展失衡失调难题的有力回应[③]，也是对以往国家"把农民问题作为外在的一个对象的意义上来加以解决"[④]的政治社会化策略的纠偏。乡村振兴视域下农民由"对象"到"主体"的地位变化，决定着乡村振兴视域下作为政治社会化主体的农民的主体性精神将得到真正激发和前所未有的切实发挥。第二，乡村振兴赋予农民政治社会化客体新的内容。乡村振兴是一个包含经济、政治、文化、社会和生态等"五位一体"的全面振兴，实现中华优秀传统文化的振兴和发展是乡村振兴的

---

① 乌杰：《系统哲学基本原理》，人民出版社2014年版，第81页。
② 《中华人民共和国乡村振兴促进法》，《人民日报》2021年5月20日第16版。
③ 徐顽强、王文彬：《重塑农民主体自觉：推进乡村振兴之路》，《长白学刊》2021年第2期。
④ 秦晖：《农民中国：历史反思与现实选择》，河南人民出版社2003年版，第168页。

重要内容。但当前乡村文化中存在的农民"权利观念提升,责任观念萎缩;重视经济利益的表达,忽视政治参与;个人利益至上,缺乏合作意识;亲族共同体意识复苏,缺乏村庄共同体意识"[①] 等公共精神匮乏,以及理性思维缺乏、辨别事实与谣言、真理与谬误能力低下等问题使乡村文化振兴遭遇困境。《关于创新驱动乡村振兴发展的意见》《乡村振兴农民科学素质提升行动实施方案（2019—2022年）》《关于深入开展乡村振兴青春建功行动的意见》等文件将文化振兴提上日程,要求以深化中国特色社会主义和中国梦宣传教育、弘扬民族精神、时代精神和科学精神为主线,深入实施公民道德建设工程和诚信建设,将社会主义核心价值观融入乡村社会,彰显社会主流价值。乡村振兴视域下习近平新时代中国特色社会主义思想、民族精神和时代精神、科学精神的加持,赋予农民政治社会化客体新的内容而使其更具时代感。第三,农民政治社会化的方法和手段更加多元。基层党组织、政府、学校、家庭、社会组织在提供政治信息、传递社会主义核心价值观、抗疫和脱贫攻坚等时代精神、培育政治能力等方面起着重要的教化作用;而农村地区信息化建设步伐的加快,使得大众媒介在宣传和灌输政治知识、形成理性政治见解、培养政治认同等方面异军突起,农民政治社会化介体越来越多元。这些政治社会化介体的功能分化所带来的固有缺陷,易使政治社会化过程变得异常复杂。因此,乡村振兴视域下政治社会化介体的多元化和功能分化的现实决定,农民政治社会化在加强政治社会化各介体之间功能多样性的同时,尤需整合其功能,实现政治社会化介体的协同一致。第四,乡村振兴背景下农民政治社会化的环境不断优化,但也存在整体大环境和社区小环境、物质环境和精神环境不够协调的问题。近年来,不断优化的政治生态、稳中有进的经济发展以及和谐友好的社会氛围,为农民政治社会化提供了良好的社会环境。但农民的家庭、社区等小环境的参差不齐,农民身边的"微腐败"和不良风气等影响农民现代价值观念、生活方式和风气风貌的软环境,又滞阻着农民的政治社会化。乡村振兴视域下乡村社会的上述新变化决定了农民政治社会化必然是一个复杂的系统工程,只有以系统思维整体考虑和设计,才能因应时代促进农民政治社会化水平的提升。

（二）乡村振兴视域下农民政治社会化的运行流程

政治社会化作为个体与社会互动的过程,这个过程的进行是否顺利关系到

[①] 凌烨丽、李浩昇:《农民公共精神的流变及乡村振兴视域下的重塑》,《宁夏社会科学》2019年第4期。

第八章　乡村振兴视域下农民政治社会化绩效提升

政治社会化的成效。于个体而言，一个人从出生到成年乃至终其一生都在不断地政治社会化，都在按照"政治信息传播、政治观念内化、政治态度演进和贯穿个体一生的阶段性发展"① 这样的逻辑顺序与政党、国家等政治共同体持续互动。于社会而言，不同时代对人的政治社会化要求不同，社会发展会对个体形成新的期待。但无论时代如何，任何个体的政治社会化始终是具体的历史过程，都要经历政治文化"认知—消化—再生"的内化阶段和政治实践的外化阶段，也即政治文化输入、接收与转换、再生、输出反馈的持续反复运行过程。这与系统论强调的通过"输入—转换—输出—反馈"等机制实现系统与内外环境的互动不谋而合。

1."输入"阶段：源自外部环境的需求和支持进入

农民政治社会化系统的外部输入，始于两个方面：一是外部环境给予个体的需求输入，是个体基于自我欲望实现或为影响政府决策而产生的需求表达。改革开放40余年市场化、工业化和城镇化的发展，个体竞争意识的觉醒和文化素质的提升激发了农民日益增长的美好生活需要。最新实证研究结果显示，"农村人口整体需求强度在不断上升"②，既有收入增长、生活幸福、技能提升、情感关爱等个体层面需求，也有对乡村公共安全、环境卫生、政治生态等公共层面需求，更有参与公共事务治理的政治需求和热情。这些需求或期待将激发起农民投身乡村振兴、建设社会主义现代化强国、创造幸福美好生活的更大热情，但也构成农民政治社会化的外部压力源，成为影响农民政治态度、政治评价、政治行为生成与走向的重要因素。二是源于外部环境对政治体系的支持输入，是外部环境基于对政治体系的认可而向农民输入的鼓励态度和支撑举措。为此，党和国家通过家庭、学校、政治组织、社区、大众媒介等介体，以多样化的形式把关于政治制度、政治规范和政治共同体感（建立在对自身政治共同体归属认知基础上的强烈的正向情感)③ 等政治知识和政治情感信息传递给农民，为农民形成科学的民主观、政府观、政党观、国家观等提供重要的信息输入支持。乡村振兴战略实施过程中，党和国家相继出台了《关于加强和改进乡村治理的指导意见》《关于实现巩固拓展脱贫攻坚成果同乡村振兴有

---

① 李元书、杨海龙：《论政治社会化的一般过程》，《政治学研究》1997年第2期。
② 张琦、李顺强：《内生动力、需求变迁与需求异质性：脱贫攻坚同乡村振兴衔接中的差异化激励机制》，《湘潭大学学报（哲学社会科学版）》2021年第3期。
③ Karl Wolfgang, *Political Community at the International Level: Problems of Definition and Measurement*, New York: Doubleday Broadway, 1954, p.129.

效衔接的意见》《关于全面推进乡村振兴加快农业农村现代化的意见》等党内法规，提出以农民群众喜闻乐见的方式弘扬和践行社会主义核心价值观和习近平新时代中国特色社会主义思想的政治信息传播和政治价值灌输方针，不仅赋予农民深层的国家认同、政党认同和政府认同，更从精神上输入给农民浓厚的主导政治文化。外部环境为农民政治社会化输入的这些需求和支持，必然强力支撑农民形成积极健康的政治心理和政治行为模式。

2. "转换"阶段：农民对需求和支持系统的自我调试

各种需求和外部支持的输入，仅仅是进入了农民的大脑。但要真正成为农民有意识的认同和支持体系，还要经过人脑的转换环节，需要农民对这些需求和政治支持信息进行识别、联系、比较、重组和再造，同时结合头脑中原先的意识进行互动，最终生成健康的政治心理和行为导向。因此，农民政治社会化系统运行面临着对输入的需求和政治支持信息进行转换的任务：一方面，农民要积极调试自身需求。由于新输入的需求纷繁复杂，在最终认可并纳入已有的需求信息系统之前，必须根据性质上同质、结构上同构的标准进行加工转化、分类比较和逻辑整合，以去伪存真、摒弃非理性需求信息的干扰。同时，农民应当充分借助"民主协商"这一优化需求信息的制度内渠道，通过参加听证会、恳谈会等途径表达自己的意见和看法，了解满足个人需求或公共需求的主客观条件限度，既最大限度争取自我需求的公平表达机会，也在政治社会化中对国家决策和行动形成正确的政治认知和判断，实现个人利益与国家利益的调和而避免对自身角色定位和国家政策理解的偏差和行动失当。另一方面，要对来自外部环境的政治支持信息进行主动调试与转换。近年来，国家乡村振兴战略迈出坚实步伐。党和国家通过改变制度规则的结构、规范和设立特定项目支持等方式来应对需求输入带来的压力，帮助农民健康、顺畅重组转换外界输入的政治支持信息：国家从 2021 年 1 月起先后在中央、省、市、县四级成立乡村振兴局，把乡村振兴纳入正式行政体系以有效履行乡村振兴职能职责；2021年 6 月正式实施《中华人民共和国乡村振兴促进法》，以法律规则、政策输出形式回应公众需求；通过召开各级"脱贫攻坚总结表彰大会"，推进"乡村人文环境提升""农村青年创业致富'领头雁'培养计划""外出青年返乡创业'燕归巢'"等重点项目，增强对公众的特定支持，提振农村发展信心，提升农民参与乡村建设的主动性，逐步形成了青年农民影响并带动全体农民的良好局面。乡村振兴实践的初步成效，使得农民逐步弥合了自身需求、外部政治信息与现有支持系统之间的张力，自觉把自身需求纳入现有政策体系，主动适应社会环境筛选、比较和重建外界输入的政治支持信息，最终形成与乡村振兴和国家认同一致的理性政治心理。

3. "输出"阶段：农民政治心理和参与行为的外显

农民对外部"输入"的信息进行识别、比较并与头脑中的原有意识进行互动、重组以及"转换"后所生成的政治认知、政治观念、政治态度、政治评价等政治心理正式"输出"并外化为农民的政治行为，是农民政治社会化的核心环节。一方面，家庭、学校、政治组织、社区和大众媒介等政治社会化介体将农民政治社会化的主体和客体相连接，借助国家政策和行动支持计划的刺激和约束，促使农民在不断的信息输入与转换过程中形成理性健康的政治心理。在持续不断的信息转换与强化作用下，农民对"应当怎么样"和"不能怎么样"逐渐形成清晰的认识，并通过各类精神性激励形成"做得好将会怎么样"的积极情感体验，最终逐步形成关于国家发展、乡村振兴的主观价值期待或主张，形成关于国家责任意识、民主政治等相对稳定的政治观念，形成关于国家现状、不同层级政府和干部总体印象的政治评价，形成建立在自身政治影响力和政治系统回应力认知和判断基础上的政治效能感等理性政治心理。另一方面，农民的这种政治心理必然外化于政治投票、政治表达、政治接触等政治参与行为之中。乡村振兴背景下，农民根据个人偏好和现有制度规则平衡家庭利益、家族利益和集体利益，通过多种方式参与村级事务决策，并通过新闻媒体和网络进行线上曝光、线下检举揭发，反映基层治理中的"微腐败"、乡村振兴中的"不作为、慢作为、乱作为"等乱象。在参与表达诉求、民主选举、民主决策和接触政府以影响政府决策等政治活动中，掌握政治技能、内化政治规范、强化政治认同，实现政治人格的确立和完善。

4. "反馈"阶段：输出结果的信息反馈并实现再输入

经由政治社会化所形成的稳定政治心理和行为导向在外化于现实政治世界后，是否符合现实政治世界的要求，是否被现实政治世界所接受，所有信息都要反馈给农民，以便农民适时调整自己政治心理和政治行为，进行再政治社会化。在这一过程中，农民一是要接受自身政治心理和政治行为外化产生影响的信息反馈，检验自身政治社会化效果。在政治社会化系统中，政治心理和政治行为输出是一种特殊的刺激，其既可能获得社会成员的支持而引发农民内化政治文化的更大热情，也可能遭遇社会的负面评价而使农民丧失信心而远离政治。乡村振兴作为精准扶贫后国家在乡村的又一发展行动，旨在最大限度调动农民参与乡村产业、人才、文化、生态和组织建设，实现乡村全面振兴。国家对乡村振兴实践中存在的基层政治参与、政治文化建设、基础设施改善等问题的整改，必将使农民政治社会化的宏观环境更优，农民政治社会化的需求输入和外部政治支持将会得到更大程度的改善。总体而言，农民政治心理、政治行为的外化是政治社会化内化结果的现实反映，农民对乡村振兴的认知、观念、态度和评价等政治心理将会通过其政治行为作用于现实世界，现实世界对此的反映也会再次以信息输入的形式反馈给农民，形成有关需求和政治支持的再输入。二是要根据信息反馈适时调整自己的政治社会化内容和方式。农民政治心理、政治行为所展现的政治认知、政治观念、政治态度和政治评价反映着系统输出的长期外溢性效果，影响着特定目标的实现程度。政府或基层社会通过树立"脱贫攻坚先进个人""最美乡村致富带头人""最美家庭"等各类先进典型，明确价值导向，对有助于达成乡村振兴目标的行为实行奖励，促使农民"反求诸己"并根据外化的政治心理和政治行为所遭遇的评价而正向激励或反向约束自己，调整自己在乡村振兴中的政治心理和行为，实现农民政治社会化水平在"输入—转换—输出—反馈"的循环中不断提高。

（三）乡村振兴视域下农民政治社会化的系统性特征

乡村振兴是党和政府为有效化解新时代中国社会主要矛盾的重大战略举措，是涉及产业、文化、组织建设、生态和社会治理等多个方面的系统性工程。承载弘扬传统政治文化、传递主流政治文化、培育政治参与和社会治理能力功能的农民政治社会化由此关乎着乡村振兴的实施质量水平，也是一项复杂的系统工程。以系统论观之，乡村振兴视域下农民政治社会化标志着党和国家对农民政治社会化实践的规律性认识达到了新的高度，展现出整体性、开放性、回应性、动态性的理论特质。

1. 农民政治社会化系统要素的整体性

整体性是系统的本质属性，强调系统是由物质、能量、信息相互联系、相互作用构成的有机整体，而不是系统各要素的简单机械相加。中国农村经过改革开放40余年的蓬勃发展，政治、经济、文化和社会各方面的能量已基本释放完毕。改革初期靠家庭联产承包责任制的"制度激励"和21世纪以来靠快速城市化的"投资激励"的"外生驱动"做法已无法有效撬动乡村振兴和农民政治社会化。增强和激活农业农村内生发展动力成为当下实现乡村振兴、推动农民政治社会化的根本之路。不同于传统农民政治社会化，今天农民政治社会化主体、客体、介体等系统要素发生了巨大的变迁：农民政治社会化的主体

第八章　乡村振兴视域下农民政治社会化绩效提升

类型越来越多元，不仅有农民、政府，更有中央、省、市、县、乡五级书记抓乡村振兴和农民思想政治工作；政治社会化的客体内容越来越细化，不仅有中华优秀传统文化和民族精神，更有中国特色社会主义核心价值观、时代精神和现代政治理念；政治社会化的介体越来越丰富，互联网时代的到来使得农民政治社会化的介体更加多元；政治社会化的环体越来越复杂，国际国内、政治经济文化社会等各种因素交织。农民政治社会化效果的整体呈现，有赖于各要素、各组成部分之间的有序配合与良性互动。只有坚持系统思维，从整体角度全面考量、统筹推进，农民政治社会化才能取得良好的整体效应。如果片面、孤立地看待农民政治社会化各系统要素之间的关联，不对农民政治社会化各系统要素进行整体统筹与有效整合，农民政治社会化就可能陷入"碎片化"困境而难以有效提升。因此，乡村振兴强调应该摆脱经济增长这个单一向度的"外生发展"，而转为实现"人的全面发展"，特别强调应该在整体性视域内实现地方社会的增能与增权①；强调将农民政治社会化看作是主体、客体、介体、环体等各要素彼此联系的统一整体，将经济、政治、社会、文化和生态等诸因素整合进农民政治社会化的地方性实践中，着力建设具有整体成效的农民政治社会化，最终形成促进农民全面发展的内生动力。可见，乡村振兴视域下农民政治社会化具有整体性特征，其内部各要素相互协同、彼此耦合，朝着充分发挥农民主体性、实现农民全面发展这一整体目标和成效推进，以整体优化的存在形式展示了农民政治社会化的发展方向。

2. 农民政治社会化系统环境的开放性

系统论认为，"系统无论是有生命的还是无生命的，无一不是与周围环境有着相互依存和相互作用的开放系统"②，"科学的系统是可以变化的、开放的、有多种分类可能性"③，具有与环境发生物质、能量和信息交换关系的属性。系统开放是系统生存和发展的根本，也是系统优化升级的保障。作为一项系统工程的新时代农民政治社会化，也具有开放性的系统特征。着眼于乡村全面振兴和农民全面发展的乡村振兴，突破了以往将农村视为一个孤立系统的局限，将农村从过往的依附角色定位转变为与城镇互促互进、共生共存的依存体，重视以农民现代化驱动整个公民群体的现代化，以乡村治理体系和治理能

---

① 张文明、章志敏：《资源·参与·认同：乡村振兴的内生发展逻辑与路径选择》，《社会科学》2018年第11期。
② 乌杰：《系统辩证论》，人民出版社1991年版，第24页。
③ [德]卡尔·雅斯贝斯：《历史的起源与目标》，李夏菲译，漓江出版社2019年版，第117页。

力的现代化推动国家治理体系和治理能力的现代化,实现农村与城市、农民与整个国家、社会之间作为平等者之间的交换整合。乡村振兴通过培养造就新型农民,向整个社会输出高素质的建设者,同时社会系统又通过经济、政治、文化、生态建设为农民发展输入源源不断的能量,并以制度规则、行为规范、文化影响等形式塑造农民的政治情感、政治态度和政治价值观,而形成相对稳定政治心理的农民又将这些政治情感、政治态度和政治价值观外化为一定的政治行为,作用于现实的社会政治体系。随着乡村振兴的发展,学校、社区、大众媒介尤其是网络等农村各项基础设施更加完善,各类政治知识、新闻咨询、时政评论信息的涌入为农民形成正确的政治判断、提升政治参与能力提供了有利的客观环境。农民政治社会化水平就在农民与外部环境循环反复的信息交换中得到不断提升。但网络中良莠不齐的信息、形形色色的价值观念,也使处于开放状态,与外界发生物质、能量、信息交换,而又缺乏理性辨别意识和独立思考能力的农民面临着政治社会化的不利客观环境。因此,过滤、摒弃不利环境因素,努力营造政治社会化良好氛围,确保农民政治社会化取得良好效果,正是农民政治社会化系统开放性特征的必然要求。

3. 农民政治社会化系统实践的回应性

回应性一般指"当面对一项对行动或者信息的要求时,服务提供方具有的反应速度和准确性"[①]。良好的回应性是判定系统是否稳定、运行是否有效的重要标志。"'回应性'治理折射出公共政策回应民众需求的国家整合方向。"[②] 农民政治社会化系统也具有良好的实践回应性。事实上,农民政治社会化在运行过程中始终面临着外部环境的需求和政治支持变化带来的压力。正是在动态回应需求和政治支持压力的过程中,农民政治社会化的主体——农民和政治体系——才构筑起农民政治社会化需求的调适和政府政治社会化导向的双向策略,才能实现对危机的克服和在环境中的存续和发展。农民政治社会化系统的动态回应性因此自始至终蕴含着对危机的考量。乡村振兴过程中,农民政治参与所表现出的"小农分散性、乡村失序性、农民受动性的状态引致农民主体能力、认同、权利的弱化"[③] 等政治行为问题,受个人主义、功利主义

---

① [以色列] 埃瑞·维戈达:《从回应到协作:治理、公民与未来的公共行政》,孙晓莉译,《国家行政学院学报》2003 年第 5 期。
② 陈浩天:《回应性治理:农户需求与国家政策整合的基层面向》,《西北师范大学学报(社会科学版)》2014 年第 6 期。
③ 刘碧、王国敏:《新时代乡村振兴中的农民主体性研究》,《探索》2019 年第 5 期。

影响而展现的集体意识、公德意识、社会责任意识、理想信念淡薄等价值滑坡问题，都暴露农民的政治心理和政治行为离合格政治人的政治社会化目标还存在较大距离。与此同时，作为乡村振兴领导者和组织者的农村党组织和基层政府也"面临覆盖力萎缩、凝聚力弱化、执行力异化、服务力泛化等组织力提升困境"[①]和农民政治认同下降的危险。面对农民政治社会化实践产生的种种政治需求和支持困境与危机，无论是农民还是政治体系都必须及时作出回应，敦促农民调适自我政治需求或根据外部环境的政治评价和支持修正、改变政治价值取向和政治行为，敦促政治体系调整、转变农民政治社会化策略并着力增强自身凝聚力、执行力和服务力而克服农民政治社会化的危机。如果农民回应滞后，农民政治社会化就易走向停滞甚至与主流政治文化和意识形态越行越远，而政治体系若不能及时做出正确的回应，则会导致有效性丧失，最终造成农民政治社会化的退步和农民对政治体系政治认同的崩塌。自 2018 年以来推行乡村振兴过程中，党组织和基层政府先后开展"村党组织带头人整体优化提升""移风易俗专项文明""乡村振兴农民科学素质提升"等行动，把农民的意见和需求吸纳到公共决策中，对农民政治社会化系统的需求和外部政治支持进行回应和调适以促进农民政治社会化更好发展的政治实践，正是农民政治社会化系统回应性特征的体现。

4. 农民政治社会化系统演化的动态性

系统论认为，现实中的所有系统都是变化着的动态平衡系统，都随着时空的变化而发展演化。"动态性是系统本身演化发展的内在规律与动力保证。任何一个系统都需要系统与要素的协调运作，来促进系统自身运行以及系统与外部环境之间物质、信息与能量的充分交换。"[②]中华人民共和国成立后农民政治社会化先后经历了土地改革、集体化、税费时期和后税费四个时期，每个阶段农民政治社会化都因应时代背景而具有明显的动态演化特征。土地改革时期，国家通过宣传动员、诉苦、划成分、斗地主等方式进行土地革命，实现了国家政权建构与乡土社会整合、塑造农民阶级意识的重要任务。集体化时期，国家通过乡村政权建设、思想政治教育和对农业的社会主义改造，摧毁了农村传统的宗法文化，将分散的农民前所未有地纳入国家体系，实现了集体组织的

[①] 林星、王宏波：《乡村振兴背景下农村基层党组织的组织力：内涵、困境与出路》，《科学社会主义》2019 年第 5 期。

[②] 胡华：《系统论视域下新时代爱国主义教育的多维分析》，《思想理论教育》2021 年第 2 期。

政治社会化功能，使得农民的日常生产生活、思维话语都完全政治化和国家化，农民被塑造成具有强烈阶级意识和革命观念、惯于依附服从的国民。改革开放后新农村建设背景下，市场化和社会化催生了农民的主体性和现代性。乡村传统、国家行政和市场经济逻辑促使农民以前所未有的姿态积极主动回应国家。这一时期国家的农民政治社会化工作以关心农民的现实利益为主要导向，着力在回应农民现实利益的基础上加强农民思想道德教育，大力发展和普及农村教育科学文化，夯实农民政治观念中的社会主义价值取向和政治认同。进入21世纪，新型城镇化浪潮将千万农民裹挟其中，深刻改变着其生产生活方式和价值理念。农民政治社会化也顺应时代的变革，重心从培养农民坚守社会主义取向转而瞄准"人"这一核心主体，转向重视实现身份从"农民"到"市民"的转变，开始聚焦形成完整的公民意识和参与现实政治的实践能力。而迈入乡村振兴阶段后，实现城乡一体化发展，建设强大、美丽、富裕的社会主义乡村，实现农民的全面发展成为时代的重大使命。如何调动一切资源培育具有自尊自信、理性平和、积极向上的现代政治心理和强大参政能力的农民，如何调动其主体积极性和发挥其首创精神以投身乡村建设，是现时段农民政治社会化的核心使命。可见，农民政治社会化是一个随着时空变化而动态调整的开放系统，其每一次重大演变都是对时代背景和任务的动态调适。无论是土地改革和集体化时期的政治整合、税费改革时期的经济激励，还是后税费时期的身份转变，抑或是现今的全面发展，农民政治社会化始终沿着客体从单一向丰富、手段从非理性向理性的方向不断演变。因此，充分利用有利条件，克服不利因素，在动态调适中推进农民政治社会化向前发展，是顺应农民政治社会化系统演化的动态性特征的必然。

三 以系统思维推进乡村振兴视域下农民政治社会化

乡村振兴背景下农民政治社会化是培育农民现代政治心理，塑造农民现代政治行为的复杂过程。其良好整体效果的达成，需要主体、客体、介体和环体等政治社会化系统各要素彼此联动、相互耦合、协同优化。为此，应以系统论为指导，加强顶层设计，注重系统观念的统筹规划，注重农民政治社会化整体联动与协同推进，增强农民政治社会化手段与内容的耦合性，加强反馈调整，为提升农民政治社会化绩效添砖加瓦。

（一）加强顶层设计，注重系统观念的统筹推进

提升农民政治社会化绩效，坚持系统观念就是要"加强前瞻性思考、全局性谋划、战略性布局、整体性推进"[①]，做好农民政治社会化统筹推进的顶层设计。第一，要从历史、现实和未来的高度前瞻性思考农民政治社会化。现阶段，我国农民的政治社会化总体已迈入"较高水平"行列，但仍然处于较高水平的初始阶段。实证研究已经证实，未来政治知识的传播将会由单向供给转为需求导向并逐步实现供需均衡，农民政治心理将会从理性小农走向现代公民，农民政治行为将会由"动员式"参与走向"自主式"参与。因此，我们要结合乡村振兴的近期、中期和远期发展目标，判断农业结构、农民就业质量、城乡基本公共服务、乡村治理体系、农村生态环境、农民文化素质等方面的发展和改变对农民政治心理和政治行为带来的影响，结合农民政治社会化的现有水平和发展趋势采取前瞻性的政治社会化策略，完善农民各项权利，教育引导农民摆脱封闭保守、依附服从、冷漠疏离的传统观念，做乡村振兴的主人和积极建设者。第二，要从国际国内、党和国家工作大局出发进行全局性谋划。要把农民政治社会化纳入国家"五位一体"总体布局、"四个全面"战略布局以及"四个伟大"和"两个大局"中来把握，以新发展理念为引领，推进新发展阶段基层协商民主广泛多层制度化发展，创新和发展农村优秀传统文化，着力解决农民最关心的现实利益问题，引导农民形成绿色发展方式和生活方式，最大限度调动农民基层治理、乡村建设积极性，促进农民政治社会化稳定发展，使农民政治社会化主体力量更强、客体内容更完善、介体更丰富、环体更和谐。第三，要盯紧农民政治社会化的重点领域和关键环节进行战略性布局，逐步解决农民政治社会化存在的不均衡问题。例如，要逐步缩小东、中、西部因区域差异、城乡发展不均衡而带来的农民政治社会化差距，给农民提供灵活稳定的就业机会，增加农民经济收入，缩小农民群体内部的收入差距，消除农民政治心理差距上的经济诱因，逐步实现全国农民政治社会化水平趋同。第四，要注重农民政治社会化同其他因素的关联性，整体性推进农民政治社会化。当下农民和市民政治社会化各方面虽然还有一定的差距，但城乡统筹一体化是大势所趋，因此要把农民政治社会化同市民政治社会化予以统筹考虑，要

[①]《中华人民共和国国民经济和社会发展第十四个五年规划和2035年远景目标纲要》，人民出版社2021年版，第6页。

善于补齐短板，稳固根基，整体提升农民政治知识、政治心理和政治行为各方面的理性发展，让农民在新型城镇化建设和乡村振兴中向市民化迈进，实现政治心理和政治行为与市民的一体化。

（二）注重供需均衡，实现输入与输出系统的调谐

系统内部的矛盾运动是推动系统发展和演化的内部动因。系统因内部诸要素差异而产生"涨落"变化，打破系统原有平衡，但系统诸要素最终会适应变化了的新情势而彼此耦合，最终推动系统进入新的有序状态。系统整体呈现出的这种稳定有序结构直接根源于系统的协同作用，由此呈现的差异协同规律构成系统哲学诸范畴最本质的联系。根据差异协同规律，协同具有放大系统的功能，从而导致系统整体合作行为产生"1+1>2"的功效。因此，提高农民政治社会化绩效，就要重视输入与输出子系统的协同。在乡村振兴背景下，社会内外部环境构成了农民政治社会化发生的总体环境，这种环境既有来自政治稳定、经济发展、社会和谐、生态美丽的外在环境，也有因人民群众日益增长的美好生活需要和不平衡不充分发展之间的矛盾带来的压力。来自总体环境的需求和政治支持构成输入系统，政治主体会对政治认知、政治情感、政治态度等政治认同支持所形成的输入压力做出反应，形成关于支持的结构调节。因此，乡村振兴过程中国家的农民政治社会化工作必须注重供需均衡，处理好农民政治社会化主体——政治体系和农民——的政治社会化输入和输出的科学调谐。一方面，必须做好农民的政治社会化输入和输出的调适。始终把农民主体地位落到实处，做到农民政治社会化工作始终与农民现实物质利益相结合，努力提升农民精神风貌和科学文化素养，通过需求刺激和外部政治支持信息输入激发农民首创精神和主人翁意识，建构起理性稳定的政治心理和行为模式并外化为积极投身乡村经济、政治、文化和组织等全方位建设的行为中去。另一方面，必须将农民的政治社会化输入与输出同党和国家的输出与输入进行无缝衔接。党和国家必须根据农民外化的乡村振兴参与行为，分析农民政治行为的特点、所暗含的政治认知、政治态度、政治效能感和政治认同等政治心理样态，通过这些信息输入调整农民政治社会化工作的具体内容和实施策略，并借助丰富多彩的形式和途径将调适后的政治社会化内容输出给广大农民，为农民完善政治知识结构、形成理性政治心理、自觉调适政治行为提供系统保障。

（三）完善中介系统，增强系统举措与内容的耦合性

系统论认为，系统事物内部状况和最适宜条件相结合能够出现优化状态。"优化的实现，是环境条件特别是最适宜条件和内部联系相互适应、结合的产物，是系统内部根据和外部条件的统一。"[1] 系统涌现的特性使系统各要素在耦合的基础上能够产生单一要素、单一领域所难以实现的整体功能。乡村振兴视域下农民政治社会化是对不同领域、要素与举措的系统化升级，要素更加复杂，内容更为丰富。其总体成效不是农民政治社会化不同领域、要素与举措的机械相加，而是表现为各领域的联动、各举措和要素内容的协同耦合形成的总体效应。在乡村振兴时代，农民政治社会化的根本意义在于实现农民政治知识、政治心理和政治行为的融合统一，最终实现人的全面发展，化茧成蝶成为现代合格政治人。而这些目标的实现，需要政治社会化各种举措与内容的耦合联动。为此，国家首先要综合运用多种方式教育、组织农民。农民对国家的认同、对政策的支持，不能仅仅只靠农民个人的觉悟，国家必须坚持发挥农村基层党组织的核心领导作用，完善农民政治社会化的组织载体，实现农民的再组织化。"以各类合作经济为纽带促进农民生产活动组织化，以群团组织职能延伸推进农民社会活动组织化，以各类社区组织发展带动农村社区文化建设。"[2] 通过这些组织重构乡土社会的公共性，将现代政治文化融于其中传递给农民，培养塑造符合现代精神的"政治人"。其次要与时俱进更新教育内容。恩格斯说："每一个时代的理论思维，包括我们这个时代的理论思维，都是一种历史的产物，它在不同的时代具有完全不同的形式，同时具有完全不同的内容。"[3] 农民政治社会化的客体为此必须吸收时代关于政治文化、政治知识和政治观念的最新成果。国家应当在传承和发展优秀传统文化的基础上，加大对新时代中国特色社会主义思想的宣传力度，用新思想武装农民，增强思想政治教育的说服力；既要有传统思想道德教育的内容，积极开展爱国主义、集体主义和理想信念、法制教育等，还要与时俱进开展生态乡村、环境保护和农村产业发展等新教育，"着力提高农民的民主法治观念、科学文化知识和思想道德，着力培育新型现代农民，使农民虽然生活在农村，但价值观念、行为方式、生活习性

---

[1] 乌杰：《系统哲学基本原理》，人民出版社2014年版，第231页。
[2] 刘洪银、孔祥莉：《以农民再组织化推进农村社会文化建设》，《长白学刊》2018年第3期。
[3] 《马克思恩格斯文集》第9卷，人民出版社2009年版，第436页。

是现代性的"[1]。最后要坚持主流话语与大众文化相融合。当前关于政治社会化的基本认识乃是着眼于国家、政党的政治知识、政治信念、政治准则和政治价值观的传播以及公民相应政治行为能力的养成这一宏观政治立场，主要依靠国家权力的动员来作用于公民的生活空间，但随着现代政治生活的日常化、微观化和多元化，囿于主流话语的宏观政治社会化不仅与现实政治生活的微观化趋势相悖，而且难以克服微观政治中隐含的政治犬儒主义所可能带来的政治认同危机。[2] 因此，必须要在宏观政治与微观政治之间建立起有机联系，牢牢把握农民政治社会化的舆论阵地，将主流意识形态融于广告、电视、电影、表演、社会交往等大众生活和大众文化中，用喜闻乐见、通俗易懂的方式让主流意识形态深入人心，在细无声处培养起农民基本的政治智慧和政治辨识力，提高农民政治社会化实效。

（四）重视反馈调节，提升政治社会化效果

系统论的反馈调节原理强调，系统自身具有反馈调节的性质，能够将系统输出的结果返回到输入端，并通过削弱或增强输入的作用，控制达成某一特定目标所要保持的误差界限，从而维持系统的稳定。[3] 系统通过自身的反馈调节能够减少系统的"无组织程度"，从而使系统"反应性地"达到较高级组织状态。[4] 乡村振兴下农民政治社会化作为一个复杂系统，其提升农民政治社会化效果，培养符合新时代要求的"政治人"这一预设目标的达成，也需要通过定期的信息反馈和不断调适才能最终实现。当农民政治社会化输出的政治心理和政治行为偏离系统所需要的状态时，及时反馈并纠偏对预期目标的达成至关重要。其一，坚持把农民的政治社会化同党的中心工作相结合，保持正确的发展方向。马克思主义认为，社会存在决定社会意识，社会意识总是一定社会现实的反映。中华人民共和国成立 70 余年农民政治社会化历史证明，不同时期有不同的工作重心，也有不同的政治社会化任务，凡是围绕中心工作开展的农

---

[1] 邓国军：《马克思恩格斯关于农民思想政治教育的思想研究》，《毛泽东邓小平理论研究》2018年第 7 期。

[2] 班建武：《当代青少年政治社会化需要关注的三大议题——来自微观政治的教育启示》，《中国青年研究》2017 年第 4 期。

[3] 张旺君：《系统开放、反馈调节与渐进进化原理》，《系统科学学报》2018 年第 3 期。

[4] ［美］贝塔朗菲：《一般系统论：基础、发展和应用》，林康义、魏宏森等译，清华大学出版社1987 年版，第 141 页。

第八章　乡村振兴视域下农民政治社会化绩效提升

民政治社会化都能取得中心工作和农民政治心理和政治行为形塑的良好效果。当前，在乡村振兴成为继精准扶贫之后农村中心工作之时，农民政治社会化应紧紧围绕乡村振兴，进行中国特色社会主义和中国梦、爱国主义、集体主义和社会主义教育，弘扬劳动最光荣、劳动者最伟大的观念，最大限度调动农民参与产业发展、人才支撑、文化繁荣、生态保护和基层民主等乡村振兴建设的热情，并在此过程中增强政治认同，提高自身政治效能感、政治责任感，提升理性参政能力。其二，要把教育引导同物质利益相结合，从农民自身利益和生存中激发农民政治社会化动力。农民政治社会化要取得实效，关键在于要取得农民思想上共识、情感上共鸣、行动上同频共振。集体化后期农民政治社会化工作脱离农民切身利益而带来农民政治社会化效果弱化，是一个深刻的教训。为此，农民政治社会化工作必须与农民反映强烈的现实问题相联系，国家必须着力解决农村经济发展滞后、农村公共服务不足、基层干部不作为、农村环境污染、社会分配不公等影响农民切身利益的关键问题，提高农民的获得感、幸福感和满意度，才能用实际行动真正教育影响农民，让其心悦诚服、自主自愿主动内化主流价值观念，外化理性政治参与行为，高度认同与支持党和政府。其三，要主动及时纠偏，排除不利因素干扰。"一切有目的的行为都可以看作需要负反馈的行为。"[①] 面对鱼龙混杂的网络信息、扭曲不畅的利益表达渠道、滞后残缺的乡村文化建设等滞阻农民理性价值观念和公共精神养成、影响农民政治社会化目标达成的不利因素，必须立足反馈信息与目标信息的差距，持续净化网络生态环境，畅通农民利益表达渠道，"重视农村内源性文化生活的形塑力，通过农村文化生活对农民公共精神形塑的嵌入机制、内生机制和整合机制，实现农民公共精神的全面协调生长"[②]。

总之，农民政治社会化发展不是单向度、线性的、同质的，而是多向度、非线性、复杂的多要素的角力。由于政治社会化"从本质上说是前进的，不断发展的，不断变化的，因此可能永远不会达到完善。这个目标如同海市蜃楼一般，当你接近时，它就可能退到远方"[③]，农民政治社会化的发展就是这种

---

① Rosenblueth A., Wiener N., Bigelow J., "Behavior, Purpose and Teleology", *Philosophy of Science*, Vol. 10, No. 1, 1943, pp. 18–24.
② 吴春梅、席莹：《农村文化生活与农民公共精神的生长：机理与对策》，《中南民族大学学报（人文社会科学版）》2015 年第 4 期。
③ [美] 弗莱彻·M. 格林：《美国民主的周期》，载中国美国史研究会等编：《奴役与自由：美国的悖论——美国历史学家组织主席演说集 1961—1990》，贵州人民出版社 1993 年版，第 21 页。

存量基础上的增量演进过程，它"永远不是最终的成就，而是一种呼吁，它呼吁人民不懈努力"①。因此，中国农民的政治社会化是一项没有终点的无法终结的事业，不可能毕其功于一役，需要国家、政党、社会和民众齐心协力、不断前行。

---

① [美] 丹尼尔·B. 贝克：《权力语录》，王文斌、林欣译，江苏人民出版社2008年版，第43页。

附　　录

附件一　访谈对象基本情况统计表

本次口述史材料71份，涉及东、中、西部14个省、自治区和直辖市，包括福建、甘肃、广东、贵州、河南、湖北、江西、山东、山西、陕西、四川、广西壮族自治区、宁夏回族自治区和重庆市。

访谈资料编码说明：①此次访谈文字资料编码方式采用调研年份+"调研省（自治区、直辖市）名字拼音首字母缩写+调研者姓名拼音首字母缩写+份数排列"，举例"张三在四川省完成了三份访谈"，那么他的访谈资料的编号就为"2019SCZS01""2019SCZS02""2019SCZS03"。②由于陕西省和山西省的拼音首字母缩写都是"SX"，本次编码用"SX1"代表陕西省，用"SX2"代表山西省。③由于本次调研中有李琼、刘庆两位调研员，他们姓名首字母缩写都是"LQ"，此次编码因此使用字母大小写的不同组合来区分两位调研员，其中"Lq"代表李琼，而"lQ"则代表刘庆。

序号	访谈编号	调研员	访谈时间	访谈地点	受访者姓名	受访者年龄	受访者性别	受访者政治面貌	受访者是否曾担任过村组及以上的职务（何种职务）	受访者经济状况	受访者文化水平
1	2019CQCJJ01	曹晶晶	2019.02	重庆市北碚区东阳镇	吴明乾	78	男	中共党员	否	一般	初中肄业
2	2019CQDCX01	丁春霞	2019.02	重庆市云阳县普安乡	李正良	78	男	中共党员	是（小组组长）	一般	文盲

续表

序号	访谈编号	调研员	访谈时间	访谈地点	受访者姓名	受访者年龄	受访者性别	受访者政治面貌	受访者是否曾担任过村组及以上的职务（何种职务）	受访者经济状况	受访者文化水平
3	2019CQHCL01	黄橙蓝	2019.01	重庆市丰都县青龙乡	黄玉权	81	男	中共党员	是（大队主任）	一般	文盲
4	2019CQHCL02	黄橙蓝	2019.01	重庆市丰都县青龙乡	向丹恒	75	男	中共党员	是（队长、团支书）	一般	初中
5	2019CQLJ01	李俊	2019.02	重庆市彭水县鹿角镇	张建余	79	男	中共党员	县政协委员（民兵连长、大队会计）	一般	初中
6	2019CQZDD01	朱丹丹	2019.01	重庆云阳县普安乡	朱开仕	80	男	群众	否	一般	小学
7	2019FJHYT01	黄逸婷	2019.01	福建省宁化县石壁镇	谢明建	91	男	群众	是（村保管员和会计）	一般	小学肄业
8	2019GSCWW01	陈巍巍	2019.01	甘肃省通渭县榜罗镇	/	87	男	群众	否	一般	文盲
9	2019GSQXJ01	祁雪洁	2019.02	甘肃省高台县新坝镇	/	79	男	/	/	一般	小学
10	2019GSWD01	武丹	2019.02	甘肃省西固区陈坪乡	武富功	73	男	中共党员	否	一般	小学
11	2019GXQDY01	覃冬月	2019.02	广西壮族自治区都安县地苏镇	/	76	男	中共党员	是（社保主任、村干部）	一般	小学肄业
12	2019GXWT01	韦韬	2019.02	广西壮族自治区融水县三防镇	王桂莲	82	女	群众	否	良好	文盲
13	2019GZDSN01	段胜男	2019.02	贵州省七星关县海子街镇	段锡清	81	男	群众	否	较差	小学
14	2019GZLKX01	李康香	2019.02	贵州省安龙县栖凤街道	黄定学	75	男	中共党员	是（小组组长）	一般	小学
15	2019GZLQ01	李青	2019.02	贵州省水城县发耳镇	陈长根	76	男	群众	否	一般	文盲
16	2019GZLYJ01	刘永佳	2019.01	贵州省福泉县仙桥乡	高国政	81	男	群众	否	一般	小学肄业

附　录

续表

序号	访谈编号	调研员	访谈时间	访谈地点	受访者姓名	受访者年龄	受访者性别	受访者政治面貌	受访者是否曾担任过村组及以上的职务（何种职务）	受访者经济状况	受访者文化水平
17	2019GZZXS01	张晓珊	2019.02	贵州省大方县鼎新乡	刘安珍	88	女	群众	否	一般	文盲
18	2019HNZJH01	张建辉	2019.02	河南省上蔡县东岸乡	/	77	男	群众	否	一般	高中
19	2019JXRHH01	饶慧慧	2019.02	江西省万年县齐埠乡	周木香	81	女	共青团员	是（妇女主任）	良好	文盲
20	2019NXXL01	项乐	2019.02	宁夏回族自治区平罗县姚伏镇	刘保民	80	男	中共党员	是（大队副书记）	一般	小学
21	2019NXZM01	赵森	2019.02	宁夏回族自治区沙坡头区镇罗镇	/	77	女	群众	否	一般	文盲
22	2019SDGPB01	郭培斌	2019.02	山东省梁山县小安山乡	王云良	84	男	中共党员	是（大队主任）	较差	小学肄业
23	2019SDWC01	韦晨	2019.02	山东省费县费城乡	张凤兰	69	女	群众	否	良好	小学
24	2019SDWX01	王雪	2019.02	山东省兰山区白沙埠镇	姜秀芬	75	女	群众	否	一般	小学肄业
25	2019SX1LHM01	刘慧敏	2019.01	陕西省宁强县铁锁关镇	赵贵英	80	男	共青团员	是（团支书）	良好	小学肄业
26	2019SX1LHM02	刘慧敏	2019.01	陕西省宁强县铁锁关镇	刘建祥	82	男	中共党员	是（大队贫协主任）	一般	小学肄业
27	2019SX1ZXR01	张学瑞	2019.01	陕西省子洲县何家集镇	张怀德	77	男	中共党员	是（大队会计）	一般	小学
28	2019SX2GS01	郭闪	2019.02	山西省定襄县神山乡	郭仁义	87	男	中共党员	是（小队干部）	一般	小学
29	2019SX2MX01	马茜	2019.02	山西省长子县宋村乡	连平安	76	男	群众	否	一般	小学
30	2019SX2WRX01	王瑞昕	2019.02	山西省潞城区合室乡	魏德良	74	男	群众	是（生产小队副队长）	较差	初中肄业
31	2019SX2WYH01	王叶辉	2019.02	山西省右玉县李达窑乡	李春花	76	女	群众	否	较差	小学

续表

序号	访谈编号	调研员	访谈时间	访谈地点	受访者姓名	受访者年龄	受访者性别	受访者政治面貌	受访者是否曾担任过村组及以上的职务（何种职务）	受访者经济状况	受访者文化水平
32	2019SCAZWJ01	阿子伍机	2019.01	四川省喜德县北山乡	吉克机机	86	女	/	是（合作社司务长）	较差	文盲
33	2019SCDKX01	邓可馨	2019.02	四川省营山县东升镇	罗树生	77	男	群众	否	良好	小学
34	2019SCDKX02	邓可馨	2019.02	四川省营山县东升镇	吴代友	91	男	中共党员	是（小组长）	一般	文盲
35	2019SCDR01	代茹	2019.02	四川省冕宁县城厢镇	吴绍品	80	男	中共党员	是（民兵连长）	良好	文盲
36	2019SCFFF01	冯菲菲	2019.01	四川省宣汉县柳池乡	/	76	男	群众	否	一般	夜校肄业
37	2019SCGTT01	巩婷婷	2019.02	四川省北川羌族自治县永安镇	李德珍	82	男	群众	是（民兵连长）	一般	文盲
38	2019SCHWQ01	贺蔚琦	2019.02	四川省仁寿县禾加镇	李列云	75	男	群众	否	良好	小学
39	2019SCHXL01	胡雪莲	2019.02	四川省宣汉县柏树镇	/	78	男	群众	否	一般	小学肄业
40	2019SCLJ01	李静	2019.02	四川省朝天区朝天镇	徐金英	73	女	群众	是（妇女队长）	一般	小学肄业
41	2019SCLJ02	李静	2019.02	四川省朝天区朝天镇	吴高远	78	男	群众	否	一般	小学肄业
42	2019SCLJ03	李静	2019.02	四川省朝天区朝天镇	李德林	75	男	中共党员	是（团支书、生产队长）	一般	小学
43	2019SCLq01	李琼	2019.02	四川省西昌市经久乡	夏汝民	73	男	群众	是（生产队副队长）	一般	小学
44	2019SClQ01	刘庆	2019.02	四川省江油市九岭镇	刘成金	81	男	群众	否	一般	夜校肄业
45	2019SClQ02	刘庆	2019.02	四川省江油市九岭镇	薛德秀	82	女	群众	是（大队委员）	一般	夜校肄业
46	2019SClQ03	刘庆	2019.02	四川省江油市九岭镇	于先华	81	男	中共党员	是（治保主任）	一般	夜校

续表

序号	访谈编号	调研员	访谈时间	访谈地点	受访者姓名	受访者年龄	受访者性别	受访者政治面貌	受访者是否曾担任过村组及以上的职务（何种职务）	受访者经济状况	受访者文化水平
47	2019SCLR01	李蓉	2019.02	四川省峨边县大堡镇	雷显鹗	88	男	中共党员	是（土改委员、工会委员）	富裕	小学
48	2019SCLYF01	李玉芬	2019.01	四川省宜宾县喜捷镇	廖学方	82	男	群众	否	一般	小学肄业
49	2019SCLYF02	李玉芬	2019.01	四川省宜宾县喜捷镇	吴大连	79	男	共青团员	是（村组干部）	一般	小学
50	2019SCLYY01	梁议月	2019.01	四川省盐边县红格镇	蒲万俊	66	男	中共党员	是（队长、小组长）	良好	小学
51	2019SCLYY02	梁议月	2019.01	四川省盐边县红格镇	蒲春树	84	男	群众	否	一般	小学
52	2019SCLYY03	梁议月	2019.01	四川省盐边县红格镇	苏成茂	67	女	共青团员	否	一般	小学
53	2019SCQY01	屈丫	2019.02	四川省泸县方洞镇	李家书	75	女	群众	否	一般	文盲
54	2019SCSLB01	史林波	2019.02	四川省翠屏区明威镇	陈隆香	76	女	群众	否	良好	文盲
55	2019SCSLB02	史林波	2019.02	四川省翠屏区明威镇	刘明清	81	男	群众	是（农技站副站长）	良好	小学肄业
56	2019SCSLB03	史林波	2019.02	四川省翠屏区明威镇	吴宏群	75	女	群众	否	一般	文盲
57	2019SCSYJ01	沈妍伽	2019.02	四川省金堂县隆盛镇	段世松	86	男	中共党员	是（村支书）	良好	私塾
58	2019SCSZL01	舒竹丽	2019.02	四川省蒲江县鹤山镇	李秋玉	80	女	中共党员	是（队长）	一般	小学
59	2019SCWC01	王翠	2019.02	四川省阆中市田公乡	杨素碧	75	女	共青团员	否	一般	小学肄业
60	2019SCWJQ01	吴继巧	2019.02	四川省万源市沙滩镇	丁开支	87	男	共青团员	是（团支书）	较差	文盲
61	2019SCWYL01	王雅丽	2019.02	四川省仁寿县板燕镇	张正权	84	男	群众	是（民兵连长）	一般	文盲
62	2019SCWYL02	王雅丽	2019.02	四川省仁寿县板燕镇	罗金花	80	女	共青团员	是（妇女队长）	一般	小学

续表

序号	访谈编号	调研员	访谈时间	访谈地点	受访者姓名	受访者年龄	受访者性别	受访者政治面貌	受访者是否曾担任过村组及以上的职务（何种职务）	受访者经济状况	受访者文化水平
63	2019SCWSY01	文顺英	2019.02	四川省万源市虹桥乡	秦培路	80	男	群众	否	良好	高中
64	2019SCWSY02	文顺英	2019.02	四川省万源市虹桥乡	任仕义	75	男	群众	否	一般	初中
65	2019SCWX01	王雄	2019.02	四川省渠县渠北乡	周长碧	77	女	群众	否	一般	小学
66	2019SCWXJ01	吴晓娇	2019.02	四川省青川县马公乡	吴绍清	77	男	中共党员	是（生产队长）	一般	小学
67	2019SCYJ01	严谨	2019.02	四川省仪陇县先锋镇	胡兵	76	男	中共党员	否	一般	高中
68	2019SCYT01	杨涛	2019.02	四川省旌阳区孝泉镇	卿尚凤	75	女	群众	否	一般	夜校肄业
69	2019SCYT02	杨涛	2019.02	四川省旌阳区孝泉镇	郑云行	77	男	群众	否	一般	识字班
70	2019SCZS01	周珊	2019.02	四川省仪陇县柳垭镇	/	75	女	群众	否	一般	小学
71	2019SCZS02	周珊	2019.02	四川省仪陇县柳垭镇	肖代才	76	男	群众	是（大队会计）	一般	小学

注：由于个别受访者要求隐去姓名，因此表中对这些受访者没有列出姓名；同时，个别信息不全的用"/"标注。

附件二 问卷调查地区名单

省、直辖市、自治区	地市州	县（区）	乡（镇）	村
安徽	宿州、蚌埠	泗县、五河	黄圩、长沟、浍南	孙苏、高圩、西营

附　录

续表

省、直辖市、自治区	地市州	县（区）	乡（镇）	村
福建	漳州、三明	云霄、明溪、宁化	下河、胡坊、石壁、瀚仙、夏坊	外龙、胡坊、南田、洋龙、龙坑
甘肃	兰州、武威、张掖、定西	西固、凉州、高台、临洮、民乐、通渭	东川、和平、柏树、罗城、新坝、巷道、太石、新添、六坎、陈坪、榜罗、红旗	马泉、中庄、新胜、大众、乔儿、韩寨、红山、新生、槐树、沙楞、李家湾、梁家、巴下、六南、六北、马耳山、大庄
广东	湛江、梅州、东莞	吴川、丰顺、桥头	梅录、新东	塘尾、锡坑坪
云南	楚雄、红河、玉溪、文山、曲靖	禄丰、泸西、红塔、文山、沾益	彩云、碧城、仁兴、广通、白水、高仓、喜古、大坡、德泽	老耳、上村、东营、仁兴、大村、渔力、桃源、黄家寨、竹园、李家寨、河尾、左水冲、王官屯
西藏	拉萨	堆龙、德庆	德庆	丁嘎
陕西	榆林、汉中、安康	子洲、宁强、汉阴、汉滨	恒口、五里、双乳、老君殿、大同、铁锁关、何家集	西庄、眠虎沟、蛇沟三同、桃卜湾、月河、柳林、圜圙山、金坑、刘家坝、红柳湾、王家营、陈家
山西	长治、忻州、吕梁、临汾、朔州、大同	长子、定襄、离石、古县、潞城、平顺、右玉、乡宁、云州	宋村、神山、信义、微子、合室、潞华、李达窑、尉庄、中五井、旧县	东郭、崔家庄、信义新义、尧店、王家庄、北街、中五井、合室林家堡、肖家沟
山东	济宁、临沂、潍坊、菏泽	梁山、兰山、费县、昌邑、成武	馆驿、费城、白沙埠、小安山、义堂、北孟、伯乐、城关、集、孙寺	后青、徐楼、东丁、后隅、嵩庄、凤仪官、爱村、永胜、韦苍、清河、朱阳、上河头、瓜李庄、王林、邵庄、宋庄
青海	西宁、海南	湟中、共和	甘河滩、沙椒	甘河、珠玉

· 451 ·

续表

省、直辖市、自治区	地市州	县（区）	乡（镇）	村
宁夏	石嘴山、中卫	平罗、沙坡头、大武口、中宁	姚伏、镇罗、东园、迎水、文昌、星海、大战场	赵渠、镇北、冯桥、观音、牛滩、赵桥、蔡桥、富民、长山头
湖南	益阳、岳阳、怀化	安化、平江、通道	梅城、浯口、牙屯堡	长安、四丰、桥寨、通坪
江西	上饶、九江、萍乡	万年、修水、莲花	汪家、大源、齐埠、余墩、开坊	深田、石下、曹家、上源、开坊
河南	驻马店、洛阳、焦作、南阳、濮阳、周口、漯河、平顶山	上蔡、西平、洛宁、武陟、内乡、南乐、商水、项城、舞阳、汝州	东岸、杨庄、长水、小董、马山口、元村、王寨、邓城、侯集、贾岭	张杨郑、新铺、三龙庙、北耿、樊岗、后什固、杨古城、许村、端公刘、梅庄
湖北	荆州、襄阳、宜昌	监利、南漳、五峰土家族自治县	汪桥、九集、湾潭	朱湖、双泉、九门
河北	保定、邯郸	莲池、肥乡、魏县、武安、丛台	南大元、天台山、魏城、淑村、黄粱梦	岳洼、西淑、王周、中马池、栗辛寨
贵州	贵阳、毕节、黔西南、铜仁、六盘水、黔南	云岩、大方、江口、织金、福泉、水城、独山、钟山、七星关、盘州、安龙、思南	黔灵、鼎新、闵孝、后寨、仙桥、牛场、发耳、都格、大湾、海子街、新民、栖凤、香坝、上司、基长、百泉、下司	黄山冲、兴启、八坎、鱼良溪、月塘、新联、麻窝寨、果乐、打洋、石板寨、黄泥、顶拉、小石桥、简家店
广西	南宁、河池、柳州	西乡塘、隆安、都安、融水	金陵、丁当、石碑、地苏、三防、永乐	定坤、老口、大定、九送、兴洞、毛潭
重庆		云阳、彭水、巫溪北碚、丰都、合川、渝北、綦江、开州	南溪、善感、古路、唐角、双凤桥、水土、青龙、大盛、静观、东阳、土场、和谦、普安、赶水	拱桥、罗兴、长龙、龙门、潘家湾、兴旺、劳动新、青龙、和睦塔坪、先锋、菜园、黄岭、江东、郎家、洋渡

续表

省、直辖市、自治区	地市州	县（区）	乡（镇）	村
四川	资阳	安岳	华严	群力
	宜宾	南溪、翠屏、宜宾	刘家、黄沙、明威、喜捷	大桥、义和、民凉、平岩、新联、石梯子
	遂宁	射洪	广兴、大榆、仁和	六龙观、茶店、中房
	攀枝花	盐边	红格	红格
	南充	高坪、阆中、仪陇、营山	东观、黄溪、老君、洪山、思依、田公、先锋、柳垭、老林、洛川、西山	邱家树、玉皇、小垭、黄石岩、二郎、莲池、董家店、灵台、黄桷、长房子、二龙宫、钟团坝、太平寨
	绵阳	三台、北川、江油	东塔、永安、九岭	东亭、后庄、红岩
	眉山	仁寿、洪雅	瓦屋山、玉龙、板燕、禾加	自新、高丽、大山、画眉
	泸州	泸县	方洞	邹寺
	凉山	西昌、冕宁、喜德	经久、北山、城厢、林里、石龙	皮柳、北山、河东
	乐山	峨边、马边	大堡、荣丁	新丰、新华
	广安	广安	协兴	牌坊
	广元	青川、朝天	马公、朝天	三台、朝天
	达州	宣汉、万源、渠县	峰城、柏树、柳池、长坝、李叟、定远、康乐、虹桥、大沙	寨扁、水磨、锅坪、绿市、桔园、赵家营、亭子庙、月台、幺滩
	德阳	中江、旌阳、绵竹、什邡	继光、孝泉、孝德、冰川	团碑、民安、高兴新拱
	成都	蒲江、都江堰、金堂、新都、龙泉驿	鹤山、中兴、青城山、隆盛、斑竹园山泉	红炉、永胜、古顶、正华、旗檀、桃源、大佛、青城
	巴中	恩阳、通江	下八庙、玉山九层	磨子社区、高峰、袁家庙
	阿坝	小金、茂县	八角、美兴	桥头
共20个	共79个	共133个	共194个	共222个

注：其中，个别问卷中的乡镇和村名称信息不全。

参考文献

（一）马列主义与党的文献

《马克思恩格斯选集》第 1-4 卷，人民出版社 1995 年版。

《马克思恩格斯文集》第 1 卷，人民出版社 2009 年版

《马克思恩格斯文集》第 2 卷，人民出版社 2009 年版。

《马克思恩格斯文集》第 9 卷，人民出版社 2009 年版。

《马克思恩格斯全集》第 1 卷，人民出版社 1995 年版。

《马克思恩格斯全集》第 11 卷，人民出版社 1995 年版。

《列宁选集》第 1 卷，人民出版社 1995 年版。

《列宁选集》第 4 卷，人民出版社 1995 年版。

《毛泽东选集》第 1-4 卷，人民出版社 1991 年版。

《毛泽东文集》第 2 卷，人民出版社 1993 年版。

《毛泽东文集》第 5 卷，人民出版社 1996 年版。

《邓小平文选》第 1-2 卷，人民出版社 1994 年版。

《邓小平文选》第 3 卷，人民出版社 1993 年版

《习近平谈治国理政》第 1-2 卷，外文出版社 2018 年版。

《习近平谈治国理政》第 3 卷，外文出版社 2020 年版。

中共中央文献研究室编：《建国以来重要文献选编》第 2 册，中央文献出版社 1993 年版。

中共中央文献研究室编：《建国以来重要文献选编》第 4 册，中央文献出版社 1993 年版。

中共中央文献研究室编：《建国以来重要文献选编》第 10 册，中央文献

出版社 1994 年版。

中共中央文献研究室编：《十五大以来重要文献选编（上）》，人民出版社 2000 年版。

（二）国内著作

王沪宁：《比较政治分析》，上海人民出版社 1987 年版。

王沪宁：《当代中国村落家族文化》，上海人民出版社 1991 年版。

马振清：《中国公民政治社会化问题研究》，黑龙江人民出版社 2001 年版。

马振清：《当代政治社会化基本理论》，九州出版社 2017 年版。

高峰：《美国政治社会化研究》，首都师范大学出版社 2004 年版。

吴鲁平：《大学生政治社会化的结果分析——以"社会互构论"为理论视角》，社会科学文献出版社 2013 年版。

匡和平：《从农民到公民：中国农民政治社会化问题研究》，黑龙江人民出版社 2009 年版。

林尚立：《当代中国政治形态研究》，天津人民出版社 2000 年版。

闵琦：《中国政治文化——民主政治难产的社会心理因素》，云南人民出版社 1989 年版。

张明澍：《中国"政治人"——中国公民政治素质调查报告》，中国社会科学出版社 1994 年版。

张明澍：《中国人想要什么样民主》，社会科学文献出版社 2013 年版。

郑建君：《行动中的政治人：中国公民政治参与实证研究》，中国社会科学出版社 2020 年版。

卢春龙、严挺：《中国农民政治信任的来源：文化、制度与传播》，社会科学文献出版社 2016 年版。

沈明明等：《中国公民意识调查数据报告（2008）》，社会科学文献出版社 2009 年版。

严洁等：《公民文化与和谐社会调查数据报告》，社会科学文献出版社 2010 年版。

孙永芬：《中国社会各阶层政治心态研究——以广东调查为例》，中央编译出版社 2007 年版。

史卫民、周庆智、郑建君等：《政治认同与危机压力》，中国社会科学出版社 2014 年版。

刘伟：《普通人话语中的政治——转型中国的农民政治心理透视》，北京大学出版社 2015 年版。

李云：《中国农民政治心理及行为方式变迁研究》，陕西人民出版社 2010 年版。

赵树凯：《农民的政治》，商务印书馆 2011 年版。

费孝通：《乡土中国》，中国社会科学出版社 2006 年版。

徐勇：《现代国家、乡土社会与制度建构》，中国物资出版社 2009 年版。

徐勇：《中国农民的政治认知与参与》，中国社会科学出版社 2012 年版。

徐勇、邓大才等：《中国农民政治状况发展报告 2014（政治卷）》，北京大学出版社 2014 版。

徐勇：《国家化、农民性与乡村整合》，江苏人民出版社 2019 年版。

彭正德：《生存政治：国家整合中的农民认同》，中国社会科学出版社 2010 年版。

彭正德：《民生政治：新农村建设中的农民认同——湖南五县十村考察》，中央编译出版社 2014 年版。

廖永松：《农民的价值世界》，中国社会科学出版社 2017 年版。

张英洪：《农民、公民权与国家》，中央编译出版社 2013 年版。

罗沛霖等：《当代中国农村的社会生活》，中国社会科学出版社 2005 年版。

曹锦清、张乐天、陈中亚：《当代浙北乡村的社会文化变迁》，上海人民出版社 2014 年版。

吴毅：《村治变迁中的权威与秩序——20 世纪川东双村的表达》，中国社会科学出版社 2002 年版。

秦晖：《农民中国：历史反思与现实选择》，河南人民出版社 2003 年版。

王奇生：《革命与反革命：社会文化视野下的民国政治》，社会科学文献出版社 2010 年版。

叶国文：《土地改革的政治逻辑：农民、政权与中国现代化》，天津人民出版社 2008 年版。

王瑞芳：《土地制度变动与中国乡村社会变革——以新中国成立初期土改运动为中心的考察》，社会科学文献出版社 2010 年版。

高王凌：《人民公社时期中国农民"反行为"调查》，中共党史出版社

2006 年版。

杜润生：《杜润生自述：中国农村体制变革重大决策纪实》，人民出版社 2005 年版。

张乐天：《告别理想：人民公社制度研究》，上海人民出版社 2012 年版。

杜国景：《合作化小说中的乡村故事与国家历史》，中国社会科学出版社 2011 年版。

许经勇：《中国农村经济制度变迁六十年》，厦门大学出版社 2009 年版。

罗平汉：《村民自治史》，福建人民出版社 2006 年版。

刘友田：《村民自治：中国基层民主建设的实践与探索》，人民出版社 2010 年版。

王振耀：《中国村民自治理论与实践探索》，宗教文化出版社 2000 年版。

林浩：《中国户籍制度变迁：个人权利与社会控制》，社会科学文献出版社 2016 年版。

张静：《基层政权：乡村制度诸问题》，上海人民出版社 2006 年版。

于建嵘：《抗争性政治：中国政治社会学基本问题》，人民出版社 2010 年版。

李正东：《河村水会：日常生活、集体行动与生存文化（1978—1987）》，光明日报出版社 2013 年版。

朱光磊：《当代中国社会各阶层分析》，天津人民出版社 1998 年版。

唐士其：《国家与社会的关系》，北京大学出版 1998 年版。

房宁：《中国政治参与报告（2016）》，社会科学文献出版社 2016 年版。

房宁：《中国政治参与报告（2017）》，社会科学文献出版社 2017 年版。

陈士玉：《当代中国公民政治参与的模式及其发展趋势研究》，吉林大学出版社 2010 年版。

朱宇：《中国乡域治理结构：回顾与前瞻》，黑龙江人民出版社 2006 年版。

周晓虹：《现代社会心理学——社会学、心理学和文化人类学的综合探索》，江苏人民出版社 1991 年版。

曹沛霖：《制度的逻辑》，上海人民出版社 2019 年版。

燕继荣：《投资社会资本——政治发展的一种新维度》，北京大学出版社 2006 年版。

边燕杰：《社会资本与国家治理》，北京大学出版社 2015 年版。

金太军：《公共政策执行的梗阻与消解》，广东人民出版社 2005 年版。

张端：《新中国成立以来中国农民的变迁及走向》，中共中央党校出版社 2015 年版。

李秋洪：《中国农民的心理世界》，中原农民出版社 1992 年版。

陈付龙：《当代中国社会公共生活建设研究》，人民出版社 2017 年版。

（三）译著

［美］塞缪尔·P. 亨廷顿：《变化社会中的政治秩序》，王冠华等译，上海人民出版社 2008 年版。

［美］塞缪尔·P. 亨廷顿、琼·纳尔逊：《难以抉择：发展中国家的政治参与》，汪晓寿、吴志华、项继权译，华夏出版社 1989 年版。

［美］格林斯坦、波尔斯比编：《政治学手册精选》（下卷），储复耘译，商务印书馆 1996 年版。

［美］加布里埃尔·A. 阿尔蒙德、西德尼·维巴：《公民文化》，徐湘林等译，东方出版社 2008 年版。

［美］加布里埃尔·A. 阿尔蒙德、小 G. 宾厄姆·鲍威尔：《比较政治学：体系、过程和政策》，曹沛霖译，上海译文出版社 1987 年版。

［美］西摩·马丁·利普塞特：《政治人：政治的社会基础》，张绍宗译，上海人民出版社 2011 年版。

［美］阿列克斯·英克尔斯、戴维·H. 史密斯：《从传统人到现代人——六个发展中国家中的个人变化》，顾昕译，中国人民大学出版社 1992 年版。

［美］阿历克斯·英格尔斯：《人的现代化》，殷陆君译，四川人民出版社 1985 年版。

［美］戴维·伊斯顿：《政治生活的系统分析》，王浦劬译，华夏出版社 1999 年版。

［美］罗伯特·A. 达尔：《现代政治分析》，王沪宁译，上海译文出版社 1987 年版。

［美］罗纳德·英格尔哈特：《发达工业社会的文化转型》，张秀琴译，社会科学文献出版社 2013 年版。

［美］唐文方：《中国民意与公民社会》，胡赣栋、张东锋译，中山大学出版社 2008 年版。

［美］陈捷：《中国民众政治支持的测量与分析》，安佳译，中山大学出版

社 2011 年版。

［美］威廉·奥格本:《社会变迁:关于文化和先天的本质》,王晓毅、陈育国译,浙江人民出版社 1989 年版。

［美］罗伯特·杰克曼:《不需暴力的权力:民族国家的政治能力》,欧阳景根译,天津人民出版社 2005 年版。

［美］詹姆斯·R. 汤森、布兰特利·沃马克:《中国政治》,顾速、董方译,江苏人民出版社 2003 年版。

［美］大卫·科泽:《仪式、政治与权力》,王海洲译,江苏人民出版社 2014 年版。

［美］莱斯利·里普森:《政治学的重大问题:政治学导论》,刘晓等译,华夏出版社 2001 年版。

［美］霍华德·威亚尔达:《民主与民主化比较研究》,榕远译,北京大学出版社 2004 年版。

［美］霍华德·威亚尔达:《比较政治学导论:概念与过程》,娄亚译,北京大学出版社 2005 年版。

［美］安东尼·奥罗姆:《政治社会学——主体政治的社会剖析》,张华清、孙嘉明译,上海人民出版社 1989 年版。

［美］弗朗西斯·福山:《信任:社会美德与创造经济繁荣》,彭志华译,海南出版社 2001 年版。

［美］弗朗西斯·福山:《大分裂:人类本性与社会秩序的重建》,刘榜离等译,中国社会科学出版社 2002 年版。

［美］罗伯特·D. 帕特南:《使民主运转起来:现代意大利的公民传统》,王列、赖海榕译,江西人民出版社 2001 年版。

［美］林南:《社会资本——关于社会结构与行动的理论》,张磊译,上海人民出版社 2004 年版。

［美］迈克尔·罗斯金等:《政治科学》,林震等译,华夏出版社 2002 年版。

［美］J. 米格代尔:《农民、政治与革命——第三世界政治与社会变革压力》,李玉琪、袁宁译,中央编译出版社 1996 年版。

［美］黄宗智:《长江三角洲小农家庭与乡村发展》,中华书局 1992 年版。

［美］埃弗里特·M. 罗吉斯、拉伯尔·J. 博德格:《乡村社会变迁》,王晓毅、王地宁译,浙江人民出版社 1988 年版。

［美］韩丁：《翻身——中国一个村庄的革命纪实》，韩倞等译，北京出版社1980年版。

［美］苏黛瑞：《在中国城市中争权公民权》，王春光等译，浙江人民出版社2009年版。

［德］马克斯·韦伯：《经济与社会》，林荣远译，商务印书馆1996年版。

［德］马克斯·韦伯：《儒教与道教》，王容芬译，商务印书馆2002年版。

［法］托克维尔：《论美国的民主》，董果良译，商务印书馆1998年版。

［法］爱弥儿·涂尔干：《宗教生活的基本形式》，渠东、汲喆译，上海人民出版社1999年版。

［法］古斯塔夫·勒庞：《乌合之众：大众心理研究》，冯克利译，中央编译出版社2004年版。

［法］米歇尔·福柯：《规训与惩罚》，刘北成、杨远婴译，生活·读书·新知三联书店2012年版。

［法］让-马克·夸克：《合法性与政治》，佟心平、王运飞译，中央编译出版社2002年版。

［英］罗德·黑格、马丁·哈罗普：《比较政府与政治导论》，张小劲、丁韶彬、李姿姿译，中国人民大学出版社2007年版。

［英］布莱恩·麦克奈尔：《政治传播学引论》，殷祺译，新华出版社2005年版。

［波兰］彼得·什托姆普卡：《信任：一种社会学理论》，程胜利译，中华书局2004年版。

［加拿大］查尔斯·泰勒：《现代性之隐忧》，程炼译，中央编译出版社2001年版。

［日］蒲岛郁夫：《政治参与》，解莉莉译，经济日报出版社1989年版。

［古希腊］亚里士多德：《政治学》，商务印书馆1965年版。

（四）中文论文

李元书、杨海龙：《论政治社会化的一般过程》，《政治学研究》1997年第2期。

洪伟：《论政治社会化》，《浙江大学学报（社会科学版）》1995年第1期。

熊易寒：《青少年的政治倾向有多重要：政治社会化研究50年回顾》，载陈明明主编：《转型危机与国家治理》，上海人民出版社 2011 年版。

林尚立：《现代国家认同建构的政治逻辑》，《中国社会科学》2013 年第 8 期。

周飞舟：《从汲取型政权到"悬浮型"政权——税费改革对国家与农民关系之影响》，《社会学研究》2006 年第 3 期。

徐勇：《农民理性的扩展："中国奇迹"的创造主体分析——对既有理论的挑战及新的分析进路的提出》，《中国社会科学》2010 年第 1 期。

徐勇、赵德健：《找回自治：对村民自治有效实现形式的探索》，《华中师范大学学报（人文社会科学版）》2014 年第 4 期。

徐勇：《"宣传下乡"：中国共产党对乡土社会的动员与整合》，《中共党史研究》2010 年第 10 期。

徐勇：《现代国家建构中的非均衡性和自主性分析》，《华中师范大学学报（人文社会科学版）》2003 年第 5 期。

周平：《论中国的国家认同建设》，《学术探索》2009 年第 6 期。

郭正林：《当代中国农民政治态度的定量研究》，《学术研究》2005 第 5 期。

郭正林：《当代中国农民政治参与的程度、动机及社会效应》，《社会学研究》2003 年第 3 期。

肖唐镖、余泓波：《农民政治价值观的变迁及其影响因素——五省（市）60 村的跟踪研究（1999—2011）》，《华中师范大学学报（人文社会科学版）》2014 年第 1 期。

肖唐镖、王欣：《农民政治信任变化的政治效应分析——对五省、市 60 个村的跟踪研究（1999—2008）》，《社会科学研究》2012 年第 3 期。

肖唐镖、孟威：《维权人士群体的政治观念分析》，《社会科学战线》2020 年第 8 期。

胡荣、沈珊：《社会信任、政治参与和公众的政治效能感》，《东南学术》2015 年第 3 期。

胡荣：《社会资本与中国农村居民的地域性自主参与——影响村民在村级选举中参与的各因素分析》，《社会学研究》2006 年第 2 期。

胡荣、庄思薇：《媒介使用对中国城乡居民政府信任的影响》，《东南学术》2017 年第 1 期。

马得勇、王正绪：《社会资本、民主发展与政府治理——对 69 个国家的比较研究》,《开放时代》2009 年第 5 期。

马德勇：《政治信任及其起源——对亚洲 8 个国家和地区的比较研究》,《经济社会体制比较》2007 年第 5 期。

李俊：《转型期农民维权的行为逻辑——基于政治心态的检审》,《政治学研究》2016 年第 3 期。

李俊、唐芳、聂应德：《城镇化和工业化互动视域下维稳的域外经验及对中国的启示》,《政治学研究》2014 年第 1 期。

章秀英：《城镇化对农民政治意识的影响研究》,《政治学研究》2013 年第 3 期。

章秀英、章剑锋：《农村城镇化发展类型与农民公民意识的发展——以浙江省 15 个村落为例》,《学术研究》2015 年第 11 期。

李蓉蓉：《影响农民政治效能感的多因素分析》,《当代世界与社会主义》2014 年第 2 期。

李蓉蓉：《农民政治效能感对政治参与影响的实证研究》,《深圳大学学报（人文社会科学版）》2013 年第 4 期。

吴春梅、郝苏君、徐勇：《政治社会化路径下农民工主流意识形态认同的实证分析》,《政治学研究》2014 年第 2 期。

吴春梅、席莹：《农村文化生活与农民公共精神的生长：机理与对策》,《中南民族大学学报（人文社会科学版）》2015 年第 4 期。

谭德宇：《新农村建设中的农民政治社会化研究》,《中州学刊》2007 年第 6 期。

李冰水、余婷婷：《政治社会化视野中农村青年政治参与矛盾性研究》,《学校党建与思想教育》2009 年第 29 期。

朱庆跃：《1949—1956 年马克思主义中国化对主流意识形态的重构——基于意识形态政治社会化的分析》,《深圳大学学报（人文社会科学版）》2012 年第 1 期。

赵晓霞：《毛泽东与新中国农民的政治社会化》,《云南行政学院学报》2008 年第 6 期。

刘学坤：《村落中的公民成长：社会转型期农民政治社会化现状与途径创新》,《思想政治教育研究》2012 年第 2 期。

陈朋：《乡村政治文化与精英政治化、政治社会化——基于湖北省 9 个村的调查比较分析》,《中国农村观察》2007 年第 4 期。

钟广宏、彭忠信：《我国农民政治社会化问题现状及其对策》，《求索》2005 年第 10 期。

卢春龙、张华：《中国农民政治信任的来源：文化、制度与结构》，《湖南师范大学社会科学学报》2017 年第 3 期。

朱明国：《变迁与重构：农民社会责任义务体系》，《学术研究》2013 年第 12 期。

彭正德：《土改中的诉苦：农民政治认同形成的一种心理机制——以湖南省醴陵县为个案》，《中共党史研究》2009 年第 6 期。

郭于华、孙立平：《诉苦：一种农民国家观念形成的中介机制》，《中国学术》2002 年第 4 期。

李里峰：《阶级划分的政治功能——一项关于"土改"的政治社会学分析》，《南京社会科学》2008 年第 1 期。

马维强：《阶级话语与日常生活：集体化时代干群身份及其关系的历史建构》，《中国农业大学学报（社会科学版）》2018 年第 1 期。

岳谦厚、范艳华：《山西农业生产合作社之闹社风潮》，《中共党史研究》2010 年第 4 期。

韩长赋：《正确认识和解决当今农民问题》，《求是》2014 年第 2 期。

田先红：《从维权到谋利——农民上访行为逻辑变迁的一个解释框架》，《开放时代》2010 年第 6 期。

张一平：《新区土改中的村庄动员与社会分层——以建国初期的苏南为中心》，《清华大学学报（哲学社会科学版）》2010 年第 2 期。

杜鹏：《农民政治认同的土地秩序基础与集体实践脉络——改革开放以来农民与国家关系的思考》，《探索》2020 年第 5 期。

吴毅：《从革命到后革命：一个村庄政治运动的历史轨迹——兼论阶级话语对于历史的建构》，《学习与探索》2003 年第 2 期。

熊光清：《当代中国政治文化变迁与政治发展》，《太平洋学报》2011 年第 12 期。

李海金：《集体化时期农民政治身份及其影响的变迁研究》，《中共党史研究》2011 年第 12 期。

李里峰：《运动式治理：一项关于土改的政治学分析》，《福建论坛（人文社会科学版）》2010 年第 4 期。

高斐：《试论新中国成立初期农民政治意识的构建》，《河南师范大学学报

（哲学社会科学版）》2016 第 5 期。

李斌：《政治动员与社会革命背景下的现代国家构建——基于中国经验的研究》，《浙江社会科学》2010 年第 4 期。

黄少华、谢榕：《政治动机、政治技能和社团参与对网络政治参与行为的影响——基于公民自愿模型的分析》，《兰州大学学报（社会科学版）》2017 年第 3 期。

贾奇凡、尹泽轩、周洁：《行为公共管理学视角下公众的政府满意度：概念、测量及影响因素》，《公共行政评论》2018 年第 1 期。

孙伦轩、刘好好：《教育如何影响人们的政治效能感——基于 CGSS 2010 的实证研究》，《教育经济评论》2018 年第 4 期。

郑建君：《参与意愿的中介效应与政治知识的边界效应——基于政治效能感与参与行为的机制研究》，《南京大学学报（哲学·人文科学·社会科学）》2019 年第 3 期。

郑建君：《政治知识、社会公平感与选举参与的关系——基于媒体使用的高阶调节效应分析》，《政治学研究》2019 年第 2 期。

万斌、章秀英：《社会地位、政治心理对公民政治参与的影响及其路径》，《社会科学战线》2010 年第 2 期。

万斌、陶建钟：《政治参与：政治文明和政治现代化的时代命题》，《复旦学报（社会科学版）》2008 年第 6 期。

陆益龙：《后乡土性：理解乡村社会变迁的一个理论框架》，《人文杂志》2016 年第 11 期。

孟天广、马全军：《社会资本与公民参与意识的关系研究——基于全国代表性样本的实证分析》，《中国行政管理》2011 年第 3 期。

孟天广、杨明：《转型期中国县级政府的客观治理绩效与政治信任——从"经济增长合法性"到"公共产品合法性"》，《经济社会体制比较》2012 年第 4 期。

储峰：《当代中国农民政治参与心理分析》，《党史研究与教学》2005 年第 1 期。

王丽萍、方然：《参与还是不参与：中国公民政治参与的社会心理分析——基于一项调查的考察与分析》，《政治学研究》2010 年第 2 期。

李丹峰：《媒体使用、媒体信任与基层投票行为——以村/居委会换届选举投票为例》，《江苏社会科学》2015 年第 1 期。

苏振华：《中国媒体信任的来源与发生机制：基于 CGSS 2010 数据的实证研究》，《新闻与传播研究》2017 年第 5 期。

曾润喜、斗维红：《媒体信任与人际信任的关系及社会交往的调节作用——基于中国综合社会调查（CGSS 2010）数据的实证研究》，《新闻与传播评论》2019 年第 5 期。

班建武：《当代青少年政治社会化需要关注的三大议题——来自微观政治的教育启示》，《中国青年研究》2017 年第 4 期。

李向健、孙其昂、孙旭友：《地位、政治关注、政府信任与基层民主选举中的投票参与——一项来自 CGSS 2010 的 Logistic 回归模型研究》，《新疆大学学报（哲学·人文社会科学版）》2015 年第 4 期。

徐淑一、陈平：《收入、社会地位与幸福感——公平感知视角》，《管理科学学报》2017 年第 12 期。

陈云松、范晓光：《阶层自我定位、收入不平等和主观流动感知（2003—2013）》，《中国社会科学》2016 年第 12 期。

麻宝斌、于丽春、杜平：《收入水平、政治社会化与参与意愿——转型期公众政治参与机会认知的影响因素分析》，《武汉大学学报（哲学社会科学版）》2017 年第 4 期。

黄振华：《"家国同构"底色下的家户产权治理与国家治理——基于"深度中国调查"材料的认识》，《政治学研究》2018 年第 4 期。

裴志军：《制度刚性下的村民自治参与：社会资本与政治效能感的作用》，《农业经济问题》2013 年第 5 期。

孙昕、徐志刚、陶然、苏福兵：《政治信任、社会资本和村民选举参与——基于全国代表性样本调查的实证分析》，《社会学研究》2007 年第 4 期。

雷叙川、赵海堂：《中国公众的社会资本与政治信任——基于信任、规范和网络视角的实证分析》，《西南交通大学学报（社会科学版）》2017 年第 2 期。

陈捷、卢春龙：《共通性社会资本与特定性社会资本——社会资本与中国的城市基层治理》，《社会学研究》2009 年第 6 期。

郭君平、张斌、吴国宝：《宗教信仰、宗教参与影响农民主观贫困和福利吗？——来自全国 5 省 1000 个农户调查的证据》，《经济与管理评论》2016 年第 3 期。

李东兴：《论知识差距与政治参与》，《理论与改革》2003 年第 2 期。

文军：《从生存理性到社会理性选择：当代中国农民外出就业动因的社会学分析》，《社会学研究》2001年第6期。

林晓珊：《流动性：社会理论的新转向》，《国外理论动态》2014年第9期。

郭台辉、林知远、杨钦豪、郑小红：《农民工生活满意度对国家治理认同度的影响——基于1277名被试者有调节的中介效应分析》，《经济社会体制比较》2017年第2期。

黄宗智：《中国革命中的农村阶级斗争——从土改到文革时期的表述性现实与客观性现实》，《中国乡村研究》2003年第2期。

王露璐：《从"理性小农"到"新农民"——农民行为选择的伦理冲突与"理性新农民"的生成》，《哲学动态》2015年第8期。

何晓红：《村民自治背景下农民工政治参与的缺失与强化》，《政治学研究》2009年第1期。

叶兴庆：《新时代中国乡村振兴战略论纲》，《改革》2018年第1期。

张文明、章志敏：《资源·参与·认同：乡村振兴的内生发展逻辑与路径选择》，《社会科学》2018年第11期。

陈浩天：《回应性治理：农户需求与国家政策整合的基层面向》，《西北师范大学学报（社会科学版）》2014年第6期。

邓国军：《马克思恩格斯关于农民思想政治教育的思想研究》，《毛泽东邓小平理论研究》2018年第7期。

（五）外文论著

Peter R. Moody, Jr., "Trends in the Study of Chinese Political Culture", *China Quarterly*, Vol. 139, No. 139, 1994, pp. 731-740.

Mansbridge, J., "On the Idea that Participation Makes Better Citizens", in S. L. Elkin and K. E. Soltan (eds), *Citizen Competence and Democratic Institutions*. University Park PA: Pennsylvania State University Press, 1999, pp. 291-325.

Kenski, Kate, and N. J. Stroud, "Connections Between Internet Use and Political Efficacy, Knowledge, and Participation.", *Journal of Broadcasting & Electronic Media*, Vol. 50, No. 2, 2006, pp. 173-192.

Scheufele, D. A., & Nisbet, M. C., "Being a citizen online: New opportunities and dead ends", *Harvard International Journal of Press/Politics*, Vol. 7, No. 3,

2002, pp. 55-75.

Reichert, Frank, "How Internal Political Efficacy Translates Political Knowledge Into Political Participation: Evidence From Germany", *Eur J Psychol*, Vol. 12, No. 2, 2016, pp. 221-241.

Quintelier, E., and M. Hooghe, "Political attitudes and political participation: A panel study on socialization and self-selection effects among late adolescents", *International Political Science Review*, Vol 33, No. 1, 2011, pp. 63-81.

Morrell, M. E., "Survey and experimental evidence for a reliable and valid measure of internal political efficacy", *Public Opinion Quarterly*, Vol. 67, No. 4, 2003, pp. 589-602.

Ching-Hsing Wang, "A Deeper Look at the Relationship between Political Knowledge and Political Participation: Evidence from Presidential and Legislative Elections in Taiwan", *Asian Journal of Political Science*, Vol. 23, No. 3, 2015, pp. 397-419.

Christensen, and H. Serup, "Knowing and distrusting: how political trust and knowledge shape direct-democratic participation", *European Societies*, Vol. 20, No. 4, 2018, pp. 572-594.

Eveland, W. P. Jr., Hayes, A. F., Shah, D. V., & Kwak, N., "Understanding the relationship between communication and political knowledge: A model comparison approach using panel data", *Political Communication*, Vol. 22, No. 4, 2005, pp. 423-446.

De Vreese, Claes H., and H. Boomgaarden, "News, Political Knowledge and Participation: The Differential Effects of News Media Exposure on Political Knowledge and Participation", *Acta Politica*, Vol. 41, No. 4, 2006, pp. 317-347.

Klesner, and Joseph L., "Political Attitudes, Social Capital, and Political Participation: The United States and Mexico Compared", *Mexican Studies / Estudios Mexicanos*, Vol. 19, No. 1, 2003, pp. 29-61.

Fraile, and Marta, "Do information-rich contexts reduce knowledge inequalities? The contextual determinants of political knowledge in Europe", *Acta Politica*, Vol. 48, No. 2, 2013, pp. 119-143.

Lay, and C. J., "Learning About Politics in Low-Income Communities Poverty and Political Knowledge", *American Politics Research*, Vol. 34, No. 3, 2006, pp. 319-340.

Perrella, Andrea M. L., et al., "Does a Growing Income Gap Affect Political Attitudes?" *Canadian Public Policy*, Vol. 42, No. 1, 2016, pp. 35-48.

Cernat, Vasile, "Socio-economic status and political support in post-communist Romania", *Communist and Post-Communist* Studies, Vol. 43, No. 1, 2010, pp. 43-50.

Kiousis, Spiro, "Public trust or mistrust? Perceptions of media credibility in the information age", *Mass Communication & Society*, Vol. 4, No. 4, 2001, pp. 381-403.

Karl Wolfgang, *Political Community at the International Level: Problems of Definition and Measurement*, New York: Doubleday Broadway, 1954.

Lane, Robert, *Political Ideology*, New York: The Free Press, 1962.

Milbrath, Lester W., and M. L. Goel, *Political Participation: how and why people get involved in politics?* Chicago: Rand McNally, 1977.

Rod Hague, Martin Harrop, Shaun Breslin, *Political Science: A Comparative Introduction*, New York: St Martin's Press, 1992.

Delli Carpini, M. X., & Keeter, S., *What Americans know about politics and why it matters.* New Haven, CT: Yale University Press, 1996.

Norris, *A Virtuous Circle: Political Communications in Postindustrial Societies*, Cambridge: Cambridge University Press, 2000.

Wenfang Tang, *Populist Authoritarianism: Chinese Political Culture and Regime Sustainability*, New York: Oxford University Press, 2016.

后　　记

　　现代化是包含经济、政治、文化、社会等多要素、广覆盖、全方位的现代化，其核心是人的现代化。就中国目前的国情而言，中国的现代化很大程度上是农村农民的现代化。中华人民共和国成立以来尤其是改革开放以来，农村社会面貌发生了巨大变化。农民开放、流动及市场化的过程，既是农民独立化、平等化和公民化的过程，也是农民个体政治观念和行为倾向不断解构和重构，农民个体不断解放而走向全面发展的过程。其核心是农民对国家权力与公民权利关系的认知再平衡、观念再调适。因此，农民的国家意识、政党认同、政府信任、政治效能感等政治价值观成为一个必须高度关注的时代课题。2016年中央一号文件为此强调要"加强农村思想道德建设，大力培育和弘扬社会主义核心价值观，增强农民的国家意识、法治意识、社会责任意识"。在此背景下，2016年我以"当代中国农民政治社会化"为选题申报国家社科基金课题获批立项。本书即是我主持的国家社科基金项目"当代中国农民政治社会化的机制变迁及绩效提升研究"的最终研究成果。

　　当下，中国已经完成小康社会建设，全面进入建设社会主义现代化国家的新征程，"共同富裕"成为了中国共产党第二个百年奋斗目标。然而，促进共同富裕，最艰巨、最繁重、最关键的任务仍然是农村。因此，农民的富裕对能否实现共同富裕就具有决定性作用。事实上，共同富裕与人的全面发展是具有内在一致性的。农民作为发展不充分的群体，其全面发展要求重视农民政治主体性的发展，农民政治文化生活的重要性就值得高度关注。习近平总书记在《扎实推动共同富裕》一文中强调要"促进人民精神生活共同富裕"，他指出："促进共同富裕与促进人的全面发展是高度统一的。要强化社会主义核心价值观引领，加强爱国主义、集体主义、社会主义教育，发展公共文化事业，完善

· 469 ·

公共文化服务体系，不断满足人民群众多样化、多层次、多方面的精神文化需求。"由此可见，共同富裕不仅要强调经济层面的物质富裕，而且要强调文化或观念层面的精神富裕，其中精神富裕内在包含政治心理和政治思想等政治文化生活富裕。而且，政治文化生活的富裕随着社会主义现代化国家建设的深入将会显得越来越重要，农民政治社会化问题势必越来越受到重视和关注。

政治社会化问题是我一直关注的研究领域。我自2002年开始涉猎和初步探讨政治社会化，2005年在《云南社会科学》发表第一篇"政治社会化"论文，该文被《新华文摘》论点摘编。此后，先后在《马克思主义与现实》《社会科学》《甘肃社会科学》《科学社会主义》等核心期刊发表了系列政治社会化主题的学术论文，为此项研究准备了一定的理论储备。2009年申报获准立项国家社科基金项目"农村社区建设：制度、功能和文化"，开始系统关注和研究农村农民问题，其结题成果在人民出版社出版。这些研究经历为农民政治社会化研究提供了良好的基础。项目立项后，为了甄别出农民政治社会化的"理论疆界"，呈现农民政治社会化运行的真实样态，我遵循文献梳理、实证调查、理论研究的逻辑进路展开了对农民政治社会化的系统研究。首先收集阅读了政治文化、政治信任、政治认同、政治社会化、政治行为、政治态度、政治价值观以及农民政治等相关的中外理论书籍和实证研究文献；收集和整理了中华人民共和国成立以来影响农民政治态度的相关国家大事件、农村大事件，有关农村的国家政策文件、法律法规和涉及农民政治态度、政治价值等内容的历次党代会、政府工作报告。通过文献阅读整理，分层分类归纳梳理项目研究涉及的概念、命题、判断等相关知识和理论，对基本概念、研究对象、范畴和内容等农民政治社会化领域诸问题进行综合性把握和融会贯通的理解，建立起较为完整、可行的农民政治社会化研究逻辑体系和框架。在此基础上，举行了较大范围的口述史调查和问卷调查并进行数据统计分析，立足于城镇化和乡村振兴视野，结合已有文献从政治知识、政治观念、政治态度、政治评价、政治效能感和政治行为等角度对中国农民政治社会化进行全方位的理论与实践研究。课题前期成果《转型期农民维权的行为逻辑——基于政治心态的检审》一文刊发在《政治学研究》2016年第3期上；论文《协同共治：创新乡村治理体系的路径选择》于2018年4月17日在《光明日报》发表，而后被光明网、中国社会科学网等知名网站转载。课题最终研究成果《当代中国农民政治社会化变迁及绩效研究》被国家社科办2021年10月鉴定为"优秀"等级。

自项目立项后的五年里，始终密切关注工业化、城镇化、信息化以及农业

后　记

现代化背景下农民的流动性和异质性以及由此引起的农民政治认知、政治观念、政治价值和政治行为的变迁发展与现实样态，研究中致力于融合现实与理论，既从已有相关国内外文献中汲取养分，又从党和国家相关农业农村农民的政策变迁和问题关切中把握治理逻辑，更从"真实世界的政治学"出发，从常态和非常态的政治生活和政治事件中观察和体悟农民政治心理活动与行为倾向的生成演变机理和规律。在这里，我要真诚感谢我的课题研究团队成员，他们是重庆工商大学法学与社会学学院唐芳、重庆大学公共管理学院吴永江、安徽大学社会与政治学院罗大蒙、南京大学政府管理学院陈文君。他们不仅参与了课题调研，还参与了部分章节的前期撰写工作。肖家美、蒲琳、聂凤、尹亮、岳啸峰、陈燕、余培、王雅丽、文顺英、李静、张润秋等研究生参与了本课题的问卷调查、资料整理和数据统计分析工作。与此同时，我还要特别感谢四川大学马克思主义学院领导给予出版的大力支持和关心以及中国社会科学出版社的王茵副总编辑和张潜编辑为本书的出版所付出的大量心血，没有她们的鼎力支持和高效工作，本书难以及时出版，在此表示诚挚的感谢！

此外，学术共同体和农村社区场域给予本书丰富的营养。学界前辈和同人的相关成果见解启发了我的学术灵感，访谈和问卷调查中农民朋友的大力支持使得本书能够呈现农民真实的政治心理和行为样态，在此深表感谢！由于研究水平和能力局限，恳请专家学者和读者朋友对书中的错漏和不足给予批评指正。

李　俊

2021 年 11 月 23 日于四川大学